2021—2035年国家古籍工作规划重点出版项目

『十四五』时期国家重点图书出版物出版专项规划项目

『十四五』安徽省重点出版物规划项目

本书获国家社科基金项目『西夏文《大宝积经》整理研究集成』资助
主持人：孙伯君　批准号：16BMZ026

西夏文《大宝积经》整理研究集成

第一辑　第十册

黄山书社

孙伯君◎主编

马万梅

段玉泉◎著

图书在版编目(CIP)数据

西夏文《大宝积经》整理研究集成. 第一辑. 第十册/孙伯君主编;马万梅,段玉泉著.—合肥:黄山书社,2024.3
ISBN 978-7-5737-1010-9

Ⅰ.①西… Ⅱ.①孙… ②马… ③段… Ⅲ.①西夏语-佛经-研究 Ⅳ.①B948

中国国家版本馆 CIP 数据核字(2024)第 031656 号

西夏文《大宝积经》整理研究集成(第一辑)·第十册
XIXIAWEN DABAOJIJING ZHENGLI YANJIU JICHENG

孙伯君 主编
马万梅 段玉泉 著

出 品 人 葛永波
策　　划 葛永波 李 旭 张向奎
项目统筹 李玲玲 代立媛
责任编辑 吴宝燕 许 峰
责任印制 李 磊
装帧设计 尹 晨
出版发行 黄山书社(http://www.hspress.cn)
地址邮编 安徽省合肥市蜀山区翡翠路 1118 号出版传媒广场 7 层 230071
印　　刷 安徽新华印刷股份有限公司
版　　次 2024 年 3 月第 1 版
印　　次 2024 年 3 月第 1 次印刷
开　　本 890 mm × 1240 mm 1/16
字　　数 416 千字
印　　张 38.5
书　　号 ISBN 978-7-5737-1010-9
定　　价 320.00 元

服务热线 0551-63533706
销售热线 0551-63533761
官方直营书店(https://hsss.tmall.com)

目录

西夏文《大宝积经》

·卷三十五·

《菩萨藏会》

“开化长者品”第一整理与研究

内容和版本介绍

《大宝积经·菩萨藏会》第十二之一“开化长者品”第一的主要内容讲的是“佛于室罗筏国安居竟。游摩揭陀国，诣鹫峰山。贤守等五百长者见佛于路，颂赞相好。问舍家因，佛答以观诸众生十苦十恼、十稠林、十毒箭、十爱、十邪、十不善业、十染污法，十种缠缚。所以舍家。（长者说颂，愿闻妙法。佛广说根、尘、蕴、界，因缘等法。无我不实，长者得法眼净。）次说一切炽然，长者即善来得戒，证阿罗汉”（明智旭:《阅藏知津》卷二《菩萨藏会》第十二）。

汉译本《大宝积经·菩萨藏会》第十二并非菩提流志所译，而是唐三藏法师玄奘奉诏译，入《大宝积经》卷三十五至卷五十四。此经内容包括“开化长者品”第一、“金毗罗天受记品”第二、“试验菩萨品”第三、“如来不思议性品”第四、“无量品”第五、“陀那波罗蜜多品”第六、“尸波罗蜜品”第七、“羼底波罗蜜多品”第八、“毗利耶波罗蜜多品”第九、“静虑波罗蜜多品”第十、“般若波罗蜜多品”第十一、“大自在天授记品”第十二。这里整理的是“开化长者品”第一，汉文同名佛经见《大正藏》第 11 册 №.310[①]。

西夏文《菩萨藏会》第十二之一“开化长者品”第一见于《俄藏黑水城文献》第 21 册，第 190—195 页，编号 инв. № 448，写本，经折装，每折 6 行，行 18 字，现存 104 折，缺卷三十五经名，卷尾略有破损，余保存完整，内容为卷三十五。本文西夏本释读参照《大正藏》第 310 号唐三藏法师玄奘译本。

本卷中加“/”处，表示整理文本将原文两行合为一行。

① 《大正藏》第 11 卷，第 195 页。

文本释读

35.1.1

《[illegible]	[illegible]	[illegible]	[illegible]	[illegible]》	[illegible]	[illegible]	[illegible]	[illegible]	[illegible]
ljij^{2}	ljɨ^{1}	tśiow^{1}	lwər^{2}	lhejr^{2}	?	so̱^{1}	ɣa̱^{2}	ŋwə^{1}	tsew^{2}
《大	宝	积	经	契》	卷	三	十	五	第

《大宝积经》卷三十五①

35.1.2

[illegible]	[illegible]	[illegible]	[illegible]
tshjwu^{1}	bju^{1}	tśja^{1}	dźju^{1}
天	奉	道	显

奉天显道②

35.1.3

[illegible]	[illegible]	[illegible]	[illegible]	[illegible]	[illegible]	[illegible]	[illegible]	[illegible]	[illegible]
dźiã^{2}	tsjij^{2}	·u̱^{2}	ljwu^{2}	ɣa̱^{2}	njɨɨ^{1}	tsew^{2}	·jij^{1}	lew^{1}	phə^{1}
菩	萨	藏	会	十	二	第	之	一	长
[illegible]	[illegible]								
bji̱j^{1}	·jij^{1}								
者	之								

菩萨藏会第十二之一开化长者品第一

35.1.4

[illegible]	[illegible]	[illegible]	[illegible],	[illegible]	[illegible]	[illegible]	[illegible]	[illegible]	[illegible]
thjɨ^{2}	sju^{2}	mjo^{1}	ŋa^{2}	ljɨ^{1}	dzjɨj^{1}	pho^{1}	khja^{2}	xiwã^{1}	śjɨ^{1}
是	如	闻	我,	一	时	薄	伽	梵	室

① 此行经名,西夏文本原缺,此据文意补。

② [illegible],奉天显道。西夏仁宗皇帝(1139—1193 年)尊号的略称,全称是"奉天显道耀武宣文神谋睿智制义去邪惇睦懿恭皇帝",汉文本无。

[illegible]	[illegible]	[illegible]	□	□	□	□	□
lji^2	la^1	wa^1					
利	罗	筏					

如是我闻,一时薄伽梵①于室罗筏国雨安居,

35.1.5

[illegible]	[illegible]	[illegible]	[illegible]	[illegible]	[illegible]	[illegible]	[illegible]	[illegible]	[illegible]
dzjị^2	sọ^1	lhjịj^2	phow^1	ŋowr^2	·jij^1	dźjar^2	mjɨ^1	thjɨ^1	dźjwa^1
盖	三	月	月	具	自	过	彼	持	已
[illegible]	[illegible]	[illegible]	[illegible]	□	□	□	□		
tsjiir^1	lhwu^1	·a$^?$	gjwi^2						
法	衣	△	服						

过三月恣举已,作衣服竟,

35.1.6

[illegible]	[illegible]	[illegible]	[illegible]	[illegible]	[illegible]	[illegible]	[illegible]	[illegible],	[illegible]
tụ^1	njɨɨ^1	·jir^2	ŋwə^1	ɣạ^2	dzjwo^2	rjir^2	śiə^1	śio^1	rjur^1
千	二	百	五	十	人	与	共	俱,	诸
[illegible]	[illegible]	[illegible]。	□	□	□	□	□		
lhjịj^2	da̱^{2}	dzjiij^2							
国	游	化。							

与大苾刍众千二百五十人俱,游化诸国。是薄伽梵,

35.2.1

[illegible]	[illegible]	[illegible]	[illegible]	[illegible]	[illegible]	[illegible],	[illegible]	[illegible]	[illegible]
tha^2	zji^2	thjo̱^{1}	mjiij^2	dźjwow^1	śjɨj^1	·jiw^2	rjur^1	kha^1	to^2
大	微	妙	名	称	成	就,	世	间	出
[illegible],	[illegible]	[illegible]	[illegible]	[illegible]	[illegible]	[illegible]	[illegible]		
śja^2	rjur^1	dzjwo^2	mə^1	·jij^1	·jow^2	śja^2	lew^2		

① 薄伽梵,梵文为 Bhagavat,佛陀十号之一。又作“婆伽婆”“婆伽梵”“婆哦缚帝”。意译“有德”“能破”“世尊”等。藏文为 bcom ldan ' das。“[illegible]”音译自汉文,“[illegible]”直译自藏文,字面义为“出有坏”。

现，	诸	人	天	之	赞	颂	所

成就广大微妙名称，出现世间，为诸人之所赞颂，

35.2.2

we^{2}	mjor^{1}	ljịj^{2}	bju^{1}	wo^{2}	tśhja^{2}	ka^{1}	dwewr^{2}	swew^{1}	dźjɨ$^{?}$
为，	如	来、	因	应、	正	等	觉、	明	行
·iọ^{1}	sə^{1}	neew^{2}	bjiij^{2}	rjur^{1}	kha^{1}	tsjij^{2}	goor^{1}		
圆	满、	善	逝、	世	间	解、	丈		

所谓如来、应①、正等觉、明行圆满、善逝、世间解、

35.2.3

kiej^{2}	·jij^{1}	rjur^{1}	·jar^{2}	zji^{2}	phju^{2}	mjijr^{2}	ŋwə^{1}	dzjwo^{2}	dzjiij^{2}
夫	之	调	御、	无	上	者、	天	人	师、
tha^{1}	pho^{1}	khja^{2}	xiwã^{1}	na^{1}	dźjịj^{1}	·jij^{1}	ljạ^{1}		
佛、	薄	伽	梵。	深	住	自	证		

无上丈夫、调御士、天人师、佛、薄伽梵。深住自证

35.2.4

mee^{2}	mjijr^{2}	ŋowr^{2}	lhə$^{?}$	pjụ^{1}	tśhja^{2}	rjur^{1}	mə^{1}	rjur^{1}	kha^{1}
神	通	具	足，	威	德	诸	天	世	间
ljiij^{2}	njij^{2}	xiwã^{1}	njij^{2}	·ja$^{?}$	su^{1}	la^{1}	kha^{1}		
魔	王、	梵	王、	阿	素	洛	中		

① 应，即“应供”，梵文 Arhant，通行译法为“阿罗汉”。佛陀十号之一，又称“应真”，简称“应”。西夏文原作“[Tangut]”，误，乃“[Tangut]”(bju^{1} wo^{2})之倒文，迳改。

具足神通，威德映蔽①诸天世间魔王、梵王、阿素洛②等。

35.2.5

[illegible]	[illegible]	[illegible]。	[illegible]	[illegible]	[illegible]	[illegible]	[illegible]	[illegible]	[illegible]
njɨ^{2}	lja^{1}	lho$^{?}$	·ju^{2}	dźiã^{2}	tśhju^{1}	·jij^{1}	zji^{2}	thjoo^{1}	tsjiir^{1}
等	超	出。	常	众	生	之	微	妙	法
[illegible]，	[illegible]	[illegible]、	[illegible]	[illegible]、	[illegible]	[illegible]	[illegible]		
tshjiij^{1}	phju^{2}	neew^{2}	kha^{1}	neew^{2}	kụ^{1}	neew^{2}	phie^{2}		
说，	初	善、	中	善、	后	善	开		

常为众生说微妙法，开示初善、中善、后善，

35.2.6

[illegible]，	[illegible]	[illegible]	[illegible]	[illegible]，	[illegible]	[illegible]	[illegible]	[illegible]	[illegible]
ne̱j^{2}	·jwɨr^{2}	wo^{2}	thjo̱^{1}	ɣjɨr	lew^{1}	dźjij^{1}	phiow^{1}	sej^{1}	xiwã^{2}
示，	文	义	妙	巧，	一	纯	白	清	梵
[illegible]	[illegible]	[illegible]。	□	□	□	□			
dźjɨ	·io̱^{1}	sə^{1}							
行	圆	满。							

文义巧妙，纯一圆满，清白梵行。时四部众，

35.3.1

[illegible]、	[illegible]	[illegible]、	[illegible]	[illegible]	[illegible]	[illegible]，	[illegible]	[illegible]、	[illegible]
njij^{2}	tha^{2}	bji^{2}	mə^{2}	mə^{2}	tśja^{1}	nu^{1}	śia^{1}	mẽ^{1}	pho^{1}
王、	大	臣、	种	种	道	外，	沙	门、	婆
[illegible]	[illegible]，	□	□	□	□	□	□		
lo^{1}	mẽ^{1}								
罗	门，								

① 映蔽，西夏文作“[illegible]”，见下行，字面意思作“超出”。

② 阿素洛，梵文作 Asura，藏文为 lha ma yin。八部众之一。又译“阿修罗”，或意译“非天”。西夏文“[illegible]”音译自汉文。

国王、大臣、种种外道，沙门、婆罗门①，诸长者，天、龙、

35.3.2

[illegible]	[illegible]、	[illegible]、	[illegible]	[illegible]	[illegible]，	[illegible]	[illegible]	[illegible]	[illegible]
·ja^{2}	khja^{2}	dzjwo^{2}	mji^{1}	dzjwo^{2}	njɨ^{2}	mjɨ^{1}	pjụ^{1}	phju^{2}	thjoo^{1}
药	叉、	人、	非	人	等，	无	量	上	妙
[illegible]	[illegible]、	[illegible]	[illegible]、	[illegible]	[illegible]、	[illegible]	[illegible]		
lhwu^{1}	gjwi^{2}	tjị^{1}	dzji^{2}	gjwɨr^{1}	lju̲^{2}	tser^{1}	tsə̣^{1}		
衣	服、	食	饮、	卧	具、	医	药		

药叉②、人、非人等，以无量上妙衣服、饮食、卧具、医药

35.3.3

[illegible]	[illegible]	[illegible]	[illegible]	[illegible]，	[illegible]	[illegible]	[illegible]	[illegible]	[illegible]。
mə^{2}	mə^{2}	kjụ^{1}	gju^{2}	ŋwu^{2}	mjor^{1}	ljịj^{2}	·jij^{1}	kjụ^{1}	tshwew^{1}
种	种	供	具	以，	如	来	之	奉	献。

种种供具，奉献如来。

35.3.4

[illegible]	[illegible]，	[illegible]	[illegible]	[illegible]	[illegible]	[illegible]	[illegible]，	[illegible]	[illegible]
tśhjɨ^{1}	zjọ^{2}	rjur^{1}	pjụ^{1}	ljịj^{2}	·ji^{1}	·wiọ^{1}	tśjị^{1}	kjụ^{1}	tshwew^{1}
尔	时，	世	尊	大	众	围	绕，	供	养
[illegible]	[illegible]，	[illegible]	[illegible]	[illegible]	[illegible]，	[illegible]	[illegible]		
dzjwị^{1}	lhejr^{2}	pjụ^{1}	bjuu^{1}	·jow^{2}	śja^{2}	tśjɨɨ^{1}	bju^{1}		
恭	敬，	尊	重	赞	叹，	次	依		

尔时，世尊大众围绕，供养恭敬，尊重赞叹，渐次③

35.3.5

[illegible]	[illegible]	[illegible]	[illegible]	[illegible]	[illegible]，	[illegible]	[illegible]	[illegible]	[illegible]

① 婆罗门，音译自梵文 Brāhmaṇa，藏文为 bram ze。西夏文"[illegible]"译自汉文。

② 药叉，梵文作 Yakṣa，又译作"夜叉""夜乞叉""药乞叉"。玄应《音义》三曰："阅叉或云夜叉，皆讹也。正言药叉，此译云能啖鬼，谓食啖人也。又云伤者，谓能伤害人也。"藏文译作 gnod sbyin，"施害、施碍"之意。

③ 渐次，西夏文作"[illegible]"，字面意思为"依次"。

dźjij	daa^{2}	mo^{2}	khja^{2}	thow^{1}	lhjịj^{2}	njij^{2}	mjii^{1}	ljịj^{2}	we^{2}
游	行	摩	揭	陀	国，	王	舍	大	城
[illegible]	[illegible]，	[illegible]	[illegible]	[illegible]	[illegible]	[illegible]	[illegible]。		
do^{2}	kho^{1}	khji^{1}	śja^{1}	khjwɨ^{1}	ŋər^{1}	kha^{1}	dźjịj^{1}		
于	至，	耆	阇	崛	山	中	住。		

游行至摩揭陀国，诣王舍大城，住鹫峰山①。

35.3.6

[illegible]，	[illegible]	[illegible]	[illegible]	[illegible]	[illegible]	[illegible]	[illegible]	[illegible]，	[illegible]
dzjɨj^{1}	njij^{2}	mjii^{1}	we^{2}	·u^{2}	tha^{2}	phə^{1}	bjịj^{1}	gjɨ^{2}	mjiij^{2}
时，	王	舍	城	中	大	长	者	一，	名
[illegible]	[illegible]	[illegible]，	[illegible]	[illegible]	[illegible]	[illegible]	[illegible]		
tja^{1}	mee^{2}	·wejr^{2}	śji^{1}	·wjɨ^{2}	rar^{2}	rjur^{1}	tha^{1}		
者	贤	守，	先	△	去	诸	佛		

时，王舍城中有大长者，名曰贤守，已曾亲觐过去诸佛，

35.4.1

[illegible]	[illegible]	[illegible]	[illegible]，	[illegible]	[illegible]	[illegible]	[illegible]	[illegible]	[illegible]，
do^{2}	?	njij^{1}	djij^{2}	njwo^{2}	neew^{2}	tśhji^{2}	rjɨr^{2}	ljị^{1}	nio̱w^{2}
处	亲	觐	曾，	昔	善	根	乃	殖	故，
[illegible]	[illegible]	[illegible]	[illegible]	[illegible]，	[illegible]	[illegible]	[illegible]		
mə^{2}	ljịj^{2}	lo$^{?}$	ljịj^{2}	we^{2}	lew^{2}	tjị^{1}	ljɨ̣^{1}		
族	大	富	大	为，	同	食	宝		

宿殖善根，福感通被，大族大富，资产

35.4.2

[illegible]	[illegible]	[illegible]	[illegible]	[illegible]。	[illegible]，	[illegible]	[illegible]	[illegible]	[illegible]
war^{2}	zji^{2}	mji^{1}	dźjij^{2}	mjij^{1}	dzjɨj^{1}	thja^{1}	phə^{1}	bjịj^{1}	ljịj^{2}
财	皆	不	具	无。	时，	彼	长	者	大
[illegible]	[illegible]	[illegible]	[illegible]	[illegible]	[illegible]，	[illegible]	[illegible]		

① 鹫峰山，西夏文作“[illegible]”khji^{1} śja^{1} khjwɨ^{1} ŋər^{1}，当译自汉文“耆阇崛山”。慧琳《一切经音义》：“鹫头，山名也，在王舍城侧。亦名鹫峰山、亦名灵鹫山，梵云耆阇崛山，并一山也。”（见《大藏经》第54册，第370页）

śia^{1}	mẽ^{1}	śjɨ^{2}	mə^{2}	mjii^{1}	lho$^{?}$	zji^{2}	phju^{2}
沙	门	释	氏	宫	出，	无	上

财宝无不具足。时，彼长者闻大沙门出释氏宫，

35.4.3

[illegible]	[illegible]	[illegible]	[illegible]	[illegible]，	[illegible]	[illegible]	[illegible]	[illegible]	[illegible]
tśhja^{2}	ka^{1}	po^{1}	tjɨj^{1}	lja̱^{1}	rjur^{1}	ljij^{2}	·ji^{1}	rjir^{2}	·jij^{1}
正	等	菩	提	证，	诸	大	众	与	自
[illegible]	[illegible]	[illegible]，	[illegible]	[illegible]	[illegible]	[illegible]，	[illegible]		
lhjịj	·u^{2}	ljij^{2}	thja^{1}	tha^{1}	rjur^{1}	pjụ^{1}	thjɨ^{2}		
国	内	来，	彼	佛	世	尊，	是		

证于无上正等菩提，与诸大众来游此国，彼佛世尊，

35.4.4

[illegible]	[illegible]	[illegible]	[illegible]	[illegible]	[illegible]	[illegible]	[illegible]	[illegible]	[illegible]
sju^{2}	njɨ^{2}	wa̱^{2}	khwej^{2}	mjiij^{2}	wjɨ^{2}	dźjwow^{1}	rjur^{1}	kha^{1}	to^{2}
如	等	广	大	名	△	称	世	间	出
[illegible]，	[illegible]	[illegible]	[illegible]	[illegible]，	[illegible]	[illegible]	[illegible]		
śja^{2}	ɣa̱^{2}	mjiij^{2}	ŋowr^{2}	lhə$^{?}$	mjijr^{2}	źjɨr^{1}	śjɨj^{1}		
现，	十	号	具	足，	通	慧	成		

有如是等广大名称出现世间，十号具足，成就通慧，

35.4.5

[illegible]，	[illegible]	[illegible]	[illegible]	[illegible]，	[illegible]	[illegible]	[illegible]	[illegible]	[illegible]
·jiw^{2}	zji	thjo̱^{1}	tsjiir^{1}	tshjiij^{1}	rjɨr^{2}	njɨ^{2}	phiow^{1}	sej^{1}	xiwã^{1}
就，	微	妙	法	说，	乃	至	白	清	梵
[illegible]	[illegible]	[illegible]。	□	[illegible]，	[illegible]	[illegible]	[illegible]		
dźjɨ$^{?}$	·io̱^{1}	sə^{1}		dzjɨj^{1}	thja^{1}	phə^{1}	bjij^{1}		
行	圆	满。		时，	彼	长	者		

说微妙法，乃至圆满清白梵行。时，彼长者

35.4.6

[illegible] [illegible] [illegible] [illegible]： [illegible] [illegible] [illegible] [illegible] [illegible] [illegible] thjɨ^{2} sju^{2} ljɨr^{2} wji^{1} ŋa^{2} sjij^{1} khji^{1} śja^{1} khjwɨ^{1} ŋər^{1}

是 如 思 作: 我 今 耆 阇 崛 山

[illegible] □ □ □ □ □ □ □

kha^{1}

中

作是思惟:我今当往鹫峰山王,为欲奉见彼如来故。

35.5.1

[illegible] [illegible] [illegible] [illegible] [illegible] [illegible] [illegible] [illegible] [illegible] [illegible]。①

tjij^{1} ljij^{2} ŋa^{2} ku^{1} kjɨ^{1} djɨj^{2} neew^{2} gjij^{1} tjị^{2} ŋa^{2}

若 见 我 则 必 定 善 利 获 △。

□ □ □ □ □ [illegible] [illegible] [illegible]

ŋwə^{1} ·jir^{2} phə^{1}

五 百 长

若我见者,必获善利。作是念已,

35.5.2

[illegible] [illegible] [illegible] [illegible] [illegible] [illegible] [illegible] [illegible], [illegible] [illegible]

bjij^{1} rjir^{2} njij^{2} mjii^{1} we^{2} ·u^{2} wjɨ^{2} lho$^{?}$ tha^{1} do^{2}

者 与 王 舍 城 中 △ 出, 佛 处

[illegible] [illegible]。 [illegible] [illegible], [illegible] [illegible] [illegible] [illegible]

rjɨr^{2} wjij^{1} tśhjɨ^{1} zjọ^{2} rjur^{1} pjụ^{1} thja^{1} sjij^{1}

乃 往。 尔 时, 世 尊 彼 今

与五百长者出王舍城,将往佛所。尔时,世尊

汉文本

《大宝积经》卷三十五

奉天显道

菩萨藏会第十二之一开化长者品第一

① [illegible],为第一人称单数动词人称呼应后缀,与句首“[illegible]”呼应。下同。

如是我闻，一时薄伽梵于室罗筏国雨安居，过三月恣举已，作衣服竟，与大苾刍众千二百五十人俱，游化诸国。是薄伽梵，成就广大微妙名称，出现世间，为诸天人之所赞颂，所谓如来、应、正等觉、明行圆满、善逝、世间解、无上丈夫、调御士、天人师、佛、薄伽梵。深住自证具足神通，威德映蔽诸天世间魔王、梵王、阿素洛等。常为众生说微妙法，开示初善、中善、后善，文义巧妙，纯一圆满，清白梵行。时四部众，国王、大臣、种种外道，沙门、婆罗门，诸长者，天、龙、药叉、人、非人等，以无量上妙衣服、饮食、卧具、医药种种供具，奉献如来。

尔时，世尊大众围绕，供养恭敬，尊重赞叹，渐次游行至摩揭陀国，诣王舍大城，住鹫峰山。时，王舍城中有大长者，名曰贤守，已曾亲觐过去诸佛，宿殖善根，福感通被，大族大富，资产财宝无不具足。时，彼长者闻大沙门出释氏宫，证于无上正等菩提，与诸大众来游此国，彼佛世尊，有如是等广大名称出现世间，十号具足，成就通慧，说微妙法，乃至圆满清白梵行。时，彼长者作是思惟：我今当往鹫峰山王，为欲奉见彼如来故。若我见者，必获善利。作是念已，与五百长者出王舍城，将往佛所。

35.5.3

[illegible]	[illegible]，	[illegible]	[illegible]	[illegible]	[illegible]，	[illegible]	[illegible]	[illegible]，	[illegible]
bjij^{2}	ɣa^{1}	sẽ^{1}	khja^{2}	tśji^{2}	gjwi^{2}	lhwu^{1}	pa^{2}	·jiij^{1}	rjur^{1}
晨	朝，	僧	伽	胝	服，	衣	钵	持，	诸
[illegible]	[illegible]	[illegible]	[illegible]	[illegible]	[illegible]	[illegible]，	[illegible]		
phji^{1}	tśhjụ^{1}	sẽ^{1}	tshji^{2}	ljịj^{1}	·wiọ^{1}	tśjɨ^{1}	ljịj^{2}		
苾	刍	僧	侍	奉	围	绕，	大		

于日初分，服僧伽胝①，执持衣钵，诸苾刍②僧侍从围绕，

35.5.4

[illegible]	[illegible]	[illegible]	[illegible]	[illegible]	[illegible]	[illegible]，	[illegible]	[illegible]	[illegible]
·ji^{1}	kha^{1}	dźjij^{1}	pjụ^{1}	wer^{1}	?	dzjɨ^{2}	dźjij^{1}	dźjiij^{1}	no^{2}
众	中	在	威	仪	全	聚，	行	住	安
[illegible]	[illegible]	[illegible]	[illegible]	[illegible]，	[illegible]	[illegible]	[illegible]		
neew^{2}	tśhja^{2}	sjịj^{2}	bju^{1}	dźjij^{1}	·iejr^{1}	·iejr^{2}	khjuu^{2}		
稳	正	智	依	行，	伸	屈	视		

在大众前威仪严整③，进止④安庠⑤正智而行，顾视屈伸

① 僧伽胝，梵文作 Saṃghāṭi，藏文为 snam sba。僧佛大衣名。为比丘所服“三衣”之一种。
② 苾刍，音译自梵文 Bhikṣu。又作比丘，为出家受具足戒者之通称。男曰比丘，女曰比丘尼。
③ 严整，西夏文作“[illegible]”，字面意思为“全聚”。
④ 进止，西夏文作“[illegible]”，字面意思为“行住”。
⑤ 安庠，西夏文作“[illegible]”，字面意思为“安稳”。

35.5.5

[illegible]，	[illegible]	[illegible]	[illegible]	[illegible]，	[illegible]	[illegible]	[illegible]	[illegible]	[illegible]
rjijr^{2}	ljuu^{2}	ljuu^{2}	rjar^{1}	gjij^{1}	dźiã^{2}	tśhju^{1}	·jij^{1}	dzjiij^{2}	nio̱w^{2}
方，	端	严	殊	异，	众	生	之	化	为
[illegible]	[illegible]	[illegible]	[illegible]，	[illegible]	[illegible]	[illegible]	[illegible]		
tjị^{1}	śjij^{2}	tsjiir^{1}	śja^{2}	we^{2}	·u^{2}	śjɨ^{1}	kięj^{2}		
食	乞	法	现，	城	内	往	欲		

端严殊异，为化众生现乞食法，方欲入城

35.5.6

[illegible]	[illegible]	[illegible]	[illegible]。	[illegible]，	[illegible]	[illegible]	[illegible]	[illegible]	[illegible]
tśja^{1}	khwə^{1}	kho^{1}	śji^{2}	dzjɨj^{1}	mee^{2}	·wejr^{2}	njɨ^{2}	ŋwə^{1}	·jir^{2}
路	半	至	往。	时，	贤	守	等	五	百
[illegible]	[illegible]，	[illegible]	[illegible]	[illegible]	[illegible]	[illegible]，	[illegible]		
phə^{1}	bjịj^{1}	dźjo^{1}	dźjo^{1}	mjor^{1}	ljij^{2}	·jij^{1}	pjụ^{1}		
长	者，	遥	遥	如	来	之，	威		

处于中路。时，贤守等五百长者，遥见如来，威

35.6.1

[illegible]	[illegible]	[illegible]，	[illegible]	[illegible]	[illegible]	[illegible]，	[illegible]	[illegible]	[illegible]
wer^{1}	dzjịj^{1}	lho$^{?}$	·ji^{1}	bio̱^{1}	mej^{1}	dzu^{1}	sọ^{1}	ɣạ^{2}	njɨɨ^{1}
仪	超	出，	众	观	察	乐，	三	十	二
[illegible]	[illegible]	[illegible]	[illegible]	[illegible]	[illegible]	[illegible]	[illegible]		
ljịj^{2}	goor^{1}	kiej^{2}	·jij^{1}	kię̣^{1}	tsə̣^{1}	ljụ^{2}	śjɨj^{1}		
大	丈	夫	相	金	色	身	成		

严超挺，众所乐观，成就金色之身大丈夫相三十有二，

35.6.2

[illegible]，	[illegible]	[illegible]	[illegible]	[illegible]，	[illegible]	[illegible]	[illegible]	[illegible]，	[illegible]
·jiw^{2}	rjur^{1}	tśhji^{2}	mjij^{1}	sej^{1}	njiij^{1}	phji^{1}	mji^{1}	mju^{2}	buu^{2}
就，	诸	根	寂	定，	心	意	无	动，	胜

[illegible]	[illegible]	[illegible]	[illegible]	[illegible]	[illegible]	[illegible]，	[illegible]
gjij^{1}	wəə^{1}	lhjii^{1}	mjij^{1}	djɨj^{2}	lhjụ^{2}	rjir^{1}	rjur^{1}
殊	顺	柔	寂	定	获	得，	诸

诸根寂定，神虑憺怕①，逮得上胜调顺寂止，

35.6.3

[illegible]	[illegible]	[illegible]	[illegible]	[illegible]	[illegible]	[illegible]，	[illegible]	[illegible]	[illegible]
tśhji^{2}	ɣjiw^{1}	·wejr^{2}	tha^{2}	we^{2}	bju^{2}	sju^{2}	gji^{1}	sej^{1}	źjị^{1}
根	摄	护	大	城	象	如，	清	净	扰
[illegible]	[illegible]	[illegible]	[illegible]	[illegible]	[illegible]	[illegible]	[illegible]		
mjij^{1}	rar	mə^{2}	dźiəj^{2}	·u^{2}	gjii^{1}	djị^{1}	zjɨɨr^{2}		
无	泉	澄	池	内	静	没	水		

摄护诸根如大龙②象，清净无扰如澄泉池，

35.6.4

[illegible]，	[illegible]	[illegible]	[illegible]	[illegible]	[illegible]	[illegible]	[illegible]	[illegible]	[illegible]
sju^{2}	śjạ^{1}	ljɨ^{1}	ŋwu^{2}	dja^{2}	śjɨj^{1}	·jir^{2}	tụ^{1}	rjir^{2}	bạ^{2}
如，	七	宝	以	所	成	百	千	亿	叶
[illegible]	[illegible]	[illegible]	[illegible]	[illegible]，	[illegible]	[illegible]	[illegible]		
wjạ^{1}	sej^{1}	dzjɨ̣^{2}	tśhjaa^{1}	lej	rjur^{1}	ŋewr^{2}	mjij^{1}		
华	莲	红	上	踏，	诸	数	无		

足蹈七宝所成百千亿叶红莲华上，

35.6.5

[illegible]、	[illegible]、	[illegible]	[illegible]	[illegible]	[illegible]	[illegible]	[illegible]	[illegible]，	[illegible]
dzjwo^{2}	mə^{1}	·jij^{1}	khja^{2}	·jij^{1}	kjụ^{1}	tshwew^{1}	lew^{2}	we^{2}	ljij^{2}
人、	天、	药	叉	之	供	养	所	为，	大
[illegible]	[illegible]	[illegible]	[illegible]	[illegible]	[illegible]	[illegible]，	[illegible]		
mə^{1}	wjạ^{1}	dzjụ^{2}	mjor^{1}	ljịj^{2}	tśhjaa^{1}	lju^{2}	thja^{1}		
天	华	雨	如	来	上	散，	其		

---

① 神虑憺怕，西夏文作“[illegible]”，字面意思为“心意不动”。按，《广雅》曰：“憺、怕，静也。”

② 大龙，西夏文作“[illegible]”（大城）。[illegible]（we^{2}），通“[illegible]”（we^{2}，龙）。

为诸无数天、人、药叉之所供养,雨大天华散如来上,其

35.6.6

[illegible]	[illegible]	[illegible]	[illegible]	[illegible]	[illegible]	[illegible]	[illegible]	[illegible]。	[illegible]
wja̧^{1}	zjiɨr^{2}	rar^{2}	sju^{2}	ljɨ̣^{2}	njijr^{2}	nja^{1}	ka̧^{1}	ljij^{2}	rjur^{1}
华	水	泉	如	地	面	△	拔	见。	诸
[illegible]	[illegible]	□	□	□	[illegible]	[illegible]	[illegible]		
phə^{1}	bjij̣^{1}				·jij^{1}	mjɨ^{1}	pju̧^{1}		
长	者				之	无	量		

其华若流弥满于地。诸长者等既睹世尊,

35.7.1

[illegible]	[illegible]	[illegible]	[illegible]	[illegible]	[illegible]	[illegible]	[illegible]	[illegible]	[illegible]
·jir^{2}	tu̧^{1}	tśhja^{2}	·ioow^{1}	ljuu^{2}	tshjij̣^{2}	ljij^{2}	nioow^{1}	dźjo^{1}	dźjo^{1}
百	千	德	功	庄	严	睹	及	远	遥
□	□	□	□	□	□	[illegible]	[illegible]		
						gji^{1}	sej^{1}		
						清	净		

以无量百千功德庄严从远而来,叹未曾有,

35.7.2

[illegible]	[illegible]	[illegible]	[illegible]	[illegible]	[illegible],	[illegible]	[illegible]	[illegible]	[illegible],
njij^{1}	bju^{1}	mjor^{1}	ljij̣^{2}	do^{2}	njɨ^{2}	tha^{1}	rewr^{2}	tśjiw^{2}	tshwew^{1}
心	依	如	来	所	至,	佛	足	顶	礼,
[illegible]	[illegible]	[illegible]	[illegible]。	[illegible]	[illegible],	[illegible]	[illegible]		
tśhjwo^{1}	·ja$^{?}$	njijr^{2}	dźjiij^{1}	tśhjɨ^{1}	zjọ^{2}	mee^{2}	·wejr^{2}		
则	一	面	住。	尔	时,	贤	守		

以清净心往如来所,顶礼佛足,却住一面。尔时,贤守

35.7.3

[illegible]	[illegible]	[illegible]	[illegible]	[illegible]	[illegible]	[illegible]	[illegible]	[illegible]:	[illegible]

nji^{2} ŋwə^{1} ·jir^{2} phə^{1} bjịj^{1} tha^{1} ·jij^{1} dạ^{2} ·jɨ^{1} rjur^{1}

等 五 百 长 者 佛 之 言 谓： 世

[illegible]， [illegible] [illegible] [illegible] [illegible]！ [illegible] [illegible] [illegible]

pjụ^{1} śji^{1} dju^{1} mjij^{2} djij^{2} mjor^{1} ljịj^{2} mee^{2}

尊， 先 有 未 曾！ 如 来 神

等五百长者白佛言：世尊，未曾有也！如来神力，

35.7.4

[illegible] [illegible]， [illegible] [illegible] [illegible] [illegible] [illegible] [illegible] [illegible] [illegible]

thə^{1} ŋwu^{2} mə^{1} śji gjuu rjur ljiij^{2} xiwã^{1} ·jij^{1} ·jwɨɨ^{1}

力 以， 天 仙 吉 祥 魔 梵 之 映

[illegible]， [illegible] [illegible] [illegible] [illegible] [illegible] [illegible] [illegible]

t-$^{?}$ mjor^{1} ljịj^{2} ·jij^{1} pjụ^{1} tśhja^{2} tha^{2} mjịj^{2}

夺， 如 来 之 威 德 大 名

映夺天仙吉祥魔梵，如来威德具大名称，

35.7.5

[illegible] [illegible]， [illegible] [illegible] [illegible] [illegible] [illegible] [illegible] [illegible] [illegible]

dźjwow^{1} ŋowr^{2} ·io̥^{1} bji^{1} tsə̣^{1} rjur^{1} mjij^{1} ljịj^{2} ·ji^{1} kha^{1}

称 具， 圆 光 色 诸 无 大 众 中

[illegible] [illegible]。 [illegible] [illegible] [illegible] [illegible] [illegible] [illegible]

lja^{1} lho$^{?}$ rjur^{1} pjụ^{1} kwər^{1} ·jij^{1} ljịj^{2} kię^{1}

超 出。 世 尊 体 相 大 金

圆光妙色蔽①诸大众。世尊体相如大金山，

35.7.6

[illegible] [illegible]， [illegible] [illegible] [illegible] [illegible] [illegible] [illegible] [illegible] [illegible]。

ŋər^{1} sju^{2} mjor^{1} laa^{1} ljuu^{2} ljuu^{2} ŋwer^{1} dźjwɨ^{1} mjij^{1} ljɨ^{1}

山 如， 容 染 端 严 等 相 无 也。

[illegible] [illegible] [illegible] [illegible] [illegible] [illegible] [illegible] [illegible]

---

① 蔽，西夏文作“[illegible][illegible]”，字面意思为“超出”。

rjur1	pjụ1	rjur1	kha1	zji1	rjar1	gjij1	tsjiir1
世	尊	世	间	最	奇	甚	法

容貌①端严无等等者。世尊成就一切世间甚希奇法。

35.8.1

[illegible]	[illegible]	[illegible]	[illegible]。	[illegible]	[illegible]	[illegible]	[illegible],	[illegible]	[illegible]
ŋowr2	ŋowr2	śjɨj1	·jiw2	ŋa2	rjur1	pjụ1	·jij1	thjɨ2	sju2
一	切	成	就。	我	世	尊	之,	此	如
[illegible]	[illegible]	[illegible]	[illegible],	[illegible]	[illegible]	[illegible]	[illegible]		
pjụ1	tśhja2	dźjij2	tja1	wa2	sju2	·jij1	bio̱1		
威	德	有	者,	何	如	相	观		

我惟世尊,威德如是,观何等相,

35.8.2

[illegible],	[illegible]	[illegible]	[illegible]	[illegible],	[illegible]	[illegible]	[illegible]	[illegible]	[illegible]
ŋwu2	nji1	dźjij1	tsjiir1	phjɨ1	tha2	po1	tjɨj1	·a?	tsjij2
以,	家	在	法	弃,	大	菩	提	△	悟
[illegible]	[illegible]	[illegible]	[illegible]?	[illegible]	[illegible],	[illegible]	[illegible]		
sji2	wjɨ2	ljɨr2	ŋa2	tśhjɨ1	zjọ2	mee2	·wejr2		
▽	△	虑	△?	尔	时,	贤	守		

弃舍家法,悟大菩提?尔时,贤守

汉文本

尔时,世尊于日初分,服僧伽胝,执持衣钵,诸苾刍僧侍从围绕,在大众前威仪严整,进止安庠正智而行,顾视屈伸端严殊异,为化众生现乞食法,方欲入城处于中路。时,贤守等五百长者,遥见如来,威严超挺,众所乐观,成就金色之身大丈夫相三十有二,诸根寂定,神虑憺怕,逮得上胜调顺寂止,摄护诸根如大龙象,清净无挠如澄泉池,足蹈七宝所成百千亿叶红莲华上,为诸无数天、人、药叉之所供养,雨大天华散如来上,其华若流弥满于地。诸长者等既睹世尊,以无量百千功德庄严从远而来,叹未曾有,以清净心往如来所,顶礼佛足,却住一面。

尔时,贤守等五百长者白佛言:世尊,未曾有也!如来神力,映夺天仙吉祥魔梵,如来威德具大名

① 容貌,西夏文作“[illegible][illegible]”(容染)。[illegible](laa1),当通“[illegible]”(laa1,容、貌)。

称，圆光妙色蔽诸大众。世尊体相如大金山，容貌端严无等等者。世尊成就一切世间甚希奇法。我惟世尊，威德如是，观何等相，弃舍家法，悟大菩提？

35.8.3

phə^{1}	bjịj^{1}	xja^{1}	tha^{1}	rjir^{2}	·ju^{2}	ljaa^{1}	dạ^{2}	rjɨr^{2}	tshjiij^{1}
长	者	即	佛	前	面，	颂	言	乃	曰：

长者即于佛前，而说颂曰：

35.8.4

ŋa^{2}	njwo^{2}	zji^{2}	buu^{2}	pjụ^{1}	gjuu^{2}	rjur^{1}	thjo^{1}	tsə̣^{1}	ljịj^{2}
我	昔	最	胜	尊，	吉	祥	妙	色	大
mjiij^{2}	dźjwow^{1}	mji^{1}	djij^{2}						
名	称	闻	曾，						

我昔曾闻最胜尊，吉祥妙色大名称，

35.8.5

sjij^{1}	pjụ^{1}	bji^{1}	ljij^{2}	mji^{1}	su^{1}	buu^{2}	ljụ^{2}	kię^{1}	ɣiej^{1}
今	威	光	睹	闻	如	胜，	像	金	真
sju^{2}	·ji^{1}	tśhja^{2}	ŋowr^{2}						
如	众	德	具。						

今睹威光胜所闻，如真金像备众德。

35.8.6

								□	□
mjor^{1}	ljij^{2}	tsə̣^{1}	ljụ^{2}	kię^{1}	ŋər^{1}	sju^{2}	so^{2}		
如	来	色	像	金	山	喻，	高		
□	□	□	，						

			bja^{2}						
			终，						

如来色像喻金山，高广严净观无厌，

35.9.1

[illegible]	[illegible]	[illegible]	[illegible]	[illegible]	[illegible]	[illegible]，	[illegible]	[illegible]	□
pjụ^{1}	tśhja^{2}	phji^{1}	tśhjụ^{1}	·ji^{1}	ljuu^{2}	tshjịj^{2}	dzjọ^{1}	·ji^{1}	
威	德	苾	刍	众	庄	严，	犹	众	
□	□	□	[illegible]。						
			sju^{2}						
			如。						

威德庄严苾刍众，犹如满月处众星。

35.9.2

[illegible]	[illegible]	[illegible]	[illegible]	[illegible]	[illegible]	[illegible]，	[illegible]	[illegible]	[illegible]
rjur^{1}	pjụ^{1}	tśjiw^{2}	·jij^{1}	ljij^{2}	tjị^{2}	mjij^{1}	so^{2}	dźju^{1}	ŋər^{1}
世	尊	顶	相	见	能	无，	高	显	山
[illegible]	[illegible]	[illegible]	[illegible]，						
njij^{2}	su^{1}	gjiij^{1}	dzjịj^{1}						
王	△	逾	越，						

世尊顶相无能见，高显映发逾山王，

35.9.3

[illegible]	[illegible]	[illegible]	[illegible]	[illegible]	[illegible]	[illegible]，	[illegible]	[illegible]	[illegible]
tśjiw^{2}	dzja^{1}	·iọ^{1}	sə^{1}	mjiij^{2}	mjiij^{2}	śio	thja^{1}	·jij^{1}	tśhja^{2}
顶	髻	圆	满	渐	渐	尖，	其	相	平
[illegible]	[illegible]	[illegible]	[illegible]。						
djịj^{1}	mə^{1}	ɣja^{2}	sju^{2}						
偃	天	盖	犹。						

顶髻周圆渐次敛，其相平偃犹天盖。

35.9.4

[illegible]	[illegible]	[illegible]	[illegible]	[illegible]	[illegible]	[illegible]，	[illegible]	[illegible]	[illegible]

piəj^{2} ŋwər lhjii^{1} nejr^{1} tśier^{1} śjij^{1} dźiej^{2} ·ã śja^{2} tsə̣^{1}
发 绀 软 腻 右 顺 旋， 安 缮 色
[illegible] [illegible] [illegible] [illegible]，
dzjwɨ^{1} ŋwər ljɨ̣^{1} sju^{2}
帝 青 宝 如，
绀发软腻而右旋，如安缮色帝青宝，

35.9.5

[illegible] [illegible] [illegible] [illegible] [illegible] [illegible] [illegible]， [illegible] [illegible] [illegible]
sej^{1} bji^{1} wor^{1} le^{2} ljwịj^{1} su^{1} gjịj^{1} ŋa^{2} sjij^{1} bio̱^{1}
净 光 孔 雀 项 如 逾， 我 今 瞻
[illegible] [illegible] [illegible] [illegible]。
·juu^{1} mji^{1} dwər^{1} lhə$^{?}$
仰 无 厌 足。
鲜净光逾孔雀项，我今瞻仰无厌足。

35.9.6

[illegible] [illegible] [illegible] [illegible] [illegible] [illegible] [illegible]， [illegible] [illegible] [illegible]
mjor^{1} la̱^{1} ljuu^{2} ljuu^{2} ljạ^{1} tśhja^{2} djịj^{1} bee^{2} ·jij^{1} sej^{1}
容 色 端 庄 额 平 正， 眉 相 净
[illegible] [illegible] [illegible] [illegible]，
rur^{2} mə^{1} lhjɨ̣^{1} sju^{2}
皎 天 弓 若，
面貌端严额平正，眉相皎净若天弓，

35.10.1

[illegible] [illegible] [illegible] [illegible] [illegible] [illegible] [illegible]， [illegible] [illegible] [illegible]
bjii^{2} phiow^{1} swew^{1} bẹ^{1} lej^{2} tśior^{1} bja̱^{1} bji^{1} rur^{2} swew^{1}
毫 白 映 彻 瑕 秽 无， 光 洁 照
[illegible] [illegible] [illegible] [illegible]。
lã^{1} gjịj^{1} njij^{2} sju^{2}
耀 星 王 如。

白毫映彻无瑕秽,光洁照耀如星王。

35.10.2

[illegible] [illegible] [illegible] [illegible] [illegible] [illegible] [illegible], [illegible] [illegible] [illegible]
de² śjwo¹ sej¹ mej¹ zji² kha¹ ljuu² ·ji¹ ljij² to²
喜 发 净 眼 甚 正 端, 众 睹 尽
[illegible] [illegible] [illegible] [illegible],
to² dzu¹ njiij¹ śjwo¹
皆 乐 心 生,

发喜净眼甚微妙,众睹皆生欣乐心,

35.10.3

[illegible] [illegible] [illegible] [illegible] [illegible] [illegible] [illegible], [illegible] [illegible] [illegible]
ŋa² sjij¹ bio̱¹ ·juu¹ tsej² mji¹ dźjɨɨr¹ mej¹ sej¹ rjur¹
我 今 观 看 暂 无 舍, 眼 净 世
[illegible] [illegible] [illegible] [illegible]。
bju¹ tjị² tśjiw² tshwew¹
依 可 顶 礼。

我今奉观无暂舍,顶礼净眼世间依。

35.10.4

[illegible] [illegible] [illegible] [illegible] [illegible] [illegible] [illegible], [illegible] [illegible] [illegible]
njii² ·jij¹ so² tśhja² nioow¹ dźjo¹ twụ¹ mjiij² mjiij² ·a?
鼻 相 高 平 且 修 直, 渐 渐 △
[illegible] [illegible] [illegible] [illegible],
śio kię̣¹ lju² sju²
细 金 散 如,

鼻相高平修且直,渐广圆成如铸金①,

35.10.5

[illegible] [illegible] [illegible] [illegible] [illegible] [illegible] [illegible], [illegible] [illegible] [illegible]

① 铸金,西夏文作“[illegible][illegible]”(散金)。“[illegible]”(lju²,撒、散),当通“[illegible]”(lju̱¹,刻、铸)。

mər¹ ·jij¹ dzjɨ² tsə̣¹ zji² gji¹ sej¹ phjĩ pho¹ rjir
唇 相 赤 色 极 清 净， 频 婆 果
[illegible] [illegible] [illegible] [illegible]。
baa¹ dźji¹ njɨ² sju²
末 尼 等 喻。

唇相丹晖①极清净，喻频婆果末尼等。

35.10.6

[illegible] [illegible] [illegible] [illegible] [illegible] [illegible] [illegible]， [illegible] □ □
thjoo¹ śjwi¹ phiow¹ sej¹ kię¹ bji¹ nejr¹ ŋwe²
妙 齿 白 净 金 光 润， 牛
□ □ [illegible] [illegible]，
tśhji² sju²
根 如，

妙齿鲜白含光润，等鹤牛乳莲华根，

35.11.1

[illegible] [illegible] [illegible] [illegible] [illegible] [illegible] [illegible]， [illegible] [illegible] □
phja¹ ka¹ mji¹ kar² zji² swew¹ sej¹ ·wə̱¹ lhjii¹
边 齐 不 分 极 明 净， 柔 软
□ □ □ □

坚密齐平极明净，调顺②奢摩他所感。

35.11.2

[illegible] [illegible] [illegible] [illegible] [illegible] [illegible] [illegible]， [illegible] [illegible] [illegible]
śjwi¹ nioow¹ śjwi¹ tśhji² zji² na¹ dwuu² śjwi¹ new¹ phju²
齿 及 齿 根 皆 深 密， 齿 乳 上
[illegible] [illegible] [illegible] [illegible]，

---

① 丹晖，指红光，西夏文作“[illegible]”，字面意思为“赤色”。
② 调顺，西夏文作“[illegible]”，字面意思为“柔软”。

khju^{1} zji^{2} phja^{1} ka^{1}

下 皆 边 齐,

齿及随齿根深固,龈际上下皆齐整,

35.11.3

[illegible] [illegible] [illegible] [illegible] [illegible] [illegible] [illegible], [illegible] [illegible] [illegible]

tha^{1} kowr^{2} bji^{1} phiow^{1} zji^{2} buu^{2} dzjịj^{1} dze^{1} njij^{2} ɣjɨr^{1}

佛 牙 光 白 最 胜 超, 雁 王 鹘

[illegible] [illegible] [illegible] [illegible]。

kjwɨɨr^{1} kha^{1} dźjwow^{1} sju^{2}

鹘 中 鸡 如。

佛牙光白最超胜,如彼雁行王处中。

35.11.4

[illegible] [illegible] [illegible] [illegible] [illegible] [illegible] [illegible], [illegible] [illegible] [illegible]

neew^{2} bjiij^{2} ·jij^{1} wạ^{2} dźjo^{1} lhjwa^{1} ·jij^{1} bji^{1} sej^{1} njijr^{2}

善 逝 之 广 长 舌 相, 薄 净 面

[illegible] [illegible] [illegible] [illegible],

ɣja^{2} wją^{1} sej^{1} sju^{2}

覆 华 莲 如,

善逝广长之舌相,覆面薄净如莲华,

35.11.5

[illegible] [illegible] [illegible] [illegible] [illegible] [illegible] [illegible], [illegible] [illegible] [illegible]

tsə̣^{1} rər^{2} njij^{1} baa^{1} dźji^{1} ljɨ̣^{1} sju^{2} bji^{1} ·o^{1} tjɨ̣j^{2}

色 铜 赤 末 尼 宝 如, 光 有 镜

[illegible] [illegible] [illegible] [illegible]。

swew^{1} be^{2} to^{2} sju^{2}

明 日 出 如。

赤铜赤色末尼宝,含晖皎镜如初日。

35.11.6

[illegible] [illegible] [illegible] [illegible] [illegible] [illegible] [illegible], [illegible] [illegible] [illegible]

rjur^{1} pjụ^{1} nju ·jij^{1} zji^{2} ljuu^{2} tshjij^{2} xiwã^{1} śjɨ^{2} mə^{1}
世 尊 耳 相 极 端 严， 梵 释 天
[illegible]
dzjwo^{2} mji^{1} mji^{1} ljij^{2}
人 不 闻 见，

世尊耳相极端严，梵世天人不闻见，

35.12.1

[illegible]
khjiw^{2} nə$^{?}$ mo^{2} sjwɨ^{1} ka^{2} tśjij^{2} njij^{2} le^{2} mjij^{1} ka^{2}
乔 达 摩 种 狻 猊 颔， 畏 无 师
[illegible]
tśjij^{2} njij^{2} wjɨ^{2} sju^{2}
子 王 △ 如。

乔达摩种狻猊颔，无畏犹如师子王。

35.12.2

[illegible]
ŋa^{2} neew^{2} bjiij^{2} kor^{1} njwij^{1} ·jij^{1} bio^{1} rjur^{1} kha^{1} zər^{2}
我 善 逝 喉 咽 相 观， 世 间 甘
[illegible]
ljịj^{2} wjị^{1} śio^{1} njwi^{2}
露 味 引 能，

我观善逝咽喉相，能引世间甘露味，

35.12.3

[illegible]
gji^{1} sej^{1} swew^{1} bẹ^{1} lej^{2} tśior^{1} bja^{1} tha^{2} mee^{2} ɣie^{1}
清 净 映 彻 瑕 秽 无， 大 神 力
[illegible]
ŋowr^{2} seew^{2} tshjiij^{1} mjij^{1}
具 思 议 不。

清净映彻无瑕秽，具大神力不思议。

35.12.4

[illegible]	[illegible]	[illegible]	[illegible]	[illegible]	[illegible]	[illegible]，	[illegible]	[illegible]	[illegible]
ljwịj^{1}	zjir^{2}	rer^{1}	·jij^{1}	dźjo^{1}	nioow^{1}	twụ^{2}	njɨɨ^{1}	ljwu^{1}	zjɨɨr^{1}
颈	横	弦	相	修	且	直，	二	间	少
[illegible]	[illegible]	[illegible]	[illegible]，						
zjịj^{1}	dza^{1}	rer^{1}	mjij^{1}						
许	杂	弦	无，						

颈前横约修且直，处中都无孅杂文，

35.12.5

[illegible]	[illegible]	[illegible]	[illegible]	[illegible]	[illegible]	[illegible]，	[illegible]	[illegible]	[illegible]
dzjwo^{2}	kha^{1}	buu^{2}	mə^{1}	kha^{1}	mə^{1}	śja^{2}	·ju^{2}	wjị^{1}	kha^{1}
人	中	胜	天	中	天	现，	恒	味	中
[illegible]	[illegible]	[illegible]	[illegible]。						
phju^{2}	tsew^{2}	wjị^{1}	thji^{1}						
一	第	味	食。						

现人中胜天中天，恒食味中第一味。

35.12.6

[illegible]	[illegible]	[illegible]	[illegible]	[illegible]	[illegible]	[illegible]，	□	□	□
wạ^{1}	źjị^{1}	ljɨ^{2}	lji^{2}	zji^{2}	·iọ^{1}	sə^{1}			
膊	左	直	圆	悉	圆	满，			
□	□	□	[illegible]，						
			wejr^{1}						
			盛，						

肩膊充圆悉成满，胸臆雄猛威容盛，

35.13.1

[illegible]	[illegible]	[illegible]	[illegible]	[illegible]	[illegible]	[illegible]，	[illegible]	[illegible]	□

dzjwo^{2} mə^{1} pjụ^{1} ·jij^{1} rjur^{1} mjij^{2} mji^{1} ŋər^{1} ɣu^{1}
人 天 尊 相 世 未 闻， 山 顶
□ □ □ [Tangut]。
swew^{1}
照。

人中尊相世未闻，如山顶日光流照。

35.13.2

[Tangut] [Tangut] [Tangut] [Tangut] [Tangut] [Tangut] [Tangut]， [Tangut] [Tangut] [Tangut]
khjɨ^{1} lạ^{1} njɨɨ^{1} wạ^{1} nioow^{1} kwə^{1} wjij^{2} śjạ^{1} we^{2} bji^{1}
足 手 二 肩 及 背 后， 七 处 光
[Tangut] [Tangut] [Tangut] [Tangut]，
sej^{1} ·ju^{2} djịj^{1} sə^{1}
净 恒 平 满，

手足二肩及项后，七处光净恒平满，

35.13.3

[Tangut] [Tangut] [Tangut] [Tangut] [Tangut] [Tangut] [Tangut]， [Tangut] [Tangut] [Tangut]
źjɨ̣^{1} dźjo^{1} ljɨ^{2} lji^{2} bju^{2} njii^{2} sju^{2} njɨɨ^{1} lạ^{1} bji^{2}
左 长 直 圆 象 鼻 如， 双 手 下
[Tangut] [Tangut] [Tangut] [Tangut]。
xjwɨj^{2} ŋwer^{2} su^{1} dzjij^{1}
垂 膝 于 过。

修臂佣圆象王鼻，双掌垂下摩于膝。

35.13.4

[Tangut] [Tangut] [Tangut] [Tangut] [Tangut] [Tangut] [Tangut] [Tangut] [Tangut] [Tangut]
bjɨ^{1} bjij^{2} ljụ^{2} khwə^{1} low^{2} lạ^{1} low^{2} dzjọ^{1} wju^{1} njijr^{1}
上 高 身 半 广 厚 阔 如 兽 野
[Tangut] [Tangut] [Tangut] [Tangut]，
kha^{1} mə^{1} gjii^{1} sju^{2}
中 天 生 如，

上身广厚如兽王，

35.13.5

[illegible]

khju^{1} ɣie^{1} phu^{2} ·jij^{1} zji^{2} ·io̱^{1} sə^{1} no^{1} lo^{1} ·jã^{1}

瞿 陀 树 相 皆 圆 满。 那 罗 延

[illegible]

ɣie^{1} ŋwu^{2} lju̱^{2} śjɨj^{1}

力 以 身 成，

瞿陀树相周圆满。那罗延力合成身，

35.13.6

[illegible]

ljɨj^{2} ɣie^{1} nioow^{1} zeew^{2} ɣie^{1} ŋowr^{2} lhə$^{?}$ ror^{2} mjij^{1} lju̱^{2}

大 力 及 忍 力 具 足， 垢 无 身

[illegible]

mej^{2} phju^{2} rjijr^{2} ·ju^{2}

毛 上 方 常，

具足大力及忍力，无垢身毛皆上靡，

35.14.1

[illegible]

·a$^{?}$ mej^{2} dźjwo^{2} ·u^{2} bie̱j^{1} ·a$^{?}$ gji^{2} ɣju^{1} lhjɨ^{2} mji^{1}

一 毛 孔 中 条 一 各。 烟 尘 不

[illegible]

njii^{2} wja̱^{1} sej^{1} sju^{2}

污 华 莲 如，

随现一孔一毛生。烟尘不污如莲华，

35.14.2

[illegible]

tśier^{1} dźiej^{2} ·jij^{1} low^{2} nioow^{1} lhjii^{1} nejr^{1} ŋa^{2} dzju̱^{1} mjɨ^{1}

右 旋 相 宽 而 软 细， 我 昔 彼

[illegible] [illegible] [illegible] [illegible]，

do^{2} dwuu^{2} ·jij^{1} mji^{1}

处 密 相 闻，

右旋相成而细软，我昔传闻隐密相，

35.14.3

[illegible] [illegible] [illegible] [illegible] [illegible] [illegible] [illegible]。 [illegible] [illegible] [illegible]

khju^{2} ·ụ^{2} lwu^{2} ŋwər^{1} rjijr^{1} njij^{2} sju^{2} bją^{1} djụ^{1} ·iọ^{1}

阴 藏 隐 天 马 王 如。 髀 腨 圆

[illegible] [illegible] [illegible] [illegible]，

sə^{1} mjiij^{2} mjiij^{2} śio^{2}

满 渐 渐 细，

阴藏深如天马王。髀腨周圆渐次敛，

35.14.4

[illegible] [illegible] [illegible] [illegible] [illegible] [illegible] [illegible]， [illegible] [illegible] [illegible]

thja^{1} ·jij^{1} ŋwər^{1} lha^{1} njij^{2} wjɨ^{2} sju^{2} khjɨ^{1} njijr^{2} wjor^{1}

其 相 天 鹿 王 犹 如， 足 面 脊

[illegible] [illegible] [illegible] [illegible]，

·o^{1} sjwɨj^{2} lji^{2} dźjo^{1}

有 跟 圆 长，

其相犹如天鹿王，足厚隆起跟圆长，

35.14.5

[illegible] [illegible] [illegible] [illegible] [illegible] [illegible] [illegible]。 [illegible] [illegible] [illegible]

lạ^{1} ·jij^{1} rer^{2} lə^{1} dze^{1} njij^{2} sju^{2} ljɨ^{2} lji^{2} śio

手 相 网 障 雁 王 如。 直 圆 细

[illegible] [illegible] [illegible] [illegible]，

dźjo^{1} njɨɨ^{1} ɣạ^{2} lạ^{1}

长 二 十 指，

手相网鞔如雁王。平满孅长十二指，

35.14.6

dzjị^{1} tsə̣^{1} rər^{2} njij^{1} wją^{1} sej^{1} sju^{2} rewr^{2} wji^{2} tụ^{1}

指 色 铜 赤 华 莲 如， 足 底 千

no^{1} kię^{1} dźiej^{2} ·jij^{1}

辐 金 轮 相，

赤铜甲色如莲华，双跖千辐金轮相，

35.15.1

bji^{1} sej^{1} zji^{2} thjo̱^{1} ljuu^{2} tshjịj^{2} ŋowr^{2} mjor^{1} ljịj^{2} rjur^{1}

光 净 微 妙 庄 严 具。 如 来 世

kha^{1} kheej^{1} dźjij^{1} zjịj^{1}

间 游 行 时，

光净微妙具庄严。如来游步于世间，

35.15.2

khju^{1} la^{1} pho^{1} ·jij^{1} dźjwɨ^{1} mji^{1} tsjụ^{1} ljɨ^{2} tśhjaa^{1} ljɨɨr^{1}

瞿 拉 坡 相 相 不 触， 地 上 四

dzjiw^{2} bjɨ^{1} bjij^{2} dźjij^{1}

宽 上 高 行，

瞿拉坡相不相触，去地四指蹈空行，

35.15.3

·ji^{1} ljɨ^{1} wją^{1} dzjɨ^{2} rewr^{2} bju^{1} śja^{2} no^{2} dźjịj^{1} khjuu^{2}

众	宝	莲	红	足	随	现。	安	住	视
[illegible]	[illegible]	[illegible]	[illegible]，						
rjijr^{2}	bju^{2}	njij^{2}	sju^{2}						
方	象	王	如，						

众宝红莲随足现。顾视安行象王步，

35.15.4

[illegible]	[illegible]	[illegible]	[illegible]	[illegible]	[illegible]	[illegible]，	[illegible]	[illegible]	[illegible]
dzjwɨ^{2}	dźjij^{1}	njwo^{2}	śjwi̱^{2}	ŋwər^{1}	wə^{1}	sju^{2}	lji̱j^{2}	śjɨj^{2}	pju̱^{1}
走	行	词	顺	天	主	如，	大	圣	威
[illegible]	[illegible]	[illegible]	[illegible]，						
wer^{1}	le^{2}	lew^{2}	mjij^{1}						
仪	畏	所	无，						

进趣端肃如天主，大圣威严无所畏，

35.15.5

[illegible]	[illegible]	[illegible]	[illegible]	[illegible]	[illegible]	[illegible]。	[illegible]	[illegible]	[illegible]
·ji^{1}	kha^{1}	lja^{1}	lho$^{?}$	ka	tśjij	sju^{2}	thjo̱^{1}	tsə̣^{1}	phji^{1}
众	中	逾	出	师	子	如。	妙	色	毗
[illegible]	[illegible]	[illegible]	[illegible]，						
śia^{1}	mẽ^{1}	·jij^{1}	·jwɨɨ^{1}						
沙	门	之	蔽，						

处众逾于师子王。妙色映蔽毗沙门，

35.15.6

[illegible]	[illegible]	[illegible]	[illegible]	[illegible]	[illegible]	[illegible]，	[illegible]	[illegible]	[illegible]
pju̱^{1}	bji^{1}	·jir^{2}	tu̱^{1}	be^{2}	su^{1}	buu^{2}	xiwã^{1}	rjur^{1}	mə^{1}
威	光	百	千	日	胜	超，	梵	世	天
[illegible]	[illegible]	[illegible]	[illegible]，						
dzjwo^{2}	tsjɨ^{1}	mji^{1}	ŋwer^{1}						
人	尚	无	等，						

威光超胜百千日，梵世天人尚无等，

35.16.1

nioow^{1}	mjor^{1}	ljịj^{2}	su^{1}	dzjịj^{1}	ljọ^{2}	dju^{1}	dźjij^{1}	dźjịj^{1}	tsjiir^{1}
复	如	来	于	过	何	有!	行	住	法
tshjiij^{1}	dźiã^{2}	tśhju^{1}	gju^{1}						
说	众	生	度,						

何况出过如来者！行住说法度众生，

35.16.2

mə^{1}	śji^{1}	we^{1}	njạ^{1}	zji^{2}	dzjwɨ̣^{1}	lhejr^{2}	tjij^{1}	mə^{1}	wjạ^{1}
天	仙	龙	神	咸	恭	敬,	或	天	华
lju^{2}	ŋwər^{1}	tsow^{1}	khu^{1}						
散	天	乐	奏,						

天仙龙神咸恭敬，或散天华奏天乐，

35.16.3

·ji^{1}	ljwu^{2}	lew^{2}	lew^{2}	tshọ^{2}	ŋa^{1}	sə^{1}	sjij^{1}	rjur^{1}	pjụ^{1}
众	会	纷	纷	虚	空	满。	今	世	尊
ljịj^{2}	mee^{2}	·wjɨ̣^{1}	ljij^{2}						
大	神	变	睹,						

纷然繁会满虚空。今睹世尊大神变，

35.16.4

tśhjwo^{1}	ŋa^{2}	njiij^{1}	khju^{1}	·jiw^{2}	nja^{1}	ljị^{1}	mər^{2}	wa^{2}	sju^{2}
故	我	心	下	疑	△	入,	本	何	如

[illegible]	[illegible]	[illegible]	[illegible]，
buu^{2}	tśhja^{2}	·ioow^{1}	bio̱^{1}
胜	德	功	观，

故我窃怀疑惑心，本观何等胜功德，

35.16.5

[illegible]	[illegible]	[illegible]	[illegible]	[illegible]	[illegible]	[illegible]？
nji^{1}	mjijr^{2}	zji^{2}	phju^{2}	tśja^{1}	rjijr^{2}	tshwew^{1}
家	出	极	上	道	方	趣？

出家趣于无上道？

35.16.6

[illegible]	[illegible]，	[illegible]	[illegible]	[illegible]	[illegible]	[illegible]	[illegible]	[illegible]	[illegible]
tśhjɨ^{1}	zjọ^{2}	rjur^{1}	pjụ^{1}	mee^{2}	·wejr^{2}	phə^{1}	bjịj^{1}	·jij^{1}	dạ^{2}
尔	时，	世	尊	贤	守	长	者	之	言
[illegible]：	[illegible]	[illegible]	□	[illegible]	[illegible]	[illegible]	[illegible]		
·jɨ^{1}	phə^{1}	bjịj^{1}		ŋa^{2}	rjur^{1}	kha^{1}	dźiã^{2}		
曰：	长	者		我	世	间	众		

尔时，世尊告贤守长者曰：长者当知，我观世间

35.17.1

[illegible]	[illegible]	[illegible]	[illegible]	[illegible]	[illegible]	[illegible]	[illegible]	[illegible]	[illegible]
tśhju^{1}	ŋowr^{2}	ŋowr^{2}	zji^{2}	ɣạ^{2}	mə^{2}	tśjị^{1}	dạ^{2}	tha$^{?}$	njij^{2}
生	一	切	皆	十	种	苦	事	逼	迫
[illegible]，	□	□	□	□	[illegible]	[illegible]？	[illegible]		
djij^{2}					thjij^{2}	sjo^{2}	lew^{1}		
▽，					何	云？	一		

一切众生，为十苦事之所逼迫。何谓为十？

35.17.2

[illegible]，	[illegible]	[illegible]	[illegible]	[illegible]；	[illegible]	[illegible]，	[illegible]	[illegible]	[illegible]

tja^{1}	wee^{1}	tśjị^{1}	tha$^{?}$	njij^{2}	njɨɨ^{1}	tja^{1}	nar^{2}	tśjị^{1}	tha$^{?}$
者，	生	苦	逼	迫；	二	者，	老	苦	逼
[illegible]；	[illegible]	[illegible]，	[illegible]	[illegible]	[illegible]	[illegible]；	[illegible]		
njij^{2}	sọ^{1}	tja^{1}	ŋo^{2}	tśjị^{1}	tha$^{?}$	njij^{2}	ljɨɨr^{1}		
迫；	三	者，	病	苦	逼	迫；	四		

一者，生苦逼迫；二者，老苦逼迫；三者，病苦逼迫；

35.17.3

[illegible]，	[illegible]	[illegible]	[illegible]	[illegible]；	[illegible]	[illegible]，	[illegible]	[illegible]	[illegible]
tja^{1}	sjɨ^{1}	tśjị^{1}	tha$^{?}$	njij^{2}	ŋwə^{1}	tja^{1}	sjwɨ^{1}	tśjị^{1}	tha$^{?}$
者，	死	苦	逼	迫；	五	者，	愁	苦	逼
[illegible]；	[illegible]	[illegible]，	[illegible]	[illegible]	[illegible]	[illegible]；	[illegible]		
njij^{2}	tśhjiw^{1}	tja^{1}	ljwịj^{1}	źjɨɨ^{1}	tha$^{?}$	njij^{2}	śjạ^{1}		
迫；	六	者，	怨	恨	逼	迫；	七		

四者，死苦逼迫；五者，愁苦逼迫；六者，怨恨逼迫；

35.17.4

[illegible]，	[illegible]	[illegible]	[illegible]	[illegible]；	[illegible]	[illegible]，	[illegible]	[illegible]	[illegible]
tja^{1}	tśjị^{1}	lhjịj^{2}	tha$^{?}$	njij^{2}	·jar^{1}	tja^{1}	sjwɨ^{1}	lhjịj^{2}	tha$^{?}$
者，	苦	受	逼	迫；	八	者，	忧	受	逼
[illegible]；	[illegible]	[illegible]，	[illegible]	[illegible]	[illegible]	[illegible]；	[illegible]		
njij^{2}	gjɨɨ^{1}	tja^{1}	ŋo^{2}	źjị^{1}	tha$^{?}$	njij^{2}	ɣạ^{2}		
迫；	九	者，	痛	恼	逼	迫；	十		

七者，苦受逼迫；八者，忧受逼迫；九者，痛恼逼迫；

35.17.5

[illegible]，	[illegible]	[illegible]	[illegible]	[illegible]	[illegible]	[illegible]	[illegible]	[illegible]	[illegible]。
tja^{1}	lhji^{2}	wee	kha^{1}	dźiə^{2}	dźiej^{2}	ljịj^{2}	tśjị^{1}	tha$^{?}$	njij^{2}
者，	死	生	间	流	转	大	苦	逼	迫。
[illegible]	[illegible]，	[illegible]	[illegible]	[illegible]	[illegible]	[illegible]	[illegible]		
phə^{1}	bjịj^{1}	thjɨ^{2}	sju^{2}	ɣạ^{2}	mə^{2}	tśjị^{1}	dạ^{2}		

长	者，	是	如	十	种	苦	事

十者，生死流转大苦之所逼迫。长者，我见如是十种苦事

35.17.6

[illegible]	[illegible]	[illegible]	[illegible]	[illegible]	[illegible]	[illegible]	[illegible]；	[illegible]	[illegible]
dźiã^{2}	tśhju^{1}	·jij^{1}	tha$^{?}$	njij^{2}	djij^{2}	lji^{2}	ŋa^{2}	·ja$^{?}$	du̱^{2}
众	生	之	逼	迫	▽	见	我；	阿	耨
[illegible]	[illegible]	[illegible]	[illegible]	[illegible]	[illegible]	[illegible]	[illegible]		
tow^{1}	lo^{1}	sã^{1}	bia^{1}	sã^{1}	po^{1}	tjɨj^{1}	rjir^{1}		
多	罗	三	藐	三	菩	提	得		

逼迫众生；为得阿耨多罗三藐三菩提①，

35.18.1

[illegible]，	[illegible]	[illegible]	[illegible]	[illegible]	[illegible]	[illegible]	[illegible]	[illegible]	[illegible]，
gji̱^{2}	thjɨ^{2}	sju^{2}	tha$^{?}$	njij^{2}	da̱^{2}	lho$^{?}$	ka^{2}	kie̱j^{2}	nioow^{1}
为，	是	如	逼	迫	事	出	离	欲	故，
[illegible]	[illegible]	[illegible]	[illegible]，	[illegible]	[illegible]	[illegible]	[illegible]	[illegible]	
sej^{1}	dźiej^{2}	njiij^{1}	ŋwu^{2}	śjɨ^{2}	mə^{2}	njiij^{1}	nji^{1}	wjɨ^{2}	
净	信	心	以，	释	氏	心	家	△	

出离如是逼迫事故，以净信心，舍释氏家②，

35.18.2/3

[illegible]，	[illegible]	[illegible]	[illegible]	[illegible]	[illegible]	[illegible]。	[illegible]	[illegible]，	[illegible]
lho$^{?}$	zji^{2}	phju^{2}	tśja^{1}	rjijr^{2}	tshjwu^{1}	ŋa^{2}	tśhjɨ^{1}	zjo̱^{2}	rjur^{1}
舍，	最	上	道	方	拜	△。	尔	时，	世
[illegible]	[illegible]	[illegible]	[illegible]	[illegible]	[illegible]，	[illegible]	[illegible]/	[illegible]	[illegible]：
pju̱^{1}	thjɨ^{2}	wo^{2}	·ji̱^{2}	tshjiij^{1}	kie̱j^{2}	ljaa^{1}	da̱^{2}	rjɨr^{2}	tshjiij^{1}
尊	此	义	重	宣	欲，	颂	言/	乃	曰：

① 阿耨多罗三藐三菩提，梵文 Anuttara samyak saṃbodhi，义为“无上正遍知”。西夏文译作“[illegible]”，汉文本“藐”，西夏文用“[illegible]”（mjiw^{2}）对译，此为仁宗校译本的译法。惠宗初译本往往译作“[illegible]”（bia^{1}）。

② 舍释氏家，西夏本下文皆作“[illegible]”（出释氏家），此作“[illegible]”（出释氏心家），“[illegible]”（心）当衍。

趣①无上道。尔时,世尊欲重宣此义,而说颂曰:

35.18.4

[illegible]	[illegible]	[illegible]	[illegible]	[illegible],	[illegible]	[illegible]	[illegible]	[illegible]	[illegible],
ŋa^{2}	rjur^{1}	dźiã^{2}	tśhju^{1}	bio̱^{1}	·ju^{2}	wee	dzwej^{1}	ŋo^{2}	nioow^{1}
我	诸	情	有	观,	常	生	病	病	为,
[illegible]	[illegible]	[illegible]	[illegible]	[illegible],					
dźiə^{2}	dźiej^{2}	khjwɨ^{2}	·jɨj^{2}	ljị^{1}					
流	转	牢	狱	堕,					

我观诸凡夫②,闭流转牢狱;常为生老病,

35.18.5

[illegible]	[illegible]	[illegible]	[illegible]	[illegible];	[illegible]	[illegible]	[illegible]	[illegible]	[illegible],
·ji^{1}	tśjị^{1}	kjɨ^{1}	tha$^{?}$	njij^{2}	sjwɨ^{1}	sẽ^{1}	nioow^{1}	ljwịj^{1}	źjɨɨ^{1}
众	苦	所	逼	迫;	愁	忧	及	怨	恨,
[illegible]	[illegible]	[illegible]	□	[illegible];					
sjɨ^{1}	tśjị^{1}	njɨ^{2}		sjwi^{2}					
死	苦	等		牵;					

众苦所逼迫;愁忧及怨恨,死苦等所牵;

35.18.6

[illegible]	[illegible]	[illegible]	[illegible]	[illegible],	[illegible]	[illegible]	[illegible]	[illegible]	[illegible]。
khjwɨ^{2}	·jɨj^{2}	kjạ^{1}	dzjar^{2}	nioow^{1}	lho$^{?}$	ka^{2}	tsjiir^{1}	dzu^{1}	phji^{1}
牢	狱	怖	除	为,	出	离	法	欣	令。

为除牢狱怖,令欣出离法。

汉文本

尔时,贤守长者即于佛前,而说颂曰:

我昔曾闻最胜尊,吉祥妙色大名称,

① 趣,西夏本作"[illegible]"(拜)。[illegible](tshjwu^{1}),当通"[illegible]"(tshjwu^{1},趣),下同。按,"[illegible]"有两义:其一表"施与",其二表"趣",义与"[illegible]"(趣)同。参《文海》(海 53B31)"[illegible]"条:"[illegible],[illegible]。"

② 凡夫,西夏文本作"[illegible]",义为"有情""众生"。

今睹威光胜所闻，如真金像备众德。
如来色像喻金山，高广严净观无厌，
威德庄严苾刍众，犹如满月处众星。
世尊顶相无能见，高显映发逾山王，
顶髻周圆渐次敛，其相平偃犹天盖。
绀发软腻而右旋，如安缮色帝青宝，
鲜净光逾孔雀项，我今瞻仰无厌足。
面貌端严额平正，眉相皎净若天弓，
白毫映彻无瑕秽，光洁照耀如星王。
发喜净眼甚微妙，众睹皆生欣乐心，
我今奉观无暂舍，顶礼净眼世间依。
鼻相高平修且直，渐广圆成如铸金，
唇相丹晖极清净，喻频婆果末尼等。
妙齿鲜白含光润，等鹤牛乳莲华根，
坚密齐平极明净，调顺奢摩他所感。
齿及随齿根深固，龂际上下皆齐整，
佛牙光白最超胜，如彼雁行王处中。
善逝广长之舌相，覆面薄净如莲华，
赤铜赤色末尼宝，含晖皎镜如初日。
世尊耳相极端严，梵世天人不闻见，
乔达摩种狻猊颔，无畏犹如师子王。
我观善逝咽喉相，能引世间甘露味，
清净映彻无瑕秽，具大神力不思议。
颈前横约修且直，处中都无孅杂文，
现人中胜天中天，恒食味中第一味。
肩膊充圆悉成满，胸臆雄猛威容盛，
人中尊相世未闻，如山顶日光流照。
手足二肩及项后，七处光净恒平满，
修臂佣圆象王鼻，双掌垂下摩于膝。
上身广厚如兽王，瞿陀树相周圆满。
那罗延力合成身，具足大力及忍力，
无垢身毛皆上靡，随现一孔一毛生。
烟尘不污如莲华，右旋相成而细软，
我昔传闻隐密相，阴藏深如天马王。
髀腨周圆渐次敛，其相犹如天鹿王，
足厚隆起跟圆长，手相网鞔如雁王。
平满孅长二十指，赤铜甲色如莲华，
双跖千辐金轮相，光净微妙具庄严。

如来游步于世间,瞿拉坡相不相触,
去地四指蹈空行,众宝红莲随足现。
顾视安行象王步,进趣端肃如天主,
大圣威严无所畏,处众逾于师子王。
妙色映蔽毗沙门,威光超胜百千日,
梵世天人尚无等,何况出过如来者!
行住说法度众生,天仙龙神咸恭敬,
或散天华奏天乐,纷然繁会满虚空。
今睹世尊大神变,故我窃怀疑惑心,
本观何等胜功德,出家趣于无上道?

尔时,世尊告贤守长者曰:长者当知,我观世间一切众生,为十苦事之所逼迫。何谓为十?一者,生苦逼迫;二者,老苦逼迫;三者,病苦逼迫;四者,死苦逼迫;五者,愁苦逼迫;六者,怨恨逼迫;七者,苦受逼迫;八者,忧受逼迫;九者,痛恼逼迫;十者,生死流转大苦之所逼迫。长者,我见如是十种苦事逼迫众生;为得阿耨多罗三藐三菩提,出离如是逼迫事故,以净信心,舍释氏家,趣无上道。

尔时,世尊欲重宣此义,而说颂曰:
我观诸凡夫,闭流转牢狱;
常为生老病,众苦所逼迫;
愁忧及怨恨,死苦等所牵;
为除牢狱怖,令欣出离法。

35.19.1

[illegible]	[illegible],	[illegible]	[illegible],	[illegible]	[illegible]	[illegible]	[illegible]	[illegible]	[illegible],
nioow^{1}	tśjɨɨ^{1}	phə^{1}	bjij^{1}	rjur^{1}	kha^{1}	dźiã^{2}	tśhju^{1}	ŋowr^{2}	ŋowr^{2}
复	次,	长	者,	世	间	众	生	一	切,
[illegible]	[illegible]	□	□	□	[illegible]	[illegible]	[illegible]		
ɣạ^{2}	mə^{2}				·jij^{1}	gu^{2}	zjɨ̣^{1}		
十	种				互	相	嫉		

复次,长者,我观世间一切众生,为十恼害互相①憎嫉。

35.19.2

[illegible]	[illegible]	[illegible]	[illegible]。	[illegible]	[illegible]	[illegible]	[illegible]?	[illegible]	[illegible],
khie^{1}	djij^{2}	bio̱^{1}	ŋa^{2}	ɣạ^{2}	tja^{1}	thjij^{2}	sjo^{2}	lew^{1}	tja^{1}
憎	▽	观	△。	十	者	何	云?	一	者,

① 互相,西夏文作“[illegible][illegible]”,字面意思为“自共”。下同。

[illegible]	[illegible]	[illegible]	[illegible]	[illegible]	[illegible]	[illegible]	[illegible]
śji^{1}	ŋa^{2}	lju̧^{2}	ɣa^{2}	mji^{1}	mjii^{2}	ɣie^{2}	wji^{1}
曾	我	身	于	不	饶	益	作

何谓为十？一者，曾于我身作不饶益，

35.19.3

[illegible]	[illegible]，	[illegible]	[illegible]	[illegible]	[illegible]；	[illegible]	[illegible]，	[illegible]	[illegible]
djij^{2}	nioow^{1}	źji̧^{1}	tśju^{1}	njiij^{1}	śjwo^{1}	njɨɨ^{1}	tja^{1}	sjij^{1}	ŋa^{2}
▽	故，	恼	害	心	生；	二	者，	今	我
[illegible]	[illegible]	[illegible]	[illegible]	[illegible]	[illegible]	[illegible]，	[illegible]		
lju̧^{2}	ɣa^{2}	mji^{1}	mjii^{2}	ɣie^{2}	wji^{1}	nioow^{1}	źji̧^{1}		
身	于	不	饶	益	作	故，	恼		

心生恼害；二者，今于我身作不饶益，

35.19.4

[illegible]	[illegible]	[illegible]；	[illegible]	[illegible]，	[illegible]	[illegible]	[illegible]	[illegible]	[illegible]
tśju^{1}	njiij^{1}	śjwo^{1}	so̧^{1}	tja^{1}	kụ^{1}	ŋa^{2}	lju̧^{2}	ɣa^{2}	mji^{1}
害	心	生；	三	者，	后	我	身	于	不
[illegible]	[illegible]	[illegible]	[illegible]，	[illegible]	[illegible]	[illegible]	[illegible]；	[illegible]	
mjii^{2}	ɣie^{2}	wji^{1}	nioow^{1}	źji̧^{1}	tśju^{1}	njiij^{1}	śjwo^{1}	ljɨɨr^{1}	
饶	益	作	故，	恼	害	心	生；	四	

心生恼害；三者，当于我身作不饶益，心生恼害；

35.19.5

[illegible]，	[illegible]	[illegible]	[illegible]	[illegible]	[illegible]	[illegible]	[illegible]	[illegible]	[illegible]
tja^{1}	śji^{1}	ŋa^{2}	·jij^{1}	dzu^{1}	lew^{2}	do^{2}	mji^{1}	mjii^{2}	ɣie^{2}
者，	曾	我	之	爱	所	于	不	饶	益
[illegible]	[illegible]，	[illegible]	[illegible]	[illegible]	[illegible]；	[illegible]	[illegible]，		
wji^{1}	nioow^{1}	źji̧^{1}	tśju^{1}	njiij^{1}	śjwo^{1}	ŋwə^{1}	tja^{1}		
作	故，	恼	害	心	生；	五	者，		

四者，曾于我之所爱作不饶益，心生恼害；五者，

35.19.6

[illegible]	[illegible]	[illegible]	[illegible]	[illegible]	[illegible]	[illegible]	[illegible]	[illegible]	[illegible]
sjij^1	ŋa^2	·jij^1	dzu^1	lew^2	do^2	mji^1	mjii^2	ɣie^2	wji^1
今	我	之	爱	所	于	不	饶	益	作
[illegible],	[illegible]	[illegible]	[illegible]	[illegible];	[illegible]	[illegible],	[illegible]		
nioow^1	źjị^1	tśju^1	njiij^1	śjwo^1	tśhjiw^1	tja^1	kụ^1		
故,	恼	害	心	生;	六	者,	后		

今于我之所爱作不饶益,心生恼害;六者,

35.20.1

[illegible]	[illegible]	[illegible]	[illegible]	[illegible]	[illegible]	[illegible]	[illegible]	[illegible]	[illegible],
ŋa^2	·jij^1	dzu^1	lew^2	do^2	mji^1	mjii^2	ɣie^2	wji^1	nioow^1
我	之	爱	所	于	不	饶	益	作	故,
[illegible]	[illegible]	[illegible]	[illegible];	[illegible]	[illegible],	[illegible]	[illegible]		
źjị^1	tśju^1	njiij^1	śjwo^1	śjạ^1	tja^1	śji^1	ŋa^2		
恼	害	心	生;	七	者,	先	我		

当于我之所爱作不饶益,心生恼害;七者,曾于我

35.20.2

[illegible]	[illegible]	[illegible]	[illegible]	[illegible]	[illegible]	[illegible]	[illegible]	[illegible],	[illegible]
·jij^1	khie^1	lew^2	do^2	mjii^2	ɣie^2	wji^1	djij^2	nioow^1	źjị^1
之	恶	所	于	饶	益	作	曾	故,	恼
[illegible]	[illegible]	[illegible];	[illegible]	[illegible],	[illegible]	[illegible]	[illegible]		
tśju^1	njiij^1	śjwo^1	·jar^1	tja^1	sjij^1	ŋa^2	·jij^1		
害	心	生;	八	者,	今	我	之		

所不爱而作饶益,心生恼害;八者,今于我所

35.20.3

[illegible]	[illegible]	[illegible]	[illegible]	[illegible]	[illegible]	[illegible],	[illegible]	[illegible]	[illegible]
khie^1	lew^2	do^2	mjii^2	ɣie^2	wji^1	nioow^1	źjị^1	tśju^1	njiij^1
恶	所	于	饶	益	作	故,	恼	害	心

[illegible]；	[illegible]	[illegible]，	[illegible]	[illegible]	[illegible]	[illegible]	[illegible]
śjwo^{1}	gjɨɨ^{1}	tja^{1}	kụ^{1}	ŋa^{2}	·jij^{1}	khie^{1}	lew^{2}
生；	九	者，	后	我	之	恶	所

不爱而作饶益，心生恼害；九者，当于我所不爱

35.20.4

[illegible]	[illegible]	[illegible]	[illegible]	[illegible]，	[illegible]	[illegible]	[illegible]	[illegible]；	[illegible]
do^{2}	mjii^{2}	ɣie^{2}	wji^{1}	nioow^{1}	źjị^{1}	tśju^{1}	njiij^{1}	śjwo^{1}	ɣạ^{2}
于	饶	益	作	故，	恼	害	心	生；	十
[illegible]，	[illegible]	[illegible]	[illegible]	[illegible]	[illegible]	[illegible]	[illegible]	[illegible]	
tja^{1}	rjur^{1}	dźjar^{2}	lju^{2}	ɣa^{2}	mji^{1}	mjii^{2}	ɣie^{2}	wji^{1}	
者，	诸	罪	过	于	不	饶	益	作	

而作饶益，心生恼害；十者，于诸过失作不饶益，

35.20.5

[illegible]，	[illegible]	[illegible]	[illegible]	[illegible]。	[illegible]	[illegible]，	[illegible]	[illegible]	[illegible]
nioow^{1}	źjị^{1}	tśju^{1}	njiij^{1}	śjwo^{1}	phə^{1}	bjij^{1}	thjɨ^{2}	sju^{2}	ɣạ^{2}
故，	恼	害	心	生。	长	者，	是	如	十
[illegible]	[illegible]	[illegible]，	[illegible]	[illegible]	[illegible]	[illegible]	[illegible]		
mə^{2}	źjị^{1}	tśju^{1}	rjur^{1}	kha^{1}	dźiã^{2}	tśhju^{1}	ŋowr^{2}		
种	恼	害，	世	间	情	有	一		

心生恼害。长者，我见如是十种恼害，

35.20.6

[illegible]	[illegible]	[illegible]	[illegible]	[illegible]	[illegible]	[illegible]；	[illegible]	[illegible]	[illegible]
ŋowr^{2}	·jij^{1}	źjị^{1}	tśju^{1}	djij^{2}	lji^{2}	ŋa^{2}	·ja$^{?}$	du̱^{2}	tow^{1}
切	之	恼	害	▽	见	△；	阿	耨	多
[illegible]	[illegible]	[illegible]	[illegible]	[illegible]	[illegible]	[illegible]	[illegible]，		
lo^{1}	sã^{1}	bia^{1}	sã^{1}	po^{1}	tjɨj^{1}	rjir^{1}	gji̱^{2}		
罗	三	藐	三	菩	提	得	为，		

恼害世间一切众生；为得阿耨多罗三藐三菩提，

35.21.1

[illegible]

thjɨ^{2} sju^{2} źjị^{1} tśju^{1} dạ^{2} lho$^{?}$ ka^{2} nioow^{1} sej^{1} dźiej^{2}

是 如 恼 害 事 出 离 故, 净 信

[illegible]

njiij^{1} ŋwu^{2} śjɨ^{2} mə^{2} nji^{1} wjɨ^{2} lho$^{?}$ zji^{2}

心 以, 释 氏 家 △ 舍, 最

出离如是恼害事故,以净信心,舍释氏家,趣无上道。

35.21.2

[illegible]

phju^{2} tśja^{1} rjijr^{2} tshjwu^{1} ŋa^{2} tśhjɨ^{1} zjọ^{2} rjur^{1} pjụ^{1} thjɨ^{2}

上 道 方 拜 △。 尔 时, 世 尊 此

[illegible]

wo^{2} ·jị^{2} tshjiij^{1} kiẹj^{2} ljaa^{1} dạ^{2} rjɨr^{2} tshjiij^{1}

义 重 宣 欲, 颂 言 乃 曰:

尔时,世尊欲重宣此义,而说颂曰:

35.21.3

[illegible]

dźiã^{2} tśhju^{1} dźjwɨ^{1} zjɨ̣^{1} khie^{1} zji^{2} ɣạ^{2} źjị^{1} bju^{1} śjwo^{1}

情 有 互 嫉 憎, 皆 十 恼 由 生,

[illegible]

ŋa^{2} nioow^{1} ŋa^{2} njij^{1} low^{2}

我 及 我 亲 近,

众生互憎嫉,皆由十恼生,于我及我亲,

35.21.4

[illegible]

sọ^{1} zjọ^{2} zji^{2} źjị^{1} tśju^{1} tjij^{1} njij^{1} low^{2} njaa^{2} ɣa^{2}

三 世 俱 恼 害。 或 亲 近 非 于,

[illegible]	[illegible]	[illegible]	[illegible]	[illegible]，
rjur^{1}	mjii^{2}	ɣie^{2}	·jij^{1}	śjwo^{1}
诸	饶	益	相	起，

三世俱恼害。或于我非亲，起诸饶益相，

35.21.5

[illegible]	[illegible]	[illegible]	[illegible]	[illegible]，	[illegible]	[illegible]	[illegible]	[illegible]	[illegible]。
ljwịj^{1}	khie^{1}	thjɨ^{2}	nioow^{1}	śjwo^{1}	sọ^{1}	zjọ^{2}	zji^{2}	źjị^{1}	tśju^{1}
怨	憎	此	由	生，	三	世	俱	恼	害。
[illegible]	[illegible]	[illegible]	[illegible]	[illegible]，					
ɣạ^{2}	tsew^{2}	rjur^{1}	dźjar^{2}	lju					
十	第	诸	失	过，					

怨憎由此生，三世俱恼害。第十诸过失，

35.21.6

[illegible]	[illegible]	[illegible]	[illegible]	[illegible]，	[illegible]	[illegible]	[illegible]	[illegible]	[illegible]，
ljwịj^{1}	khie^{1}	tśjị^{1}	dzja^{1}	ljịj^{1}	ŋa^{2}	thjɨ^{2}	dźjar^{2}	bio̱^{1}	nioow^{1}
怨	憎	苦	长	生，	我	是	过	观	由，
[illegible]	[illegible]	[illegible]	[illegible]	[illegible]。					
tśhjwo^{1}	dwər^{1}	khie^{1}	nji^{1}	mjijr^{2}					
故	厌	恶	家	出。					

生长怨憎苦，我观如是过，厌患故出家。

35.22.1

[illegible]	[illegible]，	[illegible]	[illegible]，	[illegible]	[illegible]	[illegible]	[illegible]	[illegible]	[illegible]
nioow^{1}	tśjɨɨ^{1}	phə^{1}	bjij^{1}	rjur^{1}	kha^{1}	dźiã^{2}	tśhju^{1}	ŋowr^{2}	ŋowr^{2}
复	次，	长	者，	世	间	情	有	一	切
[illegible]	[illegible]	[illegible]	[illegible]	[illegible]	[illegible]	[illegible]	[illegible]，		
ɣạ^{2}	mə^{2}	niow^{2}	ljij^{2}	bo^{1}	lạ^{1}	kha^{1}	ljị^{1}		
十	种	恶	见	林	稠	中	入，		

复次，长者，我观世间一切众生，入于十种恶见稠林，

35.22.2

do^{2}	ljij^{2}	nioow^{1}	mjor^{1}	·jij^{1}	lho$^{?}$	mjɨ^{1}	lj̱ɨ̱^{1}	bio̱^{1}	nja^{2}
异	见	由	故	自	出	不	能	观	△。
ɣạ^{2}	tja^{1}	thjij^{2}	sjo^{2}	lew^{1}	tja^{1}	ŋa^{2}	ljij^{2}		
十	者	何	云？	一	者，	我	见		

由异见故不能自出。何谓为十？一者，我见

35.22.3

niow^{2}	ljij^{2}	bo^{1}	lạ^{1}	njɨɨ^{1}	tja^{1}	dźiã^{2}	tśhju^{1}	ljij^{2}	niow^{2}
恶	见	林	稠；	二	者，	情	有	见	恶
ljij^{2}	bo^{1}	lạ^{1}	sọ^{1}	tja^{1}	kạ^{1}	mjijr^{2}	ljij^{2}		
见	林	稠；	三	者，	命	者	见		

恶见稠林；二者，有情见恶见稠林；三者，寿命见恶见稠林；

35.22.4

niow^{2}	ljij^{2}	bo^{1}	lạ^{1}	ljɨɨr^{1}	tja^{1}	śjwɨ^{1}	śjwɨ^{1}	tshwew^{1}	ljij^{2}
恶	见	林	稠；	四	者，	数	数	趣	见
niow^{2}	ljij^{2}	bo^{1}	lạ^{1}	ŋwə^{1}	tja^{1}	bja^{2}	ljij^{2}		
恶	见	林	稠；	五	者，	断	见		

四者，数取趣①见恶见稠林；五者，断见

35.22.5

① 数取趣，译自梵文 Pudgala，音译为“补特伽罗”，藏文为 gang zag，意为不断的受生死者，是“我”的别名。西夏文作“[Tangut][Tangut][Tangut]”（数数趣）。

niow^{2} ljij^{2} bo^{1} lạ^{1} tśhjiw^{1} tja^{1} ·ju^{2} ljij^{2} niow^{2} ljij^{2}

恶 见 林 稠； 六 者， 常 见 恶 见

[Tangut]

bo^{1} lạ^{1} śjạ^{1} tja^{1} wji^{1} mjij^{1} ljij^{2} niow^{2}

林 稠； 七 者， 作 无 见 恶

恶见稠林；六者，常见恶见稠林；七者，无作见恶

35.22.6

[Tangut]

ljij^{2} bo^{1} lạ^{1} ·jar^{1} tja^{1} ·jiw^{1} mjij^{1} ljij^{2} niow^{2} ljij^{2}

见 林 稠； 八 者， 因 无 见 恶 见

[Tangut]

bo^{1} lạ^{1} gjɨɨ^{1} tja^{1} mji^{1} tśhja^{2} ka^{1} ·jiw^{1}

林 稠； 九 者， 不 平 等 因

见稠林；八者，无因见恶见稠林；九者，不平等因

35.23.1

[Tangut]

ljij^{2} niow^{2} ljij^{2} bo^{1} lạ^{1} ɣạ^{2} tja^{1} dow^{1} ljij^{2} niow^{2}

见 恶 见 林 稠； 十 者， 邪 见 恶

[Tangut]

bo^{1} lạ^{1} phə^{1} bjij^{1} dźiã^{2} tśhju^{1} ɣạ^{2} mə^{2}

林 稠。 长 者， 情 有 十 种

见恶见稠林；十者，邪见恶见稠林。长者，

35.23.2

[Tangut]

niow^{2} ljij^{2} bo^{1} lạ^{1} kha^{1} ljị^{1} ·jij^{1} lho$^{?}$ mjɨ^{1} njwi^{2}

恶 见 林 稠 中 入 自 出 不 能

[Tangut]

ljij^{2} ŋa^{2} ·ja$^{?}$ du̱^{2} tow^{1} lo^{1} sã^{1} bia^{1}

见 我; 阿 耨 多 罗 三 藐

我见众生,入于十种恶见稠林不能得出;为得阿耨多罗三藐三菩提,

35.23.3

[illegible]

sã^{1} po^{1} tjɨj^{1} rjir^{1} gji̠^{2} thjɨ^{2} sju^{2} rjur^{1} niow^{2} ljij^{2}

三 菩 提 得 为, 是 如 诸 恶 见

[illegible]

tśjo$^{?}$ phja^{1} nioow^{1} sej^{1} dźiej^{2} njiij^{1} ŋwu^{2} śjɨ^{2}

永 断 故, 净 信 心 以, 释

永断如是诸恶见故,以净信心,

35.23.4

[illegible]

mə^{2} nji^{1} wjɨ^{2} lho$^{?}$ zji^{2} phju^{2} tśja^{1} rjijr^{2} tshjwu^{1} ŋa^{2}

氏 家 △ 舍, 最 上 道 方 拜 我。

[illegible]

tśhjɨ^{1} zjọ^{2} rjur^{1} pjụ^{1} thjɨ^{2} wo^{2} ·ji̠^{2} tshjiij^{1} kięj^{2}

尔 时, 世 尊 此 义 重 宣 欲,

舍释氏家,趣无上道。尔时,世尊欲重宣此义,

35.23.5

[illegible]

ljaa^{1} dạ^{2} rjɨr^{2} wji^{1}

颂 言 乃 作:

而说颂曰:

35.23.6

[illegible]

wẹ^{1} ·ju^{2} mur^{1} ŋowr^{2} ŋowr^{2} niow^{2} ljij^{2} bo^{1} lạ^{1} lji̠^{1}

愚 夫 凡 一 切, 恶 见 林 稠 入,

[illegible]

ŋa^{2} ljij^{2} dźiā^{2} tśhju^{1} ljij^{2}

我 见 情 有 见，

一切愚凡夫，入恶见稠林，我见有情见，

35.24.1

[illegible]

nioow^{1} thja^{1} kạ^{1} mjijr^{2} ljij^{2} bja^{2} ljij^{2} nioow^{1} ·ju^{2} ljij^{2}

及 其 命 者 见， 断 见 与 常 见，

[illegible]

wji^{1} mjij^{1} ljij^{2} njɨ^{2} bju^{1}

作 无 见 等 依；

及以寿命①见，断见与常见，依无作见等；

35.24.2

[illegible]

tśhja^{2} ljij^{2} gu^{1} śjwo^{1} ku^{1} thjɨ^{2} nioow^{1} nji^{1} mjijr^{2} ŋa^{2}

正 见 立 起 为， 是 故 家 出 我。

为安立正见，是故我出家。

35.24.3

[illegible]

nioow^{1} tśjɨɨ^{1} phə^{1} bjịj^{1} rjur^{1} kha^{1} dźiā^{2} tśhju^{1} ŋowr^{2} ŋowr^{2}

复 次， 长 者， 世 间 情 有 一 切

[illegible]

ŋewr^{2} mjij^{1} tsewr^{1} ɣa^{2} ·jir^{2} tụ^{1} no^{1} ·jiw^{1}

数 无 劫 于 百 千 那 庾

复次，长者，我观世间一切众生，于无数劫具造百千那庾

35.24.4

[illegible]

① 寿命，西夏文作“[illegible]”，字面意思为“命者”。

thow1　kju1　tśji2　dźjar2　lju2　rjɨr2　wji1　·ju2　ɣạ2　mə2
多　拘　胝　失　过　乃　作，　常　十　种
[illegible]　[illegible]　[illegible]　[illegible]　[illegible]　[illegible]　[illegible]。　[illegible]
ljịj2　do1　ljị1　tśjij2　lięj　bio̠1　ŋa2　ɣạ2
大　毒　箭　所　中　观　△。　十

多拘胝过失，常为十种大毒箭所中。

35.24.5

[illegible]　[illegible]　[illegible]?　[illegible]　[illegible]，　[illegible]　[illegible]　[illegible]；　[illegible]　[illegible]，
tja1　thjij2　sjo2　lew1　tja1　dzu1　do1　ljị1　njɨɨ1　tja1
者　何　云？　一　者，　爱　毒　箭；　二　者，
[illegible]　[illegible]　[illegible]　[illegible]；　[illegible]　[illegible]，　[illegible]　[illegible]；
bju1　mjij1　do1　ljị1　sọ1　tja1　kiẹj2　do1
明　无　毒　箭；　三　者，　欲　毒；

何谓为十？一者，爱毒箭；二者，无明毒箭；三者，欲毒箭①；

35.24.6

[illegible]　[illegible]，　[illegible]　[illegible]　[illegible]；　[illegible]　[illegible]，　[illegible]　[illegible]　[illegible]
ljɨɨr1　tja1　lẹj2　do1　ljị1　ŋwə1　tja1　dźjar2　lju2　do1
四　者，　贪　毒　箭；　五　者，　失　过　毒
[illegible]；　[illegible]　[illegible]，　[illegible]　[illegible]　[illegible]　[illegible]；　[illegible]
ljị1　tśhjiw1　tja1　wẹ1　lə2　do1　ljị1　śjạ1
箭；　六　者，　愚　痴　毒　箭；　七

四者，贪毒箭；五者，过失毒箭；六者，愚痴毒箭；

35.25.1

[illegible]，　[illegible]　[illegible]　[illegible]；　[illegible]　[illegible]，　[illegible]　[illegible]　[illegible]；　[illegible]
tja1　khwẹj1　do1　ljị1　·jar1　tja1　ljij2　do1　ljị1　gjɨɨ1
者，　慢　毒　箭；　八　者，　见　毒　箭；　九
[illegible]，　[illegible]　[illegible]　[illegible]　[illegible]；　[illegible]　[illegible]，　[illegible]

① 毒箭，西夏文本脱"[illegible]"(箭)字。

tja^{1} zow^{2} dju^{1} do^{1} ljị^{1} ɣạ^{2} tja^{1} mjij^{1}

者， 持 有 毒 箭； 十 者， 无

七者，慢毒箭；八者，见毒箭；九者，有毒箭；十者，无

35.25.2

[illegible]。[illegible]，[illegible]

zow^{2} do^{1} ljị^{1} phə^{1} bjij^{1} ɣạ^{2} mə^{2} do^{1} ljị^{1} ŋwu^{2}

持 毒 箭。 长 者， 十 种 毒 箭 以

[illegible]；[illegible]

dźiã^{2} tśhju^{1} tśjij^{2} liẹj^{1} ljij^{2} ŋa^{2} ·ja$^{?}$ du̱^{2}

情 有 所 中 见 △； 阿 耨

毒箭。长者，我见众生，为十种毒箭所中；

35.25.3

[illegible]，[illegible]

tow^{1} lo^{1} sã^{1} bia^{1} sã^{1} po^{1} tjɨj^{1} kjụ^{1} thjɨ^{2} sju^{2}

多 罗 三 藐 三 菩 提 求， 是 如

[illegible]，[illegible]

rjur^{1} do^{1} ljị^{1} tśjo$^{?}$ phja^{1} nioow^{1} sej^{1} dźiej^{2}

诸 毒 箭 永 断 故， 净 信

求阿耨多罗三藐三菩提，永断如是诸毒箭故，

35.25.4

[illegible]，[illegible]，[illegible]

njiij^{1} ŋwu^{2} śjɨ^{2} mə^{2} nji^{1} ·wjɨ^{2} lho$^{?}$ zji^{2} phju^{2} tśja^{1}

心 以， 释 氏 家 △ 舍， 最 上 道

[illegible]。[illegible]，[illegible]

rjijr^{2} tshjwu^{1} ŋa^{2} tśhjɨ^{1} zjọ^{2} rjur^{1} pjụ^{1} thjɨ^{2}

方 拜 △。 尔 时， 世 尊 此

以净信心，舍释氏家，趣无上道。尔时，世尊

汉文本

复次,长者,我观世间一切众生,为十恼害互相憎嫉。何谓为十?一者,曾于我身作不饶益,心生恼害;二者,今于我身作不饶益,心生恼害;三者,当于我身作不饶益,心生恼害;四者,曾于我之所爱作不饶益,心生恼害;五者,今于我之所爱作不饶益,心生恼害;六者,当于我之所爱作不饶益,心生恼害;七者,曾于我所不爱而作饶益,心生恼害;八者,今于我所不爱而作饶益,心生恼害;九者,当于我所不爱而作饶益,心生恼害;十者,于诸过失作不饶益,心生恼害。长者,我见如是十种恼害,恼害世间一切众生;为得阿耨多罗三藐三菩提,出离如是恼害事故,以净信心,舍释氏家,趣无上道。

尔时,世尊欲重宣此义,而说颂曰:

众生互憎嫉,皆由十恼生,
于我及我亲,三世俱恼害。
或于我非亲,起诸饶益相,
怨憎由此生,三世俱恼害。
第十诸过失,生长怨憎苦,
我观如是过,厌患故出家。

复次,长者,我观世间一切众生,入于十种恶见稠林,由异见故不能自出。何谓为十?一者,我见恶见稠林;二者,有情见恶见稠林;三者,寿命见恶见稠林;四者,数取趣见恶见稠林;五者,断见恶见稠林;六者,常见恶见稠林;七者,无作见恶见稠林;八者,无因见恶见稠林;九者,不平等因见恶见稠林;十者,邪见恶见稠林。长者,我见众生,入于十种恶见稠林不能得出;为得阿耨多罗三藐三菩提,永断如是诸恶见故,以净信心,舍释氏家,趣无上道。

尔时,世尊欲重宣此义,而说颂曰:

一切愚凡夫,入恶见稠林,
我见有情见,及以寿命见,
断见与常见,依无作见等;
为安立正见,是故我出家。

复次,长者,我观世间一切众生,于无数劫具造百千那庾多拘胝过失,常为十种大毒箭所中。何谓为十?一者,爱毒箭;二者,无明毒箭;三者,欲毒箭;四者,贪毒箭;五者,过失毒箭;六者,愚痴毒箭;七者,慢毒箭;八者,见毒箭;九者,有毒箭;十者,无毒箭。长者,我见众生,为十种毒箭所中;求阿耨多罗三藐三菩提,永断如是诸毒箭故,以净信心,舍释氏家,趣无上道。

35.25.5

[illegible]	[illegible]	[illegible]	[illegible],	[illegible]	[illegible]	[illegible]	[illegible]:
wo^{2}	·jị^{2}	tshjiij^{1}	kięj^{2}	ljaa^{1}	dạ^{2}	rjɨr^{2}	tshjiij^{1}
义	重	宣	欲,	颂	言	乃	曰:

欲重宣此义,而说颂曰:

35.25.6

[illegible]	[illegible]	[illegible]	[illegible]	[illegible],	[illegible]	[illegible]	[illegible]	[illegible]	[illegible],
dźiā^{2}	tśhju^{1}	dzu^{1}	ljị^{1}	zjij^{1}	kju^{1}	tśji^{2}	ljịj^{2}	kja^{2}	zar^{2}
情	有	爱	箭	中，	拘	胝	大	劫	过，
[illegible]	[illegible]	[illegible]	[illegible]	[illegible],					
bju^{1}	mjij^{1}	nja^{1}	pho̱^{1}	nioow^{1}					
明	无	△	盲	所，					

爱箭毒众生，过拘胝大劫，无明之所盲，

35.26.1

[illegible]	[illegible]	[illegible]	[illegible]	[illegible]。	[illegible]	[illegible]	[illegible]	[illegible]	[illegible],
na^{1}	lho$^{?}$	na^{1}	do^{2}	·o^{2}	kięj^{2}	ljị^{1}	rjur^{1}	ŋur^{1}	lięj^{1}
暗	出	暗	于	入。	中	箭	诸	蕴	密，
[illegible]	[illegible]	[illegible]	[illegible]	[illegible],					
laa^{1}	dzu^{1}	lęj^{2}	ljị^{1}	·jɨ^{1}					
染	恋	贪	箭	谓，					

从暗入于暗。欲箭中诸蕴，吸染名贪箭，

35.26.2

[illegible]	[illegible]	[illegible]	[illegible]	[illegible],	[illegible]	[illegible]	[illegible]	[illegible]	[illegible],
ŋewr^{1}	mur^{1}	dźjar^{2}	lju^{2}	ljị^{1}	lhwu^{1}	gjwi^{2}	wẹ^{1}	lə^{2}	ljị^{1}
乱	闷	失	过	箭，	衣	服	愚	痴	箭，
[illegible]	[illegible]	[illegible]	[illegible]	[illegible],					
·jij^{1}	bjịj^{1}	khwẹj^{1}	ljị^{1}	śjwo^{1}					
自	高	慢	箭	发，					

闷乱过失箭，被服愚痴箭，陵高发慢箭，

35.26.3

[illegible]	[illegible]	[illegible]	[illegible]	[illegible],	[illegible]	[illegible]	[illegible]	[illegible]	[illegible],
ljwu^{1}	dzeej^{1}	ljij^{2}	ljị^{1}	śjwo^{1}	dju^{1}	mjij^{1}	zow^{2}	ljị^{1}	nioow^{1}
违	诤	见	箭	起，	有	无	持	箭	因，

[illegible]

dju1 mjij1 njɨɨ1 kha1 ljị1

有 无 二 中 堕。

违诤起见箭,因有无有箭,堕有及无有。

35.26.4

[illegible]

rjur1 wẹ1 lə2 ·ju2 mur1 ljaa2 ·u2 thjij1 khji1 to2

诸 愚 痴 夫 凡, 口 中 锋 刃 出,

[illegible]

·jij1 gu2 ɣwej1 dzeej1 śjwo1

自 相 斗 诤 起,

诸愚痴凡夫,锋刃由其口,更相起诤论,

35.26.5

[illegible]

thjɨ2 źjɨr1 mji1 źjɨr1 ·jɨ1 do1 ljị1 la2 kiẹj2 nioow1

此 实 非 实 谓。 毒 箭 拔 欲 故,

[illegible]

mjor1 ljịj2 rjur1 kha1 to2

如 来 世 间 兴,

此实此非实。为拔毒箭故,如来兴世间,

35.26.6

[illegible]

rjur1 ljị1 liẹj1 mjijr2 gjuu2 nji1 mjijr2 śjɨj2 tśja1 śjɨj1

诸 箭 中 者 救, 家 出 圣 道 成。

救诸中箭者,出家成圣道。

35.27.1

[illegible]

nioow1 tśjɨɨ1 phə1 bjịj1 rjur1 kha1 dźiã2 tśhju1 ŋowr2 ŋowr2

复　次，　长　者，　世　间　情　有　一　切

[illegible] [illegible] [illegible] [illegible] [illegible] [illegible] [illegible] [illegible]

ɣạ^{2}　mə^{2}　dzu^{1}　nioow^{1}　mər^{2}　tśhji^{2}　gu^{1}　śjwo^{1}

十　种　爱　由　本　根　建　立

复次，长者，我观世间一切众生，由十种爱建立根本。

35.27.2

[illegible] [illegible] [illegible]。 [illegible] [illegible] [illegible] [illegible]？ [illegible] [illegible] [illegible]

djij^{2}　bio̱^{1}　ŋa^{2}　ɣạ^{2}　tja^{1}　thjij^{2}　sjo^{2}　dzu^{1}　nioow^{1}　ku^{2}

▽　观　△。　十　者　何　云？　爱　缘　故

[illegible]，[illegible] [illegible] [illegible] [illegible]，[illegible] [illegible] [illegible]

kjụ^{1}　kjụ^{1}　nioow^{1}　ku^{2}　rjir^{1}　rjir^{1}　nioow^{1}　ku^{2}

求，　求　缘　故　得，　得　缘　故

何者为十？所谓缘爱故求，缘求故得，

35.27.3

[illegible] [illegible] [illegible] [illegible]，[illegible] [illegible] [illegible] [illegible] [illegible] [illegible]

xja^{1}　ŋa^{2}　·jij^{1}　śjwo^{1}　ŋa^{2}　·jij^{1}　nioow^{1}　ku^{2}　rjur^{1}　djɨj^{2}

即　我　相　起，　我　相　缘　故　诸　定

[illegible] [illegible]，[illegible] [illegible] [illegible] [illegible] [illegible] [illegible] [illegible]

zow^{2}　śjwo^{1}　rjur^{1}　djɨj^{2}　zow^{2}　nioow^{1}　ku^{2}　kiẹj^{2}　lẹj^{2}

执　起，　诸　定　执　缘　故　欲　贪

缘于得故便起我所，缘我所故起诸定执，缘诸定执故起欲贪，

35.27.4

[illegible]，[illegible] [illegible] [illegible] [illegible] [illegible] [illegible] [illegible] [illegible]，[illegible]

śjwo^{1}　kiẹj^{2}　lẹj^{2}　nioow^{1}　ku^{2}　na^{1}　dzu^{1}　zjịj^{1}　śjwo^{1}　na^{1}

起，　欲　贪　缘　故　深　耽　著　起，　深

[illegible] [illegible] [illegible] [illegible] [illegible] [illegible] [illegible] [illegible]，

dzu^{1}　zjịj^{1}　śjwo^{1}　nioow^{1}　ku^{2}　·wier^{1}　lhjṵ^{1}　śjwo^{1}

耽　著　起　缘　故　吝　悭　起，

缘欲贪故起深耽著，缘深耽著故起悭吝，

35.27.5

[illegible]	[illegible]	[illegible]	[illegible]	[illegible]	[illegible]	[illegible]	[illegible]	[illegible]，	[illegible]
·wier^{1}	lhju̱^{1}	śjwo^{1}	nioow^{1}	ku^{2}	du̱^{1}	njiij^{1}	gu^{1}	śjwo^{1}	du̱^{1}
吝	悭	起	缘	故	聚	心	立	起，	聚
[illegible]	[illegible]	[illegible]①	[illegible]	[illegible]	[illegible]	[illegible]，	[illegible]		
njiij^{1}	śjwo^{1}	nioow^{1}	rjur^{1}	khjuu^{2}	·wejr^{2}	śjwo^{1}	khjuu^{2}		
心	起	缘	诸	守	护	起，	守		

缘悭吝故起于聚敛②，缘聚敛故起诸守护，

35.27.6

[illegible]	[illegible]	[illegible]	[illegible]	[illegible]	[illegible]	[illegible]	[illegible]，	[illegible]	[illegible]
·wejr^{2}	śjwo^{1}	nioow^{1}	ku^{2}	dzju^{2}	rer^{2}	zow^{2}	·jiij^{1}	ɣwej^{1}	dzeej^{1}
护	起	缘	故	兵	器	执	持，	斗	诤
[illegible]	[illegible]	[illegible]	[illegible]	[illegible]	[illegible]。	[illegible]	[illegible]		
pjo^{1}	tsjij^{2}	mə^{2}	mə^{2}	tśjị^{1}	śjwo^{1}	nioow^{1}	thjɨ^{2}		
讥	谤	种	种	苦	起。	又	此		

缘守护故执持刀仗③，诤讼讥谤起种种苦。

35.28.1

[illegible]	[illegible]	[illegible]	[illegible]	[illegible]	[illegible]，	[illegible]	[illegible]	[illegible]	[illegible]
nioow^{1}	ku^{2}	dźjow^{1}	ka^{2}	dạ^{2}	śjwo^{1}	rjur^{1}	niow^{2}	mji^{1}	neew^{2}
因	故	别	离	语	兴，	诸	恶	不	善
[illegible]	[illegible]	[illegible]。	[illegible]	[illegible]，	[illegible]	[illegible]	[illegible]		
tsjiir^{1}	·jur^{1}	dzja^{1}	phə^{1}	bjịj^{1}	dźiã^{2}	tśhju^{1}	thjɨ^{2}		
法	养	长。	长	者，	情	有	此		

又因此故兴别离语，长养诸恶不善之法。长者，我见众生，

35.28.2

[illegible]	[illegible]	[illegible]	[illegible]	[illegible]	[illegible]	[illegible]	[illegible]	[illegible]	[illegible]

① 西夏文图版“[illegible]”字后当脱“[illegible]”字。
② 聚敛，西夏文作“[illegible][illegible]”，字面意思为“聚心”。
③ 刀仗，西夏文作“[illegible][illegible]”，字面意思为“兵器”。

nioow^{1}	mə^{2}	dzu^{1}	nioow^{1}	mər^{2}	tśhji^{2}	tsjiir^{1}	gu^{1}	śjwo^{1}	ljij^{2}
由	种	爱	因	本	根	法	立	建	见
[illegible]；	[illegible]	[illegible]	[illegible]	[illegible]	[illegible]	[illegible]	[illegible]		
ŋa^{2}	·ja$^{?}$	du̱^{2}	tow^{1}	lo^{1}	sã^{1}	bia^{1}	sã^{1}		
△；	阿	耨	多	罗	三	藐	三		

由此十种①爱根本法之所建立；求于阿耨多罗三藐三

35.28.3

[illegible]	[illegible]	[illegible]，	[illegible]	[illegible]	[illegible]	[illegible]	[illegible]	[illegible]	[illegible]
po^{1}	tjɨj^{1}	kju̱^{1}	tśhji^{2}	mjij^{1}	bju^{1}	gji̱^{2}	mjij^{1}	tsjiir^{1}	rjir^{1}
菩	提	求，	根	无	依	靠	无	法	得
[illegible]	[illegible]，	[illegible]	[illegible]	[illegible]	[illegible]，	[illegible]	[illegible]		
kię̱j^{2}	nioow^{1}	sej^{1}	dźiej^{2}	njiij^{1}	ŋwu^{2}	śjɨ^{2}	mə^{2}		
欲	故，	净	信	心	以，	释	氏		

菩提，为得无根无所依法故，以净信心，

35.28.4

[illegible]	[illegible]	[illegible]，	[illegible]	[illegible]	[illegible]	[illegible]	[illegible]	[illegible]。	[illegible]
nji^{1}	wjɨ^{2}	lho$^{?}$	zji^{2}	phju^{2}	tśja^{1}	rjijr^{2}	tshjwu^{1}	ŋa^{2}	tśhjɨ^{1}
家	△	舍，	最	上	道	方	拜	△。	尔
[illegible]，	[illegible]	[illegible]	[illegible]	[illegible]	[illegible]	[illegible]	[illegible]，		
zjọ^{2}	rjur^{1}	pju̱^{1}	thjɨ^{2}	wo^{2}	·ji^{2}	tshjiij^{1}	kię̱j^{2}		
时，	世	尊	此	义	重	宣	欲，		

舍释氏家，趣无上道。尔时，世尊欲重宣此义，

35.28.5

[illegible]	[illegible]	[illegible]	[illegible]：
ljaa^{1}	da̱^{2}	rjɨr^{2}	tshjiij^{1}
颂	言	乃	曰：

而说颂曰：

① 十种，西夏文当作“[illegible][illegible]”，原文脱“[illegible]”（十）字。

35.28.6

[illegible]

dzu^1 nja^1 phej^1 dźiã^2 tśhju^1, rjur^1 kięj^2 tjo̱^{1} ·ju^2 ɣa^2,

爱 所 缚 情 有， 诸 欲 寻 逐 于，

[illegible]

gjịj^1 rjir^1 ŋa^2 ·jij^1 śjwo^1,

利 得 我 之 兴，

爱所吞众生，寻逐于诸欲，得利兴我所，

35.29.1

[illegible]

thjɨ^2 bju^1 djɨj^2 zow^2 śjwo^1。 ŋa^2 sjij^1 wji^1 lew^2 wji^1,

此 依 定 执 生。 我 今 作 所 作，

[illegible]

kięj^2 lẹj^2 tśjɨɨr^2 lhu^1 dzja^1,

欲 贪 缚 增 长，

从此生定执。我当作所作，欲贪缚增长，

35.29.2

[illegible]

dzu^1 zjij^1 ·wier^1 lhju̱^{1} njɨ^2, twẹ^2 twẹ^2 tśjɨɨ^1 bju^1 śjwo^1。

耽 著 吝 悭 等， 相 续 次 第 生。

[illegible]

lhju̱^{1} dźjar^2 rjur^1 kha^1 laa^1,

悭 过 世 间 染，

耽著悭吝等，相续次第生。悭过染世间，

35.29.3

[illegible]

du̱^{1} njiij^1 gu^1 śjwo^1 njwi^2, du̱^{1} nioow^1 ·wejr^2 khjuu^2 śjwo^1,

积 心 立 起 能， 聚 故 护 守 生，

[illegible] [illegible] [illegible] [illegible] [illegible]。

zji^{2} śjwo^{1} twẹ^{2} mji^{1} bja^{2}

遍 生 续 无 断。

能起坚积聚，聚敛故守护，遍生无有间。

35.29.4

[illegible] [illegible] [illegible] [illegible] [illegible]，[illegible] [illegible] [illegible] [illegible] [illegible]，

khjuu^{2} ·wejr^{2} wẹ^{1} mjijr^{2} ŋwu^{2} dzju^{2} rer^{2} ŋwu^{2} dźjwɨ^{1} tśju^{1}

守 护 愚 者 是，兵 器 以 相 害，

[illegible] [illegible] [illegible] [illegible] [illegible]，

rjur^{1} mji^{1} neew^{2} sjwɨj^{1} wji^{1}

诸 不 善 业 作，

守护在愚夫，刀仗相加害，种诸不善业，

35.29.5

[illegible] [illegible] [illegible] [illegible] [illegible]。[illegible] [illegible] [illegible] [illegible] [illegible]，

thjɨ^{2} nioow^{1} ·ji^{1} tśjị^{1} śjwo^{1} dzu^{1} ·jiw^{1} nioow^{1} bio̱^{1} bju^{1}

此 因 众 苦 生。爱 因 缘 观 已，

[illegible] [illegible] [illegible] [illegible] [illegible]，

·ji^{1} tśjị^{1} mji^{1} gu^{1} wor^{1}

众 苦 不 发 生，

因此生众苦。观爱因缘已，众苦则不生，

35.29.6

[illegible] [illegible] [illegible] [illegible] [illegible]，[illegible] [illegible] [illegible] [illegible] [illegible]。

tśhji^{2} mjij^{1} dźjij^{1} mjij^{1} dwewr^{2} rjur^{1} dwewr^{2} kha^{1} zji^{2} phju^{2}

根 无 住 无 觉，诸 觉 中 最 上。

无根无住觉，诸觉中最上。

35.30.1

[illegible] [illegible]，[illegible] [illegible]，[illegible] [illegible] [illegible] [illegible] [illegible] [illegible]

nioow^{1} tśjɨɨ^{1} phə^{1} bjịj^{1} rjur^{1} kha^{1} dźiā^{2} tśhju^{1} ŋowr^{2} ŋowr^{2}

复	次,	长	者,	世	间	情	有	一	切
[illegible]	[illegible]	[illegible]	[illegible]	[illegible]	[illegible]	[illegible]	[illegible]		
zji²	ɣạ²	mə²	niow²	dow¹	tsji̱r²	nioow¹	dow¹		
皆	十	种	恶	邪	性	由	邪		

复次,长者,我观世间一切众生,皆由十种恶邪性故建立邪定。

35.30.2

[illegible]	[illegible]	[illegible]	[illegible]	[illegible]	[illegible]。	[illegible]	[illegible]	[illegible]	[illegible]?
djɨj²	gu¹	śjwo¹	djij²	ŋa²	bio̱¹	ɣạ²	tja¹	thjij²	sjo²
定	立	建	▽	△	观。	十	者	何	云?
[illegible]	[illegible],	[illegible]	[illegible];	[illegible]	[illegible],	[illegible]	[illegible]		
lew¹	tja¹	dow¹	ljij²	njɨɨ¹	tja¹	dow¹	sjwɨ¹		
一	者,	邪	见;	二	者,	邪	思		

何等为十?一者,邪见;二者,邪思惟;

35.30.3

[illegible];	[illegible]	[illegible],	[illegible]	[illegible];	[illegible]	[illegible],	[illegible]	[illegible];	[illegible]
sjiij²	so̱¹	tja¹	dow¹	dạ²	ljɨɨr¹	tja¹	dow¹	sjwɨj¹	ŋwə¹
惟;	三	者,	邪	语;	四	者,	邪	业;	五
[illegible],	[illegible]	[illegible];	[illegible]	[illegible],	[illegible]	[illegible]	[illegible]	[illegible];	
tja¹	dow¹	kạ¹	tśhjiw¹	tja¹	dow¹	khu¹	dźjij¹	dźjij¹	
者,	邪	命;	六	者,	邪	进	精	精;	

三者,邪语;四者,邪业;五者,邪命;六者,邪精进①;

35.30.4

[illegible]	[illegible],	[illegible]	[illegible];	[illegible]	[illegible],	[illegible]	[illegible];	[illegible]	[illegible],
śjạ¹	tja¹	dow¹	ljɨr²	·jar¹	tja¹	dow¹	djɨj²	gjɨɨ¹	tja¹
七	者,	邪	念;	八	者,	邪	定;	九	者,
[illegible]	[illegible]	[illegible];	[illegible]	[illegible],	[illegible]	[illegible]	[illegible]		
dow¹	bie²	lhew²	ɣạ²	tja¹	dow¹	bie²	lhew²		

① 邪精进,西夏文当作"[illegible]",此作"[illegible]",衍一当"[illegible]"字。

邪 解 脱； 十 者， 邪 解 脱

七者，邪念；八者，邪定；九者，邪解脱；十者，邪解脱智见。

35.30.5

[illegible]	[illegible]。	[illegible]	[illegible]，	[illegible]	[illegible]	[illegible]	[illegible]	[illegible]	[illegible]
sjij^{2}	ljij^{2}	phə^{1}	bjịj^{1}	dźiã^{2}	tśhju^{1}	thjɨ^{2}	sju^{2}	njɨ^{2}	ɣạ^{2}
智	见。	长	者，	情	有	是	如	等	十
[illegible]	[illegible]	[illegible]	[illegible]	[illegible]	[illegible]	[illegible]	[illegible]		
dow^{1}	tsji̱r^{2}	nioow^{1}	dow^{1}	djɨj^{2}	gu^{1}	śjwo^{1}	djij^{2}		
邪	性	由	邪	定	立	建	▽		

长者，我观众生，由如是等十邪性故建立邪定；

35.30.6

[illegible]	[illegible]；	[illegible]	[illegible]	[illegible]	[illegible]	[illegible]	[illegible]	[illegible]	[illegible]
ljij^{2}	ŋa^{2}	·ja$^{?}$	du̱^{2}	tow^{1}	lo^{1}	sã^{1}	bia^{1}	sã^{1}	po^{1}
观	△；	阿	耨	多	罗	三	藐	三	菩
[illegible]	[illegible]	[illegible]，	[illegible]	[illegible]	[illegible]	[illegible]	[illegible]		
tjɨj^{1}	ljạ^{1}	kiẹj^{2}	thjɨ^{2}	sju^{2}	rjur^{1}	dow^{1}	tsji̱r^{2}		
提	证	欲，	是	如	诸	邪	性		

为欲证得阿耨多罗三藐三菩提，出离如是诸邪性故，

35.31.1

[illegible]	[illegible]	[illegible]，	[illegible]	[illegible]	[illegible]	[illegible]，	[illegible]	[illegible]	[illegible]
lho$^{?}$	ka^{2}	nioow^{1}	sej^{1}	dźiej^{2}	njiij^{1}	ŋwu^{2}	śjɨ^{2}	mə^{2}	nji^{1}
出	离	故，	净	信	心	以，	释	氏	家
[illegible]	[illegible]，	[[illegible]]	[[illegible]]	[illegible]	[illegible]	[illegible]	[illegible]。		
wjɨ^{2}	lho$^{?}$	zji^{2}	phju^{2}	tśja^{1}	rjijr^{2}	tshjwu^{1}	ŋa^{2}		
△	舍，	最	上	道	方	拜	△。		

以净信心，舍释氏家，趣无上道。

汉文本

尔时，世尊欲重宣此义，而说颂曰：

爱箭毒众生,过拘胝大劫,
无明之所盲,从暗入于暗。
欲箭中诸蕴,吸染名贪箭,
闷乱过失箭,被服愚痴箭,
陵高发慢箭,违诤起见箭,
因有无有箭,堕有及无有。
诸愚痴凡夫,锋刃由其口,
更相起诤论,此实此非实。
为拔毒箭故,如来兴世间,
救诸中箭者,出家成圣道。

复次,长者,我观世间一切众生,由十种爱建立根本。何者为十?所谓缘爱故求,缘求故得,缘于得故便起我所,缘我所故起诸定执,缘诸定执故起欲贪,缘欲贪故起深耽著,缘深耽著故起悭吝,缘悭吝故起于聚敛,缘聚敛故起诸守护,缘守护故执持刀仗,诤讼讥谤起种种苦。又因此故兴别离语,长养诸恶不善之法。长者,我见众生,由此十种爱根本法之所建立;求于阿耨多罗三藐三菩提,为得无根无所依法故,以净信心,舍释氏家,趣无上道。

尔时,世尊欲重宣此义,而说颂曰:

爱所吞众生,寻逐于诸欲,
得利兴我所,从此生定执。
我当作所作,欲贪缚增长,
耽著悭吝等,相续次第生。
悭过染世间,能起坚积聚,
聚敛故守护,遍生无有间。
守护在愚夫,刀仗相加害,
种诸不善业,因此生众苦。
观爱因缘已,众苦则不生,
无根无住觉,诸觉中最上。

复次,长者,我观世间一切众生,皆由十种恶邪性故建立邪定。何等为十?一者,邪见;二者,邪思惟;三者,邪语;四者,邪业;五者,邪命;六者,邪精进;七者,邪念;八者,邪定;九者,邪解脱;十者,邪解脱智见。长者,我观众生,由如是等十邪性故建立邪定;为欲证得阿耨多罗三藐三菩提,出离如是诸邪性故,以净信心,舍释氏家,趣无上道。

35.31.2

[illegible]	[illegible],	[illegible]	[illegible]	[illegible]	[illegible]	[illegible]	[illegible]	[illegible],	[illegible]
tśhjɨ^{1}	zjọ^{2}	rjur^{1}	pjụ^{1}	thjɨ^{2}	wo^{2}	djij^{2}	tshjiij^{1}	kiẹj^{2}	ljaa^{1}
尔	时,	世	尊	此	义	重	宣	欲,	颂
[illegible]	[illegible]	[illegible]:							

dạ² rjɨr² tshjiij¹
言 乃 曰：

尔时，世尊欲重宣此义，而说颂曰：

35.31.3

□ □ □ □ □， □ □ □ □ □，
dow¹ ljij² tśhju¹ dźiã² tśhju¹ dow¹ mjɨɨ² kięj² sjwɨ¹ sjiij²
邪 见 有 情 怀， 邪 境 界 思 惟，
□ □ □ □ □，
dow¹ ŋwuu¹ dạ² nę¹ tshjiij¹
邪 语 言 宣 说，

怀邪见众生，邪思惟境界，宣说于邪语，

35.31.4

□ □ □ □ □， □ □ □ □ □，
nioow¹ rjur¹ dow¹ sjwɨj¹ dźjịj² dow¹ kạ¹ dow¹ khu¹ dźjij¹
及 诸 邪 业 行， 邪 命 邪 进 精，
□ □ □ □ □，
dow¹ ljɨr² nioow¹ dow¹ djɨj²
邪 念 与 邪 定，

及行诸邪业，邪命邪精进，邪念与邪定，

35.31.5

□ □ □ □ □， □ □ □ □ □。
dow¹ bie² lhew² śjɨj¹ ·jiw² nioow¹ dow¹ sjij² ljij² tshwew¹
邪 解 脱 成 就， 及 邪 智 见 趣。
□ □ □ □ □，
dow¹ tsjir² kjɨ¹ djɨj² tśiow¹
邪 性 决 定 聚，

成就邪解脱，及趣邪智见。邪性决定聚，

35.31.6

□ □ □ □ □， □ □ □ □ □，

wẹ1	mjijr2	bju1	tjị2	ŋwu2	tśhja2	tsjịr2	dźjịj1	phji1	nioow1
愚	者	依	可	是,	正	性	住	令	为,
[illegible]				。					
zji2	phju2	tśja1	rjijr2	tshwew1					
最	上	道	方	趣。					

愚夫之所依,为令住正性,故趣无上道。

35.32.1

[illegible]	,		,						
nioow1	tśjɨɨ1	phə1	bjịj1	rjur1	kha1	dźiã2	tśhju1	ŋowr2	ŋowr2
复	次,	长	者,	世	间	情	有	一	切
[illegible]						,			
ɣạ2	mə2	mji1	neew2	sjwɨj1	tśja1	nioow1	dow1		
十	种	不	善	业	道	由,	邪		

复次,长者,我观世间一切众生,由于十种不善业道,

35.32.2

[illegible]					,				
tśja1	gu1	śjwo1	no2	dźjịj1	njwi2	rjɨr2	mjaa2	niow2	tshwew1
道	建	立	安	住	能,	乃	多	恶	趣
[illegible]				。					
kha1	ljɨ1	djij2	bio̱1	ŋa2	ɣạ2	tja1	thjij2		
中	堕	▽	观	△。	十	者	何		

而能建立安处邪道,多堕恶趣。何等为十?

35.32.3

[illegible]?		,		;		,			;
sjo2	lew1	tja1	sjwụ2	sja1	njɨɨ1	tja1	mji1	khjow1	lhjwi1
云?	一	者,	生	杀;	二	者,	不	与	取;
[illegible]	,		;		,		;		
sọ1	tja1	dow1	tjụ2	ljɨɨr1	tja1	lạ1	wji1		
三	者,	邪	淫;	四	者,	妄	作;		

一者，夺命①；二者，不与取；三者，邪淫；四者，妄语；

35.32.4

[illegible]	[illegible]，	[illegible]	[illegible]	[illegible]；	[illegible]	[illegible]，	[illegible]	[illegible]；	[illegible]
ŋwə^1	tja^1	dzu^1	tśhjow^1	dạ^2	tśhjiw^1	tja^1	dạ^2	bjạ	śjạ^1
五	者，	爱	离	语；	六	者，	语	粗；	七
[illegible]，	[illegible]	[illegible]②；	[illegible]	[illegible]，	[illegible]	[illegible]；	[illegible]		
tja^1	ŋwuu^1	kiaa^2	·jar^1	tja^1	lẹj^2	zjịj^1	gjɨɨ^1		
者，	语	绮；	八	者，	贪	著；	九		

五者，离间语③；六者，粗语；七者，绮语④；八者，贪著；

35.32.5

[illegible]，	[illegible]	[illegible]；	[illegible]	[illegible]，	[illegible]	[illegible]。	[illegible]	[illegible]，	[illegible]
tja^1	tshjạ^1	kwow^2	ɣạ^2	tja^1	dow^1	ljij^2	phə^1	bjịj^1	dźiã^2
者，	瞋	恚；	十	者，	邪	见。	长	者，	情
[illegible]	[illegible]	[illegible]	[illegible]	[illegible]	[illegible]	[illegible]	[illegible]		
tśhju^1	thjɨ^2	sju^2	ɣạ^2	mə^2	mji^1	neew^2	tśja^1		
有	是	如	十	种	不	善	道		

九者，瞋恚；十者，邪见。长者，我见众生由是十种不善业故，

35.32.6

[illegible]	[illegible]，	[illegible]	[illegible]	[illegible]	[illegible]	[illegible]，	[illegible]	[illegible]	[illegible]
sjwɨj^1	nioow^1	dow^1	tśja^1	ɣa^2	bju^1	gjị^2	rejr^2	tshwew^1	rejr^2
业	故，	邪	道	于	依	靠，	多	趣	多
[illegible]	□	□	□	[illegible]	[illegible]	[illegible]	[illegible]		
·ju^2				tśja^1	·u^2	ljɨ^1	djij^2		
找				道	中	堕	▽		

① “夺命”，西夏文本作“[illegible]”，字面意思为“杀生”。

② [illegible]，字面意思为“补、衲”，与汉文本“绮”对译。

③ 离间语，西夏文本“[illegible]”，字面意思为“离爱语”。

④ 绮语，本卷西夏文皆作“[illegible]”。按，绮语指多藻饰之语。慧琳《一切经音义》：“绮语者，绮饰文词，赞过其实也。”（《大正藏》第 54 册，第 609 页）。《大明三藏法数》卷二十三：“绮即文饰也。谓绮饰言语，取悦于人，故名绮语。”（《永乐北藏》第 182 册，第 117 页）《合编》将“[illegible]”义项之一解释为“[illegible]”（增语），当可理解为多余的语言，此与“绮饰文词，赞过其实”意义相合。是以，“[illegible]”当可解释为“绮”。

乘于邪道，多趣多向多堕恶道；

35.33.1

[illegible]；

ljij^{2} ŋa^{2} ·ja$^{?}$ du̱^{2} tow^{1} lo^{1} sã^{1} bia^{1} sã^{1} po^{1}

见 △； 阿 耨 多 罗 三 藐 三 菩

[illegible] □ □ □ [illegible]

tjɨj^{1} dow^{1} tśja^{1} ŋowr^{2} ŋowr^{2}

提 邪 道 一 切

为欲证得阿耨多罗三藐三菩提，

35.33.2

[illegible]，[illegible]，

lho$^{?}$ ka^{2} nioow^{1} sej^{1} dźiej^{2} njiij^{1} ŋwu^{2} śjɨ^{2} mə^{2} nji^{1}

出 离 故， 净 信 心 以， 释 氏 家

[illegible]，[illegible]。

wjɨ^{2} lho$^{?}$ zji^{2} phju^{2} tśja^{1} rjijr^{2} tshjwu^{1} ŋa^{2}

△ 舍， 最 上 道 方 拜 △。

超出一切诸邪道故，以净信心，舍释氏家，趣无上道。

35.33.3

[illegible]，[illegible]，

tśhjɨ^{1} zjọ^{2} rjur^{1} pjụ^{1} thjɨ^{2} wo^{2} djij^{2} tshjiij^{1} kięj^{2} ljaa^{1}

尔 时， 世 尊 此 义 重 宣 欲， 颂

[illegible]：

dạ^{2} rjɨr^{2} tshjiij^{1}

言 乃 曰：

尔时，世尊欲重宣此义，而说颂曰：

35.33.4

[illegible]，[illegible]，

rjur^{1} kạ^{1} dźiā^{2} tśju^{1} tśhju^{1} mjɨ^{1} ·jij^{1} tjị^{1} war^{2} tśhiow^{1}

诸 命 情 害 有， 他 之 物 财 盗，

[illegible] [illegible] [illegible] [illegible] [illegible]，

rjur^{1} dow^{1} kięj^{2} dźjɨ$^{?}$ dźjịj^{2}

诸 邪 欲 行 行，

诸害命众生，劫盗他财物，行诸邪欲行，

35.33.5

[illegible] [illegible] [illegible] [illegible] [illegible]。 [illegible] [illegible] [illegible] [illegible] [illegible]，

xja^{1} djị^{1} ·jɨj^{2} ·u^{2} ljɨ^{1} dạ^{2} bjạ^{1} dzu^{1} tśhjow^{1} dạ^{2}

速 地 狱 中 堕。 言 粗 爱 离 语，

[illegible] [illegible] [illegible] [illegible] [illegible]，

lạ^{1} wji^{1} mjij^{1} sej^{1} ljwu^{1}

妄 作 寂 静 乖，

速堕于地狱。粗言离间语，妄语乖寂静，

35.33.6

[illegible] [illegible] [illegible] [illegible] [illegible]， [illegible] [illegible] [illegible] [illegible] [illegible]。

ŋwuu^{1} kiaa^{2} njɨ^{2} ·ju^{2} mur^{1} lə^{2} ·jij^{1} tśjɨɨr^{2} lew^{2} we^{2}

语 绮 等 夫 凡， 痴 之 缚 所 为。

[illegible] [illegible] [illegible] [illegible] [illegible]，

mjɨ^{1} ·jij^{1} war^{2} lęj^{2} zjịj^{1}

他 之 财 贪 著，

绮语等凡夫，愚痴之所缚。贪著他资财，

35.34.1

[illegible] [illegible] [illegible] [illegible] [illegible]， [illegible] [illegible] [illegible] [illegible] [illegible]，

śjwɨ^{1} śjwɨ^{1} tshjạ^{1} kwow^{2} njiij^{1} mə^{2} mə^{2} dow^{1} ljij^{2} śjwo^{1}

数 数 瞋 恚 心， 种 种 邪 见 兴，

[illegible] [illegible] [illegible] [illegible] [illegible]。

thja^{1} dzjwo^{2} niow^{2} tśja^{1} tshwew^{1}

是 人 恶 道 趣。

数起于瞋恚,兴种种邪见,是人趣恶道。

35.34.2

[illegible]	[illegible]	[illegible]	[illegible]	[illegible],	[illegible]	[illegible]	[illegible]	[illegible]	[illegible],
sọ1	mə2	nioow1	ljụ2	śjwo1	dạ2	bju1	ljɨɨr1	mə2	rjɨr2
三	种	由	身	起,	语	依	四	种	生,
[illegible]	[illegible]	[illegible]	[illegible]	[illegible],					
phji1	sọ1	niow2	śjɨj1	njwi2					
意	三	恶	成	能,					

三种由身起,四种语业生,意能成三恶,

35.34.3

[illegible]	[illegible]	[illegible]	[illegible]	[illegible],	[illegible]	[illegible]	[illegible]	[illegible]	[illegible],
tśhjwo1	niow2	dźjɨ?	mjijr2	·jɨ1	rjur1	niow2	sjwɨj1	dźjij2	nioow1
故	恶	行	者	名,	诸	恶	业	行	因,
[illegible]	[illegible]	[illegible]	[illegible]	[illegible],					
ɣạ2	niow2	tśja1	·u2	tśhjij1					
十	恶	道	中	牵,					

故名恶行者。行诸恶业已①,牵趣恶道中,

35.34.4

[illegible]	[illegible]	[illegible]	[illegible]	[illegible],	[illegible]	[illegible]	[illegible]	[illegible]	[illegible]。
ŋa2	sjij1	rjur1	kha1	śja2	gjuu2	kjɨɨ1	lho?	ka2	phji1
吾	今	世	间	现,	济	拔	出	离	令。

吾今现世间,拔济令出离。

35.34.5

[illegible]	[illegible],	[illegible]	[illegible],	[illegible]	[illegible]	[illegible]	[illegible]	[illegible]	[illegible]
nioow1	tśjɨɨ1	phə1	bjij1	rjur1	kha1	dźiã2	tśhju1	ŋowr2	ŋowr2
复	次,	长	者,	世	间	情	有	一	切

① 已,西夏文“[illegible]”(nioow,因)通“[illegible]”(nioow1,已)。

ɣạ^{2}	mə^{2}	tśior^{1}	laa^{1}	tsjiir^{1}	nioow^{1}	źjị^{1}	njɨɨ^{2}
十	种	污	染	法	故，	烦	恼

复次，长者，我观世间一切众生，由于十种染污法故，

35.34.6

kha^{1}	dźjij^{1}	źjị^{1}	njɨɨ^{2}	ror^{2}	kha^{1}	ljɨ^{1}	djij^{2}	bio^{1}	ŋa^{2}
中	处，	烦	恼	垢	中	堕	▽	观	△。
ɣạ^{2}	tja^{1}	thjij^{2}	sjo^{2}	lew^{1}	tja^{1}	lhju^{1}	ror^{2}		
十	者	何	云？	一	者，	悭	垢		

处在烦恼，堕烦恼垢中。何谓为十？一者，悭垢染污；

35.35.1

tśior^{1}	laa^{1}	njɨɨ^{1}	tja^{1}	niow^{2}	kie^{1}	ror^{2}	tśior^{1}	laa^{1}	sọ^{1}
污	染；	二	者，	恶	戒	垢	污	染；	三
tja^{1}	tshjạ^{1}	ror^{2}	tśior^{1}	laa^{1}	ljɨɨr^{1}	tja^{1}	low		
者，	瞋	垢	污	染；	四	者，	懈		

二者，恶戒垢染污；三者，瞋垢染污；四者，

35.35.2

ljij^{1}	tśior^{1}	ror^{2}	laa^{1}	ŋwə^{1}	tja^{1}	ŋewr^{1}	khiee^{1}	ror^{2}	tśior^{1}
怠	污	垢	染；	五	者，	散	乱	垢	污
laa^{1}	tśhjiw^{1}	tja^{1}	niow^{2}	źjɨr^{1}	ror^{2}	tśior^{1}	laa^{1}		
染；	六	者，	恶	慧	垢	污	染；		

懈怠垢染污；五者，散乱垢染污；六者，恶慧垢染污；

35.35.3

śją^1	tja^1	pjų^1	dą^2	mji^1	bjuu^1	ror^2	tśior^1	laa^1	·jar^1
七	者，	尊	教	不	遵	垢	污	染；	八
tja^1	dow^1	·jiw^2	ror^2	tśior^1	laa^1	gjɨɨ^1	tja^1		
者，	邪	疑	垢	污	染；	九	者，		

七者，不遵尊教垢染污；八者，邪疑垢染污；九者，

35.35.4

mji^1	dźiej^2	tsjij^2	ror^2	tśior^1	laa^1	ɣą^2	tja^1	mji^1	dzjwị^1
不	信	解	垢	污	染；	十	者，	不	恭
lhejr^2	ror^2	tśior^1	laa^1	phə^1	bjij^1	thjɨ^2	sju^2		
敬	垢	污	染。	长	者，	是	如		

不信解垢染污；十者，不恭敬垢染污。长者，

35.35.5

njɨ^2	ɣą^2	mə^2	tśior^1	laa^1	tsjiir^1	dźiã^2	tśhju^1	·jij^1	tśior^1
等	十	种	污	染	法	情	有	之	污
laa^1	djij^2	ljij^2	ŋa^2	·ja$^?$	du̠^{2}	tow^1	lo^1		
染	▽	见	△；	阿	耨	多	罗		

我见众生，以如是等十染污法之所染污，为得阿耨多罗三藐三菩提，

35.35.6

sã^1	bia^1	sã^1	po^1	tjɨj^1	rjir^1	gji̠^{2}	laa^1	mjij^1	zji^2

三 藐 三 菩 提 得 为， 染 无 最

[illegible]

phju² tsjiir¹ lja̧¹ kię̄j² nioow¹ sej¹ dźiej² njiij¹

上 法 证 欲 故， 净 信 心

证于无染无上法故，以净信心，

35.36.1

[illegible]

ŋwu² śjɨ² mə² nji¹ ·wjɨ² lho? zji² phju² tśja¹ rjijr²

以， 释 氏 家 △ 舍， 最 上 道 方

[illegible]

tshjwu¹ ŋa² tśhjɨ¹ zjo̧² rjur¹ pjụ¹ thjɨ² wo²

拜 △。 尔 时， 世 尊 此 义

舍释氏家，趣无上道。尔时，世尊欲重宣此义，

35.36.2

[illegible]

djij² tshjiij¹ kię̄j² ljaa¹ rjɨr² tshjiij¹

重 宣 欲， 颂 乃 曰：

而说颂曰：

35.36.3

[illegible]

rjur¹ rejr² phiaa² dźiã² tśhju¹ ɣa̧² mə² laa¹ kjɨ¹ tha?

世 多 分 情 有， 十 种 染 △ 逼，

[illegible]

dźiəj² lheew² źji̧¹ njɨɨ² dzu¹

为 有 烦 恼 乐，

世多分众生，十染所逼迫，乐有为烦恼，

35.36.4

[illegible]

dwər¹ ka² śjwo¹ mjij² djij² lhju̱¹ ror² tśior¹ laa¹ mjij¹
厌 离 生 不 曾。 悭 垢 污 染 无,
[illegible] [illegible] [illegible] [illegible] [illegible],
wẹ¹ ·ju² mur¹ ŋowr² ŋowr²
愚 夫 凡 一 切,
曾不生厌离。悭垢所染污,一切愚凡夫,

35.36.5

[illegible] [illegible] [illegible] [illegible] [illegible], [illegible] [illegible] [illegible] [illegible] [illegible]。
kie¹ tsjụ¹ mjij¹ sej¹ njaa² sã¹ mo² thji² mji¹ ɣiew¹
戒 犯 寂 静 非, 三 摩 地 不 习。
[illegible] [illegible] [illegible] [illegible] [illegible],
tshjạ¹ ror² pjo¹ zeew² nu¹
瞋 垢 辱 忍 背,
犯戒非寂静,不习三摩地。瞋垢背忍辱,

35.36.6

[illegible] [illegible] [illegible] [illegible] [illegible], [illegible] [illegible] [illegible] [illegible] □,
low² ljịj¹ tśhja² ·jɨr² lhjii¹ njiij¹ ·a? śjij¹ mji¹
懈 怠 正 勤 退, 心 一 顺 不
[illegible] [illegible] [illegible] [illegible] [illegible]。
niow² źjɨr¹ wẹ¹ lwəj¹ dzjwo²
恶 慧 愚 钝 者。
懈怠退正勤,其心不专住,恶慧愚钝者。

35.37.1

[illegible] [illegible] [illegible] [illegible] [illegible], [illegible] [illegible] [illegible] [illegible] [illegible],
·wja¹ mja¹ dzjiij² lhji² njɨ² dzju¹ dzjiij² dạ² mji¹ bjuu¹
父 母 师 长 等, 教 化 言 不 遵,
[illegible] [illegible] [illegible] [illegible] [illegible],
·jiw² ljij² rer² dźiã² tśhju¹

疑	见	网	情	有，

于父母师长，不遵奉言教，疑见网众生，

35.37.2

[illegible]	[illegible]	[illegible]	[illegible]	[illegible]。	[illegible]	[illegible]	[illegible]	[illegible]	[illegible]
rjur1	swew1	dwewr2	mji1	kjụ1	tha1	rjɨr2	tshjiij1	zji2	na1
世	照	觉	不	求。	佛	乃	曰	最	深
[illegible]	[illegible]	[illegible]	[illegible]	[illegible]，					
buu2	thjo̱1	tsjiir1	pjo1	tsjij2					
胜	妙	法	诽	谤，					

不求照世觉。诽谤于甚深，佛所说妙法，

35.37.3

[illegible]	[illegible]	[illegible]	[illegible]	[illegible]，	[illegible]	[illegible]	[illegible]	[illegible]	[illegible]。
lhwu1	gjwi2	bju1	mjij1	we2	śjɨj2	ŋewr2	mji1	bjuu1	bjij1
衣	服	明	无	为，	圣	数	不	敬	重。
[illegible]	[illegible]	[illegible]	[illegible]	[illegible]，					
thjɨ2	tśior1	laa1	bio̱1	nioow1					
是	污	染	观	已，					

被服无明蕴，圣蕴怀轻贱。观是染污已，

35.37.4

[illegible]	[illegible]	[illegible]	[illegible]	[illegible]，	[illegible]	[illegible]	[illegible]	[illegible]	[illegible]，
sjwɨ1	dźiəj2	lheew2	dźjij1	dzu1	dźiəj2	mə1	tśior1	laa1	mjij1
谁	为	有	处	乐，	为	无	污	染	无，
[illegible]	[illegible]	[illegible]	[illegible]	[illegible]。					
mjij1	dzjar2	·jɨr2	ljạ1	lew2					
寂	灭	勤	证	当。					

谁乐处有为，当勤证寂灭，无为无染污。

汉文本

尔时,世尊欲重宣此义,而说颂曰:

怀邪见众生,邪思惟境界,
宣说于邪语,及行诸邪业,
邪命邪精进,邪念与邪定,
成就邪解脱,及趣邪智见。
邪性决定聚,愚夫之所依,
为令住正性,故趣无上道。

复次,长者,我观世间一切众生,由于十种不善业道,而能建立安处邪道,多堕恶趣。何等为十?一者,夺命;二者,不与取;三者,邪淫;四者,妄语;五者,离间语;六者,粗语;七者,绮语;八者,贪著;九者,瞋恚;十者,邪见。长者,我见众生由是十种不善业故,乘于邪道,多趣多向多堕恶道;为欲证得阿耨多罗三藐三菩提,超出一切诸邪道故,以净信心,舍释氏家,趣无上道。

尔时,世尊欲重宣此义,而说颂曰:

诸害命众生,劫盗他财物,
行诸邪欲行,速堕于地狱。
粗言离间语,妄语乖寂静,
绮语等凡夫,愚痴之所缚。
贪著他资财,数起于瞋恚,
兴种种邪见,是人趣恶道。
三种由身起,四种语业生,
意能成三恶,故名恶行者。
行诸恶业已,牵趣恶道中,
吾今现世间,拔济令出离。

复次,长者,我观世间一切众生,由于十种染污法故,处在烦恼,堕烦恼垢中。何谓为十?一者,悭垢染污;二者,恶戒垢染污;三者,瞋垢染污;四者,懈怠垢染污;五者,散乱垢染污;六者,恶慧垢染污;七者,不遵尊教垢染污;八者,邪疑垢染污;九者,不信解垢染污;十者,不恭敬垢染污。长者,我见众生,以如是等十染污法之所染污;为得阿耨多罗三藐三菩提,证于无染无上法故,以净信心,舍释氏家,趣无上道。

尔时,世尊欲重宣此义,而说颂曰:

世多分众生,十染所逼迫,
乐有为烦恼,曾不生厌离。
悭垢所染污,一切愚凡夫,
犯戒非寂静,不习三摩地。
瞋垢背忍辱,懈怠退正勤,
其心不专住,恶慧愚钝者。
于父母师长,不遵奉言教,

疑见网众生，不求照世觉。
诽谤于甚深，佛所说妙法，
被服无明蕴，圣蕴怀轻贱。
观是染污已，谁乐处有为，
当勤证寂灭，无为无染污。

35.37.5

[illegible]	[illegible]，	[illegible]	[illegible]，	[illegible]	[illegible]	[illegible]	[illegible]	[illegible]	[illegible]
nioow^{1}	tśjɨɨ^{1}	phə^{1}	bjịj^{1}	ɣạ^{2}	mə^{2}	phej^{1}	tśjɨɨr^{2}	dźjɨ$^{?}$	sjɨ
复	次，	长	者，	十	种	缠	缚	行	连
[illegible]	[illegible]	[illegible]	[illegible]	[illegible]	[illegible]	[illegible]	[illegible]		
rjur^{1}	kha^{1}	dźiã^{2}	tśhju^{1}	ŋowr^{2}	ŋowr^{2}	zji^{2}	phej^{1}		
世	间	情	有	一	切	皆	缠		

复次，长者，我观世间一切众生，为十种缠缚之所缠缚①。

35.37.6

[illegible]	[illegible]	[illegible]	[illegible]	[illegible]。	[illegible]	[illegible]	[illegible]	[illegible]？	[illegible]
phej^{1}	tśjɨɨr^{2}	djij^{2}	bio^{1}	ŋa^{2}	ɣạ^{2}	tja^{1}	thjij^{2}	sjo^{2}	lew^{1}
缠	缚	▽	观	△。	十	者	何	云？	一
[illegible]，	[illegible]	[illegible]	[illegible]	[illegible]	[illegible]	[illegible]；	[illegible]		
tja^{1}	lhju^{1}	zjɨ^{1}	ljọ^{2}	nioow^{1}	phej^{1}	tśjɨɨr^{2}	njɨɨ^{1}		
者，	悭	嫉	所	由	缠	缚；	二		

何谓为十？一者，由悭嫉网之所缠缚；

35.38.1

[illegible]，	[illegible]	[illegible]	[illegible]	[illegible]	[illegible]	[illegible]	[illegible]；	[illegible]	[illegible]，
tja^{1}	bju^{1}	mjij^{1}	wər^{2}	·jij^{1}	phoo^{1}	lew^{2}	we^{2}	sọ^{1}	tja^{1}
者，	明	无	翳	之	覆	所	为；	三	者，
[illegible]	[illegible]	[illegible]	[illegible]	[illegible]	[illegible]	[illegible]	[illegible]；		
źjị^{1}	njɨɨ^{2}	lhạ^{2}	wẹ^{1}	lə^{2}	lə^{1}	·u^{2}	·jijr^{1}		
烦	恼	迷	愚	痴	坎	中	堕；		

① 缠缚，西夏文当作"[illegible]"，此作"[illegible]"，当衍一"[illegible]"字。

二者,由无明膜之所覆翳;三者,烦恼迷醉堕愚痴坎;

35.38.2

ljɨɨr^{1}	tja^{1}	kięj^{2}	dzu^{1}	lhjwɨ^{2}	rar^{2}	kha^{1}	dźjwow^{1}	djị^{1}	ŋwə^{1}
四	者,	欲	爱	驶	流	中	漂	没;	五
tja^{1}	baa	mo^{2}	sjɨ^{1}	tsewr^{1}	dow^{1}	ljị^{1}	tśjij^{2}		
者,	末	摩	死	节	邪	箭	所		

四者,爱欲驶流之所漂没;五者,末摩死节邪箭所中;

35.38.3

lięj^{1}	tśhjiw^{1}	tja^{1}	kwow^{2}	źjɨɨ^{1}	dwuu^{2}	ɣju^{1}	·jij^{1}	kjur^{1}	laa^{1}
中;	六	者,	忿	恨	密	烟	之	熏	焞
lew^{2}	we^{2}	śjạ^{1}	tja^{1}	kięj^{2}	lẹj^{2}	ljoor^{1}	məə^{1}		
所	为;	七	者,	欲	贪	焰	火		

六者,忿恨密烟之所熏焞;七者,贪欲盛火之所烧燃;

35.38.4

·jij^{1}	lu^{2}	lew^{2}	we^{2}	·jar^{1}	tja^{1}	dźjar^{2}	lju^{2}	do^{1}	do^{2}
之	燃	所	为;	八	者,	失	过	毒	药
dźjɨ$^{?}$	wji^{1}	tśjij^{2}	mə^{2}	mjiij^{1}	phji^{1}	gjɨɨ^{1}	tja^{1}		
行	为	所	闷	乱	令;	九	者,		

八者,过失毒药之所闷乱;九者,

35.38.5

rjur^{1}	ɣja^{2}	do^{1}	źjuu^{1}	·jij^{1}	t-$^{?}$	ɣię^{2}	lew^{2}	we^{2}	ɣạ^{2}

诸	盖	毒	刺	之	遮	碍	所	为；	十
tja^{1}	·ju^{2}	lhji^{2}	wee	kha^{1}	dźiə^{2}	dźiej^{2}	dźjwiw^{2}		
者，	常	死	生	中	流	转、	饥		

诸盖毒刺之所遮碍；十者，常处生死流转、饥

35.38.6

pạ^{2}	gjij^{2}	njijr^{1}	kha^{1}	dźjij^{1}	tśhja^{2}	·jɨr^{2}	dwər^{1}	tjị^{2}	phə^{1}
馑	旷	野	中	处，	正	勤	怠	疲。	长
bjij^{1}	thjɨ^{2}	sju^{2}	njɨ^{2}	ɣạ^{2}	mə^{2}	phej^{1}	tśjɨɨr^{2}		
者，	是	如	等	十	种	缠	缚		

馑旷野，正勤疲怠。长者，我观众生，为如是等十种缠缚

35.39.1

dźjɨ$^{?}$	wji^{1}	dźiã^{2}	tśhju^{1}	·jij^{1}	phej^{1}	tśjɨɨr^{2}	djij^{2}	ljij^{2}	ŋa^{2}
行	为	情	有	之	缠	缚	▽	观	△，
·ja$^{?}$	du̱^{2}	tow^{1}	lo^{1}	sã^{1}	bia^{1}	sã^{1}	po^{1}		
阿	耨	多	罗	三	藐	三	菩		

所缠缚已，求阿耨多罗三藐三菩提，

35.39.2

tjɨj^{1}	kjụ^{1}	phej^{1}	tśjɨɨr^{2}	mjij^{1}	tsjiir^{1}	lja^{1}	kiej^{2}	nioow^{1}	sej^{1}
提	求，	缠	缚	无	法	证	欲	故，	净
dźiej^{2}	njiij^{1}	ŋwu^{2}	śjɨ^{2}	mə^{2}	nji^{1}	wjɨ^{2}	lho$^{?}$		
信	心	以，	释	氏	家	△	舍，		

为证无缠无缚法故，以净信心，舍释氏家，

35.39.3/4

zji²	phju²	tśja¹	tshjwu¹	rjijr²	ŋa²	tśhjɨ¹	zjọ²	rjur¹	pjụ¹
最	上	道	拜	方	△。	尔	时，	世	尊
thjɨ²	wo²	djij²	tshjiij¹	kięj²	ljaa¹	dạ²	rjɨr²	tshjiij¹	
此	义	重	宣	欲，	颂	言	乃/	曰：	

趣无上道。尔时，世尊欲重宣此义，而说颂曰：

35.39.5

nar²	thjwị¹	mjɨr¹	·jij¹	dźjwij¹	nar²	ŋwu²	thjo̱¹	tsə¹	ljiij²
老	少	盛	之	吞，	老	以	妙	色	坏，
nar²	ljɨr²	djɨj²	źjɨr¹	ŋowr²					
老	念	定	慧	全，					

老吞少盛年，老坏净妙色，老损①念定慧，

35.39.6

sjɨ¹	·jij¹	dźjwij¹	lew²	we²	ŋo²	ɣwie¹	ɣie¹	dźjwu¹	mjij¹
死	之	吞	所	为。	病	势	力	摧	无，
kjir¹	·jiw²	njiij¹	twə̣¹	lhjwi¹					
勇	猛	心	夺	取，					

终为死所吞。病能摧势力，劫夺勇猛心，

35.40.1

① 损，西夏文本作"（全）"。（ŋowr²），疑当通"（ŋwo²，损坏）。

rjur^{1}	tśhji^{2}	nji^{1}	du^{1}	ljiij^{2}	dźju^{2}	noo^{1}	lhoo^{1}	tjị^{2}	mjij^{1}
诸	根	聚	落	坏，	劣	羸	依	可	无。
[illegible]	[illegible]	[illegible]	[illegible]	[illegible]，					
sjɨ^{1}	lo^{1}	tśhia^{1}	mjịj^{1}	sju^{2}					
死	罗	刹	女	如，					

坏诸根聚落，羸劣无依怙。死如罗刹女，

35.40.2

[illegible]	[illegible]	[illegible]	[illegible]	[illegible]，	[illegible]	[illegible]	[illegible]	[illegible]	[illegible]，
kjir^{1}	ljị^{2}	kjạ^{1}	le^{2}	dźioow^{2}	·ju^{2}	rjur^{1}	kha^{1}	pha^{1}	śio^{1}
猛	健	怖	畏	甚，	常	世	间	随	逐，
[illegible]	[illegible]	[illegible]	[illegible]	[illegible]。					
dźiã^{2}	tśhju^{1}	kạ^{1}	djij^{2}	sji^{1}					
情	有	命	饮	尽。					

猛健甚可畏，常随逐世间，饮竭众生命。

35.40.3

[illegible]	[illegible]	[illegible]	[illegible]	[illegible]	[illegible]	[illegible]	[illegible]	[illegible]	[illegible]，
ŋa^{2}	rjur^{1}	kha^{1}	nar^{2}	ŋo^{2}	sjɨ^{1}	tha$^{?}$	njij^{2}	dwər^{1}	khie^{1}
我	世	间	老	病	死	逼	迫	厌	恶，
[illegible]	[illegible]	[illegible]	[illegible]	[illegible]					
nar^{2}	sjɨ^{1}	mjij^{1}	sej^{1}	no^{2}					
老	死	无	清	安					

我已厌世间，老病死逼迫，为求无老死，

35.40.4

[illegible]	[illegible]	[illegible]	[illegible]	[illegible]。	[illegible]	[illegible]	[illegible]	[illegible]	[illegible]，
tsjiir^{1}	kjụ^{1}	nioow^{1}	nji^{1}	mjijr^{2}	sọ^{1}	məə^{1}	ŋwu^{2}	rjur^{1}	lu^{2}
法	求	为	家	出。	三	火	以	世	烧，
[illegible]	[illegible]	[illegible]	[illegible]	[illegible]，					
gjuu^{2}	mjijr^{2}	mjij^{1}	bio̱^{1}	ŋa^{2}					
救	者	无	观	我，					

清安法出家。世为三火烧,我观无救者,

35.40.5

[illegible]	[illegible]	[illegible]	[illegible]	[illegible]，	[illegible]	[illegible]	[illegible]	[illegible]	[illegible]，
zər^{2}	ljɨ̣j^{2}	tsjiir^{1}	dew	dew	so̧^{1}	do^{1}	ljoor^{1}	lha^{1}	dzjar^{2}
甘	露	法	雨	雨，	三	毒	焰	灭	除，
[illegible]	[illegible]	[illegible]	[illegible]	[illegible]					
rjur^{1}	tśja^{1}	phjɨ^{1}	məə^{1}	ku^{2}					
诸	道	失	盲	瞽					

雨甘露法雨,灭除三毒焰。观诸失道者,

35.40.6

[illegible]	[illegible]	[illegible]	[illegible]	[illegible]，	[illegible]	[illegible]	[illegible]	[illegible]	[illegible]，
wẹ^{1}	lə^{2}	mjijr^{2}	·jij^{1}	bio̱^{1}	rjur^{1}	kha^{1}	mej^{1}	khjow^{1}	kiẹj^{2}
愚	痴	者	之	观，	世	间	眼	与	欲，
[illegible]	[illegible]	[illegible]	[illegible]	[illegible]。					
śiej^{1}	ne̱j^{2}	nioow^{1}	nji^{1}	mjijr^{2}					
导	示	故	家	出。					

生盲痴瞽等,为与世间眼,示导故出家。

35.41.1

[illegible]	[illegible]	[illegible]	[illegible]	[illegible]，	[illegible]	[illegible]	[illegible]	[illegible]	□
dźiã^{2}	tśhju^{1}	·jiw^{2}	·jur^{1}	khjij^{1}	ŋur^{1}	ɣja^{2}	njiij^{1}	nja^{1}	
情	有	疑	养	育，	蕴	盖	心	△	
□	[illegible]	[illegible]	[illegible]	[illegible]，					
	·jij^{1}	lhjii^{1}	źjị^{1}	phja^{1}					
	之	悔	恼	除，					

众生疑乳养,蕴盖所蔽障,为彼除悔恼,

35.41.2

[illegible]	[illegible]	[illegible]	[illegible]	[illegible]。	[illegible]	[illegible]	[illegible]	[illegible]	[illegible]，

tsjiir^{1} tshjiij^{1} nioow^{1} nji^{1} mjijr^{2} wẹ^{1} mjijr^{2} ·jij^{1} gu^{2} ljwu^{1}

法 说 故 家 出。 愚 夫 自 相 违，

[illegible]，

ljwịj^{1} ·ju^{2} dźjwɨ^{1} sja^{1} tśju^{1}

怨 寻 相 杀 害，

说法故出家。愚夫互违反，伺隙兴加害，

35.41.3

[illegible]，[illegible]。

ljwịj^{1} khie^{1} dzow^{1} ŋwej^{2} ku^{1} rjur^{1} gjịj^{1} nioow^{1} nji^{1} mjijr^{2}

怨 憎 和 睦 故， 世 利 故 家 出。

[illegible]，

·wja^{1} mja^{1} dzjiij^{2} lhji^{2} do^{2}

父 母 师 长 于，

为和怨憎故，利世故出家。于父母师长，

35.41.4

[illegible]，[illegible]，

·jij^{1} khwej^{1} mji^{1} dzjwị^{1} lhejr^{2} mjɨ^{1} gjiw^{1} dźjow^{1} tśhja^{1} kiẹj^{2}

自 慢 无 恭 敬， 不 敬 幢 摧 欲，

[illegible]。

thjɨ^{2} nioow^{1} nji^{1} mjijr^{2} ŋa^{2}

是 故 家 出 我。

力慢无恭敬，为摧憍慢①幢，是故我出家。

35.41.5

[illegible]，[illegible]，

lẹj^{2} rjur^{1} nja^{1} phoo^{1} bio̱^{1} war^{2} nioow^{1} dźjwɨ^{1} ŋwo^{2} tśju^{1}

贪 诸 △ 障 观， 财 由 相 损 害，

[illegible]，

① 憍慢，西夏文本作“[illegible]”，字面意为“不敬”。

śjạ1 śjɨj2 war2 rjir1 kięj2

七 圣 财 得 欲，

观贪障世间，由财相损害，为得七圣财，

35.41.6

[illegible]

rjur1 tsjiir1 lụ2 mjijr2 bja2 tjij1 nioow1 dźjwɨ1 sja1 tśju1

诸 法 贫 者 断。 或 又 相 杀 害，

[illegible]

·jij1 ɣie2 rjir1 lew2 mjij1

己 利 得 所 非，

断诸法贫者。或致相刑残，利己终非益，

35.42.1

[illegible]

ŋa2 bio̱1 djɨj2 ljụ2 dźjɨɨr1 so̱1 dju1 djị1 ·jɨj2 ka2

我 观 定 身 舍， 三 有 地 狱 离。

[illegible]

so̱1 dju1 dzjụ1 źjɨr1 ɣiej1

三 有 昔 实 真

我观定舍身，求离三有狱。

35.42.2

[illegible]

gjịj1 ɣie2 dạ2 mjɨ1 nwə1 źjɨr1 ɣiej1 ɣie2 phie2 kięj2

利 益 事 不 知 实 真 利 开 欲，

[illegible]

thjɨ2 nioow1 nji1 mjijr2 ŋa2

是 故 家 出 我。

三有昔未知，真实利益事，为开真实益，是故我出家。

35.42.3

[illegible]

djị^{1} ·jɨj^{2} tshwew^{1} mjijr^{2} bio̱^{1} niow^{2} sjwɨj^{1} ·jiw^{1} wejr^{1} ljịj^{1}

地 狱 趣 者 观， 恶 业 因 茂 盛，

[illegible] [illegible] [illegible] [illegible] [illegible]，

bju^{2} mjij^{1} tśjị^{1} ɣar^{1} lhjịj^{2}

边 无 苦 重 受，

观趣地狱者，恶业因炽然①，受无边重苦，

35.42.4

[illegible] [illegible] [illegible] [illegible] [illegible]。 [illegible] [illegible] [illegible] [illegible] [illegible]，

lhew^{2} kiẹj^{2} nioow^{1} nji^{1} mjijr^{2} rjur^{1} sju^{2} dzju^{2} tshwew^{1} bio̱^{1}

脱 欲 故 家 出。 诸 畜 生 趣 观，

[illegible] [illegible] [illegible] [illegible] [illegible]，

·jij^{1} gu^{2} dźjwɨ^{1} sja^{1} tśju^{1}

自 共 相 杀 害，

为脱故出家。观诸畜生趣，互相加杀害，

35.42.5

[illegible] [illegible] [illegible] [illegible] [illegible]， [illegible] [illegible] [illegible] [illegible] [illegible]。

bju^{1} mjij^{1} ŋwu^{2} bju^{1} we^{2} wjuu^{1} njiij^{1} nioow^{1} nji^{1} mjijr^{2}

依 无 以 依 为， 悲 心 故 家 出。

[illegible] [illegible] [illegible] [illegible] [illegible]，

·jã^{1} mo^{2} ·ju^{1} tshwew^{1} bio̱^{1}

焰 魔 鬼 趣 观，

无依为作依，悲心故出家。观焰魔鬼趣，

35.42.6

[illegible] [illegible] [illegible] [illegible] [illegible]， [illegible] [illegible] [illegible] [illegible] [illegible]，

dźjwiw^{2} pạ^{2} ljij^{2} tśjị^{1} tha$^{?}$ thjo̱^{1} po^{1} tjɨj^{1} ljạ^{1} nioow^{1}

饥 渴 大 苦 逼， 妙 菩 提 证 为，

[illegible] [illegible] [illegible] [illegible] [illegible]。

① 炽然，西夏文本作“[illegible]”，字面意思为“茂盛”。

mji^{1} sjɨ^{1} zər^{2} ljɨ̣j^{2} mjii^{1}

不 死 甘 露 施。

饥渴大苦逼,为证妙菩提,施不死甘露。

35.43.1

[illegible] [illegible] [illegible] [illegible] [illegible], [illegible] [illegible] [illegible] [illegible] [illegible],

dzjwo^{2} tśja^{1} kjụ^{1} ·ju^{2} tśjị^{1} rjur^{1} mə^{1} kạ^{1} bja^{2} tśjị^{1}

人 道 求 追 苦, 诸 天 命 断 苦,

[illegible] [illegible] [illegible] [illegible] [illegible],

tśjị^{1} sọ^{1} dju^{1} njɨ^{2} bio̱^{1}

苦 三 有 遍 观,

人道追求苦,诸天舍命苦,观苦遍三有,

35.43.2

[illegible] [illegible] [illegible] [illegible] [illegible]。 [illegible] [illegible] [illegible] [illegible] [illegible],

gjuu^{2} tśjị^{1} nioow^{1} nji^{1} mjijr^{2} ŋa^{2} kiẹj^{2} dzu^{1} mjijr^{2} bio̱^{1}

济 苦 故 家 出。 我 欲 耽 者 观,

[illegible] [illegible] [illegible] [illegible] [illegible],

rjur^{1} bjuu^{1} ·ju^{1} khwa^{1} ka^{2}

诸 愧 惭 远 离,

为济故出家。我观耽欲者,远离诸惭愧,

35.43.3

[illegible] [illegible] [illegible] [illegible] [illegible], [illegible] [illegible] [illegible] [illegible] [illegible]。

pjụ^{1} bjij^{2} ·jij^{1} źjiw^{1} nji$^{?}$ tjụ^{2} khjwɨ^{1} wa^{1} su^{1} gjij^{1}

尊 高 之 逼 凌, 淫 狗 猪 于 甚。

[illegible] [illegible] [illegible] [illegible] [illegible],

rjur^{1} nioow^{1} wẹ^{1} mjijr^{2} bio̱^{1}

诸 又 愚 夫 观,

凌逼于尊亲,荒淫甚猪狗。又观诸愚夫,

35.43.4

[illegible] [illegible] [illegible] [illegible] [illegible], [illegible] [illegible] [illegible] [illegible] [illegible],

mjịj^{1} ljuu^{2} dźjɨ$^{?}$ ·wji^{1} dźjwij^{1} śja^{1} wją^{2} mji^{1} wo^{2} ·wji^{1}
女 媚 行 为 吞， 逸 放 非 义 造，
[illegible] [illegible] [illegible] [illegible] [illegible]。
thja^{1} mjijr^{2} nioow^{1} nji^{1} mjijr^{2}
其 舍 故 家 出。

女媚所吞食，放逸造非义，为舍故出家。

35.43.5

[illegible] [illegible] [illegible] [illegible] [illegible]， [illegible] [illegible] [illegible] [illegible] [illegible]，
kja^{2} niəj^{1} dźiã^{2} tśhju^{1} bio̱^{1} niow^{2} tsjiir^{1} ljiij^{2} tsjụ^{1} kier^{1}
劫 浊 情 有 观， 恶 法 魔 触 伤，
[illegible] [illegible] [illegible] [illegible] [illegible]，
thja^{1} ·jij^{1} ·jar^{2} wəə^{1} nioow^{1}
其 之 摧 伏 故，

观劫浊众生，恶法娆魔使，我为摧伏故，

35.43.6

[illegible] [illegible] [illegible] [illegible] [illegible]。 [illegible] [illegible] [illegible] [illegible] [illegible]，
zji^{2} phju^{2} dwewr^{2} śjɨj^{1} tshwew^{1} nji^{1} dźjịj^{1} ·ji^{1} dźjar^{2} mər^{2}
最 上 觉 成 趣。 家 在 众 过 本，
[illegible] [illegible] [illegible] [illegible] [illegible]，
nji^{1} mjijr^{2} po^{1} tjɨj^{1} tshwew^{1}
家 出 菩 提 趣，

趣成无上觉。在家众过本，出家趣菩提，

35.44.1

[illegible] [illegible] [illegible] [illegible] [illegible]， [illegible] [illegible] [illegible] [illegible] [illegible]。
lhji^{2} wee bju^{2} sji^{1} nioow^{1} ljịj^{2} ljɨ̣^{2} njɨ^{2} mjii^{1} dźjɨɨr^{1}
死 生 际 穷 为， 大 地 等 施 舍。

故舍大地等，为穷生死际。

汉文本

复次,长者,我观世间一切众生,为十种缠缚之所缠缚。何谓为十?一者,由悭嫉网之所缠缚;二者,由无明膜之所覆翳;三者,烦恼迷醉堕愚痴坎;四者,爱欲驶流之所漂没;五者,末摩死节邪箭所中;六者,忿恨密烟之所熏焞;七者,贪欲盛火之所烧燃;八者,过失毒药之所闷乱;九者,诸盖毒刺之所遮碍;十者,常处生死流转、饥馑旷野,正勤疲怠。长者,我观众生,为如是等十种缠缚所缠缚已;求阿耨多罗三藐三菩提,为证无缠无缚法故,以净信心,舍释氏家,趣无上道。

尔时,世尊欲重宣此义,而说颂曰:

老吞少盛年,老坏净妙色,
老损念定慧,终为死所吞。
病能摧势力,劫夺勇猛心,
坏诸根聚落,羸劣无依怙。
死如罗刹女,猛健甚可畏,
常随逐世间,饮竭众生命。
我已厌世间,老病死逼迫,
为求无老死,清安法出家。
世为三火烧,我观无救者,
雨甘露法雨,灭除三毒焰。
观诸失道者,生盲痴瞽等,
为与世间眼,示导故出家。
众生疑乳养,蕴盖所蔽障,
为彼除悔恼,说法故出家。
愚夫互违反,伺隙兴加害,
为和怨憎故,利世故出家。
于父母师长,力慢无恭敬,
为摧憍慢幢,是故我出家。
观贪障世间,由财相损害,
为得七圣财,断诸法贫者。
或致相刑残,利己终非益,
我观定舍身,求离三有狱。
三有昔未知,真实利益事,
为开真实益,是故我出家。
观趣地狱者,恶业因炽然,
受无边重苦,为脱故出家。
观诸畜生趣,互相加杀害,
无依为作依,悲心故出家。
观焰魔鬼趣,饥渴大苦逼,

为证妙菩提，施不死甘露。
人道追求苦，诸天舍命苦，
观苦遍三有，为济故出家。
我观耽欲者，远离诸惭愧，
凌逼于尊亲，荒淫甚猪狗。
又观诸愚夫，女媚所吞食，
放逸造非义，为舍故出家。
观劫浊众生，恶法娆魔使，
我为摧伏故，趣成无上觉。
在家众过本，出家趣菩提，
故舍大地等，为穷生死际。

35.44.2

[illegible]	[illegible]，	[illegible]	[illegible]	[illegible]	[illegible]	[illegible]	[illegible]	[illegible]	[illegible]，
tśhjɨ^{1}	zjọ^{2}	ŋwə^{1}	·jir^{2}	phə^{1}	bjij^{1}	tha^{1}	rjɨr^{2}	tshjiij^{1}	mji^{1}
尔	时，	五	百	长	者	佛	所	说	闻，
[illegible]	[illegible]	[illegible]	[illegible]，	[illegible]	[illegible]	[illegible]	[illegible]		
dju^{1}	mjij^{2}	djij^{2}	rjir^{2}	tśhjwo^{1}	mjor^{1}	ljịj^{2}	dwewr^{2}		
有	未	曾	得，	方	如	来	觉		

尔时，五百长者闻佛所说，得未曾有，方知如来是真觉者。

35.44.3

[illegible]	[illegible]	[illegible]	[illegible]。	[illegible]	[illegible]	[illegible]	[illegible]，	[illegible]	[illegible]
ɣiej^{1}	mjijr^{2}	ŋwu^{2}	nwə^{1}	xja^{1}	tha^{1}	·ju^{2}	rjir^{2}	ljaa^{2}	do^{2}
真	者	是	知。	即	佛	面	前，	口	异
[illegible]	[illegible]，	[illegible]	[illegible]	[illegible]	[illegible]：				
ɣię^{2}	lew^{2}	ljaa^{1}	dạ^{2}	rjɨr^{2}	tshjiij^{1}				
声	同，	颂	言	乃	曰：				

即于佛前，异口同声，而说颂曰：

35.44.4

[illegible]	[illegible]	[illegible]	[illegible]	[illegible]	[illegible]	[illegible]，	[illegible]	[illegible]	[illegible]
ŋa^{2}	njɨ^{2}	nar^{2}	sjɨ^{1}	tha$^{?}$	kjạ^{1}	le^{2}	thjo^{1}	tsjiir^{1}	nẹ^{1}

我 等 老 死 逼 怖 畏， 妙 法 宣

[illegible] [illegible] [illegible] [illegible]。

ŋwu^2 bju^2 djij^2 sji^1

以 际 愿 尽。

我等怖畏老死逼，愿宣妙法尽其际。

35.44.5

[illegible] [illegible] [illegible] [illegible] [illegible] [illegible] [illegible]， [illegible] [illegible] [illegible]

rjur^1 pjụ^1 rjur^1 dju^1 tshwew^1 gji^1 sej^1 dju^1 ka^2 tsji̠r^2

世 尊 诸 有 趣 清 净， 有 离 性

[illegible] [illegible] [illegible] [illegible]，

sej^1 rjur^1 dju^1 dzjij^1

净 诸 有 超，

世尊诸有趣清净，离有性净超诸有，

35.44.6

[illegible] [illegible] [illegible] [illegible] [illegible] [illegible] [illegible]， [illegible] [illegible] [illegible]

tjị^1 rjur^1 dju^1 kjɨɨ^1 mji^1 dju^1 phji^1 nioow^1 dju^1 nji^1

愿 诸 有 拔 不 有 令， 及 有 家

[illegible] [illegible] [illegible]。

rjir^2 mjijr^2 kjɨɨ^1

禁 者 搏。

愿拔诸有令不有，及在禁闭有家者。

35.45.1

[illegible] [illegible] [illegible] [illegible] [illegible] [illegible] [illegible]， [illegible] [illegible] [illegible]

rjur^1 kjir^1 laa^1 ka^2 zji^2 bie^2 lhew^2 lhjɨ^2 ror^2 khwa^1

世 雄 染 离 最 解 脱， 尘 垢 远

[illegible] [illegible] [illegible] [illegible]，

ka^2 njiij^1 gji^1 sej^1

离 心 清 净，

世雄离染最解脱，远离尘垢心清净，

35.45.2

[illegible]	[illegible]	[illegible]	[illegible]	[illegible]	[illegible]	[illegible]，	[illegible]	[illegible]	[illegible]
rjur¹	·jar²	tsjiir¹	kha¹	ljịj²	rjur¹	·jar²	zji²	thjo̱¹	zər²
调	御	法	中	大	调	御，	微	妙	甘
[illegible]	[illegible]	[illegible]	[illegible]。						
ljɨ̣j²	ɣa¹	phie²	nja²						
露	门	开	愿。						

调御法中大调御，愿开微妙甘露门。

35.45.3

[illegible]	[illegible]	[illegible]	[illegible]	[illegible]	[illegible]	[illegible]，	[illegible]	[illegible]	[illegible]
phju²	thjo̱¹	tsə̣¹	ŋowr²	buu²	goor¹	kiej²	mə¹	tśhjaa¹	dzjwo²
上	妙	色	具	胜	丈	夫，	天	上	人
[illegible]	[illegible]	[illegible]	[illegible]，						
kha¹	ŋwer¹	dźjwɨ¹	mjij¹						
间	等	者	无，						

备上妙色胜丈夫，天人世间无等者，

35.45.4

[illegible]	[illegible]	[illegible]	[illegible]	[illegible]	[illegible]	[illegible]，	[illegible]	[illegible]	[illegible]
rjur¹	ŋwer¹	ŋwer¹	mjij¹	zji²	buu²	pjụ¹	thjo̱¹	tsjiir¹	tshjiij¹
世	等	等	无	最	胜	尊，	妙	法	说
[illegible]	[illegible]	[illegible]	[illegible]。						
ŋwu²	dźiã²	tśhju¹	gjuu²						
以	情	有	济。						

世无等等最胜尊，愿说妙法济群生。

35.45.5

[illegible]	[illegible]	[illegible]	[illegible]	[illegible]	[illegible]	[illegible]，	[illegible]	[illegible]	[illegible]
sọ¹	ror²	tśjo?	dzjar²	rjur¹	dźjar²	lhew²	źjɨr¹	mej¹	gji¹
三	垢	永	灭	诸	过	解，	慧	眼	清

[illegible]	[illegible]	[illegible]	[illegible],
sej^1	wər^2	phe^1	go^2
净	翳	灰	消,

三垢永灭吐诸过,慧眼清净翳障消,

35.45.6

[illegible]	[illegible]	[illegible]	[illegible]	[illegible]	[illegible]	[illegible],	[illegible]	[illegible]	[illegible]
lhjɨ^2	ror^2	na^1	ka^2	wẹ^1	rer^2	khjiw^2	tjị^1	ŋwer^1	mjij^1
尘	垢	暗	离	痴	网	开,	愿	等	无
[illegible]	[illegible]	[illegible]	[illegible]。						
bju^1	thjo̱^{1}	tsjiir^1	tshjiij^1						
依	妙	法	说。						

净尘离暗开痴网,愿无等尊宣妙法。

35.46.1

[illegible]	[illegible]	[illegible]	[illegible]	[illegible]	[illegible]	[illegible],	[illegible]	[illegible]	[illegible]
dźiã^2	tśhju^1	tśjị^1	tśiow^1	bju^1	lhoo^1	mjij^1	ljij^2	dju^1	dźiəj^2
情	有	苦	聚	依	怙	无,	大	有	池
[illegible]	[illegible]	[illegible]	[illegible],						
djị^1	gjuu^2	mjijr^2	mjij^1						
溺	救	者	无,						

众生苦聚无依怙,溺大有池无救者,

35.46.2

[illegible]	[illegible]	[illegible]	[illegible]	[illegible]	[illegible]	[illegible],	[illegible]	[illegible]	[illegible]
tjị^1	njij^2	wjuu^1	wạ^2	gju^1	njiij^1	śjwo^1	xja^1	kjɨɨ^1	no^2
愿	慈	悲	广	渡	心	起,	速	拔	安
[illegible]	[illegible]	[illegible]	[illegible]。						
nej^2	rewr^2	ɣa^2	njɨ^2						
隐	岸	于	至。						

愿起慈悲广济心,速拔高升安隐岸。

35.46.3

[illegible]	[illegible]	[illegible]	[illegible]	[illegible]	[illegible]	[illegible]，	[illegible]	[illegible]	[illegible]
dju^{1}	mja^{1}	·jij^{1}	khwẹj^{1}	lə^{2}	dźiə^{2}	dźiej^{2}	dzji^{1}	ɣwej^{1}	ŋo^{2}
有	河	自	傲	痴	回	转，	讼	斗	病
[illegible]	[illegible]	[illegible]	[illegible]，						
tśjị^{1}	bju^{1}	pa^{1}	ljịj^{1}						
苦	依	波	盛，						

有河憍慢痴回澓，斗讼病苦波涛盛，

35.46.4

[illegible]	[illegible]	[illegible]	[illegible]	[illegible]	[illegible]	[illegible]，	[illegible]	[illegible]	[illegible]
dźiã^{2}	tśhju^{1}	dźjwow^{1}	djị^{1}	lhoo^{1}	gjuu^{2}	mjij^{1}	tjị^{1}	njij^{2}	njiij^{1}
情	有	漂	没	依	救	无，	愿	慈	心
[illegible]	[illegible]	[illegible]	[illegible]。						
śjwo^{1}	dju^{1}	rar^{2}	gjuu^{2}						
发	有	流	济。						

众生漂没无依救，愿发慈心济有流。

35.46.5

[illegible]	[illegible]	[illegible]	[illegible]	[illegible]	[illegible]	[illegible]，	[illegible]	[illegible]	[illegible]
be^{2}	swew^{1}	tụ^{1}	rjir^{2}	kię^{1}	ŋər^{1}	swew^{1}	tha^{1}	ljụ^{2}	bji^{1}
日	朗	千	亿	金	山	曜，	佛	身	光
[illegible]	[illegible]	[illegible]	[illegible]，						
wejr^{1}	thja^{1}	su^{1}	dzjịj^{1}						
盛	彼	于	逾，						

朗日千亿曜金山，佛身光盛逾于彼，

35.46.6

[illegible]	[illegible]	[illegible]	[illegible]	[illegible]	[illegible]	[illegible]，	[illegible]	[illegible]	[illegible]
tjị^{1}	phji^{1}	thjo̱^{1}	xiwã^{1}	mə^{2}	ɣię	ŋwu^{2}	ljuu^{2}	thjo̱^{1}	zji^{2}
愿	意	妙	梵	音	声	以，	端	妙	最

[illegible]	[illegible]	[illegible]	[illegible]。
phju2	tsjiir1	nẹ1	tshjiij1
上	法	宣	说。

愿以胜妙梵音声,宣布端严最上法。

35.47.1

[illegible]	[illegible]	[illegible]	[illegible]	[illegible]	[illegible]	[illegible],	[illegible]	[illegible]	□
rjur1	tsjiir1	·jij1	tsji̱r2	mər2	gji1	sej1	kwər1	·jij1	
诸	法	自	性	本	清	净,	体	相	
□	[illegible]	[illegible]	[illegible],						
	swew1	nji?	sju2						
	明	珠	如,						

诸法自性本清净,体相洞彻等明珠,

35.47.2

[illegible]	[illegible]	[illegible]	[illegible]	[illegible]	[illegible]	[illegible],	[illegible]	[illegible]	[illegible]
·wji1	mjijr2	mji1	dju1	lhjịj2	mjijr2	mjij1	mjɨ1	do2	mji1
作	者	无	有	受	者	无,	他	于	不
[illegible]	[illegible]	[illegible]	[illegible]。						
mji1	zji2	dwewr2	tsjij2						
闻	皆	觉	照。						

无有作者无受者,不从他闻遍照觉。

35.47.3

[illegible]	[illegible]	[illegible]	[illegible]	[illegible]	[illegible]	[illegible],	[illegible]	[illegible]	[illegible]
thja1	śjij1	ɣie1	le2	mjij1	ŋowr2	lhə?	thjo̱1	sej1	dźjɨ?
其	顺	力	畏	无	具	足,	妙	净	行
□	[illegible]	[illegible]	[illegible],						
	mjiij2	bju2	mjij1						
	称	边	无,						

自然①具足力无畏，行妙净行称无边，

35.47.4

[illegible]	[illegible]	[illegible]	[illegible]	[illegible]	[illegible]	[illegible]，	[illegible]	[illegible]	[illegible]
bju^{2}	mjij^{1}	sjịj^{2}	tsjij^{2}	ŋa^{1}	dźjij^{1}	sju^{2}	tjị^{1}	ljịj^{2}	tsjiir^{1}
边	无	智	解	空	游	如，	愿	大	法
[illegible]	[illegible]	[illegible]	[illegible]。						
njij^{2}	thjo̱^{1}	tsjiir^{1}	tshjiij^{1}						
王	妙	法	说。						

无边智解如游空，愿大法王宣妙法。

35.47.5

[illegible]	[illegible]，	[illegible]	[illegible]	[illegible]	[illegible]	[illegible]	[illegible]：	[illegible]	[illegible]
tśhjɨ^{1}	zjọ^{2}	rjur^{1}	pjụ^{1}	thjɨ^{2}	sju^{2}	ljɨr^{2}	·wji^{1}	thjɨ^{2}	ŋwə^{1}
尔	时，	世	尊	是	如	念	作：	是	五
[illegible]	[illegible]	[illegible]，	[illegible]	[illegible]	[illegible]	[illegible]，	[illegible]		
·jir^{2}	phə^{1}	bjij^{1}	neew^{2}	tśhji^{2}	tśjij^{2}	we^{2}	dạ^{2}		
百	长	者，	善	根	已	为，	言		

尔时，世尊作如是念：是五百长者，善根已熟，

35.47.6

[illegible]	[illegible]	[illegible]	[illegible]。	[illegible]	[illegible]	[illegible]	[illegible]	[illegible]	[illegible]
tsjiir^{1}	dzju^{1}	lhjịj^{2}	djij^{2}	ŋa^{2}	sjij^{1}	thja^{2}	·jij^{1}	dzjɨj^{2}	bju^{1}
法	化	受	▽。	我	今	其	之	应	如
[illegible]	[illegible]，	[illegible]	[illegible]	[illegible]	[illegible]	[illegible]	[illegible]		
tsjiir^{1}	tshjiij^{1}	rjur^{1}	phə^{1}	bjij^{1}	·jij^{1}	thjɨ^{2}	dzuu^{2}		
法	说，	诸	长	者	之	此	处		

堪任法化。我今当为如应说法，令诸长者即于此处，

① 自然，西夏文作“[illegible]”（顺其）。

35.48.1

[illegible]	[illegible]，	[illegible]	[illegible]	[illegible]	[illegible]，	[illegible]	[illegible]	[illegible]	[illegible]，
tjị^{2}	tśhjaa^{1}	mur^{1}	·jij^{1}	mjijr^{2}	dźjɨɨr^{1}	nji^{1}	mjijr^{2}	dźiej^{2}	ŋwu^{2}
△	在，	俗	相	舍	除，	家	出	信	以，
[illegible]	[illegible]	[illegible]	□	[illegible]	[illegible]	[illegible]	[illegible]		
rjur^{1}	źjị^{1}	njɨɨ^{2}		rar^{2}	sji^{1}	źjɨr^{1}	rjir^{1}		
诸	烦	恼		漏	尽	慧	得		

除舍俗相，以信出家，断诸烦恼，得漏尽慧。

35.48.2

[illegible]	[illegible]	[illegible]。	[illegible]	[illegible]	[illegible]	[illegible]，	[illegible]	[illegible]	[illegible]
phji^{1}	lew^{2}	·jɨ^{1}	thjɨ^{2}	sju^{2}	ljɨr^{2}	dźjwa^{1}	ŋa^{1}	gu^{2}	·a$^{?}$
令	△	谓。	是	如	念	已，	空	中	△
[illegible]，	[illegible]	[illegible]	[illegible]	[illegible]。	[illegible]	[illegible]	[illegible]		
śji^{2}	khjɨ^{1}	ljɨɨ^{1}	tśja^{1}	dzuu^{2}	rjur^{1}	phə^{1}	bjịj^{1}		
往，	足	逆	交	坐。	诸	长	者		

作是念已，即升虚空，结跏趺坐①。

35.48.3

[illegible]	[illegible]	[illegible]	[illegible]	[illegible]，	[illegible]	[illegible]	[illegible]	[illegible]	[illegible]，
njɨ^{2}	mee^{2}	·wjị^{1}	ljij^{2}	nioow^{1}	dju^{1}	mjij^{2}	djij^{2}	·jow^{2}	nioow^{1}
等	神	变	见	已，	有	未	曾	叹	已，
[illegible]	[illegible]	[illegible]	[illegible]	[illegible]	[illegible]	[illegible]	[illegible]		
mjor^{1}	ljij^{2}	do^{2}	gjij^{1}	njij^{2}	dzjwị^{1}	lhejr^{2}	pjij^{1}		
如	来	于	胜	倍	恭	敬	仰		

诸长者等既睹神变，叹未曾有，于如来

35.48.4

[illegible]	[illegible]	[illegible]。

① 结跏趺坐，佛教中修禅者的坐法之一，即互交二足，将右脚盘放于左腿上，左脚于右腿上的坐姿。

dźiej^{2} njiij^{1} śjwo^{1}

信 心 生。

所倍生敬重信仰之心。

35.48.5

[illegible] [illegible]， [illegible] [illegible] [illegible] [illegible] [illegible] [illegible] [illegible] [illegible]：

tśhjɨ^{1} zjọ^{2} rjur^{1} pjụ^{1} rjur^{1} phə^{1} bjịj^{1} ·jij^{1} dạ^{2} ·jɨ^{1}

尔 时， 世 尊 诸 长 者 之 言 告：

[illegible] [illegible] [illegible] [illegible]， [illegible] [illegible] [illegible] [illegible]

nji^{2} njɨ^{2} neew^{2} nji^{2} rjur^{1} kha^{1} ɣạ^{2} mə^{2}

汝 等 善 听， 世 间 十 种

尔时，世尊告诸长者：汝等善听，世有十种

35.48.6

[illegible] [illegible] [illegible] [illegible] [illegible]， [illegible] [illegible] [illegible] [illegible]、 [illegible]

tha$^{?}$ njij^{2} tśjị^{1} dạ^{2} dju^{1} thjɨ^{2} tja^{1} wee tśjị^{1} nar^{2}

逼 迫 苦 事 有， 此 者 生 苦、 老

[illegible]、 [illegible] [illegible]、 [illegible] [illegible]、 [illegible] [illegible]、 [illegible]

tśjị^{1} ŋo^{2} tśjị^{1} sjɨ^{1} tśjị^{1} sjwɨ^{1} tśjị^{1} ljwịj^{1}

苦、 病 苦、 死 苦、 愁 苦、 怨

逼迫苦事，所谓生苦、老苦、病苦、死苦、愁苦、怨苦、

35.49.1

[illegible]、 [illegible] [illegible]、 [illegible] [illegible]、 [illegible] [illegible] [illegible]， [illegible] [illegible]

tśjị^{1} tśjị^{1} lhjịj^{2} ŋo^{2} źjị^{1} lhji^{2} wee ŋwu^{2} thjɨ^{2} sju^{2}

苦、 苦 受、 病 恼、 死 生 是， 是 如

[illegible] [illegible] [illegible] [illegible] [illegible] [illegible] [illegible] [illegible]

ɣạ^{2} mə^{2} tha$^{?}$ njij^{2} tśjị^{1} dạ^{2} dźiã^{2} tśhju^{1}

十 种 逼 迫 苦 事 情 有

苦受、忧受、痛恼、生死，如是十种逼迫苦事逼迫众生。

35.49.2

[illegible]	[illegible]	[illegible]。	[illegible]	[illegible]	[illegible]	[illegible],	[illegible]	[illegible]	[illegible]
·jij[1]	tha[?]	njij[2]	nji[2]	njɨ[2]	thjɨ[2]	wjɨ[2]	bie[2]	lhew[2]	·a[?]
之	逼	迫。	汝	等	此	刻,	解	脱	△
[illegible]	[illegible]?①								
kie̜j[2]	nji[2]								
欲	△?								

汝等今者,欲解脱不?

汉文本

尔时,五百长者闻佛所说,得未曾有,方知如来是真觉者。即于佛前,异口同声,而说颂曰:

我等怖畏老死逼,愿宣妙法尽其际。
世尊诸有趣清净,离有性净超诸有,
愿拔诸有令不有,及在禁闭有家者。
世雄离染最解脱,远离尘垢心清净,
调御法中大调御,愿开微妙甘露门。
备上妙色胜丈夫,天人世间无等者,
世无等等最胜尊,愿说妙法济群生。
三垢永灭吐诸过,慧眼清净翳障消,
净尘离暗开痴网,愿无等尊宣妙法。
众生苦聚无依怙,溺大有池无救者,
愿起慈悲广济心,速拔高升安隐岸。
有河憍慢痴回澓,斗讼病苦波涛盛,
众生漂没无依救,愿发慈心济有流。
朗日千亿曜金山,佛身光盛逾于彼,
愿以胜妙梵音声,宣布端严最上法。
诸法自性本清净,体相洞彻等明珠,
无有作者无受者,不从他闻遍照觉。
自然具足力无畏,行妙净行称无边,
无边智解如游空,愿大法王宣妙法。

尔时,世尊作如是念:是五百长者,善根已熟,堪任法化。我今当为如应说法,令诸长者即于此处,除舍俗相,以信出家,断诸烦恼,得漏尽慧。作是念已,即升虚空,结跏趺坐。诸长者等既睹神变,叹未曾有,于如来所倍生敬重信仰之心。

① "[illegible]",为第二人称复数动词人称呼应后缀,与句首"[illegible][illegible]"呼应。下同。

尔时，世尊告诸长者：汝等善听，世有十种逼迫苦事，所谓生苦、老苦、病苦、死苦、愁苦、怨苦、苦受、忧受、痛恼、生死，如是十种逼迫苦事逼迫众生。汝等今者，欲解脱不？

35.49.3

[illegible]	[illegible]，	[illegible]	[illegible]	[illegible]，	[illegible]	[illegible]	[illegible]	[illegible]	[illegible]
nioow^{1}	tśjɨɨ^{1}	rjur^{1}	phə^{1}	bjịj^{1}	rjur^{1}	kha^{1}	ɣạ^{2}	mə^{2}	źjị^{1}
复	次，	诸	长	者，	世	间	十	种	恼
[illegible]	[illegible]	[illegible]，	[illegible]	[illegible]	[illegible]	[illegible]	[illegible]		
tśju^{1}	dạ^{2}	dju^{1}	thjɨ^{2}	tja^{1}	śji^{1}	ŋa^{2}	ljụ^{2}		
害	事	有，	此	者	先	我	身		

复次，诸长者，世有十恼害事，所谓曾于我身

35.49.4

[illegible]	[illegible]	[illegible]	[illegible]	[illegible]	[illegible]，	[illegible]	[illegible]	[illegible]	[illegible]
ɣa^{2}	mji^{1}	mjii^{2}	ɣie^{2}	·wji^{1}	djij^{2}	sjij^{1}	ŋa^{2}	ljụ^{2}	ɣa^{2}
于	不	饶	益	作	曾，	今	我	身	于
[illegible]	[illegible]	[illegible]	[illegible]，	[illegible]	[illegible]	[illegible]	[illegible]		
mji^{1}	mjii^{2}	ɣie^{2}	·wji^{1}	kụ^{1}	ŋa^{2}	ljụ^{2}	ɣa^{2}		
不	饶	益	作，	后	我	身	于		

作不饶益，今于我身作不饶益，当于我身

35.49.5

[illegible]	[illegible]	[illegible]	[illegible]，	[illegible]	[illegible]	[illegible]	[illegible]	[illegible]	[illegible]
mji^{1}	mjii^{2}	ɣie^{2}	·wji^{1}	śji^{1}	ŋa^{2}	·jij^{1}	dzu^{1}	lew^{2}	ɣa^{2}
不	饶	益	作，	先	我	之	爱	当	于
[illegible]	[illegible]	[illegible]	[illegible]	[illegible]，	[illegible]	[illegible]	[illegible]		
mji^{1}	mjii^{2}	ɣie^{2}	·wji^{1}	djij^{2}	sjij^{1}	ŋa^{2}	·jij^{1}		
不	饶	益	作	曾，	今	我	之		

作不饶益，于我曾爱作不饶益，

35.49.6

[illegible]	[illegible]	[illegible]	[illegible]	[illegible]	[illegible]	[illegible]，	[illegible]	[illegible]	[illegible]

dzu¹ lew² ɣa² mji¹ mjii² ɣie² ·wji¹ kụ¹ ŋa² ·jij¹
爱 当 于 不 饶 益 作， 后 我 之

[illegible] [illegible] [illegible] [illegible] [illegible] [illegible] [illegible]， [illegible]

dzu¹ lew² ɣa² mji¹ mjii² ɣie² wji¹ śji¹
爱 当 于 不 饶 益 作， 先

于我今爱作不饶益，于我当爱作不饶益，

35.50.1

[illegible] [illegible] [illegible] [illegible] [illegible] [illegible] [illegible] [illegible] [illegible]， [illegible]

ŋa² ·jij¹ khie¹ lew² ɣa² mjii² ɣie² wji¹ djij² sjij¹
我 之 恶 所 于 饶 益 作 曾， 今

[illegible] [illegible] [illegible] [illegible] [illegible] [illegible] [illegible] [illegible]，

ŋa² ·jij¹ khie¹ lew² ɣa² mjii² ɣie² wji¹
我 之 恶 所 于 饶 益 作，

我曾不爱①而作饶益，我今不爱而作饶益，

35.50.2

[illegible] [illegible] [illegible] [illegible] [illegible] [illegible] [illegible] [illegible] [illegible]， [illegible]

kụ¹ ŋa² ·jij¹ khie¹ lew² ɣa² mjii² ɣie² wji¹ nioow¹
后 我 之 恶 所 于 饶 益 作， 又

[illegible] [illegible] [illegible] [illegible] [illegible] [illegible] [illegible] [illegible]

mji¹ mjii² ɣie² dźjar² ŋowr² ŋowr² ɣa² źjị¹
不 饶 益 过 一 切 于 恼

我当不爱而作饶益，又于一切不饶益过心生恼害，

35.50.3/4

[illegible] [illegible] [illegible] [illegible]， [illegible] [illegible] [illegible] [illegible] [illegible] [illegible]

tśju¹ njiij¹ śjwo¹ ŋwu² thjɨ² sju² ɣạ² mə² źjị¹ tśju¹
害 心 生 是， 是 如 十 种 恼 害

① 不爱，西夏文译作"[illegible][illegible]"（所恶），表达厌恶之义。

[illegible]。	[illegible]	[illegible]	[illegible]	[illegible]，	[illegible]	[illegible]	[illegible]/	[illegible]	[illegible]①?
dạ^2	njɨ^2	nji^2	thjɨ^2	wjɨ^2	bie^2	lhew^2	·a$^?$	kięj^2	nji^2
事。	等	汝	此	刻，	解	脱	△/	欲	△?

如是十种恼害之事。汝等②今者，欲解脱不?

35.50.5

[illegible]	[illegible]，	[illegible]	[illegible]	[illegible]，	[illegible]	[illegible]	[illegible]	[illegible]	[illegible]
nioow^1	tśjɨɨ^1	rjur^1	phə^1	bjij^1	rjur^1	kha^1	ɣạ^2	mə^2	dow^1
复	次，	诸	长	者，	世	间	十	种	邪
[illegible]	[illegible]	[illegible]	[illegible]	[illegible]	[illegible]，	[illegible]	[illegible]		
ljij^2	niow^2	ljij^2	bo^1	lạ^1	dju^1	thjɨ^2	tja^1		
见	恶	见	林	稠	有，	此	者		

复次，诸长者，世有十种异见恶见稠林，

35.50.6

[illegible]	[illegible]、	[illegible]	[illegible]	[illegible]、	[illegible]	[illegible]	[illegible]、	[illegible]	[illegible]
ŋa^2	ljij^2	dźiã^2	tśhju^1	ljij^2	kạ^1	mjijr^2	ljij^2	śjwɨ^1	śjwɨ^1
我	见、	情	有	见、	命	者	见、	数	取
[illegible]	[illegible]、	[illegible]	[illegible]、	[illegible]	[illegible]、	[illegible]	[illegible]		
tshwew^1	ljij^2	bja^2	ljij^2	·ju^2	ljij^2	wji^1	·ioow^1		
趣	见、	断	见、	常	见、	用	功		

所谓我见、众生见、寿命见、数取③见、断见、常见、无作用④见、

35.51.1

[illegible]	[illegible]、	[illegible]	[illegible]	[illegible]、	[illegible]	[illegible]	[illegible]	[illegible]、	[illegible]
mjij^1	ljij^2	·jiw^1	mjij^1	ljij^2	mji^1	tśhja^2	ka^1	ljij^2	dow^1
无	见、	因	无	见、	不	平	等	见、	邪

---

① [illegible]，此为西夏语第二人称的人称呼应词。

② 汝等，西夏文当作"[illegible][illegible]"，此作"[illegible][illegible]"，倒文。

③ 数取，西夏文作"[illegible][illegible][illegible]"（数数趣）。数取，梵文 Pudgala，音译为补特伽罗，藏文为 gang zag，又译"数取趣"。

④ 作用，西夏文作"[illegible][illegible]"（wji^1 ioow^1，遣用），下文 35.96.2 作"[illegible][illegible]"（wji^1 ioow^1）。是以，"[illegible]"（wji^1）通"[illegible]"（wji^1）。

[illegible]，	[[illegible]]	[[illegible]]	[[illegible]]	[illegible]	[illegible]	[illegible]	[illegible]
ljij^{2}	thjɨ^{2}	sju^{2}	ɣạ^{2}	mə^{2}	niow^{2}	ljij^{2}	bo^{1}
见，	是	如	十	种	恶	见	林

无因见、不平等见、邪见，如是十种恶见稠林。

35.51.2

[illegible]。	[illegible]	[illegible]	[illegible]	[illegible]，	[illegible]	[illegible]	[illegible]	[illegible]	[illegible]？
lạ^{1}	nji^{2}	njɨ^{2}	thjɨ^{2}	wjɨ^{2}	bie^{2}	lhew^{2}	·a$^{?}$	kięj^{2}	nji^{2}
稠。	汝	等	此	刻，	解	脱	△	欲	△？
[illegible]	[illegible]，	[illegible]	[illegible]，	[illegible]	[illegible]	[illegible]	[illegible]		
nioow^{1}	tśjɨɨ^{1}	phə^{1}	bjij^{1}	rjur^{1}	kha^{1}	ɣạ^{2}	mə^{2}		
复	次，	长	者，	世	间	十	种		

汝等今者，欲解脱不？复次，长者，世为十种

35.51.3

[illegible]	[illegible]	[illegible]	[illegible]	[illegible]	[illegible]，	[illegible]	[illegible]	[illegible]	[illegible]、
ljịj^{2}	do^{1}	ljị^{1}	lięj^{1}	tśjij^{2}	dju^{1}	thjɨ^{2}	tja^{1}	dzu^{1}	do
大	毒	箭	中	所	有，	此	者	爱	毒、
[illegible]	[illegible]	[illegible]、	[illegible]	[illegible]、	[illegible]	[illegible]、	[illegible]		
bju^{1}	mjij^{1}	do^{1}	kięj^{2}	do	lẹj^{2}	do^{1}	dźjar^{2}		
明	无	毒、	欲	毒、	贪	毒、	失		

大毒箭所中，所谓爱毒、无明毒、欲毒、贪毒、

35.51.4

[illegible]	[illegible]、	[illegible]	[illegible]	[illegible]、	[illegible]	[illegible]、	[illegible]	[illegible]、	[illegible]
lju^{2}	do^{1}	wẹ^{1}	wẹ^{1}	do	khwẹj^{1}	do^{1}	ljij^{2}	do^{1}	dju^{1}
过	毒、	痴	愚	毒、	慢	毒、	见	毒、	有
[illegible]、	[illegible]	[illegible]	[illegible]，	[illegible]	[illegible]	[illegible]	[illegible]	[illegible]	
do^{1}	mjij^{1}	do^{1}	ŋwu^{2}	thjɨ^{2}	sju^{2}	njɨ^{2}	ɣạ^{2}	mə^{2}	
毒、	无	毒	是，	是	如	等	十	种	

过失毒、愚痴毒、慢毒、见毒、有毒、无有毒，如是十种

35.51.5

[illegible]	[illegible]	[illegible]。	[illegible]	[illegible]	[illegible]	[illegible]，	[illegible]	[illegible]	[illegible]
ljịj^{2}	do^{1}	ljị^{1}	nji^{2}	njɨ^{2}	thjɨ^{2}	wjɨ^{2}	bie^{2}	lhew^{2}	·a$^{?}$
大	毒	箭。	汝	等	此	刻，	解	脱	△
[illegible]	[illegible]？	[illegible]	[illegible]，	[illegible]	[illegible]	[illegible]，	[illegible]		
kiẹj^{2}	nji^{2}	nioow^{1}	tśjɨɨ^{1}	rjur^{1}	phə^{1}	bjịj^{1}	rjur^{1}		
欲	△？	复	次，	诸	长	者，	世		

大毒之箭。汝等今者，欲解脱不？复次，诸长者，

35.51.6

[illegible]	[illegible]	[illegible]	[illegible]	[illegible]	[illegible]	[illegible]	[illegible]，	[illegible]	[illegible]
kha^{1}	ɣạ^{2}	mə^{2}	dzu^{1}	mər^{2}	tśhji^{2}	tsjiir^{1}	dju^{1}	thjɨ^{2}	tja^{1}
间	十	种	爱	本	根	法	有，	此	者
[illegible]	[illegible]	[illegible]	[illegible]，	[illegible]	[illegible]	[illegible]	[illegible]，		
dzu^{1}	nioow^{1}	ku^{1}	kjụ^{1}	kjụ^{1}	nioow^{1}	ku^{1}	rjir^{1}		
爱	缘	故	求，	求	缘	故	得，		

世有十种爱根本法，所谓缘爱故求，缘求故得，

35.52.1

[illegible]	[illegible]	[illegible]	[illegible]	[illegible]	[illegible]	[illegible]，	[illegible]	[illegible]	[illegible]
rjir^{1}	ku^{1}	nioow^{1}	xja^{1}	ŋa^{2}	·jij^{1}	śjwo^{1}	ŋa^{2}	·jij^{1}	nioow^{1}
得	故	缘	便	我	之	起，	我	之	缘
[illegible]	[illegible]	[illegible]	[illegible]	[illegible]，	[illegible]	[illegible]	[illegible]		
ku^{1}	rjur^{1}	djɨj^{2}	zow^{2}	śjwo^{1}	rjur^{1}	djɨj^{2}	śjwo^{1}		
故	诸	定	执	起，	诸	定	起		

缘于得故便起我所，缘我所故起诸定执，缘诸定

35.52.2

[illegible]	[illegible]	[illegible]，	[illegible]	[illegible]	[illegible]	[illegible]	[illegible]	[illegible]，	[illegible]
nioow^{1}	kiẹj^{2}	lẹj^{2}	nioow^{1}	ku^{1}	na^{1}	laa^{1}	śjwo^{1}	zjịj^{1}	na^{1}
缘	欲	贪，	缘	故	深	染	起	著，	深

[illegible]

laa^1 zjij^1 nioow^1 ku^1 ·wier^1 lhju^1 śjwo^1 ·wier^1

染 著 缘 故 吝 悭 起， 吝

执故起欲贪，缘欲贪故起深耽著，缘深耽著便起悭吝，

35.52.3

[illegible]

lhju^1 nioow^1 ku^1 du^1 njiij^1 śjwo^1 du^1 njiij^1 śjwo^1 ku^1

悭 缘 故 聚 心 起， 聚 心 起 故

[illegible]

nioow^1 khjuu^2 ·wejr^2 śjwo^1 khjuu^2 ·wejr^2 nioow^1 ku^1

缘 守 护 起， 守 护 缘 故

缘悭吝故起于聚敛，缘聚敛故便起守护，

35.52.4

[illegible]

dzju^2 rer^2 zow^2 ·jiij^1 pjo^1 tsjij^2 ɣwej^1 dzeej^1 do^2 pha^1

兵 器 执 持， 讥 谤 斗 诤 差 异

[illegible]

dạ^2 śjwo^1 mə^2 mə^2 rjur^1 tśjị^1 niow^2 mji^1

语 起， 种 种 诸 苦 恶 不

缘守护故执持刀仗，讥谤诤讼起别种语，

35.52.5

[illegible]

neew^2 tsjiir^1 zji^2 thjɨ^2 nioow^1 śjwo^1 thjɨ^2 sju^2 ɣạ^2 mə^2

善 法 皆 此 因 起， 是 如 十 种

[illegible]

dzu^1 mər^2 tśhji^2 tsjir^1 nji^2 njɨ^2 thjɨ^2 wjɨ^2

爱 本 根 法。 汝 等 此 刻，

种种诸苦恶不善法并因斯起，如是十种爱根本法。汝等今者，

35.52.6

[illegible] [illegible] [illegible] [illegible] [illegible]? [illegible] [illegible], [illegible] [illegible] [illegible],

bie^2 lhew^2 ·a$^?$ kiẹj^2 nji^2 nioow^1 tśjɨɨ^1 rjur^1 phə^1 bjịj^1

解 脱 △ 欲 △? 复 次, 诸 长 者,

[illegible] [illegible] [illegible] [illegible] [illegible] [illegible] [illegible], [illegible]

rjur^1 kha^1 ɣạ^2 mə^2 dow^1 tsji̲r^2 dju^1 thjɨ^2

世 间 十 种 邪 性 有, 此

欲解脱不？复次，诸长者，世有十种邪性，

35.53.1

[illegible] [illegible] [illegible]、 [illegible] [illegible] [illegible]、 [illegible] [illegible]、 [illegible] [illegible]、

tja^1 dow^1 ljij^2 dow^1 sjwɨ^1 sjiij^2 dow^1 dạ^2 dow^1 sjwɨj^1

者 邪 见、 邪 思 惟、 邪 语、 邪 业、

[illegible] [illegible]、 [illegible] [illegible]、 [illegible] [illegible]、 [illegible] [illegible]、

dow^1 kạ^1 dow^1 ·jɨr^2 dow^1 ljɨr^2 dow^1 djɨj^2

邪 命、 邪 勤、 邪 念、 邪 定、

所谓邪见、邪思惟、邪语、邪业、邪命、邪勤、邪念、邪定、

35.53.2

[illegible] [illegible] [illegible]、 [illegible] [illegible] [illegible] [illegible] [illegible] [illegible], [illegible]

dow^1 bie^2 lhew^2 dow^1 bie^2 lhew^2 sjij^2 ljij^2 ŋwu^2 thjɨ^2

邪 解 脱、 邪 解 脱 智 见 是, 是

[illegible] [illegible] [illegible] [illegible] [illegible]。 [illegible] [illegible] [illegible]

sju^2 ɣạ^2 mə^2 dow^1 tsji̲r^2 nji^2 nji^2 thjɨ^2

如 十 种 邪 性。 汝 等 此

邪解脱、邪解脱智见，如是十种邪性。汝等今者，

35.53.3

[illegible], [illegible] [illegible] [illegible] [illegible] [illegible]? [illegible] [illegible], [illegible] [illegible]

wjɨ^2 bie^2 lhew^2 ·a$^?$ kiẹj^2 nji^2 nioow^1 tśjɨɨ^1 rjur^1 phə^1

刻, 解 脱 △ 欲 △? 复 次, 诸 长

[illegible]，	[illegible]	[illegible]	[illegible]	[illegible]	[illegible]	[illegible]	[illegible]
bjịj^{1}	rjur^{1}	kha^{1}	ɣạ^{2}	mə^{2}	mji^{1}	neew^{2}	sjwɨj^{1}
者，	世	间	十	种	不	善	业

欲解脱不？复次，诸长者，世有十种不善业道，

35.53.4

[illegible]	[illegible]，	[illegible]	[illegible]	[illegible]	[illegible]、	[illegible]	[illegible]	[illegible]、	[illegible]
tśja^{1}	dju^{1}	thjɨ^{2}	tja^{1}	sjwụ^{2}	sja^{1}	mji^{1}	khjow^{1}	lhjwi^{1}	dow^{1}
道	有，	此	者	生	杀、	不	与	取、	邪
[illegible]、	[illegible]	[illegible]、	[illegible]	[illegible]	[illegible]，	[illegible]	[illegible]		
tjụ^{2}	lạ^{1}	wji^{1}	dzu^{1}	tśhjow^{1}	dạ^{2}	bjạ^{1}	niow^{2}		
淫、	妄	作、	爱	离	语，	粗	恶		

所谓害命、不与取、行邪淫、妄语①、离间语、粗恶语、

35.53.5

[illegible]	[illegible]，	[illegible]	[illegible]、	[illegible]	[illegible]	[illegible]	[illegible]	[illegible]，	[illegible]
dju^{1}	ŋwuu^{1}	kiaa^{2}	dạ^{2}	lej^{2}	tshjạ^{1}	dow^{1}	ljij^{2}	ŋwu^{2}	thjɨ^{2}
有	语，	绮	语、	贪	恚	邪	见	是，	是
[illegible]	[illegible]	[illegible]	[illegible]	[illegible]	[illegible]	[illegible]。	[illegible]		
sju^{2}	ɣạ^{2}	mə^{2}	mji^{1}	neew^{2}	sjwɨj^{1}	tśja^{1}	nji^{2}		
如	十	种	不	善	业	道。	汝		

绮语、贪恚邪见，如是十种不善业道。

35.53.6

[illegible]	[illegible]	[illegible]，	[illegible]	[illegible]	[illegible]	[illegible]	[illegible]？	[illegible]	[illegible]，
njɨ^{2}	thjɨ^{2}	wjɨ^{2}	bie^{2}	lhew^{2}	·a$^{?}$	kięj^{2}	nji^{2}	nioow^{1}	tśjɨɨ^{1}
等	此	刻，	解	脱	△	欲	△？	复	次，
[illegible]	[illegible]	[illegible]，	[illegible]	[illegible]	[illegible]	[illegible]	[illegible]		
rjur^{1}	phə^{1}	bjịj^{1}	rjur^{1}	kha^{1}	ɣạ^{2}	mə^{2}	tśior^{1}		
诸	长	者，	世	间	十	种	污		

① 妄语，西夏文作"[illegible]"，字面意思为"妄为"。下文多与此同，亦见用"[illegible]"者，如36.46.5。

汝等今者，欲解脱不？复次，诸长者，世有十种

35.54.1

laa^{1}	ror^{2}	tsjiir^{1}	dju^{1}	thjɨ^{2}	tja^{1}	lhju̱^{1}	ror^{2}	niow^{2}	kie^{1}
染	垢	法	有，	此	者	悭	垢、	恶	戒
ror^{2}	tshja̱^{1}	ror^{2}	low	ljịj^{1}	ror^{2}	ŋewr^{1}	khiee^{1}		
垢、	瞋	垢、	懈	怠	垢、	散	乱		

染污垢法，所谓悭垢、恶戒垢、瞋垢、懈怠垢、散乱垢、

35.54.2

ror^{2}	niow^{2}	źjɨr^{1}	ror^{2}	pju̱^{1}	dzju^{1}	dzjiij^{2}	dạ^{2}	mji^{1}	bjuu^{1}
垢、	恶	慧	垢、	遵	教	化	言	不	遵
ror^{2}	·jiw^{2}	ror^{2}	mji^{1}	dźiej^{2}	tsjij^{2}	ror^{2}	mji^{1}		
垢、	疑	垢、	不	信	解	垢、	不		

恶慧垢、不遵尊教垢、疑垢、不信解垢、

35.54.3

dzjwị^{1}	lhejr^{2}	ror^{2}	ŋwu^{2}	thjɨ^{2}	sju^{2}	ɣạ^{2}	mə^{2}	tśior^{1}	laa^{1}
恭	敬	垢	是，	此	如	十	种	污	染
ror^{2}	tsjiir^{1}	nji^{2}	nji^{2}	thjɨ^{2}	wjɨ^{2}	bie^{2}	lhew^{2}		
垢	法。	汝	等	此	刻，	解	脱		

不恭敬垢，如是十种染污垢法。汝等今者，欲解脱不？

35.54.4

·a$^{?}$	kięj^{2}	nji^{2}	nioow^{1}	tśjɨɨ^{1}	rjur^{1}	phə^{1}	bjij^{1}	rjur^{1}	kha^{1}

△	欲	△?	复	次,	诸	长	者,	世	间
[illegible]	[illegible]	[illegible]	[illegible]	[illegible]	[illegible]	[illegible]	[illegible]		
ɣạ²	mə²	lhji²	wee	kha¹	dźiə²	dźiej²	ljij²		
十	种	死	生	间	流	转	大		

复次,诸长者,世有十种生死流转大怖畏事,

35.54.5

[illegible]	[illegible]	[illegible]	[illegible],	[illegible]	[illegible]	[illegible]	[illegible]	[illegible]	[illegible]
kjạ¹	le²	dạ²	dju¹	thjɨ²	tja¹	·wier¹	zjɨ̣¹	rer²	phej¹
怖	畏	事	有,	此	者	悭	嫉	网	缠
[illegible],	[illegible]	[illegible]	[illegible]	[illegible]	[illegible]	[illegible]	[illegible],		
tśjɨɨr²	bju¹	mjij¹	wər²	·jij¹	?	lew²	we²		
缚,	明	无	翳	之	覆	所	为,		

所谓缠缚悭嫉之网,覆翳无明之膜,

35.54.6

[illegible]	[illegible]	[illegible]	[illegible]	[illegible]	[illegible],	[illegible]	[illegible]	[illegible]	[illegible]
wẹ¹	wẹ¹	lə¹	na¹	nja¹	·jijr¹	dzu¹	kiej²	lhjwɨ²	rar²
痴	愚	坑	深	于	堕,	爱	欲	驶	流
[illegible]	[illegible]	[illegible],	[illegible]	[illegible]	[illegible]	[illegible]	[illegible]		
kha¹	dźjwow¹	djị¹	baa	mo²	do¹	ljị¹	tśjij²		
中	漂	没,	末	摩	邪	箭	所		

堕坠愚痴深坑,漂没爱欲驶流,末摩邪箭所中,

35.55.1

[illegible],	[illegible]	[illegible]	[illegible]	[illegible]	[illegible]	[illegible],	[illegible]	[illegible]	[illegible]
lięj¹	kwow²	źjɨɨ¹	dwuu²	ɣju¹	kjur¹	laa¹	lęj²	kiej²	wejr¹
中,	忿	恨	密	烟	熏	染,	贪	欲	盛
[illegible]	[illegible]	[illegible]	[illegible],	[illegible]	[illegible]	[illegible]	[illegible]		
məə¹	kha¹	pju²	lu²	dźjar²	lju²	do¹	do²		
火	中	焚	烧,	失	过	毒	药		

薰习忿恨密烟，焚烧贪欲盛火，迷闷过失毒药，

35.55.2

[illegible]	[illegible]①	[illegible]	[illegible]	[illegible]	[illegible]，	[illegible]	[illegible]	[illegible]	[illegible]
dźjɨ$^{?}$	wji^{1}	tśjij^{2}	mə^{2}	mjiij^{1}	phji^{1}	rjur^{1}	ɣja^{2}	do^{1}	źjuu^{1}
行	为	△	闷	迷	令，	诸	盖	毒	刺
[illegible]	[illegible]	[illegible]	[illegible]	[illegible]	[illegible]	[illegible]	[illegible]		
dźjwiw^{2}	pạ^{2}	dźiə^{2}	dźiej^{2}	gjij^{2}	njijr^{1}	kha^{1}	t-		
饿	渴	流	转	旷	野	中	障		

遮障诸盖毒刺，饥馑流转旷野，

35.55.3

[illegible]，	[illegible]	[illegible]	[illegible]	[illegible]	[illegible]	[illegible]	[illegible]	[illegible]	[illegible]
rjir^{2}	thjɨ^{2}	sju^{2}	ɣạ^{2}	mə^{2}	lhji^{2}	wee	kha^{1}	dźiə^{2}	dźiej^{2}
遮，	是	如	十	种	死	生	中	流	转
[illegible]	[illegible]	[illegible]	[illegible]	[illegible]。	[illegible]	[illegible]	[illegible]		
ljịj^{2}	kjạ^{1}	le^{2}	lew^{2}	dạ^{2}	nji^{2}	njɨ^{2}	thjɨ^{2}		
大	怖	畏	所	事。	汝	等	此		

如是十种生死流转大怖畏事。汝等今者，

35.55.4

[illegible]，	[illegible]	[illegible]	[illegible]	[illegible]	[illegible]	[illegible]？
wjɨ^{2}	bie^{2}	lhew^{2}	·a$^{?}$	kiej^{2}	nji^{2}	·jɨ^{1}
刻，	解	脱	△	欲	△	谓？

欲解脱不？

汉文本

复次，诸长者，世有十恼害事，所谓曾于我身作不饶益，今于我身作不饶益，当于我身作不饶益，于我曾爱作不饶益，于我今爱作不饶益，于我当爱作不饶益，我曾不爱而作饶益，我今不爱而作饶益，我当不爱而作饶益，又于一切不饶益过心生恼害，如是十种恼害之事。汝等今者，欲解脱不？

① [illegible][illegible]，字面意为"行为"。西夏语的施事格标记，表示前面为动作的发出者。

复次，诸长者，世有十种异见恶见稠林，所谓我见、众生见、寿命见、数取见、断见、常见、无作用见、无因见、不平等见、邪见，如是十种恶见稠林。汝等今者，欲解脱不？

复次，长者，世为十种大毒箭所中，所谓爱毒、无明毒、欲毒、贪毒、过失毒、愚痴毒、慢毒、见毒、有毒、无有毒，如是十种大毒之箭。汝等今者，欲解脱不？

复次，诸长者，世有十种爱根本法，所谓缘爱故求，缘求故得，缘于得故便起我所，缘我所故起诸定执，缘诸定执故起欲贪，缘欲贪故起深耽著，缘深耽著便起悭吝，缘悭吝故起于聚敛，缘聚敛故便起守护，缘守护故执持刀仗，讥谤诤讼起别种语，种种诸苦恶不善法并因斯起，如是十种爱根本法。汝等今者，欲解脱不？

复次，诸长者，世有十种邪性，所谓邪见、邪思惟、邪语、邪业、邪命、邪勤、邪念、邪定、邪解脱、邪解脱智见，如是十种邪性。汝等今者，欲解脱不？

复次，诸长者，世有十种不善业道，所谓害命、不与取、行邪淫、妄语、离间语、粗恶语、绮语、贪恚邪见，如是十种不善业道。汝等今者，欲解脱不？

复次，诸长者，世有十种染污垢法，所谓悭垢、恶戒垢、瞋垢、懈怠垢、散乱垢、恶慧垢、不遵尊教垢、疑垢、不信解垢、不恭敬垢，如是十种染污垢法。汝等今者，欲解脱不？

复次，诸长者，世有十种生死流转大怖畏事，所谓缠缚悭嫉之网，覆翳无明之膜，堕坠愚痴深坑，漂没爱欲驶流，末摩邪箭所中，薰习忿恨密烟，焚烧贪欲盛火，迷闷过失毒药，遮障诸盖毒刺，饥馑流转旷野，如是十种生死流转大怖畏事。汝等今者，欲解脱不？

35.55.5

[illegible]	[illegible]，	[illegible]	[illegible]	[illegible]	[illegible]	[illegible]	[illegible]	[illegible]	[illegible]
tśhjɨ^{1}	zjọ^{2}	ŋwə^{1}	·jir^{2}	phə^{1}	bjịj^{1}	·a$^{?}$	njiij^{1}	ɣię^{2}	kạ^{2}
尔	时，	五	百	长	者	一	心	声	同
[illegible]	[illegible]	[illegible]	[illegible]	[illegible]：	[illegible]	[illegible]，	[illegible]	[illegible]	
ŋwu^{2}	tha^{1}	·jij^{1}	dạ^{2}	·jɨ^{1}	rjur^{1}	pjụ^{1}	ŋa^{2}	njɨ^{2}	
以	佛	之	言	谓：	世	尊，	我	等	

尔时，五百长者一心同声白佛言：世尊，我等

35.55.6

[illegible]	[illegible]，	[illegible]	[illegible]	[illegible]、	[illegible]、	[illegible]、	[illegible]、	[illegible]、	[illegible]、
thjɨ^{2}	wjɨ^{2}	rjɨr^{2}	tshjiij^{1}	wee^{1}	nar^{2}	ŋo^{2}	sjɨ^{1}	sjwɨ^{1}	ljwij^{1}
此	刻，	乃	说	生、	老、	病、	死、	愁、	怨、
[illegible]、	[illegible]、	[illegible]	[illegible]、	[illegible]	[illegible]	[illegible]	[illegible]	[illegible]	
sjwɨ^{1}	tśjị^{1}	źjị^{1}	tśju^{1}	lhji^{2}	wee^{1}	njɨ^{2}	ɣạ^{2}	mə^{2}	
忧、	苦、	恼	害、	死	生	等	十	种	

今者，愿欲解脱所说十种逼迫苦事，所谓生、老、病、死、愁、怨、忧、苦、恼害、生死；

35.56.1

[illegible]	[illegible]	[illegible]	[illegible]	[illegible]	[illegible]	[illegible]	[illegible]，	[illegible]	[illegible]
tha$^{?}$	njij^{2}	tśjị^{1}	dạ^{2}	bie^{2}	lhew^{2}	kięj^{2}	nji^{2}	thjɨ^{2}	sju^{2}
逼	迫	苦	事	解	脱	欲	△，	是	如
[illegible]	[illegible]	[illegible]	[illegible]	[illegible]	[illegible]	[illegible]	[illegible]	[illegible]	
wạ^{2}	tshjiij^{1}	rjɨr^{2}	njɨ^{2}	dźiə^{2}	dźiej^{2}	dźjwiw^{2}	pạ^{2}	gjij^{2}	
广	说	乃	至	转	流	饥	馑	旷	

如是广说乃至流转饥馑旷

35.56.2

[illegible]	[illegible]	[illegible]	[illegible]	[illegible]，	[illegible]	[illegible]	[illegible]	[illegible]	[illegible]
njijr^{1}	rjur^{1}	tha$^{?}$	njij^{2}	dạ^{2}	ŋa^{2}	njɨ^{2}	to^{2}	zji^{2}	bie^{2}
野	诸	逼	迫	事，	我	等	尽	皆	解
[illegible]	[illegible]	[illegible]	[illegible]	[illegible]。	[illegible]	[illegible]，	[illegible]	[illegible]	
lhew^{2}	djij^{2}	rjir^{1}	nji^{2}	·jɨ^{1}	tśhjɨ^{1}	zjọ^{2}	rjur^{1}	pjụ^{1}	
脱	△	得	△	谓。	尔	时，	世	尊	

野诸逼迫事，我等皆当愿得解脱。尔时，世尊

35.56.3

[illegible]	[illegible]	[illegible]	[illegible]	[illegible]	[illegible]	[illegible]	[illegible]	[illegible]：	[illegible]
thja^{1}	ŋwə	·jir^{2}	rjur^{1}	phə^{1}	bjij^{1}	·jij^{1}	dạ^{2}	·jɨ^{1}	nji^{2}
是	五	百	诸	长	者	之	言	曰：	汝
[illegible]	[illegible]	[illegible]，	[illegible]	[illegible]	[illegible]	[illegible]	[illegible]	[illegible]	
njɨ^{2}	djị^{2}	nji^{2}	ŋa^{2}	sjij^{1}	tśhja^{2}	tsjiir^{1}	tshji^{1}	no^{2}	
等	善	听，	吾	今	正	法	要	欲	

告是五百诸长者曰：汝等善听，吾今当说正法之要。

35.56.4

[illegible]	[illegible]	[illegible]。	[illegible]	[illegible]	[illegible]，	[illegible]	[illegible]	[illegible]	[illegible]
tshjiij^{1}	wji^{1}	nji^{2}	rjur^{1}	phə^{1}	bjij^{1}	mej^{1}	bie^{2}	lhew^{2}	mji^{1}

说 为 △。 诸 长 者, 眼 解 脱 不

[illegible]。 [illegible] [illegible] [illegible]? [illegible] [illegible] [illegible] [illegible] [illegible]

kjụ^{1} thjij^{2} sjo^{2} ljɨ^{1} mej^{1} wji^{1} mjij^{1} ·ioow^{1} mjij^{1}

求。 何 云 也? 眼 作 无 用 无

诸长者,眼不求解脱。何以故?眼无作无用

35.56.5

[illegible], [illegible] [illegible] [illegible] [illegible]、 [illegible] [illegible] [illegible] [illegible], [illegible]

ku^{1} mej^{1} sjwɨ^{1} mjɨ^{1} njwi^{2} dźju^{1} sjwij^{1} mjɨ^{1} njwi^{2} rjur^{1}

故, 眼 思 不 能、 别 了 不 能, 诸

[illegible] [illegible], [illegible] [illegible], [illegible] [illegible] [illegible] [illegible], [illegible]

phə^{1} bjij^{1} thjɨ^{2} nioow^{1} mej^{1} tja^{1} ŋa^{2} njaa^{2} thjɨ^{2}

长 者, 是 故, 眼 者 我 非, 是

故,眼不能思、不能了别,是故,诸长者,眼非是我,

35.56.6

[illegible] [illegible] [illegible]。 [illegible] [illegible] [illegible] [illegible] [illegible] [illegible] [illegible]

sju^{2} ·jiij^{1} lew^{2} thjɨ^{2} sju^{2} rjɨr^{2} njɨ^{2} phji^{1} bie^{2} lhew^{2}

如 持 应。 是 如 乃 至 意 解 脱

[illegible] [illegible]。 [illegible] [illegible] [illegible]? [illegible] [illegible] [illegible] [illegible]

mji^{1} kjụ^{1} thjij^{2} sjo^{2} ljɨ^{1} phji^{1} wji^{1} mjij^{1} ·ioow^{1}

不 求。 何 云 也? 意 作 无 用

应如是持。如是耳鼻舌身意①,意不求解脱。何以故?意无作无用

35.57.1

[illegible] [illegible]。 [illegible] [illegible] [illegible] [illegible]、 [illegible] [illegible] [illegible] [illegible],

mjij^{1} ku^{1} phji^{1} sjwɨ^{1} mjɨ^{1} njwi^{2} dźju^{1} sjwij^{1} mjɨ^{1} njwi^{2}

无 故。 意 思 不 能、 别 了 不 能,

[illegible] [illegible] [illegible], [illegible] [illegible], [illegible] [illegible] [illegible] [illegible],

rjur^{1} phə^{1} bjij^{1} thjɨ^{2} nioow^{1} phji^{1} tsjɨ^{1} ŋa^{2} njaa^{2}

① 耳鼻舌身意,西夏文本无。

诸	长	者,	是	故,	意	亦	我	非,

故。意不能思、不能了别,是故,诸长者,意亦非我,

35.57.2

[illegible]	[illegible]	[illegible]	[illegible]。	[illegible]	[illegible],	[illegible]	[illegible]	[illegible],	[illegible]
$thji^{2}$	sju^{2}	$\cdot jiij^{1}$	lew^{2}	$nioow^{1}$	$tśjɨɨ^{1}$	$rjur^{1}$	$phə^{1}$	$bjịj^{1}$	$tsə̣^{1}$
是	如	持	应。	复	次,	诸	长	者,	色
[illegible]	[illegible]	[illegible]	[illegible]。	[illegible]	[illegible]	[illegible]?	[illegible]	[illegible]	
bie^{2}	$lhew^{2}$	mji^{1}	$kjụ^{1}$	$thjij^{2}$	sjo^{2}	$ljɨ^{1}$	$tsə̣^{1}$	wji^{1}	
解	脱	不	求。	何	云	也?	色	作	

应如是持。复次,诸长者,色不求解脱。何以故?色

35.57.3

[illegible]	[illegible]	[illegible]	[illegible]。	[illegible]	[illegible]	[illegible]	[illegible]、	[illegible]	[illegible]
$mjij^{1}$	$\cdot ioow^{1}$	$mjij^{1}$	ku^{1}	$tsə̣^{1}$	$sjwɨ^{1}$	$mjɨ^{1}$	$njwi^{2}$	$dźju^{1}$	$sjwij^{1}$
无	用	无	故。	色	思	不	能、	别	了
[illegible]	[illegible],	[illegible]	[illegible]	[illegible],	[illegible]	[illegible],	[illegible]	[illegible]	
$mjɨ^{1}$	$njwi^{2}$	$rjur^{1}$	$phə^{1}$	$bjịj^{1}$	$thjɨ^{2}$	$nioow^{1}$	$tsə̣^{1}$	$tsjɨ^{1}$	
不	能,	诸	长	者,	是	故,	色	亦	

无作无用故。色不能思、不能了别,是故,诸长者,色亦

35.57.4

[illegible]	[illegible],	[illegible]	[illegible]	[illegible]	[illegible]。	[illegible]	[illegible]	[illegible]	[illegible]
$ŋa^{2}$	$njaa^{2}$	$thjɨ^{2}$	sju^{2}	$\cdot jiij^{1}$	lew^{2}	$thjɨ^{2}$	sju^{2}	$rjɨr^{2}$	$njɨ^{2}$
我	非,	是	如	持	应。	是	如	乃	至
[illegible]	[illegible]	[illegible]	[illegible]	[illegible]。	[illegible]	[illegible]	[illegible]?	[illegible]	
$tsjiir^{1}$	bie^{2}	$lhew^{2}$	mji^{1}	$kjụ^{1}$	$thjij^{2}$	sjo^{2}	$ljɨ^{1}$	$tsjiir^{1}$	
法	解	脱	不	求。	何	云	也?	法	

非我,应如是持。如是声香味触法①,法不求解脱。何以故?法

---

① 声香味触法,西夏文本无。

35.57.5

wji[1]	njaa[2]	·ioow[1]	mjij[1]	ku[1]	tsjiir[1]	sjwɨ[1]	mjɨ[1]	njwi[2]	dźju[1]
作	无	用	无	故。	法	思	不	能、	别
sjwij[1]	mjɨ[1]	njwi[2]	thjɨ[2]	nioow[1]	tsjiir[1]	tsjɨ[1]	ŋa[2]	njaa[2]	
了	不	能,	是	故,	法	亦	我	非,	

无作无用故。法不能思、不能了别,是故,诸长者①,法亦非我,

35.57.6

thjɨ[2]	sju[2]	·jiij[1]	lew[2]	nioow[1]	tśjɨɨ[1]	rjur[1]	phə[1]	bjij[1]	tsə̣[1]
是	如	持	应。	复	次,	诸	长	者,	色
ŋur[1]	bie[2]	lhew[2]	mji[1]	kjụ[1]	thjij[2]	sjo[2]	ljɨ[1]	tsə̣[1]	
蕴	解	脱	不	求。	何	云	也?	色	

应如是持。复次,诸长者,色蕴不求解脱。何以故? 色

35.58.1

ŋur[1]	wji[1]	mjij[1]	·ioow[1]	mjij[1]	ku[1]	tsə̣[1]	ŋur[1]	sjwɨ[1]	mjɨ[1]
蕴	作	无	用	无	故。	色	蕴	思	不
njwi[2]	dźju[1]	sjwij[1]	mjɨ[1]	njwi[2]	rjur[1]	phə[1]	bjij[1]	thjɨ[2]	
能、	别	了	不	能,	诸	长	者,	是	

蕴无作无用故。色蕴不能思、不能了别,是故,诸长者,

35.58.2

nioow[1]	tsə̣[1]	ŋur[1]	ŋa[2]	njaa[2]	thjɨ[2]	sju[2]	·jiij[1]	lew[2]	thjɨ[2]

① 诸长者,参上下文及汉文本,西夏本此脱“[illegible]”(诸长者)三字。

故，	色	蕴	我	非，	是	如	持	应。	是
[illegible]	[illegible]	[illegible]	[illegible]	[illegible]	[illegible]	[illegible]	[illegible]	[illegible]。	
sju^{2}	rjɨr^{2}	njɨ^{2}	sjij^{2}	ŋur^{1}	bie^{2}	lhew^{2}	mji^{1}	kjṳ^{1}	
如	乃	至	识	蕴	解	脱	不	求。	

色蕴非我，应如是持。如是受蕴想蕴行蕴识蕴①，识蕴不求解脱。

35.58.3

[illegible]	[illegible]	[illegible]？	[illegible]	[illegible]	[illegible]	[illegible]	[illegible]	[illegible]
thjij^{2}	sjo^{2}	ljɨ^{1}	sjij^{2}	ŋur^{1}	wji^{1}	mjij^{1}	·ioow^{1}	mjij^{1}
何	云	也？	识	蕴	作	无	用	无
[illegible]。	[illegible]	[illegible]	[illegible]	[illegible]	[illegible]、	[illegible]	[illegible]	[illegible]
ku^{1}	sjij^{2}	ŋur^{1}	sjwɨ^{1}	mjɨ^{1}	njwi^{2}	dźju^{1}	sjwij^{1}	mjɨ^{1}
故。	识	蕴	思	不	能、	别	了	不

何以故？识蕴无作无用故。识蕴不能思、不能了别，

35.58.4

[illegible]，	[illegible]	[illegible]	[illegible]，	[illegible]	[illegible]，	[illegible]	[illegible]	[illegible]
njwi^{2}	rjur^{1}	phə^{1}	bjịj^{1}	thjɨ^{2}	nioow^{1}	sjij^{2}	ŋur^{1}	ŋa^{2}
能，	诸	长	者，	是	故，	识	蕴	我
[illegible]，	[illegible]	[illegible]	[illegible]	[illegible]。	[illegible]	[illegible]，	[illegible]	[illegible]
njaa^{2}	thjɨ^{2}	sju^{2}	·jiij^{1}	lew^{2}	nioow^{1}	tśjɨɨ^{1}	rjur^{1}	phə^{1}
非，	是	如	持	应。	复	次，	诸	长

是故，诸长者，识蕴非我，应如是持。复次，诸长

35.58.5

[illegible]，	[illegible]	[illegible]	[illegible]	[illegible]	[illegible]	[illegible]。	[illegible]	[illegible]
bjịj^{1}	ljị^{2}	kiẹj^{2}	bie^{2}	lhew^{2}	mji^{1}	kjṳ^{1}	thjij^{2}	sjo^{2}
者，	地	界	解	脱	不	求。	何	云
[illegible]？	[illegible]	[illegible]	[illegible]	[illegible]	[illegible]	[illegible]	[illegible]。	[illegible]
ljɨ^{1}	ljị^{2}	kiẹj^{2}	wji^{1}	mjij^{1}	·ioow^{1}	mjij^{1}	ku^{1}	ljị^{2}

① 受蕴想蕴行蕴识蕴，西夏文本无。

也？	地	界	作	无	用	无	故。	地

者，地界不求解脱。何以故？地界无作无用故。地

35.58.6

[illegible]	[illegible]	[illegible]	[illegible]、	[illegible]	[illegible]	[illegible]	[illegible]，	[illegible]
kiẹj^{2}	sjwɨ^{1}	mjɨ^{1}	njwi^{2}	dźju^{1}	sjwij^{1}	mjɨ^{1}	njwi^{2}	rjur^{1}
界	思	不	能、	别	了	不	能，	诸
[illegible]	[illegible]，	[illegible]	[illegible]，	[illegible]	[illegible]	[illegible]	[illegible]，	[illegible]
phə^{1}	bjịj^{1}	thjɨ^{2}	nioow^{1}	ljɨ̣^{2}	kiẹj^{2}	ŋa^{2}	njaa^{2}	thjɨ^{2}
长	者，	是	故，	地	界	我	非，	是

界不能思、不能了别，是故，诸长者，地界非我，

35.59.1

[illegible]	[illegible]	[illegible]。	[illegible]	[illegible]	[illegible]	[illegible]	[illegible]	[illegible]
sju^{2}	·jiij^{1}	lew^{2}	thjɨ^{2}	sju^{2}	rjɨr^{2}	njɨ^{2}	sjij^{2}	kiẹj^{2}
如	持	应。	是	如	乃	至	识	界
[illegible]	[illegible]	[illegible]	[illegible]。	[illegible]	[illegible]	[illegible]？	[illegible]	[illegible]
bie^{2}	lhew^{2}	mji^{1}	kjụ^{1}	thjij^{2}	sjo^{2}	ljɨ^{1}	sjij^{2}	kiẹj^{2}
解	脱	不	求。	何	云	也？	识	界

应如是持。如是水界火界风界空界识界①、识界不求解脱。何以故？

35.59.2

[illegible]	[illegible]	[illegible]	[illegible]	[illegible]。	[illegible]	[illegible]	[illegible]	[illegible]
wji^{1}	mjij^{1}	·ioow^{1}	mjij^{1}	ku^{1}	sjij^{2}	kiẹj^{2}	sjwɨ^{1}	mjɨ^{1}
作	无	用	无	故。	识	界	思	不
[illegible]、	[illegible]	[illegible]	[illegible]	[illegible]，	[illegible]	[illegible]	[illegible]，	[illegible]
njwi^{2}	dźju^{1}	sjwij^{1}	mjɨ^{1}	njwi^{2}	rjur^{1}	phə^{1}	bjịj^{1}	thjɨ^{2}
能、	别	了	不	能，	诸	长	者，	是

识界无作无用故。识界不能思、不能了别，是故，诸长者，

---

① 水界火界风界空界识界，西夏文本无。

35.59.3

[illegible]，	[illegible]	[illegible]	[illegible]	[illegible]。	[illegible]	[illegible]	[illegible]	[illegible]。
nioow¹	sjij²	kiej²	ŋa²	njaa²	thjɨ²	sju²	·jiij¹	lew²
故，	识	界	我	非。	是	如	持	应。
[illegible]	[illegible]，	[illegible]	[illegible]，	[illegible]	[illegible]	[illegible]	[illegible]	[illegible]
nioow¹	tśjiɨ¹	phə¹	bjij¹	rjur¹	tsjiir¹	mji¹	źjɨr¹	phjo²
复	次，	长	者，	诸	法	不	实	分

识界非我，应如是持。复次，诸长者，诸法不实分

汉文本

尔时，五百长者一心同声白佛言：世尊，我等今者，愿欲解脱所说十种逼迫苦事，所谓生、老、病、死、愁、怨、忧、苦、恼害、生死；如是广说乃至流转饥馑旷野诸逼迫事，我等皆当愿得解脱。

尔时，世尊告是五百诸长者曰：汝等善听，吾今当说正法之要。诸长者，眼不求解脱。何以故？眼无作无用故，眼不能思、不能了别，是故，诸长者，眼非是我，应如是持。如是耳鼻舌身意，意不求解脱。何以故？意无作无用故。意不能思、不能了别，是故，诸长者，意亦非我，应如是持。

复次，诸长者，色不求解脱。何以故？色无作无用故。色不能思、不能了别，是故，诸长者，色亦非我，应如是持。如是声香味触法，法不求解脱。何以故？法无作无用故。法不能思、不能了别，是故，诸长者，法亦非我，应如是持。

复次，诸长者，色蕴不求解脱。何以故？色蕴无作无用故。色蕴不能思、不能了别，是故，诸长者，色蕴非我，应如是持。如是受蕴想蕴行蕴识蕴，识蕴不求解脱。何以故？识蕴无作无用故。识蕴不能思、不能了别，是故，诸长者，识蕴非我，应如是持。

复次，诸长者，地界不求解脱。何以故？地界无作无用故。地界不能思、不能了别，是故，诸长者，地界非我，应如是持。如是水界火界风界空界识界、识界不求解脱。何以故？识界无作无用故。识界不能思、不能了别，是故，诸长者，识界非我，应如是持。

35.59.4

[illegible]	[illegible]	[illegible]，	[illegible]	[illegible]	[illegible]	[illegible]，	[illegible]	[illegible]
kar²	bju¹	śjwo¹	·ji¹	·jiw¹	ɣa²	tha²	·ioow¹	mjij¹
别	所	起，	众	缘	于	依，	能	无
[illegible]	[illegible]	[illegible]	[illegible]	[illegible]	[illegible]。	[illegible]	[illegible]	[illegible]
ɣie¹	mjij¹	·ji¹	·jiw¹	bju¹	śjwo¹	tjij¹	·ji¹	·jiw¹

力	无	众	缘	从	转。	若	众	缘

别所起，依于众缘，无能无力从众缘转。若有众缘

35.59.5

[illegible]	[illegible]	[illegible]	[illegible]	[illegible]	[illegible]，	[illegible]	[illegible]	[illegible]
dju^{1}	ku^{1}	rjur^{1}	tsjiir^{1}	dź-$^{?}$	thu^{1}	tjij^{1}	·ji^{1}	·jiw^{1}
有	则	诸	法	假	设，	若	众	缘
[illegible]	[illegible]	[illegible]	[illegible]	[illegible]	[illegible]。	[illegible]	[illegible]	[illegible]，
mjij^{1}	ku^{1}	dź-$^{?}$	tsjiir^{1}	tsjɨ^{1}	mjij^{1}	rjur^{1}	phə^{1}	bjij^{1}
无	则	假	法	亦	无。	诸	长	者，

假设诸法，若无众缘则无假法。诸长者，

35.59.6

[illegible]	[illegible]	[illegible]	[illegible]	[illegible]	[illegible]	[illegible]	[illegible]，	[illegible]
rjur^{1}	tsjiir^{1}	ŋowr^{2}	ŋowr^{2}	lew^{1}	dź-$^{?}$	thu^{1}	phjij^{1}	thja^{1}
诸	法	一	切	唯	假	设	施，	此
[illegible]	[illegible]	[illegible]、	[illegible]	[illegible]、	[illegible]	[illegible]、	[illegible]	[illegible]、
kha^{1}	wee^{1}	mjijr^{2}	nar^{2}	mjijr^{2}	sjɨ^{1}	mjijr^{2}	sji^{1}	mjijr^{2}
中	生	者、	老	者、	死	者、	尽	者、

一切诸法唯假施设，此中都无生者、老者、死者、尽者、

35.60.1

[illegible]	[illegible]	[illegible]	[illegible]，	[illegible]	[illegible]	[illegible]	[illegible]	[illegible]，
śjwo^{1}	mjijr^{2}	zji^{2}	mjij^{1}	lew^{1}	rjur^{1}	tshwew^{1}	tśjo$^{?}$	phja^{1}
起	者	皆	无，	唯	诸	趣	永	断，
[illegible]	[illegible]	[illegible]	[illegible]	[illegible]	[illegible]	[illegible]	[illegible]	[illegible]，
gji^{1}	sej^{1}	mjij^{1}	dzjar^{2}	dju^{1}	thja^{2}	ɣa^{2}	bju^{1}	tjị^{1}
清	净	寂	灭	有	其	于	依	归，

起者，唯有永断诸趣，清净寂灭可以归依，

35.60.2

[illegible]	[illegible]	[illegible]	[illegible]	[illegible]	[illegible]	[illegible]	[illegible]。	[illegible]

thjɨ^{2}	nioow^{1}	nji^{2}	njɨ^{2}	thjɨ^{2}	sju^{2}	nwə^{1}	lew^{2}	rjur^{1}
是	故	汝	等	是	如	知	应。	诸
[illegible]	[illegible]，	[illegible]	[illegible]，	[illegible]	[illegible]	[illegible]	[illegible]	[illegible]
phə^{1}	bjij^{1}	thjɨ^{2}	nioow^{1}	rjur^{1}	tsjiir^{1}	ŋowr^{2}	ŋowr^{2}	mji^{1}
长	者，	是	故，	诸	法	一	切	不

是故汝等应如是知。是故，诸长者，一切诸法不

35.60.3

[illegible]	[illegible]	[illegible]	[illegible]	[illegible]，	[illegible]	[illegible]	[illegible]	[illegible]
źjɨr^{1}	phjo^{2}	kar^{2}	bju^{1}	śjwo^{1}	·ji^{1}	·jiw^{1}	ɣa^{2}	tha^{2}
实	分	别	所	起，	众	缘	于	依
[illegible]	[illegible]	[illegible]	[illegible]	[illegible]	[illegible]	[illegible]	[illegible]。	[illegible]
dźju^{2}	noo^{1}	ɣie^{1}	mjij^{1}	·ji^{1}	·jiw^{1}	bju^{1}	śjwo^{1}	tjij^{1}
劣	赢	力	无	众	缘	依	转。	若

实分别之所生起，依于众缘赢劣无力从众缘转。若

35.60.4

[illegible]	[illegible]	[illegible]	[illegible]	[illegible]	[illegible]	[illegible]	[illegible]，	[illegible]
·ji^{1}	·jiw^{1}	dju^{1}	ku^{1}	rjur^{1}	tsjiir^{1}	dź-$^{?}$	thu^{1}	tjij^{1}
众	缘	有	则	诸	法	假	立，	若
[illegible]	[illegible]	[illegible]	[illegible]	[illegible]	[illegible]	[illegible]	[illegible]。	[illegible]
·ji^{1}	·jiw^{1}	mjij^{1}	ku^{1}	dź-$^{?}$	tsjiir^{1}	tsjɨ^{1}	mjij^{1}	rjur^{1}
众	缘	无	则	假	法	亦	无。	诸

有众缘假立诸法，若无众缘则无假法。诸

35.60.5

[illegible]	[illegible]，	[illegible]	[illegible]	[illegible]	[illegible]	[illegible]	[illegible]	[illegible]
phə^{1}	bjij^{1}	rjur^{1}	tsjiir^{1}	ŋowr^{2}	ŋowr^{2}	lew^{1}	dź-$^{?}$	śjwo^{1}
长	者，	诸	法	一	切	唯	假	立
[illegible]，	[illegible]	[illegible]	[illegible]	[illegible]、	[illegible]	[illegible]、	[illegible]	[illegible]、
ŋwu^{2}	thja^{2}	kha^{1}	wee^{1}	mjijr^{2}	nar^{2}	mjijr^{2}	sjɨ^{1}	mjijr^{2}
是，	此	中	生	者、	老	者、	死	者、

长者,一切诸法唯是假立,此中都无生者、老者、死者、

35.60.6

[illegible]	[illegible]、	[illegible]	[illegible]	[illegible]	[illegible]，	[illegible]	[illegible]	[illegible]
sji^{1}	mjijr^{2}	śjwo^{1}	mjijr^{2}	zji^{2}	mjij^{1}	lew^{1}	rjur^{1}	tshwew^{1}
尽	者、	起	者	皆	无，	唯	诸	趣
[illegible]	[illegible]，	[illegible]	[illegible]	[illegible]	[illegible]	[illegible]	[illegible]	[illegible]
tśjo$^{?}$	phja^{1}	gji^{1}	sej^{1}	mjij^{1}	dzjar^{2}	dju^{1}	thja^{2}	ɣa^{2}
永	断，	清	净	寂	灭	有	其	于

尽者、起者,唯有永断诸趣,清净寂静①可以

35.61.1

[illegible]	[illegible]。	[illegible]	[illegible]	[illegible]，	[illegible]	[illegible]	[illegible]	[illegible]
bju^{1}	tji̜^{1}	rjur^{1}	phə^{1}	bjij^{1}	tjij^{1}	mji^{1}	źjɨr^{1}	phjo^{2}
依	归。	诸	长	者，	若	不	实	分
[illegible]	[illegible]，	[illegible]	[illegible]	[illegible]	[illegible]	[illegible]	[illegible]	[illegible]
kar^{2}	dju^{1}	ku^{1}	dź- $^{?}$	śjwo^{1}	mji^{1}	tśhja^{2}	phji^{1}	wji^{1}
别	有，	则	假	立	不	正	意	作

归依。如是②,诸长者,若有不实分别,则有假立不正作意;

35.61.2

[illegible]；	[illegible]	[illegible]	[illegible]	[illegible]	[illegible]	[illegible]，	[illegible]	[illegible]
dju^{1}	tjij^{1}	mji^{1}	źjɨr^{1}	phjo^{2}	kar^{2}	mjij^{1}	ku^{1}	dź- $^{?}$
有；	若	不	实	分	别	无，	则	假
[illegible]	[illegible]	[illegible]	[illegible]	[illegible]	[illegible]。	[illegible]	[illegible]	[illegible]
śjwo^{1}	mji^{1}	tśhja^{2}	phji^{1}	wji^{1}	mjij^{1}	tjij^{1}	mji^{1}	tśhja^{2}
立	不	正	意	作	无。	若	不	正

若无不实分别,则无假立不正作意。若有不正

35.61.3

[illegible]	[illegible]	[illegible]，	[illegible]	[illegible]	[illegible]	[illegible]	[illegible]	[illegible]；

① 寂静,西夏文本作“[illegible]”,字面意思为“寂灭”。

② 如是,西夏文本似脱“[illegible]”二字。

phji^{1}	wji^{1}	dju^{1}	ku^{1}	dź-$^{?}$	śjwo^{1}	bju^{1}	mjij^{1}	dju^{1}
意	作	有，	则	假	立	明	无	有；
[illegible]	[illegible]	[illegible]	[illegible]	[illegible]	[illegible]，	[illegible]	[illegible]	[illegible]
tjij^{1}	mji^{1}	tśhja^{2}	phji^{1}	wji^{1}	mjij^{1}	ku^{1}	dź-$^{?}$	śjwo^{1}
若	不	正	意	作	无，	则	假	立

作意，则有假立无明；若无不正作意，则无假立

35.61.4

[illegible]	[illegible]	[illegible]	[illegible]。	[illegible]	[illegible]	[illegible]	[illegible]，	[illegible]
bju^{1}	mjij^{1}	tsjɨ^{1}	mjij^{1}	tjij^{1}	bju^{1}	mjij^{1}	dju^{1}	ku^{1}
明	无	亦	无。	若	明	无	有，	则
[illegible]	[illegible]	[illegible]	[illegible]	[illegible]；	[illegible]	[illegible]	[illegible]	[illegible]，
dź-$^{?}$	śjwo^{1}	rjur^{1}	dźjɨ$^{?}$	dju^{1}	tjij^{1}	bju^{1}	mjij^{1}	mjij^{1}
假	立	诸	行	有；	若	明	无	无，

无明。若有无明，则有假立诸行；若无无明，

35.61.5

[illegible]	[illegible]	[illegible]	[illegible]	[illegible]	[illegible]。	[illegible]	[illegible]	[illegible]
ku^{1}	dź-$^{?}$	śjwo^{1}	rjur^{1}	dźjɨ$^{?}$	mjij^{1}	tjij^{1}	rjur^{1}	dźjɨ$^{?}$
则	假	立	诸	行	无。	若	诸	行
[illegible]，	[illegible]	[illegible]	[illegible]	[illegible]	[illegible]；	[illegible]	[illegible]	[illegible]
dju^{1}	ku^{1}	dź-$^{?}$	śjwo^{1}	sjij^{2}	dju^{1}	tjij^{1}	rjur^{1}	dźjɨ$^{?}$
有，	则	假	立	识	有；	若	诸	行

则无假立诸行。若有诸行，则有假立于识；若无诸行，

35.61.6

[illegible]，	[illegible]	[illegible]	[illegible]	[illegible]	[illegible]。	[illegible]	[illegible]	[illegible]
mjij^{1}	ku^{1}	dź-$^{?}$	śjwo^{1}	sjij^{2}	mjij^{1}	tjij^{1}	dź-$^{?}$	sjij^{2}
无，	则	假	立	识	无。	若	假	识
[illegible]，	[illegible]	[illegible]	[illegible]	[illegible]	[illegible]	[illegible]；	[illegible]	[illegible]
dju^{1}	ku^{1}	dź-$^{?}$	śjwo^{1}	mjiij^{2}	tsə^{1}	dju^{1}	tjij^{1}	dź-$^{?}$
有，	则	假	立	名	色	有；	若	假

则无假立于识。若有假识,则有假立名色;若无有识①,

35.62.1

[illegible]	[illegible],	[illegible]	[illegible]	[illegible]	[illegible]	[illegible]	[illegible]。	[illegible]
sjij^{2}	mjij^{1}	ku^{1}	dź-$^{?}$	śjwo^{1}	mjiij^{2}	tsə̣^{1}	mjij^{1}	tjij^{1}
识	无,	则	假	立	名	色	无。	若
[illegible]	[illegible]	[illegible],	[illegible]	[illegible]	[illegible]	[illegible]	[illegible]	[illegible];
mjiij^{2}	tsə̣^{1}	dju^{1}	ku^{1}	dź-$^{?}$	śjwo^{1}	tśhjiw^{1}	do^{2}	dju^{1}
名	色	有,	则	假	立	六	处	有;

则无假立名色。若有名色,则有假立六处;

35.62.2

[illegible]	[illegible]	[illegible]	[illegible],	[illegible]	[illegible]	[illegible]	[illegible]	[illegible]
tjij^{1}	mjiij^{2}	tsə̣^{1}	mjij^{1}	ku^{1}	dź-$^{?}$	śjwo^{1}	tśhjiw^{1}	do^{2}
若	名	色	无,	则	假	立	六	处
[illegible]。	[illegible]	[illegible]	[illegible]	[illegible],	[illegible]	[illegible]	[illegible]	[illegible]
mjij^{1}	tjij^{1}	tśhjiw^{1}	do^{2}	dju^{1}	ku^{1}	dź-$^{?}$	śjwo^{1}	tsjụ^{1}
无。	若	六	处	有,	则	假	立	触

若无名色,则无假立六处。若有六处,则有假立于触;

35.62.3

[illegible];	[illegible]	[illegible]	[illegible],	[illegible]	[illegible]	[illegible]	[illegible]	[illegible]。
dju^{1}	tśhjiw^{1}	do^{2}	mjij^{1}	ku^{1}	dź-$^{?}$	śjwo^{1}	tsjụ^{1}	mjij^{1}
有;	六	处	无,	则	假	立	触	无。
[illegible]	[illegible]	[illegible],	[illegible]	[illegible]	[illegible]	[illegible]	[illegible];	[illegible]
tjij^{1}	tsjụ^{1}	dju^{1}	ku^{1}	dź-$^{?}$	śjwo^{1}	lhjij^{2}	dju^{1}	tjij^{1}
若	触	有,	则	假	立	受	有;	若

若②无六处,则无假立于触。若有于触,则有假立于受;若

35.62.4

[illegible]	[illegible],	[illegible]	[illegible]	[illegible]	[illegible]	[illegible]。	[illegible]	[illegible]

① 若无有识,西夏文字面意思是"若无假识"。
② 若,参上下文及汉文本,西夏本当脱"[illegible]"字。

tsjụ^{1}	mjij^{1}	ku^{1}	dź-$^{?}$	śjwo^{1}	lhjij^{2}	mjij^{1}	tjij^{1}	lhjij^{2}
触	无，	则	假	立	受	无。	若	受
[illegible]，	[illegible]	[illegible]	[illegible]	[illegible]	[illegible]；	[illegible]	[illegible]	[illegible]，
dju^{1}	ku^{1}	dź-$^{?}$	śjwo^{1}	dzu^{1}	dju^{1}	tjij^{1}	lhjij^{2}	mjij^{1}
有，	则	假	立	爱	有；	若	受	无，

无于触，则无假立于受。若有于受，则有假立于爱；若无于受，

35.62.5

[illegible]	[illegible]	[illegible]	[illegible]	[illegible]。	[illegible]	[illegible]	[illegible]，	[illegible]
ku^{1}	dź-$^{?}$	śjwo^{1}	dzu^{1}	mjij^{1}	tjij^{1}	dzu^{1}	dju^{1}	ku^{1}
则	假	立	爱	无。	若	爱	有，	则
[illegible]	[illegible]	[illegible]	[illegible]；	[illegible]	[illegible]	[illegible]，	[illegible]	[illegible]
dź-$^{?}$	śjwo^{1}	lhjwi^{1}	dju^{1}	tjij^{1}	dzu^{1}	mjij^{1}	ku^{1}	dź-$^{?}$
假	立	取	有；	若	爱	无，	则	假

则无假立于爱。若有于爱，则有假立于取；若无于爱，则无假

35.62.6

[illegible]	[illegible]	[illegible]。	[illegible]	[illegible]	[illegible]，	[illegible]	[illegible]	[illegible]
śjwo^{1}	lhjwi^{1}	mjij^{1}	tjij^{1}	lhjwi^{1}	dju^{1}	ku^{1}	dź-$^{?}$	śjwo^{1}
立	取	无。	若	取	有，	则	假	立
[illegible]	[illegible]；	[illegible]	[illegible]	[illegible]，	[illegible]	[illegible]	[illegible]	[illegible]
dju^{1}	dju^{1}	tjij^{1}	lhjwi^{1}	mjij^{1}	ku^{1}	dź-$^{?}$	śjwo^{1}	dju^{1}
有	有；	若	取	无，	则	假	立	有

立于取。若有于取，则有假立于有；若无于取，则无假立于有。

35.63.1

[illegible]。	[illegible]	[illegible]	[illegible]，	[illegible]	[illegible]	[illegible]	[illegible]	[illegible]；
mjij^{1}	tjij^{1}	dju^{1}	dju^{1}	ku^{1}	dź-$^{?}$	śjwo^{1}	wee^{1}	dju^{1}
无。	若	有	有，	则	假	立	生	有；
[illegible]	[illegible]	[illegible]，	[illegible]	[illegible]	[illegible]	[illegible]	[illegible]。	[illegible]
tjij^{1}	dju^{1}	mjij^{1}	ku^{1}	dź-$^{?}$	śjwo^{1}	wee^{1}	mjij^{1}	tjij^{1}
若	有	无，	则	假	立	生	无。	若

若有于有，则有假立于生；若无于有，则无假立于生。若

35.63.2

wee^{1}	dju^{1}	ku^{1}	dź-$^{?}$	śjwo^{1}	nar^{2}	sjɨ^{1}	dju^{1}	tjij^{1}
生	有，	则	假	立	老	死	有；	若
wee^{1}	mjij^{1}	ku^{1}	dź-$^{?}$	śjwo^{1}	nar^{2}	sjɨ^{1}	mjij^{1}	ljɨ^{1}
生	无，	则	假	立	老	死	无	也。

有于生，则有假立老死；若无有生，则无假立老死。

汉文本

复次，诸长者，诸法不实分别所起，依于众缘，无能无力从众缘转。若有众缘假设诸法，若无众缘则无假法。诸长者，一切诸法唯假施设，此中都无生者、老者、死者、尽者、起者，唯有永断诸趣，清净寂灭可以归依，是故汝等应如是知。是故，诸长者，一切诸法不实分别之所生起，依于众缘羸劣无力从众缘转。若有众缘假立诸法，若无众缘则无假法。诸长者，一切诸法唯是假立，此中都无生者、老者、死者、尽者、起者，唯有永断诸趣，清净寂静可以归依。如是，诸长者，若有不实分别，则有假立不正作意；若无不实分别，则无假立不正作意。若有不正作意，则有假立无明；若无不正作意，则无假立无明。若有无明，则有假立诸行；若无无明，则无假立诸行。若有诸行，则有假立于识；若无诸行，则无假立于识。若有假识，则有假立名色；若无有识，则无假立名色。若有名色，则有假立六处；若无名色，则无假立六处。若有六处，则有假立于触；若无六处，则无假立于触。若有于触，则有假立于受；若无于触，则无假立于受。若有于受，则有假立于爱；若无于受，则无假立于爱。若有于爱，则有假立于取；若无于爱，则无假立于取。若有于取，则有假立于有；若无于取，则无假立于有。若有于有，则有假立于生；若无于有，则无假立于生。若有于生，则有假立老死；若无有生，则无假立老死。

35.63.3

rjur^{1}	phə^{1}	bjịj^{1}	nar^{2}	tja^{1}	thjij^{2}	sjo^{2}	njiij^{1}	sjij^{2}
诸	长	者，	老	者	何	云？	情	识
mur^{1}	ljwɨj^{1}	ɣu^{1}	phiow^{1}	mej^{2}	gji^{1}	njiijr^{2}	dźjɨ^{1}	tạ^{2}
愚	惛，	头	白	发	利，	面	皮	缓

如是①，诸长者，云何为老？所谓情识惛耄，头白发落②，皮缓面

35.63.4

[西夏字]，	[西夏字]	[西夏字]	[西夏字]	[西夏字]，	[西夏字]	[西夏字]	[西夏字]	[西夏字]，
njowr^{2}	zjọ^{2}	kạ^{1}	ŋwo^{2}	dzəj^{1}	rjur^{1}	tśhji^{2}	mji^{1}	bju^{1}
皱，	寿	命	损	减，	诸	根	不	明，
[西夏字]	[西夏字]	[西夏字]	[西夏字]	[西夏字]，	[西夏字]	[西夏字]	[西夏字]	[西夏字]。
rjur^{1}	dźjɨ$^{?}$	nar^{2}	dźju^{2}	ku^{1}	thjɨ^{2}	tja^{1}	nar^{2}	ŋwu^{2}
诸	行	老	朽	故，	是	名	老	为。

皱，寿命损减，诸根衰熟③，诸行朽故，是名为老。

35.63.5

[西夏字]	[西夏字]	[西夏字]	[西夏字]?	[西夏字]	[西夏字]	[西夏字]	[西夏字]，	[西夏字]
sjɨ^{1}	tja^{1}	thjij^{2}	sjo^{2}	ljụ^{2}	ljij^{1}	ɣier^{1}	dzjar^{2}	rjur^{1}
死	者	何	云？	身	转	丧	灭，	诸
[西夏字]	[西夏字]	[西夏字]	[西夏字]	[西夏字]	[西夏字]	[西夏字]，	[西夏字]	[西夏字]
ŋur^{1}	dźjow^{1}	ka^{2}	djij^{2}	tạ^{1}	sar^{2}	ljiij^{2}	ljɨ^{2}	tśhjaa^{1}
蕴	分	离	废	休	散	坏，	地	上

云何为死？所谓丧灭转世，休废堕落，诸蕴散坏，委弃于地，

35.63.6

[西夏字]	[西夏字]，	[西夏字]	[西夏字]	[西夏字]	[西夏字]，	[西夏字]	[西夏字]	[西夏字]
bə^{1}	dźjwo^{2}	·ji^{1}	thwuu^{1}	phiaa^{2}	ka^{2}	ku^{1}	thjɨ^{2}	tja^{1}
委	弃，	众	同	分	离，	则	是	名
[西夏字]	[西夏字]。	[西夏字]	[西夏字]	[西夏字]	[西夏字]，	[西夏字]	[西夏字]	[西夏字]
sjɨ^{1}	ŋwu^{2}	tjij^{1}	nar^{2}	tjij^{1}	sjɨ^{1}	śioo^{1}	nar^{2}	sjɨ^{1}
死	为。	若	老	若	死，	合	老	死

舍众同分，是名为死。若老若死，合名老死。

---

① 如是，西夏文本当脱“[西夏字][西夏字]”二字。

② 落，西夏文作“[西夏字]”（利器、剑）。[西夏字]（gji^{1}），通“[西夏字]”（gji^{1}，落）。

③ 衰熟，西夏文作“[西夏字][西夏字]”，字面意思为“不明”。

35.64.1

[illegible]。	[illegible]	[illegible]	[illegible]，	[illegible]	[illegible]	[illegible]	[illegible]，	[illegible]
·jɨ^{1}	rjur^{1}	phə^{1}	bjij^{1}	tjij^{1}	wee^{1}	dju^{1}	ku^{1}	dź-$^{?}$
谓。	诸	长	者，	若	生	有	是，	假
[illegible]	[illegible]	[illegible]；	[illegible]	[illegible]	[illegible]	[illegible]，	[illegible]	[illegible]
nar^{2}	sjɨ^{1}	dju^{1}	tjij^{1}	wee^{1}	mjij^{1}	ku^{1}	dź-$^{?}$	nar^{2}
老	死	有；	若	生	无	是，	假	老

诸长者，生若是有，有假老死；生若是无，无假老

35.64.2

[illegible]	[illegible]。	[illegible]	[illegible]	[illegible]?	[illegible]	[illegible]	[illegible]	[illegible]
sjɨ^{1}	mjij^{1}	wee^{1}	thjij^{2}	sjo^{2}	thja^{1}	wee^{1}	wee^{1}	tshwew^{1}
死	无。	生	何	云?	是	生	生	趣
[illegible]	[illegible]	[illegible]	[illegible]	[illegible]	[illegible]，	[illegible]	[illegible]	[illegible]
ka^{1}	śjwo^{1}	rjur^{1}	ŋur^{1}	to^{2}	śja^{2}	nioow^{1}	rjur^{1}	rjur^{1}
等	起	诸	蕴	出	现，	及	诸	诸

死。云何为生？所谓是生等生趣起诸蕴出现，及得诸

35.64.3

[illegible]	[illegible]	[illegible]	[illegible]	[illegible]，	[illegible]	[illegible]	[illegible]	[illegible]。
·ji^{1}	thwuu^{1}	phiaa^{2}	rjir^{1}	ku^{1}	thjɨ^{2}	tja^{1}	wee^{1}	ŋwu^{2}
众	同	分	得	故，	是	名	生	为。
[illegible]	[illegible]	[illegible]，	[illegible]	[illegible]	[illegible]，	[illegible]	[illegible]	[illegible]
rjur^{1}	phə^{1}	bjij^{1}	tjij^{1}	dju^{1}	dju^{1}	ku^{1}	dź-$^{?}$	wee^{1}
诸	长	者，	若	有	有，	则	假	生

处会众同分，是名为生。诸长者，有若是有，则有假生；

35.64.4

[illegible]	[illegible]；	[illegible]	[illegible]	[illegible]，	[illegible]	[illegible]	[illegible]	[illegible]
tsjɨ^{1}	dju^{1}	tjij^{1}	dju^{1}	mjij^{1}	ku^{1}	dź-$^{?}$	wee^{1}	tsjɨ^{1}
亦	有；	若	有	无，	则	假	生	亦

[illegible]。	[illegible]	[illegible]	[illegible]	[illegible]？	[illegible]	[illegible]、	[illegible]	[illegible]，
mjij^{1}	dju^{1}	tja^{1}	thjij^{2}	sjo^{2}	kięj^{2}	dju^{1}	tsə^{1}	dju^{1}
无。	有	者	何	云？	欲	有、	色	有，

有若是无，则无假生。云何为有？所谓欲有、色有，

35.64.5

[illegible]	[illegible]	[illegible]	[illegible]。	[illegible]	[illegible]	[illegible]	[illegible]	[illegible]
nioow^{1}	tsə^{1}	mjij^{1}	dju^{1}	ljo^{1}	nioow^{1}	ljo^{1}	njaa^{2}	mji^{1}
及	色	无	有。	福	及	福	非	不
[illegible]	[illegible]	[illegible]，	[illegible]	[illegible]	[illegible]	[illegible]。	[illegible]	[illegible]
mju^{2}	sjwɨj^{1}	ka^{1}	thjɨ^{2}	tja^{1}	dju^{1}	ŋwu^{2}	rjur^{1}	phə^{1}
动	业	等，	是	名	有	为。	诸	长

及无色有。福及非福不动业等，是名为有。诸长

35.64.6

[illegible]，	[illegible]	[illegible]	[illegible]，	[illegible]	[illegible]	[illegible]	[illegible]	[illegible]；
bjij^{1}	tjij^{1}	lhjwi^{1}	dju^{1}	ku^{1}	dź-$^{?}$	dju^{1}	tsjɨ^{1}	dju^{1}
者，	若	取	有，	则	假	有	亦	有；
[illegible]	[illegible]	[illegible]，	[illegible]	[illegible]	[illegible]	[illegible]	[illegible]。	[illegible]
tjij^{1}	lhjwi^{1}	mjij^{1}	ku^{1}	dź-$^{?}$	dju^{1}	tsjɨ^{1}	mjij^{1}	lhjwi^{1}
若	取	无，	则	假	有	亦	无。	取

者，取若是有，则有假有；取若是无，则无假有。

35.65.1

[illegible]	[illegible]	[illegible]？	[illegible]	[illegible]、	[illegible]	[illegible]、	[illegible]	[illegible]
tja^{1}	thjij^{2}	sjo^{2}	kięj^{2}	lhjwi^{1}	ljij^{2}	lhjwi^{1}	kie^{1}	tśhjwɨj^{1}
者	何	云？	欲	取、	见	取、	戒	禁
[illegible]、	[illegible]	[illegible]，	[illegible]	[illegible]	[illegible]	[illegible]。	[illegible]	[illegible]
lhjwi^{1}	ŋa^{2}	lhjwi^{1}	thjɨ^{2}	tja^{1}	lhjwi^{1}	ŋwu^{2}	rjur^{1}	phə^{1}
取、	我	取，	是	名	取	为。	诸	长

云何为取？所谓欲取、见取、戒禁取、我取，故名为取。诸长

35.65.2

，			，					；
bjij^1	tjij^1	dzu^1	dju^1	ku^1	dź-$^?$	lhjwi^1	tsjɨ^1	dju^1
者，	若	爱	有，	则	假	取	亦	有；
		，					。	
tjij^1	dzu^1	mjij^1	ku^1	dź-$^?$	lhjwi^1	tsjɨ^1	mjij^1	dzu^1
若	爱	无，	则	假	取	亦	无。	爱

者，爱若是有，则有假取；爱若是无，则无假取。

35.65.3

		?		、		、		、
tja^1	thjij^2	sjo^2	tsə̣^{1}	dzu^1	ɣię̣^{2}	dzu^1	lji^2	dzu^1
者	何	云？	色	爱、	声	爱、	香	爱、
	、		、		、			
wjị^{1}	dzu^1	tsjụ^1	dzu^1	tsjiir^1	dzu^1	thjɨ^2	tja^1	dzu^1
味	爱、	触	爱、	法	爱、	是	名	爱

云何为爱？所谓色爱、声爱、香爱、味爱、触爱、法爱，是名为爱。

35.65.4

。			，			，		
ŋwu^2	rjur^1	phə^1	bjij^1	tjij^1	lhjij^2	dju^1	ku^1	dź-$^?$
为。	诸	长	者，	若	受	有，	则	假
		；			，			
dzu^1	tsjɨ^1	dju^1	tjij^1	lhjij^2	mjij^1	ku^1	dź-$^?$	dzu^1
爱	亦	有；	若	受	无，	则	假	爱

诸长者，受若是有，则有假爱；受若是无，则无假爱。

35.65.5

	。				?			
tsjɨ^1	mjij^1	lhjij^2	tja^1	thjij^2	sjo^2	mej^1	tsjụ^1	·a$^?$
亦	无。	受	者	何	云？	眼	触	△

[illegible]	[illegible]，	[illegible]	[illegible]、	[illegible]	[illegible]、	[illegible]	[illegible]、	[illegible]
śjwo^{1}	lhjịj^{2}	nju^{1}	tsjụ^{1}	njii^{2}	tsjụ^{1}	lhjwa^{1}	tsjụ^{1}	ljụ^{2}
生	受，	耳	触、	鼻	触、	舌	触、	身

云何为受？所谓眼触所生受，耳触、鼻触、舌触、身

35.65.6

[illegible]、	[illegible]	[illegible]	[illegible]	[illegible]	[illegible]，	[illegible]	[illegible]	[illegible]
tsjụ^{1}	phji^{1}	tsjụ^{1}	·a$^{?}$	śjwo^{1}	lhjịj^{2}	thjɨ^{2}	tja^{1}	ŋwu^{2}
触、	意	触	△	生	受，	是	名	为
[illegible]。	[illegible]	[illegible]	[illegible]，	[illegible]	[illegible]	[illegible]，	[illegible]	[illegible]
lhjịj^{2}	rjur^{1}	phə^{1}	bjịj^{1}	tjij^{1}	tsjụ^{1}	dju^{1}	ku^{1}	dź-$^{?}$
受。	诸	长	者，	若	触	有，	则	假

触、意触所生受，是名为受。诸长者，触若是有，则有假

35.66.1

[illegible]	[illegible]	[illegible]；	[illegible]	[illegible]	[illegible]，	[illegible]	[illegible]	[illegible]
lhjịj^{2}	tsjɨ^{1}	dju^{1}	tjij^{1}	tsjụ^{1}	mjij^{1}	ku^{1}	dź-$^{?}$	lhjịj^{2}
受	亦	有；	若	触	无，	则	假	受
[illegible]	[illegible]。	[illegible]	[illegible]	[illegible]	[illegible]？	[illegible]	[illegible]、	[illegible]
tsjɨ^{1}	mjij^{1}	tsjụ^{1}	tja^{1}	thjij^{2}	sjo^{2}	mej^{1}	tsjụ^{1}	nju^{1}
亦	无。	触	者	何	云？	眼	触、	耳

受；触若是无，则无假受。云何为触？所谓眼触、耳

35.66.2

[illegible]、	[illegible]	[illegible]、	[illegible]	[illegible]、	[illegible]	[illegible]、	[illegible]	[illegible]、
tsjụ^{1}	njii^{2}	tsjụ^{1}	lhjwa^{1}	tsjụ^{1}	ljụ^{2}	tsjụ^{1}	phji^{1}	tsjụ^{1}
触、	鼻	触、	舌	触、	身	触、	意	触、
[illegible]	[illegible]	[illegible]	[illegible]。	[illegible]	[illegible]	[illegible]，	[illegible]	[illegible]
thjɨ^{2}	tja^{1}	tsjụ^{1}	ŋwu^{2}	rjur^{1}	phə^{1}	bjịj^{1}	tjij^{1}	tśhjiw^{1}
是	名	触	为。	诸	长	者，	若	六

触、鼻触、舌触、身触、意触，是名为触。诸长者，六

35.66.3

do^{2}	dju^{1}	ku^{1}	dź-$^{?}$	tsjų^{1}	tsjɨ^{1}	dju^{1}	tjij^{1}	tśhjiw^{1}
处	有，	则	假	触	亦	有；	若	六
do^{2}	mjij^{1}	ku^{1}	dź-$^{?}$	tsjɨ^{1}	tsjų^{1}	mjij^{1}	tśhjiw^{1}	do^{2}
处	无，	则	假	亦	触	无。	六	处

处若有，则有假触；六处若无，则无假触。云何为六处？

35.66.4

tja^{1}	thjij^{2}	sjo^{2}	mej^{1}	do^{2}	nju^{1}	do^{2}	njii^{2}	do^{2}
者	何	云？	眼	处、	耳	处、	鼻	处、
lhjwa^{1}	do^{2}	ljų^{2}	do^{2}	phji^{1}	do^{2}	thjɨ^{2}	tja^{1}	tśhjiw^{1}
舌	处、	身	处、	意	处，	此	者	六

所谓眼处、耳处、鼻处、舌处、身处、意处，是为六

35.66.5

do^{2}	ŋwu^{2}	rjur^{1}	phə^{1}	bjij^{1}	tjij^{1}	mjiij^{2}	tsə^{1}	dju^{1}
处	为。	诸	长	者，	若	名	色	有，
ku^{1}	dź-$^{?}$	tśhjiw^{1}	do^{2}	dju^{1}	tjij^{1}	mjiij^{2}	tsə^{1}	mjij^{1}
则	假	六	处	有；	若	名	色	无，

处。诸长者，名色若有，有假六处；名色若无，无

35.66.6

ku^{1}	dź-$^{?}$	tśhjiw^{1}	do^{2}	mjij^{1}	mjiij^{2}	tsə^{1}	tja^{1}	thjij^{2}
则	假	六	处	无。	名	色	者	何

sjo^{2}	lhjij^{2}	sjiij^{2}	sjwɨ^{1}	tsjụ^{1}	phji^{1}	wji^{1}	ljɨɨr^{1}	ljij^{2}
云？	受	想	思	触	意	作，	四	大

假六处。云何为名色？所谓受想思触作意，四大

35.67.1

kięj^{2}	nioow^{1}	ljɨɨr^{1}	ljij^{2}	kięj^{2}	rjɨr^{2}	wji^{1}	tsə̣^{1}	thjɨ^{2}
界	及	四	大	界	所	造	色，	是
tja^{1}	mjiij^{2}	tsə̣^{1}	ŋwu^{2}	rjur^{1}	phə^{1}	bjij^{1}	tjij^{1}	sjij^{2}
名	名	色	是。	诸	长	者，	若	识

界及四大界之所造色，是名名色。诸长者，识若

35.67.2

dju^{1}	ku^{1}	dź-$^{?}$	mjiij^{2}	tsə̣^{1}	dju^{1}	tjij^{1}	sjij^{2}	mjij^{1}
有	则，	假	名	色	有；	若	识	无
ku^{1}	dź-$^{?}$	mjiij^{2}	tsə̣^{1}	mjij^{1}	sjij^{2}	tja^{1}	thjij^{2}	sjo^{2}
是，	假	名	色	无。	识	者	何	云？

是有，有假名色；识若是无，无假名色。云何为识？

35.67.3

mej^{1}	sjij^{2}	nju^{1}	sjij^{2}	njii^{2}	sjij^{2}	lhjwa^{1}	sjij^{2}	ljụ^{2}
眼	识、	耳	识、	鼻	识、	舌	识、	身
sjij^{2}	phji^{1}	sjij^{2}	thjɨ^{2}	tja^{1}	sjij^{2}	ŋwu^{2}	rjur^{1}	phə^{1}
识、	意	识，	是	名	识	为。	诸	长

所谓眼识、耳识、鼻识、舌识、身识、意识，是名为识。诸长

35.67.4

[illegible]，	[illegible]	[illegible]	[illegible]，	[illegible]	[illegible]	[illegible]	[illegible]	[illegible]；
bjij^{1}	tjij^{1}	dźjɨ$^{?}$	dju^{1}	ku^{1}	dź-$^{?}$	sjij^{2}	dju^{1}	tsjɨ^{1}
者，	若	行	有，	则	假	识	有	亦；
[illegible]	[illegible]	[illegible]，	[illegible]	[illegible]	[illegible]	[illegible]	[illegible]；	[illegible]
tjij^{1}	dźjɨ$^{?}$	mjij^{1}	ku^{1}	dź-$^{?}$	sjij^{2}	tsjɨ^{1}	mjij^{1}	dźjɨ$^{?}$
若	行	无，	则	假	识	亦	无；	行

者，行若是有，则有假识；行若是无，则无假识。

35.67.5

[illegible]	[illegible]	[illegible]？	[illegible]	[illegible]、	[illegible]	[illegible]、	[illegible]	[illegible]、
tja^{1}	thjij^{2}	sjo^{2}	tsə̣^{1}	sjwɨ^{1}	ɣię^{2}	sjwɨ^{1}	lji^{2}	sjwɨ^{1}
者	何	云？	色	思、	声	思、	香	思、
[illegible]	[illegible]、	[illegible]	[illegible]、	[illegible]	[illegible]、	[illegible]	[illegible]	[illegible]
wjị^{1}	sjwɨ^{1}	tsjụ^{1}	sjwɨ^{1}	tsjiir^{1}	sjwɨ^{1}	thjɨ^{2}	tja^{1}	dźjɨ$^{?}$
味	思、	触	思、	法	思、	是	名	行

云何为行？所谓色思、声思、香思、味思、所触思、法思，是名为行。

35.67.6

[illegible]。	[illegible]	[illegible]	[illegible]，	[illegible]	[illegible]	[illegible]	[illegible]，	[illegible]
ŋwu^{2}	rjur^{1}	phə^{1}	bjij^{1}	tjij^{1}	bju^{1}	mjij^{1}	dju^{1}	ku^{1}
为。	诸	长	者，	若	明	无	有，	则
[illegible]	[illegible]	[illegible]	[illegible]；	[illegible]	[illegible]	[illegible]	[illegible]，	[illegible]
dź-$^{?}$	tsjɨ^{1}	dźjɨ$^{?}$	dju^{1}	tjij^{1}	bju^{1}	mjij^{1}	mjij^{1}	ku^{1}
假	亦	行	有；	若	明	无	无，	则

诸长者，无明若有，则有假行；无明若无，则无

35.68.1

[illegible]	[illegible]	[illegible]	[illegible]。	[illegible]	[illegible]	[illegible]	[illegible]	[illegible]？
dź-$^{?}$	dźjɨ$^{?}$	tsjɨ^{1}	mjij^{1}	bju^{1}	mjij^{1}	tja^{1}	thjij^{2}	sjo^{2}
假	行	亦	无。	明	无	者	何	云？

śji^{1}	zjọ^{2}	nwə^{1}	mjij^{1}	kụ^{1}	zjọ^{2}	nwə^{1}	mjij^{1}	śji^{1}
前	际	知	无、	后	际	知	无、	前

假行。云何为无明？所谓前际无知、后际无知、前

35.68.2

kụ^{1}	zjọ^{2}	nwə^{1}	mjij^{1}	·u^{2}	nwə^{1}	mjij^{1}	djɨr^{2}	nwə^{1}
后	际	知	无，	内	知	无、	外	知
mjij^{1}	·u^{2}	djɨr^{2}	nwə^{1}	mjij^{1}	tśjị^{1}	nwə^{1}	mjij^{1}	śioo^{1}
无、	内	外	知	无，	苦	知	无、	集

后际无知，内无知、外无知、内外无知，苦无知、集

35.68.3

nwə^{1}	mjij^{1}	dzjar^{2}	nwə^{1}	mjij^{1}	tśja^{1}	nwə^{1}	mjij^{1}	nioow^{1}
知	无、	灭	知	无、	道	知	无、	缘
nwə^{1}	mjij^{1}	nioow^{1}	śjwo^{1}	nwə^{1}	mjij^{1}	nioow^{1}	śjwo^{1}	tsjiir^{1}
知	无、	缘	起	知	无。	缘	生	法

无知、灭无知、道无知、缘无知、缘起无知。于缘生法，

35.68.4

ɣa^{2}	tjij^{1}	njaa^{1}	tjij^{1}	phiow^{1}	nioow^{1}	dju^{1}	nioow^{1}	mjij^{1}
于，	若	黑	若	白，	缘	有	缘	无，
bji^{1}	rər^{2}	dju^{1}	bji^{1}	rər^{2}	mjij^{1}	dzwej^{1}	dju^{1}	mjij^{1}
光	影	有	光	影	无，	罪	有	无

若黑若白，有缘无缘，有光影无光影，有罪无罪，

35.68.5

[illegible]，	[illegible]	[illegible]	[illegible]	[illegible]	[illegible]	[illegible]	[illegible]，	[illegible]
dzwej1	njij1	?	lew2	mji1	njij1	?	lew2	nwə1
罪，	亲	近	可	不	亲	近	可，	知
[illegible]	[illegible]	[illegible]，	[illegible]	[illegible]	[illegible]	[illegible]	[illegible]	[illegible]，
mjij1	ljij2	mjij1	ŋwer1	bio̱1	mjij1	tsjij2	dar1	mjij1
无	见	无，	对	观	无	解	达	无，

可亲近不可亲近，无知无见，无对观无达解，

35.68.6(1)

[illegible]	[illegible]	[illegible]	[illegible]	[illegible]，	[illegible]	[illegible]	[illegible]。
thjɨ2	sju2	njɨ2	·jij1	tja1	bju1	mjij1	ŋwu2
是	如	等	相	者，	明	无	是。

如是等相，是名无明。

汉文本

如是，诸长者，云何为老？所谓情识惛耄，头白发落，皮缓面皱，寿命损减，诸根衰熟，诸行朽故，是名为老。云何为死？所谓丧灭转世，休废堕落，诸蕴散坏，委弃于地，舍众同分，是名为死。若老若死，合名老死。诸长者，生若是有，有假老死；生若是无，无假老死。云何为生？所谓是生等生趣起诸蕴出现，及得诸处会众同分，是名为生。诸长者，有若是有，则有假生；有若是无，则无假生。云何为有？所谓欲有、色有，及无色有。福及非福不动业等，是名为有。诸长者，取若是有，则有假有；取若是无，则无假有。云何为取？所谓欲取、见取、戒禁取、我取，故名为取。诸长者，爱若是有，则有假取；爱若是无，则无假取。云何为爱？所谓色爱、声爱、香爱、味爱、触爱、法爱，是名为爱。诸长者，受若是有，则有假爱；受若是无，则无假爱。云何为受？所谓眼触所生受，耳触、鼻触、舌触、身触、意触所生受，是名为受。诸长者，触若是有，则有假受；触若是无，则无假受。云何为触？所谓眼触、耳触、鼻触、舌触、身触、意触，是名为触。诸长者，六处若有，则有假触；六处若无，则无假触。云何为六处？所谓眼处、耳处、鼻处、舌处、身处、意处，是为六处。诸长者，名色若有，有假六处；名色若无，无假六处。云何为名色？所谓受想思触作意，四大界及四大界之所造色，是名名色。诸长者，识若是有，有假名色；识若是无，无假名色。云何为识？所谓眼识、耳识、鼻识、舌识、身识、意识，是名为识。诸长者，行若是有，则有假识；行若是无，则无假识。云何为行？所谓色思、声思、香思、味思、所触思、法思，是名为行。诸长者，无明若有，则有假行；无明若无，则无假行。云何为无明？所谓前际无知、后际无知、前后际无知，内无知、外无知、内外无知，苦无知、集无知、灭无知、道无知、缘无知、缘起无知。于缘生法，若黑若白，

有缘无缘，有光影无光影，有罪无罪，可亲近不可亲近，无知无见，无对观无达解，如是等相，是名无明。

35.68.6(2)

[illegible]	[illegible]	[illegible]，	[illegible]	[illegible]	[illegible]	[illegible]	[illegible]	[illegible]，	[illegible]
rjur^{1}	phə^{1}	bjij^{1}	tjij^{1}	mji^{1}	tśhja^{2}	phji^{1}	wji^{1}	dju^{1}	ku^{1}
诸	长	者，	若	不	正	意	作	有，	则

诸长者，不正作意若有，则

35.69.1

[illegible]	[illegible]	[illegible]	[illegible]；	[illegible]	[illegible]	[illegible]	[illegible]	[illegible]
dź-$^{?}$	bju^{1}	mjij^{1}	dju^{1}	tjij^{1}	mji^{1}	tśhja^{2}	phji^{1}	wji^{1}
假	明	无	有；	若	不	正	意	作
[illegible]，	[illegible]	[illegible]	[illegible]	[illegible]	[illegible]。	[illegible]	[illegible]	[illegible]
mjij^{1}	ku^{1}	dź-$^{?}$	bju^{1}	mjij^{1}	mjij^{1}	mji^{1}	tśhja^{2}	phji^{1}
无，	则	假	明	无	无。	不	正	意

有假立无明；若无不正作意，则无假立无明。

35.69.2

[illegible]	[illegible]	[illegible]	[illegible]？	[illegible]	[illegible]	[illegible]	[illegible]，	[illegible]
wji^{1}	tja^{1}	thjij^{2}	sjo^{2}	ŋa^{2}	·wjɨ^{2}	rar^{2}	ɣa^{2}	wa^{2}
作	名	何	云？	我	△	去	于，	何
[illegible]	[illegible]	[illegible]，	[illegible]	[illegible]	[illegible]	[illegible]，	[illegible]	[illegible]
sju^{2}	tsjiir^{1}	ŋwu^{2}	wa^{2}	sju^{2}	do^{2}	ŋwu^{2}	wa^{2}	sju^{2}
如	法	是，	何	如	处	是，	何	如

云何名为不正作意？所谓我于过去，是何等性，是何等处，

35.69.3

[illegible]	[illegible]，	[illegible]	[illegible]	[illegible]	[illegible]，	[illegible]	[illegible]	[illegible]
djij^{1}	ŋwu^{2}	ŋa^{2}	mjij^{2}	ljij^{2}	ɣa^{2}	wa^{2}	sju^{2}	tsji̱r^{2}
类	是，	我	未	来	于，	何	如	性
[illegible]，	[illegible]	[illegible]	[illegible]	[illegible]，	[illegible]	[illegible]	[illegible]	[illegible]

ŋwu^{2}	wa^{2}	sju^{2}	do^{2}	ŋwu^{2}	wa^{2}	sju^{2}	djịj^{1}	ŋwu^{2}
是，	何	如	处	是，	何	如	类	是

是何等类；我往未来，是何等性，是何等处，是何等类；

35.69.4

[illegible]；	[illegible]	[illegible]	[illegible]	[illegible]	[illegible]	[illegible]	[illegible]	[illegible]，
·jɨ^{1}	nioow^{1}	·jij^{1}	lju̥^{2}	ɣa^{2}	rejr^{2}	·jiw^{2}	ljɨ̣j^{1}	dju^{1}
谓；	复	自	身	于	多	疑	惑	有，
[illegible]	[illegible]	[illegible]	[illegible]，	[illegible]	[illegible]	[illegible]	[illegible]，	[illegible]
wa^{2}	nioow^{1}	ŋa^{2}	·jɨ^{1}	ŋa^{2}	tja^{1}	sjwɨ^{1}	ŋwu^{2}	dju^{1}
何	由	我	谓，	我	者	谁	是，	有

复于内身多起疑惑，云何名我，我为是谁，

35.69.5

[illegible]	[illegible]	[illegible]，	[illegible]	[illegible]	[illegible]	[illegible]	[illegible]	[illegible]，
mo^{2}	mjij^{1}	ljɨ^{1}	dź- $^{?}$	ŋwu^{2}	mo^{2}	źjɨr^{1}	ŋwu^{2}	ljɨ^{1}
愧	无	也，	虚	为	或	实	为	也，
[illegible]	[illegible]	[illegible]	[illegible]，	[illegible]	[illegible]	[illegible]	[illegible]，	[illegible]
wa^{2}	sju^{2}	tsjịr^{2}	ŋwu^{2}	wa^{2}	sju^{2}	do^{2}	ŋwu^{2}	wa^{2}
何	如	性	是，	何	如	异	是，	何

为有为无①，为虚为实，是何等性，是何等处，是何

35.69.6

[illegible]	[illegible]	[illegible]，	[illegible]	[illegible]	[illegible]	[illegible]	[illegible]	[illegible]
sju^{2}	djịj^{1}	ŋwu^{2}	njwo^{2}	ljọ^{2}	do^{2}	·jij^{1}	dźjiij^{1}	ŋa^{2}
如	类	是，	昔	何	处	乃	住	我
[illegible]	[illegible]	[illegible]	[illegible]，	[illegible]	[illegible]	[illegible]	[illegible]	[illegible]
sji^{2}	·jɨ^{1}	thja^{1}	do^{2}	thjɨ^{2}	sju^{2}	njɨ^{2}	mji^{1}	tśhja^{2}
▽	谓	彼	处，	是	如	等	不	正

等类，我昔何处住于彼处，起如是等不正

① 为有为无，西夏文作"[illegible]"（有或无）。[illegible]（mo^{2}，愧），通"[illegible]"（mo^{2}，或）。下句同。

35.70.1

phji^1	wji^1	śjwo^1	tśhjiw^1	ljij^2	kha^1	·a$^?$	ljij^2	śjwo^1
意	作	起。	六	见	中	一	见	生
zjij^1	ŋa^2	ljij^2	dju^1	zow^2	ŋa^2	ljij^2	mjij^1	zow^2
时，	我	见	有	执，	我	见	无	执，

作意。从六见中随生一见，执有我见，执无我见，

35.70.2

tjij^1	ŋa^2	ɣa^2	bju^1	gji̩^{2}	nioow^1	ŋa^2	ljij^2	bio̠^{1}
或	我	于	依	止	故	我	见	观，
tjij^1	ŋa^2	ɣa^2	mji^1	bju^1	gji̩^{2}	nioow^1	ŋa^2	ljij^2
或	我	于	不	依	止	故	我	见

或依我故而观我见，或不依我而观我见，

35.70.3

bio̠^{1}	nioow^1	mji^1	wo^2	thjɨ^2	sju^2	ljij^2	śjwo^1	ŋa^2
观，	复	不	义	是	如	见	起，	我
tja^1	rjur^1	kha^1	ŋwu^2	tjij^1	nioow^1	śjwo^1	ɣa^2	·ju^2
者	世	间	是	或	缘	起	于，	常

又复虚妄①起如是见，我即世间或当缘起，为常

35.70.4

we^2	tśjo$^?$	we^2	mji^1	ljij^1	mji^1	lej^2	we^2	phji^1

① 虚妄，西夏文作“[illegible]”，字面意思为“不义”。

为	恒	为	不	转	不	变	为	令，
[illegible]	[illegible]	[illegible]	[illegible]	[illegible]	[illegible]	[illegible]	[illegible]	[illegible]
tśjo$^{?}$	thjɨ^{2}	sju^{2}	rjur^{1}	ljịj^{2}	ɣa^{2}	mjor^{1}	no^{2}	dźjiij^{1}
永	是	如	诸	大	于	现	安	住

为恒不转不变，永正住止，如是诸见，

35.70.5

[illegible]，	[illegible]	[illegible]	[illegible]	[illegible]	[illegible]	[illegible]	[illegible]。	[illegible]
ku^{1}	thjɨ^{2}	tja^{1}	mji^{1}	tśhja^{2}	phji^{1}	wji^{1}	ŋwu^{2}	rjur^{1}
故，	此	者	不	正	意	作	是。	诸
[illegible]	[illegible]，	[illegible]	[illegible]	[illegible]	[illegible]	[illegible]，	[illegible]	[illegible]
phə^{1}	bjịj^{1}	tjij^{1}	mji^{1}	phjo^{2}	kar^{2}	dju^{1}	ku^{1}	dź-$^{?}$
长	者，	若	不	分	别	有，	则	假

是名不正作意。诸长者，不实分别若有，则有假

35.70.6

[illegible]	[illegible]	[illegible]	[illegible]	[illegible]	[illegible]；	[illegible]	[illegible]	[illegible]
śjwo^{1}	mji^{1}	tśhja^{2}	phji^{1}	wji^{1}	dju^{1}	tjij^{1}	mji^{1}	źjɨr^{1}
立	不	正	意	作	有；	若	不	实
[illegible]	[illegible]	[illegible]，	[illegible]	[illegible]	[illegible]	[illegible]	[illegible]	[illegible]
phjo^{2}	kar^{2}	mjij^{1}	ku^{1}	dź-$^{?}$	śjwo^{1}	mji^{1}	tśhja^{2}	phji^{1}
分	别	无，	则	假	立	不	正	意

立不正作意；不实分别若无，则无假立不正作意。

35.71.1

[illegible]	[illegible]。	[illegible]	[illegible]	[illegible]	[illegible]	[illegible]	[illegible]	[illegible]？
wji^{1}	mjij^{1}	mji^{1}	źjɨr^{1}	phjo^{2}	kar^{2}	tja^{1}	thjij^{2}	sjo^{2}
作	无。	不	实	分	别	者	何	云？
[illegible]、	[illegible]	[illegible]、	[illegible]	[illegible]、	[illegible]	[illegible]、	[illegible]	[illegible]
ŋa^{2}	dźiã^{2}	tśhju^{1}	kạ^{1}	mjijr^{2}	goor^{1}	kiej^{2}	śjwɨ^{1}	śjwɨ^{1}
我、	情	有、	命	者、	丈	夫、	数	数

云何名为不实分别？谓我、有情、命者、丈夫、数取、

35.71.2

□、	□	□、	□	□、	□	□	□、	□
tshwew^{1}	mjijr^{2}	wee^{1}	phji^{1}	wee^{1}	mo^{2}	da̲^{2}	pho^{1}	wji^{1}
趣、	者	生、	意	生、	摩	纳	婆、	作
□、	□	□、	□	□	□	□。	□	□
mjijr^{2}	lhjij^{2}	mjijr^{2}	tja^{1}	mji^{1}	źjɨr^{1}	ŋwu^{2}	rjur^{1}	mji^{1}
者、	受	者、	名	不	实	是。	诸	闻

生者、意生、摩纳婆①、作者、受者，是名不实。而诸无闻

35.71.3

□	□	□	□，	□	□	□	□	□、
źjɨr^{1}	mjijr^{2}	·ju^{2}	mur^{1}	lwow^{1}	thjɨ^{2}	sju^{2}	phjo^{2}	kar^{2}
慧	者	夫	凡，	妄	是	如	分	别、
□	□	□	□、	□	□	□	□、	□
dźiã^{2}	tśhju^{1}	phjo^{2}	kar^{2}	kạ^{1}	mjijr^{2}	phjo^{2}	kar^{2}	goor^{1}
情	有	分	别、	命	者	分	别、	丈

凡夫，妄起如是我分别、有情分别、命者分别、丈

35.71.4

□	□	□、	□	□	□	□、	□	□
kiej^{2}	phjo^{2}	kar^{2}	wee^{1}	mjijr^{2}	phjo^{2}	kar^{2}	phji^{1}	wee^{1}
夫	分	别、	生	者	分	别、	意	生
□	□、	□	□	□	□	□、	□	□
phjo^{2}	kar^{2}	mo^{2}	da̲^{2}	pho^{1}	phjo^{2}	kar^{2}	wji^{1}	mjijr^{2}
分	别、	摩	纳	婆	分	别、	作	者

夫分别、数取分别、生者分别、意生分别、摩纳婆分别、作者

35.71.5

□	□、	□	□	□	□	□	□	□

① 摩纳婆，梵文作 Mānavnka，又作摩纳缚迦、摩纳、摩那婆。意译为儒童、少年、仁童子、年少、年少净行、净持。即青年，又特指婆罗门之青年而言。藏文作 shed bu。西夏文“□□□”译自汉文。下同。

phjo² kar² lhjịj² mjijr² phjo² kar² njɨ² rjur¹ phjo²
分 别、 受 者 分 别 等 诸 分
□ □ □， □ □ □ □ □ □
kar² śjwo¹ ku¹ thjɨ² tja¹ mji¹ źjɨr¹ phjo² kar²
别 起 故， 此 者 不 实 分 别

分别、受者分别等分别故，是为不实分别。

35.71.6

□。 □ □ □， □ □ □ □ □
ŋwu² rjur¹ phə¹ bjịj¹ tjij¹ thjɨ² sju² mji¹ źjɨr¹
是。 诸 长 者， 若 是 如 不 实
□ □ □， □ □ □ □ □ □
phjo² kar² dju¹ ku¹ dź-? śjwo¹ mji¹ tśhja² phji¹
分 别 有， 则 假 立 不 正 意

诸长者，如是不实分别若有，则有假立不正作意；

35.72.1

□ □； □ □ □ □ □ □， □
wji¹ dju¹ tjij¹ mji¹ źjɨr¹ phjo² kar² mjij¹ ku¹
作 有； 若 不 实 分 别 无， 则
□ □ □ □ □ □ □。 □ □
dź-? śjwo¹ mji¹ tśhja² phji¹ wji¹ mjij¹ rjur¹ phə¹
假 立 不 正 意 作 无。 诸 长

不实分别若无，则无假立不正作意。诸长

35.72.2

□， □ □ □ □ □ □， □ □
bjịj¹ tjij¹ mji¹ tśhja² phji¹ wji¹ dju¹ ku¹ dź-?
者， 若 不 正 意 作 有， 则 假
□ □ □ □； □ □ □ □ □
śjwo¹ bju¹ mjij¹ dju¹ tjij¹ mji¹ tśhja² phji¹ wji¹
立 明 无 有； 若 不 正 意 作

者，不正作意若有，则有假立无明；不正作意

35.72.3

，						。		
mjij^1	ku^1	dź-$^?$	śjwo^1	bju^1	mjij^1	mjij^1	tjij^1	bju^1
无，	则	假	立	明	无	无。	若	明
	，						；	
mjij^1	dju^1	ku^1	dź-$^?$	śjwo^1	rjur^1	dźjɨ$^?$	dju^1	tjij^1
无	有，	则	假	立	诸	行	有；	若

若无，则无假立无明。无明若有，则有假立诸行；

35.72.4

		，						。
bju^1	mjij^1	mjij^1	ku^1	dź-$^?$	śjwo^1	rjur^1	dźjɨ$^?$	mjij^1
明	无	无，	则	假	立	诸	行	无。
						，		
thjɨ^2	sju^2	rjɨr^2	njɨ^2	tjij^1	wee^1	dju^1	ku^1	dź-$^?$
是	如	乃	至	若	生	有，	则	假

无明若无，则无假立诸行。如是乃至生若是有，则有假

35.72.5

			；			，		
śjwo^1	nar^2	sjɨ^1	dju^1	tjij^1	wee^1	mjij^1	ku^1	dź-$^?$
立	老	死	有；	若	生	无，	则	假
					。			
śjwo^1	nar^2	sjɨ^1	tsjɨ^1	mjij^1	ljɨ^1			
立	老	死	亦	无	也。			

立老死；生若是无，则无假立老死。

35.72.6

	，						：	
tśhjɨ^1	zjọ^2	tha^1	rjur^1	phə^1	bjij^1	·jij^1	·jɨ^1	nji^2

尔	时，	佛	诸	长	者	之	告：	汝
[illegible]	[illegible]	[illegible]，	[illegible]	[illegible]	[illegible]	[illegible]	[illegible]	[illegible]
sjij^{1}	nwə^{1}	lew^{2}	rjur^{1}	tsjiir^{1}	ŋowr^{2}	ŋowr^{2}	mji^{1}	źjɨr^{1}
今	知	当，	诸	法	一	切	不	实

尔时，佛告诸长者：汝今当知，一切诸法不实

35.73.1

[illegible]	[illegible]	[illegible]	[illegible]，	[illegible]	[illegible]	[illegible]	[illegible]，	[illegible]
phjo^{2}	kar^{2}	bju^{1}	śjwo^{1}	·ji^{1}	·jiw^{1}	ɣa^{2}	tha^{2}	dźju^{2}
分	别	所	起，	众	缘	于	依，	劣
[illegible]	[illegible]	[illegible]，	[illegible]	[illegible]	[illegible]	[illegible]。	[illegible]	[illegible]
noo^{1}	ɣie^{1}	mjij^{1}	·ji^{1}	·jiw^{1}	bju^{1}	śjwo^{1}	tjij^{1}	·ji^{1}
羸	力	无，	众	缘	从	起。	若	众

分别所起，依于众缘，羸劣无力，从众缘转。众缘若有，

35.73.2

[illegible]	[illegible]，	[illegible]	[illegible]	[illegible]	[illegible]	[illegible]；	[illegible]	[illegible]
·jiw^{1}	dju^{1}	ku^{1}	dź-$^{?}$	tsjiir^{1}	tsjɨ^{1}	dju^{1}	tjij^{1}	·ji^{1}
缘	有，	则	假	法	亦	有；	若	众
[illegible]	[illegible]，	[illegible]	[illegible]	[illegible]	[illegible]	[illegible]。	[illegible]	[illegible]
·jiw^{1}	mjij^{1}	ku^{1}	dź-$^{?}$	tsjiir^{1}	tsjɨ^{1}	mjij^{1}	rjur^{1}	phə^{1}
缘	无，	则	假	法	亦	无。	诸	长

则有假法；众缘若无，则无假法。诸长

35.73.3

[illegible]，	[illegible]	[illegible]	[illegible]	[illegible]	[illegible]	[illegible]	[illegible]	[illegible]，
bjịj^{1}	rjur^{1}	tsjiir^{1}	ŋowr^{2}	ŋowr^{2}	lew^{1}	dź-$^{?}$	śjwo^{1}	ŋwu^{2}
者，	诸	法	一	切	唯	假	立	是，
[illegible]	[illegible]	[illegible]	[illegible]、	[illegible]	[illegible]、	[illegible]	[illegible]、	[illegible]
thja^{2}	kha^{1}	wee^{1}	mjijr^{2}	nar^{2}	mjijr^{2}	sjɨ^{1}	mjijr^{2}	sji^{1}
此	中	生	者、	老	者、	死	者、	尽

者，一切诸法唯是假立，此中都无生者、老者、死者、尽者

35.73.4

[illegible]、	[illegible]	[illegible]	[illegible]	[illegible]，	[illegible]	[illegible]	[illegible]	[illegible]
mjijr^{2}	śjwo^{1}	mjijr^{2}	zji^{2}	mjij^{1}	lew^{1}	rjur^{1}	tshwew^{1}	tśjo$^{?}$
者、	起	者	皆	无，	唯	诸	趣	永
[illegible]，	[illegible]	[illegible]	[illegible]	[illegible]	[illegible]	[illegible]	[illegible]	[illegible]
phja^{1}	gji^{1}	sej^{1}	mjij^{1}	dzjar^{2}	dju^{1}	thja^{2}	ɣa^{2}	bju^{1}
断，	清	净	寂	灭	有	其	于	依

及以起者，唯有永断诸趣，清净寂灭可以归依。

35.73.5

[illegible]。	[illegible]	[illegible]	[illegible]，	[illegible]	[illegible]	[illegible]	[illegible]？	[illegible]
tjị^{1}	rjur^{1}	phə^{1}	bjịj^{1}	phji^{1}	ɣa^{2}	thjij^{2}	sjo^{2}	dzjọ^{1}
归。	诸	长	者，	意	于	何	云？	譬
[illegible]	[illegible]	[illegible]	[illegible]	[illegible]	[illegible]	[illegible]	[illegible]	[illegible]
sju^{2}	ljịj^{2}	dźiəj^{2}	·u^{2}	wjɨ^{2}	wee^{1}	rjur^{1}	źju^{2}	zjɨɨr^{2}
如	大	池	内	△	生	诸	鱼	水

诸长者，于意云何？譬如大池所生诸鱼水

35.73.6

[illegible]	[illegible]	[illegible]，	[illegible]	[illegible]	[illegible]	[illegible]	[illegible]？	[illegible]
djịj^{1}	kha^{1}	wjij^{1}	wa^{2}	ɣie^{1}	bju^{1}	dźjiij^{1}	ljɨ^{1}	phə^{1}
族	中	有，	何	力	依	住	也？	长
[illegible]	[illegible]：	[illegible]	[illegible]，	[illegible]	[illegible]	[illegible]	[illegible]	[illegible]
bjịj^{1}	kụ^{2}	rjur^{1}	pjụ^{1}	thja^{1}	rjur^{1}	źju^{2}	njɨ^{2}	zjɨɨr^{2}
者	答：	世	尊，	此	诸	鱼	等	水

族之属，依何力住？长者白言：世尊，此诸鱼等依水

35.74.1

[illegible]	[illegible]	[illegible]？	[illegible]	[illegible]：	[illegible]	[illegible]，	[illegible]	[illegible]，
ɣie^{1}	bju^{1}	dźjiij^{1}	tha^{1}	dạ^{2}	ŋwu^{2}	ljɨ^{1}	ŋwu^{2}	ljɨ^{1}
力	依	住？	佛	言：	是	也，	是	也，

[illegible]	[illegible]	[illegible]，	[illegible]	[illegible]	[illegible]	[illegible]	[illegible]	[illegible]
rjur^{1}	phə^{1}	bjij^{1}	thja^{1}	zjɨɨr^{2}	sjwɨ^{1}	ljɨr^{2}	nioow^{1}	ɣie^{1}
诸	长	者，	此	水	思	念	及	力

力住？佛言：如是，如是，诸长者，此水颇有思念为有力

35.74.2

[illegible]	[illegible]？	[illegible]	[illegible]	[illegible]	[illegible]：	[illegible]	[illegible]，	[illegible]
·a$^{?}$	dju^{1}	phə^{1}	bjij^{1}	kụ^{2}	dạ^{2}	rjur^{1}	pjụ^{1}	thja^{1}
△	有？	长	者	答	言：	世	尊，	此
[illegible]	[illegible]	[illegible]	[illegible]	[illegible]，	[illegible]	[illegible]	[illegible]	[illegible]？
zjɨɨr^{2}	ɣie^{1}	mjij^{1}	·ioow^{1}	mjij^{1}	sjwɨ^{1}	ljɨr^{2}	tsjɨ^{1}	mjij^{1}
水	力	无	能	无，	思	念	亦	无？

不？长者白言：世尊，此水无力无能，何所思念？

35.74.3

[illegible]	[illegible]：	[illegible]	[illegible]，	[illegible]	[illegible]，	[illegible]	[illegible]	[illegible]，
tha^{1}	dạ^{2}	ŋwu^{2}	ljɨ^{1}	ŋwu^{2}	ljɨ^{1}	rjur^{1}	phə^{1}	bjij^{1}
佛	言：	是	也，	是	也，	诸	长	者，
[illegible]	[illegible]	[illegible]	[illegible]	[illegible]	[illegible]	[illegible]	[illegible]	[illegible]
mji^{1}	źjɨr^{1}	phjo^{2}	kar^{2}	bju^{1}	·a$^{?}$	śjwo^{1}	rjur^{1}	tsjiir^{1}
不	实	分	别	依	△	起	诸	法

佛言：如是，如是，诸长者，不实分别所起诸法

35.74.4

[illegible]	[illegible]	[illegible]	[illegible]	[illegible]。	[illegible]	[illegible]	[illegible]	[illegible]，
tsjɨ^{1}	zji^{2}	thja^{1}	wjɨ^{2}	sju^{2}	lew^{1}	dź- $^{?}$	thu^{1}	phjij^{1}
亦	皆	是	△	如。	但	假	设	施，
[illegible]	[illegible]	[illegible]	[illegible]，	[illegible]	[illegible]	[illegible]	[illegible]。	[illegible]
ɣie^{1}	mjij^{1}	·ioow^{1}	mjij^{1}	·ji^{1}	·jiw^{1}	bju^{1}	śjwo^{1}	tjij^{1}
力	无	能	无，	众	缘	依	起。	若

亦复如是，但假施设，无力无能，从众缘转。众缘若

35.74.5

[illegible]	[illegible]	[illegible]，	[illegible]	[illegible]	[illegible]	[illegible]	[illegible]；	[illegible]
·ji[1]	·jiw[1]	dju[1]	ku[1]	dź- [?]	tsjiir[1]	tsjɨ[1]	dju[1]	tjij[1]
众	缘	有，	则	假	法	亦	有；	若
[illegible]	[illegible]	[illegible]，	[illegible]	[illegible]	[illegible]	[illegible]	[illegible]。	[illegible]
·ji[1]	·jiw[1]	mjij[1]	ku[1]	dź- [?]	tsjiir[1]	tsjɨ[1]	mjij[1]	rjur[1]
众	缘	无，	则	假	法	亦	无。	诸

有，则有假法；众缘若无，则无假法。诸

35.74.6

[illegible]	[illegible]，	[illegible]	[illegible]	[illegible]	[illegible]	[illegible]	[illegible]	[illegible]
phə[1]	bjij[1]	rjur[1]	tsjiir[1]	ŋowr[2]	ŋowr[2]	lew[1]	dź- [?]	śjwo[1]
长	者，	诸	法	一	切	唯	假	立
[illegible]。	[illegible]	[illegible]	[illegible]	[illegible]、	[illegible]	[illegible]、	[illegible]	[illegible]、
ŋwu[2]	thja[1]	kha[1]	wee[1]	mjijr[2]	nar[2]	mjijr[2]	sjɨ[1]	mjijr[2]
是。	其	中	生	者、	老	者、	死	者、

长者，一切诸法唯是假立，此中都无生者、老者、死者、

35.75.1

[illegible]	[illegible]、	[illegible]	[illegible]	[illegible]	[illegible]，	[illegible]	[illegible]	[illegible]	[illegible]
sji[1]	mjijr[2]	śjwo[1]	mjijr[2]	zji[2]	mjij[1]	lew[1]	rjur[1]	tshwew[1]	tśjo[?]
尽	者、	起	者	皆	无，	唯	诸	趣	永
[illegible]，	[illegible]	[illegible]	[illegible]	[illegible]	[illegible]	[illegible]	[illegible]	[illegible]	
phja[1]	gji[1]	sej[1]	mjij[1]	dzjar[2]	dju[1]	thja[1]	ɣa[2]	bju[1]	
断，	清	净	寂	灭	有	彼	于	依	

尽者、起者，唯有永断诸趣，清净寂灭可以归依。

35.75.2

[illegible]。	[illegible]	[illegible]	[illegible]，	[illegible]	[illegible]，	[illegible]	[illegible]	[illegible]
tji̧[1]	rjur[1]	phə[1]	bjij[1]	thjɨ[2]	nioow[1]	nji[2]	njɨ[2]	thjɨ[2]
归。	诸	长	者，	是	故，	汝	等	是

[illegible]	[illegible]	[illegible]，	[illegible]	[illegible]	[illegible]	[illegible]，	[illegible]	[illegible]
sju^2	·ji^1	·jiw^1	no^2	nej^2	do^2	njaa^2	phjo^1	zow^2
如	众	缘，	安	乐	处	非，	保	持

是故，诸长者，汝等应正观察如是众缘，非安隐处，难可保持，

35.75.3

[illegible]	[illegible]，	[illegible]	[illegible]	[illegible]	[illegible]	[illegible]	[illegible]	[illegible]
tjị^2	mjij^1	na^1	kją^1	le^2	śjwo^1	khwa^1	khwa^1	bji^2
可	不，	深	怖	惧	生	远	远	避
[illegible]	[illegible]	[illegible]。	[illegible]	[illegible]	[illegible]	[illegible]	[illegible]	[illegible]
lja^1	lew^2	ŋwu^2	tśhja^2	bio̱^{1}	thjuu^1	lew^2	nioow^1	thjɨ^2
匿	当	是。	正	观	察	应	复	此

深生怖惧逃走远避。复应观察此是何法，

35.75.4

[illegible]	[illegible]	[illegible]	[illegible]，	[illegible]	[illegible]	[illegible]	[illegible]	[illegible]
wa^2	sju^2	tsjiir^1	ŋwu^2	wa^2	tsjiir^1	kją^1	nioow^1	thjɨ^2
何	如	法	是，	何	法	怖	因	此
[illegible]	[illegible]	[illegible]	[illegible]	[illegible]？	[illegible]	[illegible]	[illegible]	[illegible]
do^2	ljịj^2	sji^2	bio̱^{1}	lew^2	nji^2	njɨ^2	thjɨ^2	sju^2
处	来	▽	观	应？	汝	等	是	如

因怖何法而来至此？汝等如是正观察时，

35.75.5

[illegible]	[illegible]	[illegible]	[illegible]，	[illegible]	[illegible]	[illegible]	[illegible]，	[illegible]
tśhja^2	bio̱^{1}	thjuu^1	zjịj^1	tsjiir^1	rjir^1	lew^2	mjij^1	kją^1
正	观	察	时，	法	得	可	无，	怖
[illegible]	[illegible]	[illegible]。	[illegible]	[illegible]	[illegible]？	[illegible]	[illegible]	[illegible]
mjij^1	dźjɨɨr^1	mjij^1	thjij^2	sjo^2	ljɨ^1	rjur^1	tsjiir^1	ŋowr^2
无	舍	无。	何	云	也？	诸	法	一

无法可得，无怖无舍。何以故？一切诸法

35.75.6

[illegible]	[illegible]	[illegible]	[illegible]	[illegible]，	[illegible]	[illegible]	[illegible]	[illegible]
ŋowr^{2}	zji^{2}	rjir^{1}	tjị^{2}	mjij^{1}	mə^{2}	ŋowr^{2}	ŋowr^{2}	kjụ^{1}
切	皆	得	可	不，	种	一	切	求
[illegible]	[illegible]	[illegible]	[illegible]；	[illegible]	[illegible]	[illegible]	[illegible]，	[illegible]
rjir^{1}	tjị^{2}	mjij^{1}	ljɨ^{1}	rjur^{1}	tsjiir^{1}	ŋa^{2}	mjij^{1}	lhjɨ^{2}
得	可	不	也；	诸	法	我	无，	尘

皆不可得，一切种求不可得故；诸法无我，离尘垢

35.76.1

[illegible]	[illegible]	[illegible]；	[illegible]	[illegible]	[illegible]	[illegible]	[illegible]，	[illegible]
ror^{2}	ka^{2}	ljɨ^{1}	rjur^{1}	tsjiir^{1}	dźiā^{2}	tśhju^{1}	mjij^{1}	ŋa^{2}
垢	离	也；	诸	法	情	有	无，	我
[illegible]	[illegible]	[illegible]；	[illegible]	[illegible]	[illegible]	[illegible]，	[illegible]、	[illegible]、
khwa^{1}	ka^{2}	ljɨ^{1}	rjur^{1}	tsjiir^{1}	kạ^{1}	mjij^{1}	wee^{1}	nar^{2}
远	离	也；	诸	法	命	无，	生、	老、

故；诸法无众生，远离我故；诸法无命，出过生、老、

35.76.2

[illegible]、	[illegible]	[illegible]	[illegible]	[illegible]	[illegible]	[illegible]	[illegible]	[illegible]
ŋo^{2}	sjɨ^{1}	sjwɨ^{1}	sjiij^{2}	tśjị^{1}	źjị^{1}	tha?	njij^{2}	njɨ^{2}
病、	死	愁	忧	苦	恼	逼	迫	等
[illegible]	[illegible]	[illegible]；	[illegible]	[illegible]	[illegible]	[illegible]	[illegible]	[illegible]，
khwa^{1}	ka^{2}	ljɨ^{1}	rjur^{1}	tsjiir^{1}	śjwɨ^{1}	śjwɨ^{1}	tshwew^{1}	mjij^{1}
远	离	也；	诸	法	数	数	趣	无，

病、死愁忧苦恼逼迫等故；诸法无数，

35.76.3

[illegible]	[illegible]	[illegible]	[illegible]；	[illegible]	[illegible]	[illegible]	[illegible]，	[illegible]
sọ^{1}	zjọ^{2}	bja^{2}	ljɨ^{1}	rjur^{1}	tsjiir^{1}	dji^{2}	mjij^{1}	ŋwuu^{1}
三	世	断	也；	诸	法	字	无，	音

dạ^{2}	ŋowr^{2}	ŋowr^{2}	tshjiij^{1}	tjị^{2}	mjij^{1}	ljɨ^{1}	rjur^{1}	tsjiir^{1}
言	一	切	说	可	不	也;	诸	法

取三世断故;诸法无字,一切言音不可说故;诸法

35.76.4

zjịj^{1}	mjij^{1}	thjuu^{1}	lew^{2}	mjij^{1}	ljɨ^{1}	rjur^{1}	tsjiir^{1}	mjij^{1}
著	无,	缘	所	无	也;	诸	法	寂
sej^{1}	mjij^{1}	dzjar^{2}	·jij^{1}	ljɨ^{1}	rjur^{1}	tsjiir^{1}	zji^{2}	njɨ^{2}
静,	寂	灭	相	也;	诸	法	普	遍,

无著,无所缘故;诸法寂静,寂灭相故;诸法普遍,

35.76.5

tshọ^{2}	ŋa^{1}	tsji̠r^{2}	ljɨ^{1}	rjur^{1}	tsjiir^{1}	tsji̠r^{2}	ŋa^{1}	wəə^{1}
虚	空	性	也;	诸	法	性	空,	属
śjā^{1}	sjwij^{1}	ljɨ^{1}	rjur^{1}	tsjiir^{1}	mju^{2}	mjij^{1}	bju^{1}	tjị^{2}
定	显	也;	诸	法	动	无,	依	可

虚空性故;诸法性空,无定属故①;诸法无动,无所依故;

35.76.6

mjij^{1}	ljɨ^{1}	rjur^{1}	tsjiir^{1}	źjɨr^{1}	bju^{1}②	źjɨr^{1}	bju^{2}	bju^{1}
无	也;	诸	法	实	依	实	际	依
dźjiij^{1}	mju^{2}	mjij^{1}	bju^{1}	śjij^{1}	dźjiij^{1}	njwi^{2}	ljɨ^{1}	rjur^{1}
住,	动	无	应	相	住	善	也;	诸

① 无定属故,西夏文意思为"显定属故"。

② 西夏文本衍"[illegible]"二字。

诸法依实际住,善住无动相应故;诸

35.77.1

[illegible]	[illegible]	[illegible]	[illegible]	[illegible],	[illegible]	[illegible]	[illegible]	[illegible]
tsjiir^{1}	phie^{2}	tshjiij^{1}	tjị^{2}	mjij^{1}	·jij^{1}	pa^{1}	bju^{1}	ka^{2}
法	开	阐	可	不,	相	波	依	离
[illegible];	[illegible]	[illegible]	□	[illegible]	[illegible]	[illegible],	[illegible]	[illegible]
ljɨ^{1}	rjur^{1}	tsjiir^{1}		sjwij^{1}	tjị^{2}	mjij^{1}	·jwɨr^{1}	mjij^{1}
也;	诸	法		显	可	不,	形	无

法不可开阐,离相波浪故;诸法不可显示,无相无形,

35.77.2

[illegible]	[illegible],	[illegible]	[illegible]	[illegible]	[illegible],	[illegible]	[illegible]	[illegible]
·jij^{1}	mjij^{1}	bji^{1}	rər^{2}	tsjɨ^{1}	mjij^{1}	rjur^{1}	dźjɨ$^{?}$	ka^{2}
相	无,	光	影	亦	无,	诸	行	离
[illegible];	[illegible]	[illegible]	[illegible]	[illegible]	[illegible]	[illegible],	[illegible]	[illegible]
ljɨ^{1}	rjur^{1}	tsjiir^{1}	ŋa^{2}	·jij^{1}	dju^{1}	njaa^{2}	ŋa^{2}	·jij^{1}
也;	诸	法	我	之	有	非,	我	之

无有光影,离诸行故;诸法非我所有,

35.77.3

[illegible]	[illegible];	[illegible]	[illegible]	[illegible]	[illegible]	[illegible]	[illegible],	[illegible]
ka^{2}	ljɨ^{1}	rjur^{1}	tsjiir^{1}	phjo^{2}	kar^{2}	tjị^{2}	mjij^{1}	njiij^{1}
离	也;	诸	法	分	别	可	不,	心
[illegible]	[illegible]	[illegible]	[illegible];	[illegible]	[illegible]	[illegible]	[illegible]	[illegible]
phji^{1}	sjij^{2}	ka^{2}	ljɨ^{1}	rjur^{1}	tsjiir^{1}	dzu^{1}	·jiw^{1}	mji^{1}
意	识	离	也;	诸	法	爱	缘	无

离我所故;诸法不可分别,离心意识故;诸法无有爱藏,

35.77.4

[illegible],	[illegible]、	[illegible]、	[illegible]、	[illegible]、	[illegible]、	[illegible]	[illegible]	[illegible]

dju^{1}	mej^{1}	nju^{1}	njii^{2}	lhjwa^{1}	lju̠^{2}	phji^{1}	tśja^{1}	gjiij^{1}
有,	眼、	耳、	鼻、	舌、	身、	意	道	超
[illegible]	[illegible];	[illegible]	[illegible]	[illegible]	[illegible]	[illegible]	[illegible]	[illegible],
dzjij^{1}	ljɨ^{1}	rjur^{1}	tsjiir^{1}	mju^{2}	dji^{1}	nar^{2}	tji̠^{2}	mjij^{1}
过	也;	诸	法	动	移	迁	可	不,

超过眼、耳、鼻、舌、身、意道故;诸法不可举移,离生

35.77.5

[illegible]	[illegible]	[illegible]	[illegible]	[illegible];	[illegible]	[illegible]	[illegible]	[illegible]
wee^{1}	dźjiij^{1}	ljiij^{2}	ka^{2}	ljɨ^{1}	rjur^{1}	tsjiir^{1}	wji^{1}	mjij^{1}
生	住	坏	离	也;	诸	法	作	无
[illegible]	[illegible],	[illegible]	[illegible]	[illegible]	[illegible]	[illegible];	[illegible]	[illegible]
·ioow^{1}	mjij^{1}	njiij^{1}	phji^{1}	sjij^{2}	ka^{2}	ljɨ^{1}	rjur^{1}	tsjiir^{1}
用	无,	心	意	识	离	也;	诸	法

住坏故;诸法无作无用,离心意识故;诸法

35.77.6

[illegible]	[illegible],	[illegible]	[illegible]	[illegible]	[illegible]。	[illegible]	[illegible]	[illegible],
·jiw^{1}	wəə^{1}	tsji̠r^{2}	dźju^{2}	noo^{1}	ljɨ^{1}	rjur^{1}	phə^{1}	bji̠j^{1}
缘	属,	性	劣	羸	也。	诸	长	者,
[illegible]	[illegible]	[illegible]	[illegible]	[illegible]	[illegible]	[illegible],	[illegible]	[illegible]
thja^{1}	mej^{1}	ljɨɨr^{1}	ljij^{2}	ŋwu^{2}	rjɨr^{2}	wji^{1}	mji^{1}	·ju^{2}
是	眼	四	大	以	乃	造,	无	常

属缘,性羸劣故。诸长者,我说是眼,四大所造,无常

35.78.1

[illegible]	[illegible],	[illegible]	[illegible]	[illegible]	[illegible]	[illegible]	[illegible],	[illegible]
dźjiij^{1}	mjij^{1}	tśjo$^{?}$	mjij^{1}	mji^{1}	gjwɨ^{1}	tsjiir^{1}	ŋwu^{2}	dźju^{2}
住	无,	恒	无	不	坚	法	是,	弱
[illegible]	[illegible]	[illegible],	[illegible]	[illegible]	[illegible]	[illegible],	[illegible]	[illegible]
noo^{1}	xja^{1}	ljiij^{2}	phjo^{1}	dźiej^{2}	tji̠^{2}	mjij^{1}	·ji^{1}	tśji̠^{1}
羸	速	朽,	保	信	可	不,	众	苦

无住，无恒不坚之法，羸弱速朽，难可保信，众苦

35.78.2

tśiow^{1}	dzjɨ̣^{2}	ŋo^{2}	rejr^{2}	tśju^{1}	rejr^{2}	rjɨr^{2}	tshjiij^{1}	ŋa^{2}
积	聚，	病	多	害	多	乃	说	△。
nji^{2}	rjur^{1}	phə^{1}	bjịj^{1}	mej^{1}	thjɨ^{2}	sju^{2}	ŋwu^{2}	nioow^{1}
汝	诸	长	者，	眼	是	如	为，	故

所集，多病多害。汝诸长者，眼为如是，不应

35.78.3

bju^{1}	gjị^{2}	lew^{2}	njaa^{2}	nju^{1}	njii^{2}	lhjwa^{1}	ljụ^{2}	phji^{1}
依	止	应	不；	耳、	鼻、	舌、	身、	意
tsjɨ^{1}	zji^{2}	thja^{1}	wjɨ^{2}	sju^{2}	bju^{1}	gjị^{2}	lew^{2}	njaa^{2}
亦	皆	是	△	如，	依	止	应	不，

依止；耳、鼻、舌、身、意亦复如是，不应依止，

35.78.4

thjɨ^{2}	sju^{2}	bio̱^{1}	lew^{2}
是	如	观	当。

当如是观。

35.78.5

nioow^{1}	tśjɨɨ^{1}	phə^{1}	bjịj^{1}	mej^{1}	tśhiə^{1}	tśiow^{1}	sju^{2}	źjạ^{1}
复	次，	长	者，	眼	沫	聚	如，	中

[illegible]	[illegible]	[illegible]	[illegible]；	[illegible]	[illegible]	[illegible]	[illegible]①	[illegible]，
ljịr^{1}	lew^{2}	mjɨ^{1}	dźioow^{2}	mej^{1}	zjɨɨr^{2}	phə^{2}	·jɨj^{2}	sju^{2}
撮	可	不	堪；	眼	泡	浮	舍	如，

复次，诸长者，眼如聚沫，不可撮摩；眼如浮泡，

35.78.6

[illegible]	[illegible]	[illegible]	[illegible]；	[illegible]	[illegible]	[illegible]	[illegible]，	[illegible]
rejr^{2}	dzjɨj^{1}	mji^{1}	dźjiij^{1}	mej^{1}	so^{2}	sju^{2}	lwew^{1}	sjwɨj^{1}
多	时	不	住；	眼	娑	如	焰，	业
[illegible]	□	□	□	[illegible]	[illegible]	[illegible]	[illegible]，	[illegible]
źjị^{1}				mej^{1}	mja^{1}	lhjụ^{2}	sju^{2}	tsjịr^{2}
惑				眼	芭	蕉	如，	性

不得久住；眼如阳焰，业惑爱生；眼如芭蕉，性

35.79.1

[illegible]	[illegible]	[illegible]；	[illegible]	[illegible]	[illegible]	[illegible]，	[illegible]	[illegible]
mji^{1}	gjwɨ^{1}	lwo^{2}	mej^{1}	wjɨ̣^{1}	tsjiir^{1}	sju^{2}	tśhjɨɨ^{2}	tśhjuu^{2}
不	坚	固；	眼	幻	术	如，	颠	倒
[illegible]	[illegible]；	[illegible]	[illegible]	[illegible]，	[illegible]	[illegible]	[illegible]	[illegible]；
bju^{1}	śjwo^{1}	mej^{1}	mjiij^{1}	sju^{2}	tshọ^{2}	lạ^{1}	bju^{1}	ljij^{2}
从	起；	眼	梦	如，	虚	妄	依	见；

不坚固；眼如幻术，从颠倒起；是眼如梦，唯虚妄见；

35.79.2

[illegible]	[illegible]	[illegible]	[illegible]，	[illegible]	[illegible]	[illegible]	[illegible]	[illegible]；
mej^{1}	dźiwe^{1}	ɣiẹ^{2}	sju^{2}	·ji^{1}	·jiw^{1}	ɣa^{2}	bej^{1}	wəə^{1}
眼	响	声	如，	众	缘	于	系	属；
[illegible]	[illegible]	[illegible]	[illegible]，	[illegible]	[illegible]	[illegible]	[illegible]；	[illegible]
mej^{1}	bji^{1}	rər^{2}	sju^{2}	sjwɨj^{1}	bji^{1}	rər^{2}	śja^{2}	mej^{1}
眼	光	影	如，	业	光	影	现；	眼

① 西夏文本衍“[illegible]”（舍）字。

是眼如响，系属众缘；眼如光影，业光影现；眼

35.79.3

[illegible]	[illegible]	[illegible]，	[illegible]	[illegible]	[illegible]	[illegible]	[illegible]；	[illegible]
djɨj^{2}	dźjwow^{1}	sju^{2}	śioo^{1}	sar^{2}	ŋewr^{1}	·jij^{1}	ŋwu^{2}	mej^{1}
云	浮	如，	聚	乱	散	相	是；	眼
[illegible]	[illegible]	[illegible]，	[illegible]	[illegible]	[illegible]	[illegible]；	[illegible]	[illegible]
thjɨj^{1}	bji^{1}	sju^{2}	tśhia^{1}	no^{1}	xja^{1}	dzjar^{2}	mej^{1}	wə^{1}
电	光	如，	刹	那	便	灭；	眼	主

如浮云，聚乱散相；眼如流电，刹那便灭；是眼无主

35.79.4

[illegible]	[illegible]	[illegible]	[illegible]	[illegible]；	[illegible]	[illegible]	[illegible]	[illegible]
gji^{2}	mjij^{1}	ljɨ̣^{2}	wjɨ^{2}	sju^{2}	mej^{1}	ŋa^{2}	mjij^{1}	zjɨɨr^{2}
持	无	地	犹	如；	眼	我	无	水
[illegible]	[illegible]，	[illegible]	[illegible]	[illegible]	[illegible]	[illegible]	[illegible]	[illegible]；
wjɨ^{2}	sju^{2}	mej^{1}	dźiã^{2}	tśhju^{1}	njaa^{2}	məə^{1}	wjɨ^{2}	sju^{2}
犹	如，	眼	情	有	非	火	犹	如；

犹如地；是眼无我犹如水；眼非有情犹如火；

35.79.5

[illegible]	[illegible]	[illegible]	[illegible]	[illegible]	[illegible]	[illegible]；	[illegible]	[illegible]
mej^{1}	kạ^{1}	mjijr^{2}	njaa^{2}	ljɨ^{1}	wjɨ^{2}	sju^{2}	mej^{1}	śjwɨ^{1}
眼	命	者	非	风	犹	如；	眼	数
[illegible]	[illegible]	[illegible]	[illegible]	[illegible]	[illegible]；	[illegible]	[illegible]	[illegible]
śjwɨ^{1}	tshwew^{1}	njaa^{2}	ŋa^{1}	wjɨ^{2}	sju^{2}	mej^{1}	mji^{1}	źjɨr^{1}
数	趣	非	空	犹	如；	眼	不	实

眼非寿命犹如风；眼非数取犹如空；眼为不实

35.79.6

[illegible]	[illegible]	[illegible]	[illegible]	[illegible]	[illegible]	[illegible]；	[illegible]	[illegible]
we^{2}	rjur^{1}	ljij^{2}	ɣa^{2}	bju^{1}	gjị^{2}	dźjiij^{1}	mej^{1}	tja^{1}

为	诸	大	于	依	靠	在；	眼	者
[illegible]	[illegible]，	[illegible]	[illegible]	[illegible]	[illegible]；	[illegible]	[illegible]	[illegible]
ŋa^1	we^2	ŋa^2	ŋa^2	·jij^1	ka^2	mej^1	tja^1	nwə^1
空	为，	我	我	之	离；	眼	者	知

依藏诸大；是眼为空，离我我所；是眼无知，

35.80.1

[illegible]，	[illegible]	[illegible]	[illegible]	[illegible]	[illegible]	[illegible]；	[illegible]	[illegible]
mjij^1	sji^1	śjị^2	dzjiw^1	lụ^1	wjɨ^2	sju^2	mej^1	tja^1
无，	木	草	土	石	犹	如；	眼	者
[illegible]	[illegible]，	[illegible]	[illegible]	[illegible]	[illegible]	[illegible]	[illegible]	[illegible]；
wji^1	mjij^1	·jiw^1	nioow^1	ljɨ^1	dźiej^2	bju^1	dźiə^2	dźiej^2
作	无，	缘	因	风	转	依	轮	转；

如草木土石；是眼无作，机关①风转；

35.80.2

[illegible]	[illegible]	[illegible]	[illegible]，	[illegible]	[illegible]	[illegible]	[illegible]；	[illegible]
mej^1	tja^1	tshọ^2	dź-$^?$	wjuu^1	tśior^2	tśiow^1	dzjị^2	mej^1
眼	者	虚	假，	朽	秽	聚	积；	眼
[illegible]	[illegible]	[illegible]，	[illegible]	[illegible]	[illegible]	[illegible]	[illegible]	[illegible]
tja^1	mji^1	źjɨr^1	dźjwu^1	sar^2	lha^1	ljiij^2	dzjar^2	sji^1
者	不	实，	摧	散	破	坏	灭	尽

是眼虚假，朽秽所聚；是眼浮伪，摧散破坏灭尽

35.80.3

[illegible]	[illegible]；	[illegible]	[illegible]	[illegible]	[illegible]，	[illegible]	[illegible]	[illegible]
tsjiir^1	ŋwu^2	mej^1	khja^2	mjọ^2	sju^2	·ju^2	nar^2	kjɨ^1
法	是；	眼	井	枯	如，	常	老	已
[illegible]；	[illegible]	[illegible]	[illegible]	[illegible]，	[illegible]	[illegible]	[illegible]	[illegible]
tha$^?$	mej^1	zjọ^2	mji^1	dźjiij^1	mji^1	dzjar^2	mji^1	tśju^2

① 机关，指师家为令学人得悟，而顺应其根机所设之机法。亦即所谓之公案、话头，或棒喝等。谓禅门之宗匠，以古则公案一喝一棒，接得学人也。七帖见闻一末曰："神智云：宗门立理致机关二门，教化机缘。"

逼；	眼	世	无	住，	不	灭	不	能

之法；眼如丘井，常为老逼；眼无住际，终归磨灭。

35.80.4

[illegible]。	[illegible]	[illegible]	[illegible]，	[illegible]	[illegible]	[illegible]	[illegible]，	[illegible]
ljɨ^{1}	rjur^{1}	phə^{1}	bjịj^{1}	mej^{1}	rejr^{2}	dźjar^{2}	dju^{1}	thjɨ^{2}
也。	诸	长	者，	眼	多	过	有，	是
[illegible]	[illegible]	[illegible]；	[illegible]	[illegible]	[illegible]	[illegible]，	[illegible]	[illegible]
sju^{2}	bio̱^{1}	lew^{2}	rjɨr^{2}	njɨ^{2}	phji^{1}	nioow^{1}	rjur^{1}	tsjiir^{1}
如	观	应；	乃	至	意	已，	诸	法

诸长者，眼为多过，应如是观；乃至于意，一切诸法

汉文本

诸长者，不正作意若有，则有假立无明；若无不正作意，则无假立无明。云何名为不正作意？所谓我于过去，是何等性，是何等处，是何等类；我往未来，是何等性，是何等处，是何等类；复于内身多起疑惑，云何名我，我为是谁，为有为无，为虚为实，是何等性，是何等处，是何等类，我昔何处住于彼处，起如是等不正作意。从六见中随生一见，执有我见，执无我见，或依我故而观我见，或不依我而观我见，又复虚妄起如是见，我即世间或当缘起，为常为恒不转不变，永正住止，如是诸见，是名不正作意。诸长者，不实分别若有，则有假立不正作意；不实分别若无，则无假立不正作意。云何名为不实分别？谓我、有情、命者、丈夫、数取、生者、意生、摩纳婆、作者、受者，是名不实。而诸无闻凡夫，妄起如是我分别、有情分别、命者分别、丈夫分别、数取分别、生者分别、意生分别、摩纳婆分别、作者分别、受者分别等分别故，是为不实分别。诸长者，如是不实分别若有，则有假立不正作意；不实分别若无，则无假立不正作意。

诸长者，不正作意若有，则有假立无明；不正作意若无，则无假立无明。无明若有，则有假立诸行；无明若无，则无假立诸行。如是乃至生若是有，则有假立老死；生若是无，则无假立老死。

尔时，佛告诸长者：汝今当知，一切诸法不实分别所起，依于众缘，羸劣无力，从众缘转。众缘若有，则有假法；众缘若无，则无假法。诸长者，一切诸法唯是假立，此中都无生者、老者、死者、尽者及以起者，唯有永断诸趣，清净寂灭可以归依。诸长者，于意云何？譬如大池所生诸鱼水族之属，依何力住？

长者白言：世尊，此诸鱼等依水力住？

佛言：如是，如是，诸长者，此水颇有思念为有力不？

长者白言：世尊，此水无力无能，何所思念？

佛言：如是，如是，诸长者，不实分别所起诸法亦复如是，但假施设，无力无能，从众缘转。众缘若有，则有假法；众缘若无，则无假法。诸长者，一切诸法唯是假立，此中都无生者、老者、死者、尽者、起

者,唯有永断诸趣,清净寂灭可以归依。是故,诸长者,汝等应正观察如是众缘,非安隐处,难可保持,深生怖惧逃走远避。复应观察此是何法,因怖何法而来至此?汝等如是正观察时,无法可得,无怖无舍。何以故?一切诸法皆不可得,一切种求不可得故;诸法无我,离尘垢故;诸法无众生,远离我故;诸法无命,出过生、老、病、死愁忧苦恼逼迫等故;诸法无数,取三世断故;诸法无字,一切言音不可说故;诸法无著,无所缘故;诸法寂静,寂灭相故;诸法普遍,虚空性故;诸法性空,无定属故;诸法无动,无所依故;诸法依实际住,善住无动相应故;诸法不可开阐,离相波浪故;诸法不可显示,无相无形,无有光影,离诸行故;诸法非我所有,离我所故;诸法不可分别,离心意识故;诸法无有爱藏,超过眼、耳、鼻、舌、身、意道故;诸法不可举移,离生住坏故;诸法无作无用,离心意识故;诸法属缘,性羸劣故。

诸长者,我说是眼,四大所造,无常无住,无恒不坚之法,羸弱速朽,难可保信,众苦所集,多病多害。汝诸长者,眼为如是,不应依止;耳、鼻、舌、身、意亦复如是,不应依止,当如是观。复次,诸长者,眼如聚沫,不可撮摩;眼如浮泡,不得久住;眼如阳焰,业惑爱生;眼如芭蕉,性不坚固;眼如幻术,从颠倒起;是眼如梦,唯虚妄见;是眼如响,系属众缘;眼如光影,业光影现;眼如浮云,聚乱散相;眼如流电,刹那便灭;是眼无主犹如地;是眼无我犹如水;眼非有情犹如火;眼非寿命犹如风;眼非数取犹如空;眼为不实依藏诸大;是眼为空,离我我所;是眼无知,如草木土石;是眼无作,机关风转;是眼虚假,朽秽所聚;是眼浮伪,摧散破坏灭尽之法;眼如丘井,常为老逼;眼无住际,终归磨灭。诸长者,眼为多过,应如是观;乃至于意,一切诸法亦复如是。

35.80.5

[illegible]	[illegible]	[illegible]	[illegible]	[illegible]	[illegible]	[illegible]。	[illegible]	[illegible],
ŋowr^{2}	ŋowr^{2}	tsjɨ^{1}	zji^{2}	thja^{1}	wjɨ^{2}	sju^{2}	nioow^{1}	tśjɨɨ^{1}
一	切	亦	皆	彼	犹	如。	复	次,
[illegible]	[illegible]	[illegible],	[illegible]	[illegible]	[illegible]	[illegible]	[illegible]	[illegible]
rjur^{1}	phə^{1}	bjij^{1}	rjur^{1}	tsjiir^{1}	ŋowr^{2}	ŋowr^{2}	lew^{1}	dź- $^{?}$
诸	长	者,	诸	法	一	切	唯	妄

亦复如是。复次,诸长者,一切诸法

35.80.6

[illegible]	[illegible]。	[illegible]	[illegible]	[illegible]	[illegible]	[illegible]	[illegible]	[illegible]
kięj^{2}	dju^{1}	do^{2}	wee^{1}	wẹ^{1}	mjijr^{2}	dź- $^{?}$	kięj^{2}	ŋwu^{2}
欲	有。	异	生	愚	者	妄	欲	是
[illegible]	[illegible]	[illegible],	[illegible]	[illegible]	[illegible]	[illegible]	[illegible],	[illegible]
mjɨ^{1}	nwə^{1}	ku^{1}	lwow^{1}	mej^{1}	ŋwu^{2}	·jɨ^{1}	nju^{1}	rjɨr^{2}
不	知	故,	妄	眼	是	谓	耳,	乃

唯有妄欲。异生愚夫不知妄欲故,妄谓是眼,

35.81.1

[illegible]	[illegible]	[illegible]	[illegible]	[illegible]	[illegible]。	[illegible]	[illegible]	[illegible]，
njɨ^{2}	phji^{1}	tsjɨ^{1}	zji^{2}	·a$^{?}$	tjɨj^{2}	rjur^{1}	phə^{1}	bjịj^{1}
至	意	亦	皆	一	样。	诸	长	者，
[illegible]	[illegible]	[illegible]	[illegible]	[illegible]	[illegible]	[illegible]	[illegible]！	[illegible]
rjur^{1}	tsjiir^{1}	ŋowr^{2}	ŋowr^{2}	lew^{1}	dź-$^{?}$	kięj^{2}	dju^{1}	do^{2}
诸	法	一	切	但	妄	欲	有！	异

妄谓是耳，乃至妄谓是意。诸长者，但有妄欲！异生

35.81.2

[illegible]	[illegible]	[illegible]	[illegible]	[illegible]	[illegible]	[illegible]	[illegible]	[illegible]，
wee^{1}	wẹ^{1}	mjijr^{2}	dź-$^{?}$	kięj^{2}	ŋwu^{2}	mjɨ^{1}	nwə^{1}	ku^{1}
生	愚	者	妄	欲	是	不	知	故，
[illegible]	[illegible]	[illegible]	[illegible]，	[illegible]、	[illegible]、	[illegible]、	[illegible]、	[illegible]
thjɨ^{2}	tsə̣^{1}	ŋwu^{2}	·jɨ^{1}	ɣię^{2}	lji^{2}	wjị^{1}	tsjụ^{1}	tsjiir^{1}
此	色	是	谓，	声、	香、	味、	触、	法

愚夫不知妄欲故，谓此是色，谓此是声、香、味、触、法

35.81.3

[illegible]	[illegible]	[illegible]	[illegible]。	[illegible]	[illegible]	[illegible]，	[illegible]	[illegible]
tsjɨ^{1}	zji^{2}	·a$^{?}$	tjɨj^{2}	rjur^{1}	phə^{1}	bjịj^{1}	rjur^{1}	tsjiir^{1}
亦	皆	一	样。	诸	长	者，	诸	法
[illegible]	[illegible]	[illegible]	[illegible]	[illegible]	[illegible]！	[illegible]	[illegible]	[illegible]
ŋowr^{2}	ŋowr^{2}	lew^{1}	dź-$^{?}$	kięj^{2}	dju^{1}	do^{2}	wee^{1}	wẹ^{1}
一	切	但	妄	欲	有！	异	生	愚

亦复如是。诸长者，但有妄欲！异生愚

35.81.4

[illegible]	[illegible]	[illegible]	[illegible]	[illegible]	[illegible]	[illegible]，	[illegible]	[illegible]
mjijr^{2}	dź-$^{?}$	kięj^{2}	ŋwu^{2}	mjɨ^{1}	nwə^{1}	ku^{1}	thjɨ^{2}	tsə̣^{1}
者	妄	欲	是	不	知	故，	此	色

[illegible]	[illegible]	[illegible],	[illegible]、	[illegible]、	[illegible]、	[illegible]	[illegible]	[illegible]
ŋur^{1}	ŋwu^{2}	·jɨ^{1}	lhjịj^{2}	sjiij^{2}	dźjɨ$^{?}$	sjij^{2}	ŋur^{1}	tsjɨ^{1}
蕴	是	谓，	受、	想、	行、	识	蕴	亦

夫不知妄欲故，谓此色蕴，谓此受蕴，想、行、识蕴亦

35.81.5

[illegible]	[illegible]	[illegible]。	[illegible]	[illegible]	[illegible],	[illegible]	[illegible]	[illegible]
zji^{2}	·a$^{?}$	tjịj^{2}	rjur^{1}	phə^{1}	bjij^{1}	rjur^{1}	tsjiir^{1}	ŋowr^{2}
皆	一	样。	诸	长	者，	诸	法	一
[illegible]	[illegible]	[illegible]	[illegible]	[illegible]!	[illegible]	[illegible]	[illegible]	[illegible]
ŋowr^{2}	lew^{1}	dź- $^{?}$	kiẹj^{2}	dju^{1}	do^{2}	wee^{1}	wẹ^{1}	mjijr^{2}
切	但	妄	欲	有！	异	生	愚	夫

复如是。诸长者，但有妄欲！异生愚夫

35.81.6

[illegible]	[illegible]	[illegible]	[illegible]	[illegible]	[illegible],	[illegible]	[illegible]	[illegible]
dź- $^{?}$	kiẹj^{2}	ŋwu^{2}	mjɨ^{1}	nwə^{1}	ku^{1}	thjɨ^{2}	ljɨ^{2}	kiẹj^{2}
妄	欲	是	不	知	故，	此	地	界
[illegible]	[illegible],	[illegible]、	[illegible]、	[illegible]、	[illegible]、	[illegible]	[illegible]	[illegible]
ŋwu^{2}	·jɨ^{1}	zjɨɨr^{2}	məə^{1}	ljɨ^{1}	ŋa^{1}	sjij^{2}	kiẹj^{2}	tsjɨ^{1}
是	谓，	水、	火、	风、	空、	识	界	亦

不知妄欲故，谓此地界，谓此水界，火、风、空、识亦

35.82.1

[illegible]	[illegible]	[illegible]。	[illegible]	[illegible]	[illegible],	[illegible]	[illegible]	[illegible]
zji^{2}	·a$^{?}$	tjịj^{2}	rjur^{1}	phə^{1}	bjij^{1}	rjur^{1}	tsjiir^{1}	ŋowr^{2}
皆	一	样。	诸	长	者，	诸	法	一
[illegible]	[illegible]	[illegible]	[illegible]	[illegible]。	[illegible]	[illegible]	[illegible]	[illegible]
ŋowr^{2}	lew^{1}	dź- $^{?}$	kiẹj^{2}	dju^{1}	do^{2}	wee^{1}	wẹ^{1}	mjijr^{2}
切	唯	妄	欲	有。	异	生	愚	者

复如是。诸长者，一切诸法唯有妄欲。异生愚夫

35.82.2

[illegible]	[illegible]	[illegible]	[illegible]	[illegible]	[illegible],	[illegible]	[illegible]	[illegible]
dź-$^{?}$	kiẹj^{2}	ŋwu^{2}	mjɨ^{1}	nwə^{1}	ku^{1}	thjɨ^{2}	dźiəj^{2}	lheew^{2}
妄	欲	是	不	知	故，	此	为	有
[illegible]	[illegible]，	[illegible]	[illegible]	[illegible]，	[illegible]	[illegible]	[illegible]	[illegible]
ŋwu^{2}	·jɨ^{1}	thjɨ^{2}	dźiəj^{2}	mə̣^{1}	rjɨr^{2}	njɨ^{2}	rjur^{1}	tsjiir^{1}
是	谓，	此	为	无，	乃	至	诸	法

不知妄欲故，谓此有为，谓此无为，乃至一切诸法

35.82.3

[illegible]	[illegible]	[illegible]	[illegible]	[illegible]	[illegible]。	[illegible]	[illegible]	[illegible]，
ŋowr^{2}	ŋowr^{2}	tsjɨ^{1}	zji^{2}	·a$^{?}$	tjɨ̣j^{2}	rjur^{1}	phə^{1}	bjịj^{1}
一	切	亦	皆	一	样。	诸	长	者，
[illegible]	[illegible]	[illegible]	[illegible]，	[illegible]	[illegible]	[illegible]	[illegible]，	[illegible]
nji^{2}	nji^{2}	thjɨ^{2}	wjɨ^{2}	dź-$^{?}$	kiẹj^{2}	phjɨ^{1}	dźjɨɨr^{1}	kiẹj^{2}
汝	等	此	刻，	妄	欲	舍	弃，	欲

亦复如是。诸长者，汝等今者，应舍妄欲，趣于无欲，

35.82.4

[illegible]	[illegible]	[illegible]，	[illegible]	[illegible]	[illegible]、	[illegible]	[illegible]、	[illegible]
mjij^{1}	rjijr^{2}	tshwew^{1}	rjur^{1}	tjɨ̣^{1}	gji^{2}	gji^{2}	bjij^{2}	·jɨ̣j^{2}
无	方	趣，	诸	儿	子、	妻	妾、	家
[illegible]、	[illegible]	[illegible]，	[illegible]	[illegible]	[illegible]	[illegible]	[illegible]	[illegible]，
we^{2}	tjị^{1}	war^{2}	ɣa^{2}	zji^{2}	tshọ^{2}	lạ^{1}	ŋwu^{2}	nwə^{1}
宅、	物	财，	于	皆	虚	妄	是	知，

于诸妻子、家宅、财物，深知虚妄，

35.82.5

[illegible]	[illegible]	[illegible]	[illegible]；	[illegible]	[illegible]	[illegible]	[illegible]，	[illegible]
mji^{1}	zow^{2}	zjij^{1}	lew^{2}	mji^{1}	zow^{2}	zjịj^{1}	ku^{1}	sej^{1}
不	执	著	应；	不	执	著	故，	净

[illegible]	[illegible]	[illegible]，	[illegible]	[illegible]	[illegible]	[illegible]，	[illegible]	[illegible]
dźiej^{2}	njiij^{1}	ŋwu^{2}	nji^{1}	tsjiir^{1}	dźjiɨr^{1}	ka^{2}	nji^{1}	njaa^{2}
信	心	以，	家	法	舍	离，	家	非

不应执著；不执著故，以净信心，舍离家法，趣于非

35.82.6

[illegible]	[illegible]，	[illegible]	[illegible]	[illegible]	[illegible]	[illegible]。	[illegible]	[illegible]
rjijr^{2}	tshwew^{1}	ku^{1}	kię^{2}	mjij^{1}	rjir^{1}	ljɨ^{1}	rjur^{1}	phə^{1}
方	趣，	则	欲	无	得	也。	诸	长
[illegible]，	[illegible]	[illegible]	[illegible]	[illegible]	[illegible]	[illegible]	[illegible]	[illegible]？
bjịj^{1}	nji^{1}	phjɨ^{1}	kię^{2}	mjij^{1}	tja^{1}	ljɨ̣^{1}	kjɨ^{1}	ŋwu^{2}
者，	家	出	欲	无	名	何	等	是？

家，当得无欲。诸长者，何等名为出家无欲？

35.83.1

[illegible]	[illegible]	[illegible]	[illegible]	[illegible]	[illegible]	[illegible]，	[illegible]	[illegible]
śji^{1}	lo^{1}	do^{2}	bie^{2}	lhew^{2}	kie^{1}	dźjiij^{1}	pjụ^{1}	wer^{1}
尸	罗	别	解	脱	戒	住，	威	仪
[illegible]	[illegible]	[illegible]	[illegible]	[illegible]	[illegible]，	[illegible]	[illegible]	[illegible]
dźjij^{1}	tjị^{2}	ŋowr^{2}	lhə$^{?}$	ɣjiw^{1}	·jiij^{1}	zjiɨr^{1}	kjɨ^{1}	tsjụ^{1}
行	可	具	足	摄	持，	小	△	犯

谓住尸罗①别解脱戒，具足摄持威仪行处，见于小犯

35.83.2

[illegible]	[illegible]	[illegible]	[illegible]	[illegible]，	[illegible]	[illegible]	[illegible]	[illegible]
zjịj^{1}	ljij^{2}	kją^{1}	le^{2}	śjwo^{1}	dzjɨj^{1}	wer^{1}	lhjij^{2}	ɣiew^{1}
时	大	怖	畏	生，	律	仪	受	学
[illegible]	[illegible]	[illegible]	[illegible]。	[illegible]	[illegible]	[illegible]，	[illegible]	[illegible]
kie^{1}	ŋur^{1}	śjɨj^{1}	·jiw^{2}	rjur^{1}	phə^{1}	bjịj^{1}	nji^{2}	njɨ^{2}
戒	蕴	成	就。	诸	长	者，	汝	等

① 尸罗，西夏文作"[illegible][illegible]"。梵语为Śīla，原由动词语根śīl（履行之义）转来之名词，含有行为、习惯、性格、道德、虔敬等诸义。

生大怖畏，受学律仪成就戒蕴。诸长者，汝等

35.83.3

[illegible]	[illegible]	[illegible]	[illegible]	[illegible]，	[illegible]	[illegible]	[illegible]	[illegible]、
tjij^{1}	kie^{1}	ɣiwej^{1}	·jiij^{1}	njwi^{2}	ku^{1}	thja^{1}	tśhjiw^{1}	tśhji^{2}
若	戒	奉	持	能，	则	是	六	根、
[illegible]	[illegible]、	[illegible]	[illegible]、	[illegible]	[illegible]，	[illegible]	[illegible]	[illegible]
tśhjiw^{1}	mjɨɨ^{2}	ŋwə^{1}	ŋur^{1}	tśhjiw^{1}	kięj^{2}	ɣa^{2}	na^{1}	tshọ^{2}
六	境、	五	蕴、	六	欲，	于	深	虚

若能奉持戒已，于是六根、六境、五蕴、六界①，深知虚

35.83.4

[illegible]	[illegible]	[illegible]	[illegible]	[illegible]	[illegible]	[illegible]；	[illegible]	[illegible]
dź-$^{?}$	ŋwu^{2}	nwə^{1}	zji^{2}	mji^{1}	ljij^{2}	zjịj^{1}	mji^{1}	zow^{2}
假	是	知	皆	不	见	著；	不	执
[illegible]	[illegible]，	[illegible]	[illegible]	[illegible]	[illegible]	[illegible]	[illegible]	[illegible]
zjịj^{1}	ku^{1}	thjɨ^{2}	tja^{1}	nji^{1}	phjɨ^{1}	kięj^{2}	mjij^{1}	tsjiir^{1}
著	故，	此	者	家	出	欲	无	法

假皆不执著；以不著故，是名出家无欲之法。

35.83.5

[illegible]	[illegible]。	[illegible]	[illegible]	[illegible]，	[illegible]	[illegible]	[illegible]	[illegible]
ŋwu^{2}	ljɨ^{1}	rjur^{1}	phə^{1}	bjịj^{1}	tjij^{1}	mej^{1}	mji^{1}	zjịj^{1}
是	也。	诸	长	者，	若	眼	不	著
[illegible]	[illegible]	[illegible]	[illegible]，	[illegible]	[illegible]	[illegible]	[illegible]	[illegible]
rjɨr^{2}	njɨ^{2}	sjij^{2}	kięj^{2}	mji^{1}	zjịj^{1}	ku^{1}	mji^{1}	tśhjwɨj^{1}
乃	至	识	界，	不	著	故	不	保

诸长者，若不著眼乃至识界，以不著故则

35.83.6

[illegible]。	[illegible]	[illegible]	[illegible]	[illegible]	[illegible]	[illegible]	[illegible]？	[illegible]

① 六界，西夏文作"[illegible][illegible]"（六欲）。"[illegible]"（kięj^{2}）通"[illegible]"（kięj^{2}，界）。

·wejr^{2}	mji^{1}	tśhjwɨj^{1}	·wejr^{2}	tja^{1}	ljɨ̣^{1}	kjɨ^{1}	ŋwu^{2}	mej^{1}
护。	不	保	护	者	何	所	是？	眼
[illegible]	[illegible]	[illegible]，	[illegible]、	[illegible]、	[illegible]、	[illegible]、	[illegible]	[illegible]
mji^{1}	tśhjwɨj^{1}	·wejr^{2}	nju^{1}	njii^{2}	lhjwa^{1}	ljụ^{2}	phji^{1}	mji^{1}
不	保	护，	耳、	鼻、	舌、	身、	意	不

不保护。何者不保护？眼不保护，耳、鼻、舌、身、意不

35.84.1

[illegible]	[illegible]；	[illegible]	[illegible]	[illegible]	[illegible]，	[illegible]、	[illegible]、	[illegible]、
tśhjwɨj^{1}	·wejr^{2}	tsə̣^{1}	mji^{1}	tśhjwɨj^{1}	·wejr^{2}	ɣię̣^{2}	lji^{2}	wjị^{1}
保	护；	色	不	保	护，	声、	香、	味、
[illegible]、	[illegible]	[illegible]	[illegible]	[illegible]；	[illegible]	[illegible]	[illegible]	[illegible]
tsjụ^{1}	tsjiir^{1}	mji^{1}	tśhjwɨj^{1}	·wejr^{2}	tsə̣^{1}	ŋur^{1}	mji^{1}	tśhjwɨj^{1}
触、	法	不	保	护；	色	蕴	不	保

保护；色不保护，声、香、味、触、法不保护；色蕴不保

35.84.2

[illegible]，	[illegible]、	[illegible]、	[illegible]、	[illegible]	[illegible]	[illegible]	[illegible]	[illegible]；
·wejr^{2}	lhjịj^{2}	sjiij^{2}	dźjɨ$^{?}$	sjij^{2}	ŋur^{1}	mji^{1}	tśhjwɨj^{1}	·wejr^{2}
护，	受、	想、	行、	识	蕴	不	保	护；
[illegible]	[illegible]	[illegible]	[illegible]	[illegible]，	[illegible]、	[illegible]、	[illegible]、	[illegible]、
ljɨ^{2}	kię̣j^{2}	mji^{1}	tśhjwɨj^{1}	·wejr^{2}	zjɨɨr^{2}	məə^{1}	ljɨ^{1}	ŋa^{1}
地	界	不	保	护，	水、	火、	风、	空、

护，受、想、行、识蕴不保护；地界不保护，水、火、风、空、

35.84.3

[illegible]	[illegible]	[illegible]	[illegible]	[illegible]	[illegible]	[illegible]	[illegible]，	[illegible]
sjij^{2}	kię̣j^{2}	gji^{1}	sej^{1}	·wejr^{2}	mji^{1}	tśhjwɨj^{1}	·wejr^{2}	ku^{1}
识	界	清	净	护	不	保	护，	则
[illegible]	[illegible]	[illegible]	[illegible]；	[illegible]	[illegible]	[illegible]	[illegible]，	[illegible]
źjị^{1}	njɨɨ^{2}	tsjɨ^{1}	mjij^{1}	tjij^{1}	źjị^{1}	njɨɨ^{2}	mjij^{1}	ku^{1}
烦	恼	亦	无；	若	烦	恼	无，	则

识界不保护。以不保护，则无烦恼；若无烦恼，则

35.84.4

[illegible]	[illegible]	[illegible]	[illegible]。	[illegible]	[illegible]	[illegible]	[illegible]？	[illegible]
tśhjwo^{1}	·jij^{1}	·jɨ^{1}	ljɨ^{1}	·jij^{1}	tja^{1}	thjij^{2}	sjo^{2}	ljij^{2}
故	轻	谓	也。	轻	者	何	云？	见
[illegible]	[illegible]	[illegible]，	[illegible]	[illegible]	[illegible]	[illegible]，	[illegible]	[illegible]
lew^{2}	mjij^{1}	ŋwu^{2}	tjij^{1}	ljij^{2}	lew^{2}	mjij^{1}	dźiã^{2}	tśhju^{1}
所	无	是，	若	见	所	无，	情	有

名为轻。云何为轻？谓无所见。若无所见，则不依物

35.84.5

[illegible]	[illegible]	[illegible]	[illegible]	[illegible]	[illegible]；	[illegible]	[illegible]	[illegible]，
ɣa^{2}	tshjạ^{1}	tśju^{1}	njiij^{1}	mji^{1}	śjwo^{1}	tshjạ^{1}	tśju^{1}	mjij^{1}
于	瞋	害	心	不	起；	瞋	害	无，
[illegible]	[illegible]	[illegible]	[illegible]	[illegible]，	[illegible]	[illegible]	[illegible]	[illegible]
ku^{1}	·jij^{1}	·jij^{1}	mji^{1}	tśju^{1}	mjɨ^{1}	·jij^{1}	tśju^{1}	lew^{2}
则	自	之	不	害，	他	之	害	可

起瞋害心；由无瞋害，则不自害，不思害他，

35.84.6

[illegible]	[illegible]，	[illegible]	[illegible]	[illegible]	[illegible]	[illegible]	[illegible]，	[illegible]
mji^{1}	we^{2}	zjɨ^{2}	·jij^{1}	tśju^{1}	lew^{2}	mji^{1}	we^{2}	tśju^{1}
不	为，	俱	之	害	可	不	为，	害
[illegible]	[illegible]，	[illegible]	[illegible]	[illegible]	[illegible]	[illegible]	[illegible]	[illegible]
mjij^{1}	nioow^{1}	ku^{1}	gjij^{2}	mjij^{1}	ljij^{2}	djiij^{2}	phā^{1}	kię̣j^{2}
无	故，	则	余	无	大	涅	槃	界

不思俱害；以无害故，则于无余大涅槃界

35.85.1

[illegible]	[illegible]。	[illegible]	[illegible]	[illegible]，	[illegible]	[illegible]	[illegible]	[illegible]，
ljạ^{1}	·o^{2}	rjur^{1}	phə^{1}	bjij^{1}	nji^{2}	nji^{2}	nwə^{1}	lew^{2}

证	入。	诸	长	者，	汝	等	知	应，
[illegible]	[illegible]	[illegible]	[illegible]	[illegible]	[illegible]	[illegible]	[illegible]？	[illegible]
sjwɨ^{1}	mjij^{1}	dzjar^{2}	ɣa^{2}	lja̤^{1}	·o^{2}	njwi^{2}	ljɨ^{1}	rjur^{1}
谁	寂	灭	于	证	入	能	也？	诸

而便入证。诸长者，汝等应知，谁于寂灭而便入证？诸

35.85.2

[illegible]	[illegible]，	[illegible]	[illegible]	[illegible]	[illegible]	[illegible]，	[illegible]、	[illegible]、
phə^{1}	bjij^{1}	mej^{1}	mjij^{1}	dzjar^{2}	mji^{1}	·o^{2}	nju^{1}	njii^{2}
长	者，	眼	寂	灭	不	入，	耳、	鼻、
[illegible]、	[illegible]、	[illegible]	[illegible]	[illegible]	[illegible]	[illegible]。	[illegible]	[illegible]
lhjwa^{1}	lju̇^{2}	phji^{1}	mjij^{1}	dzjar^{2}	mji^{1}	·o^{2}	thjɨ^{2}	mej^{1}
舌、	身、	意	寂	灭	不	入。	此	眼

长者，眼不入寂灭，耳、鼻、舌、身、意不入寂灭。

35.85.3

[illegible]	[illegible]	[illegible]	[illegible]	[illegible]	[illegible]，	[illegible]	[illegible]	[illegible]
nioow^{1}	ku^{1}	rjur^{1}	lwow^{1}	zow^{2}	śjwo^{1}	tjij^{1}	ŋa^{2}	zow^{2}
因	则	诸	妄	执	起，	或	我	执
[illegible]，	[illegible]	[illegible]	[illegible]	[illegible]；	[illegible]	[illegible]	[illegible]	[illegible]，
zjij^{1}	tjij^{1}	ŋa^{2}	·jij^{1}	zow^{2}	tjɨ^{1}	tjij^{1}	khwa^{1}	ka^{2}
著，	或	我	之	计；	假	若	远	离，

然因于眼起诸妄执，或计为我，或计我所；若远离

35.85.4

[illegible]	[illegible]	[illegible]	[illegible]	[illegible]。	[illegible]	[illegible]	[illegible]	[illegible]
ku^{1}	tśhjwo^{1}	mjij^{1}	dzjar^{2}	ŋwu^{2}	wa^{2}	sju^{2}	khwa^{1}	ka^{2}
故	则	寂	灭	是。	何	如	远	离
[illegible]	[illegible]	[illegible]	[illegible]	[illegible]？	[illegible]	[illegible]	[illegible]	[illegible]，
ku^{1}	mjij^{1}	dzjar^{2}	ŋwu^{2}	ljɨ^{1}	tjij^{1}	lej^{2}	khwa^{1}	ka^{2}
故	寂	灭	是	也？	若	贪	远	离，

者，即是寂灭。远离何等而为寂灭？若远离

35.85.5

[illegible]	[illegible]	[illegible]	[illegible]；	[illegible]	[illegible]	[illegible]	[illegible]，	[illegible]
ku1	mjij1	dzjar2	ŋwu2	tjij1	tshja̱1	khwa1	ka2	ku1
则	寂	灭	是；	若	嗔	远	离，	则
[illegible]	[illegible]	[illegible]；	[illegible]	[illegible]	[illegible]	[illegible]	[illegible]，	[illegible]
mjij1	dzjar2	ŋwu2	tjij1	wẹ1	lə2	khwa1	ka2	ku1
寂	灭	是；	若	愚	痴	远	离，	则

贪，即是寂灭；若远离瞋，即是寂灭；若远离痴，

35.85.6

[illegible]	[illegible]	[illegible]；	[illegible]	[illegible]	[illegible]	[illegible]，	[illegible]	[illegible]
mjij1	dzjar2	ŋwu2	tjij1	sjịj2	mjij1	ka2	ku1	mjij1
寂	灭	是；	若	智	无	离，	则	寂
[illegible]	[illegible]	[illegible]。	[illegible]	[illegible]，	[illegible]	[illegible]	[illegible]，	[illegible]
dzjar2	ŋwu2	ljɨ1	nioow1	tśjɨɨ1	rjur1	phə1	bjịj1	·wjɨ2
灭	是	也。	复	次，	诸	长	者，	△

即是寂灭；若离无智，即是寂灭。复次，诸长者，

35.86.1

[illegible]	[illegible]	[illegible]	[illegible]	[illegible]	[illegible]	[illegible]，	[illegible]	[illegible]
rar2	sjịj2	mjij1	khwa1	ka2	tjị2	mjij1	mjij2	ljịj2
去	智	无	远	离	可	不，	未	来
[illegible]	[illegible]	[illegible]	[illegible]	[illegible]	[illegible]，	[illegible]	[illegible]	[illegible]
sjịj2	mjij1	khwa1	ka2	tjị2	mjij1	mjor1	dźjiij1	sjịj2
智	无	远	离	可	不，	现	在	智

过去无智不可远离，未来无智不可远离，现在无智

35.86.2

[illegible]	[illegible]	[illegible]	[illegible]	[illegible]；	[illegible]	[illegible]	[illegible]	[illegible]
mjij1	khwa1	ka2	tjị2	mjij1	nioow1	sjịj2	mjij1	khwa1
无	远	离	可	不；	又	智	无	远

[illegible]	[illegible]	[illegible]	[illegible]	[illegible]	[illegible]	[illegible]。	[illegible]	[illegible]
ka^2	ku^1	tśhjwo^1	tśhja^2	sjịj^2	śjwo^1	ljɨ^1	rjur^1	phə^1
离	故	然	正	智	起	也。	诸	长

不可远离;然要因于远离无智而正智起。诸长

35.86.3

[illegible],	[illegible]	[illegible]	[illegible]	[illegible]	[illegible]?	[illegible]	[illegible]	[illegible],
bjịj^1	sjịj^2	tja^1	ljɨ̣^{1}	kjɨ^1	ŋwu^2	sji^1	sjịj^2	ŋwu^2
者,	智	者	何	等	是?	尽	智	是,
[illegible]	[illegible]	[illegible]	[illegible]	[illegible]	[illegible]?	[illegible]	[illegible]	[illegible]
sji^1	sjịj^2	tja^1	ljɨ̣^{1}	kjɨ^1	ŋwu^2	·wjɨ^2	rar^2	sji^1
尽	智	者	何	所	是?	△	去	尽

者,何等为智?所谓尽智。何等尽智?过去非尽

35.86.4

[illegible]	[illegible],	[illegible]	[illegible]	[illegible]	[illegible]	[illegible],	[illegible]	[illegible]
sjịj^2	njaa^2	mjij^2	ljịj^2	sji^1	sjịj^2	njaa^2	mjor^1	dźjiij^1
智	非,	未	来	尽	智	非,	现	在
[illegible]	[illegible]	[illegible]。	[illegible]	[illegible]	[illegible],	[illegible]	[illegible]	[illegible]
sji^1	sjịj^2	njaa^2	rjur^1	phə^1	bjịj^1	sjịj^2	mjij^1	ka^2
尽	智	非。	诸	长	者,	智	无	离

智,未来非尽智,现在非尽智。然诸长者,因离无智

35.86.5

[illegible]	[illegible]	[illegible]	[illegible]	[illegible]。	[illegible]	[illegible]	[illegible]	[illegible]
nioow^1	tśhjwo^1	thjɨ^2	sjịj^2	śjwo^1	thjɨ^2	sjịj^2	sjịj^2	rjir^2
因	故	此	智	生。	此	智	智	与
[illegible]	[illegible]	[illegible],	[illegible]	[illegible]	[illegible]	[illegible]	[illegible]	[illegible]
mji^1	khwa^1	ka^2	mej^1	sjịj^2	mjij^1	ka^2	nioow^1	tśhjwo^1
不	远	离,	眼	智	无	离	因	故

而此智生。此智不远离智,因离眼无智而

35.86.6

[illegible]	[illegible]。	[illegible]	[illegible]	[illegible]	[illegible]，	[illegible]	[illegible]	[illegible]
sjịj^{2}	śjwo^{1}	nioow^{1}	rjur^{1}	phə^{1}	bjịj^{1}	mej^{1}	ŋa^{2}	·jij^{1}
智	生。	又	诸	长	者，	眼	我	之
[illegible]，	[illegible]	[illegible]	[illegible]	[illegible]，	[illegible]	[illegible]	[illegible]	[illegible]；
njaa^{2}	tjij^{1}	ŋa^{2}	·jij^{1}	njaa^{2}	ku^{1}	mji^{1}	lhjwi^{1}	zjịj^{1}
非，	若	我	之	非，	则	不	取	著；

此智生。又诸长者，眼非我所，若非我所，则不取著；

35.87.1

[illegible]	[illegible]	[illegible]	[illegible]，	[illegible]	[illegible]	[illegible]	[illegible]；	[illegible]
tjij^{1}	mji^{1}	lhjwi^{1}	zjịj^{1}	ku^{1}	zji^{2}	phju^{2}	ŋwu^{2}	tjij^{1}
若	不	取	时，	则	最	上	是；	若
[illegible]	[illegible]	[illegible]，	[illegible]	[illegible]	[illegible]	[illegible]。	[illegible]	[illegible]
zji^{2}	phju^{2}	ŋwu^{2}	ku^{1}	bie^{2}	lhew^{2}	ŋwu^{2}	wa^{2}	do^{2}
最	上	是，	则	解	脱	是。	何	处

若不取著，即是最上；若是最上，即是解脱。何处

35.87.2

[illegible]	[illegible]？	[illegible]	[illegible]	[illegible]	[illegible]	[illegible]，	[illegible]	[illegible]
bie^{2}	lhew^{2}	ŋa^{2}	zow^{2}	do^{2}	bie^{2}	lhew^{2}	dźiã^{2}	tśhju^{1}
解	脱？	我	执	所	解	脱，	情	有
[illegible]、	[illegible]	[illegible]	[illegible]、	[illegible]	[illegible]	[illegible]	[illegible]、	[illegible]
zow^{2}	kạ^{1}	mjijr^{2}	zow^{2}	śjwɨ^{1}	śjwɨ^{1}	tshwew^{1}	zow^{2}	bja^{2}
执、	命	者	执、	数	数	趣	执、	断

解脱？于我执所而得解脱；有情执所、寿命执所、数取执所、

35.87.3

[illegible]	[illegible]、	[illegible]	[illegible]	[illegible]，	[illegible]	[illegible]	[illegible]	[illegible]
·ju^{2}	zow^{2}	ŋowr^{2}	ŋowr^{2}	zow^{2}	rjɨr^{2}	njɨ^{2}	phjo^{2}	kar^{2}
常	执、	一	切	执，	乃	至	分	别

zow^{2}	do^{2}	bie^{2}	lhew^{2}	rjir^{1}	tjij^{1}	djọ^{2}	dźjịj^{1}	mjijr^{2}
执	所	解	脱	得。	若	修	行	者

断常执所，一切执所，乃至分别执所而得解脱。行者

35.87.4

zow^{2}	do^{2}	bie^{2}	lhew^{2}	njwi^{2}	ku^{1}	phjo^{2}	kar^{2}	mji^{1}
执	处	解	脱	能，	则	分	别	不
śjwo^{1}	mji^{1}	phjo^{2}	kar^{2}	ku^{1}	phjo^{2}	kar^{2}	njaa^{2}	mji^{1}
生；	不	分	别，	则	分	别	非，	不

若能于执解脱，则不分别；若不分别，则非分别

35.87.5

phjo^{2}	kar^{2}	njaa^{2}	mji^{1}	phjo^{2}	kar^{2}	tja^{1}	ljɨ^{1}	kjɨ^{1}
分	别	非。	不	分	别	者	何	等
ŋwu^{2}	ŋa^{2}	ŋa^{2}	·jij^{1}	mji^{1}	phjo^{2}	kar^{2}	tśhjɨ^{1}	dzjɨj^{1}
是？	我	我	之	不	分	别。	尔	时

非不分别。何等不分别？所谓不分别我及以我所。行者尔时，

35.87.6

dźjɨ$^{?}$	dźjịj^{1}	mjijr^{2}	tsjiir^{1}	ŋowr^{2}	ŋowr^{2}	ɣa^{2}	dźjow^{1}	ka^{2}
行	行	者，	法	一	切	于	分	离
mji^{1}	śioo^{1}	do^{2}	phjɨ^{1}	dźjɨɨr^{1}	mji^{1}	lhjwi^{1}	dźjɨɨr^{1}	ku^{1}
不	积	处，	舍	弃	不	取，	舍	故

于一切法离散不积，舍而不取，舍故寂灭，

35.88.1

dzjar^{2}	bie^{2}	lhew^{2}	tjịj^{1}	-ja^{2}	zji^{2}	buu^{2}	bie^{2}	lhew^{2}
灭，	解	脱	除	遣，	最	胜	解	脱，
rjur^{1}	phej^{1}	tśjɨɨr^{2}	ka^{2}	ljọ^{2}	do^{2}	tjịj^{1}	-ja^{2}	ljɨ^{1}
诸	系	缚	离。	何	处	除	遣	也？

解脱除遣，最胜解脱，离诸系缚。于何等处名为除遣？

35.88.2

tśjị^{1}	ŋowr^{2}	ŋowr^{2}	do^{2}	tjịj^{1}	-ja^{2}	rjir^{1}	ljɨ^{1}	nji^{2}
苦	一	切	处	除	遣	得	也。	汝
rjur^{1}	phə^{1}	bjịj^{1}	tjij^{1}	lho$^{?}$	ka^{2}	kjụ^{1}	ku^{1}	·a$^{?}$
诸	长	者，	若	出	离	求，	则	一

一切苦处而得除遣。汝诸长者，若求出离，勿于一

35.88.3

mə^{2}	zjịj^{1}	tsjiir^{1}	ɣa^{2}	lhjwi^{1}	zjịj^{1}	tji^{1}	śjwo^{1}	nji^{2}
种	几	法	于	取	著	不	生	△。
thjij^{2}	sjo^{2}	ljɨ^{1}	tjij^{1}	lhjwi^{1}	zjịj^{1}	dju^{1}	ku^{1}	kja̱^{1}
何	云	也？	若	取	著	有，	则	怖

法而生取著。何以故？若有取著，则有怖

35.88.4

le^{2}	tsjɨ^{1}	dju^{1}	tjij^{1}	lhjwi^{1}	zjịj^{1}	mjij^{1}	ku^{1}	kja̱^{1}
畏	亦	有；	若	取	著	无，	则	怖

[illegible]	[illegible]	[illegible]	[illegible]。	[illegible]	[illegible],	[illegible]	[illegible]	[illegible],
le²	tsjɨ¹	mjij¹	ljɨ¹	nioow¹	tśjiɨ¹	rjur¹	phə¹	bjij¹
畏	亦	无	也。	复	次,	诸	长	者,

畏;若无取著,则无怖畏。复次,诸长者,

35.88.5

[illegible]	[illegible]	[illegible]	[illegible],	[illegible]、	[illegible]、	[illegible]、	[illegible]、	[illegible]
mej¹	mjij¹	dzjar²	njaa²	nju¹	njii²	lhjwa¹	ljụ²	phji¹
眼	寂	灭	非,	耳、	鼻、	舌、	身、	意
[illegible]	[illegible]	[illegible]	[illegible];	[illegible]	[illegible]	[illegible]	[illegible],	[illegible]
tsjɨ¹	mjij¹	dzjar²	njaa²	tsə̣¹	mjij¹	dzjar²	njaa²	rjɨr²
亦	寂	灭	非;	色	寂	灭	非,	乃

眼非寂灭,耳、鼻、舌、身、意亦非寂灭;色非寂灭,

35.88.6

[illegible]	[illegible]	[illegible]	[illegible]	[illegible]	[illegible]	[illegible]。	[illegible]	[illegible]
njɨ²	sjij²	kięj²	tsjɨ¹	mjij¹	dzjar²	njaa²	nioow¹	rjur¹
至	识	界	亦	寂	灭	非。	然	诸
[illegible]	[illegible],	[illegible]	[illegible]	[illegible]	[illegible]	[illegible]	[illegible]	[illegible]
phə¹	bjij¹	sjij²	kięj²	nioow¹	ku¹	mji¹	źjɨr¹	zow²
长	者,	识	界	因	故	不	实	执

乃至识界亦非寂灭。然诸长者,因于识界起不实执,

35.89.1

[illegible],	[illegible]	[illegible]	[illegible]	[illegible]	[illegible]	[illegible];	[illegible]	[illegible]
śjwo¹	tjij¹	ŋa²	nioow¹	ŋa²	·jij¹	zow²	tjij¹	thjɨ²
起,	或	我	及	我	之	计;	若	此
[illegible]	□	□	[illegible]	[illegible]	[illegible]。	[illegible]	[illegible]	[illegible]
dzjar²			mjij¹	dzjar²	ŋwu²	wa²	sju²	khwa¹
灭			寂	灭	是。	何	如	远

或计为我及以我所;若离于此,即是寂灭。远

35.89.2

[Tangut]	[Tangut]	[Tangut]	[Tangut]	[Tangut]	[Tangut]?	[Tangut]	[Tangut]	[Tangut]
ka^{2}	ku^{1}	mjij^{1}	dzjar^{2}	rjir^{1}	ljɨ^{1}	lẹj^{2}	khwa^{1}	ka^{2}
离	故	寂	灭	得	也？	贪	远	离
[Tangut]	[Tangut]	[Tangut]	[Tangut]，	[Tangut]	[Tangut]、	[Tangut]	[Tangut]	[Tangut]
ku^{1}	mjij^{1}	dzjar^{2}	rjir^{1}	tshjạ^{1}	ka^{2}	lə^{2}	ka^{2}	nioow^{1}
则	寂	灭	得，	瞋	离、	痴	离	及

离何等而得寂灭？谓远离贪而得寂灭，离瞋、离痴及

35.89.3

[Tangut]	[Tangut]	[Tangut]	[Tangut]	[Tangut]	[Tangut]	[Tangut]	[Tangut]。	[Tangut]
sjịj^{2}	mjij^{1}	ka^{2}	ku^{1}	mjij^{1}	dzjar^{2}	rjir^{1}	ljɨ^{1}	nioow^{1}
智	无	离	则	寂	灭	得	也。	复
[Tangut]，	[Tangut]	[Tangut]	[Tangut]，	[Tangut]	[Tangut]	[Tangut]	[Tangut]	[Tangut]
tśjɨɨ^{1}	rjur^{1}	phə^{1}	bjij^{1}	·wjɨ^{2}	rar^{2}	sjịj^{2}	mjij^{1}	khwa^{1}
次，	诸	长	者，	△	去	智	无	远

以无智而得寂灭。复次，诸长者，过去无智不可远

35.89.4

[Tangut]	[Tangut]	[Tangut]，	[Tangut]	[Tangut]	[Tangut]	[Tangut]	[Tangut]	[Tangut]
ka^{2}	tjị^{2}	mjij^{1}	mjij^{2}	ljịj^{2}	sjịj^{2}	mjij^{1}	khwa^{1}	ka^{2}
离	可	不，	未	来	智	无	远	离
[Tangut]	[Tangut]，	[Tangut]	[Tangut]	[Tangut]	[Tangut]	[Tangut]	[Tangut]	[Tangut]
tjị^{2}	mjij^{1}	mjor^{1}	dźjiij^{1}	sjịj^{2}	mjij^{1}	khwa^{1}	ka^{2}	tjị^{2}
可	不，	现	在	智	无	远	离	可

离，未来无智不可远离，现在无智不可远离，

35.89.5

[Tangut]，	[Tangut]	[Tangut]	[Tangut]	[Tangut]	[Tangut]	[Tangut]	[Tangut]	[Tangut]
mjij^{1}	nioow^{1}	sjịj^{2}	mjij^{1}	ka^{2}	ku^{1}	tśhjwo^{1}	sjịj^{2}	śjwo^{1}
不，	然	智	无	离	故	则	智	生

[illegible]。	[illegible]	[illegible]	[illegible]，	[illegible]	[illegible]	[illegible]	[illegible]	[illegible]？
ljɨ¹	rjur¹	phə¹	bjịj¹	sjịj²	tja¹	ljị¹	kjɨ¹	ŋwu²
也。	诸	长	者，	智	者	何	所	是？

然离无智而得智生。诸长者，何等为智？所谓

35.89.6

[illegible]	[illegible]	[illegible]。	[illegible]	[illegible]	[illegible]	[illegible]	[illegible]	[illegible]？
sji¹	sjịj²	ŋwu²	sji¹	sjịj²	tja¹	ljị¹	kjɨ¹	ŋwu²
尽	智	是。	尽	智	者	何	所	是？
[illegible]	[illegible]	[illegible]	[illegible]	[illegible]，	[illegible]	[illegible]	[illegible]	[illegible]
·wjɨ²	rar²	sji¹	sjịj²	njaa²	mjij²	ljịj²	sji¹	sjịj²
△	去	尽	智	非，	未	来	尽	智

尽智。何等尽智？过去非尽智，未来非尽智，

35.90.1

[illegible]，	[illegible]	[illegible]	[illegible]	[illegible]	[illegible]。	[illegible]	[illegible]	[illegible]
njaa²	mjor¹	dźjiij¹	sji¹	sjịj²	njaa²	nioow¹	rjur¹	phə¹
非，	现	在	尽	智	非。	然	诸	长
[illegible]，	[illegible]	[illegible]	[illegible]	[illegible]	[illegible]	[illegible]	[illegible]	[illegible]。
bjịj¹	sjịj²	mjij¹	ka²	nioow¹	tśhjwo¹	sjịj²	śjwo¹	ljɨ¹
者，	智	无	离	因	而	智	生	也。

现在非尽智。然诸长者，因离无智而智得生。

35.90.2

[illegible]	[illegible]	[illegible]	[illegible]	[illegible]	[illegible]	[illegible]，	[illegible]	[illegible]
thjɨ²	sjịj²	sjịj²	rjir²	mji¹	khwa¹	ka²	sjij²	sjịj²
此	智	智	与	不	远	离，	识	智
[illegible]	[illegible]	[illegible]	[illegible]	[illegible]	[illegible]	[illegible]。	[illegible]	[illegible]
mjij¹	ka²	nioow¹	tśhjwo¹	sjịj²	śjwo¹	ljɨ¹	thjɨ²	sjij²
无	离	因	而	智	生	也。	此	识

此智不远离智，因离识无智故而智得生。而此识

35.90.3

[illegible]	[illegible]	[illegible]	[illegible]	[illegible]，	[illegible]	[illegible]	[illegible]	[illegible]，
kiẹj^{2}	tja^{1}	ŋa^{2}	·jij^{1}	njaa^{2}	tjij^{1}	ŋa^{2}	·jij^{1}	njaa^{2}
界	者	我	之	非，	若	我	之	非，
[illegible]	[illegible]	[illegible]	[illegible]；	[illegible]	[illegible]	[illegible]	[illegible]，	[illegible]
ku^{1}	mji^{1}	lhjwi^{1}	zjịj^{1}	tjij^{1}	mji^{1}	lhjwi^{1}	zjịj^{1}	ku^{1}
则	不	取	著；	若	不	取	著，	则

界非是我所，若非我所，则不取著；若不取著，

35.90.4

[illegible]	[illegible]	[illegible]；	[illegible]	[illegible]	[illegible]	[illegible]，	[illegible]	[illegible]
zji^{2}	phju^{2}	ŋwu^{2}	tjij^{1}	zji^{2}	phju^{2}	ŋwu^{2}	ku^{1}	bie^{2}
最	上	是；	若	最	上	是，	则	解
[illegible]	[illegible]。	[illegible]	[illegible]	[illegible]	[illegible]	[illegible]？	[illegible]	[illegible]
lhew^{2}	ŋwu^{2}	ljọ^{2}	do^{2}	bie^{2}	lhew^{2}	rjir^{1}	ŋa^{2}	zow^{2}
脱	是。	何	处	解	脱	得？	我	执

即是最上；若是最上，是即解脱。何处解脱？于我执

35.90.5

[illegible]	[illegible]	[illegible]	[illegible]；	[illegible]	[illegible]、	[illegible]	[illegible]	[illegible]
do^{2}	bie^{2}	lhew^{2}	rjir^{1}	dźiã^{2}	tśhju^{1}	kạ^{1}	mjijr^{2}	rjɨr^{2}
所	解	脱	得；	情	有、	命	者	乃
[illegible]	[illegible]	[illegible]	[illegible]	[illegible]	[illegible]	[illegible]	[illegible]	[illegible]
njɨ^{2}	phjo^{2}	kar^{2}	zow^{2}	ŋowr^{2}	ŋowr^{2}	do^{2}	bie^{2}	lhew^{2}
至	分	别	执	一	切	所	解	脱

所而得解脱；有情、寿命乃至于一切分别执所而得解脱。

35.90.6

[illegible]。	[illegible]	[illegible]	[illegible]	[illegible]	[illegible]	[illegible]	[illegible]	[illegible]
rjir^{1}	tjij^{1}	djọ^{2}	dźjịj^{1}	mjijr^{2}	zow^{2}	do^{2}	bie^{2}	lhew^{2}
得。	若	修	行	者	执	所	解	脱

[illegible]，	[illegible]	[illegible]	[illegible]	[illegible]	[illegible]；	[illegible]	[illegible]	[illegible]
njwi^{2}	ku^{1}	phjo^{2}	kar^{2}	mji^{1}	śjwo^{1}	tjij^{1}	mji^{1}	phjo^{2}
能，	则	分	别	不	生；	若	不	分

行者若能于执解脱，则不分别；若不分别，

35.91.1

[illegible]，	[illegible]	[illegible]	[illegible]	[illegible]	[illegible]	[illegible]	[illegible]	[illegible]。
kar^{2}	ku^{1}	phjo^{2}	kar^{2}	njaa^{2}	mji^{1}	phjo^{2}	kar^{2}	njaa^{2}
别，	则	分	别	非	不	分	别	非。
[illegible]	[illegible]	[illegible]	[illegible]	[illegible]	[illegible]	[illegible]？	[illegible]	[illegible]
mji^{1}	phjo^{2}	kar^{2}	njaa^{2}	ljɨ̣^{1}	kjɨ^{1}	ŋwu^{2}	ŋa^{2}	ŋa^{2}
不	分	别	非	何	所	是？	我	我

则非分别非不分别。何等不分别？谓不分别我及我所。

35.91.2

[illegible]	[illegible]	[illegible]	[illegible]	[illegible]。	[illegible]	[illegible]	[illegible]	[illegible]
·jij^{1}	mji^{1}	phjo^{2}	kar^{2}	ljɨ^{1}	tśhjɨ^{1}	dzjɨj^{1}	dźjɨ$^{?}$	dźjij^{1}
之	不	分	别	也。	尔	时	行	行
[illegible]，	[illegible]	[illegible]	[illegible]	[illegible]	[illegible]，	[illegible]	[illegible]	[illegible]
mjijr^{2}	dźjow^{1}	ka^{2}	mji^{1}	njaa^{2}	ɣa^{2}	phjɨ^{1}	dźjɨɨr^{1}	mji^{1}
者，	分	离	不	非	于，	舍	弃	不

行者尔时，离散不积，舍而不取，

35.91.3

[illegible]，	[illegible]	[illegible]	[illegible]	[illegible]，	[illegible]	[illegible]	[illegible]	[illegible]，
lhjwi^{1}	dźjɨɨr^{1}	ku^{1}	mjij^{1}	dzjar^{2}	bie^{2}	lhew^{2}	tjij^{1}	-ja^{2}
取，	舍	故	寂	灭，	解	脱	除	遣，
[illegible]	[illegible]	[illegible]	[illegible]，	[illegible]	[illegible]	[illegible]	[illegible]。	[illegible]
zji^{2}	buu^{2}	bie^{2}	lhew^{2}	rjur^{1}	phej^{1}	tśjɨɨr^{2}	ka^{2}	ljọ^{2}
最	胜	解	脱，	诸	系	缚	离。	何

舍故寂灭，解脱除遣，最胜解脱，离诸系缚。于何

35.91.4

[illegible]	[illegible]	[illegible]	[illegible]?	[illegible]	[illegible]	[illegible]	[illegible]	[illegible]
do^{2}	tjịj^{1}	- ja^{2}	ljɨ^{1}	tśjị^{1}	ŋowr^{2}	ŋowr^{2}	do^{2}	tjịj^{1}
处	除	遣	也?	苦	一	切	处	除
[illegible]	[illegible]	[illegible]。	[illegible]	[illegible]	[illegible]	[illegible],	[illegible]	[illegible]
- ja^{2}	rjir^{1}	ljɨ^{1}	nji^{2}	rjur^{1}	phə^{1}	bjij^{1}	tjij^{1}	lho$^{?}$
遣	得	也。	汝	诸	长	者,	若	出

除遣？一切苦处而得除遣。汝诸长者，若求出

35.91.5

[illegible]	[illegible],	[illegible]	[illegible]	[illegible]	[illegible]	[illegible]	[illegible]	[illegible]
ka^{2}	kjụ^{1}	ku^{1}	·a$^{?}$	mə^{2}	tsjiir^{1}	ɣa^{2}	lhjwi^{1}	zjịj^{1}
离	求,	则	一	种	法	于	取	著
[illegible]	[illegible]	[illegible]。	[illegible]	[illegible]	[illegible]?	[illegible]	[illegible]	[illegible]
tjị^{2}	śjwo^{1}	nji^{2}	thjij^{2}	sjo^{2}	ljɨ^{1}	tjij^{1}	lhjwi^{1}	zjịj^{1}
可	生	△。	何	云	也?	若	取	著

离，勿于一法而生取著。何以故？若有取著，

35.91.6

[illegible],	[illegible]	[illegible]	[illegible]	[illegible]	[illegible];	[illegible]	[illegible]	[illegible]
dju^{1}	ku^{1}	kjạ^{1}	le^{2}	tsjɨ^{1}	dju^{1}	tjij^{1}	lhjwi^{1}	zjịj^{1}
有,	则	怖	畏	亦	有;	若	取	著
[illegible],	[illegible]	[illegible]	[illegible]	[illegible]	[illegible]。	[illegible]	[illegible],	[illegible]
mjij^{1}	ku^{1}	kjạ^{1}	le^{2}	tsjɨ^{1}	mjij^{1}	tśhjɨ^{1}	zjọ^{2}	rjur^{1}
无,	则	怖	畏	亦	无。	尔	时,	世

则有怖畏；若无著者，则无怖畏。尔时，世

汉文本

复次，诸长者，一切诸法唯有妄欲。异生愚夫不知妄欲故，妄谓是眼，妄谓是耳，乃至妄谓是意。诸长者，但有妄欲！异生愚夫不知妄欲故，谓此是色，谓此是声、香、味、触、法亦复如是。诸长者，但有

妄欲！异生愚夫不知妄欲故，谓此色蕴，谓此受蕴，想、行、识蕴亦复如是。诸长者，但有妄欲！异生愚夫不知妄欲故，谓此地界，谓此水界，火、风、空、识亦复如是。诸长者，一切诸法唯有妄欲。异生愚夫不知妄欲故，谓此有为，谓此无为，乃至一切诸法亦复如是。诸长者，汝等今者，应舍妄欲，趣于无欲，于诸妻子、家宅、财物，深知虚妄，不应执著；不执著故，以净信心，舍离家法，趣于非家，当得无欲。诸长者，何等名为出家无欲？谓住尸罗别解脱戒，具足摄持威仪行处，见于小犯生大怖畏，受学律仪成就戒蕴。诸长者，汝等若能奉持戒已，于是六根、六境、五蕴、六界，深知虚假皆不执著；以不著故，是名出家无欲之法。诸长者，若不著眼乃至识界，以不著故则不保护。何者不保护？眼不保护，耳、鼻、舌、身、意不保护；色不保护，声、香、味、触、法不保护；色蕴不保护，受、想、行、识蕴不保护；地界不保护，水、火、风、空、识界不保护。以不保护，则无烦恼；若无烦恼，则名为轻。云何为轻？谓无所见。若无所见，则不依物起瞋害心；由无瞋害，则不自害，不思害他，不思俱害；以无害故，则于无余大涅槃界而便入证。诸长者，汝等应知，谁于寂灭而便入证？诸长者，眼不入寂灭，耳、鼻、舌、身、意不入寂灭。然因于眼起诸妄执，或计为我，或计我所；若远离者，即是寂灭。远离何等而为寂灭？若远离贪，即是寂灭；若远离瞋，即是寂灭；若远离痴，即是寂灭；若离无智，即是寂灭。

复次，诸长者，过去无智不可远离，未来无智不可远离，现在无智不可远离；然要因于远离无智而正智起。诸长者，何等为智？所谓尽智。何等尽智？过去非尽智，未来非尽智，现在非尽智。然诸长者，因离无智而此智生。此智不远离智，因离眼无智而此智生。又诸长者，眼非我所，若非我所，则不取著；若不取著，即是最上；若是最上，即是解脱。何处解脱？于我执所而得解脱；有情执所、寿命执所、数取执所、断常执所，一切执所，乃至分别执所而得解脱。行者若能于执解脱，则不分别；若不分别，则非分别非不分别。何等不分别？所谓不分别我及以我所。行者尔时，于一切法离散不积，舍而不取，舍故寂灭，解脱除遣，最胜解脱，离诸系缚。于何等处名为除遣？一切苦处而得除遣。汝诸长者，若求出离，勿于一法而生取著。何以故？若有取著，则有怖畏；若无取著，则无怖畏。

复次，诸长者，眼非寂灭，耳、鼻、舌、身、意亦非寂灭；色非寂灭，乃至识界亦非寂灭。然诸长者，因于识界起不实执，或计为我及以我所；若离于此，即是寂灭。远离何等而得寂灭？谓远离贪而得寂灭，离瞋、离痴及以无智而得寂灭。复次，诸长者，过去无智不可远离，未来无智不可远离，现在无智不可远离，然离无智而得智生。诸长者，何等为智？所谓尽智。何等尽智？过去非尽智，未来非尽智，现在非尽智。然诸长者，因离无智而智得生。此智不远离智，因离识无智故而智得生。而此识界非是我所，若非我所，则不取著；若不取著，即是最上；若是最上，是即解脱。何处解脱？于我执所而得解脱；有情、寿命乃至于一切分别执所而得解脱。行者若能于执解脱，则不分别；若不分别，则非分别非不分别。何等不分别？谓不分别我及我所。行者尔时，离散不积，舍而不取，舍故寂灭，解脱除遣，最胜解脱，离诸系缚。于何除遣？一切苦处而得除遣。汝诸长者，若求出离，勿于一法而生取著。何以故？若有取著，则有怖畏；若无著者，则无怖畏。

35.92.1

[illegible]	[illegible]	[illegible]	[illegible]	[illegible]	[illegible]，	[illegible]	[illegible]	[illegible]	[illegible]：
pjụ[1]	thjɨ[2]	wo[2]	·jị[2]	tshjiij[1]	kięj[2]	ljaa[1]	dạ[2]	rjɨr[2]	tshjiij[1]
尊	此	义	重	宣	欲，	颂	言	乃	说：

尊欲重宣此义，而说颂曰：

35.92.2

[illegible]	[illegible]	[illegible]	[illegible]	[illegible]，	[illegible]	[illegible]	[illegible]	[illegible]	[illegible]，
lhjwi^1	zjij^1	kjạ^1	le^2	śjwo^1	thjɨ^2	nioow^1	niow^2	tśja^1	ljɨ^1
取	著	怖	畏	生，	斯	由	恶	道	堕，
[illegible]	[illegible]	[illegible]	[illegible]	[illegible]，					
thjɨ^2	kjạ^1	dju^1	do^2	bio̱^{1}					
此	怖	有	处	观，					

取著生怖畏，由斯趣恶道，观此有怖处，

35.92.3

[illegible]	[illegible]	[illegible]	[illegible]	[illegible]。	[illegible]	[illegible]	[illegible]	[illegible]	[illegible]，
sjij^2	dzjwo^2	mji^1	lhjwi^1	lew^2	nji^2	rjur^1	śjɨj^2	tśja^1	djọ^2
智	者	不	取	应。	汝	诸	圣	道	修，
[illegible]	[illegible]	[illegible]	[illegible]	[illegible]，					
ŋạ^2	ŋạ^2	bio̱^{1}	thjuu^1	lew^2					
善	善	观	察	应，					

智者不应取。汝修诸圣道，应当善观察，

35.92.4

[illegible]	[illegible]	[illegible]	[illegible]	[illegible]，	[illegible]	[illegible]	[illegible]	[illegible]	[illegible]。
thjɨ^2	sju^2	bio̱^{1}	ku^1	rjir^1	thjɨ^2	rjir^2	do^2	njaa^2	ku^1
是	如	观	故	得，	此	与	异	非	故。
[illegible]	[illegible]	[illegible]	[illegible]	[illegible]，					
ŋowr^2	ŋowr^2	do^2	zji^2	ŋa^1					
一	切	处	皆	空，					

如是观便得，异此则不可。一切处皆空，

35.92.5

[illegible]	[illegible]	[illegible]	[illegible]	[illegible]，	[illegible]	[illegible]	[illegible]	[illegible]	[illegible]，
dź-$^?$	mju^2	gjwɨ^1	źjɨr^1	njaa^2	dzu^1	rjur^1	kha^1	lhạ^2	ljɨ̣j^1
虚	动	坚	实	非，	爱	世	间	诳	惑，

[illegible] [illegible] [illegible] [illegible] [illegible]。

thjɨ² ɣa² ŋewr¹ tji¹ śjwo¹

此 于 乱 勿 生。

虚动非坚实,爱诳惑世间,勿于此生乱。

35.92.6

[illegible] [illegible] [illegible] [illegible] [illegible], [illegible] [illegible] [illegible] [illegible] [illegible],

ŋa² ŋa¹ tsjiir¹ nwə¹ njwi² rjur¹ tsjiir¹ mji¹ gjwɨ¹ tsjij²

我 空 法 知 能, 诸 法 不 坚 了,

□ □ [illegible] [illegible] [illegible],

no² nej² rjir¹

安 泰 获,

我已知空法,了诸法不坚,湛然获安泰,

35.93.1

[illegible] [illegible] [illegible] [illegible] [illegible]。 [illegible] [illegible] [illegible] [illegible] [illegible],

mju² mji¹ thjoo¹ rejr² lja̱¹ tjij¹ rjur¹ tsjiir¹ lew¹ tja¹

动 无 妙 乐 证。 若 诸 法 唯 者,

[illegible] [illegible] [illegible] [illegible] [illegible],

thjɨ² sju² nwə¹ tsjij² ku¹

是 如 知 了 故,

证无动妙乐。若如是了知,诸法唯空者,

35.93.2

[illegible] [illegible] [illegible] [illegible] [illegible], [illegible] [illegible] [illegible] [illegible] [illegible]。

thja¹ ·ji¹ tśjị¹ bie² lhew² nioow¹ ɣwej¹ dzeej¹ tsjɨ¹ dzjar²

彼 众 苦 解 脱, 及 诤 论 亦 灭。

[illegible] [illegible] [illegible] [illegible] [illegible],

ŋowr² ŋowr² ɣjiw¹ ɣiwej¹ kię²

一 切 摄 受 欲,

彼解脱众苦,及灭于诤论。欲摄受一切,

35.93.3

rjur^{1}	xọ^{2}	ŋjir^{1}	śjwo^{1}	mjijr^{2}	ɣjiw^{1}	ɣiwej^{1}	ku^{1}	lhjwi^{1}	zjịj^{1}
诸	灾	难	生	者，	摄	受	故	取	著，
zjịj^{1}	ku^{1}	rjur^{1}	dju^{1}	śjwo^{1}					
著	故	诸	有	生。					

生诸灾横者，摄受故取著，著故生诸有。

35.93.4

dju^{1}	ɣa^{2}	nioow^{1}	wee^{1}	rjijr^{2}	wee^{1}	nioow^{1}	mjij^{1}	dzjar^{2}	khwa^{1}
有	于	复	生	方，	生	由	寂	灭	远，
wee^{1}	tja^{1}	nar^{2}	ŋo^{2}	sjɨ^{1}					
生	者	老	病	死，					

从有生于生，由生远寂灭，生者老病死，

35.93.5

thjɨ^{2}	sju^{2}	ljij^{2}	tśjị^{1}	tha$^{?}$	kiej^{2}	mjij^{1}	ku^{1}	lhjwi^{1}	mjij^{1}
是	如	大	苦	逼。	欲	无	故	取	无，
lhjwi^{1}	mjij^{1}	ku^{1}	dju^{1}	mjij^{1}					
取	无	故	有	无，					

如是大苦逼。无欲故无取，无取故无有，

35.93.6

dju^{1}	mjij^{1}	ku^{1}	wee^{1}	mjij^{1}	nar^{2}	ŋo^{2}	sjɨ^{1}	·a$^{?}$	tjɨj^{2}
有	无	故	生	无，	老	病	死	一	样。

[illegible]	[illegible]	[illegible]	[illegible]	[illegible],
ljụ^{2}	·wụ^{2}	sji^{2}	gju^{2}	du̱^{1}
身	资	▽	具	聚,

无有故无生,老病死亦尔。聚集资生具,

35.94.1

[illegible]	[illegible]	[illegible]	[illegible]	[illegible],	[illegible]	[illegible]	[illegible]	[illegible]	[illegible],
ljɨ^{1}	dzjɨj^{1}	zji^{2}	bə^{1}	dźjwo^{2}	dzu^{1}	lew^{2}	gji^{2}	bjij^{2}	dźjɨɨr^{1}
一	时	皆	弃	舍,	爱	当	子	妻	舍,
[illegible]	[illegible]	[illegible]	[illegible]	[illegible]。					
phji^{1}	tśhjụ^{1}	pjụ^{1}	wer^{1}	tshwew^{1}					
苾	刍	威	仪	趣。					

一时皆弃舍,并舍爱妻子,趣苾刍威仪。

35.94.2

[illegible]	[illegible]	[illegible]	[illegible]	[illegible],	[illegible]	[illegible]	[illegible]	[illegible]	[illegible],
njij^{1}	war^{2}	tji^{1}	lẹj^{2}	zjịj^{1}	dwər^{1}	khie^{1}	nwə^{1}	lhə$^{?}$	ljɨr^{2}
亲	财	勿	贪	著,	厌	恶	知	足	念,
[illegible]	[illegible]	[illegible]	[illegible]	[illegible],					
tśja^{1}	tśhia^{1}	lo^{1}	wjɨ^{2}	sju^{2}					
旃	荼	罗	△	如,					

勿贪亲与财,咄哉念知足,勿如旃荼罗①,

35.94.3

[illegible]	[illegible]	[illegible]	[illegible]	[illegible]。	[illegible]	[illegible]	[illegible]	[illegible]	[illegible],
bji^{2}	njiij^{1}	tji^{1}	lja^{1}	wjij^{1}	·jij^{1}	kie^{1}	·jiij^{1}	lho̱^{1}	nioow^{1}
下	心	不	来	往。	自	戒	持	恃	故,
[illegible]	[illegible]	[illegible]	[illegible]	[illegible],					
kie^{1}	tsjụ^{1}	mjijr^{2}	tji^{1}	pjo^{1}					
戒	犯	者	勿	毁,					

① 旃荼罗,西夏文作"[illegible][illegible][illegible]"。梵语作 Candāla,又作戍陀罗、戍达罗。旃荼罗名为恶人,与人别居。

下贱心来往。勿自恃持戒，轻毁犯戒者，

35.94.4

[illegible]	[illegible]	[illegible]	[illegible]	[illegible]，	[illegible]	[illegible]	[illegible]	[illegible]	[illegible]。
kie^{1}	lho̱^{1}	mjɨ^{1}	pjo^{1}	ku^{1}	kie^{1}	ljiij^{2}	ɣiej^{1}	thja^{1}	ŋwu^{2}
戒	恃	他	凌	故，	戒	破	真	彼	是。
[illegible]	[illegible]	[illegible]	[illegible]	[illegible]，					
dzjọ^{1}	lha^{1}	tụ^{1}	·u^{2}	ljị^{1}					
如	鹿	栏	内	堕，					

恃戒凌于人，是名真破戒。譬如鹿被弶，

35.94.5

[illegible]	[illegible]	[illegible]	[illegible]	[illegible]，	[illegible]	[illegible]	[illegible]	[illegible]	[illegible]，
tjij^{1}	tśjiɨr^{2}	tjij^{1}	kạ^{1}	phja^{1}	ljiij^{2}	bji^{2}	ljị^{1}	khwẹj^{1}	dzjwo^{2}
若	缚	若	命	断，	魔	绳	堕	慢	者，
[illegible]	[illegible]	[illegible]	[illegible]	[illegible]。					
tśjiɨr^{2}	tśju^{1}	tsjɨ^{1}	thja^{1}	sju^{2}					
缚	害	亦	是	如。					

若缚若致死，处魔罥慢者，缚害亦如是。

35.94.6

[illegible]	[illegible]	[illegible]	[illegible]	[illegible]，	[illegible]	[illegible]	[illegible]	[illegible]	[illegible]，
khwẹj^{1}	neew^{2}	njiij^{1}	ljiij^{2}	njwi^{2}	·jij^{1}	tsjij^{1}	neew^{2}	tsjɨ^{1}	ŋwo^{2}
慢	善	心	坏	能，	自	他	善	亦	损，
[illegible]	[illegible]	□	[illegible]	[illegible]，					
tśhjwo^{1}	kie^{1}		mjijr^{2}	·jij^{1}					
故	戒		者	之，					

慢能坏善心，又损自他善，

35.95.1

[illegible]	[illegible]	[illegible]	[illegible]	[illegible]，	[illegible]	[illegible]	[illegible]	[illegible]	[illegible]，
mjɨ^{1}	kjiwr^{2}	tji^{1}	pjo^{1}	tsjij^{2}	kie^{1}	·jiij^{1}	xiwã^{1}	dźjɨ$^{?}$	mjijr^{2}

无　畏　不　谤　毁，　戒　持　梵　行　者，

□　□　□　[illegible]　[illegible]！

ljọ^{2}　wjij^{2}

何　有！

故勿轻毁戒，况持戒梵行！

35.95.2

[illegible]

ljịj^{2}　śji^{1}　gji^{2}　ɣiew^{1}　lew^{2}　·ju^{2}　mjij^{1}　sej^{1}　do^{2}　dźjiij^{1}

大　仙　子　学　当，　常　寂　静　处　住。

[illegible]

·jij^{1}　kạ^{1}　mji^{1}　·wier^{1}　ŋwu^{2}

自　命　不　惜　以，

当学大仙子，常住空闲处，勿顾于身命，

35.95.3

[illegible]

mjij^{1}　sej^{1}　bie^{2}　lhew^{2}　tshwew^{1}　wo^{2}　mjij^{1}　mər^{2}　ka^{2}　lew^{2}

寂　静　解　脱　趣。　义　无　本　离　应，

[illegible]

rjur^{1}　śjij^{1}　dźji^{1}　khjã^{2}　ljɨ^{1}

世　顺　尼　乾　与，

趣寂静解脱。应离无义本，顺世尼乾①论②，

35.95.4

[illegible]

dzu^{1}　dzjwɨ^{1}　zji^{2}　na^{1}　ŋa^{1}　bju^{1}　śjij^{1}　thjoo^{1}　tsjiir^{1}　nẹ^{1}

爱　敬　甚　深　空　应　顺　妙　法　演。

[illegible]

---

① 尼乾，梵语 Nirgrantha 的音译。佛教所说的六大外道之一。尼犍具曰尼犍陀。译曰离系，不系，无结。离三界系缚之义也。是为外道出家之总名。西夏文“[illegible]”（dźji^{1} khjã^{2}）音译自汉文“尼乾”。

② 论，西夏文作“[illegible]”（及）。[illegible]（ljɨ^{1}），通“[illegible]”（ljɨ^{1}，论）。

·u² djɨr² ɣạ² njɨɨ¹ do²

内 外 十 二 处,

爱敬演甚深,空相应妙法。内外十二处,

35.95.5

[illegible]

njiij¹ mər² we² dạ² ŋa² thja¹ tsjɨ¹ sjwɨj¹ bju¹ śjwo¹

心 本 为 说 我, 彼 复 业 因 生,

[illegible]

sjwɨj¹ nioow¹ sjwɨ¹ rejr² dźjiij¹

业 由 思 久 住。

我说心为本,彼复因业生,业由思久住。

35.95.6

[illegible]

mej¹ tsə̣¹ zji² nioow¹ we² thja¹ bju¹ sjij² gu¹ śjwo¹

眼 色 俱 缘 为, 彼 依 识 起 生,

[illegible]

nioow¹ mjij¹ ku¹ mji¹ śjwo¹

缘 无 则 不 生,

眼色俱为缘,而生起于识,缘阙则不生,

35.96.1

[illegible]

dzjọ¹ sji¹ mjij¹ məə¹ sju² thjɨ² sju² śjwo¹ rjur¹ tsjiir¹

譬 薪 无 火 如。 是 如 生 诸 法,

[illegible]

·jij¹ gu² dzow¹ ŋwej² śjwo¹

自 共 和 合 生,

譬无薪之火。如是生诸法,和合互相生,

35.96.2

[illegible]

wji^{1} mjij^{1} lhjịj^{2} mjijr^{2} mjij^{1} wjɨ̣^{1} sju^{2} wji^{1} ·ioow^{1} śja^{2}

作 无 受 者 无， 幻 如 作 用 现。

[illegible] [illegible] [illegible] [illegible] [illegible]，

·u^{2} djɨr^{2} tsjiir^{1} ŋowr^{2} ŋowr^{2}

内 外 法 一 切，

无作无受者，现作用如幻。一切内外法，

35.96.3

[illegible] [illegible] [illegible] [illegible] [illegible]， [illegible] [illegible] [illegible] [illegible] [illegible]，

zji^{2} ŋa^{2} wjɨ̣^{1} nwə^{1} ŋa^{2} wẹ^{1} mur^{1} tśhjɨɨ^{2} tśhjuu^{2} zow^{2}

皆 我 变 知 我， 愚 凡 颠 倒 执，

[illegible] [illegible] [illegible] [illegible] [illegible]。

ŋa^{2} ŋa^{2} ·jij^{1} phjo^{2} kar^{2}

我 我 之 分 别。

我已知空幻，愚夫颠倒执，分别我我所。

35.96.4

[illegible] [illegible] [illegible] [illegible] [illegible]， [illegible] [illegible] [illegible] [illegible] [illegible]，

rjur^{1} kha^{1} dźiā^{2} tśhju^{1} mjij^{1} djɨr^{2} rjur^{1} do^{2} thja^{1} sju^{2}

世 间 情 有 无， 外 诸 处 彼 如，

[illegible] [illegible] [illegible] [illegible] [illegible]，

ŋa^{2} mjij^{1} kạ^{1} mjijr^{2} mjij^{1}

我 无 寿 者 非，

眼中①无有情，外诸处亦尔，非我作寿者，

35.96.5

[illegible] [illegible] [illegible] [illegible] [illegible]。 [illegible] [illegible] [illegible] [illegible] [illegible]，

rjur^{1} tsjiir^{1} ·a$^{?}$ zji^{2} tjịj^{2} mej^{1} bie^{2} lhew^{2} mji^{1} sjwɨ^{1}

诸 法 一 皆 样。 眼 解 脱 不 思，

[illegible] [illegible] [illegible] [illegible] [illegible]，

① 眼中，西夏文译为“世间”。

nju¹	njii²	lhjwa¹	thja¹	sju²
耳	鼻	舌	彼	如，

诸法类应知。眼不思解脱，耳鼻舌亦然，

35.96.6

[illegible]	[illegible]	[illegible]	[illegible]	[illegible]，	[illegible]	[illegible]	[illegible]	[illegible]	[illegible]。
lju̧²	wo²	njɨ²	wji¹	mjij¹	rjur¹	tsjiir¹	bio̱¹	thjɨ²	sju²
身	意	等	作	无，	诸	法	观	是	如。
[illegible]	[illegible]	[illegible]	[illegible]	[illegible]，					
dzjo̧¹	sju²	ljij²	ŋjow²	·u²					
譬	如	巨	海	中，					

身意等无作，诸法观如是。譬如巨海中，

35.97.1

[illegible]	[illegible]	[illegible]	[illegible]	[illegible]，	[illegible]	[illegible]	[illegible]	[illegible]	[illegible]，
bju¹	lhjɨ¹	tśhiə¹	tśiow¹	śjɨj¹	mej¹	bju¹	dzjwo²	thjuu¹	ku¹
依	涛	沫	聚	成，	眼	明	者	察	故，
[illegible]	□	□	[illegible]	[illegible]。					
thja¹			njaa²	nwə¹					
其			非	知。					

鼓涛成沫聚，明眼者察知，审其非坚实。

35.97.2

[illegible]	[illegible]	[illegible]	[illegible]	[illegible]，	[illegible]	[illegible]	[illegible]	[illegible]	[illegible]，
thjɨ²	sju²	ŋwə¹	ŋur¹	kwər¹	tsjij²	mjijr²	·jiw¹	njaa²	nwə¹
是	如	五	蕴	体，	达	者	故	非	知，
[illegible]	[illegible]	[illegible]	[illegible]	[illegible]					
wee¹	nar²	nioow¹	sjwɨ¹	sjiij²					
生	老	复	忧	愁					

如是五蕴体，达者知非固，当解脱生老，

35.97.3

[illegible]	[illegible]	[illegible]	[illegible]	[illegible]。	[illegible]	[illegible]	[illegible]	[illegible]	[illegible],
xọ^{2}	ŋjir^{1}	njɨ^{2}	bie^{2}	lhew^{2}	ŋa^{2}	tsjiir^{1}	kha^{1}	nji^{1}	phjɨ^{1}
灾	难	等	解	脱。	我	法	中	家	出,
[illegible]	[illegible]	[illegible]	[illegible]	[illegible],					
tsjiir^{1}	wjɨ̣^{1}	sju^{2}	nwə^{1}	ku^{1}					
法	幻	如	知	故,					

愁忧灾横等。我法中出家,知诸法如幻,

35.97.4

[illegible]	[illegible]	[illegible]	[illegible]	[illegible]	[illegible]	[illegible]	[illegible]	[illegible]	[illegible],
thja^{1}	dzjwo^{2}	ŋa^{1}	ŋa^{1}	ŋwu^{2}	dźiej^{2}	mjii^{1}	lhjịj^{2}	mjijr^{2}	njaa^{2}
彼	人	虚	空	以	信	施	受	者	不,
[illegible]	[illegible]	[illegible]	[illegible]	[illegible]					
thja^{2}	·jij^{1}	kjụ^{1}	tshwew^{1}	tja^{1}					
其	之	供	养	者					

不虚彼信施,即名供

35.97.5

[illegible]	[illegible]	[illegible]	[illegible]	[illegible]。
rjur^{1}	tha^{1}	rjir^{2}	·a$^{?}$	tjɨ̣j^{2}
诸	佛	与	一	样。

诸佛。

汉文本

尔时,世尊欲重宣此义,而说颂曰:取著生怖畏,由斯趣恶道,观此有怖处,智者不应取。汝修诸圣道,应当善观察,如是观便得,异此则不可。一切处皆空,虚动非坚实,爱诳惑世间,勿于此生乱。我已知空法,了诸法不坚,湛然获安泰,证无动妙乐。若如是了知,诸法唯空者,彼解脱众苦,及灭于诤论。欲摄受一切,生诸灾横者,摄受故取著,著故生诸有。从有生于生,由生远寂灭,生者老病死,如是大苦逼。无欲故无取,无取故无有,无有故无生,老病死亦尔。聚集资生具,一时皆弃舍,并舍爱妻子,趣苾刍威仪。勿贪亲与财,咄哉念知足,勿如旃荼罗,下贱心来往。勿自恃持戒,轻毁犯戒者,恃戒凌于人,是名真破戒。譬如鹿被弶，若缚若致死，处魔罥慢者，缚害亦如是。慢能坏善心，又损自他善，故勿轻毁戒，况持戒梵行！当学大仙子，常住空闲处，勿顾于身命，趣寂静解脱。应离无义本，顺世尼乾论，爱敬演甚深，空相应妙法。内外十二处，我说心为本，彼复因业生，业由思久住。眼色俱为缘，而生起于识，缘阙则不生，譬无薪之火。如是生诸法，和合互相生，无作无受者，现作用如幻。一切内外法，我已知空幻，愚夫颠倒执，分别我我所。眼中无有情，外诸处亦尔，非我作寿者，诸法类应知。眼不思解脱，耳鼻舌亦然，身意等无作，诸法观如是。譬如巨海中，鼓涛成沫聚，明眼者察知，审其非坚实。如是五蕴体，达者知非固，当解脱生老，愁忧灾横等。我法中出家，知诸法如幻，不虚彼信施，即名供诸佛。

35.97.6

[illegible]	[illegible]，	[illegible]	[illegible]	[illegible]	[illegible]	[illegible]	[illegible]	[illegible]	[illegible]，
tśhjɨ[1]	zjọ[2]	ŋwə[1]	·jir[2]	phə[1]	bjij[1]	thjɨ[2]	tsjiir[1]	mji[1]	nioow[1]
尔	时，	五	百	长	者	是	法	闻	已，
[illegible]	[illegible]	[illegible]	[illegible]	[illegible]	[illegible]	[illegible]	[illegible]，		
thja[1]	tji[2]	tśhjɨ[2]	rjar[2]	lhjɨ[2]	khwa[1]	ror[2]	ka[2]		
彼	可	立	即	尘	远	垢	离，		

尔时，五百长者闻是法已，即于此处远尘离垢，

35.98.1

[illegible]	[illegible]	[illegible]	[illegible]	[illegible]	[illegible]	[illegible]	[illegible]。	[illegible]	[illegible]
tsjiir[1]	ŋowr[2]	ŋowr[2]	kha[1]	tsjiir[1]	mej[1]	sej[1]	rjir[1]	ror[2]	mjij[1]
法	一	切	中	法	眼	净	得。	垢	无
[illegible]	[illegible]	[illegible]，	[illegible]	[illegible]	[illegible]	[illegible]	[illegible]，		
sej[1]	lhwu[1]	sju[2]	tshjwu[1]	gju[2]	·u[2]	bə[1]	dźjwo[2]		
净	衣	如，	青	器	中	投	置，		

于诸法中得法眼净。如无黑净衣，置染①器中

35.98.2

[illegible]	[illegible]	[illegible]	[illegible]	[illegible]	[illegible]；	[illegible]	[illegible]	[illegible]	[illegible]
xja[1]	tshjwu[1]	tśhjɨ[2]	rjar[2]	tsə̣[1]	·o[2]	thjɨ[2]	sju[2]	rjur[1]	phə[1]
速	青	立	即	色	入；	是	如	诸	长
[illegible]	[illegible]	[illegible]	[illegible]	[illegible]	[illegible]，	[illegible]	[illegible]		

① 染，西夏文作“[illegible]”（青）。[illegible]（tshjwu[1]），当通“[illegible]”（tshjwu[1]，染）。

bjịj^{1}	tsjiir^{1}	mej^{1}	gji^{1}	sej^{1}	rjir^{2}	tsjɨ^{1}	thja^{1}
者	法	眼	清	净	得，	亦	是

速受染色；如是诸长者法眼清净，亦复如是。

35.98.3

[illegible]	[illegible]。	[illegible]	[illegible]，	[illegible]	[illegible]	[illegible]	[illegible]	[illegible]	[illegible]
wjɨ^{2}	sju^{2}	tśhjɨ^{1}	zjọ^{2}	rjur^{1}	pjụ^{1}	nioow^{1}	phə^{1}	bjịj^{1}	·jij^{1}
复	如。	尔	时，	世	尊	复	长	者	之
[illegible]	[illegible]	[illegible]	[illegible]，	[illegible]	[illegible]	[illegible]	[illegible]：		
thjoo^{1}	tsjiir^{1}	nẹ^{1}	tshjiij^{1}	dzju^{1}	neej^{2}	·jow^{2}	śja^{2}		
妙	法	宣	说，	指	示	赞	叹：		

尔时，世尊复为长者宣说妙法，示教赞善：

35.98.4

[illegible]	[illegible]	[illegible]，	[illegible]	[illegible]	[illegible]	[illegible]	[illegible]	[illegible]	[illegible]
rjur^{1}	phə^{1}	bjịj^{1}	ŋa^{2}	thjɨ^{2}	mej^{1}	·jij^{1}	tsjiir^{1}	tśjị^{1}	ŋwu^{2}
诸	长	者，	我	此	眼	之	法	苦	是
[illegible]	[illegible]	[illegible]	[illegible]	[illegible]	[illegible]	[illegible]。	[illegible]		
nioow^{1}	ljo̱r^{1}	wejr^{1}	ŋwu^{2}	rjɨr^{2}	tshjiij^{1}	ŋa^{2}	ljo̱r^{1}		
复	炽	然	是	乃	说	△。	炽		

诸长者，我说此眼自性是苦而复炽然。何等炽

35.98.5

[illegible]	[illegible]	[illegible]	[illegible]	[illegible]？	[illegible]	[illegible]、	[illegible]	[illegible]、	[illegible]
wejr^{1}	tja^{1}	ljɨ̣^{1}	kjɨ^{1}	ŋwu^{2}	lẹj^{2}	məə^{1}	tshjạ^{1}	məə^{1}	lə^{2}
然	者	何	所	是？	贪	火、	瞋	火、	痴
[illegible]、	[illegible]	[illegible]	□	□	□	□	□		
məə^{1}	ljo̱r^{1}	wejr^{1}							
火、	炽	然							

然？所谓贪火、瞋火、痴火之所炽然，生老病死、

35.98.6

[illegible]	[illegible]	[illegible]、	[illegible]	[illegible]	[illegible]	[illegible]	[illegible]	[illegible]	[illegible]。

mjịj^{1}	tśjị^{1}	sjwɨ^{1}	mji^{1}	no^{2}	nej^{2}	tsjiir^{1}	njɨ^{2}	ljo̱r^{1}	wejr^{1}
闷	苦	忧、	不	安	乐	法	等	炽	然。
[illegible]	[illegible]	[illegible]，	[illegible]	□	□	□	□		
rjur^{1}	phə^{1}	bjịj^{1}	ŋa^{2}						
诸	长	者，	我						

愁叹忧苦、不安等法之所炽然。如是，诸长者，我

35.99.1

[illegible]	[illegible]	[illegible]	[illegible]	[illegible]	[illegible]	[illegible]	[illegible]	[illegible]	[illegible]
ljụ^{2}	phji^{1}	·jij^{1}	tsji̱r^{2}	tśjị^{1}	ŋwu^{2}	nioow^{1}	ljo̱r^{1}	wejr^{1}	ŋwu^{2}
身	意	之	性	苦	是	复	炽	然	是
□	□	□	□	□	[illegible]	[illegible]	[illegible]		
					tja^{1}	ljɨ̣^{1}	kjɨ^{1}		
					者	何	所		

说此耳、鼻、舌、身、意自性是苦而复炽然。何等炽然？

35.99.2

[illegible]？	[illegible]	[illegible]、	[illegible]	[illegible]、	[illegible]	[illegible]、	[illegible]	[illegible]	[illegible]
ŋwu^{2}	lej^{2}	məə^{1}	tshjạ^{1}	məə^{1}	lə^{2}	məə^{1}	wee^{1}	nar^{2}	ŋo^{2}
是？	贪	火、	瞋	火、	痴	火、	生	老	病
[illegible]、	□	□	□	□、	[illegible]	[illegible]	[illegible]		
sjɨ^{1}					mji^{1}	no^{2}	nej^{2}		
死、					不	安	乐		

所谓贪火、瞋火、痴火，生老病死、愁叹忧苦、不安

35.99.3

[illegible]	[illegible]	[illegible]	[illegible]。	[illegible]	[illegible]	[illegible]，	[illegible]	[illegible]	[illegible]
njɨ^{2}	tsjiir^{1}	ljo̱r^{1}	wejr^{1}	rjur^{1}	phə^{1}	bjịj^{1}	ŋa^{2}	thjɨ^{2}	nju^{1}
等	法	炽	然。	诸	长	者，	我	此	耳
□	□	□	[illegible]	[illegible]	[illegible]	[illegible]	[illegible]		
			tśjị^{1}	ŋwu^{2}	ljo̱r^{1}	wejr^{1}	ŋwu^{2}		

			苦	是	炽	然	是		

等法之所炽然。诸长者，我说此色自性是苦而复炽然。

35.99.4

rjɨr²	tshjiij¹	ŋa²	ljo̱r¹	wejr¹	tja¹	ljɨ¹	kjɨ¹	ŋwu²	lẹj²
乃	说	△。	炽	然	者	何	所	是？	贪
mәә¹	tshja̱¹	mәә¹	lә²	mәә¹	ljo̱r¹	wejr¹	rjɨr²		
火、	瞋	火、	痴	火、	炽	然	乃		

何等炽然？所谓贪火、瞋火、痴火之所炽然，乃

35.99.5

								□	
njɨ²	ɣiẹ²	lji²	wjị¹	tsjụ¹	tsjiir¹	tsjɨ¹	thja¹		sju²
至	声、	香、	味、	触、	法	亦	彼		如。
rjur¹	phә¹	bjịj¹	ŋa²	tsjɨ¹	tsә̣¹	ŋur¹	·jij¹		
诸	长	者，	我	亦	色	蕴	之		

至声、香、味、触、法亦复如是。诸长者，我说色蕴

35.99.6

							□		
tśjị¹	tsji̱r²	ŋwu²	nioow¹	ljo̱r¹	wejr¹	ŋwu²		tshjiij¹	ŋa²
苦	性	是	复	炽	然	是		说	△。
ljo̱r¹	wejr¹	tja¹	ljɨ¹	kjɨ¹	ŋwu²	lẹj²	mәә¹		
炽	然	者	何	等	是？	贪	火、		

自性是苦而复炽然。何等炽然？所谓贪火、

35.100.1

tshja̱1 məə1 lə2 məə1 ljo̱r1 wejr1 rjɨr2 njɨ2 lhji̱j2 sjiij2
瞋 火、 痴 火、 炽 然， 乃 至 受、 想、
[illegible]、 [illegible] [illegible] [illegible] [illegible] [illegible] [illegible]。 [illegible]
dźjɨ? sjij2 ŋur1 tsjɨ1 thja1 wjɨ2 sju2 rjur1
行、 识 蕴 亦 彼 △ 如。 诸

瞋火、痴火之所炽然，乃至受、想、行、识蕴①亦复如是。诸

35.100.2

[illegible] [illegible]， [illegible] [illegible] [illegible] [illegible] [illegible] [illegible] [illegible] [illegible]
phə1 bjij1 ŋa2 ljɨ2 kie̱j2 ·jij1 tsji̱r2 tśji̱1 ŋwu2 nioow1
长 者， 我 地 界 之 性 苦 是 复
[illegible] [illegible] [illegible] [illegible] [illegible] [illegible]。 [illegible] [illegible]
ljo̱r1 wejr1 ŋwu2 rjɨr2 tshjiij1 ŋa2 ljo̱r1 wejr1
炽 然 是 乃 说 △。 炽 然

长者，我说地界自性是苦而复炽然。何等炽然？

35.100.3

[illegible] [illegible] [illegible] [illegible]？ [illegible] [illegible]、 [illegible] [illegible]、 [illegible] [illegible]
tja1 ljɨ1 kjɨ1 ŋwu2 le̱j2 məə1 tshja̱1 məə1 lə2 məə1
者 何 等 是？ 贪 火、 瞋 火、 痴 火
[illegible] [illegible]。 [illegible] [illegible] [illegible] [illegible] [illegible]、 [illegible]、
ljo̱r1 wejr1 thjɨ2 sju2 rjɨr2 njɨ2 zjɨɨr2 məə1
炽 然。 是 如 乃 至 水、 火、

所谓贪火、瞋火、痴火之所炽然。如是乃至水、火、

35.100.4

[illegible]、 [illegible]、 [illegible] [illegible] [illegible] [illegible] [illegible] [illegible] [illegible] □
ljɨ1 ŋa1 sjij2 kie̱j2 ·jij1 tsji̱r2 tśji̱1 ŋwu2 nioow1
风、 空、 识 界 之 性 苦 是 复
□ □ [illegible] [illegible] [illegible]。 [illegible] [illegible] [illegible]

---

① 识蕴，五蕴之一。俱舍成实以为眼等之六识心王，唯识以为八识心王。此等心王有种种差别，集于一所，而为识蕴。

		rjɨr²	tshjiij¹	ŋa²	ljo̱r¹	wejr¹	tja¹		
		乃	说	△。	炽	然	者		

风、空、识界自性是苦而复炽然。何等炽然？

35.100.5

[illegible]	[illegible]	[illegible]？	[illegible]	[illegible]、	[illegible]	[illegible]、	[illegible]	[illegible]，	□
ljɨ̣¹	kjɨ¹	ŋwu²	lẹj²	məə¹	tshja̱¹	məə¹	lə²	məə¹	
何	等	是？	贪	火、	瞋	火、	痴	火，	
□	□	□	□	□	[illegible]	[illegible]、	[illegible]		
					tśjị¹	sjwɨ¹	mji¹		
					苦	忧、	不		

所谓贪火、瞋火、痴火，生老病死、愁叹忧苦、不

35.100.6

[illegible]	[illegible]	[illegible]	[illegible]	[illegible]	[illegible]	[illegible]。	[illegible]	□	□
no²	nej²	njɨ²	tsjiir¹	ljo̱r¹	wejr¹	ŋwu²	rjur¹		
安	乐	等	法	炽	然	是。	诸		
□	□	□	□	□	[illegible]、	[illegible]、	[illegible]、		
					nju¹	njii²	lhjwa¹		
					耳、	鼻、	舌、		

安等法之所炽然。是故，诸长者，我今不执眼、耳、鼻、舌、

35.101.1

[illegible]、	[illegible]，	[illegible]	[illegible]	[illegible]	[illegible]	[illegible]	□	□	□
lju̱²	phji¹	mji¹	ljɨ̣j²	ŋa²	nji²	njɨ²			
身、	意，	不	持	我	汝	等			
□	□	□	□	□	□	[illegible]、	[illegible]、		
						ɣiẹ²	lji²		
						声、	香、		

身、意，汝等亦应如是随学。我今不执色、声、香、

35.101.2

[illegible]、	[illegible]、	[illegible]，	[illegible]	[illegible]	[illegible]	[illegible]	[illegible]	□	□

wji̠^{1}	tsjụ^{1}	tsjiir^{1}	rjɨr^{2}	njɨ^{2}	tsə̣^{1}	njɨ^{2}	rjur^{1}
味、	触、	法，	乃	至	色	等	诸
□	□	□	□	□	[illegible]	[illegible]	[illegible]
					kụ^{1}	zjọ^{2}	zji^{2}
					后	世	皆

味、触、法，乃至不执色等诸蕴、地等诸界、此世他世，

35.101.3

[illegible]	[illegible]，	[illegible]	[illegible]	[illegible]	[illegible]	[illegible]	[illegible]	[illegible]。	□
ljɨj^{2}	ŋa^{2}	nji^{2}	njɨ^{2}	tsjɨ^{1}	thjɨ^{2}	sju^{2}	bju^{1}	ɣiew^{1}	
持	△，	汝	等	亦	是	如	随	学。	
□	□	□	□	[illegible]	[illegible]、	[illegible]、	[illegible]、		
				tjij^{1}	mej^{1}	nju^{1}	njii^{2}		
				若	眼、	耳、	鼻、		

汝等亦应如是随学。诸长者，汝等若于眼、耳、鼻、

35.101.4

[illegible]、	[illegible]、	[illegible]	[illegible]	[illegible]	[illegible]	[illegible]，	[illegible]	[illegible]	[illegible]
lhjwa^{1}	ljụ^{2}	phji^{1}	ɣa^{2}	mji^{1}	zow^{2}	zjij^{1}	ku^{1}	mej^{1}	bju^{1}
舌、	身、	意	于	不	执	著，	则	眼	依
[illegible]	[illegible]，	[illegible]、	[illegible]、	[illegible]、	[illegible]、	[illegible]	[illegible]		
mji^{1}	dźjiij^{1}	nju^{1}	njii^{2}	lhjwa^{1}	ljụ^{2}	phji^{1}	bju^{1}		
不	住，	耳、	鼻、	舌、	身、	意	依		

舌、身、意不执著者，则不依眼住，不依耳、鼻、舌、身、意

35.101.5

[illegible]	[illegible]。	[illegible]	[illegible]	[illegible]、	[illegible]、	[illegible]、	[illegible]、	[illegible]、
mji^{1}	dźjiij^{1}	nji^{2}	njɨ^{2}	tsə̣^{1}	ɣię^{2}	lji^{2}	wji̠^{1}	tsjụ^{1}
不	住。	汝	等	色、	声、	香、	味、	触、
[illegible]	[illegible]	[illegible]	[illegible]	[illegible]，	[illegible]	[illegible]	[illegible]	[illegible]
tsjiir^{1}	mji^{1}	bju^{1}	gji̠^{2}	zji̠j^{1}	nji^{2}	njɨ^{2}	tsjiir^{1}	ŋowr^{2}

法	不	依	靠	时，	汝	等	法	一

住。汝等不依色、声、香、味、触、法时，汝等则不依于一

35.101.6

[illegible]	[illegible]	[illegible]	[illegible]	[illegible]	[illegible]	[illegible]。	□	[illegible]	[illegible]
ŋowr^{2}	ɣa^{2}	mji^{1}	bju^{1}	tsjɨ^{1}	mji^{1}	dźjiij^{1}		njɨ^{2}	tsə̣^{1}
切	于	不	依	亦	不	住。		等	色
[illegible]	[illegible]	[illegible]	[illegible]	[illegible]	[illegible]	[illegible]	[illegible]，		
ŋur^{1}	rjɨr^{2}	njɨ^{2}	sjij^{2}	ŋur^{1}	bju^{1}	mji^{1}	dźjiij^{1}		
蕴	乃	至	识	蕴	依	不	住，		

切法住。汝等不依色蕴，乃至不依识蕴住者，则不依

35.102.1

[illegible]	[illegible]	[illegible]	[illegible]	[illegible]	[illegible]	□	□	[illegible]	[illegible]。
ku^{1}	tsə̣^{1}	ŋur^{1}	rjɨr^{2}	njɨ^{2}	sjij^{2}			mji^{1}	dźjiij^{1}
则	色	蕴	乃	至	识			不	住。
[illegible]	[illegible]	[illegible]、	[illegible]、	[illegible]、	[illegible]、	[illegible]、	[illegible]		
nji^{2}	njɨ^{2}	ljɨ̣^{2}	məə^{1}	zjɨɨr^{2}	ljɨ^{1}	ŋa^{1}	sjij^{2}		
汝	等	地、	火、	水、	风、	空、	识		

色蕴乃至识蕴住。汝等不依地、水、火、风、空、识

35.102.2

[illegible]	[illegible]	[illegible]	[illegible]	[illegible]，	[illegible]	[illegible]	[illegible]	□	[illegible]
kiej^{2}	mji^{1}	bju^{1}	gjị^{2}	zjij^{1}	ljɨ̣^{2}	kiej^{2}	rjɨr^{2}		sjij^{2}
界	不	依	靠	时，	地	界	乃		识
[illegible]	[illegible]	[illegible]	[illegible]。	[illegible]	[illegible]	[illegible]	[illegible]		
rjur^{1}	bju^{1}	mji^{1}	dźjiij^{1}	nji^{2}	njɨ^{2}	thjɨ^{2}	zjọ^{2}		
诸	依	不	住。	汝	等	此	世		

界时，则不依地界乃至识界住。汝等不依此世

35.102.3

[illegible]	[illegible]	[illegible]	[illegible]	[illegible]	[illegible]	[illegible]	[illegible]	[illegible]	[illegible]

kụ^{1}	zjọ^{2}	nioow^{1}	rjur^{1}	kha^{1}	ŋowr^{2}	ŋowr^{2}	bju^{1}	mji^{1}	gjị^{2}
后	世	及	世	间	一	切	依	不	靠
□	[illegible]	[illegible]	[illegible]	[illegible]	[illegible]	[illegible]	[illegible]		
	ku^{1}	thjɨ^{2}	zjọ^{2}	kụ^{1}	zjọ^{2}	nioow^{1}	rjur^{1}		
	故	此	世	后	世	复	世		

他世及以一切世间住者，如是汝等不取一切法时，

35.102.4

[illegible]	[illegible]	[illegible]	[illegible]	[illegible]	[illegible]。	[illegible]	[illegible]	[illegible]	□
kha^{1}	ŋowr^{2}	ŋowr^{2}	bju^{1}	mji^{1}	dźjiij^{1}	thjɨ^{2}	sju^{2}	nji^{2}	
间	一	切	依	不	住。	是	如	汝	
□	□	□	□	[illegible]	[illegible]	[illegible]	[illegible]		
				lhjwi^{1}	zjịj^{1}	tsjiir^{1}	ŋowr^{2}		
				取	时	法	一		

则不依于一切法住。若能不依一切

35.102.5

[illegible]	[illegible]	[illegible]	[illegible]，	[illegible]	[illegible]	[illegible]	[illegible]	□	□
ŋowr^{2}	bju^{1}	mji^{1}	dźjiij^{1}	tjij^{1}	ŋowr^{2}	ŋowr^{2}	bju^{1}		
切	依	不	住，	若	一	切	依		
□	□	□	□	□	[illegible]	[illegible]	[illegible]		
					kụ^{1}	mji^{1}	dju^{1}		
					后	不	有		

法住者，是则名为非当有、非不当有。

35.102.6

[illegible]	[illegible]。	[illegible]	[illegible]	[illegible]	[illegible]	[illegible]、	[illegible]	□	□
njaa^{2}	we^{2}	nji^{2}	njɨ^{2}	tjij^{1}	kụ^{1}	dju^{1}	njaa^{2}		
非	为。	汝	等	若	后	有、	非		
□	□	□	□	□	□	[illegible]	[illegible]		
						njɨ^{2}	·jij^{1}		

							等	之	

汝等若悟非当有、非不当有者,我说汝等

35.103.1

[illegible]	[illegible]	[illegible]	[illegible]	[illegible]	□	□	□	□
wee^{1}	nar^{2}	ŋo^{2}	sjɨ^{1}	rjur^{1}				
生	老	病	死	诸				

解脱生老病死诸苦。尔时,世尊

35.103.2

[illegible]	[illegible]	[illegible]	[illegible]	[illegible]	[illegible]:
tshjiij^{1}	kięj^{2}	nę^{1}	dạ^{2}	rjɨr^{2}	tshjiij^{1}
说	欲	宣	言	乃	说:

欲重宣此义,而说颂曰:

35.103.3

[illegible]	[illegible]	[illegible]	[illegible]	[illegible],	[illegible]	[illegible]	□	□	□
lhji^{2}	wee^{1}	ljo̱r^{1}	wejr^{1}	məə^{1}	rjur^{1}	rjur^{1}			
死	生	炽	盛	燃,	诸	世			

生死所炽盛,烧燃诸世间,受苦无能救,

35.103.4

[illegible]	[illegible]	[illegible]	[illegible]	[illegible]。	[illegible]	[illegible]	□	□	□
rjur^{1}	śjɨj^{2}	tśja^{1}	phjɨ^{1}	lhjo^{1}	rjur^{1}	swew^{1}			
诸	圣	道	丧	失。	世	照			

丧失于圣道。照世诸如来,时乃一兴现,

35.103.5

[illegible]	[illegible]	[illegible]	[illegible]	[illegible],	[illegible]	□	□	□	□
tsej^{2}	zjịj^{1}	mji^{1}	khwa^{1}	ka^{2}	gjwɨ^{1}				
暂	时	无	远	离,	坚				

无刹那远离,当起坚精进。修习于正行,

35.103.6

[illegible]	[illegible]	[illegible]	[illegible]	[illegible]，	[illegible]	□	□	□	□
źjɨr^1	ŋwu^2	bio̱^{1}	thjuu^1	nwə^1	źjɨr^1				
慧	以	观	察	知，	慧				

慧观应察知，如慧观当得，异此非所获。

35.104.1

[illegible]	[illegible]	[illegible]	[illegible]	[illegible]，	[illegible]	□	□	□	□
thjɨ^2	bju^1	djo̱^{2}	dzjɨɨ^2	ku^1	zji^2				
此	依	修	习	故，	皆				

若于此修习，应知一切空，了达空法已，

35.104.2

[illegible]	[illegible]	[illegible]	[illegible]	[illegible]，	[illegible]	[illegible]	□	□	□
njiij^1	ŋa^1	po^1	tjɨj^1	njaa^2	le̱j^2	tshja̱^{1}			
心	空	菩	提	非，	贪	瞋			

非心空菩提。贪瞋及与痴，是三毒大火，

35.104.3

[illegible]	[illegible]	[illegible]	[illegible]	[illegible]，	[illegible]	[illegible]	□	□	□
rjur^1	rjur^1	we̱^{1}	lə^2	lu^2	wee^1	nar^2			
诸	世	愚	痴	烧，	生	老			

烧诸世愚者，生老病及死，

35.104.4

[illegible]	[illegible]	[illegible]	[illegible]	[illegible]，	□	□	□	□	□
·ju^2	me^2	nioow^1	mji^1	dwewr^2					
常	眠	而	不	觉，					

长眠而不觉。愁叹诸苦等，知世逼迫已，勿依诸法住。

35.104.5

[illegible]	[illegible]，	[illegible]	[illegible]	[illegible]	[illegible]	□	□	□	□

tśhjɨ¹	zjọ²	ŋwə¹	·jir²	phə¹	bjịj¹
尔	时，	五	百	长	者

尔时，五百长者白佛言：世尊，我等今者欲于佛所

35.104.6

[illegible]	[illegible]，	[illegible]	[illegible]	[illegible]	[illegible]，	[illegible]	□	□	□
nji¹	phjɨ¹	ŋowr²	lhə?	kie¹	lhjịj²	gji¹			
家	出，	具	足	戒	受，	清			

出家，受具足戒，修清净行，未审世尊垂愍听不？

汉文本

尔时，五百长者闻是法已，即于此处远尘离垢，于诸法中得法眼净。如无黑净衣，置染器中速受染色；如是诸长者法眼清净，亦复如是。

尔时，世尊复为长者宣说妙法，示教赞善：诸长者，我说此眼自性是苦而复炽然。何等炽然？所谓贪火、瞋火、痴火之所炽然，生老病死、愁叹忧苦、不安等法之所炽然。如是，诸长者，我说此耳、鼻、舌、身、意自性是苦而复炽然。何等炽然？所谓贪火、瞋火、痴火，生老病死、愁叹忧苦、不安等法之所炽然。诸长者，我说此色自性是苦而复炽然。何等炽然？所谓贪火、瞋火、痴火之所炽然，乃至声、香、味、触、法亦复如是。诸长者，我说色蕴自性是苦而复炽然。何等炽然？所谓贪火、瞋火、痴火之所炽然，乃至受、想、行、识蕴亦复如是。诸长者，我说地界自性是苦而复炽然。何等炽然？所谓贪火、瞋火、痴火之所炽然。如是乃至水、火、风、空、识界自性是苦而复炽然。何等炽然？所谓贪火、瞋火、痴火，生老病死、愁叹忧苦、不安等法之所炽然。

是故，诸长者，我今不执眼、耳、鼻、舌、身、意，汝等亦应如是随学。我今不执色、声、香、味、触、法，乃至不执色等诸蕴、地等诸界、此世他世，汝等亦应如是随学。诸长者，汝等若于眼、耳、鼻、舌、身、意不执著者，则不依眼住，不依耳、鼻、舌、身、意住。汝等不依色、声、香、味、触、法时，汝等则不依于一切法住。汝等不依色蕴，乃至不依识蕴住者，则不依色蕴乃至识蕴住。汝等不依地、水、火、风、空、识界时，则不依地界乃至识界住。汝等不依此世他世及以一切世间住者，如是汝等不取一切法时，则不依于一切法住。若能不依一切法住者，是则名为非当有、非不当有。汝等若悟非当有、非不当有者，我说汝等解脱生老病死诸苦。

尔时，世尊欲重宣此义，而说颂曰：

生死所炽盛，烧燃诸世间，

受苦无能救，丧失于圣道。

照世诸如来，时乃一兴现，

无刹那远离，当起坚精进。

修习于正行，慧观应察知，如慧观当得，异此非所获。若于此修习，应知一切空，了达空法已，非心

空菩提。贪瞋及与痴，是三毒大火，烧诸世愚者，生老病及死，长眠而不觉。愁叹诸苦等，知世逼迫已，勿依诸法住。尔时，五百长者白佛言：世尊，我等今者欲于佛所出家，受具足戒，修清净行，未审世尊垂愍听不？

西夏文《大宝积经》

· 卷三十六 ·

《菩萨藏会》

“金毗罗天受记品”第二整理与研究

内容和版本介绍

《大宝积经·菩萨藏会》第十二之二“金毗罗天受记品”第二的主要内容讲的是“护城药叉名金毗罗,奉佛妙供。众神各奉僧供。佛授金毗罗无上道记。金毗罗庄严道路,随佛至鹫峰山。佛命阿难敷大法座,命目连集诸苾刍大迦叶等。同来法会”(明智旭:《阅藏知津》卷二《大乘经藏·方等部》之《大宝积经》)。

汉译本《大宝积经·菩萨藏会》第十二并非菩提流志所译,而是唐三藏法师玄奘奉诏译,入《大宝积经》卷三十五至卷五十四。此经内容包括“开化长者品”第一、“金毗罗天受记品”第二、“试验菩萨品”第三、“如来不思议性品”第四、“无量品”第五、“陀那波罗蜜多品”第六、“尸波罗蜜品”第七、“羼底波罗蜜多品”第八、“毗利耶波罗蜜多品”第九、“静虑波罗蜜多品”第十、“般若波罗蜜多品”第十一、“大自在天授记品”第十二。这里整理的是“金毗罗天受记品”第二,汉文同名佛经收入《大正藏》第11册№.310[①]。

西夏文《菩萨藏会》第十二之二“金毗罗天受记品”第二见于《俄藏黑水城文献》第21册,第196—197页,编号 инв. № 447,写本,经折装,每折6行,行18字,现存30折,保存完整。此品第二与“试验菩萨品”第三合为一卷,即《大宝积经》卷三十六。本文西夏本释读参照《大正藏》第310号唐三藏法师玄奘译本。

本卷中加“/”处,表示整理文本将原文两行合为一行。

① 《大正藏》第11卷,第195页。

文本释读

36.1.1

《[illegible]	[illegible]	[illegible]	[illegible]	[illegible]》	[illegible]	[illegible]	[illegible]	[illegible]	[illegible]	[illegible]①
ljij^2	ljɨ^1	tśiow^1	lwər^2	lhejr^2	?	sọ^1	ɣạ^2	tśhjiw^1	tsew^2	pə^1
《大	宝	积	经	契》	卷	三	十	六	第	矿

《大宝积经》卷三十六

36.1.2

[illegible]	[illegible]	[illegible]	[illegible]
tshjwu^1	bju^1	tśja^1	dźju^1
天	奉	道	显

奉天显道

36.1.3

[illegible]	[illegible]	[illegible]	[illegible]	[illegible]	[illegible]	[illegible]	[illegible]	[illegible]
dźiā^2	tsjij^2	·u̧^{2}	ljwu^2	ɣạ^2	njii^1	tsew^2	·jij^1	kjĩ^1
菩	萨	藏	会	十	二	第	之	金
[illegible]	[illegible]	[illegible]	[illegible]	[illegible]	[illegible]	[illegible]	[illegible]	
phji^1	lo^1	mə^1	la^1	ɣiwej^1	tjij^1	njii^1	tsew^2	
毗	罗	天	记	受	品	二	第	

菩萨藏会第十二之二金毗罗天②受记品第二

36.1.4

[illegible] [illegible]，[illegible] [illegible] [illegible] [illegible] [illegible] [illegible] [illegible]

① [illegible]，西夏文藏经帙号。此为《大宝积经》卷三十至卷三十九等十卷帙号，可汉译为“矿”。俄藏447号首题缺，此据尾题补。

② 金毗罗天，西夏文作“[illegible]”。王舍城护神名。金毗罗，梵文Kumbhīra。有多种不同称呼，《杂阿含经》卷四十八称曰“金婆罗鬼神”，《金光明经》卷三称曰“金毗罗”，宋译《药师经》明十二神将中有“金毗罗大将”，唐译《药师经》曰“宫毗罗大将”，《千手陀罗尼经》曰“金毗罗陀”，《阿育王经》卷六以为北方毗沙门天之别名，与“鸠鞞罗”（Kubera）不同。本经此言“金毗罗天”，又及“金毗罗童子世罗”，“佛在王舍城途，王舍城有护神金毗罗王，领六万八千药叉众供养佛，佛为授未来成道记”。

tśhjɨ¹	zjọ²	rjur¹	pjụ¹	thja¹	tśja¹	khwə¹	dzuu²	tjị²
尔	时,	世	尊	彼	道	中	坐	处
[illegible]	[illegible],	[illegible]	[illegible]	[illegible]	[illegible]	[illegible]	[illegible]	[illegible]
mji¹	nar²	rjur¹	phə¹	bjịjr¹	·jij¹	śjɨj²	mjaa¹	gu¹
不	移,	诸	长	者	之	圣	果	建

尔时,世尊于彼中道不移其处,令诸长者建立圣果,

36.1.5

[illegible]	[illegible],	[illegible]	[illegible]	[illegible]	[illegible]	[illegible]	[illegible]	[illegible]
śjwo¹	phji¹	nioow¹	mjor¹	ljịj²	·jij¹	pjụ¹	dzjwɨ¹	bju¹
立	令,	故	如	来	之	威	势	依
[illegible]	[illegible]	[illegible]	[illegible]	[illegible],	[illegible]	[illegible]	[illegible]	[illegible],
njij²	mjii¹	we²	·u²	·o²	ljɨɨr¹	·ji¹	·wiọ¹	tśjɨ̣¹
王	舍	城	内	入,	四	众	围	绕,

以如来威势入王舍城,四众围绕,

36.1.6

[illegible]	[illegible]	[illegible]	[illegible]。	[illegible],	[illegible]	[illegible]	[illegible]	[illegible]
pjụ¹	laa¹	no²	rejr²	dzjɨj¹	njij²	mjii¹	we²	·wejr²
威	容	安	乐。	时,	王	舍	城	护
[illegible]	[illegible]	[illegible]	[illegible]	[illegible]	[illegible]	[illegible]	[illegible]	[illegible],
mjijr²	rjur¹	mə¹	·jij¹	khja²	ljij²	neew²	njạ¹	njij²
者	诸	天	药	叉	大	善	神	王,

容仪庠序①。时,有护王舍城诸天药叉大善神王,

36.2.1

[illegible]	[illegible]	[illegible]	[illegible]	[illegible]	[illegible],	[illegible]	[illegible]	[illegible]
gjɨ²	mjiij²	tja¹	kjĩ¹	phji¹	lo¹	thjɨ²	sju²	ljɨr²
一	名	者	金	毗	罗,	是	如	念
[illegible]:	[illegible]	[illegible]	[illegible]	[illegible]	[illegible]	[illegible]	[illegible]	[illegible],

① 庠序,安详肃穆。庠,通"详"。西夏文以"[illegible]"对译汉本"庠序"。

wji^{1}	sjij^{1}	thjɨ^{2}	mjor^{1}	ljịj^{2}	·jwɨr^{1}	·jij^{1}	lja^{1}	lho$^{?}$
作：	今	此	如	来	貌	相	超	出，

名金毗罗，作如是念：今者如来形相殊异，

36.2.2

[illegible]	[illegible]	[illegible]	[illegible]	[illegible]	[illegible]	[illegible]	[illegible]，	[illegible]
rjur^{1}	rjur^{1}	kiẹj^{2}	kha^{1}	zji^{2}	buu^{2}	ber^{2}	gie^{1}	dzjwo^{2}
诸	世	界	中	最	胜	遇	难，	人
[illegible]	[illegible]	[illegible]	[illegible]	[illegible]	[illegible]。	[illegible]	[illegible]	[illegible]
mə^{1}	·jij^{1}	kjụ^{1}	tshwew^{1}	lhjịj^{2}	wo^{2}	ŋa^{2}	nji^{2}	thjɨ^{2}
天	之	供	养	受	义。	我	等	此

于世间中最胜难遇，堪受人天之所供养。我等今

36.2.3

[illegible]	[illegible]	[illegible]	[illegible]	[illegible]	[illegible]	[illegible]	[illegible]	[illegible]
wjɨ^{2}	mə^{2}	mə^{2}	phju^{2}	thjo̱^{1}	kjụ^{1}	gju^{2}	ŋwu^{2}	mjor^{1}
刻	种	种	上	妙	供	具	以	如
[illegible]	[illegible]	[illegible]	[illegible]	[illegible]	[illegible]。	[illegible]	[illegible]	[illegible]
ljịj^{2}	do^{2}	kjụ^{1}	tshwew^{1}	lew^{2}	·jɨ^{1}	thjɨ^{2}	ljɨr^{2}	wji^{1}
来	处	供	养	当	△。	是	念	作

当应以种种上妙供具奉献如来。作是念已，

36.2.4

[illegible]，	[illegible]	[illegible]	[illegible]	[illegible]	[illegible]，	[illegible]	[illegible]	[illegible]
nioow^{1}	xja^{1}	zji^{2}	buu^{2}	tjị^{1}	dzji^{2}	lji^{2}	wjị^{1}	ŋowr^{2}
已，	便	最	胜	食	饮，	香	味	具
[illegible]，	[illegible]	[illegible]	[illegible]	[illegible]	[illegible]，	[illegible]	[illegible]	[illegible]
lhə$^{?}$	thjo̱^{1}	tsə̣^{1}	śjịj^{1}	·jiw^{2}	ŋwu^{2}	tha^{1}	do^{2}	kjụ^{1}
足，	妙	色	成	就	以，	佛	处	供

便以最胜饮食，具足香味，成就妙色，奉上于佛。

36.2.5

[illegible]。	[illegible]	[illegible]，	[illegible]	[illegible]	[illegible]	[illegible]	[illegible]	[illegible]

tshwew^{1}	tśhjɨ^{1}	zjọ^{2}	rjur^{1}	pjụ^{1}	thja^{2}	·jij^{1}	njij^{2}	śjow^{1}
养。	尔	时,	世	尊	其	之	慈	愍
[illegible]	[illegible]	[illegible],	[illegible]	[illegible]	[illegible]。	[illegible],	[illegible]	[illegible]
nioow^{1}	kjụ^{1}	tshwew^{1}	war^{2}	wjɨ^{2}	lhjij^{2}	dzjɨj^{1}	kjĩ^{1}	phji^{1}
故	供	养,	财	△	受。	时,	金	毗

尔时,世尊愍其所献,故为纳受。时,金毗

36.2.6

[illegible]	[illegible]	[illegible]	[illegible]	[illegible]	[illegible]	[illegible]	[illegible]	[illegible]
lo^{1}	njij^{2}	tśhjiw^{1}	khjɨ^{2}	·jar^{1}	tụ^{1}	ljij^{2}	·jij^{1}	khja^{2}
罗	王	六	万	八	千	大	药	叉
[illegible]	[illegible]	[illegible],	[illegible]	□	□	□	□	[illegible]
·ji^{1}	rjɨr^{2}	śio^{1}	tshọ^{2}					de^{2}
众	乃	领,	虚					喜

罗王所领大药叉众六万八千,在虚空中咸生随喜,

36.3.1

[illegible]	[illegible],	[illegible]	[illegible]	[illegible]	[illegible]:	[illegible]	[illegible]!	[illegible]
ljɨj^{2}	śjwo^{1}	gji^{1}	sej^{1}	ɣiẹ^{2}	ŋwu^{2}	tjij^{2}	rjijr^{2}	tjij^{2}
喜	生,	清	净	音	以:	善	哉!	善
[illegible]	[illegible]!	[illegible],	[illegible]	[illegible]	[illegible]	[illegible]	[illegible]	[illegible]
rjijr^{2}	·jɨ^{1}	dzjɨj^{1}	kjĩ^{1}	phji^{1}	lo^{1}	kjwar^{1}	thjɨ^{2}	wo^{2}
哉	△!	时,	金	毗	罗	即	此	义

以清远音唱言:善哉! 善哉! 时,金毗罗即以此义,

36.3.2

[illegible],	[illegible]	[illegible]	[illegible]	[illegible]:	[illegible]	[illegible]	[illegible]	[illegible]
ŋwu^{2}	·ji^{1}	·jij^{1}	dạ^{2}	·jɨ^{1}	ŋa^{2}	tha^{1}	do^{2}	phju^{2}
以,	众	之	言	告:	我	佛	处	上
[illegible]	[illegible]	[illegible]	[illegible]	[illegible]	[illegible]。	[illegible]	[illegible]	[illegible]
thjo̱^{1}	kjụ^{1}	gju^{2}	kjɨ^{1}	tshjwu^{1}	ŋa^{2}	nji^{2}	njɨ^{2}	tsjɨ^{1}
妙	供	具	已	奉	△。	汝	等	亦

告其众曰：我已奉佛上妙供具。汝等亦

36.3.3

[illegible]	[illegible]	[illegible]	[illegible]	[illegible]	[illegible]	[illegible]	[illegible]	[illegible]
rjur[1]	kjụ[1]	tshwew[1]	gju[2]	ŋwu[2]	phji[1]	tśhjụ[1]	sẽ[1]	·jij[1]
诸	供	养	具	以	苾	刍	僧	之
[illegible]	[illegible]，	[illegible]	[illegible]	[illegible]	[illegible]	[illegible]	[illegible]	[illegible]
mjii[1]	lew[2]	nji[2]	njɨ[2]	gjɨ[2]	zjir[2]	kha[1]	ɣie[2]	ɣie[2]
施	应，	汝	等	夜	长	中	利	益

应以诸供养施苾刍僧，当令汝等于长夜中利益

36.3.4

[illegible]	[illegible]	[illegible]	[illegible]	[illegible]。	[illegible]	[illegible]	[illegible]	[illegible]
no[2]	rejr[2]	rjir[1]	nji[2]	·jɨ[1]	rjur[1]	·jij[1]	khja[2]	njij[2]
安	乐	得	△	谓。	诸	药	叉	王
[illegible]	[illegible]	[illegible]，	[illegible]	[illegible]	[illegible]	[illegible]	[illegible]	[illegible]
zur[2]	dạ[2]	bju[1]	tśhjɨ[2]	rjar[2]	phju[2]	kjụ[1]	gju[2]	ŋwu[2]
教	言	依，	立	即	上	供	具	以

安乐。诸药叉众受王教已，即以上供

36.3.5

[illegible]	[illegible]	[illegible]	[illegible]	[illegible]。	[illegible]	[illegible]	[illegible]	[illegible]，
phji[1]	tśhjụ[1]	sẽ[1]	·jij[1]	mjii[1]	dzjɨj[1]	rjur[1]	sẽ[1]	·jij[1]
苾	刍	僧	之	施。	时	诸	僧	之，
[illegible]	[illegible]	[illegible]	[illegible]。					
mjii[1]	war[2]	zow[2]	lhjịj[2]					
施	财	供	受。					

施苾刍僧。时诸僧众，哀受其供。

36.3.6

[illegible]	[illegible]，	[illegible]	[illegible]	[illegible]	[illegible]	[illegible]	[illegible]	[illegible]
tśhjɨ[1]	zjọ[2]	rjur[1]	pjụ[1]	tjị[1]	kjụ[1]	nioow[1]	ku[1]	njij[2]

尔	时，	世	尊	食	供	故	则	王
[illegible]	[illegible]	[illegible]	[illegible]，	[illegible]	[illegible]	[illegible]	[illegible]	[illegible]
mjii^{1}	we^{2}	·u^{2}	·o^{2}	tjị^{1}	kjụ^{1}	rjir^{1}	dźjwa^{1}	nioow^{1}
舍	城	内	入，	食	供	得	竟	已

尔时，世尊为乞食故入王舍城，既得食已

36.4.1

[illegible]	[illegible]	[illegible]	[illegible]	[illegible]	[illegible]	[illegible]	[illegible]。	[illegible]，
mər^{2}	dźjiij^{1}	mjɨ^{1}	do^{2}	bar^{1}	wji^{1}	·jij^{1}	zjịj^{1}	dzjɨj^{1}
根	住	无	处	还	为	将	时。	时，
[illegible]	[illegible]	[illegible]	[illegible]	[illegible]、	[illegible]、	[illegible]	[illegible]、	[illegible]
mjɨ^{1}	pjụ^{1}	tụ^{1}	·ji^{1}	ŋwə^{1}	we^{1}	·jij^{1}	khja^{2}	khjā^{2}
无	量	千	众	天、	龙、	药	叉、	健

将还所止。时，有无量千众天、龙、药叉、健

36.4.2

[illegible]	[illegible]、	[illegible]	[illegible]	[illegible]、	[illegible]	[illegible]	[illegible]、	[illegible]
tha^{2}	wa^{1}	·ja	su^{1}	la^{1}	kja^{1}	lu^{2}	tśhia^{1}	kjĩ^{1}
达	嚩、	阿	素	洛、	揭	路	荼、	紧
[illegible]	[illegible]、	[illegible]	[illegible]	[illegible]	[illegible]，	[illegible]	[illegible]	[illegible]
da̱^{2}	lo^{1}	boo^{2}	xu^{1}	lu^{2}	khja^{2}	nioow^{1}	mjɨ^{1}	pjụ^{1}
捺	洛、	牟	呼	洛	伽，	及	无	量

达嚩①、阿素洛、揭路荼②、紧捺洛③、牟呼洛伽④，及无量

36.4.3

[illegible]	[illegible]	[illegible]	[illegible]	[illegible]，	[illegible]	[illegible]	[illegible]	[illegible]
tụ^{1}	dzjwo^{2}	mji^{1}	dzjwo^{2}	rjir^{2}	nioow^{1}	mjɨ^{1}	pjụ^{1}	kju^{1}

---

① 健达嚩，西夏文作“[illegible]”。梵文作 Gandharva，（鬼类）又作乾闼婆。译曰香神、嗅香、香阴、寻香行。乐人之称。又八部众之一。乐神名。不食酒肉，唯求香以资阴身，又自其阴身出香，故有香神乃至寻香行之称。与紧那罗同，奉侍帝释而司奏伎乐。藏文作 dri za。

② 揭路荼，西夏文作“[illegible]”。梵文作 Garuḍa，又作迦楼罗，鸟名，旧译曰金翅鸟，新译曰妙翅鸟，居四天下之大树，取龙为食，八部众之一。

③ 紧捺洛，西夏文作“[illegible]”。梵文为 Kiṁnara，旧译曰人非人，八部众之一。

④ 牟呼洛伽，西夏文作“[illegible]”。梵文 Mahoraga，又作莫呼洛伽，八部众之一。

千	人	非	人	与，	又	无	量	拘
[illegible]	[illegible]	[illegible]	[illegible]	[illegible]	[illegible]	[illegible]	[illegible]，	[illegible]
tśji^{2}	no^{1}	·juu^{1}	tow^{1}	·jir^{2}	tụ^{1}	dźiã^{2}	tśhju^{1}	tha^{1}
胝	那	庾	多	百	千	众	生，	佛

千人与非人，又有无量拘胝那庾多百千众生，

36.4.4

[illegible]	[illegible]	[illegible]。	[illegible]	[illegible]，	[illegible]	[illegible]	[illegible]	[illegible]
nioow^{1}	rjijr^{2}	śio^{1}	tśhjɨ^{1}	zjọ^{2}	mjor^{1}	ljij^{2}	zji^{2}	buu^{2}
后	从	随。	尔	时，	如	来	最	胜
[illegible]	[illegible]	[illegible]	[illegible]	[illegible]，	[illegible]	[illegible]	[illegible]	[illegible]
wạ^{2}	zjij^{1}	ljɨ^{2}	twụ^{1}	śjɨ^{1}	mja^{1}	njɨɨ^{2}	sju^{2}	dzuu^{2}
广	宽	地	各	往，	黄	日	如	坐

随从佛后。尔时，如来往彼最胜宽广之地，敷如常①座

36.4.5

[illegible]	[illegible]	[illegible]	[illegible]	[illegible]	[illegible]。	[illegible]，	[illegible]	[illegible]
lju^{1}	·jiir^{2}	thja^{1}	tśhjaa^{1}	wjɨ^{2}	dzuu^{2}	dzjɨj^{1}	kjĩ^{1}	phji^{1}
席	伸	其	上	△	坐。	时，	金	毗
[illegible]	[illegible]	[illegible]	[illegible]	[illegible]	[illegible]，	[illegible]	[illegible]	[illegible]
lo^{1}	djij^{1}	dźjwɨ^{1}	rjir^{2}	śiə^{1}	śio^{1}	mə^{2}	mə^{2}	mə^{1}
罗	类	相	与	部	从，	种	种	天

而坐其上。时，金毗罗与其部从，即持种种天

36.4.6

[illegible]	[illegible]	[illegible]	[illegible]、	[illegible]	[illegible]	[illegible]	[illegible]、	[illegible]
mã^{1}	thow^{1}	lo^{1}	wjạ^{1}	·u^{2}	pa^{2}	lo^{1}	wjạ^{1}	pa^{2}
曼	陀	罗	华、	殟	钵	罗	华、	钵
[illegible]	[illegible]	[illegible]、	[illegible]	[illegible]	[illegible]	[illegible]、	[illegible]	[illegible]
thew^{2}	mo^{2}	wjạ^{1}	kju^{1}	wər^{1}	thew^{2}	wjạ^{1}	pẽ^{2}	tśhia^{1}

① 如常，西夏文作“[illegible]”（黄日）。“[illegible]”（mja^{1}）通“[illegible]”（mja^{1}，昔），“[illegible]”意为“往日”，与“常”相对。

特	摩	华、	拘	贸	陀	华、	奔	荼

曼陀罗华①、殟钵罗华②、钵特摩华③、拘贸陀华④、奔荼

36.5.1

翗	緻	藉，	㦝	糁	糁	膝	豨	穊
lji²	wją¹	zow²	nioow¹	mə²	mə²	mə¹	tśja¹	thã¹
利	华	执，	复	种	种	天	旃	檀
赦	豼	蓊	蕤	新	縀	絆	□	緵
mẹ²	rjur¹	kjụ¹	tshwew¹	gju²	·jiij¹	tha¹		wjɨ²
习	诸	供	养	具	持	佛		△

利华⑤，复持种种天旃檀⑥末诸供养具而散于佛，

36.5.2

敨，	蒎	纎	祔	敨、	糤	祔	敨、	緺
lju²	thjɨ²	tja¹	buu²	lju²	ljịj²	buu²	lju²	thjo̱¹
散，	此	者	胜	散、	大	胜	散、	妙
敨、	糤	緺	敨	散；	蒎	琡	秡	牖
lju²	ljịj²	thjo̱¹	lju²	ŋwu²	thjɨ²	sju²	njɨ²	kjir¹
散、	大	妙	散	是；	是	如	等	勇

所谓胜散、大胜散、妙散、大妙散；作如是等

36.5.3

豬	敨	豨	㦝，	絆	豨	羓	翗，	緈
·jiw²	lju²	dźjwa¹	nioow¹	tha¹	·ju²	pją¹	phjoo²	dzjwị¹
猛	散	竟	已，	佛	前	掌	合，	敬
緵	㲎	綖。	豨	荾，	絳	㡙	豼	㒒

① 曼陀罗华，西夏文作“毻㦝魔緻”。梵文作 Mandārakaiḥ，意译天妙、悦意、适意、杂色、圆、柔软声、阗、白。又作曼陀勒华、曼那罗华、曼陀罗梵华、曼陀罗帆华。其花大者，称为摩诃曼陀罗华。曼陀罗华为四种天华之一，乃天界之花名。藏文作 man。

② 殟钵罗华，西夏文作“毻䉶魔緻”。梵文作 Utpalam，又译乌钵罗花、优钵剌、沤钵罗，或意译青莲花、黛花、红莲花。藏文作 ut pa la。

③ 钵特摩华，西夏文作“䉶赦敗緻”。梵语作 Padma，巴利语 paduma。又作钵头摩，意译作赤莲华、红莲华。

④ 拘贸陀华，西夏文作“豼叙赦緻”。梵文作 Kumuda，花名，又译拘贸头、拘勿陀、拘物陀，地喜花。

⑤ 奔荼利华，西夏文作“緵叕翗緻”。梵文作 Puṇḍarika，又译奔荼利迦，或意译白莲花。

⑥ 旃檀，梵语作 Candana，具名旃檀娜，香木名。

tshwew^{1}	no^{2}	dźjiij^{1}	tśhjɨ^{1}	zjọ^{2}	mjor^{1}	ljij^{2}	kjĩ^{1}	phji^{1}
礼	安	住。	尔	时，	如	来	金	毗

殷勤散已，合掌佛前，礼敬而住。尔时，如来知金毗

36.5.4

[illegible]	[illegible]	[illegible]	[illegible]	[illegible]	[illegible]	[illegible]	[illegible]	[illegible]
lo^{1}	nioow^{1}	thja^{1}	ljij^{2}	·ji^{1}	njiij^{1}	khju^{1}	ljiɨr^{2}	djij^{2}
罗	及	其	大	众	心	下	念	▽
[illegible]，	[illegible]	[illegible]	[illegible]	[illegible]。	[illegible]	[illegible]	[illegible]	[illegible]，
dwewr^{2}	tśhjɨ^{2}	rjar^{2}	zjiɨr^{1}	djiij^{1}	rjur^{1}	tha^{1}	tjiij^{2}	tja^{1}
觉，	立	即	微	笑。	诸	佛	法	者，

罗及其大众心之所念，即便微笑。诸佛常法，

36.5.5

[illegible]	[illegible]	[illegible]	[illegible]，	[illegible]	[illegible]	[illegible]	[illegible]	[illegible]
zjiɨr^{1}	djiij^{1}	śja^{2}	zjij^{1}	ljaa^{2}	·u^{2}	mə^{2}	mə^{2}	mjɨ^{1}
微	笑	现	时，	口	内	种	种	无
[illegible]	[illegible]	[illegible]	[illegible]，	[illegible]	[illegible]	[illegible]、	[illegible]、	[illegible]、
pjụ^{1}	tsə̣^{1}	bji^{1}	wjạ^{2}	thjɨ^{2}	tja^{1}	ŋwər^{1}	nər^{2}	njij^{1}
量	色	光	放，	此	者	青、	黄、	赤、

现微笑时，从其面门出种种无量色光，所谓青、黄、赤、

36.5.6

[illegible]、	[illegible]	[illegible]、	[illegible]	[illegible]	[illegible]	[illegible]	[illegible]	[illegible]
phiow^{1}	dzjɨ̣^{2}	tsə̣^{1}	ŋwo^{2}	tsə̣^{1}	nioow^{1}	zjiɨr^{2}	nji^{2}	tsə̣^{1}
白、	红	色、	银	色	及	水	珠	色
[illegible]。	[illegible]	[illegible]	[illegible]	[illegible]	[illegible]	[illegible]	[illegible]	[illegible]
ŋwu^{2}	thja^{1}	bji^{1}	mjɨ^{1}	pjụ^{1}	bju^{2}	mjij^{1}	rjur^{1}	kiẹj^{2}
是。	其	光	无	量	边	无	世	界

白、红色、银色及水精色。其光遍照无量无边

36.6.1

[illegible]	[illegible]	[illegible]	[illegible]	[illegible]，	[illegible]	[illegible]	[illegible]	[illegible]

ŋowr²	ŋowr²	·u²	zji²	swew¹	be²	lhjịj²	pjụ¹	bji¹
一	切	内	皆	照,	日	月	威	光
[illegible]	[illegible]	[illegible]	[illegible],	[illegible]	[illegible]	[illegible]	[illegible]	[illegible]
·jwɨɨ¹	t-	mji¹	śja²	bji²	djị¹	·jɨj²	swew¹	de²
遮	掩	不	现,	下	地	狱	照	悦

一切世界,日月威光掩蔽不现,下照地狱

36.6.2

[illegible]	[illegible]	[illegible],	[illegible]	[illegible]	[illegible]	[illegible]	[illegible]	[illegible]
rejr²	śjwo¹	phji¹	rjɨr²	njɨ²	phju²	tsu²	xiwã¹	rjur¹
乐	发	令,	乃	至	上	踊	梵	世
[illegible]	[illegible]	[illegible]。	[illegible]	[illegible]	[illegible]	[illegible]	[illegible]	[illegible]
ɣa²	njɨ²	wji¹	lew²	rjɨr²	wji¹	ljɨɨ¹	śjạ¹	dźjow¹
于	至	为。	所	乃	作	还	七	匝

令彼悦乐,乃至上踊至于梵世①。所应作已而复还来,

36.6.3

[illegible]	[illegible],	[illegible]	[illegible]	[illegible]	[illegible]	[illegible]	[illegible],	[illegible]
tśier¹	ror²	tśhioow¹	mjor¹	ljịj²	tśjiw²	tśhjaa¹	·o²	tśhioow¹
右	绕,	或	如	来	顶	上	没,	或
[illegible]	[illegible]、	[illegible]	[illegible]	[illegible]	[illegible]	[illegible]。	[illegible]	[illegible]
njɨɨ¹	wạ¹	tśhioow¹	njɨɨ¹	ŋwer²	tśhjaa¹	·o²	rjur¹	tha¹
两	肩、	或	两	膝	上	没。	诸	佛

右绕七匝,或于世尊顶上而没,或从两肩、或从两膝而灭没者。

36.6.4

[illegible]	[illegible]	[illegible],	[illegible]	[illegible]	[illegible]	[illegible]	[illegible]	[illegible]
·jij¹	tjiij²	tja¹	tjij¹	djị¹	·jɨj²	·u²	dźiã²	tśhju¹
之	法	者,	若	地	狱	内	众	生
[illegible]	[illegible]	[illegible]	[illegible],	[illegible]	[illegible]	[illegible]	[illegible]	[illegible]

① 梵世,梵语 Brahmaloka。又作梵色界、梵世天、梵世界、梵界。指梵天所支配之世界。又"梵世"一词亦可作为色界诸天之总称,盖以此界之人已离淫欲之故,而古来于印度,离欲、清净之行即称为梵行。

·jij^{1} la^{1} zow^{2} ku^{1} tśhjɨ^{1} zjịj^{1} bji^{1} swew^{1} njɨɨ^{1}

之 记 授 故， 尔 时 光 明 两

诸佛常法，若授地狱众生记时，尔时光明两

36.6.5

[illegible] [illegible] [illegible]， [illegible] [illegible] [illegible] [illegible] [illegible] [illegible]

rewr^{2} khju^{1} ·o^{2} tjij^{1} sju^{2} dzju^{2} ·jij^{1} la^{1} zow^{2}

足 下 没， 若 畜 生 之 记 授

[illegible] [illegible] [illegible] [illegible] [illegible] [illegible]， [illegible] [illegible] [illegible]

ku^{1} bji^{1} wər^{2} zjir^{2} nioow^{1} bu^{1} tjij^{1} ·ju^{1} tshwew^{1}

则 光 脊 背 已 没， 若 鬼 趣

足下没，若授畜生光从背没，若授鬼趣

36.6.6

[illegible] [illegible] [illegible] [illegible] [illegible] [illegible] [illegible] [illegible]， [illegible]

·jij^{1} la^{1} zow^{2} ku^{1} bji^{1} ɣar^{2} tśhjaa^{1} bu^{1} tjij^{1}

之 记 授 则 光 胸 上 没， 若

[illegible] [illegible] [illegible] [illegible] [illegible] [illegible] [illegible] [illegible] [illegible]

dzjwo^{2} tśja^{1} ·jij^{1} la^{1} zow^{2} ku^{1} źjị^{1} śjwaa^{1} khju^{1}

人 道 之 记 授 则 左 胁 下

从身前没，若授人道从左胁没，

36.7.1

[illegible]， [illegible] [illegible] [illegible] [illegible] [illegible] [illegible] [illegible] [illegible]

bu^{1} tjij^{1} mə^{1} tshwew^{1} ·jij^{1} la^{1} zow^{2} ku^{1} tśier^{1}

没， 若 天 趣 之 记 授 则 右

[illegible] [illegible] [illegible]， [illegible] [illegible] [illegible] [illegible] [illegible] [illegible]

śjwaa^{1} khju^{1} bu^{1} tjij^{1} ɣiẹ^{2} mji^{1} ·jij^{1} la^{1} zow^{2}

胁 下 没， 若 声 闻 之 记 授

若授天趣从右胁没，若授声闻

36.7.2

[illegible] [illegible] [illegible] [illegible] [illegible]， [illegible] [illegible] [illegible] [illegible]

ku^1	njɨɨ^1	ŋwer^2	tśhjaa^1	bu^1	tjij^1	gjiwr^2	dwewr^2	·jij^1
则	两	膝	上	没，	若	独	觉	之
[illegible]	[illegible]	[illegible]	[illegible]	[illegible]	[illegible]	[illegible]，	[illegible]	[illegible]
la^1	zow^2	ku^1	njɨɨ^1	wạ^1	tśhjaa^1	bu^1	tjij^1	tha^1
记	授	则	两	肩	上	没，	若	佛

从两膝没，若授独觉从两肩没，若佛

36.7.3

[illegible]	[illegible]	[illegible]	[illegible]	[illegible]	[illegible]	[illegible]	[illegible]	[illegible]
rjur^1	pjụ^1	rjur^1	po^1	tsa^1	ma^2	ŋạ^2	tsa^1	·jij^1
世	尊	诸	菩	萨	摩	诃	萨	之
[illegible]	[illegible]	[illegible]	[illegible]	[illegible]	[illegible]	[illegible]	[illegible]	[illegible]
·ja$^?$	du̱^{2}	tow^1	lo^1	sã^1	bia^1	sã^1	po^1	tjɨj^1
阿	耨	多	罗	三	藐	三	菩	提

世尊授诸菩萨摩诃萨①阿耨多罗三藐三菩提记时，

36.7.4

[illegible]	[illegible]	[illegible]，	[illegible]	[illegible]	[illegible]	[illegible]	[illegible]	[illegible]
la^1	zow^2	ku^1	tśhjɨ^1	zjịj^1	bji^1	swew^1	tśjiw^2	tśhjaa^1
记	受	则，	彼	略	光	明	顶	上
[illegible]。	[illegible]，	[illegible]	[illegible]	[illegible]	[illegible]	[illegible]，	[illegible]	[illegible]
bu^1	dzjɨj^1	pjụ^1	nar^2	·ja	na^1	thow^1	rjur^1	pjụ^1
没。	时，	长	老	阿	难	陀，	世	尊

尔时光明从顶上没。时，长老②阿难陀③，

汉文本

《大宝积经》卷三十六

① 菩萨摩诃萨，为梵文 Bohdhisattva mahāsattva 的简称，汉译全称"菩提萨埵摩诃萨埵"。

② 长老，西夏文作"[illegible]"（尊老）、梵语作 Sthavira，指年龄长而法腊高，智德俱优之大比丘。

③ 阿难陀，西夏文作"[illegible]"。梵文作 Ānanda。为佛陀十大弟子之一。简称阿南，意译为欢喜、庆喜、无染。系佛陀之堂弟，出家后二十余年间为佛陀之常随弟子，善记忆，对于佛陀之说法多能朗朗记诵，故誉为多闻第一。藏文作 kun dga′ bo。

奉天显道

菩萨藏会第十二之二金毗罗天受记品第二

尔时，世尊于彼中道不移其处，令诸长者建立圣果，以如来威势入王舍城，四众围绕，容仪庠序。时，有护王舍城诸天药叉大善神王，名金毗罗，作如是念：今者如来形相殊异，于世间中最胜难遇，堪受人天之所供养。我等今当应以种种上妙供具奉献如来。作是念已，便以最胜饮食，具足香味，成就妙色，奉上于佛。

尔时，世尊愍其所献，故为纳受。时，金毗罗王所领大药叉众六万八千，在虚空中咸生随喜，以清远音唱言：善哉！善哉！时，金毗罗即以此义，告其众曰：我已奉佛上妙供具。汝等亦应以诸供养施苾刍僧，当令汝等于长夜中利益安乐。诸药叉众受王教已，即以上供施苾刍僧。时诸僧众，哀受其供。

尔时，世尊为乞食故入王舍城，既得食已将还所止。时，有无量千众天、龙、药叉、健达嚩、阿素洛、揭路荼、紧捺洛、牟呼洛伽，及无量千人与非人，又有无量拘胝那庾多百千众生，随从佛后。尔时，如来往彼最胜宽广之地，敷如常座而坐其上。时，金毗罗与其部从，即持种种天曼陀罗华、殟钵罗华、钵特摩华、拘贸陀华、奔荼利华，复持种种天旃檀末诸供养具而散于佛，所谓胜散、大胜散、妙散、大妙散；作如是等殷勤散已，合掌佛前，礼敬而住。

尔时，如来知金毗罗及其大众心之所念，即便微笑。诸佛常法，现微笑时，从其面门出种种无量色光，所谓青、黄、赤、白、红色、银色及水精色。其光遍照无量无边一切世界，日月威光掩蔽不现，下照地狱令彼悦乐，乃至上踊至于梵世。所应作已而复还来，右绕七匝，或于世尊顶上而没，或从两肩、或从两膝而火没者。诸佛常法，若授地狱众生记时，尔时光明两足下没，若授畜生光从背没，若授鬼趣从身前没，若授人道从左胁没，若授天趣从右胁没，若授声闻从两膝没，若授独觉从两肩没，若佛世尊授诸菩萨摩诃萨阿耨多罗三藐三菩提记时，尔时光明从顶上没。

36.7.5

[illegible]	[illegible]	[illegible]	[illegible]	[illegible]，	[illegible]	[illegible]	[illegible]	[illegible]
zjɨɨr^{1}	djiij^{1}	bji^{1}	swew^{1}	ljij^{2}	nioow^{1}	śjạ^{1}	rer^{2}	lhwu^{1}
微	笑	光	明	睹，	又	七	条	衣
[illegible]	[illegible]	[illegible]	[illegible]	[illegible]，	[illegible]	[illegible]	[illegible]	[illegible]，
ŋwu^{2}	źjɨ̣^{1}	wạ^{1}	tśhjaa^{1}	gjwi^{2}	tśier^{1}	wạ^{1}	nja^{1}	phər^{1}
以	左	肩	上	覆，	右	肩	而	除，

既睹世尊微笑光明，以七条衣覆左肩已，偏袒右肩，

36.7.6

[illegible]	[illegible]	[illegible]	[illegible]，	[illegible]	[illegible]	[illegible]	[illegible]，	[illegible]
tśier^{1}	ŋwer^{2}	ljɨ̣^{2}	zjij^{1}	pjạ^{1}	phjoo^{2}	tśja^{1}	tshwew^{1}	ljaa^{1}
右	膝	地	著，	掌	合	礼	敬，	颂
[illegible]	[illegible]	[illegible]：						

dạ^2	ŋwu^2	·jɨr^1
言	以	问：

右膝著地，合掌礼足，以颂问曰：

36.8.1

[illegible]	[illegible]	[illegible]	[illegible]	[illegible]，	[illegible]	[illegible]	[illegible]	[illegible]	[illegible]？
rjur^1	swew^1	bju^1	lhoo^1	tjị^2	wa^2	nioow^1	bji^1	swew^1	śja^2
世	照	依	怙	可，	何	故	光	明	放？
[illegible]	[illegible]	[illegible]	[illegible]	[illegible]，					
rjur^1	kha^1	ɣie^2	ɣie^2	pjụ^1					
世	间	利	益	尊，					

照世依怙者，何故放光明？利益世间尊，

36.8.2

[illegible]	[illegible]	[illegible]	[illegible]	[illegible]？	[illegible]	[illegible]	[illegible]	[illegible]	[illegible]，
wa^2	nioow^1	zjɨɨr^1	djiij^1	śja^2	lew^1	ljwi^1	sjwɨ^1	kjɨ^1	lju^2
何	缘	微	笑	现？	一	种	谁	定	散，
[illegible]	[illegible]	[illegible]	[illegible]	[illegible]？					
dwewr^2	·jiw^1	sjwɨ^1	rjɨr^2	wji^1					
觉	因	谁	乃	为？					

何缘现微笑？谁今下圣种，为佛菩提①因？

36.8.3

[illegible]	[illegible]	[illegible]	[illegible]	[illegible]？	[illegible]	[illegible]	[illegible]	[illegible]	[illegible]？
thjɨ^2	wjɨ^2	sjwɨ^1	·jij^1	la^1	bie^2	lhew^2	dźjiij^1	mjijr^2	sjwɨ^1
此	刻	谁	之	记？	解	脱	住	者	谁？
[illegible]	[illegible]	[illegible]	[illegible]	[illegible]，					
ljịj^2	kjir^1	·jiw^2	śio^1	dzjiij^2					

① 菩提，西夏文作"[illegible]"(觉)。菩提梵文作 Parābodhiḥ。意译觉、智、知、道。广义而言，乃断绝世间烦恼而成就涅槃之智慧。即佛、缘觉、声闻各于其果所得之觉智。此三种菩提中，以佛之菩提为无上究竟，故称阿耨多罗三藐三菩提，译作无上正等正觉、无上正遍智、无上正真道、无上菩提。藏文作 byang chub mchog。

大　雄　猛　导　师，

今为谁授记？谁应住解脱？大雄猛导师，

36.8.4

[illegible]

·jiw^{1} mjij^{1} djiij^{1} mji^{1} śja^{2} lew^{1} tji̱^{1} mo^{2} nji^{2} pju̱^{1}

因　非　笑　无　现，惟　愿　牟　尼　尊，

[illegible]

bji^{1} ·jiw^{1} rjɨr^{2} tshjiij^{1} nja^{2}

光　因　乃　说　△。

非无因而笑，愿牟尼①当说，现光之所为。

36.8.5

[illegible]

tśhjɨ^{1} zjo̱^{2} rjur^{1} pju̱^{1} tśhjɨ^{2} rjar^{2} ljaa^{1} ŋwu^{2} ·ja na^{1}

尔　时，世　尊　立　即　颂　以　阿　难

[illegible]

·jij^{1} ku̱^{2}

之　报：

尔时，世尊即便以颂报阿难曰：

36.8.6

[illegible]

kjĩ^{1} phji^{1} lo^{1} sej^{1} njiij^{1} rjur^{1} kju̱^{1} gju^{2} kju̱^{1} tshwew^{1}

金　毗　罗　净　心，诸　供　具　奉　献，

[illegible] □ [illegible]

rjur^{1} bju^{1} lhoo^{1} tji̱^{2}

诸　依　怙　者，

金毗罗净心，奉献诸供具，救世依怙者，

---

①　牟尼，西夏文作“[illegible]”。梵文 Muni。又作文尼、茂泥。即寂默（止静烦恼）、寂、贤人、仁、仙之意。乃谓尊贵殊胜之圣者或仙人。藏文作 thub pa。

36.9.1

[illegible]	[illegible]	[illegible]	[illegible]	[illegible]。	[illegible]	[illegible]	[illegible]	[illegible]	[illegible],
thjɨ^{2}	nioow^{1}	zjɨɨr^{1}	djiij^{1}	śja^{2}	nja̱^{1}	njij^{2}	lju̱^{2}	ljij^{1}	nioow^{1}
此	故	微	笑	现。	神	王	身	换	已,
[illegible]	[illegible]	[illegible]	[illegible]	[illegible];					
so̱^{1}	ɣa̱^{2}	so̱^{1}	mə^{1}	wee^{1}					
三	十	三	天	生;					

故现斯微笑。舍神王报已,往三十三天;

36.9.2

[illegible]	[illegible]	[illegible]	[illegible]	[illegible],	[illegible]	[illegible]	[illegible]	[illegible]	[illegible];
thja^{1}	mə^{1}	tśhjaa^{1}	ljo^{1}	sji^{1}	·ja^{2}	mo^{2}	mə^{1}	tśhjaa^{1}	wee^{1}
彼	天	上	福	尽,	焰	摩	天	上	生;
[illegible]	[illegible]	[illegible]	[illegible]	[illegible],					
nioow^{1}	tu̱^{1}	śiə^{1}	tow^{1}	wee^{1}					
又	睹	史	多	生,					

受彼天福尽,上生焰摩天①;又生睹史多②,

36.9.3

[illegible]	[illegible]	[illegible]	[illegible]	[illegible];	[illegible]	[illegible]	[illegible]	[illegible]	[illegible],
rjur^{1}	mə^{1}	kiej^{2}	rejr^{2}	lhjij^{2}	ljo^{1}	sji^{1}	dzjwo^{2}	kha^{1}	wee^{1}
诸	天	欲	乐	受;	福	尽	人	中	生,
[illegible]	[illegible]	[illegible]	[illegible]	[illegible];					
sjij^{2}	źjɨr^{1}	dźjwu^{1}	njij^{2}	we^{2}					
智	慧	人	王	为;					

受诸天欲乐;福尽生人中,兴为智慧王;

36.9.4

[illegible]	[illegible]	[illegible]	[illegible]	[illegible],	[illegible]	[illegible]	[illegible]	[illegible]	[illegible],

---

① 焰摩天,梵文作 Suyāma,欲界天之名。意译为善时分、善时、善分、妙善、妙时分、妙唱、唱乐等。欲界六天之第三天。具称须焰摩,略称焰摩。藏文作'thab bral。

② 睹史多,梵文作 Tuṣitāḥ,又作兜率天、兜驶多天等,意译为妙足天、知足天、喜足天、喜乐天。为欲界六天的第四天。藏文作 dga' ldan。

ljɨɨr^{1} mja^{1} iọ^{1} ·u^{2} dzju^{2} ·jij^{1} dzju^{2} dźiej^{2} deej^{1} dzjwɨ^{1}

四 洲 土 内 主， 自 在 轮 转 帝，

[Tangut line illegible]

dźjwu^{1} njij^{2} ljụ^{2} dźjɨɨr^{1} nioow^{1}

人 王 身 舍 已，

王四洲人主，自在转轮帝①，舍后人王已，

36.9.5

[Tangut line illegible]

xiwã^{1} rjur^{1} mə^{1} tśhjaa^{1} wee^{1} mə^{1} tśhjaa^{1} nioow^{1} dzjwo^{2} kha^{1}

梵 诸 天 上 生。 天 上 及 人 中，

[Tangut line illegible]

lja^{1} wjij^{1} mji^{1} djɨj^{2} tạ^{1}

来 往 不 停 息，

便生梵世天。天上及人中，数往来不息，

36.9.6

[Tangut line illegible]

njɨɨ^{1} ɣạ^{2} kju^{1} tśji^{2} kja^{2} ·ju^{2} rjur^{1} thjo̱^{1} rejr^{2} rjir^{1}

二 十 拘 胝 劫， 常 诸 妙 乐 得。

[Tangut line illegible]

zji^{2} mjiij^{2} njij^{2} mjii^{1} dźjɨɨr^{1}

最 后 王 位 舍，

二十拘胝劫，常感诸妙乐。最后舍王位，

36.10.1

[Tangut line illegible]

nji^{1} phjɨ^{1} tha^{1} tśja^{1} kjụ^{1} ·ji^{1} ·jiw^{1} ŋowr^{2} lhə$^{?}$ nioow^{1}

家 出 佛 道 求， 众 缘 具 足 已，

[Tangut line illegible]

① 转轮帝，梵文作 Cakra varti rājya，又作遮迦越罗、转轮圣王、转轮圣帝、转轮王、轮王。此王身具三十二相，即位时，由天感得轮宝，转其轮宝，而降伏四方，故曰转轮王。藏文作'khor los sgyur ba'i rgyal srid。

zji^{2}	dźjwa^{1}	po^{1}	tjɨj^{1}	śjɨj^{1}
究	竟	菩	提	成。

出家求佛道，众缘具足已，成究竟菩提。

36.10.2

[illegible]	[illegible]	[illegible]	[illegible]	[illegible]，	[illegible]	[illegible]	[illegible]	[illegible]	[illegible]，
sọ^{1}	khjɨ^{2}	rjur^{1}	·jij^{1}	khja^{2}	tha^{1}	·jij^{1}	kjụ^{1}	tshwew^{1}	nioow^{1}
三	万	诸	药	叉，	佛	之	供	养	由，
[illegible]	[illegible]	[illegible]	[illegible]	[illegible]，					
·jij^{1}	khja^{2}	ljụ^{2}	wjɨ^{2}	dźjɨɨr^{1}					
药	叉	身	△	舍，					

三万诸药叉，由奉养于佛，便舍药叉报，

36.10.3

[illegible]	[illegible]	[illegible]	[illegible]	[illegible]；	[illegible]	[illegible]	[illegible]	[illegible]	[illegible]，
sọ^{1}	ɣạ^{2}	sọ^{1}	mə^{1}	wee^{1}	njij^{2}	mə^{2}	pjụ^{1}	ljij^{2}	rjir^{1}
三	十	三	天	生；	慈	氏	尊	见	得，
[illegible]	[illegible]	[illegible]	[illegible]	[illegible]，					
·ja$^{?}$	lo^{1}	xā^{1}	rjir^{2}	lhjụ^{2}					
阿	罗	汉	经	获，					

生三十三天；后见慈氏尊，复获阿罗汉①，

36.10.4

[illegible]	[illegible]	[illegible]	[illegible]	[illegible]，	[illegible]	[illegible]	[illegible]	[illegible]	[illegible]。
dzju^{1}	dzjiij^{2}	lhjịj^{2}	nioow^{1}	ku^{1}	tha^{1}	kjụ^{1}	rjir^{2}	·a$^{?}$	tjɨj^{2}
道	化	授	因	故，	佛	供	与	一	样。
[illegible]	[illegible]	[illegible]	[illegible]	[illegible]，					
tụ^{1}	ŋewr^{2}	·jij^{1}	khja^{2}	·ji^{1}					
千	数	药	叉	众，					

既蒙授道化，即各供诸佛。满千药叉众，

① 阿罗汉，梵文作 Arhattva，小乘极悟之位名。意译为应供、杀贼、无生，汉语常简称为罗汉，是依照佛的教导修习四圣谛，脱离生死轮回达到涅槃的圣者。藏文作 dgra bcom pa nyid。

36.10.5

[illegible]	[illegible]	[illegible]	[illegible]	[illegible]，	[illegible]	[illegible]	[illegible]	[illegible]	[illegible]，
ljij²	po¹	tjɨj¹	ɣa²	dźjiij¹	thjɨ²	neew²	tśhji²	nioow¹	ku¹
大	菩	提	于	住，	是	善	根	由	故，
[illegible]	[illegible]	[illegible]	[illegible]	[illegible]。					
rjur¹	niow²	tshwew¹	dzjiij²	śjɨ¹					
诸	恶	趣	化	往。					

为住大菩提，由是善根故，不生诸恶趣。

36.10.6

[illegible]	[illegible]	[illegible]	[illegible]	[illegible]，	[illegible]	[illegible]	[illegible]	[illegible]	[illegible]。
tjij¹	nioow¹	tụ¹	·jij¹	khja²	tha¹	śio¹	dzjiij²	·jij¹	tshwew¹
或	又	千	药	叉，	佛	导	化	之	供。
[illegible]	[illegible]	[illegible]	[illegible]	[illegible]，					
zji²	phju²	po¹	tjɨj¹	kjụ¹					
最	上	菩	提	求，					

或有千药叉，当供佛导师①，求无上菩提，

36.11.1

[illegible]	[illegible]	[illegible]	[illegible]	[illegible]。	[illegible]	[illegible]	[illegible]	[illegible]	[illegible]，
dźiã²	tśhju¹	·jij¹	ɣie²	ɣie²	tjij¹	ŋewr²	njɨɨ¹	sọ¹	tụ¹
众	生	之	利	益。	或	数	二	三	千，
[illegible]	[illegible]	[illegible]	[illegible]	[illegible]，					
śja¹	wjạ¹	rer²	nji²	·jiij¹					
香	华	鬘	等	持，					

利益众生故。或有二三千，持香华鬘等，

36.11.2

[illegible]	[illegible]	[illegible]	[illegible]	[illegible]，	[illegible]	[illegible]	[illegible]	[illegible]	[illegible]。
po¹	tjɨj¹	rjir¹	kiej²	nioow¹	rjur¹	tha¹	·jij¹	kjụ¹	tshwew¹

① 师，西夏文作“[illegible]”（教、化）。[illegible]（dzjiij²），当通“[illegible]”（dzjiij²，师）。

菩 提 得 欲 为, 诸 佛 之 供 养。

[illegible] [illegible] [illegible] [illegible] [illegible],

tjij1 ŋewr2 tụ1 kju1 tśji2

或 数 千 拘 胝,

当供养诸佛,为得佛菩提。或有千拘胝,

36.11.3

[illegible] [illegible] [illegible] [illegible] [illegible], [illegible] [illegible] [illegible] [illegible] [illegible],

tha1 ·jij1 kjụ1 tshwew1 dźjwa1 ·jij1 kwər1 gji1 sej1 djọ2

佛 之 供 养 已, 自 体 清 净 修,

[illegible] [illegible] [illegible] [illegible] [illegible]。

kụ1 po1 tjɨj1 ljạ1 ·o2

后 菩 提 证 入。

当供诸佛已,修自体清净,后证入菩提。

36.11.4

[illegible] [illegible] [illegible] [illegible] [illegible], [illegible] [illegible] [illegible] [illegible] [illegible],

kjĩ1 phji1 gji2 śiə1 lo1 ljij2 mee2 mjijr2 ɣie1 ŋowr2

金 毗 子 世 罗, 大 神 通 力 具,

[illegible] [illegible] [illegible] [illegible] [illegible]:

ljij2 tjị1 njiij1 gu1 śjwo1

大 愿 心 发 起:

金毗子世罗,具大神通力,亦发大愿心:

36.11.5

[illegible] [illegible] [illegible] [illegible] [illegible]。 [illegible] [illegible] [illegible] [illegible] [illegible],

tśhja2 dwewr2 djij2 śjɨj1 ·jɨ1 rjur1 tha1 kjụ1 tshwew1 djij2

正 觉 当 成 告。 诸 佛 供 养 曾,

[illegible] [illegible] [illegible] [illegible] [illegible],

ljij2 tjị1 zji2 rjɨr2 śjwo1

弘 誓 皆 乃 起,

我当成等觉。曾供养诸佛,遍起于弘誓,

36.11.6

[illegible]	[illegible]	[illegible]	[illegible]	[illegible]，	[illegible]	[illegible]	[illegible]	[illegible]	[illegible]。
thjɨ^{2}	wjɨ^{2}	ŋa^{2}	·jij^{1}	tshwew^{1}	njiij^{1}	zji^{2}	phju^{2}	tśja^{1}	tshwew^{1}
此	刻	我	之	养，	心	最	上	礼	敬。
[illegible]	[illegible]	[illegible]	[illegible]	[illegible]，					
thjɨ^{2}	neew^{2}	tśhji^{2}	ɣie^{1}	nioow^{1}					
此	善	根	力	由，					

今复供养我，心趣无上道。由此善根力，

36.12.1

[illegible]	[illegible]	[illegible]	[illegible]	[illegible]，	[illegible]	[illegible]	[illegible]	[illegible]	[illegible]，
rjur^{1}	bja̧^{1}	niow^{2}	tshwew^{1}	dźjiɨr^{1}	njij^{2}	mə^{2}	pju̧^{1}	·jij^{1}	ljij^{2}
诸	凶	恶	趣	舍，	慈	氏	尊	之	见，
[illegible]	[illegible]	[illegible]	[illegible]	[illegible]。					
nioow^{1}	kju^{1}	tśji^{2}	ɣja^{2}	khu^{1}					
又	拘	胝	盖	献。					

舍诸弊恶趣，当见慈氏尊，又献拘胝盖。

36.12.2

[illegible]	[illegible]	[illegible]	[illegible]	[illegible]，	[illegible]	[illegible]	[illegible]	[illegible]	[illegible]，
kju^{1}	tśji^{2}	ɣja^{2}	khu^{1}	nioow^{1}	kju^{1}	tśji^{2}	lhwu^{1}	gjwi^{2}	khu^{1}
拘	胝	盖	献	已，	拘	胝	衣	服	献，
[illegible]	[illegible]	[illegible]	[illegible]	[illegible]，					
kju^{1}	tśji^{2}	lhwu^{1}	khu^{1}	nioow^{1}					
拘	胝	衣	献	已，					

献拘胝盖已，复献拘胝衣，献拘胝衣已，

36.12.3

[illegible]	[illegible]	[illegible]	[illegible]	[illegible]。	[illegible]	[illegible]	[illegible]	[illegible]	[illegible]，
tśhjɨ^{1}	zjij^{1}	xja^{1}	nji^{1}	phjɨ^{1}	nioow^{1}	ŋwə	·jir^{2}	kjiw^{1}	tśjɨj^{1}
尔	时	便	家	出。	又	五	百	岁	正，

[illegible] [illegible] [illegible] [illegible] [illegible]，

xiwã^{1} dźjɨ$^{?}$ dźjij^{1} djọ^{2} dźjịj^{1}

梵 行 专 修 行，

尔时便出家。具满五百岁，专修行梵行，

36.12.4

[illegible] [illegible] [illegible] [illegible] [illegible]，[illegible] [illegible] [illegible] [illegible] [illegible]。

zji^{2} phju^{2} po^{1} tjɨj^{1} kjụ^{1} dźiã^{2} tśhju^{1} ·jij^{1} ɣie^{2} ɣie^{2}

最 上 菩 提 求，众 生 之 利 益。

[illegible] [illegible] [illegible] [illegible] [illegible]，

ŋwụ^{1} tjị^{1} śjɨj^{1} kięj^{2} nioow^{1}

誓 愿 成 欲 故，

求最上菩提，利益众生故。当成彼愿故，

36.12.5

[illegible] [illegible] [illegible] [illegible] [illegible]，[illegible] [illegible] [illegible] [illegible] [illegible]，

mjii^{1} kie^{1} njɨ^{2} djọ^{2} dźjịj^{1} khjã^{2} khja^{2} bẹ^{1} kja^{2} zar^{2}

施 戒 等 修 行，殑 伽 沙 劫 经，

[illegible] [illegible] [illegible] [illegible] [illegible]。

·jɨr^{2} dźjij^{1} ·ju^{2} mji^{1} bja^{2}

勤 精 常 不 断。

修行施戒等，如殑伽沙劫，精勤常不断。

36.12.6

[illegible] [illegible] [illegible] [illegible] [illegible]，[illegible] [illegible] [illegible] [illegible] [illegible]，

thjɨ^{2} sju^{2} nji^{2} nwə^{1} lew^{2} wjị^{2} śja^{2} nioow^{1} nẹ^{1} tshjiij^{1}

是 如 汝 知 当，示 现 故 宣 说，

[illegible] [illegible] [illegible] [illegible] [illegible]，

thja^{1} buu^{2} dźjɨ$^{?}$ djọ^{2} dźjịj^{1}

彼 胜 行 修 行，

如是汝当知，为示现故说，彼修行胜行，

36.13.1

[illegible]	[illegible]	[illegible]	[illegible]	[illegible]。	[illegible]	[illegible]	[illegible]	[illegible]	[illegible]，
śji^{1}	ŋewr^{2}	su^{1}	gjij^{1}	bji̱j^{1}	śji^{1}	rjɨr^{2}	tshjiij^{1}	dzjo̱^{1}	dza^{2}
上	数	过	倍	增。	前	乃	说	譬	喻，
[illegible]	[illegible]	[illegible]	[illegible]	[illegible]。					
khjã^{2}	khja^{2}	be̱^{1}	kja^{2}	ŋewr^{2}					
殑	伽	沙	劫	数。					

倍增过上数。如前说譬喻，殑伽沙劫数，

36.13.2

[illegible]	[illegible]	[illegible]	[illegible]	[illegible]，	[illegible]	[illegible]	[illegible]	[illegible]	[illegible]。
rjur^{1}	tha^{1}	·jij^{1}	ljij^{2}	rjir^{1}	lji̱j^{2}	kju̱^{1}	tshwew^{1}	djo̱^{2}	lew^{2}
诸	佛	之	见	得，	大	供	养	修	当。
[illegible]	[illegible]	[illegible]	[illegible]	[illegible]，					
tjij^{2}	rjijr^{2}	buu^{2}	thjo̲^{1}	sji̱j^{2}					
善	哉	胜	妙	智，					

得见彼诸佛，当修大供养。奇哉胜妙智，

36.13.3

[illegible]	[illegible]	[illegible]	[illegible]	[illegible]，	[illegible]	[illegible]	[illegible]	[illegible]	[illegible]，
tjij^{2}	rjijr^{2}	zji^{2}	phju^{2}	njiij^{1}	rjur^{1}	·ji^{1}	lji̱j^{2}	śio^{1}	dzjiij^{2}
善	哉	最	上	心，	诸	众	大	导	师，
[illegible]	[illegible]	[illegible]	[illegible]	[illegible]。					
mjiij^{2}	ŋwu^{2}	dźju^{1}	tji̱^{2}	mjij^{1}					
名	以	显	能	不。					

奇哉无上心，诸众大导师，名所不能显。

36.13.4

[illegible]	[illegible]	[illegible]	[illegible]	[illegible]，	[illegible]	[illegible]	[illegible]	[illegible]	[illegible]。
ku̱^{1}	tśhja^{2}	ka^{1}	dwewr^{2}	śjɨj^{1}	dźiã^{2}	tśhju^{1}	ŋowr^{2}	ŋowr^{2}	pju̱^{1}
后	正	等	觉	成，	众	生	一	切	尊。

[illegible] [illegible] [illegible] [illegible] [illegible],
mjiij² tja¹ be² dji̠¹ njij²
名 者 日 鬼 王,

后当成正觉,一切众生尊,号名曰医王,

36.13.5

[illegible] [illegible] [illegible] [illegible] [illegible]。 [illegible] [illegible] [illegible] [illegible] [illegible],
śja¹ rjijr² kie̠j² zji² mji¹ śja̠¹ ɣa̠² kju¹ tśji² kjiw¹
十 方 界 普 闻。 七 十 拘 胝 岁,
[illegible] [illegible] [illegible] [illegible] [illegible],
tsjiir¹ tshjiij¹ dźiã² tśhju¹ gju¹
法 说 众 生 度,

普闻十方界。七十拘胝岁,说法度众生,

36.13.6

[illegible] [illegible] [illegible] [illegible] [illegible], [illegible] [illegible] [illegible] [illegible] [illegible]。
thja¹ njɨɨ¹ rewr² rjur¹ pju̠¹ rejr² ljij¹ mjij¹ dzjar² ·o²
彼 两 足 世 尊, 多 稍 寂 灭 入。
[illegible] [illegible] [illegible] [illegible] [illegible],
njɨɨ¹ ɣa̠² ljij² ljwu² dzji̠²
二 十 大 会 集,

其两足世尊,久当入寂灭。二十大集会,

36.14.1

[illegible] [illegible] [illegible] [illegible] [illegible], [illegible] [illegible] [illegible] [illegible] [illegible],
dźiã² tśhju¹ njiij¹ rjur¹ ·jar² zji² mjiij² lew¹ ljij² ljwu²
众 生 心 调 伏, 最 后 一 大 会,
[illegible] [illegible] [illegible] [illegible] [illegible]。
njɨɨ¹ ·jir² rjir² kja² zar²
二 百 亿 劫 经。

调伏众生心,最后一大会,经二百亿岁。

36.14.2

[illegible]	[illegible]	[illegible]	[illegible]	[illegible]，	[illegible]	[illegible]	[illegible]	[illegible]	[illegible]，
thja^{1}	rjɨr^{2}	tshjiij^{1}	ljịj^{2}	ljwu^{2}	mjɨ^{1}	pjụ^{1}	ɣię^{2}	mji^{1}	gju^{1}
彼	乃	说	大	会，	无	量	声	闻	度，
[illegible]	[illegible]	[illegible]	[illegible]	[illegible]，					
thja^{1}	ɣię^{2}	mji^{1}	ŋewr^{2}	sju^{2}					
其	声	闻	数	如，					

如所说大会，度无量声闻，如声闻数量，

36.14.3

[illegible]	[illegible]	[illegible]	[illegible]	[illegible]。	[illegible]	[illegible]	[illegible]	[illegible]	[illegible]，
dźiã^{2}	tsjij^{2}	·ji^{1}	thjɨ^{2}	sju^{2}	dźiã^{2}	tśhju^{1}	ɣie^{2}	ɣie^{2}	nioow^{1}
菩	萨	众	是	如。	众	生	利	益	已，
[illegible]	[illegible]	[illegible]	[illegible]	[illegible]，					
mjor^{1}	ljịj^{2}	tśhjwo^{1}	djiij^{2}	phã^{1}					
如	来	方	涅	槃，					

菩萨众亦尔。利益众生已，如来方涅槃①，

36.14.4

[illegible]	[illegible]	[illegible]	[illegible]	[illegible]，	[illegible]	[illegible]	[illegible]	[illegible]	[illegible]。
tśhja^{2}	tsjiir^{1}	rjur^{1}	kha^{1}	dźjiij^{1}	·jir^{2}	tụ^{1}	kjiw^{1}	ŋewr^{2}	zar^{2}
正	法	世	间	住，	百	千	岁	数	经。
[illegible]	[illegible]	[illegible]	[illegible]	[illegible]，					
nioow^{1}	ŋwə	·jir^{2}	kja^{2}	kha^{1}					
又	五	百	劫	中，					

正法住世间，经于百千岁。满五百劫中，

36.14.5

[illegible]	[illegible]	[illegible]	[illegible]	[illegible]，	[illegible]	[illegible]	[illegible]	[illegible]	[illegible]，

① 涅槃，梵语作 Nirvāṇa。又作泥洹、泥曰、涅槃那。意译作灭、寂灭、灭度、寂、无生。或作般涅槃（般，为梵语 Pari 之音译，完全之义，意译作圆寂）、大般涅槃（大，即殊胜之意。又作大圆寂）。原来指吹灭，或表吹灭之状态；其后转指燃烧烦恼之火灭尽，完成悟智（即菩提）之境地。藏文作 mya ngan las 'das pa。下同。

thjɨ^{2}	phji^{1}	tśhjụ^{1}	tha^{1}	śjɨj^{1}	thja^{1}	ljɨ^{1}	ljɨ^{1}	kja^{2}	kha^{1}
是	苾	刍	佛	成，	彼	一	一	劫	中，
[illegible]	[illegible]	[illegible]	[illegible]	[illegible]。					
tụ^{1}	mjor^{1}	ljịj^{2}	to^{2}	śja^{2}					
千	如	来	出	现。					

是苾刍成佛，于彼一一劫，千如来出现。

36.14.6

[illegible]	[illegible]	[illegible]	[illegible]	[illegible]，	[illegible]	[illegible]	[illegible]	[illegible]	[illegible]，
rjur^{1}	sjij^{2}	źjɨr^{1}	tśhju^{1}	dzjwo^{2}	tsjiir^{1}	zjɨɨr^{2}	pho^{1}	sjwɨ^{1}	ljɨr^{2}
诸	智	慧	生	者，	法	水	洒	思	念，
[illegible]	[illegible]	[illegible]	□	[illegible]，					
kjir^{1}	·jiw^{2}	njiij^{1}		śjwo^{1}					
勇	猛	心		生，					

诸有智慧者，当思法水灌。应生勇猛心，

36.15.1

[illegible]	[illegible]	[illegible]	[illegible]	[illegible]。	[illegible]	[illegible]	[illegible]	[illegible]	[illegible]，
rejr^{2}	mji^{1}	tśhja^{2}	wo^{2}	dźjịj^{1}	tśhja^{2}	wo^{2}	njaa^{2}	khwa^{1}	ka^{2}
多	闻	正	理	行。	正	理	非	远	离，
[illegible]	[illegible]	[illegible]	□	[illegible]，					
·ju^{2}	tśhja^{2}	wo^{2}		djọ^{2}					
常	正	应		修，					

行多闻正理。远于非正理，常修正理法，

36.15.2

[illegible]	[illegible]	[illegible]	[illegible]	[illegible]，	[illegible]	[illegible]	[illegible]	[illegible]	[illegible]。
rejr^{2}	mji^{1}	djọ^{2}	dzjɨɨ^{2}	lew^{2}	thji^{2}	nioow^{1}	źjɨr^{1}	lhu^{1}	dzja^{1}
多	闻	修	习	应，	此	由	慧	增	长。
[illegible]	[illegible]	[illegible]	[illegible]	[illegible]，					
ljɨɨr^{1}	mər^{2}	tśhji^{2}	tsjiir^{1}	wo^{2}					
四	根	本	法	义，					

应修习多闻，由此慧增长。四根本法义，

36.15.3

[illegible]	[illegible]	[illegible]	[illegible]	[illegible]，	[illegible]	[illegible]	[illegible]	[illegible]	[illegible]，
rjur^{1}	dźiā^{2}	tsjij^{2}	·jij^{1}	gju^{1}	mjii^{1}	kie^{1}	mji^{1}	dźjɨr^{1}	tsjiir^{1}
诸	菩	萨	之	度，	施	戒	闻	舍	法，
[illegible]	[illegible]	[illegible]	[illegible]	[illegible]。					
mee^{2}	neew^{2}	po^{1}	tjɨj^{1}	tśja^{1}					
贤	善	菩	提	道。					

济度诸菩萨，施戒闻舍法，贤善菩提道。

36.15.4

[illegible]	[illegible]	[illegible]	[illegible]	[illegible]，	[illegible]	[illegible]	[illegible]	[illegible]	[illegible]，
·ji^{1}	nioow^{1}	thjɨ^{2}	tsjiir^{1}	tshjiij^{1}	zji^{2}	buu^{2}	zji^{2}	phju^{2}	·ụ^{2}
众	为	是	法	说，	最	胜	最	上	乘，
[illegible]	[illegible]	[illegible]	[illegible]	[illegible]，					
·ji^{1}	·jij^{1}	thjɨ^{2}	tsjiir^{1}	tshjiij^{1}					
众	之	此	法	说，					

为众说是法，最胜无上乘，

36.15.5

[illegible]	[illegible]	[illegible]	[illegible]	[illegible]，	[illegible]	[illegible]	[illegible]	[illegible]	[illegible]。
ɣiẹ^{2}	mji^{1}	tśja^{1}	nẹ^{1}	tshjiij^{1}	rjur^{1}	·jiw^{2}	rer^{2}	phja^{1}	njwi^{2}
声	闻	道	宣	说，	诸	疑	网	断	善。
[illegible]	[illegible]	[illegible]	[illegible]	[illegible]，					
rjur^{1}	·jɨr^{1}	mjijr^{2}	dju^{1}	ku^{1}					
诸	问	者	有	故，					

演布声闻道，善断诸疑网。诸有请问者，

36.15.6

[illegible]	[illegible]	[illegible]	[illegible]	[illegible]，	[illegible]	[illegible]	[illegible]	[illegible]	[illegible]，
ŋa^{2}	sjij^{1}	zji^{2}	phie^{2}	ne̱j^{2}	na^{1}	thjo̱^{1}	tsjiir^{1}	tshjiij^{1}	njwi^{2}

我 今 悉 开 许， 深 妙 法 说 能，

[illegible] [illegible] [illegible] [illegible] [illegible]。

rjur¹ swew¹ mjijr² ber² gie¹

世 照 者 遇 难。

我今悉开许，能说深妙法，照世者难遇。

36.16.1

[illegible] [illegible]， [illegible] [illegible] [illegible] [illegible] [illegible] [illegible]， [illegible] [illegible]

tśhjɨ¹ zjọ² kjɨ̃¹ phji¹ lo¹ gji² śiə¹ lo¹ tśhjɨ² rjar²

尔 时， 金 毗 罗 子 世 罗， 立 即

[illegible] [illegible] [illegible] [illegible] [illegible] [illegible] [illegible]， [illegible] [illegible]

tha¹ ·ju² rjir² tha¹ la¹ zow² mji¹ njiij¹ ljɨ̣j²

佛 面 前 佛 记 授 闻， 欢 喜

尔时，金毗罗子世罗，即于佛前闻佛授记，欢喜

36.16.2

[illegible] [illegible] [illegible] [illegible] [illegible] [illegible]， [illegible] [illegible] [illegible]

rjɨr² gjiij dju¹ mjij² djij² ·jow² thjɨ² sju² ljɨr²

乃 生 有 未 曾 赞， 是 如 念

[illegible]： [illegible] [illegible] [illegible] [illegible] [illegible] [illegible] [illegible] [illegible]

wji¹ thjɨ² wjɨ² rjur¹ pjụ¹ kjɨ¹ mjij² khjwɨ¹ ŋər¹

作： 此 刻 世 尊 △ 未 鹫 山

踊跃，得未曾有，作如是念：今者世尊将往鹫峰山王，

36.16.3

[illegible] [illegible] [illegible] [illegible]， [illegible] [illegible] [illegible] [illegible] [illegible]

njij² kha¹ śjɨ¹ ·jij¹ ŋa² sjij¹ mjor¹ ljij² do²

王 中 往 将， 我 今 如 来 处

[illegible] [illegible] [illegible] [illegible] [illegible] [illegible] [illegible]。 [illegible] [illegible]

zjɨɨr¹ zjịj¹ neew² tśhji² lji¹ lew² ·jɨ¹ thjɨ² ljɨr²

少 许 善 根 植 当 △。 是 念

我当复应于如来所植少善根。作是念已，

36.16.4

[illegible]	[illegible]，	[illegible]	[illegible]	[illegible]	[illegible]：	[illegible]	[illegible]	[illegible]
wji^{1}	nioow^{1}	·ji^{1}	·jij^{1}	dạ^{2}	·jɨ^{1}	nji^{2}	njɨ^{2}	nwə^{1}
作	己，	众	之	言	告：	卿	等	知
[illegible]，	[illegible]	[illegible]	[illegible]	[illegible]	[illegible]	[illegible]	[illegible]	[illegible]
lew^{2}	mjor^{1}	ljij^{2}	njij^{2}	mjii^{1}	ljịj^{2}	we^{2}	lho$^{?}$	khjwɨ^{1}
当，	如	来	王	舍	大	城	出	鹫

告其众曰：卿等当知，如来当发王舍大城升鹫峰山。

36.16.5

[illegible]	[illegible]	[illegible]	[illegible]。	[illegible]	[illegible]	[illegible]	[illegible]	[illegible]
ŋər^{1}	kha^{1}	śjɨ^{1}	·jij^{1}	nji^{2}	njɨ^{2}	thjɨ^{2}	wjɨ^{2}	kjir^{1}
山	中	往	将。	卿	等	此	刻	勇
[illegible]	[illegible]	[illegible]	[illegible]，	[illegible]	[illegible]	[illegible]	[illegible]	[illegible]
·jiw^{2}	njiij^{1}	śjwo^{1}	wjɨ^{2}	tjị^{2}	ɣie^{1}	bju^{1}	rjur^{1}	kjụ^{1}
猛	心	发	△，	办	力	随	诸	供

卿等宜可发勇猛心，

36.16.6（1）

[illegible]	[illegible]	[illegible]	[illegible]	[illegible]。
tshwew^{1}	dzjɨ^{1}	djɨ^{2}	lew^{2}	·jɨ^{1}。
养	准	备	当	谓。

随其力能办诸供养。

汉文本

时，长老阿难陀，既睹世尊微笑光明，以七条衣覆左肩已，偏袒右肩，右膝著地，合掌礼足，以颂问曰：

照世依怙者，何故放光明？
利益世间尊，何缘现微笑？
谁今下圣种，为佛菩提因？
今为谁授记？谁应住解脱？

大雄猛导师,非无因而笑,
愿牟尼当说,现光之所为。
尔时,世尊即便以颂报阿难曰:
金毗罗净心,奉献诸供具,
救世依怙者,故现斯微笑。
舍神王报已,往三十三天;
受彼天福尽,上生焰摩天;
又生睹史多,受诸天欲乐;
福尽生人中,兴为智慧王;
王四洲人主,自在转轮帝,
舍后人王已,便生梵世天。
天上及人中,数往来不息,
二十拘胝劫,常感诸妙乐。
最后舍王位,出家求佛道,
众缘具足已,成究竟菩提。
三万诸药叉,由奉养于佛,
便舍药叉报,生三十三天;
后见慈氏尊,复获阿罗汉,
既蒙授道化,即各供诸佛。
满千药叉众,为住大菩提,
由是善根故,不生诸恶趣。
或有千药叉,当供佛导师,
求无上菩提,利益众生故。
或有二三千,持香华鬘等,
当供养诸佛,为得佛菩提。
或有千拘胝,当供诸佛已,
修自体清净,后证入菩提。
金毗子世罗,具大神通力,
亦发大愿心:我当成等觉。
曾供养诸佛,遍起于弘誓,
今复供养我,心趣无上道。
由此善根力,舍诸弊恶趣,
当见慈氏尊,又献拘胝盖。
献拘胝盖已,复献拘胝衣,
献拘胝衣已,尔时便出家。
具满五百岁,专修行梵行,
求最上菩提,利益众生故。
当成彼愿故,修行施戒等,

如殑伽沙劫，精勤常不断。
如是汝当知，为示现故说，
彼修行胜行，倍增过上数。
如前说譬喻，殑伽沙劫数，
得见彼诸佛，当修大供养。
奇哉胜妙智，奇哉无上心，
诸众大导师，名所不能显。
后当成正觉，一切众生尊，
号名曰医王，普闻十方界。
七十拘胝岁，说法度众生，
其两足世尊，久当入寂灭。
二十大集会，调伏众生心，
最后一大会，经二百亿岁。
如所说大会，度无量声闻，
如声闻数量，菩萨众亦尔。
利益众生已，如来方涅槃，
正法住世间，经于百千岁。
满五百劫中，是苾刍成佛，
于彼一一劫，千如来出现。
诸有智慧者，当思法水灌，
应生勇猛心，行多闻正理。
远于非正理，常修正理法，
应修习多闻，由此慧增长。
四根本法义，济度诸菩萨，
施戒闻舍法，贤善菩提道。
为众说是法，最胜无上乘，
演布声闻道，善断诸疑网。
诸有请问者，我今悉开许，
能说深妙法，照世者难遇。

尔时，金毗罗子世罗，即于佛前闻佛授记，欢喜踊跃，得未曾有，作如是念：今者世尊将往鹫峰山王，我当复应于如来所植少善根。作是念已，告其众曰：卿等当知，如来当发王舍大城升鹫峰山。卿等宜可发勇猛心，随其力能办诸供养。

36.16.6（2）

[illegible]，	𗧓	[illegible]	[illegible]	[illegible]	[illegible]	[illegible]	[illegible]	[illegible]，
dzjɨj^{1}	thja^{1}	śiə^{1}	lo^{1}	wjị^{1}	dźjwɨ^{1}	rjir^{2}	śiə^{1}	śio^{1}
时，	彼	世	罗	眷	属	与	引	导，

[illegible]	[illegible]	[illegible]	[illegible]
njij^2	mjii^1	we^2	ɣa^2
王	舍	城	于

时,彼世罗①即与官属,从王舍城

36.17.1

[illegible]	[illegible]	[illegible]	[illegible]	[illegible]	[illegible],	[illegible]	[illegible]	[illegible]
śjwo^1	khjwɨ^1	ŋər^1	kha^1	kjɨ^1	njɨ^2	thja^1	njɨɨ^1	njɨɨ^1
自	鹫	山	中	△	至,	其	二	二
[illegible]	[illegible]	[illegible]	[illegible]	[illegible]	[illegible],	[illegible]	[illegible]、	[illegible]
ljwu^1	śjwɨ^1	ljị^{1}	tjị^{2}	tśja^1	·u^2	laa^1	śjị^{2}	ɣjị^{1}
间	往	来	▽	道	内,	秽	草、	瓦

至鹫峰山,中间道路②,屏除草秽、

36.17.2

[illegible]、	[illegible]	[illegible]、	[illegible]	[illegible]、	[illegible]	[illegible]	[illegible],	[illegible]
kwə̣^{1}	lụ^1	ɣa^1	sjɨ^1	tsowr^1	do^1	źjuu^1	njɨ^2	to^2
砖、	石	砾、	株	杌、	毒	刺	等,	悉
[illegible]	[illegible]	[illegible],	[illegible]	[illegible]	[illegible]	[illegible]	[illegible]	[illegible]
zji^2	dźjɨɨr^1	ka^2	njɨ^2	sej^1	phji^1	njijr^2	tjɨj^2	wjɨ^2
皆	除	离,	遍	净	令	面	镜	△

砖瓦、砾石、株杌、毒刺,极令遍净如明镜面。

36.17.3

[illegible]	[illegible]。	[illegible]	[illegible]	[illegible]	[illegible]	[illegible]	[illegible]	[illegible]
sju^2	wji^1	nioow^1	śja^1	zjɨɨr^2	ŋwu^2	ljị^2	tśhjaa^1	pho^1
如	为。	又	香	水	以	地	上	洒
[illegible],	[illegible]	[illegible]	[illegible]	[illegible]	[illegible]	[illegible]	[illegible]	[illegible],
lju^2	buu^2	thjo̱^{1}	lhwu^1	·jiir^2	thja^1	tśja^1	zjir^2	ɣja^2

① 世罗,梵语作Śaila。又作势罗、施罗。意译作石,或山。

② 中间道路,西夏文作“[illegible]”。“[illegible]”意即“其中间”,“[illegible]”一词,文献中多与“往来”“出入”“通”对译,本句“[illegible]”后加名物化后缀“[illegible]”,用于修饰“[illegible]”,表示“往来之道路”。是以,西夏文全句意思为“其中间往来之道路”。

散，　胜　妙　衣　敷　其　道　遍　覆，

又以香水沾洒其地，敷胜妙衣遍于中路，

36.17.4

[illegible]	[illegible]	[illegible]	[illegible]	[illegible]	[illegible]	[illegible]	[illegible]	[illegible]
wjạ1	ŋạ2	dźjij1	lju2	lạ1	bji1	dzjwo2	bji2	bjij2
华	好	精	散	厚	薄	人	下	高
[illegible]	[illegible]，	[illegible]	[illegible]	[illegible]	[illegible]	[illegible]	[illegible]	[illegible]
zjịj1	we2	thjo̱1	gjwɨ1	śja1	njwị2	tśja1	zjir2	njɨ2
约	为，	妙	坚	香	燃	道	遍	至

散布名华量与人等①，烧妙坚香顺路普熏，

36.17.5

[illegible]，	[illegible]	[illegible]	[illegible]	[illegible]	[illegible]	[illegible]	[illegible]	[illegible]，
kjịj1	dźjow1	ljɨɨ1	phu2	khjɨɨ2	rjur1	ljị1	ɣja2	xjwịj2
熏，	幢	旛	树	列	诸	宝	盖	悬，
[illegible]	[illegible]	[illegible]	[illegible]	[illegible]	[illegible]	[illegible]，	[illegible]	[illegible]
tshọ2	ŋa1	gu2	mə2	·jɨr2	dźjij1	·jiir2	·jij1	twụ1
虚	空	中	种	缯	彩	张，	自	各

列树幢旛悬诸宝盖，于虚空中张施缯彩，

36.17.6

[illegible]	[illegible]	[illegible]	[illegible]	[illegible]	[illegible]	[illegible]。	[illegible]	[illegible]
tshjɨɨ1	tshjɨɨ1	thja1	tśhjaa1	lə1	ɣja2	nioow1	mə2	mə2
条	列	其	上	障	覆	已。	种	种
[illegible]	[illegible]	[illegible]	[illegible]	[illegible]，	[illegible]	[illegible]	[illegible]	[illegible]。
rjur1	mə1	tshow1	ɣię2	wji1	ɣu1	mjiij1	nja1	swu2
诸	天	乐	音	作，	前	后	△	满。

条别间设罗布其上。作种种天诸音乐，前后充满。

---

① 量与人等，西夏文作“[illegible]”，意思是“厚薄约为人高”。[illegible]，字面意思指高低，参下文，皆与“高”对译，表高度。

36.18.1

[illegible]	[illegible]	[illegible]	[illegible]	[illegible]	[illegible]	[illegible]，	[illegible]	[illegible]
thja^{1}	tśja^{1}	tśhjɨ^{1}	low^{2}	·a$^{?}$	khia^{1}	rjar^{1}	zjɨɨr^{2}	kha^{1}
其	路	狭	广	一	射	△，	水	中
[illegible]	[illegible]	[illegible]	[illegible]	[illegible]	[illegible]	[illegible]	[illegible]	[illegible]
wjɨ^{2}	to^{2}	sji^{2}	rjur^{1}	wja̧^{1}	ŋwu^{2}	tśja^{1}	zjir^{2}	nja^{1}
△	出	▽	诸	华	以	道	遍	△

其路极广尽一箭道，皆遍覆以水生诸华，

36.18.2

[illegible]，	[illegible]	[illegible]	[illegible]	[illegible]	[illegible]	[illegible]、	[illegible]	[illegible]
lə^{1}	thjɨ^{2}	tja^{1}	·u^{2}	pa^{2}	lo^{1}	wja̧^{1}	pa^{2}	thew^{2}
覆，	此	者	殟	钵	罗	华、	钵	特
[illegible]	[illegible]、	[illegible]	[illegible]	[illegible]	[illegible]、	[illegible]	[illegible]	[illegible]
mo^{2}	wja̧^{1}	kju^{1}	wər^{1}	thew^{2}	wja̧^{1}	pẽ^{2}	tśhia^{1}	lji^{1}
摩	华、	拘	贸	陀	华、	奔	荼	利

所谓殟钵罗华、钵特摩华、拘贸陀华、奔荼利华。

36.18.3

[illegible]	[illegible]。	[illegible]	[illegible]	[illegible]	[illegible]	[illegible]	[illegible]	[illegible]
wja̧^{1}	ŋwu^{2}	nioow^{1}	bar^{2}	wor^{1}	buu^{2}	we^{1}	dźjij^{1}	wja̧^{1}
华	是。	又	鸳	鸯	胜	鸟	精	华
[illegible]	[illegible]	[illegible]，	[illegible]	[illegible]	[illegible]	[illegible]。	[illegible]	[illegible]
kha^{1}	bji^{2}	bji^{2}	tśja^{1}	bju^{2}	bio^{1}	khjɨɨ^{2}	nioow^{1}	thja^{1}
间	鸣	叫，	道	侧	行	列。	又	彼

又以鸳鸯胜鸟间错其华，行列道侧。于彼

36.18.4

[illegible]	[illegible]，	[illegible]	[illegible]	[illegible]	[illegible]	[illegible]	[illegible]	[illegible]，
tśja^{1}	tśhjaa^{1}	kię^{1}	śiə^{1}	mə^{2}	·jɨr^{2}	dźjij^{1}	·jiir^{2}	nioow^{1}
道	上，	金	缕	种	缯	彩	敷	已，

[illegible]	[illegible]	[illegible]	[illegible]	[illegible]	[illegible]	[illegible]	[illegible]	[illegible]
śjạ^1	ljɨ̣^{1}	ŋwu^2	dja^2	śjɨ̣^{1}	buu^2	thjo̱^{1}	njɨ^2	rer^2
七	宝	以	△	成	殊	妙	等	网

道上，又以金缕缯彩而用敷之，上施七宝所成殊妙等网，

36.18.5

[illegible]	[illegible]	[illegible]	[illegible]	[illegible]。	[illegible]，	[illegible]	[illegible]	[illegible]
dźjij^1	tśja^1	tśhjaa^1	wjɨ^2	·jiir^2	dzjɨ̣j^1	thja^1	śiə^1	lo^1
纯	道	上	△	施。	时，	彼	世	罗
[illegible]	[illegible]	[illegible]	[illegible]	[illegible]	[illegible]，	[illegible]	[illegible]	[illegible]
tha^1	śjwɨ^1	lji̱^{1}	tji̱^{2}	tśja^1	zjir^2	thjɨ^2	sju^2	njɨ^2
佛	入	堕	可	道	遍，	是	如	等

遍覆于道。时，彼世罗于佛由路，作如是等

36.18.6

[illegible]	[illegible]	[illegible]	[illegible]	[illegible]，	[illegible]	[illegible]	[illegible]	[illegible]
lji̱j^2	ljuu^2	tshji̱j^2	wji^1	dźjwa^1	·jij^1	lju̱^{2}	wjɨ^1	djii^2
大	庄	严	作	已，	自	身	变	化
[illegible]	[illegible]	[illegible]	[illegible]	[illegible]，	[illegible]	[illegible]	[illegible]	[illegible]
zji^2	ljuu^2	ljuu^2	we^2	phji^1	rjur^1	lu^2	dźjwɨ^1	rjir^2
极	庄	严	为	令，	诸	官	属	与

大庄严已，自化其身极令姝大，与诸官属

36.19.1

[illegible]	[illegible]	[illegible]	[illegible]，	[illegible]	[illegible]	[illegible]	[illegible]，	[illegible]
njiij^1	ljɨ̣j^2	rjɨr^2	gjiij	gjij^1	njij^2	de^2	śjwo^1	rjur^1
欢	喜	乃	戏，	倍	增	欣	生，	诸
[illegible]	[illegible]	[illegible]，	[illegible]	[illegible]	[illegible]	[illegible]①	[illegible]、	[illegible]
buu^2	njiij^1	śjwo^1	thjɨ^2	tja^1	de^2	ljɨ̣j^2	njiij^1	no^2
胜	心	发，	此	者	喜	欢	心、	安

① [illegible][illegible]，字面意思为“欢喜”，与汉本“畅适”对译。

欢喜踊悦，倍生欣庆，发诸胜心，所谓畅适心、调善心、

36.19.2

[illegible]①	[illegible]、	[illegible]	[illegible]	[illegible]、	[illegible]	[illegible]	[illegible]、	[illegible]
neew²	njiij¹	wəə¹	lhjii¹	njiij¹	gji¹	sej¹	njiij¹	ɣja²
乐	心、	柔	软	心、	清	净	心、	盖
[illegible]	[illegible]、	[illegible]	[illegible]	[illegible]、	[illegible]	[illegible]	[illegible]	[illegible]、
ka²	njiij¹	njwɨ¹	śjwii²	njiij¹	tha¹	bju¹	tji̱¹	njiij¹
离	心、	美	充	心、	佛	依	归	心、

柔软心、清净心、离盖心、充美心、归依佛心、

36.19.3

[illegible]	[illegible]	[illegible]	[illegible]、	[illegible]	[illegible]	[illegible]	[illegible]、	[illegible]
tsjiir¹	bju¹	tji̱¹	njiij¹	·ji¹	bju¹	tji̱¹	njiij¹	po¹
法	依	归	心、	众	依	归	心、	菩
[illegible]	[illegible]	[illegible]	[illegible]、	[illegible]	[illegible]	[illegible]	[illegible]、	[illegible]
tjɨj¹	mji¹	mju²	njiij¹	mji¹	lhjii¹	lhjwo¹	njiij¹	ŋwer¹
提	不	动	心、	不	退	转	心、	等

归依法心、归依众心、不动菩提心、不退转心、

36.19.4

[illegible]	[illegible]、	[illegible]	[illegible]	[illegible]	[illegible]、	[illegible]	[illegible]	[illegible]
mjij¹	njiij¹	ŋwer¹	ŋwer¹	mjij¹	njiij¹	so̱¹	kię̱j²	ŋowr²
无	心、	等	等	无	心、	三	界	一
[illegible]	[illegible]	[illegible]	[illegible]、	[illegible]	[illegible]	[illegible]	[illegible]	[illegible]
ŋowr²	gjiij¹	dzjij¹	njiij¹	dźiã²	tśhju¹	ŋowr²	ŋowr²	ɣa²
切	超	过	心、	情	有	一	切	于

无等心、无等等心、超过一切三界心、于一切众生起大慈心、

36.19.5

[illegible]	[illegible]	[illegible]	[illegible]、	[illegible]	[illegible]	[illegible]	[illegible]、	[illegible]

① [illegible]，字面意思为“安乐、安稳”，与汉本“调善”对译。

ljij^{2}	njij^{2}	śjwo^{1}	njiij^{1}	ljij^{2}	wjuu^{1}	śjwo^{1}	njiij^{1}	ljij^{2}
大	慈	起	心、	大	悲	起	心、	大
[illegible]	[illegible]	[illegible]、	[illegible]	[illegible]	[illegible]	[illegible]、	[illegible]	[illegible]
de^{2}	śjwo^{1}	njiij^{1}	ljij^{2}	dźjɨɨr^{1}	śjwo^{1}	njiij^{1}	tha^{1}	tsjiir^{1}
喜	起	心、	大	舍	起	心、	佛	法

起大悲心、起大喜心、起大舍心、

36.19.6

[illegible]	[illegible]	[illegible]	[illegible]	[illegible]、	[illegible]	[illegible]、	[illegible]	[illegible]、
gju^{2}	ŋowr^{2}	ŋowr^{2}	śjwo^{1}	njiij^{1}	gjwɨ^{1}	njiij^{1}	lwo^{2}	njiij^{1}
器	一	切	起	心、	坚	心、	固	心、
[illegible]	[illegible]	[illegible]	[illegible]、	[illegible]	[illegible]	[illegible]	[illegible]、	[illegible]
ljiij^{2}	tji̱^{2}	mjij^{1}	njiij^{1}	mji^{1}	pjo^{1}	ljiij^{2}	njiij^{1}	ɣie̱^{2}
坏	可	不	心、	不	败	朽	心、	声

起一切佛法器心、坚心、固心、不可坏心、不朽败心、

36.20.1

[illegible]	[illegible]	[illegible]	[illegible]	[illegible]	[illegible]	[illegible]、	[illegible]	[illegible]
mji^{1}	gjiwr^{2}	dwewr^{2}	lji̱^{2}	dźjɨɨr^{1}	ka^{2}	njiij^{1}	dźiã^{2}	tsjij^{2}
闻	独	觉	地	舍	离	心、	菩	萨
[illegible]	[illegible]	[illegible]	[illegible]	[illegible]	[illegible]	[illegible]。	[illegible]	[illegible]
lji̱^{2}	ŋowr^{2}	ŋowr^{2}	gu^{1}	śjwo^{1}	njiij^{1}	ŋwu^{2}	thjɨ^{2}	sju^{2}
地	一	切	成	立	心	是。	是	如

舍离声闻独觉地心、成立一切菩萨地心。

36.20.2

[illegible]	[illegible]	[illegible]	[illegible]	[illegible]，	[illegible]	[illegible]	[illegible]	[illegible]
rjur^{1}	buu^{2}	njiij^{1}	dźjiij^{1}	nioow^{1}	mjor^{1}	ljij^{2}	do^{2}	rjɨr^{2}
诸	胜	心	住	已，	如	来	所	乃
[illegible]，	[illegible]	[illegible]	[illegible]	[illegible]，	[illegible]	[illegible]	[illegible]	[illegible]，
śji^{2}	tha^{1}	·jij^{1}	rewr^{2}	tshwew^{1}	so̱^{1}	dźjow^{1}	tśjɨ̱^{1}	khwa^{2}
往，	佛	之	足	礼，	三	匝	绕	围，

彼住如是诸胜心已，往如来所，顶礼佛足，右绕三匝，

36.20.3

[illegible]	[illegible]	[illegible]	[illegible]，	[illegible]	[illegible]	[illegible]	[illegible]，	[illegible]
tśhjwo^{1}	·a$^{?}$	njijr^{2}	dźjiij^{1}	tha^{1}	rjijr^{2}	pja̱^{1}	phjoo^{2}	ljaa^{1}
却	一	面	住，	佛	向	掌	合，	颂
[illegible]	[illegible]	[illegible]：						
da̱^{2}	rjɨr^{2}	tshjiij^{1}						
言	乃	说：						

却住一面，合掌向佛，而说颂曰：

36.20.4

[illegible]	[illegible]①	[illegible]	[illegible]	[illegible]，	[illegible]	[illegible]	[illegible]	[illegible]	[illegible]，
ŋa^{2}	rjur^{1}	bju^{1}	tji̱^{2}	we^{2}	zji^{2}	phju^{2}	tshwew^{1}	dzjɨ^{1}	djɨ^{2}
我	诸	依	可	为，	无	上	养	供	给，
[illegible]	[illegible]	[illegible]	[illegible]	[illegible]，					
tha^{1}	rjur^{1}	kha^{1}	pju̱^{1}	we^{2}					
佛	世	间	尊	为，					

我已为世依，办无上供养，佛为世间尊，

36.20.5

[illegible]	[illegible]	[illegible]	[illegible]	[illegible]。	[illegible]	[illegible]	[illegible]	[illegible]	[illegible]，
zji^{2}	phju^{2}	tsjiir^{1}	tshjiij^{1}	mjijr^{2}	ɣa̱^{2}	ɣie^{1}	zji^{2}	śjɨj^{1}	·jiw^{2}
最	上	法	说	者。	十	力	皆	成	就，
[illegible]	[illegible]	[illegible]	[illegible]	[illegible]，					
rjur^{1}	le^{2}	mjij^{1}	no^{2}	dźjiij^{1}					
诸	畏	无	安	住，					

演最上法者。十力皆成就，安住诸无畏，

36.20.6

[illegible]	[illegible]	[illegible]	[illegible]	[illegible]，	[illegible]	[illegible]	[illegible]	[illegible]	[illegible]。

① [illegible]，为通假字，当通“[illegible]”（rjur^{1}，世）。

dźiã2 tśhju1 ɣie2 ɣie2 dạ2 tha1 sju2 rjijr2 wjo1 ŋa2

情 有 利 益 事， 佛 如 △ 作 △。

[illegible]

sọ1 ɣạ2 njɨɨ1 ·jar1 ɣạ2

三 十 二 八 十

利益众生事，如导师所作。具相三十二，

36.21.1

[illegible]

·jij1 ŋạ2 wjij2 ŋowr2 ŋa2 rjur1 gjị2 be2 wjɨ2 sju2

相 好 △ 具 △， 世 怙 日 犹 如，

[illegible]

bji1 wją2 rjur1 ɣa2 njɨ2

光 放 世 于 遍。

八十随形好，世怙犹如日，流光遍于世。

36.21.2

[illegible]

buu2 gjij1 ɣạ2 njɨɨ1 dźjɨ? thjo1 tsjiir1 dźiej2 rjijr2 deej1

胜 倍 十 二 行， 妙 法 轮 △ 转，

[illegible]

na1 thjo1 tsjiir1 nẹ1 tshjiij1

深 妙 法 宣 布，

转于妙法轮，最胜十二行，宣布深妙法，

36.21.3

[illegible]

lo2 wee1 ɣie2 ɣie2 nioow1 rjur1 mee2 wjị1 dźju1 śja2

群 生 利 益 故。 诸 神 变 显 示，

[illegible]

tha1 ·jij1 tsjiir1 tjịj2 bju1

佛 之 式 仪 如，

利益群生故。显示诸神变,如佛之仪式,

36.21.4

[illegible]	[illegible]	[illegible]	[illegible]	[illegible],	[illegible]	[illegible]	[illegible]	[illegible]	[illegible]。
rejr^{2}	kju^{1}	tśji^{2}	·ji^{1}	nioow^{1}	rjur^{1}	ɣie^{2}	dạ^{2}	wjo^{1}	ŋa^{2}
多	拘	胝	众	故,	诸	利	事	作	△。
[illegible]	[illegible]	[illegible]	[illegible]	[illegible],					
mjij^{2}	ljịj^{2}	rjur^{1}	ljịj^{2}	kjir^{1}					
未	来	诸	大	雄,					

为多拘胝①众,作诸利益事。未来诸大雄,

36.21.5

[illegible]	[illegible]	[illegible]	[illegible]	[illegible],	[illegible]	[illegible]	[illegible]	[illegible]	[illegible],
rjur^{1}	kha^{1}	·wejr^{2}	be^{2}	sju^{2}	thja^{1}	śjɨj^{2}	tsjiir^{1}	nẹ^{1}	tshjiij^{1}
世	间	祐	日	如,	彼	圣	法	宣	扬,
[illegible]	[illegible]	[illegible]	[illegible]	[illegible]。					
zji^{2}	phju^{2}	sjịj^{2}	śjɨj^{1}	tśjɨ^{1}					
无	上	智	成	悟。					

祐世间如日,宣扬彼圣法,悟成无上智。

36.21.6

[illegible]	[illegible]	[illegible]	[illegible]	[illegible],	[illegible]	[illegible]	[illegible]	[illegible]	[illegible],
·jɨj^{2}	we^{2}	gjuu^{2}	la^{2}	we^{2}	tśja^{1}	we^{2}	gjị^{2}	tjị^{2}	we^{2}
舍	为	救	拔	为,	道	为	依	可	为,
[illegible]	[illegible]	[illegible]	[illegible]	[illegible],					
rjur^{1}	məə^{1}	dźiã^{2}	tśhju^{1}	·jij^{1}					
诸	盲	情	有	之,					

为舍为救拔,为道为归趣②,为诸生盲众,

36.22.1

[illegible] [illegible] [illegible] [illegible] [illegible]。 [illegible] [illegible] [illegible] [illegible] [illegible],

---

① 拘胝,梵语作 Koṭī,又作俱胝、俱致、拘梨。意译为亿。乃印度数量之名。藏文作 bye ba。

② 归趣,西夏文作"[illegible][illegible]",字面意思为"可依、所依"。

tśja^{1}	śio^{1}	źjɨr^{1}	mej^{1}	mjii^{1}	ŋwə	tshwew^{1}	dźiā^{2}	djịj^{1}	·jij^{1}
道	导	慧	眼	施。	五	趣	众	类	之，
[illegible]	[illegible]	[illegible]	[illegible]	[illegible]，					
bju^{1}	gjị^{2}	tjị^{2}	wjo^{1}	ŋa^{2}					
依	怙	当	作	我，					

导之施慧眼。五趣众生类，我当作依怙，

36.22.2

[illegible]	[illegible]	[illegible]	[illegible]	[illegible]，	[illegible]	[illegible]	[illegible]	[illegible]	[illegible]。
śji^{1}	tha^{1}	wjɨ^{2}	ka^{2}	zjịj^{1}	rjur^{1}	tśjị^{1}	tśiow^{1}	bie^{2}	lhew^{2}
先	佛	如	离	时，	诸	苦	聚	解	脱。
[illegible]	[illegible]	[illegible]	[illegible]	[illegible]，					
mə^{1}	kha^{1}	mə^{1}	be^{2}	lhjịj^{2}					
天	中	天	日	月，					

解脱诸苦聚，如先佛所离。

36.22.3

[illegible]	[illegible]	[illegible]	[illegible]	[illegible]，	[illegible]	[illegible]	[illegible]	[illegible]	[illegible]，
njɨɨ^{1}	rewr^{2}	pjụ^{1}	djij^{2}	we^{2}	śjɨ^{2}	dzjwɨ^{1}	na^{1}	gja^{2}	·ji^{1}
两	足	尊	△	为，	释	帝	那	伽	众，
[illegible]	[illegible]	[illegible]	[illegible]	[illegible]。					
nioow^{1}	·ja$^{?}$	sew^{2}	lo^{1}	njɨ^{2}					
又	阿	素	洛	等。					

我为两足尊，天中天日月①，天帝那伽②众，阿素洛奉敬。

36.22.4

[illegible]	[illegible]	[illegible]	[illegible]	[illegible]，	[illegible]	[illegible]	[illegible]	[illegible]	[illegible]，
ŋa^{2}	·jij^{1}	kjụ^{1}	tshwew^{1}	gju^{2}	rjur^{1}	kha^{1}	ŋwer^{1}	dźjwɨ^{1}	mjij^{1}
我	之	供	养	具，	世	间	等	相	无，

---

① 西夏文本"我为两足尊"与"天中天日月"，两句颠倒。

② 那伽，梵语作 Nāga。龙、象、无罪、不来等，称呼佛或阿罗汉作摩诃那伽，以喻他们都具有大力以及不再来受生死。

[illegible]	[illegible]	[illegible]	[illegible]	[illegible],
ŋa^{2}	phju^{2}	thjo̱^{1}	sjwɨj^{1}	wji^{1}
我	上	妙	业	作,

所设诸供具,世无有等者,我作上妙业,

36.22.5

[illegible]	[illegible]	[illegible]	[illegible]	[illegible]。	[illegible]	[illegible]	[illegible]	[illegible]	[illegible],
ŋa^{2}	rjir^{2}	swu^{2}	mjijr^{2}	mjij^{1}	tsjiir^{1}	wə^{1}	rjur^{1}	pjụ^{1}	sju^{2}
我	与	似	者	无。	法	主	世	尊	如,
[illegible]	[illegible]	[illegible]	[illegible]	[illegible],					
sọ^{1}	ɣạ^{2}	njɨɨ^{1}	·jij^{1}	ŋowr^{2}					
三	十	二	相	具,					

无有相似者。如法主世尊,具足三十二,

36.22.6

[illegible]	[illegible]	[illegible]	[illegible]	[illegible],	[illegible]	[illegible]	[illegible]	[illegible]	[illegible]。
phju^{2}	zji^{2}	thjo̱^{1}	ljo^{1}	·jij^{1}	rjur^{1}	kha^{1}	ŋwer^{1}	dźjwɨ^{1}	mjij^{1}
上	微	妙	福	相,	世	间	等	相	无。

上微妙福相,世无与等者。

36.23.1

[illegible]	[illegible],	[illegible]	[illegible]	[illegible]	[illegible]	[illegible]	[illegible]	[illegible]	[illegible]
tśhjɨ^{1}	zjọ^{2}	rjur^{1}	pjụ^{1}	kjĩ^{1}	phji^{1}	lo^{1}	gji^{2}	śiə^{1}	lo^{1}
尔	时,	世	尊	金	毗	罗	子	世	罗
[illegible],	[illegible]	[illegible]	[illegible]	[illegible]:					
·jij^{1}	ljaa^{1}	dạ^{2}	rjɨr^{2}	tshjiij^{1}					
之,	颂	言	乃	说:					

尔时,世尊为金毗罗子世罗,而说颂曰:

36.23.2

[illegible]	[illegible]	[illegible]	[illegible]	[illegible],	[illegible]	[illegible]	[illegible]	[illegible]	[illegible],
ljij^{2}	dzjiij^{2}	kjụ^{1}	mjijr^{2}	tja^{1}	zji^{2}	phju^{2}	tsjiir^{1}	·jiw^{1}	we^{2}

大 师 供 者 者， 最 上 法 因 为，

[illegible]

dźiã2 tśhju1 kha1 zji2 buu2

众 生 中 最 胜，

诸供大师者，为最上法因，彼有情中胜，

36.23.3

[illegible]

po1 tjɨj1 rjir1 mji1 gie1 rjur1 kha1 swew1 bji1 tsjɨr2

菩 提 得 不 难。 世 间 照 光 性，

[illegible]

rjur1 bju1 lhoo1 ·jij1 tshwew1

世 依 怙 之 供，

菩提不难得。供养照世间，光性世依怙，

36.23.4

[illegible]

rjur1 ŋwə1 we1 dzjwo2 ·jij1 kjụ1 tshwew1 lhjij2 wo2 mjijr2

诸 天 龙 人 之， 供 养 受 义 者。

[illegible]

phju2 thjo1 po1 tjɨj1 tsjij2

上 妙 菩 提 悟，

诸天龙及人，所应供养者。悟上妙菩提，

36.23.5

[illegible]

zji2 buu2 tśja1 phu2 dzuu2 rjur1 ljiij2 niow2 rjur1 ·jar2

最 胜 道 树 坐， 诸 魔 恶 伏 摧，

[illegible]

dźiã2 tśhju1 ·jij1 tsjiir1 tshjiij1

情 有 之 法 说。

坐最胜道树，摧伏诸恶魔，为众生说法。

36.23.6

[illegible]	[illegible]，	[illegible]	[illegible]	[illegible]	[illegible]	[illegible]	[illegible]	[illegible]、
tśhjɨ^{1}	zjọ^{2}	rjur^{1}	pjụ^{1}	mjɨ^{1}	pjụ^{1}	·jir^{2}	tụ^{1}	ŋwə^{1}
尔	时，	世	尊	无	量	百	千	天、
[illegible]、	[illegible]	[illegible]、	[illegible]	[illegible]、	[illegible]	[illegible]	[illegible]、	[illegible]
we^{1}	·ja^{2}	khja^{2}	lo^{1}	tśhia^{1}	khjã^{2}	tha^{2}	pho^{1}	kjĩ^{1}
龙、	药	叉、	罗	刹、	健	达	缚、	紧

尔时，世尊与无量百千天、龙、药叉、罗刹、健达缚、

36.24.1

[illegible]	[illegible]、	[illegible]	[illegible]	[illegible]	[illegible]、	[illegible]	[illegible]	[illegible]
da̱^{2}	la^{1}	ma^{2}	xu^{1}	la^{1}	gja^{2}	dzjwo^{2}	mji^{1}	dzjwo^{2}
捺	洛、	牟	呼	洛	伽、	人	非	人
[illegible]	[illegible]，	[illegible]	[illegible]	[illegible]	[illegible]	[illegible]	[illegible]	[illegible]
njɨ^{2}	śio^{1}	nioow^{1}	mjɨ^{1}	pjụ^{1}	·jir^{2}	tụ^{1}	no^{1}	·juu^{1}
等	与，	复	无	量	百	千	那	庾

紧捺洛、牟呼洛伽、人与非人，复有无量百千那庾

36.24.2

[illegible]	[illegible]	[illegible]	[illegible]	[illegible]	[illegible]	[illegible]，	[illegible]	[illegible]
tow^{1}	kju^{1}	tśji^{2}	rjur^{1}	dźiã^{2}	tśhju^{1}	njɨ^{2}	ɣu^{1}	mjiij^{1}
多	拘	胝	诸	众	生	等，	前	后
[illegible]	[illegible]。	[illegible]	[illegible]	[illegible]	[illegible]	[illegible]	[illegible]	[illegible]，
·wiọ^{1}	tśjị^{1}	tha^{1}	·ji^{1}	kha^{1}	zji^{2}	phju^{2}	ɣu^{1}	we^{2}
围	绕。	佛	众	中	最	首	先	为，

多拘胝诸众生等，前后围绕。佛于其中最居众首，

36.24.3

[illegible]	[illegible]	[illegible]	[illegible]	[illegible]	[illegible]，	[illegible]	[illegible]	[illegible]，
mjor^{1}	ljij^{2}	·jij^{1}	ljij^{2}	pjụ^{1}	tśhja^{2}	ljij^{2}	mee^{2}	mjijr^{2}
如	来	之	大	威	德，	大	神	通，

[illegible]	[illegible]	[illegible]，	[illegible]	[illegible]	[illegible]	[illegible]	[illegible]	[illegible]
lji̱j²	pju̱¹	dzjwɨ¹	mə²	mə²	·jij¹	dzju²	lji̱j²	wjɨ̱¹
大	宗	势，	种	种	自	在	大	变

以如来大威德故，大神通故，大宗势故，种种自在大变

36.24.4

[illegible]	[illegible]	[illegible]，	[illegible]	[illegible]	[illegible]	[illegible]，	[illegible]	[illegible]
djii²	bju¹	ku¹	lji̱j²	bji¹	swew¹	wja̱²	lji̱j²	ljɨ̱²
化	以	故，	大	光	明	放，	大	地
[illegible]	[illegible]，	[illegible]	[illegible]	[illegible]	[illegible]	[illegible]	[illegible]	[illegible]
saar²	mju²	lji̱j²	wja̱¹	sej¹	dzju̱²	tsho̱²	ŋa¹	gu²
震	动，	大	华	莲	雨	虚	空	中

化故，放大光明，震动大地，雨大莲华满虚空中，

36.24.5

[illegible]，	[illegible]	[illegible]	[illegible]	[illegible]	[illegible]	[illegible]	[illegible]	[illegible]
sə¹	·jir²	tu̱¹	no¹	·juu¹	tow¹	kju¹	tśji²	mə¹
满，	百	千	那	庾	多	拘	胝	天
[illegible]	[illegible]	[illegible]	[illegible]。	[illegible]，	[illegible]	[illegible]	[illegible]	[illegible]
rjur¹	tshow¹	gju²	tsju̱¹	dzjɨj¹	rjur¹	lji̱j²	·ji¹	dju¹
诸	乐	伎	鼓。	时，	诸	大	众	有

鼓于百千那庾多拘胝天诸伎乐。时，诸大众

36.24.6

[illegible]	[illegible]	[illegible]，	[illegible]	[illegible]	[illegible]	[illegible]，	[illegible]	[illegible]
mjij²	djij²	·jow²	mee²	wjɨ̱¹	lji̱j²	nioow¹	gjij¹	njij²
未	曾	叹，	神	变	睹	已，	倍	加
[illegible]	[illegible]。	[illegible]	[illegible]，	[illegible]	[illegible]	[illegible]	[illegible]	[illegible]
dzjwɨ̱¹	lhejr²	tśhjɨ¹	zjo̱²	mjor¹	lji̱j²	lej²	tji̱²	wja̱¹
恭	敬。	尔	时，	如	来	足	可	华

叹未曾有，既睹神变，倍加恭敬。尔时，如来足步

汉文本

时,彼世罗即与官属,从王舍城至鹫峰山,中间道路,屏除草秽、砖瓦、砾石、株杌、毒刺,极令遍净如明镜面。又以香水沾洒其地,敷胜妙衣遍于中路,散布名华量与人等,烧妙坚香顺路普熏,列树幢旛悬诸宝盖,于虚空中张施缯彩,条别间设罗布其上。作种种天诸音乐,前后充满。其路极广尽一箭道,皆遍覆以水生诸华,所谓殟钵罗华、钵特摩华、拘贸陀华、奔荼利华。又以鸳鸯胜鸟间错其华,行列道侧。于彼道上,又以金缕缯彩而用敷之,上施七宝所成殊妙等网,遍覆于道。

时,彼世罗于佛由路,作如是等大庄严已,自化其身极令姝大,与诸官属欢喜踊悦,倍生欣庆,发诸胜心,所谓畅适心、调善心、柔软心、清净心、离盖心、充美心、归依佛心、归依法心、归依众心、不动菩提心、不退转心、无等心、无等等心、超过一切三界心、于一切众生起大慈心、起大悲心、起大喜心、起大舍心、起一切佛法器心、坚心、固心、不可坏心、不朽败心、舍离声闻独觉地心、成立一切菩萨地心。彼住如是诸胜心已,往如来所,顶礼佛足,右绕三匝,却住一面,合掌向佛,而说颂曰:

我已为世依,办无上供养,
佛为世间尊,演最上法者。
十力皆成就,安住诸无畏,
利益众生事,如导师所作。
具相三十二,八十随形好,
世怙犹如日,流光遍于世。
转于妙法轮,最胜十二行,
宣布深妙法,利益群生故。
显示诸神变,如佛之仪式,
为多拘胝众,作诸利益事。
未来诸大雄,祐世间如日,
宣扬彼圣法,悟成无上智。
为舍为救拔,为道为归趣,
为诸生盲众,导之施慧眼。
五趣众生类,我当作依怙,
解脱诸苦聚,如先佛所离。
我为两足尊,天中天日月,
天帝那伽众,阿素洛奉敬。
所设诸供具,世无有等者,
我作上妙业,无有相似者。
如法主世尊,具足三十二,
上微妙福相,世无与等者。

尔时,世尊为金毗罗子世罗,而说颂曰:

诸供大师者,为最上法因,
彼有情中胜,菩提不难得。

供养照世间，光性世依怙，

诸天龙及人，所应供养者。

悟上妙菩提，坐最胜道树，

摧伏诸恶魔，为众生说法。

尔时，世尊与无量百千天、龙、药叉、罗刹、健达缚、紧捺洛、牟呼洛伽、人与非人，复有无量百千那庾多拘胝诸众生等，前后围绕。佛于其中最居众首，以如来大威德故，大神通故，大宗势故，种种自在大变化故，放大光明，震动大地，雨大莲华满虚空中，鼓于百千那庾多拘胝天诸伎乐。时，诸大众叹未曾有，既睹神变，倍加恭敬。

36.25.1

[illegible]	[illegible]	[illegible]	[illegible]	[illegible]，	[illegible]	[illegible]	[illegible]	[illegible]
sej^{1}	ljịj^{2}	ko^{1}	dźiej^{2}	sju^{2}	tśja^{1}	zjir^{2}	ljuu^{2}	tshjịj^{2}
莲	大	车	轮	如，	道	长	庄	严
[illegible]	[illegible]	[illegible]	[illegible]	[illegible]。	[illegible]	[illegible]	[illegible]	[illegible]，
khjwɨ^{1}	ŋər^{1}	njij^{2}	kha^{1}	śjɨ^{1}	thja^{2}	njɨ^{2}	śji^{2}	nioow^{1}
鹫	山	王	中	往。	彼	到	往	已，

莲华大如车轮，随庄严道往鹫峰山王。既到彼已，

36.25.2

[illegible]	[illegible]	[illegible]	[illegible]	[illegible]	[illegible]	[illegible]	[illegible]：	[illegible]
pjụ^{1}	nar^{2}	·ja	na^{1}	thow^{1}	·jij^{1}	dạ^{2}	·jɨ^{1}	nji^{2}
长	老	阿	难	陀	之	言	告：	汝
[illegible]	[illegible]	[illegible]	[illegible]	[illegible]	[illegible]	[illegible]	[illegible]	[illegible]，
mjor^{1}	ljịj^{2}	·jij^{1}	buu^{2}	thjo̱^{1}	lu^{2}	kjɨ^{1}	thju^{1}	nja^{2}
如	来	之	胜	妙	座	△	置	△，

告长老阿难陀曰：汝为如来敷置胜座，

36.25.3

[illegible]	[illegible]	[illegible]	[illegible]	[illegible]、	[illegible]	[illegible]、	[illegible]	[illegible]
thjɨ^{2}	tja^{1}	zji^{2}	phju^{2}	lu^{2}	zji^{2}	thjo̱^{1}	zji^{2}	thjo̱^{1}
此	者	最	上	座、	微	妙、	微	妙
[illegible]、	[illegible]	[illegible]	[illegible]	[illegible]	[illegible]	[illegible]、	[illegible]	[illegible]
lu^{2}	sọ^{1}	kięj^{2}	ŋowr^{2}	ŋowr^{2}	dzjịj^{1}	lu^{2}	pjụ^{1}	buu^{2}

座、	三	界	一	切	过	座、	尊	胜

所谓最上之座、法座①、微妙座、胜过一切三界座、尊胜座、

36.25.4

[illegible]、	[illegible]	[illegible]、	[illegible]	[illegible]	[illegible]	[illegible]。	[illegible]	[illegible]
lu^{2}	tha^{1}	lu^{2}	mjor^{1}	ljịj^{2}	lu^{2}	ŋwu^{2}	ŋa^{2}	sjij^{1}
座、	佛	座、	如	来	座	是。	我	今
[illegible]	[illegible]	[illegible]，	[illegible]	[illegible]	[illegible]	[illegible]	[illegible]	[illegible]
thjɨ^{2}	lu^{2}	tśhjaa^{1}	dźiã^{2}	tśhju^{1}	ŋowr^{2}	ŋowr^{2}	·jij^{1}	ɣie^{2}
此	座	上，	众	生	一	切	之	利

佛座、如来之座。我当于此坐，为欲利益一切众生故，

36.25.5

[illegible]	[illegible]	[illegible]，	[illegible]	[illegible]	[illegible]	[illegible]	[illegible]	[illegible]
ɣie^{2}	kięj^{2}	nioow^{1}	ljịj^{2}	·ų^{2}	dźiã^{2}	tsjij^{2}	dźjɨ$^{?}$	bju^{1}
利	欲	故，	大	乘	菩	萨	行	依
[illegible]	[illegible]	[illegible]	[illegible]	[illegible]	[illegible]，	[illegible]	[illegible]	[illegible]
tjị^{2}	lwər^{2}	lhejr^{2}	tshjiij^{1}	ŋa^{2}	·jij^{1}	mjiij^{2}	tja^{1}	zji^{2}
可	经	典	说	△	将，	名	者	《微

说大乘菩萨行所依经，

36.25.6

[illegible]	[illegible]	[illegible]	[illegible]	[illegible]	[illegible]	[illegible]》	[illegible]。	[illegible]
thjo^{1}	gjuu^{2}	rjur^{1}	ljịj^{2}	dźiã^{2}	tsjij^{2}	·ų^{2}	ŋwu^{2}	thjɨ^{2}
妙	吉	祥	大	菩	萨	藏》	是。	此
[illegible]	[illegible]	[illegible]	[illegible]	[illegible]	[illegible]	[illegible]	[illegible]	[illegible]
lwər^{2}	lhejr^{2}	dźiã^{2}	tśhju^{1}	ŋowr^{2}	ŋowr^{2}	·jij^{1}	·jiw^{2}	ŋər^{1}
经	典	情	有	一	切	之	疑	山

名《微妙吉祥大菩萨藏》。此经能令一切众生疑山

① 法座，西夏文相应处作"[illegible]"(微妙)，与下文"[illegible]"(微妙座)重复，当衍文，且脱"[illegible]"(法座)二字。

36.26.1

[illegible]	[illegible]，	[illegible]	[illegible]	[illegible]	[illegible]	[illegible]	[illegible]	[illegible]
khiew^{1}	njwi^{2}	thjɨ^{2}	lwər^{2}	lhejr^{2}	dźiã^{2}	tśhju^{1}	ŋowr^{2}	ŋowr^{2}
崩	能，	此	经	典	情	有	一	切
[illegible]	[illegible]	[illegible]	[illegible]	[illegible]，	[illegible]	[illegible]	[illegible]	[illegible]
·jij^{1}	·jiw^{2}	rer^{2}	phja^{1}	njwi^{2}	thjɨ^{2}	lwər^{2}	lhejr^{2}	dźiã^{2}
之	疑	网	断	能，	此	经	典	情

崩堕，此经能令一切众生疑网断绝，此经

36.26.2

[illegible]	[illegible]	[illegible]	[illegible]	[illegible]	[illegible]	[illegible]	[illegible]	[illegible]
tśhju^{1}	ŋowr^{2}	ŋowr^{2}	·jij^{1}	·jiw^{2}	tśhji^{2}	mji^{1}	śjwo^{1}	phji^{1}
有	一	切	之	疑	根	不	生	令
[illegible]。	[illegible]	[illegible]	[illegible]	[illegible]	[illegible]	[illegible]	[illegible]	[illegible]
njwi^{2}	thjɨ^{2}	ljịj^{2}	·ụ^{2}	lwər^{2}	lhejr^{2}	rjur^{1}	dźiã^{2}	tśhju^{1}
能。	此	大	乘	经	典	诸	情	有

能令一切众生疑根不生。此大乘经

36.26.3

[illegible]	[illegible]	[illegible]	[illegible]	[illegible]，	[illegible]	[illegible]	[illegible]	[illegible]
·jij^{1}	ɣie^{2}	ɣie^{2}	no^{2}	rejr^{2}	ljịj^{2}	·ji^{1}	nioow^{1}	rjur^{1}
之	利	益	安	乐，	大	众	及	诸
[illegible]	[illegible]	[illegible]	[illegible]	[illegible]	[illegible]，	[illegible]	[illegible]	[illegible]
dzjwo^{2}	mə^{1}	·jij^{1}	njij^{2}	śjow^{1}	ku^{1}	thjɨ^{2}	nioow^{1}	mjor^{1}
人	天	之	愍	哀	故，	是	故	如

利益安乐诸众生故，哀愍大众及诸天人，是故

36.26.4

[illegible]	[illegible]	[illegible]	[illegible]	[illegible]	[illegible]	[illegible]。	[illegible]	[illegible]，
ljịj^{2}	tśier^{1}	·ju^{2}	tśhjwo^{1}	phie^{2}	tshjiij^{1}	ljɨ^{1}	tśhjɨ^{1}	zjọ^{2}
来	方	便	则	解	说	也。	尔	时，

[illegible]	[illegible]	[illegible]	[illegible]	[illegible],	[illegible]	[illegible]	[illegible]	[illegible],
pjụ^{1}	nar^{2}	·ja	na^{1}	thow^{1}	tha^{1}	dzju^{1}	bji^{2}	bju^{1}
长	老	阿	难	陀,	佛	教	示	如,

如来方为开阐。尔时,长老阿难陀,如佛所教,

36.26.5

[illegible]	[illegible]	[illegible]	[illegible]。	[illegible],	[illegible]	[illegible]	[illegible]	[illegible]
tsjiir^{1}	lu^{2}	thu^{1}	phjij^{1}	dzjɨj^{1}	thja^{1}	·ji^{1}	kha^{1}	tśhjiw^{1}
法	座	敷	施。	时,	彼	众	中	六
[illegible]	[illegible]	[illegible]	[illegible]	[illegible]	[illegible],	[illegible]	[illegible]	[illegible]
ɣạ^{2}	·jar^{1}	kju^{1}	tśji^{2}	mə^{1}	gji^{2}	twụ^{1}	phju^{2}	thjo̱^{1}
十	八	拘	胝	天	子,	各	上	妙

敷施法座。时,彼众中有六十八拘胝天子,

36.26.6

[illegible]	[illegible],	[illegible]	[illegible]	[illegible]	[illegible]	[illegible]	[illegible]	[illegible]。
lhwu^{1}	dźjɨɨr^{1}	mjor^{1}	ljịj^{2}	·jij^{1}	tsjiir^{1}	lu^{2}	tśhjaa^{1}	·jiir^{2}
衣	舍,	如	来	之	法	座	上	敷。
[illegible]	[illegible]	[illegible]	[illegible]	[illegible]	[illegible]	[illegible]	[illegible],	[illegible]
tha^{1}	thja^{1}	lu^{2}	tśhjaa^{1}	mja^{1}	njɨɨ^{2}	sju^{2}	dzuu^{2}	rjur^{1}
佛	彼	座	上	昔	日	如	坐,	诸

各舍上衣,佛于其上,如常敷座①,

36.27.1

[illegible]	[illegible]	[illegible]	[illegible],	[illegible]	[illegible]	[illegible]	[illegible]:
mə^{1}	gji^{2}	·jij^{1}	bio̱^{1}	ljaa^{1}	dạ^{2}	rjɨr^{2}	tshjiij^{1}
天	子	之	顾,	颂	言	乃	说:

顾诸天子,而说颂曰:

36.27.2

[illegible]	[illegible]	[illegible]	[illegible]	[illegible]	[illegible]	[illegible]	[illegible]	[illegible]	[illegible],

---

① "佛于其上,如常敷座",西夏本增译"[illegible]"(敷于如来之法座),即诸天子各舍上衣,敷于如来之法座上。

rjur^{1}	mə^{1}	phju^{2}	ljuu^{2}	thjo̱^{1}	zji^{2}	buu^{2}	lhwu^{1}	gjwi^{2}	·jiir^{2}
诸	天	上	微	妙	最	胜	衣	服	敷，
[illegible]	[illegible]	[illegible]	[illegible]	[illegible]，	[illegible]	[illegible]	[illegible]	[illegible]	[illegible]。
rjur^{1}	gjuu^{2}	ljịj^{2}	śio^{1}	dzjiij^{2}	thjɨ^{2}	tsjiir^{1}	lu^{2}	tśhjaa^{1}	dzuu^{2}
世	救	大	导	师，	此	法	座	上	坐。

诸天敷衣服，最胜上微妙，救世大导师，安处此法座。

36.27.3

[illegible]	[illegible]	[illegible]	[illegible]	[illegible]，	[illegible]	[illegible]	[illegible]	[illegible]	[illegible]，
rjur^{1}	tsjiir^{1}	tjịj^{1}	rewr^{2}	njɨ^{2}	mjor^{1}	ljịj^{2}	lu^{2}	dzuu^{2}	nioow^{1}
诸	法	彼	岸	到，	如	来	座	坐	已，
[illegible]	[illegible]	[illegible]	[illegible]	[illegible]，					
ljịj^{2}	ljɨ^{2}	tśhjiw^{1}	mə^{2}	mju^{2}					
大	地	六	种	动，					

到诸法彼岸，如来升座已，大地六种动，

36.27.4

[illegible]	[illegible]	[illegible]	[illegible]	[illegible]，	[illegible]	[illegible]	[illegible]	[illegible]	[illegible]，
·ji^{1}	zji^{2}	njiij^{1}	ljɨj^{2}	phji^{1}	bji^{1}	wją̣^{2}	tha^{1}	lhjịj	swew^{1}
众	皆	欢	喜	令，	光	放	佛	土	照，
[illegible]	[illegible]	[illegible]	[illegible]	[illegible]，					
nioow^{1}	rjur^{1}	ŋər^{1}	njij^{2}	swew^{1}					
并	诸	山	王	耀，					

令众皆欢喜。放光照佛土，并耀诸山王，

36.27.5

[illegible]	[illegible]	[illegible]	[illegible]	[illegible]，	[illegible]	[illegible]	[illegible]	[illegible]	[illegible]。
rjur^{1}	pjụ^{1}	mee^{2}	mjijr^{2}	śja^{2}	tsjiir^{1}	ŋwe^{1}	mjijr^{2}	·jij^{1}	gjuu^{2}
世	尊	神	通	现，	法	乐	者	之	济。
[illegible]	[illegible]	[illegible]	[illegible]	[illegible]，					
rjur^{1}	ŋwə^{1}	we^{1}	mji^{1}	dzjwo^{2}					
诸	天	龙	不	人，					

世尊现神通，济度乐法者。诸天龙及①人，

36.27.6

[illegible]，[illegible]，

kjiw¹ phã¹ tśhia¹ dji̠¹ ·ju¹ pu¹ ta¹ no¹ ·ji¹ njɨ²

鸠 槃 荼 饿 鬼， 布 怛 那 众 等，

[illegible]。

dźjwɨ¹ ljij² ɣie̠² lu̠² mjij¹

互 见 障 碍 无。

鸠槃荼②饿鬼，布怛那③等众，互相见无障。

36.28.1

[illegible]，[illegible]，

·jir² tu̠¹ no¹ ·juu¹ tow¹ kju¹ tśji² rjur¹ mə¹ njɨ²

百 千 那 庾 多， 拘 胝 诸 天 等，

[illegible]，

tha¹ bji¹ swew¹ wja̠² ljij²

佛 光 明 放 睹，

百千那庾多，拘胝诸天等，睹佛放光明，

36.28.2

[illegible]。[illegible]，

thjɨ² dzjɨj¹ zji² ber² gie¹ phjĩ phji¹ pho¹ lo¹ njij²

此 时 甚 遇 难。 频 毗 婆 罗 王，

[illegible]，

rjur¹ ljij² bji² ·wio̠¹ tśjɨ̠¹

诸 大 臣 围 绕，

此时甚难遇。频毗婆罗王，诸大臣围绕，

---

① 及，西夏文作“[illegible]”（不），误。当“[illegible]”形近之讹。

② 鸠盘荼，西夏文作“[illegible]”。梵文作 Kumbhāṇḍa。又作俱槃荼、究槃荼、弓槃荼、鸠满拏、槃查。意译为瓮形鬼、冬瓜鬼、厌魅鬼，是佛教认为的一种啖人精气维生的鬼（另一种啖精气鬼为毗舍遮）。乃隶属于增长天的二部鬼类之一，然圆觉经称其为大力鬼王之名。此鬼啖人精气，其疾如风，变化多端，住于林野，管诸鬼众。

③ 布怛那，西夏文作“[illegible]”。梵文作 Pūtana。为鬼神之一种。又作富多那鬼、布怛那鬼。意译作臭鬼、臭饿鬼。又称热病鬼、灾怪鬼。此鬼与乾闼婆皆为持国天之眷属，守护东方。

36.28.3

[illegible]	[illegible]	[illegible]	[illegible]	[illegible]，	[illegible]	[illegible]	[illegible]	[illegible]	[illegible]。
rjur^{1}	kha^{1}	bju^{1}	lhoo^{1}	tjị^{2}	zji^{2}	buu^{2}	tha^{1}	do^{2}	ljịj^{2}
世	间	依	怙	可，	最	胜	佛	所	来。
[illegible]	[illegible]	[illegible]	[illegible]	[illegible]					
tha^{1}	ŋwə^{1}	we^{1}	dzjwo^{2}	njɨ^{2}					
佛	天	龙	人	等					

来诣世依怙，最胜如来所。佛知天龙人

36.28.4

[illegible]	[illegible]	[illegible]	[illegible]	[illegible]，	[illegible]	[illegible]	[illegible]	[illegible]	[illegible]，
ljịj^{2}	·ji^{1}	wjɨ^{2}	dzuu^{2}	dwewr^{2}	rjur^{1}	dźiã^{2}	tśhju^{1}	gjịj^{1}	nioow^{1}
大	众	△	坐	知，	诸	众	生	利	为，
[illegible]	[illegible]	[illegible]	[illegible]	[illegible]。					
ljɨɨr^{1}	rjijr^{2}	zji^{2}	khjuu^{2}	rjijr^{2}					
四	方	皆	视	方。					

大众皆坐已，为利诸众生，顾视于四方。

36.28.5

[illegible]	[illegible]	[illegible]	[illegible]	[illegible]，	[illegible]	[illegible]	[illegible]	[illegible]	[illegible]，
·jiw^{2}	dju^{1}	mjijr^{2}	·jij^{1}	mjị^{1}	ŋa^{2}	·jij^{1}	dja^{2}	·jɨr^{1}	nji^{2}
疑	有	者	之	告，	我	之	△	问	△，
[illegible]	[illegible]	[illegible]	[illegible]	[illegible]，					
ŋa^{2}	rjur^{1}	dzjiij^{2}	śio^{1}	·jij^{1}					
我	世	师	导	将，					

告诸有疑者，当问两足尊，我将导世间，

36.28.6

[illegible]	[illegible]	[illegible]	[illegible]	[illegible]。
rjur^{1}	·jiw^{2}	rer^{2}	phja^{1}	njwi^{2}
诸	疑	网	断	善。

善断诸疑网。

36.29.1

[illegible]	[illegible],	[illegible]	[illegible]	[illegible]	[illegible]	[illegible]	[illegible]	[illegible]
tśhjɨ¹	zjọ²	sọ¹	tụ¹	ljịj²	tụ¹	rjur¹	kięj²	·u²
尔	时,	三	千	大	千	世	界	中
[illegible]	[illegible]	[illegible]	[illegible]	[illegible]	[illegible]	[illegible]	[illegible]	[illegible]
tsjiir¹	nji²	mjijr²	dźiã²	tśhju¹	ŋowr²	ŋowr²	zji²	ljwu²
法	听	者	众	生	所	有	皆	会

尔时,三千大千世界所有众生,为听法者,皆来集会。

36.29.2

[illegible]	[illegible]。	[illegible]	[illegible]	[illegible]	[illegible]	[illegible]	[illegible]	[illegible]
dzjɨ̣²	ljịj²	mjor¹	ljịj²	thjɨ²	sju²	tsjiir¹	tshjiij¹	djij²
集	来。	如	来	是	如	法	说	▽
[illegible],	[illegible]	[illegible]	[illegible]	[illegible],	[illegible]	[illegible]	[illegible]	[illegible],
mji¹	tsjiir¹	mji¹	nioow¹	ku¹	djɨr²	mjɨɨ²	mjij¹	tạ¹
闻,	法	闻	为	故,	外	境	静	息,

既闻如来说是法已,为闻法故,静息外缘①,

36.29.3

[illegible]	[illegible]	[illegible]	[illegible]	[illegible],	[illegible]	[illegible]	[illegible]	[illegible]。
njiij¹	lew¹	mjɨɨ²	ɣa²	dźjiij¹	ljɨr²	ɣjiw¹	no²	dźjiij¹
心	一	境	于	住,	念	摄	安	住。
[illegible]	[illegible],	[illegible]	[illegible]	[illegible]	[illegible]	[illegible]	[illegible]	[illegible]
tśhjɨ¹	zjọ²	rjur¹	pjụ¹	pjụ¹	nar²	ljịj²	boo²	khjã²
尔	时,	世	尊	长	老	大	目	揵

心住一境,摄念而住。尔时,世尊告长老大目揵

36.29.4

[illegible] [illegible] [illegible]: [illegible] [illegible] [illegible] [illegible], [illegible] [illegible]

① 外缘,西夏文作“[illegible]”,字面意思为“外境”。

ljɨj^{1}	·jij^{1}	·jɨ^{1}	nji^{2}	sjij^{1}	nwə^{1}	lew^{2}	khwa^{1}	khwa^{1}
连	之	告：	汝	今	知	当，	远	处
[illegible]，	[illegible]	[illegible]	[illegible]	[illegible]	[illegible]	[illegible]	[illegible]	[illegible]
dźjiij^{1}	ljwu^{2}	kha^{1}	mjij^{2}	ljij^{2}	phji^{1}	tśhjụ^{1}	·jij^{1}	·a$^{?}$
住，	会	中	未	来	苾	刍	之	△

连①：汝今当知，有谁苾刍，住在远处，未来会坐，

36.29.5

[illegible]	[illegible]	[illegible]	[illegible]	[illegible]？	[illegible]，	[illegible]	[illegible]	[illegible]
bju^{2}	nja^{2}	kjɨ^{1}	dzjɨ̣^{2}	phjo^{2}	dzjɨj^{1}	pjụ^{1}	nar^{2}	ljij^{2}
召	△	当	集	令？	时，	长	老	大
[illegible]	[illegible]，	[illegible]	[illegible]	[illegible]	[illegible]	[illegible]	[illegible]。	[illegible]
kja^{1}	śja^{1}	ljij^{2}	·wjị^{1}	ŋər^{1}	zjɨr^{1}	rjijr^{2}	dźjiij^{1}	ljij^{2}
迦	叶，	大	雪	山	南	面	住。	大

当召令集？时，长老大迦叶②，在大雪山南面而住。

36.29.6

[illegible]	[illegible]	[illegible]	[illegible]	[illegible]	[illegible]	[illegible]，	[illegible]	[illegible]
boo^{2}	khjã^{2}	ljɨj^{1}	sjwɨ^{1}	ljɨr^{2}	dwewr^{2}	ku^{1}	mee^{2}	mjijr^{2}
目	揵	连	忆	念	知	已，	神	通
[illegible]	[illegible]	[illegible]	[illegible]	[illegible]	[illegible]	[illegible]	[illegible]	[illegible]：
ɣie^{1}	ŋwu^{2}	thja^{2}	rjɨr^{2}	śji^{2}	thjɨ^{2}	sju^{2}	dạ^{2}	·jɨ^{1}
力	以	彼	乃	往	是	如	言	告：

大目揵连忆念知已，以神通力往彼白言：

36.30.1

[illegible]	[illegible]	[illegible]	[illegible]	[illegible]	[illegible]	[illegible]	[illegible]，	[illegible]
mjor^{1}	ljij^{2}	thjɨ^{2}	wjɨ^{2}	khjwɨ^{1}	ŋər^{1}	kha^{1}	dźjiij^{1}	ljij^{2}
如	来	此	刻	鹫	山	中	在，	大
[illegible]	[illegible]	[illegible]，	[illegible]	[illegible]、	[illegible]、	[illegible]，	[illegible]	[illegible]、

① 大目揵连，梵文作 Maudgalyayana。为佛陀十大弟子之一。
② 大迦叶，梵文作 Mahā kāsyapa。又作迦叶波、迦摄波。意为饮光。为佛陀十大弟子之一。

·ji¹	·ju²	rjir²	rjur¹	mə¹	ljiij²	xiwã¹	śia¹	mẽ¹
众	面	前,	诸	天、	魔、	梵,	沙	门、

如来今者在鹫峰山,于大众前,为诸天、魔、梵,沙门、

36.30.2

[illegible]、	[illegible]、	[illegible]	[illegible]	[illegible]	[illegible]	[illegible],	[illegible]	[illegible]
dzjwo²	mə¹	·ja?	sew²	lo¹	njɨ²	·jij¹	thjo̱¹	tsjiir¹
人、	天、	阿	素	罗	等	之,	妙	法
[illegible]	[illegible]。	[illegible]	[illegible]	[illegible]	[illegible]	[illegible],	[illegible]	[illegible]
tshjiij¹	·jij¹	pjụ¹	tja¹	·jij¹	ljiij²	djij²	thja¹	do²
说	当。	仁	者	之	待	▽,	彼	处

婆罗门,天、人、阿素洛等,当说妙法。正待仁者,

36.30.3

[illegible]	[illegible],	[illegible]	[illegible]	[illegible]	[illegible]	[illegible]	[illegible]	[illegible]
śjɨ¹	kjɨ¹	ŋa²	njɨ²	·jij¹	tsjiir¹	ɣa²	ɣiẹ²	lụ²
往	△,	我	等	之	法	于	障	碍
[illegible]	[illegible]	[illegible]。	[illegible],	[illegible]	[illegible]	[illegible]	[illegible]	[illegible]
tji¹	wjo¹	nja²	dzjɨj¹	ljịj²	kja¹	śja¹	ljịj²	boo²
勿	为	△。	时,	大	迦	叶	大	目

可共往彼,勿令我等于法障碍。时,大迦叶语大目

36.30.4

[illegible]	[illegible]	[illegible]	[illegible]	[illegible]:	[illegible]	[illegible]	[illegible]	[illegible]
khjã²	ljɨj¹	·jij¹	dạ²	·jɨ¹	nji²	ɣwə²	rjir²	dja²
揵	连	之	言	告:	汝	先	前	△
[illegible]	[illegible],	[illegible]	[illegible]	[illegible]	[illegible]	[illegible]。	[illegible]	[illegible]
śjɨ¹	nja²	ŋa²	nioow¹	rjijr²	lja¹	ŋa²	thjɨ²	dạ²
往	△,	吾	后	面	来	△。	是	语

揵连言:汝且前往,吾寻后至。

36.30.5

[illegible]	[illegible],	[illegible]	[illegible]	[illegible]	[illegible]	[illegible]	[illegible]	[illegible]

·jɨ^1	dźjwa^1	dzjɨj^1	ljịj^2	kja^1	śja^1	dzuu^2	tjị^2	mji^1
告	已，	时	大	迦	叶	座	可	不
[illegible]，	[illegible]	[illegible]	[illegible]	[illegible]	[illegible]	[illegible]	[illegible]	[illegible]，
wor^1	mee^2	mjijr^2	ɣie^1	ŋwu^2	njij^2	mjii^1	we^2	·o^2
起，	神	通	力	以	王	舍	城	入，

作是语已，时大迦叶不起于座，化神通力入王舍城，

36.30.6

[illegible]	[illegible]	[illegible]	[illegible]	[illegible]	[illegible]，	[illegible]	[illegible]	[illegible]
ljɨɨr^1	djij^1	·ji^1	rjir^2	śiə^1	śio^1	khjwɨ^1	ŋər^1	kha^1
四	部	众	与	引	导，	鹫	山	中
[illegible]	[illegible]	[illegible]	[illegible]	[illegible]，	[illegible]	[illegible]	[illegible]	[illegible]
śjɨ^1	tha^1	·jij^1	rewr^2	tshwew^1	thja^1	ljịj^2	·ji^1	kha^1
往	佛	之	足	礼，	彼	大	众	中

将从四部导众而行，往鹫峰山顶礼佛足，

36.31.1

[illegible]	[illegible]	[illegible]	[illegible]，	[illegible]	[illegible]	[illegible]	[illegible]。	[illegible]，
tha^1	·jij^1	·ju^2	rjir^2	mji^1	khwa^1	wjɨ^2	dzuu^2	dzjɨj^1
佛	之	面	前，	不	远	△	坐。	时，
[illegible]	[illegible]	[illegible]	[illegible]	[illegible]	[illegible]	[illegible]	[illegible]	[illegible]
ljịj^2	boo^2	khjã^2	ljɨj^1	thjɨ^2	mjijr^2	ljij^2	nioow^1	mee^2
大	目	揵	连	斯	通	见	已	神

于大众中对于佛前，不远而坐。时，大目揵连睹斯化已，

36.31.2

[illegible]	[illegible]	[illegible]	[illegible]	[illegible]	[illegible]	[illegible]，	[illegible]	[illegible]
mjijr^2	ɣie^1	ŋwu^2	tha^1	do^2	rjɨr^2	ljịj^2	ljịj^2	kja^1
通	力	以	佛	所	至	来，	大	迦
[illegible]	[illegible]	[illegible]	[illegible]	[illegible]	[illegible]	[illegible]	[illegible]，	[illegible]
śja^1	ɣwə^2	rjir^2	·ji^1	kha^1	dja^2	dzuu^2	ljij^2	kja^1
叶	先	前	众	中	△	座	见，	迦

以神通力来至佛所，乃见迦叶先已处座，

36.31.3

[illegible]	[illegible]	[illegible]	[illegible]：	[illegible]	[illegible]，	[illegible]	[illegible]	[illegible]
śja^{1}	·jij^{1}	dạ^{2}	·jɨ^{1}	pjụ^{1}	tja^{1}	dzjɨr^{1}	bow^{2}	ljịj^{2}
叶	之	言	白：	尊	者，	疾	速	大
[illegible]	[illegible]	[illegible]	[illegible]	[illegible]	[illegible]	[illegible]	[illegible]，	[illegible]
mee^{2}	mjijr^{2}	phiaa^{2}	dja^{2}	śjɨj^{1}	·jiw^{2}	nja^{2}	sji^{2}	mər^{2}
神	通	分	△	成	就	△	▽，	本

白迦叶言：尊者，成就速疾大神通分，

36.31.4

[illegible]	[illegible]	[illegible]	[illegible]	[illegible]	[illegible]	[illegible]	[illegible]	[illegible]
lu^{2}	mji^{1}	wor^{1}	thjɨ^{2}	sju^{2}	mee^{2}	djii^{2}	śja^{2}	njwi^{2}
座	不	起	斯	如	神	化	现	能
[illegible]	[illegible]。	[illegible]	[illegible]	[illegible]	[illegible]：	[illegible]	[illegible]	[illegible]
nja^{2}	ljɨ^{1}	ljịj^{2}	kja^{1}	śja^{1}	dạ^{2}	rjur^{1}	pjụ^{1}	nji^{2}
△	也。	大	迦	叶	言：	世	尊	汝

乃能不起本座现斯神化。大迦叶言：

36.31.5/6

[illegible]	[illegible]	[illegible]	[illegible]	[illegible]	[illegible]	[illegible]	[illegible]，	[illegible]	[illegible]
·jij^{1}	mee^{2}	mjijr^{2}	phju^{2}	tsew^{2}	nja^{2}	·jɨ^{1}	djij^{2}	ŋa^{2}	sjij^{1}
之	神	通	一	第	△	说	▽，	吾	今
[illegible]	[illegible]	[illegible]	[illegible]	[illegible]，	[illegible]	[illegible]	[illegible]/	[illegible]	[illegible]？
zjiir^{1}	zjij^{1}	mee^{2}	mjijr^{2}	tja^{1}	mee^{2}	mjijr^{2}	kha^{1}	ljọ^{2}	wjij^{2}
少	许	神	通	者，	神	通	中/	何	有？

世尊说汝神通第一，吾今微现，未可涉言。

汉文本

尔时，如来足步莲华大如车轮，随庄严道往鹫峰山王。既到彼已，告长老阿难陀曰：汝为如来敷置胜座，所谓最上之座、法座、微妙座、胜过一切三界座、尊胜座、佛座、如来之座。我当于此坐，为欲利益一切众生故，说大乘菩萨行所依经，名《微妙吉祥大菩萨藏》。此经能令一切众生疑山崩堕，此经能令一切众生疑网断绝，此经能令一切众生疑根不生。此大乘经利益安乐诸众生故，哀愍大众及诸天人，是故如来方为开阐。

尔时，长老阿难陀，如佛所教，敷施法座。时，彼众中有六十八拘胝天子，各舍上衣，佛于其上，如常敷座，顾诸天子，而说颂曰：

诸天敷衣服，最胜上微妙，
救世大导师，安处此法座。
到诸法彼岸，如来升座已，
大地六种动，令众皆欢喜。
放光照佛土，并耀诸山王，
世尊现神通，济度乐法者。
诸天龙及人，鸠槃荼饿鬼，
布怛那等众，互相见无障。
百千那庾多，拘胝诸天等，
睹佛放光明，此时甚难遇。
频毗婆罗王，诸大臣围绕，
来诣世依怙，最胜如来所。
佛知天龙人，大众皆坐已，
为利诸众生，顾视于四方。
告诸有疑者，当问两足尊，
我将导世间，善断诸疑网。

尔时，三千大千世界所有众生，为听法者，皆来集会。既闻如来说是法已，为闻法故，静息外缘，心住一境，摄念而住。

尔时，世尊告长老大目揵连：汝今当知，有谁苾刍，住在远处，未来会坐，当召令集？

时，长老大迦叶，在大雪山南面而住。大目揵连忆念知已，以神通力往彼白言：如来今者在鹫峰山，于大众前，为诸天、魔、梵，沙门、婆罗门，天、人、阿素洛等，当说妙法。正待仁者，可共往彼，勿令我等于法障碍。

时，大迦叶语大目揵连言：汝且前往，吾寻后至。作是语已，时大迦叶不起于座，化神通力入王舍城，将从四部导众而行，往鹫峰山顶礼佛足，于大众中对于佛前，不远而坐。

时，大目揵连睹斯化已，以神通力来至佛所，乃见迦叶先已处座，白迦叶言：尊者，成就速疾大神通分，乃能不起本座现斯神化。

大迦叶言：世尊说汝神通第一，吾今微现，未可涉言。

西夏文《大宝积经》

·卷三十六·

《菩萨藏会》

“试验菩萨品”第三整理与研究

内容和版本介绍

《大宝积经·菩萨藏会》第十二之二“试验菩萨品”第三的主要内容讲的是“舍利子问菩萨法，佛答以菩提心，及备信欲”（明智旭：《阅藏知津》卷二《大乘经藏·方等部》之《大宝积经》）。

汉译本《大宝积经·菩萨藏会》第十二并非菩提流志所译，而是唐三藏法师玄奘奉诏译，归入《大宝积经》卷三十五至卷五十四。此经内容包括“开化长者品”第一、“金毗罗天受记品”第二、“试验菩萨品”第三、“如来不思议性品”第四、“无量品”第五、“陀那波罗蜜多品”第六、“尸波罗蜜品”第七、“羼底波罗蜜多品”第八、“毗利耶波罗蜜多品”第九、“静虑波罗蜜多品”第十、“般若波罗蜜多品”第十一、“大自在天授记品”第十二。这里整理的是“试验菩萨品”第三，汉文同本佛经收入《大正藏》第11册№.310[①]。

西夏文《菩萨藏会》第十二之二“试验菩萨品”第三见于《俄藏黑水城文献》第21册，第197—199页，编号 инв. №447，写本，经折装，每折6行，行18—22字，现存35折，保存完整，此品第三与“金毗罗天受记品”第二合为一卷[②]，即《大宝积经》卷三十六。本文西夏本释读参照《大正藏》第310号唐三藏法师玄奘译本。

① 《大正藏》第11卷，第195页。
② “试验菩萨品”第三与“金毗罗天受记品”第二紧密相连，未分行，从36.31.6开始。

文本释读

36.31.6

[illegible]	[illegible]	[illegible]	[illegible]	[illegible]	[illegible]	[illegible]
dźiã^{2}	tsjij^{2}	djɨɨ^{1}	lạ^{1}	tjij^{1}	sọ^{1}	tsew^{2}
菩	萨	验	厚	品	三	第

试验①菩萨品第三

36.32.1

[illegible]	[illegible]，	[illegible]	[illegible]	[illegible]	[illegible]	[illegible]	[illegible]	[illegible]
tśhjɨ^{1}	zjọ^{2}	pjụ^{1}	nar^{2}	śja^{1}	rjir^{2}	gji^{2}	dzuu^{2}	tjị^{2}
尔	时，	长	老	舍	利	子	座	可
[illegible]	[illegible]，	[illegible]	[illegible]	[illegible]	[illegible]	[illegible]	[illegible]	[illegible]
·a$^{?}$	wor^{1}	·jwar^{1}	tow^{1}	lo^{1}	lhwu^{1}	ŋwu^{2}	źjɨ^{1}	wạ^{1}
△	起，	郁	多	罗	衣	以	左	肩

尔时，长老舍利子即从座起，以郁多罗僧②覆左肩上，

36.32.2

[illegible]	[illegible]，	[illegible]	[illegible]	[illegible]	[illegible]，	[illegible]	[illegible]	[illegible]
tśhjaa^{1}	gjwi^{2}	tśier^{1}	wạ^{1}	nja^{1}	phər^{1}	tśier^{1}	ŋwer^{2}	ljɨ^{2}
上	覆，	右	肩	而	袒，	右	膝	地
[illegible]，	[illegible]	[illegible]	[illegible]	[illegible]，	[illegible]	[illegible]	[illegible]	[illegible]，
zjịj^{1}	tha^{1}	rjijr^{2}	pjạ^{1}	phjoo^{2}	dzjwị^{1}	tshwew^{1}	no^{2}	dźjiij^{1}
置，	佛	向	掌	合，	恭	敬	安	住，

偏袒右肩，以右膝轮而置于地，向佛合掌，恭敬而住，

---

① 试验，西夏文作“[illegible]”，字面意思为“验厚”。按，《文海》释“[illegible]”为“[illegible]”，此以“[illegible]”解释“[illegible]”字，表明“[illegible]”为一固定词语。又，[illegible]（lạ^{1}）、[illegible]（lạ^{1}）二字音同，故“[illegible]”当通“[illegible]”，“[illegible]”即《文海》中的“[illegible]”。据此，亦知“[illegible]”当译作“试验”。

② 郁多罗僧，梵文作 Uttarāsaṇga。三衣之一，六物之一。又作郁多罗僧、优多罗僧、沤多罗、嗢多罗僧、嗢怛啰僧伽。意译上衣、上着衣。即七条衣，为常服中最上者。礼诵、听讲、说戒时穿。西夏文“[illegible]”（郁多罗衣），前三字音译，后一字意译，未将“僧”（saṇga）译出。

36.32.3

tha^{1}	·jij^{1}	dạ^{2}	·jɨ^{1}	rjur^{1}	pjụ^{1}	ŋa^{2}	sjij^{1}	zjɨɨr^{1}
佛	之	言	白:	世	尊	我	今	少
zjịj^{1}	dạ^{2}	·jɨr^{1}	kięj^{2}	lew^{1}	tjị^{1}	mjor^{1}	ljịj^{2}	bju^{1}
何	言	问	欲。	唯	愿	如	来	依

白佛言:世尊,我今欲有少问。唯愿如来应

36.32.4

wo^{2}	tśhja^{2}	njɨ^{2}	nwə^{1}	ŋa^{2}	·jij^{1}	njij^{2}	śjow^{1}	rjɨr^{2}
应	正	遍	知,	我	之	哀	愍	乃
tshjiij^{1}	wji^{1}	ŋa^{2}	tha^{1}	pjụ^{1}	nar^{2}	śja^{1}	rjir^{2}	gji^{2}
说	为	△。	佛	长	老	舍	利	子

正遍知,哀愍听许,为我解说。佛告长老舍利子

36.32.5

·jij^{1}	dạ^{2}	·jɨ^{1}	nji^{2}	phji^{1}	bju^{1}	dja^{2}	·jɨr^{1}	nja^{2}
之	言	告:	汝	恣	所	△	问	△!
ŋa^{2}	sjij^{1}	phie^{2}	tshjiij^{1}	njiij^{1}	ljɨ̣j^{2}	phji^{1}	nja^{2}	śja^{1}
我	今	解	说,	心	喜	令	△。	舍

言:恣汝所问!如来今者,当为解说,令汝心喜。舍

36.32.6

rjir^{2}	gji^{2}	tha^{1}	·jij^{1}	dạ^{2}	·jɨ^{1}	rjur^{1}	pjụ^{1}	po^{1}
利	子	佛	之	言	告:	世	尊,	菩

[illegible]	[illegible]	[illegible]	[illegible]	[illegible]	[illegible]	[illegible]	[illegible]	[illegible]
tsa^{1}	ma^{2}	ŋạ^{2}	tsa^{1}	zjịj^{1}	tsjiir^{1}	dja^{2}	śjɨj^{1}	·jiw^{2}
萨	摩	诃	萨	几	法	△	成	就

利子白佛言：世尊，菩萨摩诃萨成就几法，

36.33.1

[illegible]，	[illegible]	[illegible]	[illegible]	[illegible]，	[illegible]	[illegible]	[illegible]	[illegible]，
nioow^{1}	lju̱^{2}	sjwɨj^{1}	dźjar^{2}	mjij^{1}	ljaa^{2}	sjwɨj^{1}	dźjar^{2}	mjij^{1}
故，	身	业	失	无，	语	业	失	无，
[illegible]	[illegible]	[illegible]	[illegible]？	[illegible]	[illegible]	[illegible]	[illegible]	[illegible]
phji^{1}	sjwɨj^{1}	dźjar^{2}	mjij^{1}	zjịj^{1}	tsjiir^{1}	dja^{2}	śjɨj^{1}	·jiw^{2}
意	业	失	无？	几	法	△	成	就

身业无失，语业无失，意业无失？成就几法，

36.33.2

[illegible]，	[illegible]	[illegible]	[illegible]	[illegible]，	[illegible]	[illegible]	[illegible]	[illegible]，
nioow^{1}	lju̱^{2}	sjwɨj^{1}	gji^{1}	sej^{1}	ljaa^{2}	sjwɨj^{1}	gji^{1}	sej^{1}
故，	身	业	清	净，	语	业	清	净，
[illegible]	[illegible]	[illegible]	[illegible]？	[illegible]	[illegible]	[illegible]	[illegible]	[illegible]
phji^{1}	sjwɨj^{1}	gji^{1}	sej^{1}	zjịj^{1}	tsjiir^{1}	dja^{2}	śjɨj^{1}	·jiw^{2}
意	业	清	净？	几	法	△	成	就

身业清净，语业清净，意业清净？成就几法，

36.33.3

[illegible]，	[illegible]	[illegible]	[illegible]	[illegible]，	[illegible]	[illegible]	[illegible]	[illegible]，
nioow^{1}	lju̱^{2}	sjwɨj^{1}	mji^{1}	mju^{2}	ljaa^{2}	sjwɨj^{1}	mji^{1}	mju^{2}
故，	身	业	不	动，	语	业	不	动，
[illegible]	[illegible]	[illegible]	[illegible]，	[illegible]	[illegible]	[illegible]	[illegible]	[illegible]
phji^{1}	sjwɨj^{1}	mji^{1}	mju^{2}	mə^{1}	ljiij^{2}	gja^{1}	·ji^{1}	njɨ^{2}
意	业	不	动，	天	魔	军	众	等

身业不动，语业不动，意业不动，

36.33.4

·jij^{1}	kier^{1}	lew^{2}	mji^{1}	we^{2}	ɣu^{1}	ŋowr^{2}	ŋowr^{2}	sjịj^{2}
之	娆	所	不	为,	初	一	切	智
njiij^{1}	·a$^{?}$	śjwo^{1}	ɣa^{2}	śjwo^{1}	tśhja^{2}	dźjɨ$^{?}$	djo̱^{2}	dźjij^{1}
心	△	起	于	发	正	行	修	行,

不为天魔及魔军众之所娆转,从初发一切智心修行正行,

36.33.5

ljɨ^{2}	ljɨ^{2}	lhu^{1}	dzja^{1}	tśier^{1}	·ju^{2}	neew^{2}	ɣjɨr^{1}	ŋwu^{2}
地	地	增	胜	方	便	善	巧	以,
dźiã^{2}	tśhju^{1}	ŋowr^{2}	ŋowr^{2}	·jij^{1}	buu^{2}	śio^{1}	dzjiij^{2}	we^{2}
情	有	一	切	之	胜	导	师	为,

地地增胜善巧方便,为一切众生作胜导师,

36.33.6

njɨ^{2}	śio^{1}	dzjiij^{2}	we^{2}	ljịj^{2}	tjij^{1}	zjur^{2}	we^{2}	ljịj^{2}
普	导	师	为、	大	灯	炬	为、	大
lej^{2}	tśja^{1}	we^{2}	dzow^{1}	we^{2}	dzjwị^{1}	we^{2}	gjuu^{2}	la^{2}
梯	蹬	为、	桥	为、	船	为、	济	度

为普导师、为大照炬、为大梯蹬、为桥、为船、为济度者、

36.34.1

mjijr^{2}	we^{2}	tjịj^{1}	rewr^{2}	mjijr^{2}	we^{2}	·jɨj^{2}	we^{2}	gjuu^{2}
者	为、	彼	岸	者	为、	舍	为、	救

[illegible]、	[illegible]	[illegible]、	[illegible]	[illegible]，	[illegible]	[illegible]	[illegible]	[illegible]
we^2	bju^1	we^2	tshwew^1	we^2	ŋowr^2	ŋowr^2	sjịj^2	mji^1
为、	归	为、	趣	为，	一	切	智	不

为彼岸者、为舍、为救、为归、为趣，而能不舍一切智心？

36.34.2

[illegible]	[illegible]	[illegible]？	[illegible]	[illegible]，	[illegible]	[illegible]	[illegible]	[illegible]
dźjɨɨr^1	njwi^2	ljɨ^1	tśhjɨ^1	zjọ^2	śja^1	rjir^2	gji^2	thjɨ^2
舍	能	也？	尔	时，	舍	利	子	此
[illegible]	[illegible]	[illegible]	[illegible]，	[illegible]	[illegible]	[illegible]	[illegible]：	
wo^2	·jị^2	tshjiij^1	kięj^2	ljaa^1	ŋwu^2	dja^2	·jɨr^2	
义	重	宣	欲，	颂	以	△	问：	

尔时，舍利子欲重宣此义，以颂问曰：

36.34.3

[illegible]	[illegible]	[illegible]	[illegible]	[illegible]，	[illegible]	[illegible]	[illegible]	[illegible]	[illegible]？
dźiā^2	tsjij^2	wa^2	wo^2	nioow^1	ljij^2	po^1	tjɨj^1	dźjiij^1	njwi^2
菩	萨	何	义	故，	大	菩	提	住	能？
[illegible]	[illegible]	[illegible]	[illegible]	[illegible]，					
wa^2	sju^2	·ioow^1	tsjiir^1	nioow^1					
何	如	德	法	故，					

菩萨何等义，能住大菩提？何名德及法，

36.34.4

[illegible]	[illegible]	[illegible]	[illegible]	[illegible]？	[illegible]	[illegible]	[illegible]	[illegible]	[illegible]，
thjɨ^2	zji^2	na^1	tśja^1	tsjij^2	nioow^1	wa^2	dźjɨ$^?$	dźjịj^1	nioow^1
此	最	深	道	悟？	又	何	行	行	故，
[illegible]	[illegible]	[illegible]	[illegible]	[illegible]？					
rjur^1	dźiā^2	tśhju^1	ɣie^2	ɣie^2					
诸	情	有	利	益？					

由此悟无上？又行何等行，利益诸众生？

36.34.5

[illegible]	[illegible]	[illegible]	[illegible]	[illegible]，	[illegible]	[illegible]	[illegible]	[illegible]	[illegible]？
wa^2	sju^2	tsjiir^1	djọ^2	nioow^1	tha^1	śjɨj^1	dzjwo^2	kha^1	buu^2
何	如	法	修	故，	佛	成	人	中	胜？
[illegible]	[illegible]	[illegible]	[illegible]	[illegible]，					
wa^2	bju^1	ljiij^2	rjur^1	·jar^2					
何	云	魔	降	伏，					

修习何法已，成佛人中胜？云何伏恶魔，

36.34.6

[illegible]	[illegible]	[illegible]	[illegible]	[illegible]，	[illegible]	[illegible]	[illegible]	[illegible]	[illegible]，
zji^2	buu^2	po^1	tjɨj^1	dźjiij^1	kju^1	tśji^2	lhjịj	saar^2	mju^2
最	胜	菩	提	住，	拘	胝	土	震	动，
[illegible]	[illegible]	[illegible]	[illegible]	[illegible]？					
zji^2	phju^2	tśhja^2	dwewr^2	tsjij^2					
无	上	正	觉	悟？					

住最胜菩提，震动拘胝土，悟无上正觉？

36.35.1

[illegible]	[illegible]	[illegible]	[illegible]	[illegible]？	[illegible]	[illegible]	[illegible]	[illegible]	[illegible]？
dźiã^2	tsjij^2	wa^2	wo^2	ŋwu^2	thjɨ^2	sju^2	gjwi^2	thjij^2	sjo^2
菩	萨	何	义	以？	是	如	句	何	云？
[illegible]	[illegible]	[illegible]	[illegible]	[illegible]，					
thjij^2	sjo^2	po^1	tjɨj^1	ljị^1					
何	云	菩	提	及，					

菩萨者何义？如是句云何？云何为菩提，

36.35.2

[illegible]	[illegible]	[illegible]	[illegible]	[illegible]？	[illegible]	[illegible]	[illegible]	[illegible]	[illegible]，
zji^2	phju^2	tha^1	tsjiir^1	we^2	thjij^2	sjo^2	rjur^1	kha^1	dźjij^1
无	上	佛	法	为？	何	云	世	间	行，

[illegible]	[illegible]	[illegible]	[illegible]	[illegible]，
dźiã^{2}	tśhju^{1}	djij^{1}	ɣie^{2}	ɣie^{2}
情	有	类	利	益，

及无上佛法？云何行世间，利益群生类，

36.35.3

[illegible]	[illegible]	[illegible]	[illegible]	[illegible]，	[illegible]	[illegible]	[illegible]	[illegible]	[illegible]？
wja̱^{1}	sej^{1}	sju^{2}	mji^{1}	laa^{1}	kju^{1}	tśji^{2}	·ji^{1}	bie^{2}	lhew^{2}
华	莲	如	不	染，	拘	胝	众	解	脱？
[illegible]	[illegible]	[illegible]	[illegible]	[illegible]，					
thjij^{2}	sjo^{2}	ŋwə^{1}	we^{1}	nioow^{1}					
何	云	天	龙	及，					

不染如莲华，解脱拘胝众？云何为天龙，

36.35.4

[illegible]①	[illegible]	[illegible]	[illegible]	[illegible]？	[illegible]	[illegible]	[illegible]	[illegible]	[illegible]，
nioow^{1}	dzjwo^{2}	njɨ^{2}	kju̱^{1}	tshwew^{1}	dja^{2}	·jɨr^{2}	·jɨr^{2}	ŋa^{2}	tja^{1}
又	人	等	供	养？	当	所	问	我	者，
[illegible]	[illegible]	[illegible]	[illegible]	[illegible]。					
njij^{2}	wjuu^{1}	rjɨr^{2}	tshjiij^{1}	nja^{2}					
慈	悲	乃	说	△。					

非人等供养？我诸所请问，慈悲愿为说。

36.35.5

[illegible]	[illegible]，	[illegible]	[illegible]	[illegible]	[illegible]	[illegible]	[illegible]	[illegible]
tśhjɨ^{1}	zjo̱^{2}	tha^{1}	pju̱^{1}	nar^{2}	śja^{1}	rjir^{2}	gji^{2}	·jij^{1}
尔	时，	佛	长	老	舍	利	子	之
[illegible]：	[illegible]	[illegible]！	[illegible]	[illegible]！	[illegible]	[illegible]	[illegible]	[illegible]
·jɨ^{1}	tjij^{2}	rjijr^{2}	tjij^{2}	rjijr^{2}	ŋa^{2}	sjij^{1}	nji^{2}	·jij^{1}
告：	善	哉！	善	哉！	吾	今	汝	之

① 形近致讹，此处“[illegible]”当改为“[illegible]”，“[illegible][illegible]”连用对译汉本“非人”之义。

尔时,佛告长老舍利子:善哉！善哉！

36.35.6

[illegible]	[illegible]	[illegible]	[illegible]	[illegible]	[illegible]。	[illegible]	[illegible]	[illegible]，
phjo^{2}	kar^{2}	phie^{2}	tshjiij^{1}	wji^{1}	nja^{2}	śja^{1}	rjir^{2}	gji^{2}
分	别	解	说	为	△。	舍	利	子，
[illegible]	[illegible]	[illegible]	[illegible]	[illegible]	[illegible]	[illegible]	[illegible]	[illegible]
po^{1}	tsa^{1}	ma^{2}	ŋạ^{2}	tsa^{1}	·a$^{?}$	mə^{2}	tsjiir^{1}	śjɨj^{1}
菩	萨	摩	诃	萨	一	种	法	成

吾今当为分别解说。舍利子,菩萨摩诃萨成就一法,

36.36.1

[illegible]	[illegible]，	[illegible]	[illegible]	[illegible]	[illegible]，	[illegible]	[illegible]	[illegible]
·jiw^{2}	ku^{1}	nji^{2}	dja^{2}	·jɨr^{2}	tsjiir^{1}	nioow^{1}	dzjij^{2}	mjɨ^{1}
就	故，	汝	△	问	法，	及	余	无
[illegible]	[illegible]	[illegible]	[illegible]	[illegible]	[illegible]	[illegible]	[illegible]。	[illegible]
pjụ^{1}	bju^{2}	mjij^{1}	tha^{1}	tsjiir^{1}	ɣjiw^{1}	zow^{2}	njwi^{2}	·a$^{?}$
量	边	无	佛	法	摄	受	能。	一

则能摄受汝所问法,及余无量无边佛法。

36.36.2

[illegible]	[illegible]	[illegible]	[illegible]	[illegible]	[illegible]？	[illegible]	[illegible]	[illegible]
mə^{2}	tsjiir^{1}	tja^{1}	ljị^{1}	kjɨ^{1}	ŋwu^{2}	po^{1}	tjɨj^{1}	njiij^{1}
种	法	者	何	已	是？	菩	提	心
[illegible]	[illegible]	[illegible]	[illegible]	[illegible]。	[illegible]	[illegible]	[illegible]，	[illegible]
nioow^{1}	dźiej^{2}	kięj^{2}	ŋowr^{2}	ŋwu^{2}	śja^{1}	rjir^{2}	gji^{2}	thjɨ^{2}
及	信	欲	具	是。	舍	利	子，	是

何者一法？谓菩提心及备信欲。舍利子,

36.36.3

[illegible]	[illegible]	[illegible]	[illegible]	[illegible]	[illegible]	[illegible]	[illegible]	[illegible]
tja^{1}	po^{1}	tsa^{1}	ma^{2}	ŋạ^{2}	tsa^{1}	·a$^{?}$	mə^{2}	tsjiir^{1}

名	菩	萨	摩	诃	萨	一	种	法
[illegible]	[illegible]	[illegible]，	[illegible]	[illegible]	[illegible]	[illegible]	[illegible]	[illegible]
śjɨj^{1}	·jiw^{2}	njwi^{2}	ku^{1}	bju^{2}	mjij^{1}	tha^{1}	tsjiir^{1}	ɣjiw^{1}
成	就	能，	则	边	无	佛	法	摄

是名菩萨摩诃萨成就一法，则能摄受无边佛法。

36.36.4

[illegible]	[illegible]	[illegible]。	[illegible]	[illegible]	[illegible]	[illegible]	[illegible]	[illegible]
zow^{2}	njwi^{2}	ŋwu^{2}	śja^{1}	rjir^{2}	gji^{2}	tha^{1}	·jij^{1}	dạ^{2}
受	能	是。	舍	利	子	佛	之	言
[illegible]：	[illegible]	[illegible]，	[illegible]	[illegible]	[illegible]	[illegible]	[illegible]	[illegible]
·jɨ^{1}	rjur^{1}	pjụ^{1}	thjij^{2}	sjo^{2}	dźiej^{2}	kięj^{2}	ŋowr^{2}	lhə$^{?}$
白：	世	尊，	何	云	信	欲	具	足

舍利子白佛言：世尊，何等名为信欲具足？

36.36.5

[illegible]	[illegible]？	[illegible]	[illegible]	[illegible]	[illegible]	[illegible]	[illegible]	[illegible]
mjiij^{2}	we^{2}	nioow^{1}	wa^{2}	wo^{2}	bju^{1}	po^{1}	tjɨj^{1}	njiij^{1}
名	为？	复	何	义	以	菩	提	心
[illegible]？	[illegible]	[illegible]	[illegible]	[illegible]	[illegible]	[illegible]：	[illegible]	[illegible]
·jɨ^{1}	tha^{1}	śja^{1}	rjir^{2}	gji^{2}	·jij^{1}	·jɨ^{1}	dźiej^{2}	kięj^{2}
谓？	佛	舍	利	子	之	告：	信	欲

复以何义名菩提心？佛告舍利子：

36.36.6

[illegible]	[illegible]	[illegible]，	[illegible]	[illegible]	[illegible]	[illegible]	[illegible]	[illegible]
ŋowr^{2}	lhə$^{?}$	tja^{1}	gjwɨ^{1}	źjɨr^{1}	ljiij^{2}	tjị^{2}	mjij^{1}	ŋwu^{2}
具	足	者，	坚	实	坏	可	不	是
[illegible]，	[illegible]	[illegible]	[illegible]	[illegible]	[illegible]	[illegible]	[illegible]，	[illegible]
ljɨ^{1}	gjwɨ^{1}	lwo^{2}	mjuu^{2}	tjị^{2}	mjij^{1}	ŋwu^{2}	ljɨ^{1}	mji^{1}
也，	牢	固	动	可	不	是	也，	不

信欲具足者，是谓坚实不可坏故，是谓牢固不可动故，

36.37.1

mju^2	·jɨ^1	tja^1	dzji^1	dạ^2	mjij^1	ljɨ^1	dzji^1	dạ^2
动	言	者	蹶	误	无	也，	蹶	失
mjij^1	tja^1	neew^2	dźjiij^1	njwi^2	ljɨ^1	neew^2	dźjiij^1	njwi^2
无	者	善	住	能	也，	善	住	能

言不动者无蹶失故，无蹶失者能善住故，

36.37.2

tja^1	mji^1	lhjii^1	lhjwo^1	ljɨ^1	mji^1	lhjii^1	lhjwo^1	tja^1
者	不	退	转	也，	不	退	转	者
dźiã^2	tśhju^1	bio̱^{1}	ljɨ^1	dźiã^2	tśhju^1	bio̱^{1}	tja^1	ljịj^2
情	有	观	也，	情	有	观	者	大

能善住者不退转故，不退转者观众生故，

36.37.3

wjuu^1	mər^2	tśhji^2	ŋwu^2	ljịj^2	wjuu^1	mər^2	tśhji^2	tja^1	mji^1	dwər^1
悲	根	本	是，	大	悲	根	本	者	不	疲
·jar^2	ljɨ^1	mji^1	dwər^1	·jar^2	tja^1	dźiã^2	tśhju^1	śjɨj^1	we^1	ljɨ^1
倦	也，	不	疲	倦	者	情	有	成	熟	也，

观众生者大悲根本故，大悲根本者不疲倦故，不疲倦者成熟众生故，

36.37.4

dźiã^2	tśhju^1	śjɨj^1	we^1	tja^1	·jij^1	rejr^2	nwə^1	njwi^2
情	有	成	熟	者	自	乐	知	善

[illegible]，	[illegible]	[illegible]	[illegible]	[illegible]	[illegible]	[illegible]	[illegible]	[illegible]
ljɨ^{1}	·jij^{1}	rejr^{2}	nwə^{1}	njwi^{2}	tja^{1}	kjụ^{1}	kiẹj^{2}	mjij^{1}
也，	自	乐	知	善	者	希	望	无

成熟众生者善知自乐故，善知自乐者无希望故，

36.37.5

[illegible]，	[illegible]	[illegible]	[illegible]	[illegible]	[illegible]	[illegible]	[illegible]	[illegible]，
ljɨ^{1}	kjụ^{1}	kiẹj^{2}	mjij^{1}	tja^{1}	·wụ^{2}	gju^{2}	mji^{1}	laa^{1}
也，	希	望	无	者	资	具	不	染，
[illegible]	[illegible]	[illegible]	[illegible]	[illegible]	[illegible]	[illegible]	[illegible]	[illegible]
·wụ^{2}	gju^{2}	mji^{1}	laa^{1}	tja^{1}	dźiã^{2}	tśhju^{1}	·jij^{1}	bju^{1}
资	具	不	染	者	情	有	之	依

无希望者不染资具故，不染资具者为众生依故，

36.37.6

[illegible]	[illegible]	[illegible]，	[illegible]	[illegible]	[illegible]	[illegible]	[illegible]	[illegible]
tjị^{2}	we^{2}	ljɨ^{1}	dźiã^{2}	tśhju^{1}	·jij^{1}	bju^{1}	tjị^{2}	we^{2}
可	为	也，	情	有	之	依	可	为
[illegible]	[illegible]	[illegible]	[illegible]	[illegible]	[illegible]	[illegible]	[illegible]	[illegible]，
tja^{1}	bji^{2}	dźju^{2}	dźiã^{2}	tśhju^{1}	·jij^{1}	pjụ^{1}	dza^{2}	ljɨ^{1}
者	下	劣	情	有	之	待	观	也，

为众生依者观待下劣众生故，

36.38.1

[illegible]	[illegible]	[illegible]	[illegible]	[illegible]	[illegible]	[illegible]	[illegible]	[illegible]
bji^{2}	dźju^{2}	dźiã^{2}	tśhju^{1}	·jij^{1}	pjụ^{1}	dza^{2}	tja^{1}	gjuu^{2}
下	劣	情	有	之	待	观	者	救
[illegible]	[illegible]	[illegible]，	[illegible]	[illegible]	[illegible]	[illegible]	[illegible]	[illegible]
la^{2}	we^{2}	ljɨ^{1}	gjuu^{2}	la^{2}	we^{2}	tja^{1}	bju^{1}	tshwew^{1}
济	为	也，	救	济	为	者	归	趣

观待下劣众生者为救济故，为救济者为归趣故，

36.38.2

we^2	ljɨ^1	bju^1	tshwew^1	we^2	tja^1	mji^1	lhjwɨ^2	bow^2
为	也，	归	趣	为	者	不	暴	卒
ljɨ^1	mji^1	lhjwɨ^2	bow^2	tja^1	bio̱^{1}	thjuu^1	njwi^2	ljɨ^1
也，	不	暴	卒	者	观	察	善	也，

为归趣者不卒暴故，不卒暴者善观察故，

36.38.3

bio̱^{1}	thjuu^1	njwi^2	tja^1	ljwi̱j^1	khie^1	mjij^1	ljɨ^1	ljwi̱j^1
观	察	善	者	怨	嫌	无	也，	怨
khie^1	mjij^1	tja^1	dźiej^2	kie̱j^2	·jar^2	njwi^2	ljɨ^1	dźiej^2
嫌	无	者	信	欲	调	善	也，	信

善观察者无怨嫌故，无怨嫌者善调信欲故，

36.38.4

kie̱j^2	·jar^2	njwi^2	tja^1	dźjiij^1	lew^2	mjij^1	ljɨ^1	dźjiij^1
欲	调	善	者	存	所	无	也，	存
lew^2	mjij^1	tja^1	gji^1	sej^1	njwi^2	ljɨ^1	gji^1	sej^1
所	无	者	清	净	善	也，	清	净

善调信欲者无所存故，无所存者善清净故，

36.38.5

njwi^2	tja^1	thjo̱^{1}	phiow^1	sej^1	ljɨ^1	thjo̱^{1}	phiow^1	sej^1
善	者	妙	白	净	也，	妙	白	净

[illegible]	[illegible]	[illegible]	[illegible]	[illegible]，	[illegible]	[illegible]	[illegible]	[illegible]
tja^{1}	·u^{2}	ror^{2}	ka^{2}	ljɨ^{1}	·u^{2}	ror^{2}	ka^{2}	tja^{1}
者	内	垢	离	也，	内	垢	离	者

善清净者妙鲜白故，妙鲜白者内离垢故，

36.38.6

[illegible]	[illegible]	[illegible]	[illegible]	[illegible]。	[illegible]	[illegible]	[illegible]，	[illegible]
djɨr^{2}	gji^{1}	sej^{1}	njwi^{2}	ljɨ^{1}	śja^{1}	rjir^{2}	gji^{2}	thjɨ^{2}
外	清	净	善	也。	舍	利	子，	是
[illegible]	[illegible]	[illegible]	[illegible]	[illegible]，	[illegible]	[illegible]	[illegible]	[illegible]
sju^{2}	gjwɨ^{1}	źjɨr^{1}	ljiij^{2}	gie^{1}	rjɨr^{2}	njɨ^{2}	·u^{2}	ror^{2}
如	坚	实	坏	难，	乃	至	内	垢

内离垢者外善清净故。舍利子，如是坚实难坏，乃至内离于垢、

36.39.1

[illegible]、	[illegible]	[illegible]	[illegible]	[illegible]	[illegible]，	[illegible]	[illegible]	[illegible]
ka^{2}	djɨr^{2}	gji^{1}	sej^{1}	njwi^{2}	tja^{1}	dźiej^{2}	kięj^{2}	ŋowr^{2}
离、	外	清	净	善	者，	信	欲	具
[illegible]	[illegible]	[illegible]。	[illegible]	[illegible]	[illegible]	[illegible]	[illegible]	[illegible]
lhə$^{?}$	ŋwu^{2}	ljɨ^{1}	tha^{1}	nioow^{1}	śja^{1}	rjir^{2}	gji^{2}	·jij^{1}
足	是	也。	佛	复	舍	利	子	之

外善清净者，是名信欲具足也。佛复告舍利子：

汉文本

试验菩萨品第三

尔时，长老舍利子即从座起，以郁多罗僧覆左肩上，偏袒右肩，以右膝轮而置于地，向佛合掌，恭敬而住，白佛言：世尊，我今欲有少问。唯愿如来应正遍知，哀愍听许，为我解说。

佛告长老舍利子言：恣汝所问！如来今者，当为解说，令汝心喜。

舍利子白佛言：世尊，菩萨摩诃萨成就几法，身业无失，语业无失，意业无失？成就几法，身业清净，语业清净，意业清净？成就几法，身业不动，语业不动，意业不动，不为天魔及魔军众之所娆转，从初发一切智心修行正行，地地增胜善巧方便，为一切众生作胜导师，为普导师、为大照炬、为大梯蹬、为桥、为船、为济度者、为彼岸者、为舍、为救、为归、为趣，而能不舍一切智心？

尔时,舍利子欲重宣此义,以颂问曰:

菩萨何等义,能住大菩提?

何名德及法,由此悟无上?

又行何等行,利益诸众生?

修习何法已,成佛人中胜?

云何伏恶魔,住最胜菩提,

震动拘胝土,悟无上正觉?

菩萨者何义?如是句云何?

云何为菩提,及无上佛法?

云何行世间,利益群生类,

不染如莲华,解脱拘胝众?

云何为天龙,非人等供养?

我诸所请问,慈悲愿为说。

尔时,佛告长老舍利子:善哉!善哉!吾今当为分别解说。舍利子,菩萨摩诃萨成就一法,则能摄受汝所问法,及余无量无边佛法。何者一法?谓菩提心及备信欲。舍利子,是名菩萨摩诃萨成就一法,则能摄受无边佛法。

舍利子白佛言:世尊,何等名为信欲具足?复以何义名菩提心?

佛告舍利子:信欲具足者,是谓坚实不可坏故,是谓牢固不可动故,言不动者无蹶失故,无蹶失者能善住故,能善住者不退转故,不退转者观众生故,观众生者大悲根本故,大悲根本者不疲倦故,不疲倦者成熟众生故,成熟众生者善知自乐故,善知自乐者无希望故,无希望者不染资具故,不染资具者为众生依故,为众生依者观待下劣众生故,观待下劣众生者为救济故,为救济者为归趣故,为归趣者不卒暴故,不卒暴者善观察故,善观察者无怨嫌故,无怨嫌者善调信欲故,善调信欲者无所存故,无所存者善清净故,善清净者妙鲜白故,妙鲜白者内离垢故,内离垢者外善清净故。舍利子,如是坚实难坏,乃至内离于垢、外善清净者,是名信欲具足也。

36.39.2

[illegible]:	[illegible]	[illegible]	[illegible]	[illegible],	[illegible]	[illegible]	[illegible]	[illegible]
·jɨ^1	po^1	tjɨj^1	njiij^1	tja^1	·jwɨr^1	·jij^1	wa^2	sju^2
告:	菩	提	心	者,	貌	相	何	如
[illegible]?	[illegible]	[illegible]	[illegible],	[illegible]	[illegible]	[illegible]	[illegible]	[illegible]
ljɨ^1	śja^1	rjir^2	gji^2	po^1	tjɨj^1	njiij^1	tja^1	dźjar^2
也?	舍	利	子,	菩	提	心	者	过

菩提心者,何相何貌?舍利子,

36.39.3

[illegible]	[illegible]	[illegible],	[illegible]	[illegible]	[illegible]	[illegible]	[illegible]	[illegible]

lju^{2}	mji^{1}	dju^{1}	źjị^{1}	njɨɨ^{2}	ŋowr^{2}	ŋowr^{2}	·jij^{1}	laa^{1}
失	无	有，	烦	恼	一	切	之	染
lew^{2}	mji^{1}	we^{2}	ljɨ^{1}	po^{1}	tjɨj^{1}	njiij^{1}	tja^{1}	twẹ^{2}
所	不	为	故。	菩	提	心	者	续

菩提心者无有过失，不为一切烦恼之所染故。

36.39.4

twẹ^{2}	mji^{1}	bja^{2}	dzjij^{2}	·ụ^{2}	kha^{1}	ljạ^{1}	lew^{2}	mji^{1}
续	不	绝，	余	乘	中	证	所	不
we^{2}	ljɨ^{1}	po^{1}	tjɨj^{1}	njiij^{1}	tja^{1}	gjwɨ^{1}	lwo^{2}	mjuu^{2}
为	故。	菩	提	心	者	坚	固	动

菩提心者相续不绝，不为余乘中所证故。菩提心者坚固难动，

36.39.5

gie^{1}	dzjij^{2}	ljɨ̣^{1}	·jij^{1}	tśhjij^{1}	sjwi^{2}	lew^{2}	mji^{1}	we^{2}
难，	异	论	之	夺	牵	所	不	为
ljɨ^{1}	po^{1}	tjɨj^{1}	njiij^{1}	tja^{1}	ŋwo^{2}	ljiij^{2}	tji^{2}	mjij^{1}
故。	菩	提	心	者	破	坏	可	不，

不为异论所牵夺故。菩提心者不可破坏，

36.39.6

mə^{1}	ljiij^{2}	ŋowr^{2}	ŋowr^{2}	mjuu^{2}	mjɨ^{1}	njwi^{2}	ljɨ^{1}	po^{1}
天	魔	一	切	倾	不	能	故。	菩
tjɨj^{1}	njiij^{1}	tja^{1}	tsiow	·ju^{2}	mji^{1}	lej^{2}	neew^{2}	tśhji^{2}
提	心	者	恒	常	不	变，	善	根

一切天魔不倾败故。菩提心者常恒不变,

36.40.1

[illegible]	[illegible]	[illegible]	[illegible]	[illegible]	[illegible]。	[illegible]	[illegible]	[illegible]
·wụ^{2}	dźjwij^{2}	ŋwu^{2}	śioo^{1}	dzjɨ̣^{2}	ljɨ^{1}	po^{1}	tjɨj^{1}	njiij^{1}
资	粮	以	积	集	故。	菩	提	心
[illegible]	[illegible]	[illegible]	[illegible]	[illegible],	[illegible]	[illegible]	[illegible]	[illegible]
tja^{1}	mjuu^{2}	ljɨ̣j^{2}	tjị^{2}	mjij^{1}	kjɨ^{1}	djɨj^{2}	·jij^{1}	gjiwr^{2}
者	动	摇	可	不,	必	当	自	独

善根资粮所积集故。菩提心者不可摇动,

36.40.2

[illegible]	[illegible]	[illegible]	[illegible]	[illegible]	[illegible]。	[illegible]	[illegible]	[illegible]
rjur^{1}	tha^{1}	tsjiir^{1}	lja̱^{1}	njwi^{2}	ljɨ^{1}	po^{1}	tjɨj^{1}	njiij^{1}
诸	佛	法	证	能	也。	菩	提	心
[illegible]	[illegible]	[illegible]	[illegible]	[illegible],	[illegible]	[illegible]	[illegible]	[illegible]
tja^{1}	thjo̱^{1}	no^{2}	dźjiij^{1}	njwi^{2}	dźiã^{2}	tsjij^{2}	ljɨ̣^{2}	ɣa^{2}
者	妙	安	住	善,	菩	萨	地	于

必能独证诸佛法故。菩提心者妙善安住,于菩萨地

36.40.3

[illegible]	[illegible]	[illegible]	[illegible]。	[illegible]	[illegible]	[illegible]	[illegible]	[illegible]
no^{2}	dźjiij^{1}	njwi^{2}	ljɨ^{1}	po^{1}	tjɨj^{1}	njiij^{1}	tja^{1}	twẹ^{2}
安	住	能	故。	菩	提	心	者	间
[illegible]	[illegible]	[illegible],	[illegible]	[illegible]	[illegible]	[illegible]	[illegible]	[illegible]
bja^{2}	mji^{1}	dju^{1}	dzjij^{2}	tsjiir^{1}	·jij^{1}	ŋwer^{1}	djị^{2}	lew^{2}
断	无	有,	余	法	之	对	治	所

善安住故。菩提心者无有间断,不为余法所对治故。

36.40.4

[illegible]	[illegible]	[illegible]。	[illegible]	[illegible]	[illegible]	[illegible]	[illegible]	[illegible]
mji^{1}	we^{2}	ljɨ^{1}	po^{1}	tjɨj^{1}	njiij^{1}	tja^{1}	dzjọ^{1}	kię^{1}

不 为 也。 菩 提 心 者 譬 金

[illegible] [illegible] [illegible] [illegible] [illegible] [illegible] [illegible] [illegible] [illegible]

dźja^2 sju^2 tha^1 ·jij^1 na^1 tsjiir^1 zji^2 tsjiij^2 njwi^2

刚 如 佛 之 深 法 皆 穿 能

菩提心者譬如金刚，善能穿彻佛深法故。

36.40.5

[illegible]。 [illegible] [illegible] [illegible] [illegible] [illegible] [illegible] [illegible] [illegible]，

ljɨ^1 po^1 tjɨj^1 njiij^1 tja^1 buu^2 neew^2 tśhja^2 ka^1

也。 菩 提 心 者 胜 善 平 等，

[illegible] [illegible] [illegible] [illegible] [illegible] [illegible] [illegible] [illegible] [illegible]

rjur^1 dźiã^2 tśhju^1 ·jij^1 mə^2 mə^2 kięj^2 tsjij^2 rjir^2

诸 情 有 之 种 种 欲 解 与

菩提心者胜善平等，于诸众生种种欲解无不等故。

36.40.6

[illegible] [illegible] [illegible] [illegible] [illegible]。 [illegible] [illegible] [illegible] [illegible]

tśhja^2 ka^1 ·a$^?$ tjɨj^2 ljɨ^1 po^1 tjɨj^1 njiij^1 tja^1

平 等 一 样 故。 菩 提 心 者

[illegible] [illegible] [illegible] [illegible]， [illegible] [illegible] [illegible] [illegible]。 [illegible]

zji^2 buu^2 gji^1 sej^1 tsjiir^1 mji^1 laa^1 ljɨ^1 po^1

最 胜 清 净， 性 不 染 故。 菩

菩提心者最胜清净，性不染故。

36.41.1

[illegible] [illegible] [illegible] [illegible] [illegible] [illegible] [illegible]， [illegible] [illegible]

tjɨj^1 njiij^1 tja^1 lhjɨ^2 ror^2 mji^1 dju^1 swew^1 źjɨr^1

提 心 者 尘 垢 无 有， 明 慧

[illegible] [illegible]。 [illegible] [illegible] [illegible] [illegible] [illegible] [illegible] [illegible]

śjwo^1 ljɨ^1 po^1 tjɨj^1 njiij^1 tja^1 wạ^2 zjij^1 ɣię^2

发 故。 菩 提 心 者 博 宽 碍

菩提心者无有尘垢，发明慧故。菩提心者宽博无碍，

36.41.2

[illegible]，	[illegible]	[illegible]	[illegible]	[illegible]	[illegible]	[illegible]	[illegible]	[illegible]
mjij^{1}	dźiā^{2}	tśhju^{1}	ŋowr^{2}	ŋowr^{2}	·jij^{1}	tsji̱r^{2}	dzjɨj^{2}	·o^{2}
无，	情	有	一	切	之	性	陷	入
[illegible]。	[illegible]	[illegible]	[illegible]	[illegible]	[illegible]	[illegible]	[illegible]	[illegible]，
ljɨ^{1}	po^{1}	tjɨj^{1}	njiij^{1}	tja^{1}	wạ^{2}	ljịj^{2}	bju^{2}	mjij^{1}
故。	菩	提	心	者	广	大	边	无，

含受一切众生性故。菩提心者广大无边，

36.41.3

[illegible]	[illegible]	[illegible]	[illegible]。	[illegible]	[illegible]	[illegible]	[illegible]	[illegible]
tshọ^{2}	ŋa^{1}	sju^{2}	ljɨ^{1}	po^{1}	tjɨj^{1}	njiij^{1}	tja^{1}	ɣię^{2}
虚	空	如	故。	菩	提	心	者	障
[illegible]	[illegible]	[illegible]，	[illegible]	[illegible]	[illegible]	[illegible]	[illegible]	[illegible]
lụ^{2}	mji^{1}	dju^{1}	thja^{1}	ɣię^{2}	mjij^{1}	sjịj^{2}	ŋowr^{2}	ŋowr^{2}
碍	无	有，	彼	碍	无	智	一	切

如虚空故。菩提心者无有障碍,令无碍智遍行①一切,

36.41.4

[illegible]	[illegible]，	[illegible]	[illegible]	[illegible]	[illegible]	[illegible]	[illegible]	[illegible]
zji^{2}	thjuu^{1}	thjuu^{1}	mjij^{1}	ljịj^{2}	wjuu^{1}	mji^{1}	dzjwɨr^{1}	bja^{2}
皆	察，	缘	无	大	悲	不	绝	断
[illegible]。	[illegible]	[illegible]	[illegible]	[illegible]	[illegible]	[illegible]	[illegible]	[illegible]，
ljɨ^{1}	po^{1}	tjɨj^{1}	njiij^{1}	tja^{1}	?	njij^{1}	lew^{2}	ŋwu^{2}
故。	菩	提	心	者	亲	近	可	是，

无缘大悲不断绝故。菩提心者应可亲近，

36.41.5

[illegible]	[illegible]	[illegible]	[illegible]	[illegible]	[illegible]	[illegible]	[illegible]。	[illegible]
rjur^{1}	sjịj^{2}	mjijr^{2}	·jij^{1}	·jow^{2}	śja^{2}	lew^{2}	ljɨ^{1}	po^{1}

① 遍行,西夏文作“[illegible][illegible]”(遍察)。

诸	智	者	之	赞	叹	所	故。	菩
[illegible]	[illegible]	[illegible]	[illegible]	[illegible]	[illegible]	[illegible]，	[illegible]	[illegible]
tjɨj^{1}	njiij^{1}	tja^{1}	sjwɨ^{1}	ljwi^{1}	wjɨ^{2}	sju^{2}	tha^{1}	tsjiir^{1}
提	心	者	种	子	犹	如，	佛	法

为诸智者所称赞故。菩提心者犹如种子，

36.41.6

[illegible]	[illegible]	[illegible]	[illegible]	[illegible]	[illegible]。	[illegible]	[illegible]	[illegible]
ŋowr^{2}	ŋowr^{2}	to^{2}	wee^{1}	njwi^{2}	ljɨ^{1}	po^{1}	tjɨj^{1}	njiij^{1}
一	切	出	生	能	故。	菩	提	心
[illegible]	[illegible]	[illegible]	[illegible]	[illegible]，	[illegible]	[illegible]	[illegible]	[illegible]
tja^{1}	gu^{1}	śjwo^{1}	sji^{2}	ŋwu^{2}	de^{2}	rejr^{2}	dạ^{2}	ŋowr^{2}
者	建	立	△	为，	喜	乐	事	一

能生一切诸佛法故。菩提心者为能建立，

36.42.1

[illegible]	[illegible]	[illegible]	[illegible]	[illegible]。	[illegible]	[illegible]	[illegible]	[illegible]
ŋowr^{2}	gu^{1}	śjwo^{1}	njwi^{2}	ljɨ^{1}	po^{1}	tjɨj^{1}	njiij^{1}	tja^{1}
切	建	立	能	故。	菩	提	心	者
[illegible]	[illegible]	[illegible]	[illegible]，	[illegible]	[illegible]	[illegible]	[illegible]。	[illegible]
rjur^{1}	tjị^{1}	gu^{1}	śjwo^{1}	kie^{1}	sej^{1}	nioow^{1}	ljɨ^{1}	po^{1}
诸	愿	发	生，	戒	净	由	故。	菩

建立一切喜乐事故。菩提心者发生诸愿，由戒净故。

36.42.2

[illegible]	[illegible]	[illegible]	[illegible]	[illegible]	[illegible]	[illegible]，	[illegible]	[illegible]
tjɨj^{1}	njiij^{1}	tja^{1}	dźjwu^{1}	ljiij^{2}	tjị^{2}	mjij^{1}	zeew^{2}	dźjiij^{1}
提	心	者	摧	灭	可	不，	忍	住
[illegible]	[illegible]。	[illegible]	[illegible]	[illegible]	[illegible]	[illegible]	[illegible]	[illegible]
nioow^{1}	ljɨ^{1}	po^{1}	tjɨj^{1}	njiij^{1}	tja^{1}	tśhjwɨj^{1}	wəə^{1}	tjị^{2}
由	故。	菩	提	心	者	制	伏	可

菩提心者难可摧灭，由住忍故。菩提心者不可制伏，

36.42.3

mjij^{1}	tśhja^{2}	·jɨr^{2}	nioow^{1}	ljɨ^{1}	po^{1}	tjɨj^{1}	njiij^{1}	tja^{1}
不，	正	勤	由	故。	菩	提	心	者
zji^{2}	kha^{1}	mjij^{1}	sej^{1}	ljij^{2}	mjij^{1}	sjwɨ^{1}	ŋowr^{2}	ŋowr^{2}
最	极	寂	静，	大	静	虑	一	切

由正勤故。菩提心者最极寂静，由依一切大静虑故。

36.42.4

ɣa^{2}	bju^{1}	gjị^{2}	ljɨ^{1}	po^{1}	tjɨj^{1}	njiij^{1}	tja^{1}	ljịj^{2}
于	依	靠	故。	菩	提	心	者	大
śjwo^{1}	zji^{2}	dju^{1}	źjɨr^{1}	·wụ^{2}	dźjwij^{2}	·iọ^{1}	sə^{1}	njwi^{2}
需	皆	有，	慧	资	粮	圆	满	善

菩提心者无所匮乏，由慧资粮善圆满故。

36.42.5

ljɨ^{1}	nioow^{1}	tśjɨɨ^{1}	śja^{1}	rjir^{2}	gji^{2}	po^{1}	tjɨj^{1}	njiij^{1}
故。	复	次，	舍	利	子，	菩	提	心
tja^{1}	mjor^{1}	ljij^{2}	·jij^{1}	śiə^{1}	lo^{1}	ŋur^{1}	sã^{1}	mo^{2}
者，	如	来	之	尸	罗	蕴、	三	摩

复次，舍利子，菩提心者，即是如来尸罗蕴、三摩

36.42.6

thji^{2}	ŋur^{1}	po^{1}	lo^{1}	rja^{2}	ŋur^{1}	bie^{2}	lhew^{2}	ŋur^{1}
地	蕴、	般	罗	若	蕴、	解	脱	蕴、

[illegible]	[illegible]	[illegible]	[illegible]	[illegible]	[illegible]	[illegible]	[illegible]	[illegible]
bie^{2}	lhew^{2}	sjịj^{2}	ljij^{2}	ŋur^{1}	·jij^{1}	mər^{2}	tśhji^{2}	ŋwu^{2}
解	脱	智	见	蕴	之	根	本	是

地①蕴、般罗若蕴、解脱蕴、解脱智见蕴之根本也。

36.43.1

[illegible]。	[illegible]	[illegible]	[illegible]	[illegible]	[illegible]，	[illegible]	[illegible]	[illegible]
ljɨ^{1}	nioow^{1}	po^{1}	tjɨj^{1}	njiij^{1}	tja^{1}	mjor^{1}	ljij^{2}	·jij^{1}
也。	又	菩	提	心	者，	如	来	之
[illegible]	[illegible]、	[illegible]	[illegible]	[illegible]	[illegible]、	[illegible]	[illegible]	[illegible]
ɣạ^{2}	ɣie^{1}	ljɨɨr^{1}	le^{2}	lew^{2}	mjij^{1}	tha^{1}	ɣạ^{2}	·jar^{1}
十	力、	四	畏	所	无、	佛	十	八

又菩提心者，即是如来十力、四无所畏、

36.43.2

[illegible]	[illegible]	[illegible]	[illegible]	[illegible]	[illegible]	[illegible]	[illegible]。	[illegible]
mji^{1}	gu^{2}	tsjiir^{1}	·jij^{1}	mər^{2}	tśhji^{2}	ŋwu^{2}	ljɨ^{1}	śja^{1}
不	共	法	之	根	本	是	也。	舍
[illegible]	[illegible]：	[illegible]	[illegible]	[illegible]	[illegible]	[illegible]	[illegible]	[illegible]
rjir^{2}	gji^{2}	po^{1}	tjɨj^{1}	njiij^{1}	·jɨ^{1}	tja^{1}	thjɨ^{2}	njiij^{1}
利	子：	菩	提	心	谓	者	此	心

十八不共佛法之根本也。舍利子言：菩提心者，

36.43.3

[illegible]	[illegible]	[illegible]	[illegible]	[illegible]	[illegible]	[illegible]	[illegible]	[illegible]，
tja^{1}	po^{1}	tjɨj^{1}	·jij^{1}	wee^{1}	tjị^{2}	kwər^{1}	ŋwu^{2}	ku^{1}
者	菩	提	之	生	可	体	是	故，
[illegible]	[illegible]	[illegible]	[illegible]。	[illegible]	[illegible]	[illegible]，	[illegible]	[illegible]，
po^{1}	tjɨj^{1}	njiij^{1}	·jɨ^{1}	śja^{1}	rjir^{2}	gji^{2}	thjɨ^{2}	sju^{2}
菩	提	心	谓。	舍	利	子，	是	如，

① 三摩地，梵文作 Samadhi。梵语直译为合神、合一。含义是意识结合到一起、绑定到一起。

谓以此心用菩提为生体故,名菩提心。如是,舍利子,

36.43.4

rjur^{1}	po^{1}	tsa^{1}	ma^{2}	ŋạ^{2}	tsa^{1}	dźiej^{2}	kiẹj^{2}	po^{1}
诸	菩	萨	摩	诃	萨	信	欲、	菩
tjɨj^{1}	njiij^{1}	śjɨj^{1}	·jiw^{2}	ku^{1}	po^{1}	tjɨj^{1}	sa^{2}	to^{2}
提	心	成	就	故,	菩	提	萨	埵

诸菩萨摩诃萨成就信欲、菩提心故,是名菩提萨埵,

36.43.5

mjiij^{2}	ŋwu^{2}	wạ^{2}	ljij^{2}	sa^{2}	to^{2}	mjiij^{2}	ŋwu^{2}	zji^{2}
名	是,	广	大	萨	埵	名	是,	极
thjo̱^{1}	sa^{2}	to^{2}	mjiij^{2}	ŋwu^{2}	sọ^{1}	kiẹj^{2}	ŋowr^{2}	ŋowr^{2}
妙	萨	埵	名	是,	三	界	一	切

是名广大萨埵,是名极妙萨埵,

36.43.6

buu^{2}	dzjij^{1}	sa^{2}	to^{2}	mjiij^{2}	ŋwu^{2}	ljụ^{2}	sjwɨj^{1}	dźjar^{2}
胜	出	萨	埵	名	是,	身	业	失
mjij^{1}	ljaa^{2}	sjwɨj^{1}	dźjar^{2}	mjij^{1}	phji^{1}	sjwɨj^{1}	dźjar^{2}	mjij^{1}
无、	语	业	失	无、	意	业	失	无

是名胜出一切三界萨埵,是名身业无失、语业无失、意业无失,

36.44.1

mjiij^{2}	ŋwu^{2}	ljụ^{2}	sjwɨj^{1}	gji^{1}	sej^{1}	ljaa^{2}	sjwɨj^{1}	gji^{1}

名	是，	身	业	清	净、	语	业	清
[illegible]、	[illegible]	[illegible]	[illegible]	[illegible]	[illegible]	[illegible]，	[illegible]	[illegible]
sej^{1}	phji^{1}	sjwɨj^{1}	gji^{1}	sej^{1}	mjiij^{2}	ŋwu^{2}	ljụ^{2}	sjwɨj^{1}
净、	意	业	清	净	名	是，	身	业

是名身业清净、语业清净、意业清净，

36.44.2

[illegible]	[illegible]、	[illegible]	[illegible]	[illegible]	[illegible]、	[illegible]	[illegible]	[illegible]
mji^{1}	mju^{2}	ljaa^{2}	sjwɨj^{1}	mji^{1}	mju^{2}	phji^{1}	sjwɨj^{1}	mji^{1}
无	动、	语	业	无	动、	意	业	无
[illegible]	[illegible]	[illegible]。	[illegible]	[illegible]	[illegible]	[illegible]	[illegible]	[illegible]
mju^{2}	mjiij^{2}	ŋwu^{2}	po^{1}	tsa^{1}	ma^{2}	ŋạ^{2}	tsa^{1}	thjɨ^{2}
动	名	是。	菩	萨	摩	诃	萨	是

是名身业无动、语业无动、意业无动。菩萨摩诃萨以具

36.44.3

[illegible]	[illegible]	[illegible]	[illegible]	[illegible]	[illegible]，	[illegible]	[illegible]	[illegible]
sju^{2}	rjur^{1}	sej^{1}	sjwɨj^{1}	ŋowr^{2}	ku^{1}	mə^{1}	ljiij^{2}	nioow^{1}
如	诸	净	业	具	故，	天	魔	及
[illegible]	[illegible]	[illegible]	[illegible]	[illegible]	[illegible]	[illegible]	[illegible]，	[illegible]
ljiij^{2}	gja^{1}	·ji^{1}	·jij^{1}	kier^{1}	lew^{2}	mji^{1}	we^{2}	ɣu^{1}
魔	军	众	之	娆	所	不	为，	初

如是诸业净故，不为天魔及魔军众之所娆转，

36.44.4

[illegible]	[illegible]	[illegible]	[illegible]	[illegible]	[illegible]	[illegible]	[illegible]	[illegible]
ŋowr^{2}	ŋowr^{2}	sjij^{2}	njiij^{1}	·a$^{?}$	śjwo^{1}	ɣa^{2}	śjwo^{1}	tśhja^{2}
一	切	智	心	△	发	于	发	正
[illegible]	[illegible]	[illegible]，	[illegible]	[illegible]	[illegible]	[illegible]	[illegible]	[illegible]
dźjɨ$^{?}$	djọ^{2}	dźjij^{1}	ljɨ^{2}	ljɨ^{2}	lhu^{1}	ljij^{1}	tśier^{1}	·ju^{2}
行	修	行，	地	地	增	胜	方	便

从初发一切智心修行正行，地地增胜善巧方便，

36.44.5

neew^{2}	ɣjɨr^{1}	ŋwu^{2}	rjur^{1}	tsjiir^{1}	ŋowr^{2}	ŋowr^{2}	·jij^{1}	mjuu^{2}
善	巧	以，	世	法	一	切	之	动
lew^{2}	mji^{1}	we^{2}	dźiã^{2}	tśhju^{1}	·jij^{1}	ljịj^{2}	śio^{1}	dzjiij^{2}
所	不	为，	情	有	之	大	导	师

不为一切世法所动，能为众生作大导师，

36.44.6

wji^{1}	buu^{2}	śio^{1}	dzjiij^{2}	wji^{1}	njɨ^{2}	śio^{1}	dzjiij^{2}	wji^{1}
作，	胜	导	师	作，	普	导	师	作，
ljịj^{2}	tjij^{1}	swew^{1}	we^{2}	ljịj^{2}	lej^{2}	tśja^{1}	we^{2}	dzow^{1}
大	炬	照	为、	大	蹬	梯	为、	桥

作胜导师，作普导师，为大照炬、为大梯蹬、

36.45.1

we^{2}	dzjwị^{1}	we^{2}	gjuu^{2}	la^{2}	mjijr^{2}	we^{2}	tjịj^{1}	rewr^{2}
为、	船	为、	度	济	者	为、	彼	岸
mjijr^{2}	we^{2}	·jɨj^{2}	sju^{2}	gjuu^{2}	we^{2}	bju^{1}	we^{2}	tshwew^{1}
者	为、	舍	如、	救	为、	归	为、	趣

为桥、为船、为济度者、为彼岸者、为舍①、为救、为归、为趣。

36.45.2

we^{2}	njwi^{2}	śja^{1}	rjir^{2}	gji^{2}	po^{1}	tsa^{1}	ma^{2}	ŋạ^{2}

① 为舍，西夏文作“[illegible]”（如舍），参前后文及36.34.1“[illegible]”一词，“[illegible]”当“[illegible]”之误。

为	能。	舍	利	子，	菩	萨	摩	诃
[illegible]	[illegible]	[illegible]	[illegible]	[illegible]	[illegible]	[illegible]	[illegible]	[illegible]，
tsa^{1}	thjɨ^{2}	sju^{2}	ŋowr^{2}	ŋowr^{2}	sjịj^{2}	njiij^{1}	śjwo^{1}	ku^{1}
萨	是	如	一	切	智	心	发	故，

舍利子，菩萨摩诃萨如是发一切智心故，

36.45.3

[illegible]	[illegible]	[illegible]	[illegible]	[illegible]	[illegible]	[illegible]	[illegible]。
ljiij^{2}	nioow^{1}	ljiij^{2}	gja^{1}	mjuu^{2}	ljɨ̣j^{2}	mjɨ^{1}	njwi^{2}
魔	及	魔	军	动	倾	不	能。

魔及魔军不能倾动。

汉文本

佛复告舍利子：菩提心者，何相何貌？舍利子，菩提心者无有过失，不为一切烦恼之所染故。菩提心者相续不绝，不为余乘中所证故。菩提心者坚固难动，不为异论所牵夺故。菩提心者不可破坏，一切天魔不倾败故。菩提心者常恒不变，善根资粮所积集故。菩提心者不可摇动，必能独证诸佛法故。菩提心者妙善安住，于菩萨地善安住故。菩提心者无有间断，不为余法所对治故。菩提心者譬如金刚，善能穿彻佛深法故。菩提心者胜善平等，于诸众生种种欲解无不等故。菩提心者最胜清净，性不染故。菩提心者无有尘垢，发明慧故。菩提心者宽博无碍，含受一切众生性故。菩提心者广大无边，如虚空故。菩提心者无有障碍，令无碍智遍行一切，无缘大悲不断绝故。菩提心者应可亲近，为诸智者所称赞故。菩提心者犹如种子，能生一切诸佛法故。菩提心者为能建立，建立一切喜乐事故。菩提心者发生诸愿，由戒净故。菩提心者难可摧灭，由住忍故。菩提心者不可制伏，由正勤故。菩提心者最极寂静，由依一切大静虑故。菩提心者无所匮乏，由慧资粮善圆满故。

复次，舍利子，菩提心者，即是如来尸罗蕴、三摩地蕴、般罗若蕴、解脱蕴、解脱智见蕴之根本也。又菩提心者，即是如来十力、四无所畏、十八不共佛法之根本也。

舍利子言：菩提心者，谓以此心用菩提为生体故，名菩提心。

如是，舍利子，诸菩萨摩诃萨成就信欲、菩提心故，是名菩提萨埵，是名广大萨埵，是名极妙萨埵，是名胜出一切三界萨埵，是名身业无失、语业无失、意业无失，是名身业清净、语业清净、意业清净，是名身业无动、语业无动、意业无动。菩萨摩诃萨以具如是诸业净故，不为天魔及魔军众之所娆转，从初发一切智心修行正行，地地增胜善巧方便，不为一切世法所动，能为众生作大导师，作胜导师，作普导师，为大照炬、为大梯蹬、为桥、为船、为济度者、为彼岸者、为舍、为救、为归、为趣。舍利子，菩萨摩诃萨如是发一切智心故，魔及魔军不能倾动。

36.45.4

[illegible]	[illegible]，	[illegible]	[illegible]	[illegible]	[illegible]	[illegible]	[illegible]：	[illegible]
tśhjɨ^{1}	zjọ^{2}	tha^{1}	śja^{1}	rjir^{2}	gji^{2}	·jij^{1}	·jɨ^{1}	rjur^{1}
尔	时，	佛	舍	利	子	之	告：	诸
[illegible]	[illegible]	[illegible]	[illegible]	[illegible]，	[illegible]	[illegible]	[illegible]	[illegible]
po^{1}	tsa^{1}	ma^{2}	ŋạ^{2}	tsa^{1}	thjɨ^{2}	sju^{2}	sej^{1}	dźiej^{2}
菩	萨	摩	诃	萨，	是	如	净	信

尔时,佛告舍利子:诸菩萨摩诃萨,由具如是净信

36.45.5

[illegible]	[illegible]	[illegible]	[illegible]，	[illegible]	[illegible]	[illegible]	[illegible]	[illegible]
kiẹj^{2}	ŋowr^{2}	nioow^{1}	ku^{1}	·ja$^{?}$	du̱^{2}	tow^{1}	lo^{1}	sã^{1}
欲	具	由	故，	阿	耨	多	罗	三
[illegible]	[illegible]	[illegible]	[illegible]	[illegible]	[illegible]	[illegible]	[illegible]，	[illegible]
bia^{1}	sã^{1}	po^{1}	tjij^{1}	njiij^{1}	·a$^{?}$	śjwo^{1}	zjịj^{1}	njiij^{1}
藐	三	菩	提	心	△	发	时，	心

欲故,发阿耨多罗三藐三菩提心已,

36.45.6

[illegible]	[illegible]	[illegible]，	[illegible]	[illegible]	[illegible]	[illegible]，	[illegible]	[illegible]
sej^{1}	dźiej^{2}	rejr^{2}	mee^{2}	śjɨj^{2}	ljij^{2}	dzu^{1}	tśhja^{2}	tsjiir^{1}
净	信	多，	贤	圣	睹	乐，	正	法
[illegible]	[illegible]，	[illegible]	[illegible]	[illegible]	[illegible]，	[illegible]	[illegible]	[illegible]
mji^{1}	dzu^{1}	mji^{1}	·wier^{1}	lhju̱^{1}	dzu^{1}	njiij^{1}	lạ^{1}	bə^{1}
闻	乐，	不	悭	吝	乐，	心	手	舍

心多净信,乐睹贤圣,乐闻正法,乐不悭吝,

36.46.1

[illegible]	[illegible]	[illegible]	[illegible]	[illegible]，	[illegible]	[illegible]	[illegible]	[illegible]，
dźjɨɨr^{1}	ljịj^{2}	zji^{1}	mjii^{1}	dźjịj^{1}	ljịj^{2}	dźjɨɨr^{1}	dzu^{1}	ŋwe^{1}
开	大	布	施	行，	大	舍	欣	乐，

rjur^{1}	dźiã^{2}	tśhju^{1}	·jij^{1}	njijr^{2}	kạ^{2}	mjii^{1}	dzu^{1}	njiij^{1}
诸	情	有	之	面	同	施	爱	心

开舒①心手而行大施，欣乐大舍，乐均普施。

36.46.2

ɣię^{2}	lụ^{2}	mjij^{1}	njiij^{1}	niəj^{1}	tśior^{1}	mjij^{1}	njiij^{1}	mji^{1}
障	碍	无，	心	浊	秽	无，	心	无
ŋewr^{1}	khiee^{1}	njiij^{1}	mji^{1}	dza^{1}	lwu^{1}	sjwɨj^{1}	tshja^{2}	ɣa^{2}
愦	乱，	心	不	杂	间。	业	报	于

于诸众生心无挂碍，心无秽浊，心无愦乱，心不间杂。

36.46.3

ɣa^{2}	njiij^{1}	njaa^{1}	dzu^{1}	dzjwị^{1}	·jiw^{2}	mjij^{1}	sjwɨ^{1}	mjij^{1}
于	心	深	奉	敬，	疑	无	虑	无，
neew^{2}	niow^{2}②	tsjiir^{1}	bju^{1}	mjaa^{1}	tshja^{2}	mji^{1}	ljiij^{2}	tsjij^{2}
善	恶	法	依	果	报	不	坏	知，

于业业报深心奉敬，无疑无虑，知黑白法果报不坏，

36.46.4

rjɨr^{2}	njɨ^{2}	kạ^{1}	tśhjaa^{1}	njɨ^{2}	tsjɨ^{1}	rjur^{1}	niow^{2}	mji^{1}
乃	至	命	上	至	亦	诸	恶	不
śjwo^{1}	sjwụ^{2}	sja^{1}	mji^{1}	khjow^{1}	lhjwi^{1}	dow^{1}	kięj^{2}	dźjɨ$^{?}$
起，	生	杀、	不	与	取、	邪	淫	行、

① 开舒，西夏文似为"[illegible]"（bə^{1}dźjɨir^{1}），意为"弃舍"。其"[illegible]"字原文右半作"[illegible]"，疑误。

② [illegible]，字面意思为"善恶"，对译汉本"黑白"之义。

乃至命难不起诸恶，永离杀生、不与取、邪淫行、

36.46.5

[illegible]	[illegible]、	[illegible]	[illegible]	[illegible]、	[illegible]	[illegible]	[illegible]、	[illegible]
lạ^{1}	dạ^{2}	dzjwɨ^{1}	lhjwa^{1}	dạ^{2}	bją^{1}	niow^{2}	dạ^{2}	ŋwuu^{1}
妄	语、	谗	舌	语、	粗	恶	语、	词
[illegible]	[illegible]、	[illegible]	[illegible]、	[illegible]	[illegible]、	[illegible]	[illegible]、	[illegible]
kia̱^{2}	dạ^{2}	lẹj^{2}	laa^{1}	tshją^{1}	kwow^{2}	wẹ^{1}	lə^{2}	dow^{1}
绮	语、	贪	染、	瞋	恚、	愚	痴、	邪

妄语、乖离语、粗恶语、绮语、贪染、瞋恚、愚痴、邪见；

36.46.6

[illegible]	[illegible]	[illegible]；	[illegible]	[illegible]	[illegible]	[illegible]	[illegible]	[illegible]
ljij^{2}	tsiow	ka^{2}	thjɨ^{2}	sju^{2}	mji^{1}	neew^{2}	sjwɨj^{1}	tśja^{1}
见	永	离；	是	如	不	善	业	道
[illegible]	[illegible]，	[illegible]	[illegible]	[illegible]	[illegible]	[illegible]	[illegible]	[illegible]
phja^{1}	nioow^{1}	ɣạ^{2}	neew^{2}	sjwɨj^{1}	tśja^{1}	zow^{2}	·jiij^{1}	śjij^{1}
断	故，	十	善	业	道	受	持	▽

为断如是不善业道，受持奉行十善业道。

36.47.1

[illegible]。	[illegible]	[illegible]	[illegible]	[illegible]，	[illegible]	[illegible]	[illegible]、	[illegible]
dźjịj^{1}	dźiej^{2}	ŋowr^{2}	nioow^{1}	ku^{1}	rjur^{1}	śia^{1}	mẽ^{1}	tjij^{1}
行。	信	具	由	故，	诸	沙	门、	若
[illegible]	[illegible]	[illegible]	[illegible]，	[illegible]	[illegible]	[illegible]	[illegible]	[illegible]
pho^{1}	lo^{1}	mẽ^{1}	ɣa^{2}	tśhja^{2}	njɨ^{2}	tśhja^{2}	dźjịj^{1}	tśhja^{2}
婆	罗	门	于，	正	至	正	行	德

由具信故，于诸沙门、若婆罗门，正至正行具德

36.47.2

[illegible]	[illegible]	[illegible]，	[illegible]	[illegible]	[illegible]	[illegible]	[illegible]	[illegible]
ŋowr^{2}	kie^{1}	ŋowr^{2}	njiij^{1}	phji^{1}	gji^{1}	sej^{1}	·jar^{2}	śjij^{1}

具	戒	具，	心	意	纯	净	调	顺
[illegible]	[illegible]，	[illegible]	[illegible]	[illegible]	[illegible]，	[illegible]	[illegible]	[illegible]
tsjiir^{1}	śjɨj^{1}	rejr^{2}	mji^{1}	ŋowr^{2}	lhə$^{?}$	·jɨr^{2}	bjuu^{1}	·jɨr^{1}
法	成，	多	闻	具	足，	勤	咨	问

具戒，其心纯净成调顺法，具足多闻，勤行咨问，

36.47.3

[illegible]，	[illegible]	[illegible]	[illegible]	[illegible]	[illegible]	[illegible]	[illegible]	[illegible]，
dźjij^{1}	tśhja^{2}	phji^{1}	wji^{1}	wəə^{1}	neew^{2}	mjij^{1}	sej^{1}	djọ^{2}
行，	正	意	作	柔	善	寂	静	修，
[illegible]	[illegible]	[illegible]	[illegible]，	[illegible]	[illegible]	[illegible]	[illegible]，	[illegible]
mjij^{1}	dzjar^{2}	?	njij^{1}	dzji^{1}	ɣwej^{1}	mji^{1}	śjwo^{1}	mji^{1}
寂	灭	亲	近，	讼	诤	不	起，	不

修正作意调①善寂静，亲近寂灭，不起诤讼，

36.47.4

[illegible]	[illegible]	[illegible]，	[illegible]	[illegible]	[illegible]	[illegible]	[illegible]	[illegible]
ŋwuu^{1}	śjwii^{2}	njaa^{2}	dźiej^{2}	kięj^{2}	nwə^{1}	njwi^{2}	nwə^{1}	mjɨ^{1}
语	爱	非，	信	欲	知	善	知	不
[illegible]	[illegible]，	[illegible]	[illegible]	[illegible]	[illegible]	[illegible]	[illegible]	[illegible]
njwi^{2}	njaa^{2}	neew^{2}	tsjiir^{1}	rjir^{2}	bju^{1}	śjij^{1}	rjur^{1}	niow^{2}
能	非，	善	法	相	应	顺	诸	恶

非不爱语，善知信欲非不善知，善法相应远诸恶法，

36.47.5

[illegible]	[illegible]，	[illegible]	[illegible]	[illegible]	[illegible]，	[illegible]	[illegible]	[illegible]
tsjiir^{1}	khwạ^{1}	mji^{1}	mju^{2}	mji^{1}	bjij^{1}	tsjịr^{2}	mju^{2}	bjij^{1}
法	远，	不	掉	不	高，	性	动	躁
[illegible]，	[illegible]	[illegible]	[illegible]	[illegible]，	[illegible]	[illegible]	[illegible]	[illegible]，
ka^{2}	tsjịr^{2}	bją^{1}	dạ^{2}	ka^{2}	ŋwuu^{1}	lạ^{1}	dza^{1}	mjij^{1}

① 调，西夏文作“[illegible]”（柔）。[illegible]（wəə^{1}），当通“[illegible]”（wəə^{1}，调伏）。

离， 性 粗 言 离， 语 浮 杂 无，

不掉不高，性离躁动，性离粗言，语无浮杂，

36.47.6

[illegible]

ljɨr^{2} ·wejr^{2} tśhja^{2} dźjiij^{1} njiij^{1} thjo̱^{1} djɨj^{2} dźjiij^{1} dju^{1}

念 守 正 住， 心 妙 定 安， 有

[illegible]

tśhji^{2} phja^{1} njwi^{2} do^{1} ljị^{1} mji^{1} zjịj^{1} ·ụ^{2} dźjiɨr^{1}

本 断 善， 毒 箭 不 中， 担 舍

守念正住，心安妙定，善断有本，不中毒箭，

36.48.1

[illegible]

ljiɨ^{1} ka^{2} ·jiw^{2} ljɨ̣j^{1} nioow^{1} kụ^{1} dju^{1} gjiij^{1} dzjịj^{1}

重 离， 疑 虑 及 后 有 超 过

[illegible]

rjur^{1} tha^{1} rjur^{1} pjụ^{1} po^{1} tsa^{1} ma^{2} ŋa̱^{2} tsa^{1}

诸 佛 世 尊、 菩 萨 摩 诃 萨、

舍离重担，超度疑虑及以后有诸佛世尊、菩萨摩诃萨、

36.48.2

[illegible]

ɣię^{2} mji^{1} gjiwr^{2} dwewr^{2} thjɨ^{2} sju^{2} njɨ^{2} neew^{2} nwə^{1}

声 闻、 独 觉， 是 如 等 善 知

[illegible]

sjij^{2} do^{2} źjɨr^{1} bju^{1} dwewr^{2} nioow^{1} ? njij^{1} dzjwɨ̣^{1}

识 所， 实 如 觉 已， 亲 觐 仰

声闻、独觉，于如是等善知友所，如实觉已，亲觐敬仰，

36.48.3

[illegible]

lhejr^{2}	tshji^{2}	ljịj^{1}	pha^{1}	śio^{1}	dźjɨ$^{?}$	dźjịj^{1}	mjijr^{2}	thjɨ^{2}
敬，	事	奉	遇	将	行。	行	者	是
sju^{2}	neew^{2}	nwə^{1}	sjij^{2}	do^{2}	·ju^{2}	tshji^{2}	ljịj^{1}	nioow^{1}
如	善	知	识	处	常	事	奉，	复

奉事将遇。行者如是于善知友身行奉事，

36.48.4

tsjiir^{1}	mjii^{1}	ŋwu^{2}	thja^{2}	·jij^{1}	ɣjiw^{1}	zow^{2}	thjo̱^{1}	tsjiir^{1}
法	施	以	其	之	摄	受，	妙	法
nẹ^{1}	tshjiij^{1}	dzju^{1}	ne̱j^{2}	·jow^{2}	de^{2}	tjij^{1}	thã^{1}	no^{1}
宣	说	教	示	赞	喜，	若	柁	那

复以法施而摄受之，宣说妙法示教赞喜，

36.48.5

dźjịj^{1}	ku^{1}	ljịj^{2}	war^{2}	lo	rjir^{1}	tjij^{1}	śiə^{1}	lo^{1}
行	故	大	财	富	得，	若	尸	罗
dźjịj^{1}	ku^{1}	mə^{1}	wee^{1}	rejr^{2}	rjir^{1}	tjij^{1}	rejr^{2}	mji^{1}
行	故	天	生	乐	得，	若	多	闻

所谓若行柁那得大财富，若行尸罗得生天乐，

36.48.6

dzu^{1}	ku^{1}	ljịj^{2}	źjɨr^{1}	lhjụ^{2}	rjir^{1}	tjij^{1}	rjur^{1}	djɨj^{2}
好	故	大	慧	获	得，	若	诸	定
djọ^{2}	ku^{1}	xja^{1}	phej^{1}	tśjɨɨr^{2}	ka^{2}	·jɨ^{1}	nioow^{1}	mə^{2}
修	故	便	系	缚	离	△。	复	种

若好多闻获得大慧,若修诸定便离系缚。

36.49.1

[illegible] [illegible] [illegible] [illegible] [illegible] [illegible] [illegible] [illegible] [illegible],
mə^{2} zji^{2} thjo̱^{1} gji^{1} sej^{1} buu^{2} tsjiir^{1} dźju^{1} ne̱j^{2}
种 微 妙 清 净 胜 法 显 开,
[illegible] [illegible] [illegible] [illegible]、[illegible] [illegible] [illegible] [illegible] [illegible],
thjɨ^{2} zji^{1} mjii^{1} ŋwu^{2} thjɨ^{2} zji^{1} mjii^{1} tshja^{2} ŋwu^{2}
此 布 施 是、此 布 施 报 是,

复为开显种种微妙清净胜法,此是布施、此布施报,

36.49.2

[illegible] [illegible] [illegible] [illegible],[illegible] [illegible] [illegible] [illegible] [illegible],
thjɨ^{2} ·wier^{1} lhju̱^{1} ŋwu^{2} thjɨ^{2} ·wier^{1} lhju̱^{1} tshja^{2} ŋwu^{2}
此 悭 吝 是,此 悭 吝 报 是,
[illegible] [illegible] [illegible] [illegible],[illegible] [illegible] [illegible] [illegible] [illegible],
thjɨ^{2} śiə^{1} lo^{1} ŋwu^{2} thjɨ^{2} śiə^{1} lo^{1} tshja^{2} ŋwu^{2}
此 尸 罗 是,此 尸 罗 报 是,

此是悭吝、此悭吝报,此是尸罗、此尸罗报,

36.49.3

[illegible] [illegible] [illegible] [illegible],[illegible] [illegible] [illegible] [illegible] [illegible],
thjɨ^{2} kie^{1} tsjụ^{1} ŋwu^{2} thjɨ^{2} kie^{1} tsjụ^{1} tshja^{2} ŋwu^{2}
此 戒 犯 是,此 戒 犯 报 是,
[illegible] [illegible] [illegible] [illegible],[illegible] [illegible] [illegible] [illegible] [illegible],
thjɨ^{2} pjo^{1} zeew^{2} ŋwu^{2} thjɨ^{2} pjo^{1} zeew^{2} tshja^{2} ŋwu^{2}
此 辱 忍 是,此 辱 忍 报 是,

此是犯戒、此犯戒报,此是忍辱、此忍辱报,

36.49.4

[illegible] [illegible] [illegible] [illegible]、[illegible] [illegible] [illegible] [illegible] [illegible],
thjɨ^{2} tshjạ^{1} kwow^{2} ŋwu^{2} thjɨ^{2} tshjạ^{1} kwow^{2} tshja^{2} ŋwu^{2}

此　瞋　恚　是、此　瞋　恚　报　是，

□　□　□　□、□　□　□　□　□，

thjɨ^{2} tśhja^{2} ·jɨr^{2} ŋwu^{2} thjɨ^{2} tśhja^{2} ·jɨr^{2} tshja^{2} ŋwu^{2}

此　正　勤　是、此　正　勤　报　是，

此是瞋恚、此瞋恚报，此是正勤、此正勤报，

36.49.5

□　□　□　□、□　□　□　□　□，

thjɨ^{2} low^{2} lwẹ^{2} ŋwu^{2} thjɨ^{2} low^{2} lwẹ^{2} tshja^{2} ŋwu^{2}

此　懈　怠　是、此　懈　怠　报　是，

□　□　□　□、□　□　□　□　□，

thjɨ^{2} mjij^{1} sjwɨ^{1} ŋwu^{2} thjɨ^{2} mjij^{1} sjwɨ^{1} tshja^{2} ŋwu^{2}

此　静　虑　是、此　静　虑　报　是，

此是懈怠、此懈怠报，此是静虑、此静虑报，

36.49.6

□　□　□　□、□　□　□　□　□，

thjɨ^{2} ŋewr^{1} njiij^{1} ŋwu^{2} thjɨ^{2} ŋewr^{1} njiij^{1} tshja^{2} ŋwu^{2}

此　乱　心　是、此　乱　心　报　是，

□　□　□　□、□　□　□　□　□，

thjɨ^{2} sjịj^{2} źjɨr^{1} ŋwu^{2} thjɨ^{2} sjịj^{2} źjɨr^{1} tshja^{2} ŋwu^{2}

此　智　慧　是、此　智　慧　报　是，

此是乱心、此乱心报，此是智慧、此智慧报，

36.50.1

□　□　□　□、□　□　□　□　□，

thjɨ^{2} niow^{2} źjɨr^{1} ŋwu^{2} thjɨ^{2} niow^{2} źjɨr^{1} tshja^{2} ŋwu^{2}

此　恶　慧　是、此　恶　慧　报　是，

□　□　□　□　□、□　□　□　□

thjɨ^{2} ljụ^{2} thjo̱^{1} dźjɨ$^{?}$ ŋwu^{2} thjɨ^{2} ljụ^{2} thjo̱^{1} dźjɨ$^{?}$

此　身　妙　行　是、此　身　妙　行

此是恶慧、此恶慧报，此身妙行、此身妙行报，

36.50.2

tshja^{2}	ŋwu^{2}	thjɨ^{2}	ljụ^{2}	niow^{2}	dźjɨ$^{?}$	ŋwu^{2}	thjɨ^{2}	ljụ^{2}
报	是,	此	身	恶	行	是、	此	身
niow^{2}	dźjɨ$^{?}$	tshja^{2}	ŋwu^{2}	thjɨ^{2}	ljaa^{2}	thjo̱^{1}	dźjɨ$^{?}$	ŋwu^{2}
恶	行	报	是,	此	语	妙	行	是、

此身恶行、此身恶行报,此语妙行、

36.50.3

thjɨ^{2}	ljaa^{2}	thjo̱^{1}	dźjɨ$^{?}$	tshja^{2}	ŋwu^{2}	thjɨ^{2}	ljaa^{2}	niow^{2}
此	语	妙	行	报	是,	此	语	恶
dźjɨ$^{?}$	ŋwu^{2}	thjɨ^{2}	ljaa^{2}	niow^{2}	dźjɨ$^{?}$	tshja^{2}	ŋwu^{2}	thjɨ^{2}
行	是、	此	语	恶	行	报	是,	此

此语妙行报,此语恶行、此语恶行报,

36.50.4

phji^{1}	thjo̱^{1}	dźjɨ$^{?}$	ŋwu^{2}	thjɨ^{2}	phji^{1}	thjo̱^{1}	dźjɨ$^{?}$	tshja^{2}
意	妙	行	是、	此	意	妙	行	报
ŋwu^{2}	thjɨ^{2}	phji^{1}	niow^{2}	dźjɨ$^{?}$	ŋwu^{2}	thjɨ^{2}	phji^{1}	niow^{2}
是,	此	意	恶	行	是,	此	意	恶

此意妙行、此意妙行报,此意恶行、此意恶行报,

36.50.5

dźjɨ$^{?}$	tshja^{2}	ŋwu^{2}	thjɨ^{2}	neew^{2}	ŋwu^{2}	thjɨ^{2}	mji^{1}	neew^{2}
行	报	是,	此	善	是、	此	不	善

ŋwu^{2}	thjɨ^{2}	wji^{1}	lew^{2}	ŋwu^{2}	thjɨ^{2}	mji^{1}	wji^{1}	lew^{2}
是、	此	作	应	是、	此	不	作	应

此善、此不善，此应作、此不应作，

36.50.6

ŋwu^{2}	tjij^{1}	thjɨ^{2}	wji^{1}	ku^{1}	gjɨ^{2}	zjir^{2}	kha^{1}	ɣie^{2}
是，	若	此	作	故	夜	长	中	义
ɣie^{2}	no^{2}	rejr^{2}	rjir^{1}	tjij^{1}	thjɨ^{2}	wji^{1}	ku^{1}	gjɨ^{2}
利	安	乐	得，	若	此	作	故	夜

此若作已感得长夜义利安乐，此若作已感得长夜

36.51.1

zjir^{2}	kha^{1}	gjij^{1}	mjij^{1}	ɣie^{2}	mjij^{1}	no^{2}	rejr^{2}	mjij^{1}
长	中	利	非	利	非	安	乐	非
mjaa^{1}	rjir^{1}	·jɨ^{1}	śja^{1}	rjir^{2}	gji^{2}	dźjɨ$^{?}$	dźjij^{1}	mjijr^{2}
果	得	△。	舍	利	子，	行	行	者

非义非利非安乐果。舍利子，

36.51.2

thjɨ^{2}	sju^{2}	rjur^{1}	neew^{2}	wjɨ^{1}	·jij^{1}	thjɨ^{2}	tsjiir^{1}	nẹ^{1}
是	如	诸	善	友	之，	是	法	宣
tshjiij^{1}	dzju^{1}	nej^{2}	·jow^{2}	de^{2}	dźjwa^{1}	nioow^{1}	ljij^{2}	tsjiir^{1}
说	教	示	赞	喜	已。	已	大	法

行者如是为诸善友，宣说是法示教赞喜。

36.51.3

lhjij^{2}	wo^{2}	gju^{2}	ŋwu^{2}	dwewr^{2}	ku^{1}	thja^{2}	·jij^{1}	zji^{2}
受	应	举	是	觉	故，	其	之	最
na^{1}	zji^{2}	thjo̱^{1}	ŋa^{1}	rjir^{2}	bju^{1}	śjij^{1}	tsjiir^{1}	phie^{2}
深	最	妙	空	与	应	顺	法	开

已觉知堪任大法器者，即为开示甚深微妙空相应法，

36.51.4

ne̱j^{2}	wji^{1}	thjɨ^{2}	tja^{1}	tsjiir^{1}	·jij^{1}	mjij^{1}	tsjiir^{1}	tjị^{1}
示	为，	此	者	法、	相	无	法、	愿
mjij^{1}	tsjiir^{1}	dźjɨ$^{?}$	mjij^{1}	tsjiir^{1}	wee^{1}	mjij^{1}	tsjiir^{1}	śjwo^{1}
无	法、	行	无	法、	生	无	法、	起

所谓空法、无相法、无愿法、无行法、无生法、

36.51.5

mjij^{1}	tsjiir^{1}	ŋa^{2}	mjij^{1}	tsjiir^{1}	śjwɨ^{1}	lhjwi^{1}	mjij^{1}	tsjiir^{1}
无	法、	我	无	法、	数	取	无	法、
kạ^{1}	mjijr^{2}	mjij^{1}	tsjiir^{1}	dźiã^{2}	tśhju^{1}	mjij^{1}	tsjiir^{1}	ŋwu^{2}
命	者	无	法、	情	有	无	法	是。

无起法、无我法、无数取法、无寿命法、无众生法。

36.51.6

nioow^{1}	thja^{2}	·jij^{1}	zji^{2}	na^{1}	nioow^{1}	śjwo^{1}	phie^{2}	ne̱j^{2}
复	其	之	最	深	缘	起	开	示，

[illegible]	[illegible]	[illegible]	[illegible]	[illegible]	[illegible]	[illegible]、	[illegible]	[illegible]
thjɨ^{2}	tja^{1}	thjɨ^{2}	dju^{1}	ku^{1}	thja^{1}	dju^{1}	thjɨ^{2}	wee^{1}
此	者	此	有	故	彼	有、	此	生

复为开示甚深缘起，所谓此有故彼有、此生

36.52.1

[illegible]	[illegible]	[illegible]，	[illegible]	[illegible]	[illegible]	[illegible]，	[illegible]	[illegible]
ku^{1}	thja^{1}	wee^{1}	bju^{1}	mjij^{1}	nioow^{1}	dźjɨ$^{?}$	dźjɨ$^{?}$	nioow^{1}
故	彼	生，	明	无	缘	行，	行	缘
[illegible]，	[illegible]	[illegible]	[illegible]	[illegible]，	[illegible]	[illegible]	[illegible]	[illegible]
sjij^{2}	sjij^{2}	nioow^{1}	mjiij^{2}	tsə̣^{1}	mjiij^{2}	tsə̣^{1}	nioow^{1}	tśhjiw^{1}
识，	识	缘	名	色，	名	色	缘	六

故彼生，无明缘行，行缘识，识缘名色，名色缘六处，

36.52.2

[illegible]，	[illegible]	[illegible]	[illegible]	[illegible]，	[illegible]	[illegible]	[illegible]，	[illegible]
do^{2}	tśhjiw^{1}	do^{2}	nioow^{1}	tsjụ^{1}	tsjụ^{1}	nioow^{1}	lhjịj^{2}	lhjịj^{2}
处，	六	处	缘	触，	触	缘	受，	受
[illegible]	[illegible]，	[illegible]	[illegible]	[illegible]，	[illegible]	[illegible]	[illegible]，	[illegible]
nioow^{1}	dzu^{1}	dzu^{1}	nioow^{1}	lhjwi^{1}	lhjwi^{1}	nioow^{1}	dju^{1}	dju^{1}
缘	爱，	爱	缘	取，	取	缘	有，	有

六处缘触，触缘受，受缘爱，爱缘取，取缘有，

36.52.3

[illegible]	[illegible]，	[illegible]	[illegible]	[illegible]	[illegible]	[illegible]	[illegible]	[illegible]
nioow^{1}	wee^{1}	wee^{1}	nioow^{1}	nar^{2}	sjɨ^{1}	ɣa^{1}	mjịj^{1}	tśjị^{1}
缘	生，	生	缘	老	死	愁	叹	苦
[illegible]	[illegible]	[illegible]	[illegible]	[illegible]，	[illegible]	[illegible]	[illegible]	[illegible]
sjwɨ^{1}	ljụ^{2}	njiij^{1}	tsja^{1}	źjị^{1}	thjɨ^{2}	sju^{2}	mə^{2}	mə^{2}
忧	身	心	焦	恼，	是	如	种	种

有缘生，生缘老死愁叹忧苦身心焦恼，如是种种

36.52.4

ljịj^{2}	tśjị^{1}	tśiow^{1}	dźjij^{1}	gu^{1}	śjwo^{1}	nioow^{1}	thjɨ^{2}	mjij^{1}
大	苦	聚	纯	起	生；	又	此	无
ku^{1}	thja^{1}	mjij^{1}	thjɨ^{2}	dzjar^{2}	ku^{1}	thja^{1}	dzjar^{2}	bju^{1}
故	彼	无；	此	灭	故	彼	灭，	明

生起纯大苦聚；又此无故彼无，此灭故彼灭，

36.52.5

mjij^{1}	dzjar^{2}	ku^{1}	dźjɨ$^{?}$	dzjar^{2}	dźjɨ$^{?}$	dzjar^{2}	ku^{1}	sjij^{2}	dzjar^{2}
无	灭	故	行	灭，	行	灭	故	识	灭，
rjɨr^{2}	njɨ^{2}	wee^{1}	dzjar^{2}	ku^{1}	nar^{2}	sjɨ^{1}	dzjar^{2}	thjɨ^{2}	
乃	至	生	灭	故	老	死	灭，	是	

谓无明灭故行灭，行灭故识灭，乃至生灭故老死灭，

36.52.6

sju^{2}	rjɨr^{2}	njɨ^{2}	ljịj^{2}	tśjị^{1}	tśiow^{1}	dźjij^{1}	dzjar^{2}	ŋwu^{2}
如	乃	至	大	苦	聚	纯	灭	是。
śja^{1}	rjir^{2}	gji^{2}	nioow^{1}	thja^{2}	·jij^{1}	thjɨ^{2}	kha^{1}	lew^{1}
舍	利	子，	又	其	之	此	中	一

如是乃至纯大苦聚灭。舍利子，又应为说，此中

36.53.1

zjịj^{1}	rjir^{1}	lew^{2}	dju^{1}	dzjar^{2}	lew^{2}	dju^{1}	tsjiir^{1}	mjij^{1}
许	得	可	有	灭	可	有	法	无

[illegible]	[illegible]。	[illegible]	[illegible]	[illegible]？	[illegible]	[illegible]	[illegible]	[illegible]
tshjiij^{1}	wji^{1}	thjij^{2}	sjo^{2}	ljɨ^{1}	thja^{1}	rjur^{1}	tsjiir^{1}	nioow^{1}
说	是。	何	以	故？	彼	诸	法	缘

无有一法是有可得而可灭者。何以故？由彼诸法从因缘生，

36.53.2

[illegible]	[illegible]	[illegible]，	[illegible]	[illegible]①	[illegible]	[illegible]，	[illegible]	[illegible]
nioow^{1}	bju^{1}	śjwo^{1}	wə^{1}	gji^{2}	mji^{1}	dju^{1}	wji^{1}	mjijr^{2}
因	从	生，	主	妻	无	有，	作	者
[illegible]	[illegible]，	[illegible]	[illegible]	[illegible]	[illegible]；	[illegible]	[illegible]	[illegible]
mji^{1}	dju^{1}	lhjij^{2}	mjijr^{2}	mji^{1}	dju^{1}	·jiw^{1}	nioow^{1}	bju^{1}
无	有，	受	者	无	有；	因	缘	从

无有主宰，无有作者，无有受者；从因缘转，

36.53.3

[illegible]，	[illegible]	[illegible]	[illegible]	[illegible]	[illegible]	[illegible]	[illegible]	[illegible]
lej^{2}	nioow^{1}	lew^{1}	zjij^{1}	dźiə^{2}	dźiej^{2}	lja^{1}	wjij^{1}	tsjiir^{1}
转，	又	一	许	转	流	还	旋	法
[illegible]，	[illegible]	[illegible]	[illegible]	[illegible]。	[illegible]	[illegible]	[illegible]	[illegible]，
mjij^{1}	bju^{1}	śjwį^{2}	tsjɨ^{1}	mjij^{1}	lə^{2}	lạ^{1}	nioow^{1}	ku^{1}
无，	随	转	亦	无。	痴	妄	由	故，

又无一法流转旋还，亦无随转。由痴妄故，

36.53.4

[illegible]	[illegible]	[illegible]	[illegible]，	[illegible]	[illegible]	[illegible]	[illegible]	[illegible]
dź-$^{?}$	sọ^{1}	kięj^{2}	śjwo^{1}	źjị^{1}	njɨɨ^{2}	tśjị^{1}	bju^{1}	dźiə^{2}
假	三	界	立，	烦	恼	苦	所	转
[illegible]，	[illegible]	[illegible]	[illegible]	[illegible]。	[illegible]	[illegible]	[illegible]	[illegible]
dźiej^{2}	lew^{1}	dź-$^{?}$	thu^{1}	phjij^{1}	dźjɨ$^{?}$	dźjij^{1}	mjijr^{2}	thjɨ^{2}
流，	但	假	设	施。	行	行	者	是

---

① [illegible](gji^{2})，字面意思为"妻、妾"，与汉本"主宰"不合，当通"[illegible]"(gji^{2}，主持)。

假立三界,从烦恼苦之所流转,但假施设。行者如是

36.53.5

[illegible]	[illegible]	[illegible]	[illegible]	[illegible]	[illegible]	[illegible]	[illegible]	[illegible]，
sju^{2}	źjɨr^{1}	bju^{1}	lə^{2}	lạ^{1}	·jij^{1}	bio̱^{1}	thjuu^{1}	zjịj^{1}
如	实	如	痴	妄	之	观	察	时，
[illegible]	[illegible]	[illegible]	[illegible]	[illegible]	[illegible]	[illegible]	[illegible]	[illegible]
lew^{1}	zjịj^{1}	dzjij^{2}	tsjiir^{1}	·jij^{1}	wji^{1}	njwi^{2}	sji^{2}	tsjiir^{1}
一	许	余	法	之	作	能	▽	法

如实观察痴妄之时,无有一法能作余法。

36.53.6

[illegible]	[illegible]。	[illegible]	[illegible]	[illegible]	[illegible]	[illegible]	[illegible]，	[illegible]
mji^{1}	dju^{1}	thja^{2}	kha^{1}	wji^{1}	mjijr^{2}	mji^{1}	dju^{1}	wji^{1}
无	有。	其	中	作	者	无	有，	作
[illegible]	[illegible]	[illegible]	[illegible]	[illegible]，	[illegible]	[illegible]	[illegible]	[illegible]
mjijr^{2}	rjir^{1}	tjị^{2}	mjij^{1}	ljɨ^{1}	rjɨr^{2}	njɨ^{2}	lew^{1}	zjịj^{1}
者	得	可	不	故，	乃	至	一	许

若于是中无有作者,作者不可得故,乃至无有一法

36.54.1

[illegible]	[illegible]	[illegible]	[illegible]	[illegible]	[illegible]	[illegible]，	[illegible]	[illegible]
dźiə^{2}	dźiej^{2}	lja^{1}	wjij^{1}	tsjiir^{1}	mji^{1}	dju^{1}	dźiə^{2}	dźiej^{2}
转	流	还	旋	法	无	有，	转	流
[illegible]	[illegible]	[illegible]	[illegible]	[illegible]	[illegible]。	[illegible]	[illegible]	[illegible]，
lja^{1}	wjij^{1}	rjir^{1}	tjị^{2}	mjij^{1}	ljɨ^{1}	śja^{1}	rjir^{2}	gji^{2}
还	旋	得	可	不	故。	舍	利	子，

流转旋还,流转旋还不可得故。舍利子,

36.54.2

[illegible]	[illegible]	[illegible]	[illegible]	[illegible]	[illegible]	[illegible]	[illegible]	[illegible]
dźjɨ$^{?}$	dźjịj^{1}	mjijr^{2}	tjij^{1}	thjɨ^{2}	sju^{2}	zji^{2}	na^{1}	tsjiir^{1}

行	行	者	若	是	如	甚	深	法
[illegible]	[illegible]，	[illegible]	[illegible]	[illegible]	[illegible]	[illegible]，	[illegible]	[illegible]
mji^{1}	zjịj^{1}	·jiw^{2}	mjij^{1}	sjwɨ^{1}	mjij^{1}	ku^{1}	rjur^{1}	tsjiir^{1}
闻	时，	疑	无	虑	无	故，	诸	法

行者若闻如是甚深法已，无疑无虑，善入诸法

36.54.3

[illegible]	[illegible]	[illegible]	[illegible]	[illegible]	[illegible]。	[illegible]	[illegible]	[illegible]
ɣię^{2}	lụ^{2}	mjij^{1}	tsjịr^{2}	·o^{2}	njwi^{2}	thja^{1}	dzjwo^{2}	tsə^{1}
障	碍	无	性	入	能。	是	人	色
[illegible]	[illegible]	[illegible]，	[illegible]、	[illegible]、	[illegible]、	[illegible]	[illegible]	[illegible]
ɣa^{2}	mji^{1}	zjịj^{1}	lhjịj^{2}	sjiij^{2}	dźjɨ$^{?}$	sjij^{2}	ɣa^{2}	mji^{1}
于	不	著，	受、	想、	行、	识	于	不

无挂碍性。是人不著于色，不著受、想、行、识，

36.54.4

[illegible]，	[illegible]	[illegible]	[illegible]	[illegible]	[illegible]	[illegible]	[illegible]	[illegible]，
zjịj^{1}	mej^{1}	tsə^{1}	nioow^{1}	mej^{1}	sjij^{2}	ɣa^{2}	mji^{1}	zjịj^{1}
著，	眼	色	及	眼	识	于	不	著，
[illegible]、	[illegible]、	[illegible]、	[illegible]、	[illegible]	[illegible]	[illegible]	[illegible]	[illegible]
nju^{1}	njii^{2}	lhjwa^{1}	ljụ^{2}	phji^{1}	tsjiir^{1}	nioow^{1}	phji^{1}	sjij^{2}
耳、	鼻、	舌、	身、	意	法	及	意	识

不著眼色及以眼识，不著耳、鼻、舌、身、意法及以意识，

36.54.5

[illegible]	[illegible]	[illegible]，	[illegible]	[illegible]	[illegible]	[illegible]。
ɣa^{2}	mji^{1}	zjịj^{1}	zji^{2}	rjir^{1}	tjị^{2}	mjij^{1}
于	不	著，	皆	得	可	不。

皆不可得故。

36.54.6

[illegible]	[illegible]，	[illegible]	[illegible]	[illegible]，	[illegible]	[illegible]	[illegible]	[illegible]

nioow^{1}	tśjɨɨ^{1}	śja^{1}	rjir^{2}	gji^{2}	po^{1}	tsa^{1}	ma^{2}	ŋạ^{2}
复	次，	舍	利	子，	菩	萨	摩	诃
[illegible]	[illegible]	[illegible]	[illegible]	[illegible]	[illegible]	[illegible]	[illegible]	[illegible]，
tsa^{1}	thjɨ^{2}	sju^{2}	tsji̱r^{2}	ŋa^{1}	tsjiir^{1}	dźiej^{2}	zow^{2}	ku^{1}
萨	是	如	性	空	法	信	受	故，

复次，舍利子，菩萨摩诃萨信受如是性空法已，

36.55.1

[illegible]	[illegible]	[illegible]	[illegible]，	[illegible]	[illegible]	[illegible]	[illegible]，	[illegible]
tha^{1}	ljij^{2}	mji^{1}	lhjwo^{1}	tsjiir^{1}	mji^{1}	mji^{1}	lhjwo^{1}	sẽ^{1}
佛	见	不	退，	法	闻	不	退，	僧
[illegible]	[illegible]	[illegible]；	[illegible]	[illegible]	[illegible]	[illegible]	[illegible]	[illegible]
bjuu^{1}	mji^{1}	lhjwo^{1}	ljọ^{2}	wjɨ^{2}	wee^{1}	twụ^{1}	tha^{1}	ljij^{2}
奉	不	退；	何	△	生	各	佛	见

不退见佛，不退闻法，不退奉僧；在在所生不

36.55.2

[illegible]	[illegible]，	[illegible]	[illegible]	[illegible]	[illegible]，	[illegible]	[illegible]	[illegible]
mji^{1}	ka^{2}	tsjiir^{1}	mji^{1}	mji^{1}	ka^{2}	sẽ^{1}	bjuu^{1}	mji^{1}
不	离，	法	闻	不	离，	僧	奉	不
[illegible]，	[illegible]	[illegible]	[illegible]	[illegible]，	[illegible]	[illegible]	[illegible]	[illegible]，
ka^{2}	tha^{1}	·ju^{2}	rjir^{2}	wee^{1}	kjir^{1}	·jiw^{2}	tśhja^{2}	·jɨr^{2}
离，	佛	前	面	生，	勇	猛	正	勤，

离见佛，不离闻法，不离奉僧，面生佛前，猛励正勤，

36.55.3

[illegible]	[illegible]	[illegible]	[illegible]。	[illegible]	[illegible]	[illegible]	[illegible]	[illegible]
neew^{2}	tsjiir^{1}	·jɨr^{2}	kjụ^{1}	thja^{1}	dzjwo^{2}	tśhja^{2}	·jɨr^{2}	dźjiij^{1}
善	法	志	求。	彼	人	正	勤	住
[illegible]，	[illegible]	[illegible]、	[illegible]	[illegible]	[illegible]	[illegible]、	[illegible]	[illegible]
nioow^{1}	nji^{1}	dźjiij^{1}	mjij^{1}	lji^{2}	wjɨ̣^{1}	dźjwɨ^{1}	tśhjwor^{2}	mjɨ̱^{1}
已，	家	居、	女	男	眷	属、	奴	婢

志求善法。是人住正勤已，不恋居家、男女眷属、

36.55.4

[illegible]	[illegible]	[illegible]	[illegible]	[illegible]	[illegible]	[illegible]	[illegible]	[illegible]。
·jur^{1}	phjii^{1}	lew^{2}	nioow^{1}	rjur^{1}	·wụ^{2}	gju^{2}	mji^{1}	dzu^{1}
仆	使	所	及	诸	资	具	不	恋。
[illegible]	[illegible]	[illegible]	[illegible]	[illegible]	[illegible]	[illegible]	[illegible]	[illegible]，
thja^{1}	dzjwo^{2}	tjụ^{2}	kięj^{2}	·jij^{1}	kier^{1}	lew^{2}	mji^{1}	we^{2}
是	人	淫	欲	之	娆	所	不	为，

奴婢仆使及诸资具。是人不为淫欲所娆，

36.55.5

[illegible]	[illegible]	[illegible]	[illegible]	[illegible]	[illegible]	[illegible]	[illegible]，	[illegible]
xja^{1}	mjor^{1}	zjọ^{2}	ɣa^{2}	thjwị^{1}	mjɨr^{1}	rejr^{2}	dźjiir^{1}	sej^{1}
速	今	生	于	幼	盛	乐	舍，	净
[illegible]	[illegible]	[illegible]	[illegible]	[illegible]	[illegible]	[illegible]	[illegible]	[illegible]
dźiej^{2}	njiij^{1}	ŋwu^{2}	tha^{1}	tsjiir^{1}	kha^{1}	nji^{1}	phjɨ^{1}	tśja^{1}
信	心	以	佛	法	中	家	出	道

速于今生舍盛年乐，以净信心于佛法中出家入道。

36.55.6

[illegible]。	[illegible]	[illegible]	[illegible]	[illegible]，	[illegible]	[illegible]	[illegible]、	[illegible]
·o^{2}	nji^{1}	phjɨ^{1}	dźjwa^{1}	nioow^{1}	neew^{2}	nwə^{1}	sjij^{2}	dźjwɨ^{1}
入。	家	出	既	已，	善	知	识、	伴
[illegible]、	[illegible]	[illegible]	[illegible]，	[illegible]	[illegible]	[illegible]	[illegible]，	[illegible]
ŋạ^{2}	neew^{2}	wjɨ̣^{1}	rjir^{2}	sjwɨ^{1}	sẽ^{1}	dźjiij^{1}	njwi^{2}	dźiej^{2}
善、	善	友	与，	思	惟	住	善，	信

既出家已，得善知识、善伴、善友，善住思惟，善住信欲。

36.56.1

[illegible]	[illegible]	[illegible]。	[illegible]	[illegible]	[illegible]	[illegible]	[illegible]	[illegible]，
kięj^{2}	dźjiij^{1}	njwi^{2}	dźiej^{2}	kięj^{2}	dźjiij^{1}	njwi^{2}	nioow^{1}	ku^{1}

欲 住 善。 信 欲 住 善 由 故,

[illegible]

tsjiir^{1} nji^{2} lhjɨj^{1} njwi^{2} gjwɨ^{1} lwo^{2} djọ^{2} dźjɨj^{1} lew^{1}

法 听 闻 善, 坚 固 修 行, 但

由善住信欲故,善听闻法,坚奉修行,

36.56.2

[illegible]

ŋwuu^{1} dạ^{2} ŋwu^{2} pjụ^{1} bjij^{2} we^{2} ljị^{1} njaa^{2} dwewr^{2}

词 言 以 宗 高 极 及 不, 觉

[illegible]

źjɨr^{1} śjɨj^{1} ·jiw^{2} rejr^{2} mji^{1} kjụ^{1} ŋwe^{1} dwər^{1} lhə$^{?}$

慧 成 就, 多 闻 求 乐 厌 足

不但言说以为宗极,觉慧成就,乐求多闻无有厌足;

36.56.3

[illegible]

mji^{1} dju^{1} mji^{1} mji^{1} tsjiir^{1} bju^{1} laa^{1} mjij^{1} njiij^{1}

无 有; 闻 闻 法 依 染 无 心

[illegible]

ŋwu^{2} mjɨ^{1} ·jij^{1} wạ^{2} tshjiij^{1} rjur^{1} gjịj^{1} ·jur^{1} dzjwị^{1}

以 他 之 广 演, 诸 利 养、 恭

如所闻法以无染心为他广演,于诸利养、

36.56.4

[illegible]

lhejr^{2} mjiij^{2} dźjwow^{1} ɣa^{2} gjii^{2} njiij^{1} mji^{1} tśhju^{1} tśhja^{2}

敬、 名 誉 于 望 心 无 生, 正

[illegible]

wo^{2} mji^{1} phjɨ^{1} ŋwu^{2} mjɨ^{1} ·jij^{1} lwow^{1} mji^{1} tshjiij^{1}

义 不 舍 以 他 之 妄 不 说,

恭敬、名誉情无希望,不舍正义妄为他说,

36.56.5

[illegible]	[illegible]	[illegible]、	[illegible]	[illegible]	[illegible]	[illegible]	[illegible]	[illegible]，
$\cdot jij^{1}$	mji^{1}	bju^{1}	$d\acute{z}jiij^{1}$	bju^{1}	$thja^{2}$	$\cdot jij^{1}$	$tsjiir^{1}$	$tshjiij^{1}$
自	闻	如、	住	如	其	之	法	说，
[illegible]	[illegible]	[illegible]	[illegible]	[illegible]	[illegible]	[illegible]	[illegible]	[illegible]，
$tsjiir^{1}$	nji^{2}	$mjijr^{2}$	$\cdot ji^{1}$	do^{2}	$lj\text{ị}j^{2}$	$njij^{2}$	$njiij^{1}$	$\acute{s}jwo^{1}$
法	听	者	众	处	大	慈	心	起，

如其所闻、如其所住而为说法，于听法众起大慈心，

36.56.6

[illegible]	[illegible]	[illegible]	[illegible]	[illegible]	[illegible]	[illegible]	[illegible]。	[illegible]
$rjur^{1}$	$d\acute{z}i\tilde{a}^{2}$	$t\acute{s}hju^{1}$	$\text{ɣ}a^{2}$	$lj\text{ị}j^{2}$	$wjuu^{1}$	$njiij^{1}$	$\acute{s}jwo^{1}$	$\acute{s}ja^{1}$
诸	情	有	于	大	悲	心	起。	舍
[illegible]	[illegible]，	[illegible]	[illegible]	[illegible]	[illegible]	[illegible]	[illegible]	[illegible]
$rjir^{2}$	gji^{2}	$d\acute{z}j\text{ɨ}^{?}$	$d\acute{z}j\text{ị}j^{1}$	$mjijr^{2}$	$thj\text{ɨ}^{2}$	sju^{2}	$rejr^{2}$	mji^{1}
利	子，	行	行	者	是	如	多	闻

于诸众生起大悲心。舍利子，行者如是有多闻故，

汉文本

尔时，佛告舍利子：诸菩萨摩诃萨，由具如是净信欲故，发阿耨多罗三藐三菩提心已，心多净信，乐睹贤圣，乐闻正法，乐不悭吝，开舒心手而行大施，欣乐大舍，乐均普施。于诸众生心无挂碍，心无秽浊，心无愦乱，心不间杂。于业业报深心奉敬，无疑无虑，知黑白法果报不坏，乃至命难不起诸恶，永离杀生、不与取、邪淫行、妄语、乖离语、粗恶语、绮语、贪染、瞋恚、愚痴、邪见；为断如是不善业道，受持奉行十善业道。由具信故，于诸沙门、若婆罗门，正至正行具德具戒，其心纯净成调顺法，具足多闻，勤行咨问，修正作意调善寂静，亲近寂灭，不起净讼，非不爱语，善知信欲非不善知，善法相应远诸恶法，不掉不高，性离躁动，性离粗言，语无浮杂，守念正住，心安妙定，善断有本，不中毒箭，舍离重担，超度疑虑及以后有诸佛世尊、菩萨摩诃萨、声闻、独觉，于如是等善知友所，如实觉已，亲觐敬仰，奉事将遇。行者如是于善知友身行奉事，复以法施而摄受之，宣说妙法示教赞喜，所谓若行柁那得大财富，若行尸罗得生天乐，若好多闻获得大慧，若修诸定便离系缚。复为开显种种微妙清净胜法，此是布施、此布施报，此是悭吝、此悭吝报，此是尸罗、此尸罗报，此是犯戒、此犯戒报，此是忍辱、此忍辱报，此是瞋恚、此瞋恚报，此是正勤、此正勤报，此是懈怠、此懈怠报，此是静虑、此静虑报，此是乱心、此乱心报，此是智慧、此智慧报，此是恶慧、此恶慧报，此身妙行、此身妙行报，此身恶行、此身恶行报，此语妙行、此语妙

行报,此语恶行、此语恶行报,此意妙行、此意妙行报,此意恶行、此意恶行报,此善、此不善,此应作、此不应作,此若作已感得长夜义利安乐,此若作已感得长夜非义非利非安乐果。

舍利子,行者如是为诸善友,宣说是法示教赞喜。已觉知堪任大法器者,即为开示甚深微妙空相应法,所谓空法、无相法、无愿法、无行法、无生法、无起法、无我法、无数取法、无寿命法、无众生法。复为开示甚深缘起,所谓此有故彼有、此生故彼生,无明缘行,行缘识,识缘名色,名色缘六处,六处缘触,触缘受,受缘爱,爱缘取,取缘有,有缘生,生缘老死愁叹忧苦身心焦恼,如是种种生起纯大苦聚;又此无故彼无,此灭故彼灭,谓无明灭故行灭,行灭故识灭,乃至生灭故老死灭,如是乃至纯大苦聚灭。

舍利子,又应为说,此中无有一法是有可得而可灭者。何以故?由彼诸法从因缘生,无有主宰,无有作者,无有受者;从因缘转,又无一法流转旋还,亦无随转。由痴妄故,假立三界,从烦恼苦之所流转,但假施设。行者如是如实观察痴妄之时,无有一法能作余法。若于是中无有作者,作者不可得故,乃至无有一法流转旋还,流转旋还不可得故。舍利子,行者若闻如是甚深法已,无疑无虑,善入诸法无挂碍性。是人不著于色,不著受、想、行、识,不著眼色及以眼识,不著耳、鼻、舌、身、意法及以意识,皆不可得故。

复次,舍利子,菩萨摩诃萨信受如是性空法已,不退见佛,不退闻法,不退奉僧;在在所生不离见佛,不离闻法,不离奉僧,面生佛前,猛励正勤,志求善法。是人住正勤已,不恋居家、男女眷属、奴婢仆使及诸资具。是人不为淫欲所娆,速于今生舍盛年乐,以净信心于佛法中出家入道。既出家已,得善知识、善伴、善友,善住思惟,善住信欲。由善住信欲故,善听闻法,坚奉修行,不但言说以为宗极,觉慧成就,乐求多闻无有厌足;如所闻法以无染心为他广演,于诸利养、恭敬、名誉情无希望,不舍正义妄为他说,如其所闻、如其所住而为说法,于听法众起大慈心,于诸众生起大悲心。

36.57.1

[illegible]	[illegible],	[illegible]	[illegible]	[illegible]	[illegible],	[illegible]	[illegible]	[illegible]
dźjij^{2}	ku^{1}	ljụ^{2}	kạ^{1}	mji^{1}	·wier^{1}	zjɨɨr^{1}	kieej^{2}	lhə$^{?}$
众	故,	身	命	不	顾,	少	欲	足
[illegible],	[illegible]	[illegible]	[illegible]	[illegible],	[illegible]	[illegible]	[illegible]	[illegible],
nwə^{1}	mjij^{1}	sjwɨ^{1}	dzu^{1}	ŋwe^{1}	sə^{1}	ljɨ	·jur^{1}	ljɨ
知,	寂	思	欣	乐,	满	易	养	易,

不顾身命,少欲知足,寂静欣乐,易满易养,

36.57.2

[illegible]	[illegible]	[illegible]	[illegible],	[illegible]	[illegible]	[illegible]	[illegible]	[illegible]
ŋa^{1}	twụ^{1}	dźjiij^{1}	dzu^{1}	·jij^{1}	mji^{1}	tsjiir^{1}	bju^{1}	wo^{2}
空	处	居	乐,	自	闻	法	如	义
[illegible]	[illegible]	[illegible],	[illegible]	[illegible]	[illegible]	[illegible]	[illegible]	[illegible]
tshwew^{1}	bio̱^{1}	thjuu^{1}	źjɨr^{1}	wo^{2}	ɣa^{2}	gjị^{2}	·jwɨr^{2}	ɣa^{2}

趣	观	察，	实	义	于	依	文	于

乐处空闲，如所闻法观察其义，依于实义不依于文。

36.57.3

mji^{1}	gjị^{2}	rjur^{1}	dzjwo^{2}	mə^{1}	·ja$^{?}$	sew^{2}	lo^{1}	kięj^{2}
不	依。	诸	人、	天、	阿	素	洛	界
·jij^{1}	bju^{1}	gjị^{2}	tjị^{2}	we^{2}	·jij^{1}	nioow^{1}	ljɨ̣^{1}	njaa^{2}
之	依	止	可	为，	己	为	及	不，

为诸天、人、阿素洛界之所依止，不专为己，

36.57.4

rjur^{1}	dźiã^{2}	tśhju^{1}	nioow^{1}	ljij^{2}	·ụ^{2}	kjụ^{1}	·ju^{2}	ljij^{2}
诸	众	生	故，	大	乘	供	求，	大
·ụ^{2}	tja^{1}	tha^{1}	sjij^{2}	□	ŋwer^{1}	mjij^{1}	sjij^{2}	sọ^{1}
乘	者	佛	智、		等	无	智、	三

为诸众生，求于大乘，所谓佛智、无等智、无等等智、

36.57.5

kięj^{2}	ŋowr^{2}	ŋowr^{2}	buu^{2}	dzjij^{1}	sjij^{2}	ŋwu^{2}	śja^{1}	rjir^{2}
界	一	切	胜	过	智	是。	舍	利
gji^{2}	ŋa^{2}	thjɨ^{2}	dzjwo^{2}	·jij^{1}	phju^{2}	tsew^{2}	mji^{1}	śja^{1}
子，	我	是	人	之	一	第	不	逸

胜出一切三界之智。舍利子，我说是人获得第一不放逸法。

36.57.6

wja̱²	tsjiir¹	rjir²	·jɨ¹	ŋa²	śja¹	rjir²	gji²	mji¹
放	法	得	告	△。	舍	利	子,	不
śja¹	wja̱²	tsjiir¹	tja¹	ljɨ̣¹	kjɨ¹	ŋwu²	rjur¹	tśhji²
逸	放	法	者	何	已	是?	诸	根

舍利子,云何名为不放逸法?所谓诸根

36.58.1

mjij¹	sej¹	ŋwu²	rjur¹	tśhji²	mjij¹	sej¹	tja¹	thjij²
寂	静	是。	诸	根	寂	静	者	何
sjo²	mej¹	tsə̣¹	ljij²	zjij¹	·jwɨr¹	·jij¹	mji¹	lhjwi¹
云?	眼	色	见	时	貌	相	不	取,

寂静。何等诸根寂静?所谓眼见于色不取相貌,

36.58.2

źjɨr¹	bju¹	tsə̣¹	wjị¹	tsə̣¹	dźjar²	nioow¹	tsə̣¹	lho?
实	如	色	味	色	患	及	色	出
ka²	nwə¹	dwewr²	thjɨ²	sju²	nju¹	mji¹	lew²	ɣię²
离	知	觉;	是	如	耳	闻	所	声、

如实觉知色味色患及色出离;如是耳所闻声、

36.58.3

njii²	mee¹	lew²	lji²	lhjwa¹	wjị¹	lew²	wjị¹	ljụ²
鼻	嗅	所	香、	舌	味	所	尝、	身
dwewr²	lew²	tsjụ¹	phji¹	sjij²	lew²	tsjiir¹	·jwɨr¹	·jij¹
觉	所	触、	意	识	所	法	貌	相

鼻所嗅香、舌所尝味、身所觉触、意所识法不取相貌，

36.58.4

[illegible]	[illegible]，	[illegible]	[illegible]	[illegible]	[illegible]	[illegible]	[illegible]	[illegible]
mji^{1}	lhjwi^{1}	źjɨr^{1}	bju^{1}	tsjiir^{1}	wjị^{1}	tsjiir^{1}	dźjar^{2}	nioow^{1}
不	取，	实	如	法	味	法	患	及
[illegible]	[illegible]	[illegible]	[illegible]	[illegible]。	[illegible]	[illegible]	[illegible]，	[illegible]
tsjiir^{1}	lho$^{?}$	ka^{2}	dwewr^{2}	nwə^{1}	śja^{1}	rjir^{2}	gji^{2}	thjɨ^{2}
法	出	离	觉	知。	舍	利	子，	是

如实觉知法味法患及法出离。舍利子，

36.58.5

[illegible]	[illegible]	[illegible]	[illegible]	[illegible]。	[illegible]	[illegible]，	[illegible]	[illegible]
tja^{1}	mji^{1}	śja^{1}	wją^{2}	ŋwu^{2}	nioow^{1}	tśjɨɨ^{1}	mji^{1}	śja^{1}
名	不	逸	放	是。	复	次，	不	逸
[illegible]	[illegible]，	[illegible]	[illegible]	[illegible]	[illegible]，	[illegible]	[illegible]	[illegible]
wją^{2}	tja^{1}	·jij^{1}	njiij^{1}	rjur^{1}	·jar^{2}	mjɨ^{1}	njiij^{1}	·wejr^{2}
放	者，	自	心	调	伏，	他	心	护

如是名为心不放逸。复次，不放逸者，调伏自心，善护他心，

36.58.6

[illegible]，	[illegible]	[illegible]	[illegible]	[illegible]，	[illegible]	[illegible]	[illegible]	[illegible]，
njwi^{2}	źji^{1}	njɨɨ^{2}	tjịj^{1}	ŋwe^{1}	tśhja^{2}	tsjiir^{1}	tshwew^{1}	ŋwe^{1}
善，	烦	恼	除	乐，	正	法	趣	乐，
[illegible]	[illegible]	[illegible]、	[illegible]	[illegible]	[illegible]、	[illegible]	[illegible]	[illegible]，
kiẹj^{2}	seew^{2}	meej^{2}	tshją^{1}	seew^{2}	meej^{2}	tśju^{1}	seew^{2}	meej^{2}
欲	觉	观、	恚	觉	观、	害	觉	观，

除乐烦恼，趣乐正法，不行欲觉、恚觉、害觉，

36.59.1

[illegible]	[illegible]	[illegible]	[illegible]	[illegible]	[illegible]、	[illegible]	[illegible]	[illegible]
mji^{1}	dźjij^{1}	lẹj^{2}	mji^{1}	neew^{2}	tśhji^{2}	tshją^{1}	mji^{1}	neew^{2}

不	行	贪	不	善	根、	瞋	不	善
[illegible]、	[illegible]	[illegible]	[illegible]	[illegible]	[illegible]	[illegible]，	[illegible]	[illegible]
tśhji^{2}	lə^{2}	mji^{1}	neew^{2}	tśhji^{2}	mji^{1}	dźjịj^{1}	ljụ^{2}	niow^{2}
根、	痴	不	善	根	不	行，	身	恶

不行贪不善根、瞋不善根、痴不善根，不行身恶行、

36.59.2

[illegible]、	[illegible]	[illegible]	[illegible]、	[illegible]	[illegible]	[illegible]	[illegible]	[illegible]，
dźjɨ$^{?}$	ljaa^{2}	niow^{2}	dźjɨ$^{?}$	phji^{1}	niow^{2}	dźjɨ$^{?}$	mji^{1}	dźjịj^{1}
行、	语	恶	行、	意	恶	行	不	行，
[illegible]	[illegible]	[illegible]	[illegible]	[illegible]	[illegible]，	[illegible]	[illegible]	[illegible]
mji^{1}	wo^{2}	phji^{1}	wji^{1}	mji^{1}	dźjịj^{1}	niow^{2}	mji^{1}	neew^{2}
不	理	意	作	不	行，	恶	不	善

语恶行、意恶行，不行不如理作意，不行一切恶不善法，

36.59.3

[illegible]	[illegible]	[illegible]	[illegible]	[illegible]，	[illegible]	[illegible]	[illegible]	[illegible]
tsjiir^{1}	ŋowr^{2}	ŋowr^{2}	mji^{1}	dźjịj^{1}	thjɨ^{2}	tja^{1}	mji^{1}	śja^{1}
法	一	切	不	行，	此	名	不	逸
[illegible]	[illegible]	[illegible]。	[illegible]	[illegible]	[illegible]，	[illegible]	[illegible]，	[illegible]
wją^{2}	ŋwu^{2}	ljɨ^{1}	śja^{1}	rjir^{2}	gji^{2}	thjɨ^{2}	sju^{2}	rjur^{1}
放	是	也。	舍	利	子，	是	如，	诸

此则名为不放逸也。如是，舍利子，

36.59.4

[illegible]	[illegible]	[illegible]	[illegible]	[illegible]	[illegible]	[illegible]	[illegible]	[illegible]，
po^{1}	tsa^{1}	ma^{2}	ŋạ^{2}	tsa^{1}	mji^{1}	śja^{1}	wją^{2}	ku^{1}
菩	萨	摩	诃	萨	不	逸	放	故，
[illegible]	[illegible]	[illegible]	[illegible]	[illegible]	[illegible]	[illegible]	[illegible]，	[illegible]
tjiij^{2}	bju^{1}	phji^{1}	wji^{1}	·jɨr^{2}	djọ^{2}	dzjɨɨ^{2}	njwi^{2}	tjij^{1}
法	依	意	为	勤	修	习	能，	若

是诸菩萨摩诃萨既不放逸，能勤修习如理作意，

36.59.5

[illegible]	[illegible]	[illegible]	[illegible]	[illegible]	[illegible]	[illegible]，	[illegible]	[illegible]
tsjiir^{1}	dju^{1}	ku^{1}	źjɨr^{1}	bju^{1}	dju^{1}	nwə^{1}	tjij^{1}	tsjiir^{1}
法	有	故	实	如	有	知，	若	法
[illegible]	[illegible]	[illegible]	[illegible]	[illegible]	[illegible]。	[illegible]	[illegible]	[illegible]
mjij^{1}	ku^{1}	źjɨr^{1}	bju^{1}	mjij^{1}	nwə^{1}	thjɨ^{2}	kha^{1}	wa^{2}
无	故	实	如	无	知。	此	中	何

若法是有如实知有，若法是无如实知无。观察此中何

36.59.6

[illegible]	[illegible]	[illegible]、	[illegible]	[illegible]	[illegible]	[illegible]	[illegible]	[illegible]
tja^{1}	dju^{1}	ŋwu^{2}	wa^{2}	tja^{1}	mjij^{1}	ŋwu^{2}	bio̱^{1}	thjuu^{1}
者	有	是、	何	者	无	是	观	察
[illegible]	[illegible]	[illegible]。	[illegible]	[illegible]	[illegible]	[illegible]，	[illegible]	[illegible]
źjɨr^{1}	ɣie^{1}	ŋwu^{2}	tśhja^{2}	djọ^{2}	dzjɨɨ^{2}	tja^{1}	śjɨj^{2}	bie^{2}
慧	力	以。	正	修	习	者，	圣	解

者是有、何者是无，即以慧力如实能知。正修习者，

36.60.1

[illegible]	[illegible]；	[illegible]	[illegible]	[illegible]	[illegible]，	[illegible]	[illegible]	[illegible]
lhew^{2}	dju^{1}	dow^{1}	djọ^{2}	dzjɨɨ^{2}	tja^{1}	śjɨj^{2}	bie^{2}	lhew^{2}
脱	有；	邪	修	习	者，	圣	解	脱
[illegible]。	[illegible]	[illegible]	[illegible]	[illegible]，	[illegible]	[illegible]；	[illegible]	[illegible]
mjij^{1}	sjwɨj^{1}	tshja^{2}	mjij^{1}	tja^{1}	dju^{1}	ŋwu^{2}	sjwɨj^{1}	tshja^{2}
无。	业	报	无	者，	有	是；	业	报

圣解脱有；邪修习者，圣解脱无。无业报者，此则是有；

36.60.2

[illegible]	[illegible]，	[illegible]	[illegible]。	[illegible]	[illegible]，	[illegible]	[illegible]	[illegible]
dju^{1}	tja^{1}	mjij^{1}	ŋwu^{2}	nioow^{1}	tśjɨɨ^{1}	mej^{1}	tja^{1}	dju^{1}
有	者，	无	是。	复	次，	眼	者	有

[illegible]

ŋwu^{2} mej^{1} dju^{1} ku^{1} mjij^{1} nju^{1} njii^{2} lhjwa^{1} ljụ^{2}

是， 眼 有 故 无； 耳、 鼻、 舌、 身、

有业报者，此则是无。复次，眼为是有，有眼者无；耳、鼻、舌、身、

36.60.3

[illegible]

phji^{1} phji^{1} tja^{1} dju^{1} ŋwu^{2} phji^{1} dju^{1} ku^{1} mjij^{1}

意， 意 者 有 是， 意 有 者 无。

[illegible]

nioow^{1} tśjɨɨ^{1} tsə̣^{1} mji^{1} ·ju^{2} tśjị^{1} wjɨ̣^{1} lej^{2} tsjiir^{1}

复 次， 色 无 常 苦 变 异 法，

意，意为是有，有意者无。复次，色为无常苦变异法，

36.60.4

[illegible]

ŋwu^{2} ku^{1} dju^{1} tsə̣^{1} ·ju^{2} dźjiij^{1} mji^{1} lej^{2} mji^{1}

是 则 有； 色 常 住 不 变 不

[illegible]

ljiij^{2} ku^{1} mjij^{1} ŋwu^{2} lhjịj^{2} sẽ^{1} dźjɨ$^{?}$ sjij^{2} mji^{1}

坏， 则 无 是； 受、 想、 行、 识 无

此则是有；色为常住不变不坏，此则是无；受、想、行、

36.60.5

[illegible]

·ju^{2} tśjị^{1} wjɨ̣^{1} lej^{2} tsjiir^{1} ŋwu^{2} ku^{1} dju^{1} ŋwu^{2}

常 苦 变 异 法 是， 则 有 是；

[illegible]

lhjịj^{2} sẽ^{1} dźjɨ$^{?}$ sjij^{2} ·ju^{2} dźjiij^{1} mji^{1} lej^{2} mji^{1}

受、 想、 行、 识 常 住 不 变 不

识无常苦变异法，此则是有；受、想、行、识常住不变不坏，

36.60.6

[illegible]，	[illegible]	[illegible]	[illegible]。	[illegible]	[illegible]，	[illegible]	[illegible]	[illegible]
ljiij^{2}	ku^{1}	mjij^{1}	ŋwu^{2}	nioow^{1}	tśjɨɨ^{1}	bju^{1}	mjij^{1}	·jiw^{1}
坏，	则	无	是。	复	次，	明	无	缘
[illegible]	[illegible]，	[illegible]	[illegible]	[illegible]	[illegible]；	[illegible]	[illegible]	[illegible]
we^{2}	ku^{1}	rjur^{1}	dźjɨ$^{?}$	tśhjwo^{1}	dju^{1}	tjij^{1}	bju^{1}	mjij^{1}
为	者，	诸	行	则	有；	若	明	无

此则是无。复次，无明为缘，诸行则有；

36.61.1

[illegible]	[illegible]，	[illegible]	[illegible]	[illegible]	[illegible]。	[illegible]	[illegible]	[illegible]
mjij^{1}	ku^{1}	rjur^{1}	dźjɨ$^{?}$	tśhjwo^{1}	mjij^{1}	rjɨr^{2}	njɨ^{2}	wee^{1}
无	者，	诸	行	则	无。	乃	至	生
[illegible]	[illegible]	[illegible]，	[illegible]	[illegible]	[illegible]	[illegible]；	[illegible]	[illegible]
·jiw^{1}	we^{2}	ku^{1}	nar^{2}	sjɨ^{1}	tśhjwo^{1}	dju^{1}	tjij^{1}	wee^{1}
缘	为	者，	老	死	则	有；	若	生

若无无明，诸行则无。乃至以生为缘，老死则有；

36.61.2

[illegible]	[illegible]，	[illegible]	[illegible]	[illegible]	[illegible]。	[illegible]	[illegible]，	[illegible]
mjij^{1}	ku^{1}	nar^{2}	sjɨ^{1}	tsjɨ^{1}	mjij^{1}	nioow^{1}	tśjɨɨ^{1}	mjii^{1}
无	者，	老	死	亦	无。	复	次，	施
[illegible]	[illegible]	[illegible]	[illegible]，	[illegible]	[illegible]	[illegible]；	[illegible]	[illegible]
nioow^{1}	ljij^{2}	war^{2}	rjir^{1}	ku^{1}	dju^{1}	ŋwu^{2}	mjii^{1}	nioow^{1}
感	大	财	得，	则	有	是；	施	感

若无生者，老死亦无。复次，施感大财，此则是有；

36.61.3

[illegible]	[illegible]	[illegible]，	[illegible]	[illegible]	[illegible]。	[illegible]	[illegible]	[illegible]
sjwi^{1}	lụ^{2}	rjir^{1}	ku^{1}	mjij^{1}	ŋwu^{2}	kie^{1}	·jiij^{1}	nioow^{1}
穷	贫	得，	则	无	是。	戒	持	故

[illegible]	[illegible],	[illegible]	[illegible]	[illegible],	[illegible]	[illegible]	[illegible]	[illegible]
mə^{1}	wee^{1}	ku^{1}	dju^{1}	ŋwu^{2}	kie^{1}	tsjụ^{1}	nioow^{1}	mə^{1}
天	生,	则	有	是,	戒	犯	故	天

施感贫穷,此则是无。持戒生天,此则是有;犯戒生天,

36.61.4

[illegible],	[illegible]	[illegible]	[illegible]。	[illegible]	[illegible]	[illegible]	[illegible],	[illegible]
wee^{1}	ku^{1}	mjij^{1}	ŋwu^{2}	mji^{1}	ljij^{2}	źjɨr^{1}	śjwo^{1}	ku^{1}
生,	则	无	是。	闻	大	慧	生,	则
[illegible]	[illegible];	[illegible]	[illegible]	[illegible]	[illegible]	[illegible]	[illegible],	[illegible]
dju^{1}	ŋwu^{2}	rjur^{1}	niow^{2}	źjɨr^{1}	ljij^{2}	źjɨr^{1}	śjwo^{1}	ku^{1}
有	是;	诸	恶	慧	大	慧	生,	则

此则是无。闻生大慧,此则是有;诸恶慧者能生大慧,

36.61.5

[illegible]	[illegible]。	[illegible]	[illegible]	[illegible]	[illegible],	[illegible]	[illegible]	[illegible];
mjij^{1}	ŋwu^{2}	djɨj^{2}	djọ^{2}	tśjiɨr^{2}	ka^{2}	ku^{1}	dju^{1}	ŋwu^{2}
无	是。	定	修	缚	离,	则	有	是;
[illegible]	[illegible]	[illegible]	[illegible],	[illegible]	[illegible]	[illegible]。	[illegible]	[illegible],
djɨj^{2}	djọ^{2}	phej^{1}	tśjiɨr^{2}	ku^{1}	mjij^{1}	ŋwu^{2}	nioow^{1}	tśjiɨ^{1}
定	修	系	缚,	则	无	是。	复	次,

此则是无。修定离缚,此则是有;修定系缚,此则是无。复次,

36.61.6

[illegible]	[illegible]	[illegible]	[illegible]	[illegible]	[illegible]	[illegible]	[illegible],	[illegible]
tjij^{1}	wo^{2}	bju^{1}	phji^{1}	wji^{1}	bju^{1}	phej^{1}	tśjiɨr^{2}	mji^{1}
若	理	如	意	作	依	系	缚,	不
[illegible]	[illegible]	[illegible]	[illegible]	[illegible]	[illegible]	[illegible],	[illegible]	[illegible]
wo^{2}	phji^{1}	wji^{1}	nioow^{1}	tśjiɨr^{2}	ka^{2}	tja^{1}	thjɨ^{2}	njɨɨ^{1}
理	意	作	故	缚	离	者,	此	二

若如理作意而有系缚,不如理作意离系缚者,此二

36.62.1

[illegible]	[illegible]。	[illegible]	[illegible]	[illegible]	[illegible]	[illegible]	[illegible]	[illegible]，
zji^{2}	mjij^{1}	tjij^{1}	rjur^{1}	dźiã^{2}	tsjij^{2}	tśhja^{2}	·jɨr^{2}	śjwo^{1}
俱	无。	若	诸	菩	萨	正	勤	发，
[illegible]	[illegible]	[illegible]	[illegible]；	[illegible]	[illegible]	[illegible]	[illegible]，	[illegible]
ku^{1}	po^{1}	tjɨj^{1}	dju^{1}	tjij^{1}	low^{2}	ljij^{1}	śjwo^{1}	po^{1}
则	菩	提	有；	若	懒	惰	起，	菩

俱无。若诸菩萨发起正勤，菩提则有；若起懒惰，

36.62.2

[illegible]	[illegible]。	[illegible]	[illegible]	[illegible]	[illegible]	[illegible]	[illegible]	[illegible]
tjɨj^{1}	mjij^{1}	tjij^{1}	mjɨ^{1}	gjiw^{1}	khwẹj^{1}	mjij^{1}	nji^{1}	phjɨ^{1}
提	无。	若	无	憍	傲	无	家	出
[illegible]	[illegible]，	[illegible]	[illegible]；	[illegible]	[illegible]	[illegible]	[illegible]	[illegible]
la^{1}	zow^{2}	ku^{1}	dju^{1}	tjij^{1}	mjɨ^{1}	gjiw^{1}	khwẹj^{1}	ku^{1}
记	授，	则	有；	若	无	憍	傲	则

菩提则无。若无憍慢出家授记，是名为有；若憍慢者

36.62.3

[illegible]	[illegible]	[illegible]	[illegible]。	[illegible]	[illegible]，	[illegible]	[illegible]	[illegible]，
mjij^{1}	dzjar^{2}	tśhjwo^{1}	mjij^{1}	nioow^{1}	tśjɨɨ^{1}	ŋowr^{2}	ŋowr^{2}	do^{2}
寂	灭	则	无。	复	次，	一	切	处，
[illegible]	[illegible]	[illegible]	[illegible]	[illegible]；	[illegible]	[illegible]	[illegible]，	[illegible]、
ŋa^{1}	tsjir^{2}	njɨ^{2}	ku^{1}	dju^{1}	ŋowr^{2}	ŋowr^{2}	do^{2}	ŋa^{2}
空	性	至	是	有；	一	切	处，	我、

寂灭则无。复次，遍一切处，空性是有；遍一切处，

36.62.4

[illegible]	[illegible]	[illegible]、	[illegible]	[illegible]、	[illegible]	[illegible]	[illegible]	[illegible]
śjwɨ^{1}	śjwɨ^{1}	lhjwi^{1}	dźiã^{2}	tśhju^{1}	kạ^{1}	mjij^{1}	goor^{1}	kiej^{2}
数	数	取、	情	有、	命	无	丈	夫

[illegible]	[illegible]，	[illegible]	[illegible]	[illegible]	[illegible]，	[illegible]	[illegible]	[illegible]
nji^{2}	djịj^{1}	nji^{2}	ku^{1}	mjij^{1}	ŋwu^{2}	źjɨr^{1}	bju^{1}	nwə^{1}
等	类，	至	则	无	为，	实	如	知

有我、数取、众生、寿命、丈夫等类，此则为无。

36.62.5

[illegible]。	[illegible]	[illegible]	[illegible]，	[illegible]	[illegible]，	[illegible]	[illegible]	[illegible]
njwi^{2}	śja^{1}	rjir^{2}	gji^{2}	thjɨ^{2}	sju^{2}	rjur^{1}	po^{1}	tsa^{1}
能。	舍	利	子，	是	如，	诸	菩	萨
[illegible]	[illegible]	[illegible]	[illegible]	[illegible]	[illegible]	[illegible]，	[illegible]	[illegible]
ma^{2}	ŋạ^{2}	tsa^{1}	mji^{1}	śja^{1}	wją^{2}	dźjij^{1}	wo^{2}	bju^{1}
摩	诃	萨	不	逸	放	行，	理	如

如是，舍利子，若诸菩萨摩诃萨行不放逸，

36.62.6

[illegible]	[illegible]	[illegible]	[illegible]	[illegible]，	[illegible]	[illegible]	[illegible]	[illegible]
phji^{1}	wji^{1}	djọ^{2}	dzjɨɨ^{2}	njwi^{2}	rjur^{1}	kha^{1}	sjịj^{2}	dzjwo^{2}
意	作	修	习	能，	世	间	智	者
[illegible]	[illegible]	[illegible]	[illegible]，	[illegible]	[illegible]	[illegible]	[illegible]	[illegible]；
gu^{2}	dju^{1}	ŋwu^{2}	nwə^{1}	ku^{1}	tśhjwo^{1}	dju^{1}	thu^{1}	phjij^{1}
同	有	是	知，	则	方	有	施	设；

能善修习如理作意，世间智者同知是有，施设为有；

36.63.1

[illegible]	[illegible]	[illegible]	[illegible]	[illegible]	[illegible]	[illegible]	[illegible]，	[illegible]
rjur^{1}	kha^{1}	sjịj^{2}	dzjwo^{2}	gu^{2}	mjij^{1}	ŋwu^{2}	nwə^{1}	ku^{1}
世	间	智	者	同	无	是	知，	则
[illegible]	[illegible]	[illegible]	[illegible]	[illegible]。	[illegible]	[illegible]	[illegible]，	[illegible]
tśhjwo^{1}	nwə^{1}	thu^{1}	phjij^{1}	mjij^{1}	śja^{1}	rjir^{2}	gji^{2}	tjij^{1}
方	知	施	设	无。	舍	利	子，	若

世间智者同知是无，施设为无。舍利子，

36.63.2

[illegible]	[illegible]	[illegible]	[illegible],	[illegible]	[illegible]	[illegible]	[illegible]	[illegible];
kjɨ^{1}	djɨj^{2}	dju^{1}	tshjiij^{1}	ku^{1}	tśhja^{2}	nwə^{1}	tsjij^{2}	njaa^{2}
必	定	有	说,	则	正	知	了	非;
[illegible]	[illegible]	[illegible]	[illegible]	[illegible],	[illegible]	[illegible]	[illegible]	[illegible]
tjij^{1}	kjɨ^{1}	djɨj^{2}	mjij^{1}	tshjiij^{1}	ku^{1}	thja^{1}	tsjɨ^{1}	tśhja^{2}
若	必	定	无	说,	则	是	亦	正

若定说有,非正了知;若定说无,是亦名为非正了

36.63.3

[illegible]	[illegible]	[illegible]。	[illegible]	[illegible]	[illegible]?	[illegible]	[illegible]	[illegible]
nwə^{1}	tsjij^{2}	njaa^{2}	thjij^{2}	sjo^{2}	ljɨ^{1}	rjur^{1}	tha^{1}	rjur^{1}
知	了	非。	何	以	故?	诸	佛	世
[illegible]	[illegible]	[illegible]	[illegible]	[illegible],	[illegible]	[illegible]	[illegible]	[illegible]。
pjụ^{1}	rjɨr^{2}	tshjiij^{1}	źjɨr^{1}	wo^{2}	bju^{1}	dwewr^{2}	njwi^{2}	ljɨ^{1}
尊	所	说	实	义,	随	觉	能	故。

知。何以故?诸佛世尊所说实义,能随觉了故。

36.63.4

[illegible]	[illegible]	[illegible],	[illegible]	[illegible]	[illegible]	[illegible]	[illegible]	[illegible]
śja^{1}	rjir^{2}	gji^{2}	rjur^{1}	tha^{1}	rjur^{1}	pjụ^{1}	tha^{2}	sjịj^{2}
舍	利	子,	诸	佛	世	尊	大	智
[illegible]	[illegible]	[illegible]	[illegible]	[illegible]	[illegible],	[illegible]	[illegible]	[illegible]
ɣie^{1}	ŋowr^{2}	rjur^{1}	tsjiir^{1}	zji^{2}	ɣjiw^{1}	ljɨɨr^{1}	mə^{2}	·u^{2}
力	具	诸	法	总	摄,	四	种	邬

舍利子,诸佛世尊具大智力总摄诸法,安处四种邬

36.63.5

[illegible]	[illegible]	[illegible]	[illegible]	[illegible]。	[illegible]	[illegible]	[illegible]	[illegible]?
thow^{1}	dźiã^{1}	kha^{1}	no^{2}	dźjiij^{1}	ljɨɨr^{1}	tja^{1}	thjij^{2}	sjo^{2}
柁	南	中	安	住。	四	者	何	云?

[illegible]	[illegible]	[illegible]	[illegible]	[illegible]，	[illegible]	[illegible]	[illegible]	[illegible]，
dźjɨ	ŋowr^{2}	ŋowr^{2}	mji^{1}	·ju^{2}	dźjɨ	ŋowr^{2}	ŋowr^{2}	tśji̧^{1}
行	一	切	无	常，	行	一	切	苦，

柁南中。何等为四？所谓一切行无常，一切行苦，一切

36.63.6

[illegible]	[illegible]	[illegible]	[illegible]	[illegible]，	[illegible]	[illegible]	[illegible]	[illegible]
tsjiir^{1}	ŋowr^{2}	ŋowr^{2}	ŋa^{2}	mjij^{1}	djiij^{2}	phã^{1}	mjij^{1}	dzjar^{2}
法	一	切	我	无，	涅	槃	寂	灭
[illegible]。	[illegible]	[illegible]	[illegible]，	[illegible]	[illegible]	[illegible]	[illegible]	[illegible]
ŋwu^{2}	śja^{1}	rjir^{2}	gji^{2}	rjɨr^{2}	tshjiij^{1}	dźjɨ	ŋowr^{2}	ŋowr^{2}
是。	舍	利	子，	所	演	行	一	切

法无我，涅槃寂灭。舍利子，所演一切行

36.64.1

[illegible]	[illegible]	[illegible]，	[illegible]	[illegible]	[illegible]	[illegible]	[illegible]	[illegible]
mji^{1}	·ju^{2}	tja^{1}	mjor^{1}	ljij^{2}	rjur^{1}	·ju^{2}	sjiij^{2}	dźiã^{2}
无	常	者，	如	来	诸	常	想	众
[illegible]	[illegible]	[illegible]	[illegible]	[illegible]	[illegible]	[illegible]。	[illegible]	[illegible]
tśhju^{1}	·jij^{1}	·ju^{2}	sjiij^{2}	phja^{1}	wji^{1}	ljɨ^{1}	rjɨr^{2}	tshjiij^{1}
生	之	常	想	断	为	故。	所	演

无常者，如来为诸常想众生断常想故。

36.64.2

[illegible]	[illegible]	[illegible]	[illegible]	[illegible]	[illegible]，	[illegible]	[illegible]	[illegible]
dźjɨ$^{?}$	ŋowr^{2}	ŋowr^{2}	tśji̧^{1}	tsjiir^{1}	tja^{1}	mjor^{1}	ljij̧^{2}	rjur^{1}
行	一	切	苦	法	者，	如	来	诸
[illegible]	[illegible]	[illegible]	[illegible]	[illegible]	[illegible]	[illegible]	[illegible]	[illegible]
lhejr^{2}	sjiij^{2}	dźiã^{2}	tśhju^{1}	·jij^{1}	lhejr^{2}	sjiij^{2}	phja^{1}	wji^{1}
乐	想	众	生	之	乐	想	断	为

所演一切行苦法者，如来为诸乐想众生断乐想故。

36.64.3

[illegible]。	[illegible]	[illegible]	[illegible]	[illegible]	[illegible]	[illegible]	[illegible]	[illegible],
ljɨ^{1}	rjɨr^{2}	tshjiij^{1}	ŋowr^{2}	ŋowr^{2}	ŋa^{2}	mjij^{1}	tsjiir^{1}	tja^{1}
故。	所	演	一	切	我	无	法	者,
[illegible]	[illegible]	[illegible]	[illegible]	[illegible]	[illegible]	[illegible]	[illegible]	[illegible]
mjor^{1}	ljịj^{2}	rjur^{1}	ŋa^{2}	sjiij^{2}	dźiã^{2}	tśhju^{1}	·jij^{1}	ŋa^{2}
如	来	诸	我	想	情	有	之	我

所演一切无我法者,如来为诸我想众生

36.64.4

[illegible]	[illegible]	[illegible]	[illegible]。	[illegible]	[illegible]	[illegible]	[illegible]	[illegible]
sjiij^{2}	phja^{1}	wji^{1}	ljɨ^{1}	rjɨr^{2}	tshjiij^{1}	mjij^{1}	dzjar^{2}	djiij^{2}
想	断	为	故。	所	演	寂	灭	涅
[illegible]	[illegible]	[illegible],	[illegible]	[illegible]	[illegible]	[illegible]	[illegible]	[illegible]
phã^{1}	tsjiir^{1}	tja^{1}	mjor^{1}	ljịj^{2}	rjur^{1}	rjir^{1}	lew^{2}	dju^{1}
槃	法	者,	如	来	诸	得	所	有

断我想故。所演寂灭涅槃法者,如来为诸

36.64.5

[illegible]	[illegible]	[illegible]	[illegible]	[illegible]	[illegible],	[illegible]	[illegible]	[illegible]
dźjiij^{1}	tśhjɨɨ^{2}	tśhjuu^{2}	dźiã^{2}	tśhju^{1}	·jij^{1}	rjir^{1}	lew^{2}	dju^{1}
住	颠	倒	情	有	之,	得	所	有
[illegible]	[illegible]	[illegible]	[illegible]	[illegible]	[illegible]。	[illegible]	[illegible]	[illegible],
tśhjɨɨ^{2}	tśhjuu^{2}	njiij^{1}	phja^{1}	wji^{1}	ljɨ^{1}	śja^{1}	rjir^{2}	gji^{2}
颠	倒	心	断	为	故。	舍	利	子,

住有所得颠倒众生,断有所得颠倒心故。舍利子,

36.64.6

[illegible]	[illegible]	[illegible]	[illegible]	[illegible]	[illegible]	[illegible],	[illegible]	[illegible]
thjɨ^{2}	rjur^{1}	po^{1}	tsa^{1}	ma^{2}	ŋạ^{2}	tsa^{1}	tjij^{1}	mjor^{1}
是	诸	菩	萨	摩	诃	萨,	若	如

[illegible]	[illegible]	[illegible]	[illegible]	[illegible]	[illegible]	[illegible]	□	□
ljịj^{2}	dźjɨ	ŋowr^{2}	ŋowr^{2}	mji^{1}	·ju^{2}	ŋwu^{2}		
来	行	一	切	无	常	是		

是诸菩萨摩诃萨，若闻如来说一切行为无常者，

36.65.1

[illegible]	[illegible]	[illegible]	[illegible]	[illegible]	[illegible]	[illegible]。	[illegible]	[illegible]
ku^{1}	sji^{1}	dźjwa^{1}	mji^{1}	·ju^{2}	·o^{2}	njwi^{2}	tjij^{1}	dźjɨ
则	竟	毕	无	常	入	能。	若	行
[illegible]	[illegible]	[illegible]	[illegible]	□	□	□	□	□
ŋowr^{2}	ŋowr^{2}	tśjị^{1}	ŋwu^{2}					
一	切	苦	则					

即能善入毕竟无常。若有闻说一切行苦，则能兴厌起离愿心。

36.65.2

[illegible]	[illegible]。	[illegible]	[illegible]	[illegible]	[illegible]	[illegible]	[illegible]	[illegible]，
njiij^{1}	śjwo^{1}	tjij^{1}	rjur^{1}	tsjiir^{1}	mjij^{1}	ŋa^{2}	tshjiij^{1}	mji^{1}
心	起。	若	诸	法	无	我	说	闻，
[illegible]	[illegible]	[illegible]	[illegible]	[illegible]	[illegible]	[illegible]	[illegible]	[illegible]
ku^{1}	sã^{1}	mo^{2}	thji^{2}	thjoo^{1}	bie^{2}	lhew^{2}	ɣa^{1}	djọ^{2}
则	三	摩	地	妙	解	脱	门	修

若有闻说诸法无我，则能修习于三摩地妙解脱门。

36.65.3

[illegible]	[illegible]。	[illegible]	[illegible]	[illegible]	[illegible]	[illegible]	[illegible]	[illegible]，
dzjɨɨ^{2}	njwi^{2}	tjij^{1}	mjij^{1}	dzjar^{2}	djiij^{2}	phã^{1}	tshjiij^{1}	mji^{1}
习	能。	若	寂	灭	涅	槃	说	闻，
[illegible]	[illegible]	[illegible]	[illegible]	[illegible]	[illegible]	[illegible]	[illegible]	[illegible]，
ku^{1}	·jij^{1}	mjij^{1}	sã	mo^{2}	thji^{2}	djọ^{2}	dzjɨɨ^{2}	njwi^{2}
则	相	无	三	摩	地	修	习	能，

若有闻说寂灭涅槃，则能修习无相三摩地，而

36.65.4

[illegible]	[illegible]	[illegible]	[illegible]	[illegible]	[illegible]	[illegible]。	[illegible]	[illegible]
mji^{1}	dzjɨj^{1}	źjɨr^{1}	bju^{2}	mji^{1}	tshwew^{1}	·o^{2}	śja^{1}	rjir^{2}
非	时	真	际	不	趣	入。	舍	利
[illegible],	[illegible]	[illegible],	[illegible]	[illegible]	[illegible]	[illegible]	[illegible]	[illegible],
gji^{2}	thjɨ^{2}	sju^{2}	rjur^{1}	po^{1}	tsa^{1}	ma^{2}	ŋạ^{2}	tsa^{1}
子,	是	如,	诸	菩	萨	摩	诃	萨,

不非时趣入真际。如是,舍利子,若诸菩萨摩诃萨,

36.65.5

[illegible]	[illegible]	[illegible]	[illegible]	[illegible]	[illegible],	[illegible]	[illegible]	[illegible]
thjɨ^{2}	sju^{2}	tsjiir^{1}	djọ^{2}	dzjiɨ^{2}	njwi^{2}	ku^{1}	neew^{2}	tsjiir^{1}
是	如	法	修	习	能,	则	善	法
[illegible]	[illegible]	[illegible]	[illegible]	[illegible]	[illegible],	[illegible]	[illegible]	[illegible]
ŋowr^{2}	ŋowr^{2}	tśjo	mji^{1}	phjɨ^{1}	lhjo^{1}	tha^{1}	tsjiir^{1}	ŋowr^{2}
一	切	终	不	失	退,	佛	法	一

能善修习如是法者,终不退失一切善法,

36.65.6

[illegible]	[illegible]	[illegible]	[illegible]	[illegible]。
ŋowr^{2}	xja^{1}	·iọ^{1}	sə^{1}	njwi^{2}
切	速	圆	满	能。

速能圆满一切佛法。

汉文本

舍利子,行者如是有多闻故,不顾身命,少欲知足,寂静欣乐,易满易养,乐处空闲,如所闻法观察其义,依于实义不依于文。为诸天、人、阿素洛界之所依止,不专为己,为诸众生,求于大乘,所谓佛智、无等智、无等等智、胜出一切三界之智。舍利子,我说是人获得第一不放逸法。舍利子,云何名为不放逸法?所谓诸根寂静。何等诸根寂静?所谓眼见于色不取相貌,如实觉知色味色患及色出离;如是耳所闻声、鼻所嗅香、舌所尝味、身所觉触、意所识法不取相貌,如实觉知法味法患及法出离。舍利子,如是名为心不放逸。复次,不放逸者,调伏自心,善护他心,除乐烦恼,趣乐正法,不行欲觉、恚觉、害觉,

不行贪不善根、瞋不善根、痴不善根,不行身恶行、语恶行、意恶行,不行不如理作意,不行一切恶不善法,此则名为不放逸也。

如是,舍利子,是诸菩萨摩诃萨既不放逸,能勤修习如理作意,若法是有如实知有,若法是无如实知无。观察此中何者是有、何者是无,即以慧力如实能知。正修习者,圣解脱有;邪修习者,圣解脱无。无业报者,此则是有;有业报者,此则是无。复次,眼为是有,有眼者无;耳、鼻、舌、身、意,意为是有,有意者无。复次,色为无常苦变异法,此则是有;色为常住不变不坏,此则是无;受、想、行、识无常苦变异法,此则是有;受、想、行、识常住不变不坏,此则是无。复次,无明为缘,诸行则有;若无无明,诸行则无。乃至以生为缘,老死则有;若无生者,老死亦无。复次,施感大财,此则是有;施感贫穷,此则是无。持戒生天,此则是有;犯戒生天,此则是无。闻生大慧,此则是有;诸恶慧者能生大慧,此则是无。修定离缚,此则是有;修定系缚,此则是无。复次,若如理作意而有系缚,不如理作意离系缚者,此二俱无。若诸菩萨发起正勤,菩提则有;若起懒惰,菩提则无。若无憍慢出家授记,是名为有;若憍慢者寂灭则无。复次,遍一切处,空性是有;遍一切处,有我、数取、众生、寿命、丈夫等类,此则为无。如是,舍利子,若诸菩萨摩诃萨行不放逸,能善修习如理作意,世间智者同知是有,施设为有;世间智者同知是无,施设为无。舍利子,若定说有,非正了知;若定说无,是亦名为非正了知。何以故?诸佛世尊所说实义,能随觉了故。

舍利子,诸佛世尊具大智力总摄诸法,安处四种邬柁南中。何等为四?所谓一切行无常,一切行苦,一切法无我,涅槃寂灭。舍利子,所演一切行无常者,如来为诸常想众生断常想故。所演一切行苦法者,如来为诸乐想众生断乐想故。所演一切无我法者,如来为诸我想众生断我想故。所演寂灭涅槃法者,如来为诸住有所得颠倒众生,断有所得颠倒心故。舍利子,是诸菩萨摩诃萨,若闻如来说一切行为无常者,即能善入毕竟无常。若有闻说一切行苦,则能兴厌起离愿心。若有闻说诸法无我,则能修习于三摩地妙解脱门。若有闻说寂灭涅槃,则能修习无相三摩地,而不非时趣入真际。如是,舍利子,若诸菩萨摩诃萨,能善修习如是法者,终不退失一切善法,速能圆满一切佛法。

西夏文《大宝积经》

·卷三十七·

《菩萨藏会》

“如来不思议性品”第四之一整理与研究

内容和版本介绍

《大宝积经·菩萨藏会》第十二之三“如来不思议性品”第四，详说如来十种不可思议法：一信受如来不思议身、二不思议音声、三智、四光、五尸罗及以等观、六神通、七力、八无畏、九大悲、十不共佛法。（明智旭：《阅藏知津》卷二《大乘经藏·方等部》之《大宝积经》）此品篇幅较长，《大宝积经》分为四卷，即卷三十七至卷四十。卷三十七主要讲述如来不思议身、音声、智、光、尸罗及以等观、神通六种不可思议法。

汉译本《大宝积经·菩萨藏会》第十二并非菩提流志所译，而是唐三藏法师玄奘奉诏译，入《大宝积经》卷三十五至卷五十四。此经内容包括“开化长者品”第一、“金毗罗天受记品”第二、“试验菩萨品”第三、“如来不思议性品”第四、“无量品”第五、“陀那波罗蜜多品”第六、“尸波罗蜜品”第七、“羼底波罗蜜多品”第八、“毗利耶波罗蜜多品”第九、“静虑波罗蜜多品”第十、“般若波罗蜜多品”第十一、“大自在天授记品”第十二。本文整理研究“如来不思议性品”第四之一，汉文同名佛经收《大正藏》第11册№.310。[①]

西夏文《菩萨藏会》第十二之三“如来不思议性品”第四现存三卷，缺《菩萨藏会》第十二之三“如来不思议性品”第四之二，即《大宝积经》卷三十八。西夏文《菩萨藏会》第十二之三“如来不思议性品”第四之一目前仅见俄罗斯科学院东方文献研究所藏编号 инв. № 446，经与唐三藏法师玄奘译汉本佛经对照，可以确定西夏译本据此译成，与汉本《大宝积经·菩萨藏会》第十二之三“如来不思议性品”第四之一一致。本文西夏本释读参照《大正藏》第310号唐三藏法师玄奘译本。俄藏编号 инв. № 446，白棉纸。经折装，每折6行，行18—22字。现存96折，保存完整，内容为卷三十七。

本卷中加“/”处，表示整理文本将原文两行合为一行。

① 《大正藏》第11卷，第208页。

文本释读

37.1.1

《[illegible]	[illegible]	[illegible]	[illegible]	[illegible]》	[illegible]	[illegible]	[illegible]	[illegible]	[illegible]	[illegible]
ljịj^{2}	ljɨ̣^{1}	tśiow^{1}	lwər^{2}	lhejr^{2}	?	sọ^{1}	ɣạ^{2}	śjạ^{1}	tsew^{2}	pə^{1}
《大	宝	积	经	契》	卷	三	十	七	第	矿

《大宝积经》卷三十七

37.1.2

[illegible]	[illegible]	[illegible]	[illegible]
tshjwu^{1}	bju^{1}	tśja^{1}	dźju^{1}
天	奉	道	显

奉大显道

37.1.3

[illegible]	[illegible]	[illegible]	[illegible]	[illegible]	[illegible]	[illegible]	[illegible]	[illegible]	[illegible]	[illegible]
tshjɨ^{1}	tsjij^{2}	·ụ^{2}	ljwu^{2}	ɣạ^{2}	njɨ̱^{1}	tsew^{2}	·jij	sọ^{1}	mjor^{1}	se̱w^{2}
菩	萨	藏	会	十	二	第	之	三	如	思
[illegible]	[illegible]	[illegible]	[illegible]	[illegible]	[illegible]	[illegible]	[illegible]			
tshjịj^{1}	mjij^{1}	tsjɨ̱r^{2}	tjij^{1}	ljɨ̱r^{1}	tsew^{2}	·jij	lew^{1}			
可	不	性	品	四	第	之	一			

菩萨藏会第十二之三如来不思议性品第四之一

37.1.4

[illegible]	[illegible]，	[illegible]	[illegible]	[illegible]	[illegible]	[illegible]	[illegible]：	[illegible]	[illegible]	[illegible]
tśhjɨ^{1}	zjọ^{2}	tha^{1}	śja^{1}	rjir^{2}	gji^{2}	·jij^{1}	·jɨ^{1}	thja^{1}	rjur^{1}	po^{1}
尔	时，	佛	舍	利	子	之	告：	是	诸	菩
[illegible]	[illegible]	[illegible]	[illegible]，	[illegible]	[illegible]	[illegible]	[illegible]	[illegible]		
tsa^{1}	ma^{2}	ŋạ^{2}	tsa^{1}	thjɨ^{2}	sju^{2}	gji^{1}	sej^{1}	dźiej^{2}		
萨	摩	诃	萨，	是	如	清	净	信		

尔时，佛告舍利子：是诸菩萨摩诃萨，善住如是清净信已，

37.1.5

□	□	□，	□	□	□	□	□	□	□	□
ɣa^{2}	dźjiij^{1}	njwi^{2}	nioow^{1}	mjor^{1}	ljij^{2}	bju^{1}	wo^{2}	tśhja^{2}	njɨ^{2}	nwə^{1}
于	住	善，	复	如	来	应	义	正	遍	知
□	□	□	□	□	□	□	□	□		
·jij^{1}	ɣạ^{2}	mə^{2}	seew^{2}	tshjiij^{1}	tjị^{2}	mjij^{1}	tsjiir^{1}	dźiej^{2}		
之	十	种	思	议	可	不	法	信		

复能信受如来应正遍知十种不可思议法，

37.1.6

□，	□	□	□	□	□	□	□，	□	□	□
ɣiwej^{1}	njiij^{1}	tjị^{1}	ŋwu^{2}	gji^{1}	sej^{1}	śjij^{1}	dźjij^{1}	ljɨj^{1}	mjij^{1}	·jiw^{2}
受，	心	诚	以	清	净	顺	行，	惑	无	疑
□，	□	□	□	□	□，	□	□	□		
mjij^{1}	do^{2}	phjo^{2}	kar^{2}	mji^{1}	śjwo^{1}	śji^{1}	su^{1}	gjij^{1}		
无，	异	分	别	不	生，	前	于	倍		

谛奉清净①，无惑无疑，不异分别，倍复踊跃，

37.2.1

□	□	□	□	□，	□	□	□	□。	□	□
njij^{2}	njiij^{1}	ljɨj^{2}	rjɨr^{2}	gjiij	rjar^{1}	gjij^{1}	sjiij^{2}	śjwo^{1}	śja^{1}	rjir^{2}
增	欢	喜	乃	生，	希	奇	想	发。	舍	利
□，	□	□	□	□	□	□	□	□		
gji^{2}	mjor^{1}	ljij^{2}	·jij^{1}	ɣạ^{2}	mə^{2}	seew^{2}	tshjiij^{1}	tjị^{2}		
子，	如	来	之	十	种	思	议	可		

深生欢喜，发希奇想。舍利子，何等名为如来十种不思议法？

37.2.2

□	□	□	□	□	□？	□	□	□，	□	□，

① 谛奉清净，西夏文作“□□□□□□□”（以诚心清净奉行）。

mjij^{1} tsjiir^{1} tja^{1} ljɨ̣^{1} kjɨ^{1} ŋwu^{2} śja^{1} rjir^{2} gji^{2} lew^{1} tja^{1}

不 法 名 何 等 为？ 舍 利 子， 一 者，

□ □ □ □ □ □ □ □ □ □； □

mjor^{1} ljij^{2} ·jij^{1} seew^{2} tshjiij^{1} tjị^{2} mjij^{1} ljụ^{2} dźiej^{2} ɣiwej^{1} njɨɨ^{1}

如 来 之 思 议 可 不 身 信 受； 二

舍利子，一者，信受如来不思议身；二

37.2.3

□， □ □ □ □ □ □ □ □ □ □

tja^{1} mjor^{1} ljij^{2} ·jij^{1} seew^{2} tshjiij^{1} tjị^{2} mjij^{1} mə^{2} ɣię^{2} dźiej^{2}

者， 如 来 之 思 议 可 不 声 音 信

□； □ □， □ □ □ □ □ □

ɣiwej^{1} sọ^{1} tja^{1} mjor^{1} ljij^{2} ·jij^{1} seew^{2} tshjiij^{1} tjị^{2}

受； 三 者， 如 来 之 思 议 可

者，信受如来不思议音声；三者，信受如来不思议

37.2.4

□ □ □ □； □ □， □ □ □ □ □

mjij^{1} sjij^{2} dźiej^{2} ɣiwej^{1} ljɨɨr^{1} tja^{1} mjor^{1} ljij^{2} ·jij^{1} seew^{2} tshjiij^{1}

不 智 信 受； 四 者， 如 来 之 思 议

□ □ □ □ □； □ □， □ □

tjị^{2} mjij^{1} bji^{1} dźiej^{2} ɣiwej^{1} ŋwə tja^{1} mjor^{1} ljij^{2}

可 不 光 信 受； 五 者， 如 来

智；四者，信受如来不思议光；五者，信受如来

37.2.5

□ □ □ □ □① □ □ □ □ □② □

·jij^{1} seew^{2} tshjiij^{1} tjị^{2} mjij^{1} śiə^{1} lo^{1} nioow^{1} ka^{1} bio̱^{1} njɨ^{2}

之 思 议 可 不 尸 罗 及 等 观 等

□ □； □ □， □ □ □

① 此处图版上为□□，依据前文当改为“□□”。

② 此处图版上为□，当为“□”的讹写。

dźiej2　ɣiwej1　tśhjiw1　tja1　mjor1　ljịj2　·jij1

信　受；　六　者，　如　来　之

不思议尸罗及以等观；六者，信受如来

37.2.6

[illegible]

seew2　tshjiij1　tjị2　mjij1　mee2　mjijr2　dźiej2　ɣiwej1　śjạ1　tja1　mjor1

思　议　可　不　神　通　信　受；　七　者，　如

[illegible]

ljịj2　·jij1　seew2　tshjiij1　tjị2　mjij1　ɣie1

来　之　思　议　可　不　力

不思议神通；七者，信受如来不思议力；

37.3.1

[illegible]

dźiej2　ɣiwej1　·jar1　tja1　mjor1　ljịj2　·jij1　seew2　tshjiij1　tjị2　mjij1

信　受；　八　者，　如　来　之　思　议　可　不

[illegible]

le2　mjij1　dźiej2　ɣiwej1　gjɨɨ1　tja1　mjor1

畏　无　信　受；　九　者，　如

八者，信受如来不思议无畏；九者，

37.3.2

[illegible]

ljịj2　·jij1　seew2　tshjiij1　tjị2　mjij1　ljịj2　wjuu1　dźiej2　ɣiwej1　ɣạ2

来　之　思　议　可　不　大　悲　信　受；　十

[illegible]

tja1　mjor1　ljịj2　·jij1　seew2　tshjiij1　tjị2

者，　如　来　之　思　议　可

信受如来不思议大悲；十者，信受如来不思议

37.3.3

[illegible]

mjij1	mji1	gu2	tha1	tsjiir1	dźiej2	ɣiwej1	śja1	rjir2	gji2	thjɨ2
不	不	共	佛	法	信	受。	舍	利	子，	是
[illegible]										
tja1	ɣạ2	mə2	seew2	tshjiij1	tjị2	mjij1				
名	十	种	思	议	可	不				

不共佛法。舍利子,是名十种不思议

37.3.4

[illegible]										
tsjiir1	ŋwu2	tjɨ1	tjij1	po1	tsa1	ma2	ŋạ2	tsa1	tsjiir1	kjụ1
法	是。	假	若	菩	萨	摩	诃	萨，	法	求
[illegible]										
nioow1	ku1	tśhja2	·jɨr2	gu1	śjwo1	mji1				
为	故	正	勤	兴	起，	不				

法。若有菩萨摩诃萨,为求法故兴起正勤,不

37.3.5

[illegible]										
dźju2	mji1	lhjii1	phjɨ1	dźjɨɨr1	njiij1	mjij1	thjɨ2	sju2	njiij1	śjwo1
怯	不	退，	离	舍	心	不，	是	如	心	发：
[illegible]										
ŋa2	sjij1	seew2	tshjiij1	tjị2	mjij1	tsjiir1				
我	今	思	议	可	不	法				

怯不退,不生舍离,发如是心:我今未得不思议法,

37.3.6

[illegible]										
mjij2	rjor1	ŋa2	thjɨ2	ljɨ1	bju1	dźiə2	dźiej2	ljụ2	tśhji1	dźjɨ1
未	得	△，	此	风	所	轮	转	身	肉	皮
[illegible]										
gju2	rjɨr2	ljịj2	tśjị1	źjị1	lhjịj2	nioow1				
筋	骨	大	苦	恼	受，	复				

宁使风所转身皮肉筋骨受大苦恼，

37.4.1

[illegible]	[illegible]	[illegible]	[illegible]	[illegible]	[illegible]	[illegible]，	[illegible]	[illegible]	[illegible]	[illegible]
tśhji^{1}	sjij^{1}	rowr^{1}	kjịj^{1}	zji^{2}	djij^{2}	sji^{1}	tsjɨ^{1}	kjɨ^{1}	djɨj^{2}	·jɨr^{2}
肉	血	枯	干	皆	△	尽，	亦	必	定	勤
[illegible]	[illegible]	[illegible]，	[illegible]	[illegible]	[illegible]	[illegible]				
khu^{1}	dźjij^{1}	śjwo^{1}	tsej^{2}	zjịj^{1}	mjɨ^{1}	tśhjɨ^{1}				
进	精	行，	暂	许	无	尔				

复血肉干枯竭尽，要必勤行精进，中无

37.4.2

[illegible]。	[illegible]	[illegible]①，	[illegible]	[illegible]	[illegible]，	[illegible]	[illegible]	[illegible]	[illegible]	[illegible]
djɨj^{2}	ŋa^{2}	ŋa^{2}	śja^{1}	rjir^{2}	gji^{2}	dźiej^{2}	tsjij^{2}	rjir^{1}	mjijr^{2}	rjur^{1}
废。	我	我，	舍	利	子，	信	解	得	者	诸
[illegible]	[illegible]	[illegible]	[illegible]	[illegible]，	[illegible]	[illegible]				
po^{1}	tsa^{1}	ma^{2}	ŋạ^{2}	tsa^{1}	tjij^{1}	thjɨ^{2}				
菩	萨	摩	诃	萨，	若	是				

暂废。如是，舍利子，已得信解诸菩萨摩诃萨，若闻如是

37.4.3

[illegible]	[illegible]	[illegible]	[illegible]	[illegible]	[illegible]	[illegible]	[illegible]	[illegible]	[illegible]	[illegible]
sju^{2}	mjor^{1}	ljij^{2}	·jij^{1}	ɣạ^{2}	mə^{2}	seew^{2}	tshjiij^{1}	tjị^{2}	mjij^{1}	tsjiir^{1}
如	如	来	之	十	种	思	议	可	不	法
[illegible]	[illegible]，	[illegible]	[illegible]	[illegible]	[illegible]，	[illegible]				
mji^{1}	zjij^{1}	njiij^{1}	tjị^{1}	dźiej^{2}	ɣiwej^{1}	gji^{1}				
闻	时，	心	诚	信	受，	清				

如来十种不思议法，信受谛奉，清

37.4.4/5

[illegible]	[illegible]	[illegible]	[illegible]	[illegible]	[illegible]	[illegible]，	[illegible]	[illegible]	[illegible]	[illegible]

① [illegible]，（我我）置于此处语义不明，是否与“如是”对译，还需进一步考证。

sej^{1} śjij^{1} dźjịj^{1} njiij^{1} ·jiw^{2} ljɨj^{1} mjij^{1} śji^{1} su^{1} gjij^{1} njij^{2}

净 顺 行 心 疑 惑 无， 前 于 倍 增

[illegible] [illegible] [illegible] [illegible]， [illegible] [illegible] [illegible] / [illegible] [illegible]。

njiij^{1} ljɨj^{2} rjɨr^{2} gjiij rjar^{1} gjij^{1} sjiij^{2} śjwo^{1} ljɨ^{1}

欢 喜 乃 生， 希 奇 想/ 发 也。

净无疑，倍复踊跃，深生欢喜，发希奇想。

37.4.6

[illegible] [illegible]， [illegible] [illegible] [illegible] [illegible] [illegible] [illegible] [illegible]， [illegible] [illegible]

tśhjɨ^{1} zjọ^{2} rjur^{1} pjụ^{1} thjɨ^{2} wo^{2} ·ji^{2} tshjiij^{1} kięj^{2} ljaa^{1} dạ^{2}

尔 时， 世 尊 此 义 重 宣 欲， 颂 言

[illegible] [illegible]：

rjɨr^{2} tshjiij^{1}

乃 说：

尔时，世尊欲重宣此义，而说颂曰：

37.5.1

[illegible] [illegible] [illegible] [illegible] [illegible]， [illegible] [illegible] [illegible] [illegible] [illegible]， [illegible]

tha^{1} ljụ^{2} seew^{2} tshjiij^{1} gie^{1} tsjiir^{1} ljụ^{2} ɣiej^{1} nioow^{1} dźju^{1} ·jij^{1}

佛 身 思 议 难， 法 身 真 为 显， 相

[illegible] [illegible] [illegible] [illegible]，

mjij^{1} bio̠^{1} tji^{2} mjij^{1}

无 观 可 不，

佛身难思议，为真法身显，无相不可观，

37.5.2

[illegible] [illegible] [illegible] [illegible] [illegible]。 [illegible] [illegible] [illegible] [illegible] [illegible]， [illegible]

lew^{1} tha^{1} gji^{2} dźiej^{2} njwi^{2} rjur^{1} tshwew^{1} dza^{1} mə^{2} djij^{1} mə^{2}

唯 佛 子 信 能。 诸 趣 杂 种 类， 声

[illegible] [illegible] [illegible] [illegible]，

ɣię^{2} seew^{2} tshjiij^{1} mjij^{1}

音 思 议 不，

唯佛子能信。诸趣杂种类,音声不可思,

37.5.3

[illegible]	[illegible]	[illegible]	[illegible]	[illegible],	[illegible]	[illegible]	[illegible]	[illegible]	[illegible]。	[illegible]
ɣiẹ^{2}	bju^{1}	tsjiir^{1}	tshjiij^{1}	wji^{1}	rjur^{1}	tha^{1}	mjɨɨ^{2}	kiẹj^{2}	dźiej^{2}	ŋowr^{2}
音	随	法	说	为,	诸	佛	境	界	信。	一
[illegible]	[illegible]	[illegible]	[illegible],							
ŋowr^{2}	mə^{2}	dźiã^{2}	tśhju^{1}							
切	种	群	生,							

随音为说法,信诸佛境界。一切种群生,

37.5.4

[illegible]	[illegible]	[illegible]	[illegible]	[illegible],	[illegible]	[illegible]	[illegible]	[illegible]	[illegible],	[illegible]
sọ^{1}	zjọ^{2}	rjur^{1}	tśhji^{2}	do^{2}	tha^{1}	zji^{2}	nwə^{1}	tsjij^{2}	njwi^{2}	thja^{1}
三	世	诸	根	异,	佛	皆	了	觉	能,	是
[illegible]	[illegible]	[illegible]	[illegible]	[illegible]	[illegible]。					
seew^{2}	tshjiij^{1}	tjị^{2}	mjij^{1}	mjij^{1}	dźiej^{2}					
思	议	可	不	无	信。					

三世诸根异,佛皆能觉了,信是不思议。

37.5.5

[illegible]	[illegible]	[illegible]	[illegible]	[illegible],	[illegible]	[illegible]	[illegible]	[illegible]	[illegible],	[illegible]
rjur^{1}	tha^{1}	bju^{2}	mjij^{1}	bji^{1}	bji^{1}	rer^{2}	seew^{2}	tshjiij^{1}	mjij^{1}	śja^{1}
诸	佛	边	无	光,	光	网	思	议	不,	十
[illegible]	[illegible]	[illegible]	[illegible],							
rjijr^{2}	kiẹj^{2}	zji^{2}	swew^{1}							
方	界	皆	照,							

诸佛无边光,光网不思议,遍满十方界,

37.5.6

[illegible]	[illegible]	[illegible]	[illegible]	[illegible]。	[illegible]	[illegible]	[illegible]	[illegible]	[illegible],	[illegible]
bju^{2}	mjij^{1}	tha^{1}	lhjij^{2}	ŋjow^{2}	tha^{1}	kie^{1}	rjur^{1}	kha^{1}	dzjịj^{1}	rjur^{1}

边 无 佛 土 海。 佛 戒 世 间 超， 世①

[illegible]，

tsjiir^{1} mji^{1} bju^{1} gjị^{2}

法 不 依 止，

无边佛土海。佛戒超世间，不依止世法，

37.6.1

[illegible]，[illegible]。[illegible]

mee^{2} rewr^{2} seew^{2} tshjiij^{1} mjij^{1} dźiã^{2} tśhju^{1} dźiej^{2} ɣiwej^{1} njwi^{2} mjor^{1}

神 足 思 议 不， 菩 萨 信 受 能。 如

[illegible]，

ljịj^{2} ·jij^{1} mjɨɨ^{2} kięj^{2}

来 之 境 界，

神足不思议，菩萨能信受。众生不能知②，如来之境界，

37.6.2

[illegible]，[illegible]，[illegible]

dźiã^{2} tśhju^{1} nwə^{1} mjɨ^{1} njwi^{2} mjor^{1} ljịj^{2} ·ju^{2} djɨj^{2} dźjiij^{1} bie^{2}

情 有 知 不 能， 如 来 常 定 在， 解

[illegible]。

lhew^{2} seew^{2} tshjiij^{1} mjij^{1}

脱 思 议 不。

如来常在定，解脱不思议。

37.6.3

[illegible]，[illegible]，[illegible]

tsjiir^{1} kięj^{2} mji^{1} dza^{1} lwu^{1} lew^{1} tha^{1} ɣie^{1} nwə^{1} njwi^{2} ljịj^{2}

法 界 不 杂 相， 唯 佛 力 知 能， 大

[illegible]，

śji^{1} rjur^{1} sjịj^{2} ɣie^{1}

① 世，西夏文作“[illegible]”（rjur^{1}，诸）。当与“[illegible]”（rjur^{1}，世）通。

② 汉本“众生不能知”与“如来之境界”，在西夏文译本中两句颠倒。

仙 诸 智 力,

法界不相杂,唯佛力能知,大仙诸智力,

37.6.4

□ □ □ □ □。 □ □ □ □ □, □

dzjọ[1] ŋa[1] bju[2] mjij[1] sju[2] lew[1] dźiã[2] tśhju[1] gju[1] nioow[1] bju[2]

犹 空 际 无 如。 一 情 有 度 故, 边

□ □ □ □,

mjij[1] kja[2] ŋjow[2] dźjiij[1]

无 劫 海 住,

犹若空无际。为利一众生,住无边劫海,

37.6.5

□ □ □ □ □, □ □ □ □ □。 □

thja[1] ·jij[1] bu[1] wəə[1] phji[1] ljịj[2] wjuu[1] njiij[1] thjɨ[2] sju[2] rjur[1]

其 之 调 伏 令, 大 悲 心 是 如。 诸

□ □ □ □,

dźiã[2] tśhju[1] ŋowr[2] ŋowr[2]

情 有 一 切,

令其得调伏,大悲心如是。一切诸群生,

37.6.6

□ □ □ □ □, □ □ □ □ □, □

mə[2] mə[2] tśhiaa[2] ·jɨr[1] ŋjow[2] lew[1] ɣiẹ[2] ŋwu[2] tsjij[2] phji[1] le[2]

种 种 难 问 海, 一 音 以 解 令, 畏

□ □ □ □。

mjij[1] seew[2] tshjiij[1] mjij[1]

无 思 议 不。

种种问难海,一音令悦解,无畏不思议。

37.7.1

□ □ □ □ □, □ □ □ □ □, □

ŋowr² ŋowr² mə² sjij² śjɨ¹ tsjiir¹ ŋowr² ŋowr² bju¹ dwewr² nioow¹

一 切 种 智 成， 法 一 切 随 觉， 及

[illegible]

tha¹ mji¹ gu² tsjiir¹

佛 不 共 法，

成一切种智，随觉于诸法，及不共佛法，

37.7.2

[illegible]

njɨ² sjij² zji² ljij² njwi² ŋowr² ŋowr² seew² tshjiij¹ gie¹ rjur¹

遍 智 皆 见 能。 一 切 思 议 难， 诸

[illegible]

tha¹ tsjiir¹ thjɨ² sju²

佛 法 是 如，

遍智皆能见。一切难思议，诸佛法如是，

37.7.3

[illegible]

njiij¹ tjị¹ dźiej² ɣiwej¹ mjijr² dźiej² no² dźjiij¹ mjijr² ŋwu²

心 诚 信 受 者， 信 善 住 者 是。

有能奉信者，是为善住信。

汉文本

《大宝积经》卷三十七

奉天显道

菩萨藏会第十二之三如来不思议性品第四之一

尔时，佛告舍利子：是诸菩萨摩诃萨，善住如是清净信已，复能信受如来应正遍知十种不可思议法，谛奉清净，无惑无疑，不异分别，倍复踊跃，深生欢喜，发希奇想。舍利子，何等名为如来十种不思议法？舍利子，一者，信受如来不思议身；二者，信受如来不思议音声；三者，信受如来不思议智；四者，信受如来不思议光；五者，信受如来不思议尸罗及以等观；六者，信受如来不思议神通；七者，信受如来不思议力；八者，信受如来不思议无畏；九者，信受如来不思议大悲；十者，信受如来不思议不共佛法。舍利子，是名十种不思议法。若有菩萨摩诃萨，为求法故兴起正勤，不怯不退，不生舍离，发如是心：我

今未得不思议法,宁使风所转身皮肉筋骨受大苦恼,复血肉干枯竭尽,要必勤行精进,中无暂废。如是,舍利子,已得信解诸菩萨摩诃萨,若闻如是如来十种不思议法,信受谛奉,清净无疑,倍复踊跃,深生欢喜,发希奇想。

尔时,世尊欲重宣此义,而说颂曰:

佛身难思议,为真法身显,
无相不可观,唯佛子能信。
诸趣杂种类,音声不可思,
随音为说法,信诸佛境界。
一切种群生,三世诸根异,
佛皆能觉了,信是不思议。
诸佛无边光,光网不思议,
遍满十方界,无边佛土海。
佛戒超世间,不依止世法,
神足不思议,菩萨能信受。
众生不能知,如来之境界,
如来常在定,解脱不思议。
法界不相杂,唯佛力能知,
大仙诸智力,犹若空无际。
为利一众生,住无边劫海,
令其得调伏,大悲心如是。
一切诸群生,种种问难海,
一音令悦解,无畏不思议。
成一切种智,随觉于诸法,
及不共佛法,遍智皆能见。
一切难思议,诸佛法如是,
有能奉信者,是为善住信。

37.7.4

[illegible]	[illegible],	[illegible]	[illegible]	[illegible]	[illegible]	[illegible]	[illegible]:	[illegible]	[illegible]	[illegible]
tśhjɨ^1	zjọ^2	tha^1	śja^1	rjir^2	gji^2	·jij^1	·jɨ^1	po^1	tsa^1	ma^2
尔	时,	佛	舍	利	子	之	告:	菩	萨	摩

[illegible]	[illegible]	[illegible]	[illegible]?	[illegible]	[illegible]	[illegible]
ŋạ^2	tsa^1	thjij^2	sjo^2	mjor^1	ljij^2	·jij^1
诃	萨	何	云?	如	来	之

尔时,佛告舍利子:云何菩萨摩诃萨?于如来

37.7.5

					，				，	
seew^{2}	tshjiij^{1}	tjị^{2}	mjij^{1}	ljụ^{2}	ɣa^{2}	dźiej^{2}	ɣiwej^{1}	njiij^{1}	tjị^{1}	gji^{1}
思	议	可	不	身	于，	信	受	心	诚，	清
						，				
sej^{1}	śjij^{1}	dźjịj^{1}	njiij^{1}	·jiw^{2}	ljɨ̣j^{1}	mjij^{1}				
净	顺	行	心	疑	惑	无，				

不思议身，信受谛奉，清净无疑，

37.7.6

							，			
śji^{1}	su^{1}	gjij^{1}	njij^{2}	njiij^{1}	ljɨ̣j^{2}	rjɨr^{2}	gjiij	rjar^{1}	gjij^{1}	sjiij^{2}
前	于	倍	增	欢	喜	乃	生，	希	奇	想
	？			，						
śjwo^{1}	ljɨ^{1}	śja^{1}	rjir^{2}	gji^{2}	mjor^{1}	ljịj^{2}				
发	也？	舍	利	子，	如	来				

倍复踊跃，深生欢喜，发希奇想？舍利子，

37.8.1

		，								，
·jij^{1}	ljụ^{2}	tja^{1}	niow^{2}	mji^{1}	neew^{2}	tsjiir^{1}	ŋowr^{2}	ŋowr^{2}	tśjo$^{?}$	phja^{1}
之	身	者，	恶	不	善	法	一	切	永	断，
		？								
thjij^{2}	sjo^{2}	ljɨ^{1}	zji^{2}	thjoo^{1}	rjur^{1}	neew^{2}				
何	以	故？	微	妙	诸	善				

所谓如来身者，永断一切恶不善法。何以故？

37.8.2

						。				
tsjiir^{1}	ŋowr^{2}	ŋowr^{2}	śjɨj^{1}	njwi^{2}	nioow^{1}	ljɨ^{1}	mjor^{1}	ljịj^{2}	·jij^{1}	ljụ^{2}
法	一	切	成	能	由	故。	如	来	之	身

[illegible]，	[illegible]、	[illegible]	[illegible]、	[illegible]	[illegible]、	[illegible]
tja^{1}	tjụ^{1}	nạ^{1}	niəj^{1}	pə̣^{1}	sjij^{1}	njii^{2}
者，	唾、	痰	癊、	脓	血、	屎

由能成就一切微妙诸善法故。如来身者，远离一切不净洟唾、痰癊、脓血、大小便利。

37.8.3

[illegible]	[illegible]	[illegible]	[illegible]	[illegible]，	[illegible]	[illegible]	[illegible]？	[illegible]	[illegible]	[illegible]
bjị^{1}	ŋowr^{2}	ŋowr^{2}	khwa^{1}	ka^{2}	thjij^{2}	sjo^{2}	ljɨ^{1}	mjor^{1}	ljij^{2}	dju^{1}
尿	一	切	远	离，	何	以	故？	如	来	久
[illegible]	[illegible]	[illegible]	[illegible]	[illegible]	[illegible]	[illegible]				
njij^{2}	rjɨr^{2}	tśhji^{1}	gju^{2}	źjɨr^{2}	ŋowr^{2}	ŋowr^{2}				
远	骨	肉	筋	脉	一	切				

何以故？如来久已解脱一切骨肉筋脉故。

37.8.4

[illegible]	[illegible]	[illegible]。	[illegible]	[illegible]	[illegible]	[illegible]，	[illegible]	[illegible]	[illegible]	[illegible]。
bie^{2}	lhew^{2}	ljɨ^{1}	mjor^{1}	ljij^{2}	ljụ^{2}	tja^{1}	·jij^{1}	tsjịr^{2}	gji^{1}	sej^{1}
解	脱	故。	如	来	身	者，	自	性	清	彻。
[illegible]	[illegible]	[illegible]？	[illegible]	[illegible]	[illegible]	[illegible]				
thjij^{2}	sjo^{2}	ljɨ^{1}	mjor^{1}	ljij^{2}	dju^{1}	njij^{2}				
何	以	故？	如	来	久	远				

如来身者，自性清彻。何以故？如来久已远

37.8.5

[illegible]	[illegible]	[illegible]	[illegible]	[illegible]	[illegible]	[illegible]	[illegible]	[illegible]	[illegible]。	[illegible]
źji^{1}	njɨɨ^{2}	rjur^{1}	ror^{2}	tśior^{1}	ŋowr^{2}	ŋowr^{2}	khwa^{1}	ka^{2}	ljɨ^{1}	mjor^{1}
烦	恼	诸	垢	秽	一	切	远	离	故。	如
[illegible]	[illegible]	[illegible]	[illegible]，	[illegible]	[illegible]	[illegible]				
ljij^{2}	·jij^{1}	ljụ^{2}	tja^{1}	rjur^{1}	kha^{1}	gjiij^{1}				
来	之	身	者，	世	间	出				

离一切烦恼诸垢秽故。如来身者，出过世间。

37.8.6

[illegible]。	[illegible]	[illegible]	[illegible]？	[illegible]	[illegible]	[illegible]	[illegible]	[illegible]	[illegible]	[illegible]
dzjịj^{1}	thjij^{2}	sjo^{2}	ljɨ^{1}	rjur^{1}	tsjiir^{1}	·jij^{1}	tśior^{1}	laa^{1}	lew^{2}	mji^{1}
过。	何	以	故？	世	法	之	污	染	所	不
[illegible]	[illegible]。	[illegible]	[illegible]	[illegible]	[illegible]	[illegible]，				
we^{2}	ljɨ^{1}	mjor^{1}	ljij^{2}	·jij^{1}	ljụ^{2}	tja^{1}				
为	故。	如	来	之	身	者，				

何以故？不为世法之所染污故。如来身者，

37.9.1

[illegible]	[illegible]	[illegible]	[illegible]，	[illegible]	[illegible]	[illegible]？	[illegible]	[illegible]	[illegible]	[illegible]
tśhja^{2}	·ioow^{1}	mjɨ^{1}	pjụ^{1}	thjij^{2}	sjo^{2}	ljɨ^{1}	dju^{1}	njij^{2}	ljo^{1}	sjij^{2}
德	功	无	量，	何	以	故？	久	远	福	智
[illegible]	[illegible]	[illegible]	[illegible]，	[illegible]	[illegible]	[illegible]				
·wụ^{2}	dźjwij^{2}	śioo^{1}	dzjị^{2}	dźiã^{2}	tśhju^{1}	ŋowr^{2}				
资	粮	积	集，	众	生	一				

无量功德,久①已积集福智资粮,一切众生

37.9.2

[illegible]	[illegible]	[illegible]	[illegible]	[illegible]	[illegible]	[illegible]。	[illegible]	[illegible]	[illegible]	[illegible]
ŋowr^{2}	·jij^{1}	źjɨr^{1}	kạ^{1}	bju^{1}	gjị^{2}	ljɨ^{1}	mjor^{1}	ljij^{2}	·jij^{1}	ljụ^{2}
切	之	慧	命	依	止	也。	如	来	之	身
[illegible]，	[illegible]	[illegible]	[illegible]	[illegible]	[illegible]	[illegible]				
tja^{1}	mjɨ^{1}	pjụ^{1}	kie^{1}	sej^{1}	rjɨr^{2}	kjij^{1}				
者，	无	量	戒	净	乃	熏				

慧命依止。如来身者,无量净戒之所熏修,

37.9.3

[illegible]	[illegible]	[illegible]，	[illegible]	[illegible]	[illegible]？	[illegible]	[illegible]	[illegible]	[illegible]	[illegible]
djọ^{2}	sji^{2}	ŋwu^{2}	thjij^{2}	sjo^{2}	ljɨ^{1}	mjɨ^{1}	pjụ^{1}	ka^{1}	bio̱^{1}	nioow^{1}

① 久,西夏文当为"[illegible][illegible]"(久远)。原文"[illegible]"字右边构件与前字"[illegible]"右半构件相同,当从其类化而出。

修	▽	是，	何	以	故？	无	量	等	观	及
[illegible]	[illegible]	[illegible]、	[illegible]	[illegible]、	[illegible]	[illegible]	[illegible]	[illegible]		
mjɨ^1	pjụ^1	źjɨr^1	bie^2	lhew^2	bie^2	lhew^2	sjịj^2	ljij^2		
无	量	慧、	解	脱、	解	脱	智	见		

无量等观及无量慧、解脱、解脱智见

37.9.4

[illegible]	[illegible]	[illegible]。	[illegible]	[illegible]	[illegible]	[illegible]	[illegible]，	[illegible]	[illegible]	[illegible]
rjɨr^2	kjij^1	djọ^2	mjor^1	ljịj^2	·jij^1	ljụ^2	tja^1	rjur^1	tśhja^2	·ioow^1
所	熏	修。	如	来	之	身	者，	诸	德	功
[illegible]	[illegible]	[illegible]	[illegible]。	[illegible]	[illegible]	[illegible]				
wją^1	ŋwu^2	ljuu^2	tshjịj^2	mjor^1	ljịj^2	·jij^1				
华	以	饰	严。	如	来	之				

之所熏修。如来身者，诸功德华之所严饰。如来

37.9.5

[illegible]	[illegible]，	[illegible]	[illegible]	[illegible]	[illegible]	[illegible]	[illegible]	[illegible]，	[illegible]	[illegible]
ljụ^2	tja^1	swew^1	tjɨ̣j^2	zji^2	gu^2	thjoo^1	swu^2	sju^2	zjɨɨr^2	gji^1
身	者，	照	镜	微	中	妙	像	如，	水	净
[illegible]	[illegible]	[illegible]	[illegible]	[illegible]，	[illegible]	[illegible]				
kha^1	swew^1	lhjịj^2	sə^1	sju^2	nioow^1	bji^1				
中	明	月	满	如，	又	光				

身者，如净镜中微妙之像，如净水中明满之月，又如光

37.9.6

[illegible]	[illegible]	[illegible]	[illegible]。	[illegible]	[illegible]	[illegible]	[illegible]	[illegible]，	[illegible]	[illegible]
rər^2	kjɨ^1	swew^1	sju^2	mjor^1	ljịj^2	·jij^1	ljụ^2	tja^1	seew^2	tshjiij^1
影	△	照	如。	如	来	之	身	者，	思	议
[illegible]	[illegible]，	[illegible]	[illegible]	[illegible]	[illegible]	[illegible]，				
tjɨ^2	mjij^1	tshọ^2	ŋa^1	kiẹj^2	rjir^2	ŋwer^1				
可	不，	虚	空	界	同	等，				

影之所照耀。如来身者，不可思议，等虚空界，

37.10.1

tsjiir^1	kięj^2	tsjɨ̣r^2	rjir^2	ka^1	mjor^1	ljịj^2	·jij^1	ljụ^2	tja^1	gji^1
法	界	性	与	等。	如	来	之	身	者，	清
sej^1	laa^1	mjij^1	rjur^1	laa^1	tśior^1	niəj^1				
净	染	无，	诸	染	秽	浊				

极法界性。如来身者，清净无染，远离一切诸染秽浊。

37.10.2

ŋowr^2	ŋowr^2	khwa^1	ka^2	ljɨ^1	mjor^1	ljịj^2	·jij^1	ljụ^2	tja^1	·jij^1
一	切	远	离	也。	如	来	之	身	者，	自
dźiəj^2	mə̣^{1}	ŋwu^2	rjur^1	dźiəj^2	lheew^2	·jij^1				
为	无	是，	诸	为	有	相				

如来身者，即是无为，远离一切诸有为相。

37.10.3

ŋowr^2	ŋowr^2	khwa^1	ka^2	ljɨ^1	mjor^1	ljịj^2	·jij^1	ljụ^2	tja^1	tshọ^2
一	切	远	离	也。	如	来	之	身	者，	虚
ŋa^1	ljụ^2	ŋwu^2	ŋwer^1	mjij^1	ljụ^2	ŋwu^2				
空	身	是，	等	无	身	是、				

如来身者，是虚空身，是无等身、

37.10.4

ŋwer^1	ŋwer^1	mjij^1	ljụ^2	ŋwu^2	sọ^1	kięj^2	ŋowr^2	ŋowr^2	·u^2	ŋwer^1
等	等	无	身	是、	三	界	一	切	中	等

[illegible]	[illegible]	[illegible]	[illegible]。	[illegible]	[illegible]	[illegible]
ka1	mjij1	ljụ2	ŋwu2	mjor1	ljịj2	·jij1
等	无	身	是。	如	来	之

无等等身、一切三界无与等身。如来

37.10.5

[illegible]	[illegible]，	[illegible]	[illegible]	[illegible]	[illegible]	[illegible]，	[illegible]	[illegible]	[illegible]	[illegible]
ljụ2	tja1	dzjọ1	dza2	mjij1	ljụ2	ŋwu2	lew2	swu2	mjij1	ljụ2
身	者，	譬	喻	无	身	是，	相	似	无	身
[illegible]。	[illegible]	[illegible]	[illegible]	[illegible]	[illegible]，	[illegible]				
ŋwu2	mjor1	ljịj2	·jij1	ljụ2	tja1	gji1				
是。	如	来	之	身	者，	清				

身者，无譬喻身，无相似身。如来身者，清

37.10.6

[illegible]	[illegible]	[illegible]，	[illegible]	[illegible]	[illegible]	[illegible]	[illegible]，	[illegible]	[illegible]	[illegible]
sej1	ror2	mjij1	rjur1	źjị1	njɨɨ2	khwa1	ka2	·jij1	tsjɨ̱r2	gji1
净	垢	无，	诸	烦	恼	远	离，	自	性	清
[illegible]	[illegible]。	[illegible]	[illegible]	[illegible]	[illegible]，	[illegible]	[illegible]			
sej1	ljɨ1	nioow1	śja1	rjir2	gji2	mjor1	ljịj2			
彻	也。	又	舍	利	子，	如	来			

净无垢，离诸烦恼，自性清彻。又舍利子，如来

37.11.1

[illegible]	[illegible]	[illegible]，	[illegible]	[illegible]	[illegible]	[illegible]	[illegible]	[illegible]，	[illegible]	[illegible]
·jij1	ljụ2	tja1	śji1	zjọ2	ŋwu2	kjụ1	tjị2	mjij1	kụ1	zjọ2
之	身	者，	前	际	以	求	可	不，	后	际
[illegible]	[illegible]	[illegible]	[illegible]，	[illegible]	[illegible]	[illegible]				
ŋwu2	kjụ1	tjị2	mjij1	mjor1	ljịj2	ŋwu2				
以	求	可	不，	现	在	以				

身者，不可以前际求，不可以后际求，不可以现在

37.11.2

[illegible]	[illegible]	[illegible]，	[illegible]	[illegible]	[illegible]	[illegible]	[illegible]	[illegible]	[illegible]	[illegible]，
kjụ^{1}	tjị^{2}	mjij^{1}	wee^{1}	tjị^{2}	dźju^{2}	sjwɨ^{1}	ŋwu^{2}	kjụ^{1}	tjị^{2}	mjij^{1}
求	可	不，	生	处	种	姓	以	求	可	不，
[illegible]	[illegible]	[illegible]	[illegible]	[illegible]，	[illegible]	[illegible]				
mjor^{1}	ljij^{2}	·jij^{1}	ljụ^{2}	tja^{1}	tsə^{1}	ŋwu^{2}				
如	来	之	身	者，	色	以				

求,不可以生处种姓求。如来身者,不可以色

37.11.3

[illegible]	[illegible]	[illegible]，	[illegible]	[illegible]	[illegible]	[illegible]	[illegible]，	[illegible]	[illegible]	[illegible]
kjụ^{1}	tjị^{2}	mjij^{1}	·jij^{1}	ŋwu^{2}	kjụ^{1}	tjị^{2}	mjij^{1}	ŋạ^{2}	ŋwu^{2}	kjụ^{1}
求	可	不，	相	以	求	可	不，	好	以	求
[illegible]	[illegible]，	[illegible]	[illegible]	[illegible]	[illegible]	[illegible]，				
tjị^{2}	mjij^{1}	mjor^{1}	ljij^{2}	·jij^{1}	ljụ^{2}	tja^{1}				
可	不，	如	来	之	身	者，				

求,不可以相求,不可以好求。如来身者,

37.11.4

[illegible]	[illegible]	[illegible]	[illegible]	[illegible]，	[illegible]	[illegible]	[illegible]	[illegible]	[illegible]，	[illegible]
njiij^{1}	ŋwu^{2}	kjụ^{1}	tjị^{2}	mjij^{1}	phji^{1}	ŋwu^{2}	kjụ^{1}	tjị^{2}	mjij^{1}	sjij^{2}
心	以	求	可	不，	意	以	求	可	不，	识
[illegible]	[illegible]	[illegible]	[illegible]。	[illegible]	[illegible]	[illegible]				
ŋwu^{2}	kjụ^{1}	tjị^{2}	mjij^{1}	mjor^{1}	ljij^{2}	·jij^{1}				
以	求	可	不。	如	来	之				

不可以心求,不可以意求,不可以识求。如来

37.11.5

[illegible]	[illegible]，	[illegible]	[illegible]	[illegible]	[illegible]	[illegible]，	[illegible]	[illegible]	[illegible]	[illegible]
ljụ^{2}	tja^{1}	ljij^{2}	ŋwu^{2}	kjụ^{1}	tjị^{2}	mjij^{1}	mji^{1}	ŋwu^{2}	kjụ^{1}	tjị^{2}
身	者，	见	以	求	可	不，	闻	以	求	可

mjij^{1}	ljɨr^{2}	ŋwu^{2}	kjų^{1}	tjị^{2}	mjij^{1}	phjo^{2}
不,	念	以	求	可	不,	分

身者,不可以见求,不可以闻求,不可以念求,

37.11.6

kar^{2}	ŋwu^{2}	kjų^{1}	tjị^{2}	mjij^{1}	mjor^{1}	ljịj^{2}	·jij^{1}	ljų^{2}	tja^{1}	ŋur^{1}
别	以	求	可	不。	如	来	之	身	者,	蕴
ŋwu^{2}	kjų^{1}	tjị^{2}	mjij^{1}	kiẹj^{2}	ŋwu^{2}	kjų^{1}				
以	求	可	不,	界	以	求				

不可以了别求。如来身者,不可以蕴求,不可以界求,

37.12.1

tjị^{2}	mjij^{1}	do^{2}	ŋwu^{2}	kjų^{1}	tjị^{2}	mjij^{1}	mjor^{1}	ljịj^{2}	·jij^{1}	ljų^{2}
可	不,	处	以	求	可	不。	如	来	之	身
tja^{1}	wee^{1}	ŋwu^{2}	kjų^{1}	tjị^{2}	mjij^{1}	dźjiij^{1}				
者,	生	以	求	可	不,	住				

不可以处求。如来身者,不可以生求,

37.12.2

ŋwu^{2}	kjų^{1}	tjị^{2}	mjij^{1}	ljiij^{2}	dzjar^{2}	ŋwu^{2}	kjų^{1}	tjị^{2}	mjij^{1}	mjor^{1}
以	求	可	不,	坏	灭	以	求	可	不。	如
ljịj^{2}	·jij^{1}	ljų^{2}	tja^{1}	lhjwi^{1}	ŋwu^{2}	kjų^{1}				
来	之	身	者,	取	以	求				

不可以住求,不可以坏灭求。如来身者,不可以取求,

37.12.3

[illegible]	[illegible]，	[illegible]	[illegible]	[illegible]	[illegible]	[illegible]，	[illegible]	[illegible]	[illegible]	[illegible]
tji̧^{2}	mjij^{1}	dźjɨɨr^{1}	ŋwu^{2}	kjụ^{1}	tji̧^{2}	mjij^{1}	lho$^{?}$	ka^{2}	ŋwu^{2}	tji̧^{2}
可	不，	舍	以	求	可	不，	出	离	以	可
[illegible]	[illegible]	[illegible]，	[illegible]	[illegible]	[illegible]	[illegible]	[illegible]。			
kjụ^{1}	tji̧^{2}	mjij^{1}	dźjɨ$^{?}$	ŋwu^{2}	kjụ^{1}	tji̧^{2}	mjij^{1}			
求	可	不，	行	以	求	可	不。			

不可以舍求，不可以出离求，不可以行求。

37.12.4

[illegible]	[illegible]	[illegible]	[illegible]	[illegible]，	[illegible]	[illegible]	[illegible]	[illegible]	[illegible]	[illegible]，
mjor^{1}	ljij^{2}	·jij^{1}	ljụ^{2}	tja^{1}	dźju^{1}	tsə̣^{1}	ŋwu^{2}	kjụ^{1}	tji̧^{2}	mjij^{1}
如	来	之	身	者，	显	色	以	求	可	不，
[illegible]	[illegible]	[illegible]	[illegible]	[illegible]	[illegible]，	[illegible]				
·jwɨr^{1}	·jij^{1}	ŋwu^{2}	kjụ^{1}	tji̧^{2}	mjij^{1}	tsə̣^{1}				
貌	相	以	求	可	不，	色				

如来身者，不可以显色求，不可以相貌求，

37.12.5

[illegible]	[illegible]	[illegible]	[illegible]	[illegible]，	[illegible]	[illegible]	[illegible]	[illegible]	[illegible]，	[illegible]
laa^{1}	ŋwu^{2}	kjụ^{1}	tji̧^{2}	mjij^{1}	lja^{1}	ŋwu^{2}	kjụ^{1}	tji̧^{2}	mjij^{1}	śjɨ^{1}
形	以	求	可	不，	来	以	求	可	不，	去
[illegible]	[illegible]	[illegible]	[illegible]。	[illegible]	[illegible]	[illegible]				
ŋwu^{2}	kjụ^{1}	tji̧^{2}	mjij^{1}	mjor^{1}	ljij^{2}	·jij^{1}				
以	求	可	不。	如	来	之				

不可以形色求，不可以来求，不可以去求。如来

37.12.6

[illegible]	[illegible]，	[illegible]	[illegible]	[illegible]	[illegible]	[illegible]	[illegible]	[illegible]	[illegible]，	[illegible]
ljụ^{2}	tja^{1}	kie^{1}	sej^{1}	phji^{1}	wji^{1}	ŋwu^{2}	kjụ^{1}	tji̧^{2}	mjij^{1}	ka^{1}
身	者，	戒	净	意	作	以	求	可	不，	等

bio̱1 phji1 wji1 ŋwu2 kjụ1 tjị2 mjij1,
观 意 作 以 求 可 不，

身者，不可以净戒作意求，不可以等观作意求，

37.13.1

tśhja2 źjɨr1 phji1 wji1 ŋwu2 kjụ1 tjị2 mjij1, bie2 lhew2 phji1
正 慧 意 作 以 求 可 不， 解 脱 意

wji1 ŋwu2 kjụ1 tjị2 mjij1, bie2 lhew2
作 以 求 可 不， 解 脱

不可以正慧作意求，不可以解脱作意求，不可以解脱

37.13.2

sjịj2 ljij2 phji1 wji1 ŋwu2 kjụ1 tjị2 mjij1。 mjor1 ljịj2 ·jij1
智 见 意 作 以 求 可 不。 如 来 之

ljụ2 tja1, ·jij1 dju1 ŋwu2 kjụ1 tjị2
身 者， 相 有 以 求 可

智见作意求。如来身者，不可以有相求，

37.13.3

mjij1, ·jij1 mjij1 ŋwu2 kjụ1 tjị2 mjij1, rjur1 tsjiir1 ·jij1 ŋwu2
不， 相 无 以 求 可 不， 诸 法 相 以

kjụ1 tjị2 mjij1。 mjor1 ljịj2 ·jij1 ljụ2
求 可 不。 如 来 之 身

不可以无相求，不可以诸法相求。如来身者，

37.13.4

tja^{1}	ɣie^{1}	lhu^{1}	ljịj^{1}	ŋwu^{2}	kjụ^{1}	tjị^{2}	mjij^{1}	le^{2}	mjij^{1}	lhu^{1}
者，	力	增	益	以	求	可	不，	畏	无	增
ljịj^{1}	ŋwu^{2}	kjụ^{1}	tjị^{2}	mjij^{1}	ɣiẹ^{2}	mjij^{1}				
益	以	求	可	不，	碍	无				

不可以力增益求，不可以无畏增益求，不可以无碍

37.13.5

nwə$^{?}$	lhu^{1}	ljịj^{1}	ŋwu^{2}	kjụ^{1}	tjị^{2}	mjij^{1}	mee^{2}	mjijr^{2}	lhu^{1}	ljịj^{1}
辩	增	益	以	求	可	不，	神	通	增	益
ŋwu^{2}	kjụ^{1}	tjị^{2}	mjij^{1}	ljịj^{2}	wjuu^{1}	lhu^{1}				
以	求	可	不，	大	悲	增				

辩增益求，不可以神通增益求，不可以大悲增

37.13.6

ljịj^{1}	ŋwu^{2}	kjụ^{1}	tjị^{2}	mjij^{1}	mji^{1}	gu^{2}	tha^{1}	tsjiir^{1}	lhu^{1}	ljịj^{1}
益	以	求	可	不，	不	共	佛	法	增	益
ŋwu^{2}	kjụ^{1}	tjị^{2}	mjij^{1}	śja^{1}	rjir^{2}	gji^{2}				
以	求	可	不。	舍	利	子，				

益求，不可以不共佛法增益求。舍利子，

汉文本

尔时，佛告舍利子：云何菩萨摩诃萨？于如来不思议身，信受谛奉，清净无疑，倍复踊跃，深生欢喜，发希奇想？

舍利子,所谓如来身者,永断一切恶不善法。何以故?由能成就一切微妙诸善法故。如来身者,远离一切不净洟唾、痰癊、脓血、大小便利。何以故?如来久已解脱一切骨肉筋脉故。如来身者,自性清彻。何以故?如来久已远离一切烦恼诸垢秽故。如来身者,出过世间。何以故?不为世法之所染污故。如来身者,无量功德,久已积集福智资粮,一切众生慧命依止。如来身者,无量净戒之所熏修,无量等观及无量慧、解脱、解脱智见之所熏修。如来身者,诸功德华之所严饰。如来身者,如净镜中微妙之像,如净水中明满之月,又如光影之所照耀。如来身者,不可思议,等虚空界,极法界性。如来身者,清净无染,远离一切诸染秽浊。如来身者,即是无为,远离一切诸有为相。如来身者,是虚空身,是无等身、无等等身、一切三界无与等身。如来身者,无譬喻身,无相似身。如来身者,清净无垢,离诸烦恼,自性清彻。

又舍利子,如来身者,不可以前际求,不可以后际求,不可以现在求,不可以生处种姓求。如来身者,不可以色求,不可以相求,不可以好求。如来身者,不可以心求,不可以意求,不可以识求。如来身者,不可以见求,不可以闻求,不可以念求,不可以了别求。如来身者,不可以蕴求,不可以界求,不可以处求。如来身者,不可以生求,不可以住求,不可以坏灭求。如来身者,不可以取求,不可以舍求,不可以出离求,不可以行求。如来身者,不可以显色求,不可以相貌求,不可以形色求,不可以来求,不可以去求。如来身者,不可以净戒作意求,不可以等观作意求,不可以正慧作意求,不可以解脱作意求,不可以解脱智见作意求。如来身者,不可以有相求,不可以无相求,不可以诸法相求。如来身者,不可以力增益求,不可以无畏增益求,不可以无碍辩增益求,不可以神通增益求,不可以大悲增益求,不可以不共佛法增益求。

37.14.1

po^{1}	tsa^{1}	ma^{2}	ŋạ^{2}	tsa^{1}	mjor^{1}	ljịj^{2}	·jij^{1}	ljụ^{2}	kjụ^{1}	kięj^{2}
菩	萨	摩	诃	萨	如	来	之	身	求	欲,
ku^{1}	wjị^{1}	dạ^{2}	sju^{2}	so^{2}	lwew^{1}	sju^{2}				
则	幻	事	如、	娑	焰	如、				

菩萨摩诃萨欲求如来身者,当应如幻、如焰、

37.14.2

zjɨɨr^{2}	kha^{1}	lhjịj^{2}	sju^{2}	thjɨ^{2}	sju^{2}	·jij^{1}	tsjịr^{2}	ŋwu^{2}	mjor^{1}	ljịj^{2}
水	中	月	如,	是	如	自	性	以	如	来
·jij^{1}	ljụ^{2}	kjụ^{1}	lew^{2}	śja^{1}	rjir^{2}	gji^{2}				

之 身 求 当。 舍 利 子，

如水中月，如是自性求如来身。舍利子，

37.14.3

[illegible]	[illegible]	[illegible]	[illegible]	[illegible]，	[illegible]、	[illegible]	[illegible]、	[illegible]	[illegible]	[illegible]
mjor^{1}	ljịj^{2}	·jij^{1}	ljụ^{2}	tja^{1}	ŋa^{1}	·jij^{1}	mjij^{1}	tjị^{1}	mjij^{1}	bie^{2}
如	来	之	身	者，	空、	相	无、	愿	无	解
[illegible]	[illegible]	[illegible]，	[illegible]	[illegible]	[illegible]	[illegible]				
lhew^{2}	ljụ^{2}	ŋwu^{2}	wjị^{1}	lej^{2}	mjij^{1}	ljụ^{2}				
脱	身	是，	变	异	无	身				

如来身者，即是空、无相、无愿解脱之身，无变异身，

37.14.4

[illegible]，	[illegible]	[illegible]	[illegible]	[illegible]	[illegible]，	[illegible]	[illegible]	[illegible]	[illegible]	[illegible]，
ŋwu^{2}	mjuu^{2}	ljiij^{2}	mjij^{1}	ljụ^{2}	ŋwu^{2}	phjo^{2}	kar^{2}	mjij^{1}	ljụ^{2}	ŋwu^{2}
是，	动	坏	无	身	是，	分	别	无	身	是，
[illegible]	[illegible]	[illegible]	[illegible]	[illegible]，	[illegible]	[illegible]				
bju^{1}	tjị^{2}	mjij^{1}	ljụ^{2}	ŋwu^{2}	sjwɨ^{1}	ljɨr^{2}				
依	可	无	身	是，	虑	思				

无动坏身，无分别身，无依止身，无思虑

37.14.5

[illegible]	[illegible]	[illegible]。	[illegible]	[illegible]	[illegible]	[illegible]	[illegible]，	[illegible]	[illegible]	[illegible]
mjij^{1}	ljụ^{2}	ŋwu^{2}	mjor^{1}	ljịj^{2}	·jij^{1}	ljụ^{2}	tja^{1}	no^{2}	dźjiij^{1}	neew^{2}
无	身	是。	如	来	之	身	者，	安	住	善
[illegible]	[illegible]	[illegible]	[illegible]	[illegible]	[illegible]。	[illegible]				
dźjiij^{1}	rjir^{2}	mji^{1}	mju^{2}	ljụ^{2}	ŋwu^{2}	mjor^{1}				
住	得	不	动	身	是。	如				

身。如来身者，即是安住善住得不动身。如

37.14.6

[illegible]	[illegible]	[illegible]	[illegible]，	[illegible]	[illegible]	[illegible]	[illegible]	[illegible]	[illegible]，

ljịj^{2} ·jij^{1} ljụ^{2} tja^{1} tsə^{1} tsə^{1} ·jij^{1} tsji̱r^{2} mjij^{1} ljụ^{2} ŋwu^{2}

来 之 身 者, 色 色 自 性 无 身 是,

[illegible]

lhjịj^{2} lhjịj^{2} ·jij^{1} tsji̱r^{2} mjij^{1} ljụ^{2} ŋwu^{2} sjiij^{2}

受 受 自 性 无 身 是, 想

来身者,即是无色色自性身,即是无受受自性身,

37.15.1

[illegible]

sjiij^{2} ·jij^{1} tsji̱r^{2} mjij^{1} ljụ^{2} ŋwu^{2} dźjɨ$^{?}$ dźjɨ$^{?}$ ·jij^{1} tsji̱r^{2} mjij^{1}

想 自 性 无 身 是, 行 行 自 性 无

[illegible]

ljụ^{2} ŋwu^{2} sjij^{2} sjij^{2} ·jij^{1} tsji̱r^{2} mjij^{1}

身 是, 识 识 自 性 无

即是无想想自性身,即是无行行自性身,即是无识识自性身。

37.15.2

[illegible]

ljụ^{2} ŋwu^{2} śja^{1} rjir^{2} gji^{2} mjor^{1} ljịj^{2} ·jij^{1} ljụ^{2} tja^{1} dju^{1}

身 是。 舍 利 子, 如 来 之 身 者, 有

[illegible]

mjij^{1} wee^{1} mjij^{1} ljɨɨr^{1} ljij^{2} mjij^{1} ljụ^{2}

无 生 无, 四 大 无 身

舍利子,如来身者,无有无生,无四大身。

37.15.3

[illegible]

ŋwu^{2} mjor^{1} ljịj^{2} ·jij^{1} ljụ^{2} tja^{1} zjɨɨr^{1} dju^{1} zjɨɨr^{1} dju^{1} tsjiir^{1}

是。 如 来 之 身 者, 希 有 希 有 法

[illegible]

ljụ^{2} ŋwu^{2} mjor^{1} ljịj^{2} ·jij^{1} ljụ^{2} tja^{1}

身 是。 如 来 之 身 者,

如来身者，即是希有希有法身。如来身者，

37.15.4

[illegible]	[illegible]	[illegible]	[illegible]，	[illegible]	[illegible]	[illegible]	[illegible]，	[illegible]	[illegible]	[illegible]
mej^{1}	ɣa^{2}	mji^{1}	śjwo^{1}	tsə̣^{1}	kha^{1}	mji^{1}	dźjiij^{1}	djɨr^{2}	tsjɨ^{1}	mji^{1}
眼	于	非	起，	色	中	不	在，	外	亦	不
[illegible]，	[illegible]	[illegible]	[illegible]	[illegible]	[illegible]，	[illegible]				
dźjiij^{1}	nju^{1}	ɣa^{2}	mji^{1}	bju^{1}	gjị^{2}	ɣię^{2}				
在，	耳	于	不	依	靠，	声				

非眼所起，不在色中，亦不在外；不依于耳，

37.15.5

[illegible]	[illegible]	[illegible]，	[illegible]	[illegible]	[illegible]	[illegible]；	[illegible]	[illegible]	[illegible]	[illegible]
kha^{1}	mji^{1}	dźjiij^{1}	djɨr^{2}	tsjɨ^{1}	mji^{1}	dźjiij^{1}	njii^{2}	·jij^{1}	nwə^{1}	lew^{2}
内	不	在，	外	亦	不	在；	鼻	之	知	所
[illegible]，	[illegible]	[illegible]	[illegible]	[illegible]，	[illegible]	[illegible]				
njaa^{2}	lji^{2}	kha^{1}	mji^{1}	dźjiij^{1}	djɨr^{2}	tsjɨ^{1}				
非，	香	中	不	在，	外	亦				

不在声内，亦不在外；非鼻所知，不在香中，亦不

37.15.6

[illegible]	[illegible]，	[illegible]	[illegible]	[illegible]	[illegible]	[illegible]，	[illegible]	[illegible]	[illegible]	[illegible]，
mji^{1}	dźjiij^{1}	lhjwa^{1}	ŋwu^{2}	dźju^{1}	lew^{2}	njaa^{2}	wjị^{1}	kha^{1}	mji^{1}	dźjiij^{1}
不	在，	舌	以	显	所	非，	味	中	不	在，
[illegible]	[illegible]	[illegible]	[illegible]；	[illegible]	[illegible]	[illegible]				
djɨr^{2}	tsjɨ^{1}	mji^{1}	dźjiij^{1}	ljụ^{2}	rjir^{2}	mji^{1}				
外	亦	不	在；	身	与	不				

在外；非舌所显，不在味中，亦不在外；不与身

37.16.1

[illegible]，	[illegible]	[illegible]	[illegible]	[illegible]，	[illegible]	[illegible]	[illegible]	[illegible]。	[illegible]	[illegible]
phjoo^{2}	tsjụ^{1}	kha^{1}	mji^{1}	dźjiij^{1}	djɨr^{2}	tsjɨ^{1}	mji^{1}	dźjiij^{1}	mjor^{1}	ljịj^{2}

合， 触 中 不 在， 外 亦 不 在。 如 来

[illegible] [illegible] [illegible]， [illegible] [illegible] [illegible] [illegible]，

·jij^{1} lj̣u^{2} tja^{1} njiij^{1} bju^{1} mji^{1} lej^{2}

之 身 者， 心 依 不 转，

合，不在触中，亦不在外。如来身者，不依心转，

37.16.2

[illegible] [illegible] [illegible] [illegible]， [illegible] [illegible] [illegible] [illegible]， [illegible] [illegible] [illegible]

phji^{1} bju^{1} mji^{1} lej^{2} sjij^{2} bju^{1} mji^{1} lej^{2} no^{2} dźjiij^{1} mji^{1}

意 依 不 转， 识 依 不 转， 安 住 不

[illegible]， [illegible] [illegible] [illegible]， [illegible] [illegible] [illegible]

mju^{2} dźiə^{2} dźiej^{2} njaa^{2} bju^{1} lej^{2} tsjɨ^{1}

动， 旋 还 非， 随 转 亦

不依意转，不依识转，安住不动，非是旋还，亦不随转。

37.16.3

[illegible]。 [illegible] [illegible] [illegible]， [illegible] [illegible] [illegible] [illegible] [illegible]， [illegible] [illegible]

njaa^{2} śja^{1} rjir^{2} gji^{2} mjor^{1} ljịj^{2} ·jij^{1} lj̣u^{2} tja^{1} tsew^{2} tshọ^{2}

不。 舍 利 子， 如 来 之 身 者， 量 虚

[illegible] [illegible] [illegible]。 [illegible] [illegible] [illegible] [illegible]

ŋa^{1} rjir^{2} ka^{1} mjor^{1} ljịj^{2} ·jij^{1} lj̣u^{2}

空 同 等。 如 来 之 身

舍利子，如来身者，等量虚空。如来身者，

37.16.4

[illegible]， [illegible] [illegible] [illegible] [illegible]。 [illegible] [illegible] [illegible] [illegible] [illegible]， [illegible]

tja^{1} tsjiir^{1} kiẹj^{2} zji^{2} njɨ^{2} mjor^{1} ljịj^{2} ·jij^{1} lj̣u^{2} tja^{1} tshọ^{2}

者， 法 界 于 极。 如 来 之 身 者， 虚

[illegible] [illegible] [illegible] [illegible]。 [illegible] [illegible] [illegible]，

ŋa^{1} kiẹj^{2} zji^{2} njɨ^{2} śja^{1} rjir^{2} gji^{2}

空 界 尽 至。 舍 利 子，

极于法界。如来身者，尽虚空界。舍利子，

37.16.5

[illegible]	[illegible]	[illegible]	[illegible]	[illegible]	[illegible]	[illegible]	[illegible]	[illegible]	[illegible]	[illegible]
thjɨ^{2}	tja^{1}	lew^{1}	tsew^{2}	mjor^{1}	ljịj^{2}	·jij^{1}	seew^{2}	tshjiij^{1}	mjij^{1}	ljụ^{2}
是	名	一	第	如	来	之	思	议	不	身
[illegible]。	[illegible]	[illegible]	[illegible]	[illegible]	[illegible]	[illegible]	[illegible]，			
ŋwu^{2}	thja^{1}	rjur^{1}	po^{1}	tsa^{1}	ma^{2}	ŋạ^{2}	tsa^{1}			
是。	是	诸	菩	萨	摩	诃	萨，			

是名第一如来不思议身。是诸菩萨摩诃萨，

37.16.6

[illegible]	[illegible]	[illegible]	[illegible]	[illegible]	[illegible]	[illegible]	[illegible]	[illegible]	[illegible]	[illegible]
mjor^{1}	ljịj^{2}	·jij^{1}	seew^{2}	tshjiij^{1}	mjij^{1}	ljụ^{2}	tshọ^{2}	ŋa^{1}	wjɨ^{2}	mjor^{1}
如	来	之	思	议	不	身	虚	空	△	现
[illegible]	[illegible]	[illegible]，	[illegible]	[illegible]	[illegible]	[illegible]，				
sju^{2}	mji^{1}	nioow^{1}	njiij^{1}	tjị^{1}	dźiej^{2}	ɣiwej^{1}				
如	闻	已，	心	诚	信	受，				

闻如来不思议身如虚空已，信受谛奉，

37.17.1

[illegible]	[illegible]	[illegible]	[illegible]	[illegible]	[illegible]	[illegible]	[illegible]，	[illegible]	[illegible]	[illegible]
gji^{1}	sej^{1}	śjij^{1}	dźjịj^{1}	njiij^{1}	·jiw^{2}	ljɨ̣j^{1}	mjij^{1}	śji^{1}	su^{1}	gjij^{1}
清	净	顺	行	心	疑	惑	无，	前	于	倍
[illegible]	[illegible]	[illegible]	[illegible]	[illegible]，	[illegible]	[illegible]				
njij^{2}	njiij^{1}	ljɨ̣j^{2}	rjɨr^{2}	gjiij	rjar^{1}	gjij^{1}				
增	欢	喜	乃	生，	希	奇				

清净无疑，倍复踊跃，深生欢喜，发希奇想。

37.17.2

[illegible]	[illegible]	[illegible]。	[illegible]	[illegible]，	[illegible]	[illegible]	[illegible]	[illegible]	[illegible]	[illegible]
sjiij^{2}	śjwo^{1}	ljɨ^{1}	tśhjɨ^{1}	zjọ^{2}	rjur^{1}	pjụ^{1}	thjɨ^{2}	wo^{2}	·jị^{2}	tshjiij^{1}
想	发	也。	尔	时，	世	尊	此	义	重	宣

[illegible]，　[illegible]　[illegible]　[illegible]　[illegible]：

kiẹj^{2}　ljaa^{1}　dạ^{2}　rjɨr^{2}　tshjiij^{1}

欲，　颂　言　而　曰：

尔时，世尊欲重宣此义，而说颂曰：

37.17.3

[illegible]　[illegible]　[illegible]　[illegible]　[illegible]，　[illegible]　[illegible]　[illegible]　[illegible]　[illegible]，　[illegible]

kju^{1}　tśji^{2}　no^{1}　·jiw^{1}　kja^{2}　mjɨ^{1}　pjụ^{1}　ljịj^{2}　dźjɨ$^{?}$　dźjịj^{1}　ljụ^{2}

拘　胝　那　庾　劫，　无　量　大　行　行，　身

[illegible]　[illegible]　[illegible]　[illegible]，

sọ^{1}　sjwɨj^{1}　sej^{1}　njwi^{2}

三　业　净　善，

拘胝那庾劫，行无量大行，善净身三业，

37.17.4

[illegible]　[illegible]　[illegible]　[illegible]　[illegible]。　[illegible]　[illegible]　[illegible]　[illegible]　[illegible]，　[illegible]

ŋwer^{1}　mjij^{1}　tha^{1}　ljụ^{2}　rjir^{2}　njij^{2}　njiij^{1}　śja^{1}　rjijr^{2}　njɨ^{2}　ljịj^{2}

等　无　佛　身　获。　慈　心　十　方　遍，　大

[illegible]　[illegible]　[illegible]　[illegible]，

wjuu^{1}　ŋwu^{2}　mjii^{1}　dźjịj^{1}

悲　以　施　行，

获无等佛身。慈心遍十方，起大悲行施，

37.17.5

[illegible]　[illegible]　[illegible]　[illegible]　[illegible]，　[illegible]　[illegible]　[illegible]　[illegible]　[illegible]。　[illegible]

·ju^{2}　dow^{1}　tjụ^{2}　dźjɨ$^{?}$　ka^{2}　buu^{2}　tshọ^{2}　ŋa^{1}　ljụ^{2}　rjir^{2}　tha^{1}

常　邪　淫　行　离，　胜　虚　空　身　得。　佛

[illegible]　[illegible]　[illegible]　[illegible]，

·jij^{1}　ljo^{1}　rjar^{1}　ɣa^{2}

之　福　田　于，

常离邪淫行，得胜虚空身。于世尊福田，

37.17.6

[illegible] [illegible] [illegible] [illegible] [illegible]， [illegible] [illegible] [illegible] [illegible] [illegible]， [illegible]

tha¹ gji² wạ² mjii¹ dźjịj¹ sej¹ ljɨ̣¹ ·ụ² njɨ² dźjɨɨr¹ mjɨ¹

佛 子 广 施 行， 净 珍 服 等 舍， 无

[illegible] [illegible] [illegible] [illegible]。

pjụ¹ khjā² bẹ¹ sju²

量 殑 沙 如。

佛子广行施，舍净珍服等，如无量殑沙。

37.18.1

[illegible] [illegible] [illegible] [illegible] [illegible]， [illegible] [illegible] [illegible] [illegible] [illegible]， [illegible]

njiij¹ tjị¹ kie¹ sej¹ ·jiij¹ khie² gur¹ mjiij¹ ·wejr² sju² ljụ²

心 诚 戒 净 持， 牦 牛 尾 护 如， 身

[illegible] [illegible] [illegible] [illegible]，

swej¹ tśjị¹ lhjịj² tsjɨ¹

碎 苦 受 亦，

奉持于净戒，如牦牛护尾，假使碎身苦，

37.18.2

[illegible] [illegible] [illegible] [illegible] [illegible]。 [illegible] [illegible] [illegible] [illegible] [illegible]， [illegible]

ljwij¹ ɣa² ljịj² zeew² śjwo¹ tśhja² ·jɨr² po¹ lo¹ bjii² djọ²

怨 于 大 忍 生。 正 勤 波 罗 蜜， 修

[illegible] [illegible] [illegible] [illegible]，

dźjịj¹ zji² dwər¹ tśjị¹

行 极 疲 苦，

于怨大忍生。正勤波罗蜜，修行极疲苦，

37.18.3

[illegible] [illegible] [illegible] [illegible] [illegible]， [illegible] [illegible] [illegible] [illegible] [illegible]。 [illegible]

wạ² ljịj² ŋwụ¹ tjị¹ śjwo¹ ·ju² dźjiij¹ tha¹ ljụ² kjụ¹ rjur¹

弘 大 誓 愿 发， 常 住 佛 身 求。 诸

[illegible]	[illegible]	[illegible]	[illegible],
djɨj^{2}	mjɨɨ^{2}	bio̱^{1}	dzu^{1}
定	境	观	乐,

发弘大誓愿,求常住佛身。乐广慧方便,乐观诸定境,

37.18.4

[illegible]	[illegible]	[illegible]	[illegible]	[illegible],	[illegible]	[illegible]	[illegible]	[illegible]	[illegible],	[illegible]
wạ^{2}	źjɨr^{1}	tśier^{1}	·ju^{2}	ŋwe^{1}	tsjiir^{1}	kiẹj^{2}	ɣa^{2}	bio̱^{1}	ŋwe^{1}	tsjiir^{1}
广	慧	方	便	乐,	法	界	于	观	乐,	法
[illegible]	[illegible]	[illegible]	[illegible]。							
kiẹj^{2}	ljụ^{2}	ka^{1}	kjụ^{1}							
界	身	等	愿。							

乐观于法界,愿等法界身。

37.18.5

[illegible]	[illegible]	[illegible]	[illegible]	[illegible],	[illegible]	[illegible]	[illegible]	[illegible]	[illegible],	[illegible]
tha^{1}	do^{2}	neew^{2}	dźjịj^{1}	nioow^{1}	ŋwer^{1}	mjij^{1}	thjoo^{1}	dwewr^{2}	śjɨj^{1}	ljịj^{2}
佛	处	善	行	已,	等	无	妙	觉	成,	大
[illegible]	[illegible]	[illegible]	[illegible],							
tshọ^{2}	ŋa^{1}	ljụ^{2}	rjir^{2}							
虚	空	身	获,							

于佛行善已,成无等妙觉,获大虚空身,

37.18.6

[illegible]	[illegible]	[illegible]	[illegible]	[illegible]。	[illegible]	[illegible]	[illegible]	[illegible]	[illegible],	[illegible]
gji^{1}	sej^{1}	lhjɨ^{2}	laa^{1}	ka^{2}	ŋa^{2}	dzjwo^{2}	tsjịr^{2}	mjij^{1}	ŋa^{1}	·jij^{1}
清	白	尘	染	离。	我	人	性	无	空,	相
[illegible]	[illegible]	[illegible]	[illegible],							
mjij^{1}	tshjiij^{1}	tji^{2}	mjij^{1}							
无	说	可	不,							

清白离尘染。无我人性空,无相不可说,

37.19.1

[illegible]	[illegible]	[illegible]	[illegible]	[illegible]，	[illegible]	[illegible]	[illegible]	[illegible]	[illegible]，	[illegible]
thja^{1}	mo^{2}	nji^{2}	ljụ^{2}	ljạ^{1}	rjur^{1}	mej^{1}	mjɨɨ^{2}	su^{1}	dzjịj^{1}	phji^{1}
是	牟	尼	身	证，	诸	眼	境	可	过，	意
[illegible]	[illegible]	[illegible]	[illegible]，							
sej^{1}	tsə̣^{1}	ɣię^{2}	ka^{2}							
净	色	声	离，							

证是牟尼身，过诸眼境界。意净离色声，

37.19.2

[illegible]	[illegible]	[illegible]	[illegible]	[illegible]，	[illegible]	[illegible]	[illegible]	[illegible]	[illegible]，	[illegible]
mər^{2}	ŋa^{1}	wji^{1}	śjwo^{1}	mjij^{1}	mjor^{1}	ɣiej^{1}	ljụ^{2}	ljij^{2}	ku^{1}	śja^{1}
本	空	作	起	无，	如	真	身	见	者，	十
[illegible]	[illegible]	[illegible]	[illegible]，							
rjijr^{2}	tha^{1}	tsjɨ^{1}	ljij^{2}							
方	佛	亦	见，							

本空无起作，见真如身者，则见十方佛。

37.19.3

[illegible]	[illegible]	[illegible]	[illegible]	[illegible]	[illegible]	[illegible]	[illegible]	[illegible]	[illegible]，	[illegible]
dzjọ^{1}	mə^{2}	mə^{2}	bju^{2}	rjijr^{1}	ɣạ^{2}	dzjwo^{2}	njɨ^{2}	kjɨ^{1}	wjị^{1}	wẹ^{1}
如	种	种	象	马	狂	夫	等	△	化，	愚
[illegible]	[illegible]	[illegible]	[illegible]，							
dzjwo^{2}	dźju^{1}	wji^{1}	sju^{2}							
者	诳	为	如，							

如种种幻化，象马狂夫等，诳惑愚倒者，

37.19.4

[illegible]	[illegible]	[illegible]	[illegible]	[illegible]	[illegible]	[illegible]	[illegible]	[illegible]	[illegible]，	[illegible]
śja^{1}	rjijr^{2}	nioow^{1}	sọ^{1}	zjọ^{2}	mjɨ^{1}	pjụ^{1}	tha^{1}	ŋowr^{2}	ŋowr^{2}	dźjiij^{1}
十	方	及	三	世	无	量	佛	一	切，	处

[illegible]

thwuu^{1} tsjiir^{1} tsji̠r^{2} ljụ^{2}

同 法 性 身,

如是观十方。三世无量佛,同处法性身,

37.19.5

[illegible]

ŋwer^{1} ŋwer^{1} mjij^{1} tshọ^{2} ŋa^{1} zji^{2} gji^{1} sej^{1} tsjiir^{1} kiẹj^{2} thjɨ^{2}

等 等 无 虚 空, 极 清 净 法 界。 是

[illegible]

sju^{2} bio̠^{1} mej^{1} lew^{2}

如 观 察 所。

无等等虚空,极清净法界。

37.19.6

[illegible]

śja^{1} rjir^{2} gji^{2} thjɨ^{2} tja^{1} mjor^{1} ljij^{2} ·jij^{1} seew^{2} tshjiij^{1} tjị^{2}

舍 利 子, 是 名 如 来 之 思 议 可

[illegible]

mjij^{1} ljụ^{2} ŋwu^{2} po^{1} tsa^{1} ma^{2} ŋạ^{2} tsa^{1}

不 身 是。 菩 萨 摩 诃 萨,

如是,舍利子,是名如来不可思议身。菩萨摩诃萨,

37.20.1

[illegible]

njiij^{1} tjị^{1} dźiej^{2} zow^{2} gji^{1} sej^{1} śjij^{1} dźjịj^{1} njiij^{1} ·jiw^{2} ljɨ̣j^{1}

心 诚 信 受, 清 净 顺 行 心 疑 惑

[illegible]

mjij^{1} śji^{1} su^{1} gjij^{1} njij^{2} njiij^{1} ljɨj^{2}

无, 先 于 倍 增, 欢 喜

① 西夏文译本中"[illegible]"(是如观察所)对上一行"如是观"。

信受谛奉，清净无疑，倍复踊跃，深生欢喜，

37.20.2

[illegible]	[illegible]，	[illegible]	[illegible]	[illegible]	[illegible]	[illegible]。
rjɨr^{2}	gjiij	rjar^{1}	gjij^{1}	sjiij^{2}	śjwo^{1}	ljɨ^{1}
乃	生，	希	奇	想	发	也。

发希奇想。

汉文本

舍利子，菩萨摩诃萨欲求如来身者，当应如幻、如焰、如水中月，如是自性求如来身。舍利子，如来身者，即是空、无相、无愿解脱之身，无变异身，无动坏身，无分别身，无依止身，无思虑身。如来身者，即是安住善住得不动身。如来身者，即是无色色自性身，即是无受受自性身，即是无想想自性身，即是无行行自性身，即是无识识自性身。舍利子，如来身者，无有无生，无四大身。如来身者，即是希有希有法身。如来身者，非眼所起，不在色中，亦不在外；不依于耳，不在声内，亦不在外；非鼻所知，不在香中，亦不在外；非舌所显，不在味中，亦不在外；不与身合，不在触中，亦不在外。如来身者，不依心转，不依意转，不依识转，安住不动，非是旋还，亦不随转。舍利子，如来身者，等量虚空。如来身者，极于法界。如来身者，尽虚空界。舍利子，是名第一如来不思议身。是诸菩萨摩诃萨，闻如来不思议身如虚空已，信受谛奉，清净无疑，倍复踊跃，深生欢喜，发希奇想。

尔时，世尊欲重宣此义，而说颂曰：

拘胝那庾劫，行无量大行，
善净身三业，获无等佛身。
慈心遍十方，起大悲行施，
常离邪淫行，得胜虚空身。
于世尊福田，佛子广行施，
舍净珍服等，如无量殑沙。
奉持于净戒，如牦牛护尾，
假使碎身苦，于怨大忍生。
正勤波罗蜜，修行极疲苦，
发弘大誓愿，求常住佛身。
乐广慧方便，乐观诸定境，
乐观于法界，愿等法界身。
于佛行善已，成无等妙觉，
获大虚空身，清白离尘染。
无我人性空，无相不可说，

证是牟尼身,过诸眼境界。

意净离色声,本空无起作,

见真如身者,则见十方佛。

如种种幻化,象马狂夫等,

诳惑愚倒者,如是观十方。

三世无量佛,同处法性身,

无等等虚空,极清净法界。

如是,舍利子,是名如来不可思议身。菩萨摩诃萨,信受谛奉,清净无疑,倍复踊跃,深生欢喜,发希奇想。

37.20.3

[illegible]	[illegible],	[illegible]	[illegible]	[illegible]	[illegible]	[illegible]	[illegible]:	[illegible]	[illegible]	[illegible]
tśhjɨ^{1}	zjọ^{2}	tha^{1}	śja^{1}	rjir^{2}	gji^{2}	·jij^{1}	·jɨ^{1}	po^{1}	tsa^{1}	ma^{2}
尔	时,	佛	舍	利	子	之	告:	菩	萨	摩
[illegible]	[illegible]	[illegible]	[illegible],	[illegible]	[illegible]	[illegible]				
ŋạ^{2}	tsa^{1}	thjij^{2}	sjo^{2}	mjor^{1}	ljij^{2}	·jij^{1}				
诃	萨	何	云,	如	来	之				

尔时,佛告舍利子:云何菩萨摩诃萨,于如来

37.20.4

[illegible]	[illegible]	[illegible]	[illegible]	[illegible]	[illegible]	[illegible],	[illegible]	[illegible]	[illegible]	[illegible],
mjij^{1}	tshjiij^{1}	tjị^{2}	mjij^{1}	mə^{2}	ɣiẹ^{2}	ɣa^{2}	njiij^{1}	tjị^{1}	dźiej^{2}	zow^{2}
思	议	可	不	声	音	于,	心	诚	信	受,
[illegible]	[illegible]	[illegible]	[illegible]	[illegible]	[illegible]	[illegible]				
gji^{1}	sej^{1}	śjij^{1}	dźjịj^{1}	njiij^{1}	·jiw^{2}	ljɨj^{1}				
清	净	顺	行	心	疑	惑				

不思议音声,信受谛奉,清净无疑,

37.20.5

[illegible],	[illegible]	[illegible]	[illegible]	[illegible]	[illegible]	[illegible]	[illegible]?	[illegible]	[illegible]	[illegible],
mjij^{1}	rjɨr^{2}	njɨ^{2}	rjar^{1}	gjij^{1}	sjiij^{2}	śjwo^{1}	ljɨ^{1}	śja^{1}	rjir^{2}	gji^{2}
无,	乃	至	希	奇	想	发	也?	舍	利	子,
[illegible]	[illegible]	[illegible]	[illegible],	[illegible]	[illegible]	[illegible]				

mjor^1 ljịj^2 rjur^1 to^2 rjur^1 dźiã^2 tśhju^1

如 来 世 出， 诸 情 有

乃至发希奇想？舍利子，如来出世，

37.20.6

[illegible] [illegible] [illegible]， [illegible] [illegible] [illegible] [illegible] [illegible] [illegible] [illegible] [illegible]

·jij^1 njij^2 śjow^1 tsjiir^1 tshjiij^1 ŋwu^2 dzju^1 dzjiij^2 ·a$^?$ to^2 mə^2

之 慈 愍， 法 演 以 旨 化 △ 发 声

[illegible] [illegible] [illegible] [illegible] [illegible] [illegible]①， [illegible]

ɣię^2 tja^1 ·ji^1 ljwu^2 mji^1 dzjij^1 thja^1

音 者 众 会 不 超， 其

愍诸含识，敷演法化，所发音声齐于众会，

37.21.1

[illegible] [illegible] [illegible] [illegible] [illegible] [illegible] [illegible] [illegible]； [illegible] [illegible] [illegible]

rjur^1 ·jar^2 lew^2 dźiã^2 tśhju^1 ·jij^1 ɣie^1 bju^1 mjor^1 ljịj^2 ·jij^1

调 伏 所 情 有 之 力 故； 如 来 之

[illegible] [illegible] [illegible] [illegible] [illegible] [illegible] [illegible]

mə^2 ɣię^2 śja^1 rjijr^2 mjɨ^1 pjụ^1 rjur^1

声 音 十 方 无 量 世

由所调伏众生力故；如来音声普遍十方无量世界，

37.21.2

[illegible] [illegible] [illegible] [illegible]， [illegible] [illegible] [illegible] [illegible] [illegible] [illegible] [illegible]

kięj^2 ·u^2 zji^2 njɨ^2 rjur^1 dźiã^2 tśhju^1 ·jij^1 njiij^1 ljɨj^2 śjwo^1

界 中 普 遍， 诸 情 有 之 欢 喜 生

[illegible]。 [illegible] [illegible] [illegible]， [illegible] [illegible] [illegible]

phji^1 śja^1 rjir^2 gji^2 thja^1 rjur^1 mjor^1

令。 舍 利 子， 然 诸 如

令诸众生心欢喜故。舍利子，然诸如

① [illegible][illegible]，字面意思为“不超”，与汉文“齐”对译。

37.21.3

[illegible]	[illegible]	[illegible]	[illegible]	[illegible]	[illegible]	[illegible],	[illegible]	[illegible]	[illegible]	[illegible]
ljịj^{2}	·jij^{1}	·a$^{?}$	to^{2}	mə^{2}	ɣiẹ^{2}	tja^{1}	rjur^{1}	kięj^{2}	zjir^{2}	ka^{1}
来	之	△	出	声	音	者,	世	界	遍	等
[illegible]	[illegible]:	[illegible]	[illegible]	[illegible]	[illegible]	[illegible]				
zji^{2}	njɨ^{2}	ŋa^{2}	phji^{1}	tśhjụ^{1}	·ji^{1}	·jij^{1}				
皆	至:	我	苾	刍	众	之				

来所出音声,虽遍世界,不作是念:我为苾刍众

37.21.4

[illegible]	[illegible]。	[illegible]	[illegible]	[illegible]	[illegible]	[illegible]	[illegible]	[illegible]	[illegible]。	[illegible]
tsjiir^{1}	tshjiij^{1}	ŋa^{2}	phji^{1}	tśhjụ^{1}	dźji^{1}	·ji^{1}	·jij^{1}	tsjiir^{1}	tshjiij^{1}	ŋa^{2}
法	说。	我	苾	刍	尼	众	之	法	说。	我
[illegible]	[illegible]	[illegible]	[illegible]	[illegible]	[illegible]	[illegible]				
mji^{1}	·jɨ^{1}	nioow^{1}	·u^{2}	po^{1}	so^{2}	kja^{1}				
不	谓	及	邬	波	索	迦				

说法。我为苾刍尼众说法。我为邬波索迦①

37.21.5

[illegible]、	[illegible]	[illegible]	[illegible]	[illegible]、	[illegible]	[illegible]	[illegible]	[illegible]、	[illegible]	[illegible]
·ji^{1}	·u^{2}	po^{1}	sə^{1}	kja^{1}	pho^{1}	lo^{1}	mẽ^{1}	·ji^{1}	tśhia^{1}	tji^{2}
众、	邬	波	斯	迦、	婆	罗	门	众、	刹	帝
[illegible]	[illegible]、	[illegible]	[illegible]	[illegible]、	[illegible]	[illegible]、				
lji^{1}	·ji^{1}	phə^{1}	bjịj^{1}	·ji^{1}	mə^{1}	·ji^{1}				
利	众、	长	者	众、	天	众、				

众、邬波斯迦②众、婆罗门众、刹帝利③众、长者众、天众、

37.21.6

[illegible] [illegible], [illegible] [illegible] [illegible] [illegible] [illegible] [illegible] [illegible]。 [illegible] [illegible]

---

① 邬波索迦,西夏文作"[illegible]"。梵文作 Upāsaka,即优婆塞。

② 邬波斯迦,西夏文作"[illegible]"。梵文作 Upāsikā,即优婆夷。

③ 刹帝利,西夏文作"[illegible]"。梵文作 Kṣatriya。意译地主、王种。略作刹利。乃印度四姓阶级中之第二阶级,地位仅次于婆罗门,乃王族、贵族、士族所属之阶级,系从事军事、政治者。释尊即出身此阶级。藏文作 rgyal rigs。

xiwã¹	·ji¹	thjɨ²	sju²	njɨ²	·ji¹	·jij¹	tsjiir¹	tshjiij¹	ŋa²	mji¹
梵	众，	是	如	等	众	之	法	说。	我	不
[illegible]：	[illegible]	[illegible]	[illegible]，	[illegible]	[illegible]、					
·jɨ¹	ŋa²	sjij¹	lwər²	lhejr²	bju¹	ljaa¹				
说：	我	今	经	契，	应	颂、				

梵众，如是等众而为说法。亦不作是念：我今演说契经、应颂、

37.22.1

[illegible]	[illegible]、	[illegible]	[illegible]、	[illegible]	[illegible]、	[illegible]	[illegible]、	[illegible]	[illegible]、	[illegible]
la¹	sjwij¹	khjã²	thow¹	·jij¹	tshjiij¹	·jiw¹	nioow¹	mər²	dạ²	mər²
记	莂、	伽	他、	自	说、	缘	故、	本	事、	本
[illegible]、	[illegible]	[illegible]、	[illegible]	[illegible]、	[illegible]	[illegible]、				
wee¹	tśhja²	wạ²	dju¹	mjij²	djij²	tsjiir¹				
生、	方	广、	有	未、	希	法、				

记莂、伽他①、自说、缘起、本事、本生、方广、希法、

37.22.2

[illegible]	[illegible]、	[illegible]	[illegible]，	[illegible]	[illegible]	[illegible]	[illegible]	[illegible]	[illegible]	[illegible]。
dzjọ¹	dza²	wo²	kjij¹	thjɨ²	sju²	njɨ²	ɣạ²	njɨɨ¹	phiaa²	tsjiir¹
譬	喻、	释	解，	是	如	等	十	二	分	教。
[illegible]	[illegible]	[illegible]	[illegible]	[illegible]	[illegible]。	[illegible]				
nẹ¹	tshjiij¹	ŋa²	·jɨ¹	mjij²	djij²	śja¹				
演	说	我	谓	未	曾。	舍				

譬喻、解释，如是等趣十二分教。初未生念为之敷演。舍

37.22.3

[illegible]	[illegible]，	[illegible]	[illegible]	[illegible]	[illegible]	[illegible]	[illegible]	[illegible]	[illegible]	[illegible]
rjir²	gji²	mjor¹	ljij²	rjur¹	phji¹	tśhjụ¹	rjɨr²	njɨ²	xiwã¹	·ji¹
利	子，	如	来	诸	苾	刍	乃	至	梵	众
[illegible]	[illegible]	[illegible]	[illegible]	[illegible]	[illegible]	[illegible]，				

① 伽他，梵文作 Gāthā。藏文作 tsigs su bcad pa。意译讽诵、讽颂、造颂、偈颂、颂、孤起颂、不重颂偈。

kjɨ¹ dzjɨ̣² twụ¹ thja¹ ·jij¹ dzjɨj¹ bju¹

△ 集 在 彼 之 众 随,

利子,如来随诸众集,所谓苾刍乃至梵众,

37.22.4

[illegible]

mə² mə² tśhja² ·jɨr² ŋwu² thjoo¹ tsjiir¹ tshjiij¹ wji¹ thja¹ rjur¹

种 种 正 勤 以 妙 法 说 为。 是 诸

[illegible]

dźiã² tśhju¹ tsjiir¹ mji¹ dzu¹ ku¹ ·jij¹

情 有 法 闻 乐 故, 自

如其所闻种种正勤而为说法。是诸众生乐闻法故,

37.22.5

[illegible]

twụ¹ thja¹ rjɨr² tshjiij¹ tsjiir¹ ɣiej¹ mjor¹ ljij² ·jij¹ ljaa² ·u²

各 彼 乃 说 法 真 如 来 之 口 中

[illegible]

wjɨ² to² ·jɨ¹ nioow¹ thja¹ tsjiir¹ ɣię²

△ 发 谓 及 其 法 声

各自谓闻如来法声面门而发。然是法声于其所说,

37.22.6

[illegible]

rjɨr² tshjiij¹ mə² djij¹ ŋwuu¹ dạ² dźjwɨ¹ gu² mji¹ ɣię² ·jij¹

所 说, 种 类 词 言 互 相 不 障, 自

[illegible]

twụ¹ tsjij² lew² bju¹ do² pha¹ tsjij²

各 解 所 依 差 别 悟,

种类言词不相障碍,各别悟解自所了法,

37.23.1

[illegible]

ku^1 thjɨ^2 tja^1 seew^2 tshjiij^1 tjị^2 mjij^1 ŋwu^2 śja^1 rjir^2 gji^2

则 是 名 思 议 可 不 是。 舍 利 子,

[illegible] [illegible] [illegible] [illegible] [illegible] [illegible] [illegible]

rjur^1 tha^1 mjor^1 ljịj^2 śji^1 zjọ^2 ljo^1

诸 佛 如 来 先 世 福

是则名为不可思议。舍利子,诸佛如来先福

37.23.2

[illegible] [illegible] [illegible]。 [illegible] [illegible] [illegible] [illegible] [illegible] [illegible] [illegible] [illegible]

bju^1 lhjụ^2 rjir^1 mjaa^1 tshja^2 mə^2 ɣię^2 tja^1 thja^1 ·jij^1 mjɨ^1

所 获 得。 果 报 声 音 者 其 相 无

[illegible], [illegible] [illegible] [illegible] [illegible] [illegible]、 [illegible]

pjụ^1 thjɨ^2 tja^1 njij^2 nejr^1 ɣię^2 njiij^1

量, 此 者 慈 润 声、 心

所感,果报音声其相无量,所谓慈润声、可意声、

37.23.3

[illegible] [illegible]、 [illegible] [illegible] [illegible]、 [illegible] [illegible] [illegible]、 [illegible] [illegible] [illegible]、

·o^2 ɣię^2 phji^1 dzu^1 ɣię^2 gji^1 sej^1 ɣię^2 ror^2 ka^2 ɣię^2

悦 声、 意 乐 声、 清 净 声、 垢 离 声、

[illegible] [illegible] [illegible]、 [illegible] [illegible] [illegible]、 [illegible]

thjoo^1 śjwii^2 ɣię^2 mji^1 dzu^1 ɣię^2 dźju^1

妙 美 声、 闻 喜 声、 显

意乐声、清净声、离垢声、美妙声、喜闻声、

37.23.4

[illegible] [illegible]、 [illegible] [illegible] [illegible]、 [illegible] [illegible] [illegible], [illegible] [illegible] [illegible]

sjwij^1 ɣię^2 mji^1 ·jijr^1 ɣię^2 mji^1 bją^1 ɣię^2 ljụ^2 no^2 rejr^2

明 声、 不 鞕 声、 不 涩 声, 身 适 悦

[illegible] [illegible]、 [illegible] [illegible] [illegible] [illegible] [illegible]、

phji^1 ɣię^2 njiij^1 rjɨr^2 gjiij śjwo^1 ɣię^2

令 声、 心 乃 喜 生 声、

辩了声、不鞕声、不涩声、令身适悦声、心生踊跃声、

37.23.5

njiij^1	njiij^1	de^2	ljɨ̣j^2	ɣiẹ^2	de^2	dzu^1	sji^2	śjwo^1	ɣiẹ^2	tsjij^2
心	悦	豫	欢	声、	喜	乐	起	发	声、	解
ljɨ	ɣiẹ^2	sjij^2	ljɨ	ɣiẹ^2	tśhja^2	twụ^1				
易	声、	识	易	声、	正	直				

心欢悦豫声、发起喜乐声、易解声、易识声、正直

37.23.6

ɣiẹ^2	dzu^1	lew^2	ɣiẹ^2	de^2	lew^2	ɣiẹ^2	ljwu^2	de^2	ɣiẹ^2	phji^1
声、	爱	可	声、	喜	可	声、	庆	悦	声、	意
de^2	ɣiẹ^2	ka^2	tśjij^2	njij^2	kwə^2	ɣiẹ^2				
悦	声、	师	子	王	吼	声、				

声、可爱声、可喜声、庆悦声、意悦声、师子王吼声、

37.24.1

ljij^2	mə^1	djii^1	ɣiẹ^2	ljij^2	ŋjow^2	saar^2	ɣiẹ^2	kjĩ^1	no^1	lo^1
大	天	雷	声、	大	海	震	声、	紧	捺	洛
kją^2	ɣiẹ^2	kja^1	tją^1	phji^1	khja^2	ɣiẹ^2				
歌	声、	羯	罗	频	伽	声、				

大雷震声、大海震声、紧捺洛歌声、羯罗频伽①声、

37.24.2

① 羯罗频伽,西夏文作"[illegible]"。梵文作 Kalaviṅka。即妙音鸟。藏文作 bya ka la ping ka。

xiwã^{1}	mə^{1}	ɣię^{2}	mə^{1}	bar^{1}	ɣię^{2}	gjuu^{2}	rjur^{1}	ɣię^{2}	wəə^{1}	lhjii^{1}
梵	天	声、	天	鼓	声、	吉	祥	声、	柔	软
[illegible]、	[illegible]	[illegible]	[illegible]、	[illegible]	[illegible]	[illegible]				
ɣię^{2}	dźju^{1}	tshjiij^{1}	ɣię^{2}	ljij^{2}	mə^{1}	djii^{1}				
声、	显	畅	声、	大	天	雷				

梵天声、天鼓声、吉祥声、柔软声、显畅声、大雷

37.24.3

[illegible]	[illegible]	[illegible]、	[illegible]	[illegible]	[illegible]	[illegible]	[illegible]	[illegible]	[illegible]	[illegible]、
na^{1}	khwa^{1}	ɣię^{2}	dźiã^{2}	tśhju^{1}	ŋowr^{2}	ŋowr^{2}	rjur^{1}	tśhji^{2}	de^{2}	ɣię^{2}
深	远	声、	情	有	一	切	诸	根	喜	声、
[illegible]	[illegible]	[illegible]	[illegible]	[illegible]	[illegible]	[illegible]、				
·ji^{1}	ljwu^{2}	ŋowr^{2}	ŋowr^{2}	rjir^{2}	śjwii^{2}	ɣię^{2}				
众	会	一	切	与	会	声、				

深远声、一切含识诸根喜声、称可一切众会声、

37.24.4

[illegible]	[illegible]	[illegible]	[illegible]	[illegible]	[illegible]	[illegible]	[illegible]	[illegible]	[illegible]。	[illegible]
zji^{2}	thjoo^{1}	·jij^{1}	ŋowr^{2}	ŋowr^{2}	śjɨj^{1}	·jiw^{2}	ɣię^{2}	njɨ^{2}	ŋwu^{2}	śja^{1}
微	妙	相	一	切	成	就	声	等	是。	舍
[illegible]	[illegible]，	[illegible]	[illegible]	[illegible]	[illegible]	[illegible]				
rjir^{2}	gji^{2}	thjɨ^{2}	sju^{2}	njɨ^{2}	mjor^{1}	ljij^{2}				
利	子，	是	如	等	如	来				

成就一切微妙相声。舍利子，如是等如来

37.24.5

[illegible]	[illegible]，	[illegible]	[illegible]	[illegible]	[illegible]	[illegible]	[illegible]	[illegible]	[illegible]，	[illegible]
mə^{2}	ɣię^{2}	thjɨ^{2}	sju^{2}	buu^{2}	gjij^{1}	tśhja^{2}	·ioow^{1}	ŋowr^{2}	lhə$^{?}$	nioow^{1}
声	音，	是	如	胜	殊	德	功	具	足，	及
[illegible]	[illegible]	[illegible]	[illegible]	[illegible]	[illegible]	[illegible]				
dzjij^{2}	mjɨ^{1}	pjų^{1}	bju^{2}	mjij^{1}	tśhja^{2}	·ioow^{1}				
余	无	量	边	无	德	功				

音声,具足如是殊胜功德,及余无量无边功德

37.24.6

[illegible]	[illegible]	[illegible]。	[illegible]	[illegible]	[illegible],	[illegible]	[illegible]	[illegible]	[illegible]	[illegible]
ŋwu^{2}	ljuu^{2}	tshjịj^{2}	śja^{1}	rjir^{2}	gji^{2}	thjɨ^{2}	tja^{1}	njɨɨ^{1}	tsew^{2}	mjor^{1}
以	庄	严。	舍	利	子,	是	名	二	第	如
[illegible]	[illegible]	[illegible]	[illegible]	[illegible]	[illegible]	[illegible]				
ljịj^{2}	·jij^{1}	seew^{2}	tshjiij^{1}	tjị^{2}	mjij^{1}	mə^{2}				
来	之	思	议	可	不	声				

之所庄严。舍利子,是名第二如来不思议音声。

37.25.1

[illegible]	[illegible]。	[illegible]	[illegible]	[illegible]	[illegible]	[illegible]	[illegible]	[illegible],	[illegible]	[illegible]
ɣiẹ^{2}	ŋwu^{2}	thja^{1}	rjur^{1}	po^{1}	tsa^{1}	ma^{2}	ŋạ^{2}	tsa^{1}	mjor^{1}	ljịj^{2}
音	是。	是	诸	菩	萨	摩	诃	萨,	如	来
[illegible]	[illegible]	[illegible]	[illegible]	[illegible]	[illegible]	[illegible],				
·jij^{1}	seew^{2}	tshjiij^{1}	tjị^{2}	mjij^{1}	mə^{2}	ɣiẹ^{2}				
之	思	议	可	不	声	音,				

是诸菩萨摩诃萨,闻如来不思议音声,

37.25.2

[illegible]	[illegible]	[illegible]	[illegible]	[illegible]	[illegible]	[illegible]	[illegible]	[illegible]	[illegible],	[illegible]
mjɨ^{1}	pjụ^{1}	buu^{2}	gjij^{1}	tśhja^{2}	·ioow^{1}	ŋowr^{2}	lhə$^{?}$	mji^{1}	zjịj^{1}	njiij^{1}
无	量	胜	殊	德	功	具	足	闻	时,	心
[illegible]	[illegible]	[illegible],	[illegible]	[illegible]	[illegible]	[illegible]				
tjị^{1}	dźiej^{2}	zow^{2}	gji^{1}	sej^{1}	śjij^{1}	dźjịj^{1}				
诚	信	受,	清	净	顺	行				

具足无量殊胜功德,信受谛奉,清净

37.25.3

[illegible]	[illegible]	[illegible]	[illegible],	[illegible]	[illegible]	[illegible]	[illegible]	[illegible]	[illegible]	[illegible]
njiij^{1}	·jiw^{2}	ljɨ̣j^{1}	mjij^{1}	śji^{1}	su^{1}	gjij^{1}	njij^{2}	njiij^{1}	ljɨ̣j^{2}	rjɨr^{2}

心 疑 惑 无， 先 于 倍 增 欢 喜 乃

[illegible]

gjiij rjar[1] gjij[1] sjiij[2] śjwo[1] ljɨ[1]

生， 希 奇 想 发 也。

无疑，倍复踊跃，深生欢喜，发希奇想。

汉文本

尔时，佛告舍利子：云何菩萨摩诃萨，于如来不思议音声，信受谛奉，清净无疑，乃至发希奇想？

舍利子，如来出世，愍诸含识，敷演法化，所发音声齐于众会，由所调伏众生力故；如来音声普遍十方无量世界，令诸众生心欢喜故。舍利子，然诸如来所出音声，虽遍世界，不作是念：我为苾刍众说法。我为苾刍尼众说法。我为邬波索迦众、邬波斯迦众、婆罗门众、刹帝利众、长者众、天众、梵众，如是等众而为说法。亦不作是念：我今演说契经、应颂、记莂、伽他、自说、缘起、本事、本生、方广、希法、譬喻、解释，如是等趣十二分教。初未生念为之敷演。舍利子，如来随诸众集，所谓苾刍乃至梵众，如其所闻种种正勤而为说法。是诸众生乐闻法故，各自谓闻如来法声面门而发。然是法声于其所说，种类言词不相障碍，各别悟解自所了法，是则名为不可思议。

舍利子，诸佛如来先福所感，果报音声其相无量，所谓慈润声、可意声、意乐声、清净声、离垢声、美妙声、喜闻声、辩了声、不鞕声、不涩声、令身适悦声、心生踊跃声、心欢悦豫声、发起喜乐声、易解声、易识声、正直声、可爱声、可喜声、庆悦声、意悦声、师子王吼声、大雷震声、大海震声、紧捺洛歌声、羯罗频伽声、梵天声、天鼓声、吉祥声、柔软声、显畅声、大雷深远声、一切含识诸根喜声、称可一切众会声、成就一切微妙相声。舍利子，如是等如来音声，具足如是殊胜功德，及余无量无边功德之所庄严。舍利子，是名第二如来不思议音声。是诸菩萨摩诃萨，闻如来不思议音声，具足无量殊胜功德，信受谛奉，清净无疑，倍复踊跃，深生欢喜，发希奇想。

37.25.4

[illegible]

tśhjɨ[1] zjọ[2] rjur[1] pjụ[1] thjɨ[2] wo[2] ·jị[2] tshjiij[1] kięj[2] ljaa[1] dạ[2]

尔 时， 世 尊 此 义 重 宣 欲， 颂 说

[illegible]

rjɨr[2] tshjiij[1]

乃 曰：

尔时，世尊欲重宣此义，而说颂曰：

37.25.5

[illegible]	[illegible]	[illegible]	[illegible]	[illegible],	[illegible]	[illegible]	[illegible]	[illegible]	[illegible],	[illegible]
śio^{1}	dzjiij^{2}	thjoo^{1}	ɣię^{2}	to^{2}	thjɨ^{2}	tja^{1}	xiwã^{1}	ɣię^{2}	ŋwu^{2}	thja^{1}
导	师	妙	音	演,	此	者	梵	音	是,	是
[illegible]	[illegible]	[illegible]	[illegible],							
tsjiir^{1}	ŋowr^{2}	lhə$^{?}$	nioow^{1}							
法	具	足	由,							

导师演妙音,所谓梵音声,由是法具足,

37.25.6

[illegible]	[illegible]	[illegible]	[illegible]	[illegible],	[illegible]	[illegible]	[illegible]	[illegible]	[illegible],	[illegible]
rjur^{1}	xiwã^{1}	njiij^{1}	ljɨj^{2}	phji^{1}	mo^{2}	nji^{2}	thjoo^{1}	ɣię^{2}	to^{2}	ljịj^{2}
诸	梵	欢	喜	令,	牟	尼	妙	音	演,	大
[illegible]	[illegible]	[illegible]	[illegible],							
wjuu^{1}	ɣa^{2}	sji^{2}	śjwo^{1}							
悲	于	△	起,							

令诸梵欢喜。牟尼演妙音,从大悲流涌,

37.26.1

[illegible]	[illegible]	[illegible]	[illegible]	[illegible],	[illegible]	[illegible]	[illegible]	[illegible]	[illegible],	[illegible]
njij^{2}	rjir^{2}	bju^{1}	śjij^{1}	ku^{1}	de^{2}	tja^{1}	tsjɨ^{1}	thja^{1}	sju^{2}	thjɨ^{2}
慈	与	应	相	谓,	喜	者	亦	是	如,	是
[illegible]	[illegible]	[illegible]	[illegible],							
sju^{2}	ŋowr^{2}	lhə$^{?}$	ɣię^{2}							
如	具	足	音,							

谓与慈相应,喜舍亦如是。如是具足音,

37.26.2

[illegible]	[illegible]	[illegible]	[illegible]	[illegible],	[illegible]	[illegible]	[illegible]	[illegible]	[illegible],	[illegible]
dźiã^{2}	tśhju^{1}	lẹj^{2}	məə^{1}	lha^{1}	tshjạ^{1}	kwow^{2}	do^{1}	dźjwu^{1}	dzjar^{2}	rjur^{1}
情	有	贪	火	灭,	瞋	恚	毒	除	息,	诸

[illegible] [illegible] [illegible] [illegible]。

wẹ^{1} lə^{2} na^{1} go^{2}

愚 痴 暗 坏。

灭众生贪火,息除瞋恚毒,坏裂诸痴暗。

37.26.3

[illegible] [illegible] [illegible] [illegible] [illegible], [illegible] [illegible] [illegible] [illegible] [illegible], [illegible]

śja^{2} phu^{2} mja^{1} iọ^{1} ·u^{2} mjɨ^{1} pjụ^{1} mə^{2} dzjwo^{2} ɣię^{2} zji^{2}

赡 部 洲 土 中, 无 量 种 人 声, 皆

[illegible] [illegible] [illegible] [illegible],

do^{2} kjij^{1} njɨ^{2} tsjɨ^{1}

处 △ 遍 亦,

假使赡部洲,无量种人声,纵获遍闻已,

37.26.4

[illegible] [illegible] [illegible] [illegible] [illegible], [illegible] [illegible] [illegible] [illegible] [illegible], [illegible]

zjir^{2} bie^{2} lhew^{2} mji^{1} tsjij^{2} mə^{1} ljɨ^{2} tshọ^{2} ŋa^{1} ɣię^{2} mji^{1}

终 解 脱 不 悟, 天 地 虚 空 声, 不

[illegible] [illegible] [illegible] [illegible],

tsjij^{2} tsjɨ^{1} thja^{1} sju^{2}

悟 亦 是 如,

终不悟解脱。天地虚空声,不悟亦如是,

37.26.5

[illegible] [illegible] [illegible] [illegible] [illegible], [illegible] [illegible] [illegible] [illegible] [illegible], [illegible]

śjɨj^{2} wə^{1} ɣię^{2} mji^{1} ku^{1} kjɨ^{1} djɨj^{2} mjij^{1} dzjar^{2} ljạ^{1} njɨɨ^{1}

圣 主 声 闻 故, 必 能 寂 灭 证, 二

[illegible] [illegible] [illegible] [illegible],

rewr^{2} nioow^{1} ljɨɨr^{1} rewr^{2}

足 及 四 足,

若闻圣主声,必能证寂灭。二足及四足,

37.26.6

[illegible] [illegible] [illegible] [illegible] [illegible]， [illegible] [illegible] [illegible] [illegible] [illegible]， [illegible]

rejr^{2} rewr^{2} nioow^{1} rewr^{2} mjij^{1} zji^{2} thja^{1} mə^{2} ɣię^{2} bju^{1} neew^{2}

多 足 及 足 无， 悉 彼 声 音 同， 善

[illegible] [illegible] [illegible] [illegible]。

niow^{2} tsjiir^{1} tśjɨ^{1} tsjij^{2}

恶 法 醒 悟。

多足及无足，悉同彼音声，悟之善恶法。

37.27.1

[illegible] [illegible] [illegible] [illegible] [illegible]， [illegible] [illegible] [illegible] [illegible] [illegible]， [illegible]

sọ^{1} tụ^{1} rjur^{1} kię^{2} ·u^{2} bji^{2} gu^{2} phju^{2} mə^{2} ɣię^{2} mə^{2}

三 千 世 界 内， 下 中 上 声 音， 种

[illegible] [illegible] [illegible]， [illegible]

djịj^{1} ɣię^{2} bju^{1} dzjiij^{2}

类 音 随， 化

三千世界内，下中上音声，随彼种类音，

37.27.2

[illegible] [illegible] [illegible] [illegible] [illegible]。 [illegible] [illegible] [illegible] [illegible] [illegible]， [illegible]

bie^{2} lhew^{2} ljạ^{1} rjir^{1} phji^{1} phjo^{2} kar^{2} mjij^{1} ɣię^{2} to^{2} tśjɨɨr^{2}

解 脱 证 得 令。 分 别 无 声 演， 缚

[illegible] [illegible] [illegible] [illegible]，

mjij^{1} ɣjiw^{1} ɣiwej^{1} mjij^{1}

无 摄 受 无，

化令证解脱。演无分别声，无缚无摄受，

37.27.3

[illegible] [illegible] [illegible] [illegible] [illegible]， [illegible] [illegible] [illegible] [illegible] [illegible]， [illegible]

djɨj^{2} dźjiij^{1} dźjar^{2} ɣiej^{1} phie^{2} mji^{1} mjijr^{2} źjị^{1} njɨɨ^{2} dzjar^{2} bju^{2}

定 处 谛 真 开， 闻 者 烦 恼 息， 边

[illegible]

mjij^{1} rjur^{1} dźiã^{2} tśhju^{1}

无 诸 情 有，

处定开真谛，闻者息烦恼。无边众生闻，

37.27.4

[illegible]

tha^{1} tsjiir^{1} sẽ^{1} mjii^{1} kie^{1} mji^{1} zeew^{2} mə^{2} ɣiẹ^{2} mji^{1} mjor^{1}

佛 法 僧 施 戒 闻 忍 声 音 闻， 如

[illegible]

ljịj^{2} ɣiẹ^{2} thja^{1} sju^{2}

来 声 是 如。

佛法僧音声，及施戒闻忍，如来声如是。

37.27.5

[illegible]

thja^{1} ɣiẹ^{2} pjụ^{1} mji^{1} dju^{1} ɣiẹ^{2} sjịj^{2} zjɨ̣^{2} bju^{2} mjij^{1} lew^{1}

彼 声 量 非 有， 声 智 但 边 无， 唯

[illegible]

bju^{1} dźjwo^{1} dźiã^{2} tsjij^{2}

慧 聪 菩 萨，

彼声非有量，声智但无边，

37.27.6

[illegible]

tha^{1} ɣiẹ^{2} dźiej^{2} mjij^{1} ·jiw^{2}

佛 声 信 无 疑。

信佛声无疑，唯聪慧菩萨。

37.28.1

[illegible]

tśhjɨ^{1} zjọ^{2} tha^{1} śja^{1} rjir^{2} gji^{2} ·jij^{1} ·jɨ^{1} po^{1} tsa^{1} ma^{2}

尔 时, 佛 舍 利 子 之 告: 菩 萨 摩

[illegible] [illegible] [illegible] [illegible], [illegible] [illegible] [illegible]

ŋa̱^{2} tsa^{1} thjij^{2} sjo^{2} mjor^{1} ljịj^{2} ·jij^{1}

诃 萨 何 云, 如 来 之

尔时,佛告舍利子:云何菩萨摩诃萨,于如来

37.28.2

[illegible] [illegible] [illegible] [illegible] [illegible] [illegible] [illegible], [illegible] [illegible] [illegible] [illegible],

seew^{2} tshjiij^{1} tjị^{2} mjij^{1} ljịj^{2} sjịj^{2} ɣa^{2} njiij^{1} tjị^{1} dźiej^{2} ɣiwej^{1}

思 议 可 不 大 智 于, 心 诚 信 受,

[illegible] [illegible] [illegible] [illegible] [illegible] [illegible] [illegible]

gji^{1} sej^{1} śjij^{1} dźjij^{1} njiij^{1} ·jiw^{2} ljɨ̣j^{1}

清 净 顺 行 心 疑 惑

不思议大智,信受谛奉,清净无疑,

37.28.3

[illegible], [illegible] [illegible] [illegible] [illegible] [illegible] [illegible] [illegible] [illegible], [illegible] [illegible]

mjij^{1} śji^{1} su^{1} gjij^{1} njij^{2} njiij^{1} ljɨ̣j^{2} rjɨr^{2} gjiij rjar^{1} gjij^{1}

无, 先 于 倍 增 欢 喜 乃 生, 希 奇

[illegible] [illegible] [illegible]? [illegible] [illegible] [illegible], [illegible]

sjiij^{2} śjwo^{1} ljɨ^{1} śja^{1} rjir^{2} gji^{2} mjor^{1}

想 发 也? 舍 利 子, 如

倍复踊跃,深生欢喜,发希奇想? 舍利子,

37.28.4

[illegible] [illegible] [illegible] [illegible] [illegible] [illegible] [illegible] [illegible] [illegible], [illegible] [illegible]

ljij^{2} ·jij^{1} ɣiẹ^{2} mjij^{1} ljij^{2} seew^{2} tshjiij^{1} tjị^{2} mjij^{1} tsjiir^{1} ŋowr^{2}

来 之 障 无 见 思 议 可 不, 法 一

[illegible] [illegible] [illegible] [illegible] [illegible] [illegible],

ŋowr^{2} ɣa^{2} bju^{1} gjị^{2} śjwo^{1} ku^{1}

切 于 依 靠 起 于,

如来无碍智见不可思议,于一切法中依之而起,

37.28.5

[illegible]	[illegible]	[illegible]	[illegible]	[illegible]	[illegible]	[illegible]	[illegible]	[illegible]	[illegible]	[illegible]，
tśhjwo^{1}	rjur^{1}	po^{1}	tsa^{1}	ma^{2}	ŋạ^{2}	tsa^{1}	dźiej^{2}	ɣiwej^{1}	śjij^{1}	dźjịj^{1}
则	诸	菩	萨	摩	诃	萨	信	受	▽	行，
[illegible]	[illegible]	[illegible]	[illegible]	[illegible]	[illegible]	[illegible]				
rjɨr^{2}	njɨ^{2}	rjar^{1}	gjij^{1}	sjiij^{2}	śjwo^{1}	njwi^{2}				
乃	至	希	奇	想	发	能				

诸菩萨摩诃萨则能信受谛奉，乃至发希奇想。

37.28.6

[illegible]。	[illegible]	[illegible]	[illegible]，	[illegible]	[illegible]	[illegible]	[illegible]	[illegible]	[illegible]，	[illegible]
ljɨ^{1}	śja^{1}	rjir^{2}	gji^{2}	mjor^{1}	ljịj^{2}	dźiej^{2}	śjwo^{1}	kiej^{2}	nioow^{1}	ku^{1}
也。	舍	利	子，	如	来	信	生	欲	故，	则
[illegible]	[illegible]	[illegible]	[illegible]	[illegible]	[illegible]	[illegible]				
mjor^{1}	ljịj^{2}	·jij^{1}	sjịj^{2}	po^{1}	lo^{1}	bjii^{2}				
如	来	之	智	波	罗	蜜				

舍利子，如来为生信故，依如来智波罗蜜多，

37.29.1

[illegible]	[illegible]，	[illegible]	[illegible]	[illegible]	[illegible]，	[illegible]	[illegible]	[illegible]	[illegible]	[illegible]
tow^{1}	bju^{1}	dzjọ^{1}	dza^{2}	wạ^{2}	tshjiij^{1}	rjur^{1}	sjịj^{2}	źjɨr^{1}	dzjwo^{2}	thja^{1}
多	依，	譬	喻	广	说，	诸	智	慧	人	彼
[illegible]	[illegible]	[illegible]。	[illegible]	[illegible]	[illegible]，	[illegible]				
nioow^{1}	tśjɨ^{1}	tsjij^{2}	śja^{1}	rjir^{2}	gji^{2}	tjɨ^{1}				
故	开	解。	舍	利	子，	假				

广说譬喻，诸有智者便得开解。舍利子，假

37.29.2

[illegible]	[illegible]	[illegible]	[illegible]	[illegible]	[illegible]	[illegible]	[illegible]	[illegible]	[illegible]	[illegible]
tjij^{1}	dzjwo^{2}	dju^{1}	khjā^{2}	khja^{2}	bẹ^{1}	njɨ^{2}	sju^{2}	rjur^{1}	kiej^{2}	·u^{2}
若	人	有	殑	伽	沙	等	如	世	界	中

sji^{1}	śjị^{2}	ŋowr^{2}	ŋowr^{2}	kạ^{2}	mur^{1}	śiew^{1}
木	草	所	有、	茎	木、	枝

使有人以殑伽沙等世界中所有草木、茎干、枝

37.29.3

bạ^{2}	rjɨr^{2}	njɨ^{2}	dźjo^{1}	zjir^{2}	ljɨɨr^{1}	tśjii^{2}	zjij^{1}	dzjiw^{1}	ljịj^{2}	tśiow^{1}
叶，	乃	至	齐	遍	四	指	几	积	大	聚
we^{2}	məə^{1}	ŋwu^{2}	kjɨ^{1}	pju^{2}	zji^{2}	kjɨ^{2}				
为，	火	以	△	焚	皆	墨				

叶，下至量齐四指积为大聚，以火焚之乃变成墨，

37.29.4

wju^{1}	djij^{2}	we^{2}	tsjij^{1}	rjijr^{2}	khjā^{2}	khja^{2}	bẹ^{1}	njɨ^{2}	sju^{2}	rjur^{1}
焦	△	成，	他	方	殑	伽	沙	等	如	世
kięj^{2}	ŋjow^{2}	·u^{2}	bə^{1}	dźjwo^{2}	·jir^{2}	tụ^{1}				
界	海	中	置	掷，	百	千				

掷置他方殑伽沙等世界海中，于百千

37.29.5

kjiw^{1}	kha^{1}	sjwo^{2}	ŋwu^{2}	dźjọ^{2}	rjir^{2}	sju^{2}	djij^{2}	we^{2}	śja^{1}	rjir^{2}
岁	中	磨	以	墨	汁	如	尽	为。	舍	利
gji^{2}	mjor^{1}	ljịj^{2}	thjɨ^{2}	sju^{2}	ɣię^{2}	mjij^{1}				
子，	如	来	是	如	障	无				

岁就以磨之尽为墨汁。舍利子，如来成就如是无碍

37.29.6

[illegible] [illegible] [illegible] [illegible]， [illegible] [illegible] [illegible]， [illegible] [illegible] [illegible] [illegible]

sjịj^{2} ljij^{2} śjɨj^{1} ·jiw^{2} sjịj^{2} nioow^{1} ku^{1} thjɨ^{2} ljij^{2} sju^{2} ljịj^{2}

智 见 成 就， 智 故 是， 是 来 如 大

[illegible] [illegible] [illegible] [illegible] [illegible] [illegible] [illegible]， [illegible]

ŋjow^{2} kha^{1} dźjọ^{2} rjir^{2} ·a$^{?}$ gjiwr^{2} lhjwi^{1} sjịj^{2}

海 中 墨 汁 一 滴 取， 智

智见，以是智故，从彼如是大海之中取一墨滴，

37.30.1

[illegible] [illegible] [illegible]， [illegible] [illegible] [illegible] [illegible] [illegible] [illegible] [illegible] [illegible]，

ɣie^{1} ŋwu^{2} thja^{1} sjwɨ^{2} njii^{2} rjur^{1} kięj^{2} ·u^{2} wa^{2} sju^{2} phu^{2}

力 以 故， 某 甲 世 界 中 何 如 树，

[illegible] [illegible]① [illegible]、 [illegible] [illegible] [illegible]、 [illegible]

wa^{2} sju^{2} tśhji^{2} wa^{2} sju^{2} kạ^{2} wa^{2}

何 如 根、 何 如 茎、 何

以智力故，分析了知是某世界如是树成，某根、某茎、

37.30.2

[illegible] [illegible]、 [illegible] [illegible] [illegible]、 [illegible] [illegible] [illegible] [illegible] [illegible] [illegible]，

sju^{2} war^{2} wa^{2} sju^{2} śiew^{1} wją^{1} mjaa^{1} bạ^{2} njɨ^{2} ŋwu^{2} śjɨj^{1}

如 枝、 何 如 条、 华 果 叶 等 以 成，

[illegible] [illegible] [illegible] [illegible] [illegible] [illegible] [illegible]

ŋowr^{2} ŋowr^{2} dźjow^{1} ka^{2} zji^{2} nwə^{1} tsjij^{2}

一 切 分 别 皆 知 了

某枝、某条、华果叶等，类别所作皆悉了知。

37.30.3

[illegible]。 [illegible] [illegible] [illegible]？ [illegible] [illegible] [illegible]， [illegible] [illegible] [illegible] [illegible]

njwi^{2} thjij^{2} sjo^{2} ljɨ^{1} śja^{1} rjir^{2} gji^{2} mjor^{1} ljij^{2} tsjiir^{1} kięj^{2}

① [illegible][illegible]，字面意思为“何如”，与汉文“某”对译。

能。	何	以	故?	舍	利	子,	如	来	法	界
[illegible]	[illegible]	[illegible]	[illegible],	[illegible]	[illegible]	[illegible]				
tsjij^{2}	dar^{1}	njwi^{2}	ku^{1}	tśhjwo^{1}	dźjo̱^{2}	rjir^{2}				
通	达	能	故,	则	墨	汁				

何以故?舍利子,由如来善通达法界故,

37.30.4

[illegible]	[illegible]	[illegible]	[illegible]	[illegible]	[illegible]	[illegible]	[illegible]	[illegible]	[illegible]	[illegible]
sjwɨ^{2}	njii^{2}	rjur^{1}	kię^{2}	·u^{2}	wa^{2}	sju^{2}	phu^{2}	ɣa^{2}	wjɨ^{2}	ljị^{2}
某	甲	世	界	中	何	如	树	于	△	来
[illegible]	[illegible],	[illegible]	[illegible]	[illegible]	[illegible]	[illegible]				
tsjij^{2}	njwi^{2}	thjɨ^{2}	sju^{2}	tśjɨɨ^{1}	bju^{1}	rjɨr^{2}				
知	能,	是	如	次	依	乃				

而能如是了知此墨,从某世界某树而来,如是次第

37.30.5

[illegible]	[illegible]	[illegible]。	[illegible]	[illegible]	[illegible],	[illegible]	[illegible]	[illegible]	[illegible]	[illegible]
njɨ^{2}	wa̱^{2}	tshjiij^{1}	śja^{1}	rjir^{2}	gji^{2}	thjɨ^{2}	tja^{1}	mjor^{1}	ljị^{2}	wo^{2}
至	广	说。	舍	利	子,	是	名	如	来	应
[illegible]	[illegible],	[illegible]	[illegible]	[illegible]						
tśhja^{2}	njɨ^{2}	thjɨ^{2}	sju^{2}	ljij^{2}						
正	遍,	是	如	大						

乃至广说。舍利子,是名如来应正遍知,具足如是

37.30.6

[illegible]	[illegible]	[illegible]	[illegible]	[illegible],	[illegible]	[illegible]	[illegible]	[illegible]	[illegible]	[illegible]
mee^{2}	mjijr^{2}	ɣie^{1}	ŋowr^{2}	lhə$^{?}$	thjɨ^{2}	sju^{2}	ljij^{2}	pjụ^{1}	tśhja^{2}	ɣie^{1}
神	通	力	具	足,	是	如	大	威	德	力
[illegible]	[illegible],	[illegible]	[illegible]	[illegible]	[illegible]	[illegible]				
ŋowr^{2}	lhə$^{?}$	thjɨ^{2}	sju^{2}	ljij^{2}	pjụ^{1}	dzjwɨ^{1}				
具	足,	是	如	大	宗	势				

大神通力,具足如是大威德力,具足如是大宗势力。

37.31.1

[illegible]	[illegible]	[illegible]	[illegible]。	[illegible]	[illegible]	[illegible]，	[illegible]	[illegible]	[illegible]	[illegible]
ɣie^{1}	ŋowr^{2}	lhə$^{?}$	ljɨ^{1}	śja^{1}	rjir^{2}	gji^{2}	thjɨ^{2}	nioow^{1}	tjɨ^{1}	tjij^{1}
力	具	足	也。	舍	利	子，	是	故	假	若
[illegible]	[illegible]	[illegible]、	[illegible]	[illegible]	[illegible]	[illegible]，				
neew^{2}	goor^{1}	gji^{2}	neew^{2}	sji^{2}	dzjwo^{2}	njɨ^{2}				
善	男	子、	善	女	人	等，				

是故，舍利子，若有善男子、善女人，

37.31.2

[illegible]	[illegible]	[illegible]	[illegible]	[illegible]	[illegible]	[illegible]	[illegible]	[illegible]	[illegible]，	[illegible]
mjor^{1}	ljij^{2}	·jij^{1}	ljij^{2}	sjij^{2}	ɣa^{2}	gji^{1}	sej^{1}	dźiej^{2}	zow^{2}	nioow^{1}
如	来	之	大	智	于	清	净	信	受，	又
[illegible]	[illegible]	[illegible]	[illegible]	[illegible]	[illegible]	[illegible]；				
tha^{1}	do^{2}	dzu^{1}	dzjwị^{1}	njiij^{1}	śjwo^{1}	ku^{1}				
佛	所	爱	敬	心	起	者；				

于如来大智清净信受，又于佛所起爱敬心者；

37.31.3

[illegible]	[illegible]	[illegible]	[illegible]、	[illegible]	[illegible]	[illegible]	[illegible]	[illegible]	[illegible]	[illegible]，
thja^{2}	neew^{2}	goor^{1}	gji^{2}	neew^{2}	sji^{2}	dzjwo^{2}	njɨ^{2}	neew^{2}	tśhji^{2}	tja^{1}
彼	善	男	子、	善	女	人	等	善	根	者，
[illegible]	[illegible]	[illegible]	[illegible]，	[illegible]	[illegible]	[illegible]				
bju^{2}	nwə^{1}	tjị^{2}	mjij^{1}	xja^{1}	tśjị^{1}	bju^{2}				
边	知	可	不，	速	苦	际				

彼善男子、善女人所有善根，叵知其边，速尽苦际。

37.31.4

[illegible]。	[illegible]	[illegible]	[illegible]？	[illegible]	[illegible]	[illegible]，	[illegible]	[illegible]	[illegible]	[illegible]
sji^{1}	thjij^{2}	sjo^{2}	ljɨ^{1}	śja^{1}	rjir^{2}	gji^{2}	mjor^{1}	ljij^{2}	tsjiir^{1}	kiẹj^{2}
尽。	何	以	故？	舍	利	子，	如	来	法	界

[illegible]	[illegible]	[illegible]	[illegible]；	[illegible]	[illegible]
tsjij^2	dar^1	njwi^2	ljɨ^1	tsjij^2	nioow^1
通	达	善	也；	通	由

何以故？舍利子，如来善通达法界故；由通达故，

37.31.5

[illegible]，	[illegible]	[illegible]	[illegible]	[illegible]	[illegible]	[illegible]	[illegible]	[illegible]	[illegible]	[illegible]
ku^1	tjɨ^1	tjij^1	dźiã^2	tśhju^1	mjor^1	ljịj^2	do^2	zjɨɨr^1	zjịj^1	neew^2
故，	假	若	情	有	如	来	所	少	许	善
[illegible]	[illegible]	[illegible]，	[illegible]	[illegible]	[illegible]	[illegible]，				
njiij^1	śjwo^1	ku^1	tśjị^1	bju^2	tśjo$^?$	sji^1				
心	起	者，	苦	际	终	尽，				

若有众生于如来所起微善者，尽于苦际，

37.31.6

[illegible]	[illegible]	[illegible]	[illegible]	[illegible]。	[illegible]	[illegible]	[illegible]，	[illegible]	[illegible]	[illegible]
sji^1	dźjwa^1	mjij^1	ljiij^2	ljɨ^1	śja^1	rjir^2	gji^2	ŋa^2	sjij^1	nji^2
竟	毕	不	坏	也。	舍	利	子，	我	今	汝
[illegible]	[illegible]	[illegible]	[illegible]	[illegible]	[illegible]	[illegible]，				
·jij^1	nioow^1	dzjọ^1	dza^2	gjɨ^2	tshjiij^1	ŋa^2				
之	及	譬	喻	一	说	△，				

毕竟不坏。舍利子，我今为汝复说譬喻，

汉文本

尔时，世尊欲重宣此义，而说颂曰：

导师演妙音，所谓梵音声，

由是法具足，令诸梵欢喜。

牟尼演妙音，从大悲流涌，

谓与慈相应，喜舍亦如是。

如是具足音，灭众生贪火，

息除瞋恚毒，坏裂诸痴暗。

假使赡部洲，无量种人声，

纵获遍闻已，终不悟解脱。
天地虚空声，不悟亦如是，
若闻圣主声，必能证寂灭。
二足及四足，多足及无足，
悉同彼音声，悟之善恶法。
三千世界内，下中上音声，
随彼种类音，化令证解脱。
演无分别声，无缚无摄受，
处定开真谛，闻者息烦恼。
无边众生闻，佛法僧音声，
及施戒闻忍，如来声如是。
彼声非有量，声智但无边，
信佛声无疑，唯聪慧菩萨。

尔时，佛告舍利子：云何菩萨摩诃萨，于如来不思议大智，信受谛奉，清净无疑，倍复踊跃，深生欢喜，发希奇想？

舍利子，如来无碍智见不可思议，于一切法中依之而起，诸菩萨摩诃萨则能信受谛奉，乃至发希奇想。舍利子，如来为生信故，依如来智波罗蜜多，广说譬喻，诸有智者便得开解。舍利子，假使有人以殑伽沙等世界中所有草木、茎干、枝叶，下至量齐四指积为大聚，以火焚之乃变成墨，掷置他方殑伽沙等世界海中，于百千岁就以磨之尽为墨汁。舍利子，如来成就如是无碍智见，以是智故，从彼如是大海之中取一墨滴，以智力故，分析了知是某世界如是树成，某根、某茎、某枝、某条、华果叶等，类别所作皆悉了知。何以故？舍利子，由如来善通达法界故，而能如是了知此墨，从某世界某树而来，如是次第乃至广说。舍利子，是名如来应正遍知，具足如是大神通力，具足如是大威德力，具足如是大宗势力。是故，舍利子，若有善男子、善女人，于如来大智清净信受，又于佛所起爱敬心者；彼善男子、善女人所有善根，叵知其边，速尽苦际。何以故？舍利子，如来善通达法界故；由通达故，若有众生于如来所起微善者，尽于苦际，毕竟不坏。

37.32.1

[illegible]	[illegible]	[illegible]	[illegible]	[illegible]	[illegible]	[illegible]	[illegible]，	[illegible]	[illegible]	[illegible]
rjur^{1}	sjij^{2}	źjɨr^{1}	dzjwo^{2}	thjɨ^{2}	dzjọ^{1}	dza^{2}	bju^{1}	wo^{2}	tshwew^{1}	tśjɨ^{1}
诸	智	慧	者	此	譬	喻	因，	义	趣	了
[illegible]。	[illegible]	[illegible]	[illegible]，	[illegible]	[illegible]	[illegible]				
tsjij^{2}	śja^{1}	rjir^{2}	gji^{2}	dzjọ^{1}	sju^{2}	goor^{1}				
解。	舍	利	子，	譬	如	男				

令有智者因此喻故，于义解了。舍利子，如有男

37.32.2

gji^{2}	zjọ^{2}	·jir^{2}	kjiw^{1}	we^{2}	thja^{1}	dzjwo^{2}	lew^{1}	mej^{2}	bięj^{1}	phiaa^{2}
子	命	百	年	处,	此	人	一	毛	端	分,
·jir^{2}	ŋwə	ɣạ^{2}	phiaa^{2}	we^{2}	·a$^{?}$	phiaa^{2}				
百	五	十	分	为,	一	分				

子寿命百年,此人持一毛端,散分以为百五十分,取毛一分

37.32.3

mej^{2}	ŋwu^{2}	zjɨɨr^{2}	·a$^{?}$	gjiwr^{2}	lhjwi^{1}	ŋa^{2}	do^{2}	rjɨr^{2}	ljịj^{2}	thjɨ^{2}
沾	以	水	一	滴	取,	我	所	至	来,	是
sju^{2}	dạ^{2}	·jɨ^{1}	thjɨ^{2}	zjɨɨr^{2}	gjiwr^{2}	tja^{1}				
如	语	言:	是	水	滴	者,				

沾水一滴,来至我所,而作是言:敢以滴水

37.32.4

nja^{2}	do^{2}	ne̱j^{2}	ŋa^{2}	kụ^{1}	śjwi^{2}	ŋa^{2}	zjịj^{1}	djɨ^{2}	khjow^{1}	wji^{1}
吾	处	寄	我,	后	须	我	时,	当	赐	为
ŋa^{2}	·jɨ^{1}	tśhjɨ^{1}	zjọ^{2}	thja^{1}	zjɨɨr^{2}	gjiwr^{2}				
我	谓。	尔	时,	其	水	滴				

持用相寄,后若须者,当还赐我。尔时,如来取其滴水

37.32.5

djɨ^{2}	lhjɨr^{1}	khjã^{2}	khja^{2}	mja^{1}	zjɨɨr^{2}	kha^{1}	nja^{1}	ljo^{2}	ŋa^{2}	thja^{1}
△	取,	殑	伽	河	水	中	而	散,	我	彼

[illegible]	[illegible]	[illegible]	[illegible]	[illegible]	[illegible]，
mja^{1}	zjɨɨr^{2}	ljụ^{1}	rar^{2}	dźiə^{2}	dźiej^{2}
河	浪	流	洄	澓	转，

置殑伽河中，而为彼河流浪洄澓之所旋转，

37.32.6

[illegible]	[illegible]	[illegible]	[illegible]	[illegible]	[illegible]	[illegible]	[illegible]。	[illegible]	[illegible]	[illegible]
dzow^{1}	ŋwej^{2}	thjwɨ^{2}	lwu^{1}	ljịj^{2}	ŋjow^{2}	·u^{2}	·o^{2}	thja^{1}	dzjwo^{2}	·jir^{2}
和	合	集	混	大	海	中	注。	是	人	百
[illegible]	[illegible]	[illegible]，	[illegible]	[illegible]	[illegible]	[illegible]，				
kjiw^{1}	nioow^{1}	rjijr^{2}	ŋa^{2}	do^{2}	rjɨr^{2}	ljịj^{2}				
年	已	方，	我	所	至	来，				

和合引注至于大海。是人满百年已，来至我所，

37.33.1

[illegible]	[illegible]	[illegible]	[illegible]：	[illegible]	[illegible]	[illegible]	[illegible]	[illegible]	[illegible]	[illegible]，
ŋa^{2}	·jij^{1}	dạ^{2}	·jɨ^{1}	ŋa^{2}	śji^{1}	kjɨ^{1}	no̱^{2}	zjɨɨr^{2}	gjiwr^{2}	tja^{1}
我	之	言	谓：	我	先	△	寄	水	滴	者，
[illegible]	[illegible]	[illegible]	[illegible]	[illegible]	[illegible]，	[illegible]				
thjɨ^{2}	wjɨ^{2}	djɨ^{2}	khjow^{1}	wji^{1}	ŋa^{2}	śja^{1}				
此	刻	△	与	为	我，	舍				

而白我言：先寄滴水，今请还我。

37.33.2

[illegible]	[illegible]，	[illegible]	[illegible]	[illegible]	[illegible]	[illegible]	[illegible]	[illegible]	[illegible]，	[illegible]
rjir^{2}	gji^{2}	mjor^{1}	ljịj^{2}	seew^{2}	tshjiij^{1}	mjij^{1}	sjịj^{2}	śjɨj^{1}	·jiw^{2}	thjɨ^{2}
利	子，	如	来	思	议	不	智	成	就，	是
[illegible]	[illegible]	[illegible]，	[illegible]	[illegible]	[illegible]	[illegible]				
sjịj^{2}	nioow^{1}	ku^{1}	mjor^{1}	ljịj^{2}	bju^{1}	wo^{2}				
智	故	由，	如	来	应	义				

舍利子，如来成就不思议智，由是智故，如来应正

35.33.3

[illegible]	[illegible]	[illegible]，	[illegible]	[illegible]	[illegible]	[illegible]	[illegible]	[illegible]	[illegible]	[illegible]
tśhja^2	ka^1	dwewr^2	thja^1	zjɨɨr^2	gjiwr^2	ljịj^2	ŋjow^2	·u^2	ljọ^2	tśhju^1
正	等	觉，	彼	水	滴	大	海	中	何	生
[illegible]，	[illegible]	[illegible]	[illegible]	[illegible]	[illegible]	[illegible]				
nwə^1	tśhjɨ^2	rjar^2	mej^2	bięj^1	ŋwu^2	ljịj^2				
知，	立	即	毛	端	以	大				

等觉，知彼水滴在于大海，便以一分毛端就

37.33.4

[illegible]	[illegible]，	[illegible]	[illegible]	[illegible]	[illegible]	[illegible]	[illegible]	[illegible]	[illegible]	[illegible]。
ŋjow^2	·u^2	śji^1	zjɨɨr^2	gjiwr^2	lhjwi^1	thja^1	dzjwo^2	·jij^1	dja^2	khjow^1
海	内，	先	水	滴	用	是	人	之	△	还。
[illegible]	[illegible]	[illegible]，	[illegible]	[illegible]	[illegible]	[illegible]，				
śja^1	rjir^2	gji^2	thjɨ^2	dzjọ^1	dza^2	tja^1				
舍	利	子，	此	譬	喻	者，				

大海内，沾本水滴用还是人。舍利子，此譬喻者，

37.33.5

[illegible]	[illegible]	[illegible]	[illegible]？	[illegible]	[illegible]	[illegible]	[illegible]	[illegible]	[illegible]	[illegible]
wo^2	tshwew^1	thjij^2	sjo^2	thjɨ^2	tja^1	dźiã^2	tśhju^1	zjɨɨr^1	zjịj^1	neew^2
义	趣	何	云？	此	者	情	有	少	许	善
[illegible]	[illegible]	[illegible]，	[illegible]	[illegible]	[illegible]	[illegible]				
zjɨɨr^2	·a$^?$	gjiwr^2	mjor^1	ljịj^2	·jij^1	ljo^1				
水	一	滴，	如	来	之	福				

义何谓耶？所谓众生曾以一滴微善之水，寄置如来福

37.33.6

[illegible]	[illegible]	[illegible]，	[illegible]	[illegible]	[illegible]	[illegible]	[illegible]	[illegible]	[illegible]	[illegible]。
rjar^1	kjɨ^1	noo^2	tśjo$^?$	mji^1	phjɨ^1	lhjo^1	dạ^2	rjir^2	·a$^?$	tjɨj^2
田	△	寄，	久	不	弃	失	事	与	一	样。

[illegible]	[illegible]	[illegible]，	[illegible]	[illegible]	[illegible]
śja^{1}	rjir^{2}	gji^{2}	tjɨ^{1}	tjij^{1}	rjur^{1}
舍	利	子，	假	若	诸

田手中，久而不失。如是，舍利子，若有

37.34.1

[illegible]	[illegible]	[illegible]、	[illegible]	[illegible]	[illegible]，	[illegible]	[illegible]	[illegible]	[illegible]	[illegible]
neew^{2}	goor^{1}	gji^{2}	neew^{2}	sji^{2}	dzjwo^{2}	mjor^{1}	ljij^{2}	seew^{2}	tshjiij^{1}	tji̱^{2}
善	男	子、	善	女	人，	如	来	思	议	可
[illegible]	[illegible]	[illegible]，	[illegible]	[illegible]	[illegible]	[illegible]，				
mjij^{1}	sji̱j^{2}	ɣa^{2}	gji^{1}	sej^{1}	dźiej^{2}	zow^{2}				
不	智	于，	清	净	信	受，				

善男子、善女人，于如来不思议智，清净信受，

37.34.2

[illegible]	[illegible]	[illegible]	[illegible]，	[illegible]	[illegible]	[illegible]	[illegible]	[illegible]，	[illegible]	[illegible]
dzu^{1}	dzjwi̱^{1}	njiij^{1}	śjwo^{1}	mjor^{1}	ljij^{2}	·jij^{1}	thjuu^{1}	ljɨr^{2}	rjur^{1}	kju̱^{1}
爱	敬	心	起，	如	来	之	缘	念，	诸	供
[illegible]	[illegible]，	[illegible]	[illegible]	[illegible]	[illegible]	[illegible]				
tshwew^{1}	śjwo^{1}	nioow^{1}	wja̱^{1}	ŋa̱^{2}	zow^{2}	ŋa^{1}				
养	兴，	又	华	名	执	空				

起爱敬心，缘念如来，兴诸供养，又以名华

37.34.3

[illegible]	[illegible]	[illegible]	[illegible]	[illegible]	[illegible]	[illegible]	[illegible]，	[illegible]	[illegible]	[illegible]
gu^{2}	sar^{2}	lju^{2}	ŋwu^{2}	kju̱^{1}	tshwew^{1}	wji^{1}	ku^{1}	thja^{1}	dzjwo^{2}	neew^{2}
中	散	散	以	奉	献	为	故，	是	人	善
[illegible]	[illegible]，	[illegible]	[illegible]	[illegible]	[illegible]，	[illegible]				
tśhji^{2}	tja^{1}	bju^{2}	nwə^{1}	tji̱^{2}	mjij^{1}	xja^{1}				
根	者，	边	知	其	叵，	速				

散空奉献；是人所有善根，叵知其边，

37.34.4

tśjị^{1}	bju^{2}	sji^{1}	thjij^{2}	sjo^{2}	ljɨ^{1}	śja^{1}	rjir^{2}	gji^{2}	mjor^{1}	ljịj^{2}
苦	际	尽。	何	以	故?	舍	利	子,	如	来
tsjiir^{1}	kięj^{2}	tsjij^{2}	dar^{1}	nioow^{1}	tjij^{1}	dzjwo^{2}				
法	界	通	达	故。	若	人				

速尽苦际。何以故?舍利子,如来善通达法界故。若人

37.34.5

mjor^{1}	ljịj^{2}	do^{2}	·a$^{?}$	ljɨr^{2}	zjij^{1}	neew^{2}	njiij^{1}	śjwo^{1}	ku^{1}	tśjị^{1}
如	来	所	一	念	时	善	心	起	故,	苦
bju^{2}	tśjo$^{?}$	sji^{1}	sji^{1}	dźjwa^{1}	mji^{1}	ljiij^{2}				
际	永	尽,	竟	毕	不	坏				

于如来所起一念善心者,尽于苦际,毕竟不坏。

37.34.6

ljɨ^{1}	tśhjɨ^{1}	zjọ^{2}	pjụ^{1}	nar^{2}	śja^{1}	rjir^{2}	gji^{2}	tha^{1}	·jij^{1}	dạ^{2}
也。	尔	时,	长	老	舍	利	子	佛	之	言
·jɨ^{1}	rjur^{1}	pjụ^{1}	mjor^{1}	ljịj^{2}	·jij^{1}	seew^{2}				
告:	世	尊,	如	来	之	思				

尔时,长老舍利子白佛言:世尊,如来不思

37.35.1

tshjiij^{1}	tjị^{2}	mjij^{1}	ljịj^{2}	sjịj^{2}	tja^{1}	sjij^{2}	ka^{2}	nioow^{1}	·a$^{?}$	śjwo^{1}
议	可	不	大	智	者	识	离	而	△	起

[illegible]？	[illegible]	[illegible]：	[illegible]	[illegible]。	[illegible]	[illegible]
ljɨ^{1}	tha^{1}	dạ^{2}	mji^{1}	ljɨ^{1}	śja^{1}	rjir^{2}
也？	佛	言：	不	也。	舍	利

议大智离识而转不？佛言：不也。舍利

37.35.2

[illegible]	[illegible]	[illegible]	[illegible]	[illegible]	[illegible]：	[illegible]	[illegible]，	[illegible]	[illegible]	[illegible]
gji^{2}	nioow^{1}	tha^{1}	·jij^{1}	dạ^{2}	·jɨ^{1}	rjur^{1}	pjụ^{1}	tjij^{1}	thjɨ^{2}	ljɨ̣^{1}
子	又	佛	之	言	白：	世	尊，	若	是	与
[illegible]	[illegible]，	[illegible]	[illegible]	[illegible]	[illegible]？	[illegible]				
sju^{2}	ku^{1}	thjij^{2}	sjo^{2}	sjij^{2}	we^{2}	thjij^{2}				
如	者，	何	云	智	为？	何				

子复白佛言：世尊，若如是者，云何为智？

37.35.3

[illegible]	[illegible]	[illegible]？	[illegible]	[illegible]	[illegible]	[illegible]	[illegible]	[illegible]：	[illegible]	[illegible]
sjo^{2}	sjij^{2}	we^{2}	tha^{1}	śja^{1}	rjir^{2}	gji^{2}	·jij^{1}	·jɨ^{1}	ljɨɨr^{1}	sjij^{2}
云	识	为？	佛	舍	利	子	之	言：	四	识
[illegible]	[illegible]	[illegible]。	[illegible]	[illegible]	[illegible]	[illegible]，				
dźjiij^{1}	dju^{1}	sjij^{2}	thja^{1}	ɣa^{2}	dźjiij^{1}	ku^{1}				
住	有	识。	此	于	住	故，				

云何为识？佛言：舍利子，有四识住识。依此住故，

37.35.4

[illegible]	[illegible]	[illegible]	[illegible]，	[illegible]	[illegible]	[illegible]	[illegible]？	[illegible]	[illegible]	[illegible]
tśhjwo^{1}	sjij^{2}	dźjiij^{1}	·jɨ^{1}	ljɨɨr^{1}	tja^{1}	thjij^{2}	sjo^{2}	tsə^{1}	sjij^{2}	dźjiij^{1}
则	识	住	谓，	四	者	何	云？	色	识	住
[illegible]	[illegible]，	[illegible]	[illegible]	[illegible]	[illegible]，	[illegible]				
·jɨ^{1}	tja^{1}	sjij^{2}	tsə^{1}	ɣa^{2}	thjuu^{1}	sjij^{2}				
谓	者，	识	色	于	缘，	识				

名识住。何者为四？所谓色识住者，识缘于色，

37.35.5

[illegible]	[illegible]	[illegible],	[illegible]	[illegible]	[illegible]	[illegible],	[illegible]	[illegible]	[illegible]	[illegible],
tsə̣¹	kha¹	dźjiij¹	thjɨ²	sju²	nioow¹	ku¹	de²	śjwo¹	dźjiij¹	zjịj¹
色	中	住,	此	如	故	由,	喜	生	住	著,
[illegible]	[illegible]	[illegible]	[illegible]	[illegible]	[illegible]	[illegible]				
gjij¹	njij²	lhu¹	dzja¹	gjwɨ¹	lwo²	wạ²				
倍	增	加	长	坚	固	广				

识住色中,由如此故,生喜住著,转加增长坚固广

37.35.6

[illegible];	[illegible]	[illegible]	[illegible]	[illegible]	[illegible],	[illegible]	[illegible]	[illegible]	[illegible],	[illegible]
ljịj²	lhjịj²	sjij²	dźjiij¹	·jɨ¹	tja¹	sjij²	lhjịj²	ɣa²	thjuu¹	sjij²
大;	受	识	住	谓	者,	识	受	于	缘,	识
[illegible]	[illegible]	[illegible],	[illegible]	[illegible]	[illegible]	[illegible],				
lhjịj²	kha¹	dźjiij¹	thjɨ²	sju²	nioow¹	ku¹				
受	中	住,	此	如	故	由,				

大;受识住者,识缘于受,识住受中,由如此故,

37.36.1

[illegible]	[illegible]	[illegible]	[illegible],	[illegible]	[illegible]	[illegible]	[illegible]	[illegible]	[illegible]	[illegible]
de²	śjwo¹	dźjiij¹	zjịj¹	gjij¹	njij²	lhu¹	dzja¹	gjwɨ¹	lwo²	wạ²
喜	生	住	著,	倍	增	加	长	坚	固	广
[illegible];	[illegible]	[illegible]	[illegible]	[illegible]	[illegible],	[illegible]				
ljịj²	sjiij²	sjij²	dźjiij¹	·jɨ¹	tja¹	sjij²				
大;	想	识	住	谓	者,	识				

生喜住著,转加增长坚固广大;想识住者,识

37.36.2

[illegible]	[illegible]	[illegible],	[illegible]	[illegible]	[illegible]	[illegible],	[illegible]	[illegible]	[illegible]	[illegible],
sjiij²	ɣa²	thjuu¹	sjij²	sjiij²	kha¹	dźjiij¹	thjɨ²	sju²	nioow¹	ku¹
想	于	缘,	识	想	中	住,	此	如	故	由,

[illegible]	[illegible]	[illegible]	[illegible]，	[illegible]	[illegible]	[illegible]
de^{2}	śjwo^{1}	dźjiij^{1}	zjịj^{1}	gjij^{1}	njij^{2}	lhu^{1}
喜	生	住	著，	倍	加	增

缘于想，识住想中，由如此故，生喜住著，转加增长

37.36.3

[illegible]	[illegible]	[illegible]	[illegible]	[illegible]；	[illegible]	[illegible]	[illegible]	[illegible]	[illegible]，	[illegible]
dzja^{1}	gjwɨ^{1}	lwo^{2}	wạ^{2}	ljịj^{2}	dźjɨ$^{?}$	sjij^{2}	dźjiij^{1}	·jɨ^{1}	tja^{1}	sjij^{2}
长	坚	固	广	大；	行	识	住	谓	者，	识

[illegible]	[illegible]	[illegible]，	[illegible]	[illegible]	[illegible]	[illegible]，
dźjɨ$^{?}$	ɣa^{2}	thjuu^{1}	sjij^{2}	dźjɨ$^{?}$	kha^{1}	dźjiij^{1}
行	于	缘，	识	行	中	住，

坚固广大；行识住者，识缘于行，识住行中，

37.36.4

[illegible]	[illegible]	[illegible]	[illegible]，	[illegible]	[illegible]	[illegible]	[illegible]，	[illegible]	[illegible]	[illegible]
thjɨ^{2}	sju^{2}	nioow^{1}	ku^{1}	de^{2}	śjwo^{1}	dźjiij^{1}	zjịj^{1}	gjij^{1}	njij^{2}	lhu^{1}
此	如	故	由，	喜	生	住	著，	倍	加	增

[illegible]	[illegible]	[illegible]	[illegible]	[illegible]。	[illegible]	[illegible]
dzja^{1}	gjwɨ^{1}	lwo^{2}	wạ^{2}	ljịj^{2}	śja^{1}	rjir^{2}
长	坚	固	广	大。	舍	利

由如此故，生喜住著，转加增长坚固广大。舍利

37.36.5

[illegible]，	[illegible]	[illegible]	[illegible]	[illegible]	[illegible]，	[illegible]	[illegible]	[illegible]	[illegible]	[illegible]
gji^{2}	thjɨ^{2}	sju^{2}	njɨ^{2}	·jij^{1}	tja^{1}	sjij^{2}	ŋwu^{2}	nioow^{1}	sjịj^{2}	·jɨ^{1}
子，	是	如	等	相	者，	识	以	及	智	为

[illegible]	[illegible]	[illegible]	[illegible]？	[illegible]	[illegible]	[illegible]
tja^{1}	ljɨ̣^{1}	kjɨ^{1}	ŋwu^{2}	ŋwə	ŋur^{1}	lhjịj^{2}
者	何	等	是？	五	蕴	受

子，如是等相，名之为识。复以何等名之为智？所谓不住五受蕴

37.36.6

[illegible]	[illegible]	[illegible]，	[illegible]	[illegible]	[illegible]	[illegible]，	[illegible]	[illegible]	[illegible]。	[illegible]
kha1	mji1	dźjiij1	sjij2	ŋur1	tśjɨ1	tsjij2	ku1	sjịj2	·jɨ1	nioow1
中	不	住，	识	蕴	了	达，	是	智	谓。	又
[illegible]	[illegible]	[illegible]，	[illegible]	[illegible]	[illegible]，	[illegible]				
śja1	rjir2	gji2	sjij2	·jɨ1	tja1	ljɨ̣2				
舍	利	子，	识	言	者，	地				

中，了达识蕴，是名为智。又舍利子，所言识者，

37.37.1

[illegible]、	[illegible]	[illegible]、	[illegible]	[illegible]、	[illegible]	[illegible]、	[illegible]	[illegible]	[illegible]，	[illegible]
kięj2	zjɨɨr2	kięj2	məə1	kięj2	ljɨ1	kięj2	phjo2	kar2	njwi2	ku1
界、	水	界、	火	界、	风	界、	了	别	能，	是
[illegible]	[illegible]；	[illegible]	[illegible]	[illegible]，	[illegible]	[illegible]				
sjij2	·jɨ1	sjịj2	·jɨ1	tja1	tjɨ1	tjij1				
识	谓；	智	言	者，	假	若				

谓能了别地界、水界、火界、风界，是名为识；所言智者，若

37.37.2

[illegible]	[illegible]	[illegible]	[illegible]	[illegible]	[illegible]，	[illegible]	[illegible]	[illegible]	[illegible]	[illegible]
ljɨɨr1	ljij2	kięj2	kha1	mji1	dźjiij1	sjij2	ljɨ̣1	nioow1	tsjiir1	kięj2
四	大	界	中	不	住，	识	及	又	法	界
[illegible]	[illegible]	[illegible]	[illegible]	[illegible]	[illegible]，	[illegible]				
mji1	dźjow1	ka2	tsjij2	dar1	njwi2	ku1				
不	分	离	通	达	能，	是				

有不住四大界中，能善通达识之法界不相离者，是

37.37.3

[illegible]	[illegible]。	[illegible]	[illegible]	[illegible]	[illegible]，	[illegible]	[illegible]	[illegible]，	[illegible]	[illegible]
sjịj2	·jɨ1	nioow1	śja1	rjir2	gji2	sjij2	·jɨ1	tja1	mej1	nwə1
智	谓。	又	舍	利	子，	识	言	者，	眼	知

[illegible]

lew² tsə̣¹ nju¹ nwə¹ lew² ɣię² njii²

所 色、 耳 知 所 声、 鼻

名为智。又舍利子，所言识者，谓能了别眼所知色、耳所知声、鼻

37.37.4

[illegible]

nwə¹ lew² lji² lhjwa¹ nwə¹ lew² wjị¹ ljụ² nwə¹ lew² tsjụ¹

知 所 香、 舌 知 所 味、 身 知 所 触、

[illegible]

phji¹ nwə¹ lew² tsjiir¹ phjo² kar² njwi²

意 知 所 法 了 别 能，

所知香、舌所知味、身所知触、意所知法，

37.37.5

[illegible]

ku¹ sjij² ·jɨ¹ sjịj² ·jɨ¹ tja¹ lew¹ ·u² mjij¹ sej¹ djɨr²

是 识 谓； 智 言 者， 唯 内 寂 静， 外

[illegible]

bju¹ mji¹ dźjịj¹ sjịj² ɣa² bju¹ gjị²

于 不 行， 智 于 依 靠，

是名为识；所言智者，于内寂静，不行于外，唯依于智，

37.37.6

[illegible]

·a? mə² zjịj¹ tsjiir¹ ɣa² phjo² kar² mji¹ śjwo¹ nioow¹ mə²

一 种 许 法 于 分 别 不 生 及 种

[illegible]

mə² phjo² kar² mji¹ śjwo¹ ku¹ sjịj²

种 分 别 不 生。 是 智

不于一法而生分别及种种分别，是名为智。

37.38.1

□。	□	□	□	□，	□	□	□	□，	□	□
·jɨ^{1}	nioow^{1}	śja^{1}	rjir^{2}	gji^{2}	mjɨɨ^{2}	kiẹj^{2}	bju^{1}	śjwo^{1}	ku^{1}	sjij^{2}
谓。	又	舍	利	子，	境	界	从	生，	是	识

□，	□	□	□	□，	□	□
·jɨ^{1}	phji^{1}	wji^{1}	bju^{1}	śjwo^{1}	ku^{1}	sjij^{2}
谓，	意	作	从	生，	是	识

又舍利子，从境界生，是名为识；从作意生，是名为识。

37.38.2

□，	□	□	□	□，	□	□	□；	□①	□	□
·jɨ^{1}	phjo^{2}	kar^{2}	bju^{1}	śjwo^{1}	ku^{1}	sjij^{2}	·jɨ^{1}	sjịj^{2}	mjij^{1}	zow^{2}
谓，	分	别	从	生，	是	识	谓；	智	无	执

□，	□	□	□	□，	□	□
mjij^{1}	thjuu^{1}	lew^{2}	mji^{1}	dju^{1}	dźju^{1}	sjwij^{1}
无，	缘	所	无	有，	别	了

从分别生，是名为识；无取无执，无有所缘，无所了别，

37.38.3

□	□，	□	□	□	□，	□	□	□。	□	□
lew^{2}	mjij^{1}	phjo^{2}	kar^{2}	tsjɨ^{1}	mjij^{1}	ku^{1}	sjịj^{2}	·jɨ^{1}	nioow^{1}	śja^{1}
所	无，	分	别	亦	无，	是	智	谓。	又	舍

□	□，	□	□	□，	□	□
rjir^{2}	gji^{2}	sjij^{2}	·jɨ^{1}	tja^{1}	dźiəj^{2}	lheew^{2}
利	子，	识	言	者，	为	有

无有分别，是名为智。又舍利子，所言识者，

37.38.4

□	□，	□	□	□？	□	□	□	□，	□	□
tsjiir^{1}	dźjiij^{1}	thjij^{2}	sjo^{2}	ljɨ^{1}	dźiəj^{2}	mə̣^{1}	tsjiir^{1}	kha^{1}	sjij^{2}	dźjịj^{1}

① □，字面意思为“智”，与汉本义“取”不合，当属“□”（取）形近讹误。

法 住， 何 以 故？ 为 无 法 中， 识 行

[illegible]

mjɨ[1] njwi[2] ljɨ[1] tjij[1] dźiəj[2] mə[1] tsjiir[1]

不 能 也， 若 为 无 法

住有为法。何以故？无为法中，识不能行。若能

37.38.5

[illegible]

tsjij[2] dar[1] njwi[2] ku[1] sjij[2] ·jɨ[1] nioow[1] śja[1] rjir[2] gji[2] wee[1]

了 达 能， 是 智 谓。 又 舍 利 子， 生、

[illegible]

dzjar[2] dźjiij[1] ku[1] sjij[2] ·jɨ[1] mji[1] wee[1]

灭、 住、 名 识 谓； 不 生

了达无为之法，是名为智。又舍利子，住、生、灭者，名之为识；不生

37.38.6

[illegible]

mji[1] dzjar[2] dźjiij[1] lew[2] mjij[1] ku[1] sjij[2] ·jɨ[1] śja[1] rjir[2] gji[2]

不 灭， 住 所 无， 是 智 谓。 舍 利 子，

[illegible]

thjɨ[2] sju[2] rjur[1] ·jij[1] tjij[1] sjij[2] tjij[1]

是 如 诸 相， 若 识， 若

不灭，无有所住，是名为智。舍利子，如是诸相，若识、若

37.39.1

[illegible]

sjij[2] tja[1] mjor[1] ljij[2] sjij[2] so[1] tsew[2] seew[2] tshjiij[1] tji[2] mjij[1]

智 者， 如 来 智 三 第 思 议 可 不

[illegible]

ljij[2] sjij[2] ŋwu[2] tjij[1] rjur[1] po[1] tsa[1]

大 智 是。 若 诸 菩 萨

智，是名如来第三不思议大智。若诸菩萨

37.39.2

[illegible]	[illegible]	[illegible]，	[illegible]	[illegible]	[illegible]	[illegible]	[illegible]	[illegible]	[illegible]	[illegible]
ma^2	ŋạ^2	tsa^1	thjɨ^2	sju^2	seew^2	tshjiij^1	tjị^2	mjij^1	ljịj^2	sjịj^2
摩	诃	萨，	是	如	思	议	可	不	大	智
[illegible]	[illegible]	[illegible]	[illegible]，	[illegible]	[illegible]	[illegible]				
ɣię̣^{2}	lụ^2	mji^1	dju^1	tsjiir^1	ŋowr^2	ŋowr^2				
障	碍	无	有，	法	一	切				

摩诃萨，闻如是不思议大智无障无碍，一切

37.39.3

[illegible]	[illegible]	[illegible]	[illegible]	[illegible]	[illegible]，	[illegible]	[illegible]	[illegible]	[illegible]，	[illegible]
ɣa^2	bju^1	gjị^2	śjwo^1	mji^1	zjịj^1	njiij^1	tjị^1	dźiej^2	ɣiwej^1	gji^1
于	依	靠	起	闻	时，	心	诚	信	受，	清
[illegible]	[illegible]	[illegible]	[illegible]	[illegible]	[illegible]，					
sej^1	śjij^1	dźjij^1	·jiw^2	ljɨ̣j^1	mjij^1					
净	顺	行	疑	惑	无，					

法中依之而起，信受谛奉，清净无疑，

37.39.4

[illegible]	[illegible]	[illegible]	[illegible]	[illegible]	[illegible]	[illegible]	[illegible]，	[illegible]	[illegible]	[illegible]
śji^1	su^1	gjij^1	njij^2	njiij^1	ljɨ̣j^2	rjɨr^2	gjiij	rjar^1	gjij^1	sjiij^2
前	于	倍	增	欢	喜	乃	生，	希	奇	想
[illegible]。	[illegible]	[illegible]，	[illegible]	[illegible]	[illegible]	[illegible]				
śjwo^1	tśhjɨ^1	zjọ^2	rjur^1	pjụ^1	thjɨ^2	wo^2				
发。	尔	时，	世	尊	此	义				

倍复踊跃，深生欢喜，发希奇想。尔时，世尊欲

汉文本

舍利子，我今为汝复说譬喻，令有智者因此喻故，于义解了。舍利子，如有男子寿命百年，此人持一毛端，散分以为百五十分，取毛一分沾水一滴，来至我所，而作是言：敢以滴水持用相寄，后若须者，

当还赐我。尔时,如来取其滴水置殑伽河中,而为彼河流浪洄澓之所旋转,和合引注至于大海。是人满百年已,来至我所,而白我言:先寄滴水,今请还我。舍利子,如来成就不思议智,由是智故,如来应正等觉,知彼水滴在于大海,便以一分毛端就大海内,沾本水滴用还是人。舍利子,此譬喻者,义何谓耶?所谓众生曾以一滴微善之水,寄置如来福田手中,久而不失。如是,舍利子,若有善男子、善女人,于如来不思议智,清净信受,起爱敬心,缘念如来,兴诸供养,又以名华散空奉献;是人所有善根,叵知其边,速尽苦际。何以故?舍利子,如来善通达法界故。若人于如来所起一念善心者,尽于苦际,毕竟不坏。

尔时,长老舍利子白佛言:世尊,如来不思议大智离识而转不?

佛言:不也。

舍利子复白佛言:世尊,若如是者,云何为智?云何为识?

佛言:舍利子,有四识住识。依此住故,名识住。何者为四?所谓色识住者,识缘于色,识住色中,由如此故,生喜住著,转加增长坚固广大;受识住者,识缘于受,识住受中,由如此故,生喜住著,转加增长坚固广大;想识住者,识缘于想,识住想中,由如此故,生喜住著,转加增长坚固广大;行识住者,识缘于行,识住行中,由如此故,生喜住著,转加增长坚固广大。舍利子,如是等相,名之为识。复以何等名之为智?所谓不住五受蕴中,了达识蕴,是名为智。

又舍利子,所言识者,谓能了别地界、水界、火界、风界,是名为识;所言智者,若有不住四大界中,能善通达识之法界不相离者,是名为智。

又舍利子,所言识者,谓能了别眼所知色、耳所知声、鼻所知香、舌所知味、身所知触、意所知法,是名为识;所言智者,于内寂静,不行于外,唯依于智,不于一法而生分别及种种分别,是名为智。

又舍利子,从境界生,是名为识;从作意生,是名为识。从分别生,是名为识;无取无执,无有所缘,无所了别,无有分别,是名为智。

又舍利子,所言识者,住有为法。何以故?无为法中,识不能行。若能了达无为之法,是名为智。

又舍利子,住、生、灭者,名之为识;不生不灭,无有所住,是名为智。

舍利子,如是诸相,若识、若智,是名如来第三不思议大智。若诸菩萨摩诃萨,闻如是不思议大智无障无碍,一切法中依之而起,信受谛奉,清净无疑,倍复踊跃,深生欢喜,发希奇想。

37.39.5

[illegible]	[illegible]	[illegible],	[illegible]	[illegible]	[illegible]	[illegible]:
·jị^{2}	tshjiij^{1}	kięj^{2}	ljaa^{1}	dạ^{2}	rjɨr^{2}	tshjiij^{1}
重	宣	欲,	颂	言	乃	曰:

重宣此义,而说颂曰:

37.39.6

[illegible]	[illegible]	[illegible]	[illegible]	[illegible],	[illegible]	[illegible]	[illegible]	[illegible]	[illegible],	[illegible]
mjɨ^{1}	pjụ^{1}	khjā^{2}	khja^{2}	bẹ^{1}	śja^{1}	rjijr^{2}	kięj^{2}	sjɨ^{1}	śjị^{2}	zji^{2}

无 量 殑 伽 沙, 十 方 界 木 草, 尽

[illegible]

pju² kjɨ̣² wju¹ we²

焚 墨 灰 成,

无量殑伽沙,十方界草木,尽焚成墨灰,

37.40.1

[illegible]

rjir² kjiw¹ ŋjow² ·u² sjwo² ɣạ² ɣie¹ sjịj² na¹ thjoo¹ gjiwr²

亿 载 海 中 磨。 十 力 智 深 妙, 滴

[illegible]

lhjwi¹ dźiã² tśhju¹ neej²

取 情 有 示,

亿载磨于海。十力智深妙,取滴示含生,

37.40.2

[illegible]

thjɨ² sjwɨ² kięj² phu² njɨ² źjɨr¹ bju¹ phjo² kar² nwə¹ thjɨ²

此 某 界 树 等。 实 如 分 别 知, 是

[illegible]

sju² śja¹ rjijr² kięj²

如 十 方 界,

此某界树等。如实分别知,如是十方界,

37.40.3

[illegible]

lhjɨ² zjɨɨr² tha¹ ·jij¹ khjow¹ tha¹ sjịj² tshọ² ŋa¹ ka¹ zji²

尘 水 佛 之 示, 佛 智 虚 空 等, 遍

[illegible]

tsjij² ·jiw² ljɨ̣j¹ mjij¹

晓 疑 滞 无。

尘水示如来,佛智等虚空,遍晓无疑滞。

37.40.4

[illegible]	[illegible]	[illegible]	[illegible]	[illegible]，	[illegible]	[illegible]	[illegible]	[illegible]	[illegible]，	[illegible]
śja^{1}	rjijr^{2}	dźiã^{2}	tśhju^{1}	njiij^{1}	lẹj^{2}	tshjạ^{1}	lə^{2}	dźjɨ$^{?}$	śjwo^{1}	źjɨr^{1}
十	方	情	有	心，	贪	瞋	痴	行	发，	实
[illegible]	[illegible]	[illegible]	[illegible]，							
bju^{1}	zji^{2}	nwə^{1}	njwi^{2}							
如	悉	知	能，							

十方众生心，发贪瞋痴行，如实悉能知，

37.40.5

[illegible]	[illegible]	[illegible]	[illegible]	[illegible]，	[illegible]	[illegible]	[illegible]	[illegible]	[illegible]，	[illegible]
lhu^{1}	tjịj^{1}	bie^{2}	lhew^{2}	mjij^{1}	ɣạ^{2}	ɣie^{1}	rjur^{1}	pjụ^{1}	sjịj^{2}	tsjiir^{1}
增	减	解	脱	无，	十	力	世	尊	智，	法
[illegible]	[illegible]	[illegible]	[illegible]，							
kięj^{2}	zji^{2}	swew^{1}	swew^{1}							
界	于	明	照，							

无增减解脱。十力世尊智，照明于法界，

37.40.6

[illegible]	[illegible]	[illegible]	[illegible]	[illegible]，	[illegible]	[illegible]	[illegible]	[illegible]	[illegible]。
phjo^{2}	kar^{2}	mjij^{1}	sjwɨ^{2}	ka^{2}	tha^{1}	gji^{2}	dźiej^{2}	ɣiwej^{1}	njwi^{2}
分	别	无	谁	离，	佛	子	信	受	能。

无分别离思，佛子能信受。

37.41.1

[illegible]	[illegible]，	[illegible]	[illegible]	[illegible]	[illegible]	[illegible]	[illegible]：	[illegible]	[illegible]	[illegible]
tśhjɨ^{1}	zjọ^{2}	tha^{1}	śja^{1}	rjir^{2}	gji^{2}	·jij^{1}	·jɨ^{1}	po^{1}	tsa^{1}	ma^{2}
尔	时，	佛	舍	利	子	之	告：	菩	萨	摩
[illegible]	[illegible]	[illegible]	[illegible]，	[illegible]	[illegible]	[illegible]				
ŋạ^{2}	tsa^{1}	thjij^{2}	sjo^{2}	mjor^{1}	ljịj^{2}	·jij^{1}				
诃	萨	何	云，	如	来	之				

尔时,佛告舍利子:云何菩萨摩诃萨,于如来

37.41.2

[illegible]

seew^{2} tshjiij^{1} tji̩^{2} mjij^{1} ljij^{2} bji^{1} ɣa^{2} njiij^{1} tji̩^{1} dźiej^{2} ɣiwej^{1}

思 议 可 不 大 光 于, 心 诚 信 受,

[illegible]

gji^{1} sej^{1} śjij^{1} dźjij^{1} njiij^{1} ·jiw^{2} ljɨj^{1}

清 净 顺 行 心 疑 惑

不思议大光,信受谛奉,清净无疑,

37.41.3

[illegible]

mjij^{1} śji^{1} su^{1} gjij^{1} njij^{2} njiij^{1} ljɨj^{2} rjɨr^{2} gjiij rjar^{1} gjij^{1}

无, 先 于 倍 增 欢 喜 乃 生, 希 奇

[illegible]

sjiij^{2} śjwo^{1} ljɨ^{1} śja^{1} rjir^{2} gji^{2} rjur^{1}

想 发 也? 舍 利 子, 诸

倍复踊跃,深生欢喜,发希奇想?舍利子,诸

37.41.4

[illegible]

tha^{1} mjor^{1} ljij^{2} tsjiir^{1} kiẹj^{2} tsjij^{2} dar^{1} njwi^{2} ku^{1} seew^{2} tshjiij^{1}

佛 如 来 法 界 通 达 能 故, 思 议

[illegible]

tji̩^{2} mjij^{1} tsjij^{2} dar^{1} nioow^{1} ku^{1} mjor^{1}

可 不; 通 达 由 故, 如

佛如来善通达法界故,不可思议;由通达故,

37.41.5

[illegible]

ljij^{2} ŋowr^{2} ŋowr^{2} ljij^{2} bji^{1} swew^{1} wjạ^{2} sọ^{1} tụ^{1} ljij^{2} tụ^{1}

来 一 切 大 光 明 放， 三 千 大 千

[illegible]

tha[1] rjur[1] kięj[2] ·u[2] zjir[2] swew[1] ɣię[2]

佛 世 界 中 遍 照 障

一切如来放大光明，遍照三千大千佛之世界而无障

37.41.6

[illegible]

lụ[2] mjij[1] ljɨ[1] śja[1] rjir[2] gji[2] dzjọ[1] sju[2] ŋa[1] gu[2] rjur[1]

碍 无 也。 舍 利 子， 譬 如 空 中 诸

[illegible]

djɨj[2] le[2] mjij[1] be[2] dźiej[2] wejr[1] ljij[1]

云 雾 无， 日 轮 炎 盛，

碍。舍利子，譬如空中无诸云雾，日轮炎盛，

37.42.1

[illegible]

ljij[2] bji[1] swew[1] wją[2] rjur[1] kięj[2] zjir[2] swew[1] śja[1] rjir[2] gji[2]

大 光 明 放 世 界 遍 照。 舍 利 子，

[illegible]

mjor[1] ljij[2] bju[1] wo[2] tśhja[2] ka[1] dwewr[2]

如 来 应 义 正 等 觉，

放大光明遍照于世。如是①，舍利子，如来应②正等觉，

37.42.2

[illegible]

ljij[2] bji[1] swew[1] wją[2] ŋowr[2] ŋowr[2] do[2] zji[2] swew[1] tsjɨ[1] thja[1]

大 光 明 放 一 切 处 遍 照， 亦 是

[illegible]

wjɨ[2] sju[2] śja[1] rjir[2] gji[2] rjur[1] kha[1]

① 西夏文脱汉本“如是”二字。

② 应，即应供，西夏文当“[illegible]”。原文“[illegible]”(wo^2)当通“[illegible]”(wo^2)。

△	如。	舍	利	子，	世	间

放大光明遍照一切，亦复如是。又舍利子，如世间

37.42.3

[illegible]	[illegible]，	[illegible]	[illegible]	[illegible]	[illegible]	[illegible]	[illegible]	[illegible]	[illegible]	[illegible]，
tjij^1	bji^1	bə^2	tjij^2	rjur^1	bji^1	kha^1	wạ^2	we^2	ljij^2	we^2
灯	光，	虫	萤	虫	光	中	广	为	大	为，
[illegible]	[illegible]	[illegible]	[illegible]	[illegible]	[illegible]	[illegible]				
dźju^1	swew^1	swew^1	sej^1	zji^2	buu^2	gjiij^1				
显	照	明	净	最	胜	超				

中灯油之光，于萤火光为广为大，显照明净超过最胜；

37.42.4

[illegible]，	[illegible]	[illegible]	[illegible]	[illegible]	[illegible]	[illegible]	[illegible]	[illegible]，	[illegible]	[illegible]
dzjij^1	məə^1	zjur^2	bji^1	tja^1	tjij^1	bji^1	su^1	buu^2	gjiw^1	tśhjaa^1
过，	炬	烛	耀	者	灯	光	如	胜，	庭	上
[illegible]	[illegible]	[illegible]	[illegible]	[illegible]	[illegible]①，	[illegible]				
məə^1	zjur^2	su^1	su^1	buu^2	buu^2	tsə̣^{1}				
火	烛	如	如	胜	胜，	药				

烛炬之耀超胜灯光；庭燎火聚又胜烛炬；药草

37.42.5

[illegible]	[illegible]	[illegible]	[illegible]	[illegible]	[illegible]	[illegible]	[illegible]	[illegible]，	[illegible]	[illegible]
śjị^2	·a$^?$	śjwo^1	bji^1	tja^1	məə^1	tśiow^1	su^1	dzjij^1	gjɨ^2	gjij^1
草	△	发	光	者	火	聚	逾	过，	星	宿
[illegible]	[illegible]	[illegible]	[illegible]	[illegible]	[illegible]	[illegible]，				
bji^1	tja^1	tsə̣^{1}	śjị^2	bji^1	su^1	buu^2				
光	者	药	草	光	如	胜，				

发光逾于火聚；星宿之光倍过药草；

---

① “[illegible]”重复使用“[illegible]”与“[illegible]”，似当对译汉文“又胜”。

37.42.6

lhjịj^{2}	sə^{1}	bji^{1}	tja^{1}	gjịj^{1}	bji^{1}	su^{1}	buu^{2}	wejr^{1}	ljịj^{1}	be^{2}
月	满	光	者	星	耀	如	胜，	炎	盛	日
bji^{1}	lhjịj^{2}	bji^{1}	su^{1}	dzjịj^{1}	ljɨɨr^{1}	ŋwər^{1}				
光	月	光	逾	超；	四	天				

满月流光又过星耀；炎盛日光逾超于月；四天

37.43.1

njij^{2}	ljụ^{2}	bji^{1}	mjii^{1}	pjụ^{2}	bji^{1}	we^{2}	dzjwị^{1}	bji^{1}	ljuu^{2}	tshjịj^{2}
王	身	光、	宫	殿	光、	墙	壁	光、	庄	严
gju^{2}	bji^{1}	tja^{1}	śji^{1}	su^{1}	gjij^{1}	njij^{2}				
具	光	者，	前	于	倍	胜				

王天身所发光、宫殿光、墙壁光、庄严具光，倍胜

37.43.2

dzjọ^{1}	tjị^{2}	mjij^{1}	ljɨ^{1}	thjɨ^{2}	sju^{2}	tśjɨɨ^{1}	bju^{1}	rjɨr^{2}	njɨ^{2}	tsjij^{1}
喻	可	不	也；	是	如	次	依，	乃	至	他
djii^{2}	·jij^{1}	dzju^{2}	mə^{1}	ljụ^{2}	mjii^{1}	pjụ^{2}				
化	自	在	天	身、	宫	殿、				

于前不可为喻；如是展转，乃至他化自在天身、宫殿、

37.43.3

we^{2}	dzjwị^{1}	ljuu^{2}	tshjịj^{2}	gju^{2}	njɨ^{2}	·a$^{?}$	śjwo^{1}	bji^{1}	swew^{1}	śji^{1}
墙	壁、	庄	严	具	等	△	发	光	明	先

su^{1} buu^{2} dzjij^{1} xiwã^{1} ljụ^{2} mə^{1} bji^{1}

于 胜 过； 梵 身 天 光、

墙壁、身庄严具，皆发光明又倍于上；梵身天光、

37.43.4

xiwã^{1} bji^{2} mə^{1} bji^{1} xiwã^{1} ·ji^{1} mə^{1} bji^{1} ljịj^{2} xiwã^{1} mə^{1}

梵 辅 天 光、 梵 众 天 光、 大 梵 天

bji^{1} thjɨ^{2} sju^{2} bji^{1} zjɨɨr^{1} mjɨ^{1} pjụ^{1}

光、 是 如 光 少、 无 量

梵辅天光、梵众天光、大梵天光，如是少光、无量

37.43.5

bji^{1} sej^{1} bji^{1} zjɨɨr^{1} sej^{1} rjɨr^{2} njɨ^{2} njɨ^{2} sej^{1} wạ^{2} mjaa^{1}

光、 净 光、 少 净 乃 至 遍 净、 广 果、

sjiij^{2} dju^{1} sjiij^{2} mjij^{1} źjị^{1} mjij^{1} tsja^{1}

想 有、 想 无、 烦 无、 热

光、光净、少净乃至遍净、广果、有想、无想、无烦、无热、

37.43.6

mjij^{1} neew^{2} śja^{2} neew^{2} ljij^{2} tsə̣^{1} zji^{2} dźjwa^{1} mə^{1} ·jij^{1} ljụ^{2}

无、 善 现、 善 见、 色 究 竟 天 之， 身

bji^{1} mjii^{1} pjụ^{2} bji^{1} we^{2} dzjwɨ̣^{1} bji^{1}

光、 宫 殿 光、 城 壁 光、

善现、善见、色究竟天，所有身光、宫殿光、墙壁光、

37.44.1

[illegible]	[illegible]	[illegible]	[illegible]，	[illegible]	[illegible]	[illegible]	[illegible]	[illegible]	[illegible]	[illegible]
ljuu^{2}	tshjịj^{2}	gju^{2}	bji^{1}	śji^{1}	rjɨr^{2}	tshjiij^{1}	rjur^{1}	bji^{1}	rjir^{2}	dzjọ^{1}
庄	严	具	光，	前	乃	说	诸	光	与	比
[illegible]	[illegible]	[illegible]	[illegible]	[illegible]。	[illegible]	[illegible]				
ku^{1}	zji^{2}	kha^{1}	phju^{2}	tsew^{2}	thjɨ^{2}	sju^{2}				
故	最	中	一	第。	是	如				

庄严具光，比前诸光为最第一。如是

37.44.2

[illegible]	[illegible]	[illegible]	[illegible]	[illegible]	[illegible]	[illegible]，	[illegible]	[illegible]	[illegible]	[illegible]
tsə̣^{1}	zji^{2}	dźjwa^{1}	mə^{1}	·jij^{1}	bji^{1}	swew^{1}	mjor^{1}	ljịj^{2}	tśhja^{2}	njɨ^{2}
色	究	竟	天	之	光	明，	如	来	正	遍
[illegible]	[illegible]	[illegible]	[illegible]	[illegible]	[illegible]，	[illegible]				
nwə^{1}	·jij^{1}	bji^{1}	rjir^{2}	dzjọ^{1}	ku^{1}	thja^{1}				
知	之	光	于	比	故，	而				

色究竟天所有光明，比于如来正遍知光，而

37.44.3

[illegible]	[illegible]	[illegible]	[illegible]	[illegible]	[illegible]	[illegible]	[illegible]，	[illegible]	[illegible]	[illegible]
mjor^{1}	ljịj^{2}	·jij^{1}	bji^{1}	thja^{2}	su^{1}	gjiij^{1}	dzjịj^{1}	zji^{2}	thjoo^{1}	dźju^{1}
如	来	之	光	彼	于	超	过，	微	妙	显
[illegible]	[illegible]	[illegible]	[illegible]	[illegible]，	[illegible]	[illegible]				
swew^{1}	zji^{2}	buu^{2}	swew^{1}	sej^{1}	wạ^{2}	ljịj^{2}				
照	最	胜	明	净，	广	大				

如来光超过于彼，微妙显照最胜明净，广大

37.44.4

[illegible]	[illegible]，	[illegible]	[illegible]	[illegible]。	[illegible]	[illegible]	[illegible]？	[illegible]	[illegible]	[illegible]，
phju^{2}	tsew^{2}	dzjọ^{1}	tjị^{2}	mjij^{1}	thjij^{2}	sjo^{2}	ljɨ^{1}	śja^{1}	rjir^{2}	gji^{2}
一	第，	喻	可	不。	何	以	故？	舍	利	子，

mjor1	ljịj2	·jij1	bji1	tja1	seew2	tshjiij1
如	来	之	光	者，	思	议

第一，不可为喻。何以故？舍利子，如来光者，不可思议，

37.44.5

tji2	mjij1	mjɨ1	pjụ1	kie1	tśiow1	bju1	śjwo1	ka1	·jiij1	tśiow1
可	不，	无	量	戒	聚	从	生，	等	持	聚
bju1	śjwo1	źjɨr1	tśiow1	bie2	lhew2	tśiow1				
从	生，	慧	聚，	解	脱	聚、				

从无量戒聚生，从等持聚生，慧聚、解脱聚、

37.44.6

bie2	lhew2	sjịj2	ljij2	tśiow1	bju1	śjwo1	thjɨ2	sju2	njɨ2	mjɨ1
解	脱	智	见	聚	从	生，	是	如	等	无
pjụ1	tśhja2	·ioow1	bju1	śjwo1	nioow1	ljɨ1				
量	德	功	从	生	由	也。				

解脱智见聚生，从如是等无量功德之所由生。

37.45.1

nioow1	śja1	rjir2	gji2	sọ1	tụ1	ljịj2	tụ1	rjur1	kięj2	·u2
又	舍	利	子，	三	千	大	千	世	界	中
dju1	dju1	rjur1	bji1	mjor1	ljịj2	·jij1				
所	有	诸	光，	如	来	之				

又舍利子，三千大千世界所有诸光，比如来

37.45.2

[illegible]	[illegible]	[illegible]，	[illegible]	[illegible]	[illegible]	[illegible]	[illegible]	[illegible]	[illegible]，	[illegible]
bji^1	$rjir^2$	$dzjọ^1$	ku^1	$\cdot jir^2$	$phiaa^2$	kha^1	lew^1	$mjɨ^1$	?	$rjɨr^2$
光	与	比，	则	百	倍	中	一	不	及，	乃
[illegible]	[illegible]	[illegible]	[illegible]	[illegible]	[illegible]	[illegible]				
$njɨ^2$	$\cdot u^2$	po^1	$dźji^1$	$śia^1$	$thã^1$	$phiaa^2$				
至	优	波	尼	沙	驼	分				

光，百倍不及其一，乃至优波尼沙陀①不及

37.45.3

[illegible]	[illegible]	[illegible]。	[illegible]	[illegible]	[illegible]	[illegible]	[illegible]	[illegible]	[illegible]	[illegible]
lew^1	$mjɨ^1$	?	$thjɨ^2$	sju^2	sej^1	$bjii^2$	$dzjọ^1$	dza^2	$ŋwu^2$	$dzjọ^1$
一	不	及。	是	如	数	算	譬	喻	以	譬
[illegible]	[illegible]	[illegible]。	[illegible]	[illegible]，	[illegible]	[illegible]				
$tjị^2$	$mjij^1$	$ljɨ^1$	$nioow^1$	$tśjɨɨ^1$	$śja^1$	$rjir^2$				
能	不	也。	复	次，	舍	利				

其一，如是算数譬喻所不能及。复次，舍利子，

37.45.4

[illegible]，	[illegible]	[illegible]	[illegible]	[illegible]	[illegible]	[illegible]	[illegible]	[illegible]	[illegible]	[illegible]
gji^2	$dzjọ^1$	$śja^2$	phu^2	$d\underline{a}^2$	$thow^1$	$kię^1$	mja^1	$njɨɨ^2$	$kię^1$	kha^1
子，	如	赡	部	捺	陀	金	黄	凡	金	中
[illegible]，	[illegible]	[illegible]	[illegible]	[illegible]，	[illegible]	[illegible]				
$tjị^1$	$thja^2$	mja^1	$njɨɨ^2$	$kię^1$	bji^1	$swew^1$				
置，	彼	黄	凡	金，	光	明				

如赡部捺陀金置凡金中，令彼凡金，

37.45.5

[illegible]	[illegible]，	[illegible]	[illegible]	[illegible]	[illegible]。	[illegible]	[illegible]	[illegible]，	[illegible]	[illegible]
zji^2	$lhjo^1$	$dźjọ^2$	$tśiow^1$	$wjɨ^2$	sju^2	$śja^1$	$rjir^2$	gji^2	$thjɨ^2$	$sọ^1$

① 优波尼沙陀，又作坞波尼杀昙，梵文作 Upaniṣad。译曰近少、微细、因等。古印度形容极少之数量名称。

皆	失，	墨	聚	犹	如。	舍	利	子，	此	三
[illegible]	[illegible]	[illegible]	[illegible]	[illegible]	[illegible]	[illegible]				
tụ^{1}	ljij^{2}	tụ^{1}	rjur^{1}	kięj^{2}	·u^{2}	dju^{1}				
千	大	千	世	界	中	有				

犹如墨聚，失于明照。如是，舍利子，于此三千大千世界中

37.45.6

[illegible]	[illegible]	[illegible]，	[illegible]	[illegible]	[illegible]	[illegible]	[illegible]	[illegible]	[illegible]	[illegible]
dju^{1}	bji^{1}	swew^{1}	mjor^{1}	ljij^{2}	·jij^{1}	bji^{1}	ɣwə^{2}	rjir^{2}	swew^{1}	swew^{1}
所	光	明，	如	来	之	光	先	前	明	照
[illegible]	[illegible]	[illegible]	[illegible]	[illegible]	[illegible]。	[illegible]				
mjɨ^{1}	njwi^{2}	tsjɨ^{1}	thja^{1}	wjɨ^{2}	sju^{2}	nioow^{1}				
不	能	亦	彼	△	如。	又				

所有光明，若于如来光前不能明照亦复如是。又

37.46.1

[illegible]	[illegible]	[illegible]	[illegible]	[illegible]	[illegible]	[illegible]	[illegible]	[illegible]，	[illegible]	[illegible]
kięj^{2}	ŋowr^{2}	ŋowr^{2}	·u^{2}	dju^{1}	dju^{1}	rjur^{1}	bji^{1}	tja^{1}	mjor^{1}	ljij^{2}
界	一	切	间	所	有	诸	光	者，	如	来
[illegible]	[illegible]	[illegible]	[illegible]，	[illegible]	[illegible]、	[illegible]				
·jij^{1}	bji^{1}	ɣwə^{2}	rjir^{2}	bji^{1}	dju^{1}	sej^{1}				
之	光	先	前，	光	有、	净				

一切世间所有诸光，于如来光前不可说言，有光、有净、

37.46.2

[illegible]、	[illegible]	[illegible]、	[illegible]	[illegible]、	[illegible]	[illegible]	[illegible]	[illegible]	[illegible]	[illegible]	[illegible]。
dju^{1}	buu^{2}	dju^{1}	phju^{2}	dju^{1}	zji^{2}	phju^{2}	dju^{1}	·jɨ^{1}	tji̹^{2}	mjij^{1}	ljɨ^{1}
有、	胜	有、	上	有、	最	上	有	谓	可	无	也。

有胜、有上、有无上也。

汉文本

尔时，世尊欲重宣此义，而说颂曰：

无量殑伽沙，十方界草木，

尽焚成墨灰，亿载磨于海。

十力智深妙，取滴示含生，

此某界树等。如实分别知，

如是十方界，尘水示如来，

佛智等虚空，遍晓无疑滞。

十方众生心，发贪瞋痴行，

如实悉能知，无增减解脱。

十力世尊智，照明于法界，

无分别离思，佛子能信受。

尔时，佛告舍利子：云何菩萨摩诃萨，于如来不思议大光，信受谛奉，清净无疑，倍复踊跃，深生欢喜，发希奇想？

舍利子，诸佛如来善通达法界故，不可思议；由通达故，一切如来放大光明，遍照三千大千佛之世界而无障碍。舍利子，譬如空中无诸云雾，日轮炎盛，放大光明遍照于世。如是，舍利子，如来应正等觉，放大光明遍照一切，亦复如是。又舍利子，如世间中灯油之光，于萤火光为广为大，显照明净超过最胜；烛炬之耀超胜灯光；庭燎火聚又胜烛炬；药草发光逾于火聚；星宿之光倍过药草；满月流光又过星耀；炎盛日光逾超于月；四天王天身所发光、宫殿光、墙壁光、庄严具光，倍胜于前不可为喻；如是展转，乃至他化自在天身、宫殿、墙壁、身庄严具，皆发光明又倍于上；梵身天光、梵辅天光、梵众天光、大梵天光，如是少光、无量光、光净、少净乃至遍净、广果、有想、无想、无烦、无热、善现、善见、色究竟天，所有身光、宫殿光、墙壁光、庄严具光，比前诸光为最第一。如是色究竟天所有光明，比于如来正遍知光，而如来光超过于彼，微妙显照最胜明净，广大第一，不可为喻。何以故？舍利子，如来光者，不可思议，从无量戒聚生，从等持聚生，慧聚、解脱聚、解脱智见聚生，从如是等无量功德之所由生。又舍利子，三千大千世界所有诸光，比如来光，百倍不及其一，乃至优波尼沙陀不及其一，如是算数譬喻所不能及。复次，舍利子，如赡部捺陀金置凡金中，令彼凡金，犹如墨聚，失于明照。如是，舍利子，于此三千大千世界中所有光明，若于如来光前不能明照亦复如是。又一切世间所有诸光，于如来光前不可说言，有光、有净、有胜、有上、有无上也。

37.46.3

[illegible]	[illegible]，	[illegible]	[illegible]	[illegible]，	[illegible]	[illegible]	[illegible]	[illegible]，	[illegible]	[illegible]
nioow^{1}	tśjɨɨ^{1}	śja^{1}	rjir^{2}	gji^{2}	nji^{2}	sjij^{1}	nwə^{1}	lew^{2}	mjor^{1}	ljịj^{2}
复	次，	舍	利	子，	汝	今	知	当，	如	来
[illegible]	[illegible]	[illegible]	[illegible]	[illegible]	[illegible]	[illegible]				

tjij^{1}	dźiã^{2}	tśhju^{1}	·jij^{1}	njij^{2}	śjow^{1}	mji^{1}
若	情	有	之	怜	愍	不

复次,舍利子,汝今当知,如来不为怜愍众生

37.46.4

[illegible]	[illegible]	[illegible]	[illegible]	[illegible]	[illegible]	[illegible]	[illegible]	[illegible]	[illegible]	[illegible]
wji^{1}	bji^{1}	mji^{1}	tśhjwɨj^{1}	ɣjiw^{1}	ɣu^{1}	mjiij^{1}	dźjo^{1}	zjir^{2}	·a$^{?}$	lhjoor^{1}
为	光	不	持	摄	头	下	长	遍	一	寻
[illegible]	[illegible]	[illegible]	[illegible],	[illegible]	[illegible]	[illegible]				
mji^{1}	we^{2}	phji^{1}	ku^{1}	·a$^{?}$	phiaa^{2}	zjij^{1}				
不	为	令	故,	一	分	许				

摄持此光令周一寻①者,但以一分业

37.46.5

[illegible]	[illegible]	[illegible]	[illegible],	[illegible]	[illegible]	[illegible]	[illegible]	[illegible]	[illegible]	[illegible]
sjwɨj^{1}	·a$^{?}$	śjwo^{1}	bji^{1}	tsjɨ^{1}	so̱^{1}	tu̱^{1}	ljij^{2}	tu̱^{1}	tha^{1}	rjur^{1}
业	△	生	光,	亦	三	千	大	千	佛	世
[illegible]	[illegible]	[illegible]	[illegible],	[illegible]	[illegible]					
kiej^{2}	·u^{2}	zji^{2}	swew^{1}	be^{2}	lhjij^{2}					
界	中	遍	照,	日	月					

所生光,则能遍照三千大千佛之世界,令日月

37.46.6

[illegible]	[illegible]	[illegible]	[illegible]	[illegible]	[illegible],	[illegible]	[illegible]	[illegible]	[illegible]	[illegible],
bji^{1}	swew^{1}	zji^{2}	mji^{1}	śja^{2}	phji^{1}	tjij^{1}	thji^{2}	ljɨ^{1}	sju^{2}	ku^{1}
光	明	悉	不	现	令,	若	是	与	如	者,
[illegible]	[illegible]	[illegible]	[illegible]	[illegible]	[illegible],	[illegible]				
njɨɨ^{2}	gjɨ^{2}	dźjow^{1}	ka^{2}	tji̱^{2}	mjij^{1}	·a$^{?}$				
昼	夜	分	别	可	不,	一				

光悉不复现。若如是者,不可分别有昼有夜,

① 一寻,乃古代之长度单位。伸张两臂为一寻,约等于八尺或六尺。亦有称七尺者。

37.47.1

lhjịj^{2}	lhjịj^{2}	khwə^{1}	dzjɨj^{1}	tsewr^{1}	kjiw^{1}	ŋewr^{2}	tsew^{2}	du^{2}	tsjɨ^{1}	dźjow^{1}
月	月	半	时	节	岁	数	第	齐	亦	分
ka^{2}	tjị^{2}	mjij^{1}	lew^{1}	rjur^{1}	dźiã^{2}	tśhju^{1}				
别	可	不，	但	诸	情	有				

不可分别有月半月，及以时节岁数分齐；但为

37.47.2

·jij^{1}	njij^{2}	śjow^{1}	nioow^{1}	ku^{1}	tśhjwo^{1}	ɣu^{1}	mjiij^{1}	twụ^{1}	·a$^{?}$	lhjoor^{1}
之	怜	愍	为	故，	则	头	下	各	一	寻
bji^{1}	gji^{2}	śja^{2}	ljɨ^{1}	śja^{1}	rjir^{2}	gji^{2}				
光	或	现	也。	舍	利	子，				

怜愍诸众生故，现周一寻。舍利子，

37.47.3

tjij^{1}	mjor^{1}	ljij^{2}	bju^{1}	wo^{2}	tśhja^{2}	ka^{1}	zji^{2}	nwə^{1}	·jij^{1}	bji^{1}
若	如	来	依	应	正	等	遍	知，	自	光
swew^{1}	ŋwu^{2}	mjɨ^{1}	pjụ^{1}	ŋewr^{2}	mjij^{1}	bju^{2}				
明	以	无	量	数	无	边				

若如来应正遍知，发意欲以光明遍满，无量无数无边

37.47.4

mjij^{1}	rjur^{1}	kięj^{2}	·u^{2}	zji^{2}	swew^{1}	kięj^{2}	ku^{1}	thja^{1}	bju^{1}	zji^{2}
无	世	界	中	遍	照	欲，	则	彼	依	遍

[illegible]	[illegible]	[illegible]。	[illegible]	[illegible]	[illegible]?	[illegible]
do[2]	swew[1]	njwi[2]	thjij[2]	sjo[2]	ljɨ[1]	śja[1]
处	照	能。	何	以	故?	舍

世界则能遍照。何以故?舍

37.47.5

[illegible]	[illegible],	[illegible]	[illegible]	[illegible]	[illegible]	[illegible]	[illegible]	[illegible]	[illegible]	[illegible]
rjir[2]	gji[2]	mjor[1]	lji̢j[2]	phju[2]	tsew[2]	pa[2]	rja[2]	po[1]	lo[1]	bjii[2]
利	子,	如	来	一	第	般	若	波	罗	蜜
[illegible]	[illegible]	[illegible]	[illegible]。	[illegible]	[illegible]	[illegible],	[illegible]			
tow[1]	rjir[2]	nioow[1]	ljɨ[1]	śja[1]	rjir[2]	gji[2]	ŋa[2]			
多	得	故	也。	舍	利	子,	我			

利子,如来以得第一般若波罗蜜多故。舍利子,我

37.47.6

[illegible]	[illegible]	[illegible],	[illegible]	[illegible]	[illegible]	[illegible],	[illegible]	[illegible]	[illegible]	[illegible],
sjij[1]	nji[2]	·jij[1]	·ji̢[2]	dzjo̢[1]	tshjiij[1]	ŋwu[2]	thja[1]	wo[2]	dźju[1]	sjwij[1]
今	汝	之,	更	譬	喻	以,	此	义	重	明,
[illegible]	[illegible]	[illegible]	[illegible]	[illegible]	[illegible]	[illegible]				
rjur[1]	sji̢j[2]	dzjwo[2]	·jij[1]	gjij[1]	njij[2]	dźju[1]				
诸	智	者	之	倍	增	显				

今为汝,更说譬喻,重明此义,诸有智者倍增显

37.48.1

[illegible]	[illegible]	[illegible]。	[illegible]	[illegible]	[illegible],	[illegible]	[illegible]	[illegible]	[illegible],	[illegible]
tsjij[2]	phjo[2]	ŋa[2]	śja[1]	rjir[2]	gji[2]	tjɨ[1]	tjij[1]	dzjwo[2]	dju[1]	thjɨ[2]
觉	令	△。	舍	利	子,	假	使	人	有,	此
[illegible]	[illegible]	[illegible]	[illegible]	[illegible]	[illegible]	[illegible]				
so̢[1]	tu̢[1]	lji̢j[2]	tu̢[1]	rjur[1]	kie̢j[2]	swej[1]				
三	千	大	千	世	界	碎				

了。舍利子,假使有人,以此三千大千世界碎

37.48.2

[illegible]	[illegible]	[illegible]	[illegible]，	[illegible]	[illegible]	[illegible]	[illegible]	[illegible]	[illegible]，	[illegible]
lhjɨ^{2}	me^{2}	we^{2}	phji^{1}	dzwew^{1}	·u^{2}	wjɨ^{2}	kjur^{1}	wjɨ̣^{2}	rjijr^{2}	tśhjɨ^{1}
尘	微	为	令，	襟	中	△	往	东	方，	尔
[illegible]	[illegible]	[illegible]	[illegible]	[illegible]	[illegible]	[illegible]				
zjọ^{2}	lhjɨ^{2}	me^{2}	rjur^{1}	kięj^{2}	wjɨ^{2}	dzjịj^{1}				
时	尘	微	世	界	△	过				

为微尘，置衣襟中往至东方，过尔所微尘数世界乃

37.48.3

[illegible]	[illegible]	[illegible]	[illegible]	[illegible]	[illegible]	[illegible]	[illegible]，	[illegible]	[illegible]	[illegible]
zjịj^{1}	tśhjwo^{1}	·a$^{?}$	gjiwr^{2}	lhjɨ^{2}	me^{2}	bə^{1}	dźjwo^{2}	thjɨ^{2}	sju^{2}	tśjɨɨ^{1}
时	则	一	滴	尘	微	置	投，	是	如	次
[illegible]	[illegible]	[illegible]	[illegible]	[illegible]	[illegible]	[illegible]				
bju^{1}	thja^{1}	lhjɨ^{2}	me^{2}	ŋewr^{2}	ljɨ̣^{1}	zji^{2}				
转	此	尘	微	数	及	皆				

下一尘，如是展转尽此微尘，而

37.48.4

[illegible]，	[illegible]	[illegible]	[illegible]	[illegible]	[illegible]	[illegible]	[illegible]	[illegible]	[illegible]	[illegible]；
sji^{1}	wjɨ̣^{2}	rjijr^{2}	wjij^{2}	wjij^{2}	rjur^{1}	kięj^{2}	bju^{2}	ljow^{2}	mji^{1}	sji^{1}
尽，	东	方	所	有	世	界	边	际	未	尽；
[illegible]	[illegible]，	[illegible]	[illegible]	[illegible]	[illegible]、	[illegible]				
thjɨ^{2}	sju^{2}	zjɨr^{1}	lji^{2}	ljạ^{1}	rjijr^{2}	ljɨɨr^{1}				
是	如，	南	西	北	方、	四				

此东方所有世界未尽其边；如是，南西北方、四

37.48.5

[illegible]、	[illegible]、	[illegible]，	[illegible]	[illegible]	[illegible]	[illegible]	[illegible]	[illegible]	[illegible]。	[illegible]
dzjɨj^{2}	phju^{2}	khju^{1}	tsjɨ^{1}	zji^{2}	thja^{1}	wjɨ^{2}	sju^{2}	djij^{2}	ŋwu^{2}	śja^{1}
维、	上、	下，	亦	皆	彼	△	如	△	是。	舍

[illegible]	[illegible],	[illegible]	[illegible]	[illegible]	[illegible]	[illegible]?
rjir²	gji²	nji²	phji¹	ɣa²	thjij²	sjo²
利	子,	汝	意	于	何	云?

维、上、下,亦复如是。舍利子,于汝意云何?

37.48.6

[illegible]	[illegible]	[illegible]	[illegible]	[illegible]	[illegible]	[illegible]	[illegible]	[illegible]	[illegible]	[illegible]
tjij¹	dzjwo²	thja¹	rjur¹	kiej²	bju²	ljow²	rjir¹	njwi²	mjijr²	·a?
若	人	彼	世	界	边	际	得	能	者	△
[illegible]?	[illegible]	[illegible]	[illegible]	[illegible]:	[illegible]	[illegible],				
dju¹	śja¹	rjir²	gji²	dạ²	mji¹	ljɨ¹				
有?	舍	利	子	言:	不	也,				

颇有人能得是世界诸边际不?舍利子言:不也,

37.49.1

[illegible]	[illegible]	[illegible]。	[illegible]	[illegible],	[illegible]	[illegible]	[illegible]。	[illegible]	[illegible]	[illegible],
pho¹	khja²	xiwã¹	mji¹	ljɨ¹	su¹	kja¹	tow¹	śja¹	rjir²	gji²
薄	伽	梵。	不	也,	苏	揭	多。	舍	利	子,
[illegible]	[illegible]	[illegible]	[illegible]	[illegible]	[illegible]	[illegible]				
thja¹	rjur¹	rjur¹	kiej²	·u²	dju¹	dju¹				
是	诸	世	界	中	所	有				

薄伽梵。不也,苏揭多①。舍利子,是诸世界所有

37.49.2

[illegible]	[illegible],	[illegible]	[illegible]	[illegible]	[illegible],	[illegible]	[illegible]	[illegible]	[illegible];	[illegible]
rjur¹	bji¹	mjɨ¹	pjụ¹	bju²	mjij¹	seew²	tshjiij¹	tjị²	mjij¹	mjor¹
诸	光,	无	量	边	无,	思	议	可	不;	如
[illegible]	[illegible]	[illegible]	[illegible]	[illegible]	[illegible]	[illegible]				
ljij²	·jij¹	thja¹	kha¹	bji¹	zji²	phju²				
来	之	彼	中	光	最	一				

① 苏揭多,梵文作 Sugata。旧称修伽陀、修伽度、修伽多、莎伽陀等。新称苏揭多、索欝多。译曰善逝。如来十号之一。

诸光，无量无边，不可思议；而如来光最为

37.49.3

[illegible]	[illegible]，	[illegible]	[illegible]	[illegible]	[illegible]	[illegible]	[illegible]	[illegible]	[illegible]	[illegible]
tsew²	we²	thja²	bji¹	ŋowr²	ŋowr²	mjor¹	ljij²	·jij¹	bji¹	rjir²
第	为，	彼	光	一	切	如	来	之	光	与
[illegible]	[illegible]	[illegible]	[illegible]	[illegible]	[illegible]					
dzjọ¹	·jir²	phiaa²	kha¹	lew¹	mjɨ¹					
譬	百	分	中	一	不					

第一，彼一切光于如来光百倍不及其一，

37.49.4

[illegible]，	[illegible]	[illegible]	[illegible]	[illegible]	[illegible]	[illegible]	[illegible]	[illegible]	[illegible]	[illegible]
?	rjɨr²	njɨ²	·u²	po¹	dźji¹	śia¹	thã¹	phiaa²	kha¹	tsjɨ¹
及，	乃	至	优	波	尼	沙	陀	分	中	亦
[illegible]	[illegible]	[illegible]，	[illegible]	[illegible]	[illegible]	[illegible]				
lew¹	mjɨ¹	?	thjɨ²	sju²	sej¹	bjii²				
一	不	及，	是	如	数	算				

乃至优波尼沙陀分不及其一，如是算数

37.49.5

[illegible]	[illegible]	[illegible]	[illegible]	[illegible]	[illegible]	[illegible]。	[illegible]	[illegible]	[illegible]，	[illegible]
dzjọ¹	dza²	ŋwu²	zji²	dzjọ¹	tjị²	mjij¹	śja¹	rjir²	gji²	mjor¹
譬	喻	以	皆	及	能	不。	舍	利	子，	如
[illegible]	[illegible]	[illegible]	[illegible]	[illegible]	[illegible]	[illegible]				
ljij²	·jij¹	bji¹	swew¹	ŋwu²	rjur¹	kiẹj²				
来	之	光	明	以	世	界				

譬喻所不能及。舍利子，如来发意，欲以光明遍照一切世界，

37.49.6

[illegible]	[illegible]	[illegible]	[illegible]	[illegible]	[illegible]。	[illegible]	[illegible]	[illegible]	[illegible]	[illegible]
ŋowr²	ŋowr²	·u²	zji²	swew¹	kiẹj²	ku¹	thja¹	bju¹	zji²	do²

一 切 中 遍 照 欲。 则 彼 依 遍 处

[illegible] [illegible]。 [illegible] [illegible] [illegible]? [illegible] [illegible]

swew¹ njwi² thjij² sjo² ljɨ¹ mjor¹ ljij²

照 能。 何 以 故? 如 来

则能遍照。何以故?由如来

37.50.1

[illegible] [illegible] [illegible] [illegible] [illegible] [illegible] [illegible] [illegible] [illegible] [illegible] [illegible]。

phju² tsew² pa² rja² po¹ lo¹ bjii² tow¹ rjir² nioow¹ ljɨ¹

一 第 般 若 波 罗 蜜 多 得 故 也。

[illegible] [illegible] [illegible], [illegible] [illegible] [illegible] [illegible]

śja¹ rjir² gji² mjor¹ ljij² ·jij¹ bji¹

舍 利 子, 如 来 之 光

得第一般若波罗蜜多故。舍利子,如来光

37.50.2

[illegible], [illegible] [illegible] [illegible] [illegible]; [illegible] [illegible]、 [illegible] [illegible]、 [illegible] [illegible]、

tja¹ ɣię² lụ² mjij¹ dju¹ we² dzjwɨ¹ tjij¹ phu² tjij¹ sji¹

者, 障 碍 无 有; 墙 壁、 若 树、 若 木、

[illegible] [illegible] [illegible] [illegible], [illegible] [illegible] [illegible]

tjij¹ dźiej² tśjɨ¹ ŋər¹ ljij² dźiej² tśjɨ¹

若 轮 围 山, 大 轮 围

者,无有障碍;所有墙壁,若树、若木,若轮围山、大轮围

37.50.3

[illegible]、 [illegible] [illegible] [illegible] [illegible] [illegible] [illegible]、 [illegible] [illegible] [illegible] [illegible]

ŋər¹ khja² thow¹ mo² ljij² no¹ ŋər¹ boo² tśjĩ¹ ljĩ¹ thow¹

山、 乾 陀 摩 达 那 山、 目 脂 邻 陀

[illegible]、 [illegible] [illegible] [illegible] [illegible] [illegible] [illegible]、

ŋər¹ ljij² boo² tśjĩ¹ ljĩ¹ thow¹ ŋər¹

山、 大 目 脂 邻 陀 山、

山、乾陀摩达那山、目脂邻陀山①、大目脂邻陀山、

37.50.4

[illegible]	[illegible]	[illegible]	[illegible]	[illegible]、	[illegible]	[illegible]、	[illegible]	[illegible]	[illegible]	[illegible]
·ji^{1}	śia^{1}	thow^{1}	lo^{1}	ŋər^{1}	wji̤^{1}	ŋər^{1}	rar^{1}	njaa^{1}	nioow^{1}	su^{1}
伊	沙	陀	罗	山、	雪	山、	山	黑	及	苏
[illegible]	[illegible]	[illegible]	[illegible]，	[illegible]	[illegible]	[illegible]				
mji^{1}	lu^{2}	ŋər^{1}	njij^{2}	thjɨ^{2}	sju^{2}	njɨ^{2}				
迷	卢	山	王，	是	如	等				

伊沙陀罗山、雪山、黑山及苏迷卢山②王，如是等

37.50.5

[illegible]	[illegible]	[illegible]	[illegible]	[illegible]。	[illegible]	[illegible]	[illegible]	[illegible]	[illegible]	[illegible]
zji^{2}	ɣię^{2}	we^{2}	mjɨ^{1}	njwi^{2}	tha^{1}	·jij^{1}	bji^{1}	swew^{1}	to^{2}	zji^{2}
皆	障	为	不	能。	佛	之	光	明	悉	皆
[illegible]	[illegible]，	[illegible]	[illegible]	[illegible]	[illegible]	[illegible]				
dja^{2}	bę^{1}	so̱^{1}	tụ^{1}	ljij^{2}	tụ^{1}	rjur^{1}				
△	彻，	三	千	大	千	世				

皆不能障。佛之光明悉能洞彻，遍照三千大千世

37.50.6

[illegible]	[illegible]	[illegible]。	[illegible]	[illegible]	[illegible]，	[illegible]	[illegible]	[illegible]	[illegible]	[illegible]
kięj^{2}	zji^{2}	swew^{1}	śja^{1}	rjir^{2}	gji^{2}	sjij^{2}	zjɨɨr^{1}	dźiã^{2}	tśhju^{1}	mjor^{1}
界	遍	照。	舍	利	子，	智	少	情	有	如
[illegible]	[illegible]	[illegible]	[illegible]	[illegible]	[illegible]	[illegible]，				
ljij^{2}	·jij^{1}	bji^{1}	dźiej^{2}	tsjij^{2}	mjɨ^{1}	njwi^{2}				
来	之	光	信	解	不	能，				

界。舍利子，少智众生不能信解如来光者，

① 目脂邻陀山，梵文作 Mucilinda。简称目邻山，在印度古摩揭陀国佛成道处东南，龙王名。取所住之龙王以名山也。

② 苏迷卢山，梵文作 Sumeru。妙高山。旧名须弥山。又曰迷留。

37.51.1

[illegible]	[illegible]	[illegible]	[illegible]	[illegible],	[illegible]	[illegible]	[illegible]	[illegible]	[illegible]	[illegible]
dźiā^{2}	tśhju^{1}	kha^{1}	tśhioow^{1}	tśhioow^{1}	mjor^{1}	ljịj^{2}	·jij^{1}	bji^{1}	lew^{1}	·a$^{?}$
情	有	中	或	或,	如	来	之	光	唯	一
[illegible]	[illegible]	[illegible]	[illegible];	[illegible]	[illegible]	[illegible]				
lhjoor^{1}	rjar^{1}	swew^{1}	ljij^{2}	sjịj^{2}	śji^{1}	su^{1}				
寻	△	照	见;	智	先	于				

或有众生,见如来光唯照一寻;次有智者,

37.51.2

[illegible]	[illegible],	[illegible]	[illegible]	[illegible]	[illegible]	[illegible]	[illegible]	[illegible]	[illegible]	[illegible];
gjij^{1}	tja^{1}	mjor^{1}	ljịj^{2}	·jij^{1}	bji^{1}	njɨɨ^{1}	lhjoor^{1}	rjar^{1}	swew^{1}	ljij^{2}
倍	者,	如	来	之	光	二	寻	△	照	见;
[illegible]	[illegible]	[illegible]	[illegible]	[illegible]	[illegible],	[illegible]				
nioow^{1}	sjịj^{2}	śji^{1}	su^{1}	gjij^{1}	tja^{1}	mjor^{1}				
次	智	先	于	倍	者,	如				

见如来光照于二寻;次有智者,见如

37.51.3

[illegible]	[illegible]	[illegible]	[illegible]	[illegible]	[illegible]	[illegible]	[illegible]	[illegible];	[illegible]	[illegible]
ljịj^{2}	sjịj^{2}	bji^{1}	kju^{1}	lu^{1}	śja^{1}	rjar^{1}	swew^{1}	ljij^{2}	tśjɨɨ^{1}	bju^{1}
来	智	光	拘	卢	舍	△	照	见;	次	依
[illegible]	[illegible]	[illegible]	[illegible]	[illegible],	[illegible]	[illegible]				
rjɨr^{2}	njɨ^{2}	sjịj^{2}	ljịj^{2}	dzjwo^{2}	mjor^{1}	ljịj^{2}				
乃	至	智	大	者,	如	来				

来光照拘卢舍①;次大智者,乃至能见如来

37.51.4

[illegible]	[illegible]	[illegible],	[illegible]	[illegible]	[illegible]	[illegible]	[illegible]	[illegible]	[illegible]	[illegible]
·jij^{1}	bji^{1}	swew^{1}	sọ^{1}	tụ^{1}	ljịj^{2}	tụ^{1}	rjur^{1}	kiẹj^{2}	·u^{2}	zji^{2}

① 拘卢舍,梵文作 Krosa。为印度古代之尺度名。又作俱卢舍、拘搂赊。意译声、鸣唤。藏文作 rgyang。

之	光	明，	三	千	大	千	世	界	中	遍
[illegible]	[illegible]	[illegible]。	[illegible]	[illegible]	[illegible]，	[illegible]				
swew^{1}	ljij^{2}	njwi^{2}	śja^{1}	rjir^{2}	gji^{2}	rjɨr^{2}				
照	见	能。	舍	利	子，	乃				

光明，遍照三千大千世界。舍利子，乃

37.51.5

[illegible]	[illegible]	[illegible]	[illegible]	[illegible]	[illegible]	[illegible]	[illegible]	[illegible]	[illegible]，	[illegible]
njɨ^{2}	·jir^{2}	tụ^{1}	rjur^{1}	kięj^{2}	wə^{1}	ljij^{2}	xiwã^{1}	ŋwər^{1}	njij^{2}	mjor^{1}
至	百	千	世	界	主	大	梵	天	王，	如
[illegible]	[illegible]	[illegible]	[illegible]	[illegible]	[illegible]	[illegible]				
ljij^{2}	·jij^{1}	bji^{1}	swew^{1}	·jir^{2}	tụ^{1}	rjur^{1}				
来	之	光	明	百	千	世				

至百千世界主梵天王，能见如来光明遍照百千世

37.51.6

[illegible]	[illegible]	[illegible]	[illegible]	[illegible]	[illegible]。	[illegible]	[illegible]	[illegible]	[illegible]，	[illegible]
kięj^{2}	·u^{2}	zji^{2}	swew^{1}	ljij^{2}	njwi^{2}	thjɨ^{2}	sju^{2}	tśjɨɨ^{1}	bju^{1}	rjɨr^{2}
界	中	遍	照	见	能。	是	如	次	依，	乃
[illegible]	[illegible]	[illegible]	[illegible]	[illegible]	[illegible]	[illegible]				
njɨ^{2}	ljɨ̣^{2}	kjɨ^{1}	·o^{2}	phju^{2}	ljɨ̣^{2}	lhjụ^{2}				
至	地	已	入	上	地	登				

界；如是展转，乃至已登上地

37.52.1

[illegible]	[illegible]	[illegible]	[illegible]	[illegible]	[illegible]	[illegible]，	[illegible]	[illegible]	[illegible]	[illegible]
rjur^{1}	ljij^{2}	po^{1}	tsa^{1}	ma^{2}	ŋạ^{2}	tsa^{1}	mjor^{1}	ljij^{2}	·jij^{1}	bji^{1}
诸	大	菩	萨	摩	诃	萨，	如	来	之	光
[illegible]	[illegible]	[illegible]	[illegible]	[illegible]	[illegible]	[illegible]。				
swew^{1}	mjɨ^{1}	pjụ^{1}	bju^{2}	mjij^{1}	rjur^{1}	kięj^{2}				
明	无	量	边	无	世	界。				

诸大菩萨摩诃萨，能见如来光明遍照无量无边世界。

37.52.2

·u^2	zji^2	swew^1	ljịj^2	njwi^2	śja^1	rjir^2	gji^2	mjor^1	ljịj^2	rjur^1
中	遍	照	见	能。	舍	利	子，	如	来	诸
dźiã^2	tśhju^1	·jij^1	njij^2	śjow^1	kięj^2	nioow^1				
情	有	之	怜	愍	欲	故，				

舍利子,如来为欲怜愍诸众生故,

37.52.3

ljịj^2	bji^1	swew^1	wją^2	tshọ^2	ŋa^1	rjir^2	ka^1	rjur^1	dźiã^2	tśhju^1
大	光	明	放	虚	空	同	等	诸	情	有
kięj^2	zji^2	swew^1	śja^1	rjir^2	gji^2	thjɨ^2				
界	遍	照。	舍	利	子，	是				

又放光明遍照如虚空等诸众生界。舍利子,是

37.52.4

tja^1	ljɨɨr^1	tsew^2	mjor^1	ljịj^2	·jij^1	seew^2	tshjiij^1	tjị^2	mjij^1	bji^1
名	四	第	如	来	之	思	议	可	不	光
ŋwu^2	rjur^1	po^1	tsa^1	ma^2	ŋạ^2	tsa^1				
是。	诸	菩	萨	摩	诃	萨，				

名第四如来不思议光。诸菩萨摩诃萨,

37.52.5

mjor^1	ljịj^2	·jij^1	thjɨ^2	ljịj^2	bji^1	seew^2	tshjiij^1	tjị^2	mjij^1	tshọ^2
如	来	之	是	大	光	思	议	可	不	虚

[illegible]	[illegible]	[illegible]	[illegible]	[illegible]	[illegible]	[illegible],
ŋa[1]	wjɨ[2]	sju[2]	tshjiij[1]	djij[2]	mji[1]	zjịj[1]
空	已	如	说	▽	闻	时,

闻如来说是大光不可思议如虚空已,

37.52.6

[illegible]	[illegible]	[illegible]	[illegible],	[illegible]	[illegible]	[illegible]	[illegible],	[illegible]	[illegible]	[illegible]
ljɨ̣j[1]	mjij[1]	·jiw[2]	mjij[1]	gji[1]	sej[1]	dźiej[2]	ɣiwej[1]	śji[1]	su[1]	gjij[1]
惑	无	疑	无,	清	净	信	受,	先	于	倍
[illegible]	[illegible]	[illegible]	[illegible]	[illegible],	[illegible]	[illegible]				
njij[2]	njiij[1]	ljɨ̣j[2]	rjɨr[2]	gjiij	rjar[1]	gjij[1]				
增	欢	喜	乃	生,	希	奇				

无惑无疑,清净信受,倍复踊跃,深生欢喜,发希奇想。

37.53.1

[illegible]	[illegible]	[illegible]。	[illegible]	[illegible],	[illegible]	[illegible]	[illegible]	[illegible]	[illegible]	[illegible]
sjiij[2]	śjwo[1]	ljɨ[1]	tśhjɨ[1]	zjọ[2]	rjur[1]	pjụ[1]	thjɨ[2]	wo[2]	·jị[2]	tshjiij[1]
想	发	也。	尔	时,	世	尊	此	义	重	宣
[illegible],	[illegible]	[illegible]	[illegible]	[illegible]:						
kięj[2]	ljaa[1]	dạ[2]	rjɨr[2]	tshjiij[1]						
欲,	颂	言	乃	曰:						

尔时,世尊欲重宣此义,而说颂曰:

37.53.2

[illegible]	[illegible]	[illegible]	[illegible]	[illegible],	[illegible]	[illegible]	[illegible]	[illegible]	[illegible],	[illegible]
be[2]	lhjịj[2]	njɨ[2]	bji[1]	swew[1]	nioow[1]	rjur[1]	śjɨ[2]	xiwã[1]	njɨ[2]	rjɨr[2]
日	月	等	光	明,	及	诸	释	梵	等,	乃
[illegible]	[illegible]	[illegible]	[illegible]①,							
njɨ[2]	tsə̣[1]	dźjwa[1]	bji[1]							
至	色	竟	光,							

① [illegible],字面意思为“光”,与汉本义不合。

日月等光明，及诸释梵等，乃至色究竟，

37.53.3

[illegible]	[illegible]	[illegible]	[illegible]	[illegible]。	[illegible]	[illegible]	[illegible]	[illegible]	[illegible]，	[illegible]
tha^{1}	bji^{1}	rjir^{2}	ŋwer^{1}	mjij^{1}	tsə̣^{1}	zji^{2}	dźjwa^{1}	mə^{1}	bji^{1}	sọ^{1}
佛	光	与	等	无。	色	究	竟	天	光，	三
[illegible]	[illegible]	[illegible]	[illegible]，							
tụ^{1}	kię̣j^{2}	njɨ^{2}	swew^{1}							
千	界	遍	照，							

无光等佛者。色究竟天光，遍照三千界，

37.53.4

[illegible]	[illegible]	[illegible]	[illegible]	[illegible]	[illegible]	[illegible]	[illegible]	[illegible]	[illegible]，	[illegible]
tha^{1}	lew^{1}	mej^{2}	dźjwo^{2}	·u^{2}	bji^{1}	swew^{1}	rjir^{2}	dzjọ^{1}	ku^{1}	ɣạ^{2}
佛	一	毛	孔	中	光	明	与	比	故，	十
[illegible]	[illegible]	[illegible]	[illegible]							
tśhjiw^{1}	ŋewr^{2}	phiaa^{2}	kha^{1}							
六	数	分	中							

比佛一毛光，十六不及一。

37.53.5

[illegible]	[illegible]	[illegible]	[illegible]	[illegible]。	[illegible]	[illegible]	[illegible]	[illegible]	[illegible]，	[illegible]
lew^{1}	zjij^{1}	tsjɨ^{1}	mjɨ^{1}	?	mjor^{1}	ljịj^{2}	dja^{2}	wją^{2}	bji^{1}	tshọ^{2}
一	许	亦	不	及。	如	来	△	放	光，	虚
[illegible]	[illegible]	[illegible]	[illegible]，							
ŋa^{1}	kię̣j^{2}	zji^{2}	sə^{1}							
空	界	遍	满，							

如来所放光，遍满虚空界，

37.53.6

[illegible]	[illegible]	[illegible]	[illegible]	[illegible]，	[illegible]	[illegible]	[illegible]	[illegible]	[illegible]，	[illegible]
rjur^{1}	ljịj^{2}	źjɨr^{1}	dźiã^{2}	tśhju^{1}	tśhjwo^{1}	tha^{1}	bji^{1}	bju^{2}	mjij^{1}	tshọ^{2}

诸 大 慧 情 有， 则 佛 光 边 无， 虚

□ □ □ □，

ŋa^{1} tsjiir^{1} rjir^{2} ka^{1}

空 法 同 等，

诸大慧众生，方能见如是。佛光无有边，量等虚空性，

37.54.1

□ □ □ □ □， □ □ □ □ □， □

thjɨ^{2} sju^{2} zji^{2} ljij^{2} njwi^{2} dzjiij^{2} lew^{2} dźiã^{2} tśhju^{1} bju^{1} bji^{1}

是 如 方 见 能， 化 所 情 有 随， 光

□ □ □ □。

do^{2} pha^{1} dju^{1} ljij^{2}

差 别 有 见。

随所化众生，见光有差别。

37.54.2

□ □ □ □ □， □ □ □ □ □， □

dzjọ^{1} sju^{2} mej^{1} məə^{1} dzjwo^{2} be^{2} bji^{1} swew^{1} mji^{1} ljij^{2} ·jij^{1}

譬 如 眼 盲 者， 日 光 明 不 见， 自

□ □ □ □，

bji^{1} mji^{1} ljij^{2} nioow^{1}

光 不 见 故，

如有生盲者，不见日光明，彼不见光照，

37.54.3

□ □ □ □ □。 □ □ □ □ □， □

be^{2} bji^{1} mji^{1} dju^{1} ·jɨ^{1} bji^{2} dźju^{2} rjur^{1} dźiã^{2} tśhju^{1} tha^{1}

日 光 无 有 谓。 下 劣 诸 情 有， 佛

□ □ □ □，

bji^{1} swew^{1} mji^{1} ljij^{2}

光 明 不 见，

谓日光无有。下劣诸众生，不见佛光明，

37.54.4

[illegible] [illegible] [illegible] [illegible] [illegible]， [illegible] [illegible] [illegible] [illegible] [illegible]。 [illegible]
·jij¹ bji¹ mji¹ ljij² nioow¹ tha¹ bji¹ dju¹ mji¹ ·jɨ¹ tśhioow¹
自 光 不 见 故， 佛 光 有 无 谓。 或
[illegible] [illegible] [illegible] [illegible]，
bji¹ lew¹ lhjoor¹ ljij²
光 一 寻 见，

彼不见光照，谓佛光无有。或见光一寻，

37.54.5

[illegible] [illegible] [illegible] [illegible] [illegible]， [illegible] [illegible] [illegible] [illegible] [illegible]， [illegible]
tśhioow¹ kju¹ lu¹ śja¹ ljij² tśhioow¹ ·a? ·jiw¹ sjwɨ¹ ljij² tśhioow¹
或 拘 卢 舍 见， 或 一 由 旬 见， 或
[illegible] [illegible] [illegible] [illegible]，
so̱¹ tụ¹ swew¹ ljij²
三 千 满 见，

或见拘卢舍，或及一由旬①，或满三千界，

37.54.6

[illegible] [illegible] [illegible] [illegible] [illegible]， [illegible] [illegible] [illegible] [illegible] [illegible]， [illegible]
tjij¹ ljịj² ljɨ̣² kjɨ¹ lhjụ² ljịj² źjɨr¹ bji¹ dźiā² tsjij² tjij¹
若 大 地 已 住， 大 慧 光 菩 萨， 或
[illegible] [illegible] [illegible] [illegible]，
·jar¹ gjɨɨ¹ ljɨ̣² dźjiij¹
八 九 地 住，

已住于大地，大慧光菩萨，或住八九地，

37.55.1

[illegible] [illegible] [illegible] [illegible] [illegible]。 [illegible] [illegible] [illegible] [illegible] [illegible]， [illegible]
ɣạ² tsew² ljɨ̣² kjɨ¹ njɨ² tha¹ thja¹ ljɨ̣² dzjịj¹ ku¹ bji¹

① 由旬，梵文作 Yojana。古印度长度单位。

十　第　地　于　至。　佛　彼　地　超　故，　光

[illegible]

dźiej^{2}　bju^{2}　mji^{1}　dju^{1}

轮　边　无　有，

至于十地者。如来超彼地，光轮无有边，

37.55.2

[illegible]

seew^{2}　tshjiij^{1}　mjij^{1}　tha^{1}　lhjij^{2}　rjur^{1}　tha^{1}　dạ^{2}　wji^{1}　ɣjɨr^{1}　rjur^{1}

思　议　不　佛　土，　诸　佛　事　作　施。　诸

[illegible]

tha^{1}　seew^{2}　tshjiij^{1}　mjij^{1}

佛　思　议　不，

不思议佛土，施作诸佛事。诸佛不思议，

37.55.3

[illegible]

tha^{1}　bji^{1}　seew^{2}　tshjiij^{1}　mjij^{1}　dźiej^{2}　mjijr^{2}　rjir^{1}　lew^{2}　ljo^{1}　thja^{1}

佛　光　思　议　不，　信　者　获　所　福，　尔

[illegible]

tsjɨ^{1}　seew^{2}　tshjiij^{1}　gie^{1}

亦　思　议　难。

佛光不思议，信者及获福，亦尔难思议。

汉文本

复次，舍利子，汝今当知，如来不为怜愍众生摄持此光令周一寻者，但以一分业所生光，则能遍照三千大千佛之世界，令日月光悉不复现。若如是者，不可分别有昼有夜，不可分别有月半月，及以时节岁数分齐；但为怜愍诸众生故，现周一寻。舍利子，若如来应正遍知，发意欲以光明遍满，无量无数无边世界则能遍照。何以故？舍利子，如来以得第一般若波罗蜜多故。

舍利子，我今为汝，更说譬喻，重明此义，诸有智者倍增显了。舍利子，假使有人，以此三千大千世界碎为微尘，置衣襟中往至东方，过尔所微尘数世界乃下一尘，如是展转尽此微尘，而此东方所有世界未尽其边；如是，南西北方、四维、上、下，亦复如是。舍利子，于汝意云何？颇有人能得是世界诸边

际不?

舍利子言:不也,薄伽梵。不也,苏揭多。

舍利子,是诸世界所有诸光,无量无边,不可思议;而如来光最为第一,彼一切光于如来光百倍不及其一,乃至优波尼沙陀分不及其一,如是算数譬喻所不能及。舍利子,如来发意,欲以光明遍照一切世界,则能遍照。何以故?由如来得第一般若波罗蜜多故。舍利子,如来光者,无有障碍;所有墙壁,若树、若木,若轮围山、大轮围山、乾陀摩达那山、目脂邻陀山、大目脂邻陀山、伊沙陀罗山、雪山、黑山及苏迷卢山王,如是等皆不能障。佛之光明悉能洞彻,遍照三千大千世界。舍利子,少智众生不能信解如来光者,或有众生,见如来光唯照一寻;次有智者,见如来光照于二寻;次有智者,见如来光照拘卢舍;次大智者,乃至能见如来光明,遍照三千大千世界。舍利子,乃至百千世界主梵天王,能见如来光明遍照百千世界;如是展转,乃至已登上地诸大菩萨摩诃萨,能见如来光明遍照无量无边世界。舍利子,如来为欲怜愍诸众生故,又放光明遍照如虚空等诸众生界。舍利子,是名第四如来不思议光。诸菩萨摩诃萨,闻如来说是大光不可思议如虚空已,无惑无疑,清净信受,倍复踊跃,深生欢喜,发希奇想。

尔时,世尊欲重宣此义,而说颂曰:

日月等光明,及诸释梵等,
乃至色究竟,无光等佛者。
色究竟天光,遍照三千界,
比佛一毛光,十六不及一。
如来所放光,遍满虚空界,
诸大慧众生,方能见如是。
佛光无有边,量等虚空性,
随所化众生,见光有差别。
如有生盲者,不见日光明,
彼不见光照,谓日光无有。
下劣诸众生,不见佛光明,
彼不见光照,谓佛光无有。
或见光一寻,或见拘卢舍,
或及一由旬,或满三千界,
已住于大地,大慧光菩萨,
或住八九地,至于十地者。
如来超彼地,光轮无有边,
不思议佛土,施作诸佛事。
诸佛不思议,佛光不思议,
信者及获福,亦尔难思议。

37.55.4

[illegible] [illegible], [illegible] [illegible] [illegible] [illegible] [illegible] [illegible]: [illegible] [illegible] [illegible]

tśhjɨ1	zjọ2	tha1	śja1	rjir2	gji2	·jij1	·jɨ1	po1	tsa1	ma2
尔	时，	佛	舍	利	子	之	告：	菩	萨	摩
[illegible]	[illegible]	[illegible]	[illegible]	[illegible]？	[illegible]	[illegible]	[illegible]			
ŋạ2	tsa1	thjij2	sjo2	ljɨ1	mjor1	ljij2	·jij1			
诃	萨	何	云	也？	如	来	之			

尔时，佛告舍利子：云何菩萨摩诃萨，于如来

37.55.5

[illegible]	[illegible]	[illegible]	[illegible]	[illegible]	[illegible]	[illegible]	[illegible]	[illegible]	[illegible]	[illegible]
seew2	tshjiij1	tjị2	mjij1	sej1	śji1	lo1	·ji1	nioow1	sã1	mej2
思	议	可	不	净	尸	罗	众	及	三	摩
[illegible]	[illegible]，	[illegible]	[illegible]	[illegible]	[illegible]，	[illegible]				
·ji1	ɣa2	njiij1	tjị1	dźiej2	ɣiwej1	gji1				
众	于，	心	诚	信	受，	清				

不可思议净尸罗众及三摩地众，信受谛奉，清

37.55.6

[illegible]	[illegible]	[illegible]	[illegible]	[illegible]	[illegible]	[illegible]，	[illegible]	[illegible]	[illegible]	[illegible]
sej1	śjij1	dźjịj1	njiij1	·jiw2	ljịj1	mjij1	śji1	su1	gjij1	njij2
净	顺	行	心	疑	惑	无，	先	于	倍	增
[illegible]	[illegible]	[illegible]	[illegible]，	[illegible]	[illegible]	[illegible]				
njiij1	ljɨ̣j2	rjɨr2	gjiij	rjar1	gjij1	sjiij2				
欢	喜	乃	生，	希	奇	想				

净无疑，倍复踊跃，深生欢喜，发希奇想？

37.56.1

[illegible]	[illegible]？	[illegible]	[illegible]	[illegible]，	[illegible]	[illegible]	[illegible]	[illegible]	[illegible]	[illegible]
śjwo1	ljɨ1	śja1	rjir2	gji2	nji2	njɨ2	thjɨ2	sju2	tśhja2	tshjiij1
发	也？	舍	利	子，	汝	等	是	如	正	说
[illegible]	[illegible]。	[illegible]	[illegible]	[illegible]	[illegible]	[illegible]				
nwə1	lew2	tjij1	rjur1	dźiã2	tśhju1	rjur1				
知	应。	若	诸	情	有	世				

舍利子,汝等应知如是正说。若诸含识

37.56.2

kię² ·u² dźjiij¹ śji¹ lo¹ ɣiwej¹ ·jiij¹ gji¹ sej¹ laa¹ mjij¹
界 中 在, 尸 罗 奉 持, 清 净 染 无;

gji¹ sej¹ nioow¹ ku¹ thja¹ dzjwo² gji¹
清 净 由 故, 是 人 清

在于世间,奉持尸罗,清净无染;由清净故,当知是人

37.56.3

sej¹ lju̥² sjwɨj¹ śjɨj¹ ·jiw² gji¹ sej¹ ljaa² sjwɨj¹ śjɨj¹ ·jiw²
净 身 业 成 就, 清 净 语 业 成 就,

gji¹ sej¹ phji¹ sjwɨj¹ śjɨj¹ ·jiw² ljɨ¹
清 净 意 业 成 就 也。

成就清净身业,成就清净语业,成就清净意业。

37.56.4

thja¹ dzjwo² ·ju² rjur¹ kha¹ kjɨ¹ dźjiij¹ rjur¹ kha¹ tsjiir¹ ·jij¹
是 人 常 世 间 虽 处, 世 间 法 之

laa¹ lew² mji¹ we² nioow¹ thja¹ dzjwo²
染 所 不 为, 又 是 人

是人虽复常处世间,而不为彼世法所染。当知是人

37.56.5

pho¹ lo¹ mẽ¹ we² rjur¹ niow² ka² mjijr² we² śia¹ mẽ¹

婆　罗　门　为，　诸　恶　离　者　为，　沙　门

[illegible]，　[illegible]　[illegible]　[illegible]　[illegible]，　[illegible]　[illegible]

we^{2}　mjij^{1}　sej^{1}　mjijr^{2}　we^{2}　thjɨ^{2}　tja^{1}

为，　寂　静　者　为，　是　名

为婆罗门，为离诸恶，为沙门者，为寂静者，是名

37.56.6

[illegible]　[illegible]　[illegible]　[illegible]　[illegible]　[illegible]　[illegible]，　[illegible]　[illegible]　[illegible]　[illegible]

lew^{1}　tsew^{2}　mjij^{1}　sjwɨ^{1}　djọ^{2}　mjijr^{2}　ŋwu^{2}　lew^{1}　tsew^{2}　sã^{1}　mej^{2}

一　第　静　虑　修　者　是，　一　第　三　摩

[illegible]　[illegible]　[illegible]　[illegible]　[illegible]　[illegible]　[illegible]

dar^{1}　po^{1}　lo^{1}　bjii^{2}　tow^{1}　rjir^{1}　mjijr^{2}

地　波　罗　蜜　多　得　者

第一修静虑者，得第一三摩地波罗蜜多者。

37.57.1

[illegible]。　[illegible]　[illegible]　[illegible]，　[illegible]　[illegible]　[illegible]　[illegible]　[illegible]　[illegible]　[illegible]

ŋwu^{2}　śja^{1}　rjir^{2}　gji^{2}　thjɨ^{2}　sju^{2}　dźiã^{2}　tśhju^{1}　tja^{1}　·jij^{1}　mjor^{1}

是。　舍　利　子，　是　如　情　有　者　自　如

[illegible]　[illegible]，　[illegible]　[illegible]　[illegible]　[illegible]　[illegible]

ljij^{2}　ŋwu^{2}　tjij^{1}　thjɨ^{2}　sju^{2}　tshjiij^{1}　ku^{1}

来　是，　若　是　如　说　故

舍利子，如是含识则是如来，如是说者是名

37.57.2

[illegible]　[illegible]　[illegible]　[illegible]。　[illegible]　[illegible]　[illegible]？　[illegible]　[illegible]　[illegible]，　[illegible]

tśhja^{2}　tshjiij^{1}　ɣiej^{1}　ŋwu^{2}　thjij^{2}　sjo^{2}　ljɨ^{1}　śja^{1}　rjir^{2}　gji^{2}　ŋa^{2}

正　说　真　是。　何　以　故？　舍　利　子，　我

[illegible]　[illegible]　[illegible]　[illegible]，　[illegible]　[illegible]、　[illegible]

rjur^{1}　mə^{1}　rjur^{1}　kha^{1}　tjij^{1}　ljiij^{2}　tjij^{1}

诸　天　世　间，　若　魔、　若

正说。何以故？舍利子，我初不见诸天世间，若魔、若

37.57.3

[illegible]、	[illegible]	[illegible]	[illegible]、	[illegible]	[illegible]	[illegible]	[illegible]，	[illegible]	[illegible]	[illegible]、
xiwã¹	tjij¹	śia¹	mẽ¹	tjij¹	pho¹	lo¹	mẽ¹	nioow¹	dzjij²	dzjwo²
梵、	若	沙	门、	若	婆	罗	门，	及	余	人、
[illegible]、	[illegible]	[illegible]	[illegible]	[illegible]，	[illegible]	[illegible]				
mə¹	·ja?	su¹	lo¹	njɨ²	thjɨ²	sju²				
天、	阿	素	洛	等，	是	如				

梵、若沙门、若婆罗门，及余天、人、阿素洛等，具有如是

37.57.4

[illegible]	[illegible]	[illegible]	[illegible]	[illegible]	[illegible]	[illegible]	[illegible]	[illegible]	[illegible]	[illegible]
mjɨ¹	pjụ¹	bju²	mjij¹	seew²	tshjiij¹	tjị²	mjij¹	gji¹	sej¹	śiə¹
无	量	边	无	思	议	可	不	清	净	尸
[illegible]	[illegible]	[illegible]	[illegible]	[illegible]	[illegible]	[illegible]				
lo¹	sã¹	mo²	dar¹	·ji¹	njɨ²	ŋowr²				
罗	三	摩	地	众	等	具				

无量无边不可思议清净尸罗三摩地众等

37.57.5

[illegible]	[illegible]	[illegible]	[illegible]	[illegible]	[illegible]	[illegible]	[illegible]。	[illegible]	[illegible]	[illegible]？
mjor¹	ljij²	rjir²	ka¹	tja¹	mjɨ¹	tśhjɨ¹	ljij²	thjij²	sjo²	ljɨ¹
如	来	与	等	者	不	尔	见。	何	以	故？
[illegible]	[illegible]	[illegible]，	[illegible]	[illegible]	[illegible]	[illegible]				
śja¹	rjir²	gji²	mjor¹	ljij²	phju²	tsew²				
舍	利	子，	如	来	一	第				

如来者。何以故？舍利子，如来以得第一

37.57.6

[illegible]	[illegible]	[illegible]	[illegible]	[illegible]	[illegible]	[illegible]	[illegible]	[illegible]	[illegible]	[illegible]
śiə¹	lo¹	sã¹	mo²	dar¹	po¹	lo¹	bjii²	tow¹	rjir²	nioow¹
尸	罗	三	摩	地	波	罗	蜜	多	得	以

[illegible]。	[illegible]	[illegible]	[illegible]，	[illegible]	[illegible]	[illegible]
$lj\text{ɨ}^{1}$	$\acute{s}ja^{1}$	$rjir^{2}$	gji^{2}	nji^{2}	$sjij^{1}$	tha^{1}
故。	舍	利	子，	汝	今	佛

尸罗三摩地波罗蜜多故。舍利子，汝今欲闻佛

37.58.1

[illegible]	[illegible]	[illegible]	[illegible]	[illegible]	[illegible]	[illegible]	[illegible]	[illegible]	[illegible]	[illegible]
$rj\text{ɨ}r^{2}$	$tshjiij^{1}$	$mjor^{1}$	$lj\text{ị}j^{2}$	$\cdot jij^{1}$	$\acute{s}i\text{ə}^{1}$	lo^{1}	po^{1}	lo^{1}	$bjii^{2}$	tow^{1}
乃	说	如	来	之	尸	罗	波	罗	蜜	多
[illegible]	[illegible]	[illegible]	[illegible]	[illegible]	[illegible]？	[illegible]				
$dzj\text{ọ}^{1}$	dza^{2}	mji^{1}	$\cdot a^{?}$	$ki\text{ẹ}j^{2}$	nja^{2}	$\acute{s}ja^{1}$				
譬	喻	闻	△	欲	△？	舍				

说如来尸罗波罗蜜多譬喻不？舍

37.58.2

[illegible]	[illegible]	[illegible]：	[illegible]	[illegible]	[illegible]	[illegible]，	[illegible]	[illegible]	[illegible]！	[illegible]
$rjir^{2}$	gji^{2}	$d\text{ạ}^{2}$	$dzj\text{ɨ}j^{1}$	$mjor^{1}$	$lj\text{ị}j^{2}$	ηwu^{2}	pho^{1}	$khja^{2}$	$xiw\tilde{a}^{1}$	$dzj\text{ɨ}j^{1}$
利	子	言：	时	如	来	是，	薄	伽	梵！	时
[illegible]	[illegible]	[illegible]	[illegible]	[illegible]！	[illegible]	[illegible]，				
$mjor^{1}$	$thj\text{ɨ}^{2}$	su^{1}	kja^{1}	tow^{1}	$rjur^{1}$	$pj\text{ụ}^{1}$				
如	是	苏	揭	多！	世	尊，				

利子言：今正是时，薄伽梵！今正是时，苏揭多！世尊，

37.58.3

[illegible]	[illegible]	[illegible]	[illegible]	[illegible]	[illegible]	[illegible]	[illegible]	[illegible]	[illegible]	[illegible]
$tjij^{1}$	$rjur^{1}$	$phji^{1}$	$t\acute{s}hj\text{ụ}^{1}$	tha^{1}	$rj\text{ɨ}r^{2}$	$tshjiij^{1}$	$mjor^{1}$	$lj\text{ị}j^{2}$	$\cdot jij^{1}$	$\acute{s}i\text{ə}^{1}$
若	诸	苾	刍	佛	乃	说	如	来	之	尸
[illegible]	[illegible]	[illegible]	[illegible]	[illegible]	[illegible]	[illegible]				
lo^{1}	po^{1}	lo^{1}	$bjii^{2}$	tow^{1}	$dzj\text{ọ}^{1}$	dza^{2}				
罗	波	罗	蜜	多	譬	喻				

若诸苾刍闻佛所说如来尸罗波罗蜜多譬喻者，

37.58.4

[illegible]，[illegible]。[illegible]

mji^{1} ku^{1} zji^{2} gu^{2} ɣiwej^{1} ·jiij^{1} nji^{2} ·jɨ^{1} tha^{1} śja^{1} rjir^{2}

闻 故， 皆 共 受 持 △ 谓。 佛 舍 利

[illegible]：[illegible]！[illegible]！

gji^{2} ·jij^{1} ·jɨ^{1} tjij^{2} rjijr^{2} tjij^{2} rjijr^{2}

子 之 告： 善 哉！ 善 哉！

如所闻已，当共受持。佛告舍利子：善哉！善哉！

37.58.5

[illegible]。[illegible]

ŋa^{2} sjij^{1} nji^{2} ·jij^{1} phjo^{2} kar^{2} phie^{2} tshjiij^{1} wji^{1} nja^{2} śja^{1}

吾 今 汝 之 分 别 解 说 为 △。 舍

[illegible]，[illegible]？

rjir^{2} gji^{2} nji^{2} phji^{1} ɣa^{2} thjij^{2} sjo^{2}

利 子， 汝 意 于 何 云？

吾当为汝分别解说。舍利子，于汝意云何？

37.58.6

[illegible]，[illegible]

rjur^{1} dźiã^{2} tśhju^{1} kiẹj^{2} ljij^{2} ljɨ̣^{2} kiẹj^{2} rjir^{2} ljɨ̣^{1} kjɨ^{1} rejr^{2}

诸 情 有 界 大 地 界 与， 何 所 多

[illegible]？[illegible]：[illegible]

ljɨ^{1} śja^{1} rjir^{2} gji^{2} dạ^{2} ŋa^{2} tha^{1}

也？ 舍 利 子 言： 我 佛

诸众生界与大地界，何者最多？舍利子言：如我解佛

37.59.1

[illegible]，[illegible]，[illegible]，

rjir^{2} tshjiij^{1} wo^{2} bju^{1} seew^{2} ŋa^{2} ku^{1} dźiã^{2} tśhju^{1} kiẹj^{2} rejr^{2}

所 说 义 如 思 △ 故， 情 有 界 多，

[illegible]	[illegible]	[illegible]	[illegible]	[illegible]。	[illegible]	[illegible]：
ljɨ̣^{2}	kięj^{2}	mji^{1}	rejr^{2}	ljɨ^{1}	tha^{1}	dạ^{2}
地	界	非	多	也。	佛	言：

所说义者，众生界多，非地界也。佛言：

37.59.2

[illegible]	[illegible]，	[illegible]	[illegible]，	[illegible]	[illegible]	[illegible]，	[illegible]	[illegible]	[illegible]	[illegible]，
ŋwu^{2}	ljɨ^{1}	ŋwu^{2}	ljɨ^{1}	śja^{1}	rjir^{2}	gji^{2}	dźiã^{2}	tśhju^{1}	kięj^{2}	rejr^{2}
是	也，	是	也，	舍	利	子，	情	有	界	多，
[illegible]	[illegible]	[illegible]	[illegible]	[illegible]	[illegible]。	[illegible]				
ljɨ̣^{2}	kięj^{2}	rjir^{2}	mji^{1}	lew^{2}	ljɨ^{1}	śja^{1}				
地	界	与	不	同	也。	舍				

如是，如是，舍利子，众生界多，非如地界。舍

37.59.3

[illegible]	[illegible]，	[illegible]	[illegible]	[illegible]	[illegible]	[illegible]	[illegible]	[illegible]	[illegible]	[illegible]
rjir^{2}	gji^{2}	tjij^{1}	sọ^{1}	tụ^{1}	ljịj^{2}	tụ^{1}	rjur^{1}	kięj^{2}	·u^{2}	dźjiij^{1}
利	子，	若	三	千	大	千	世	界	中	所
[illegible]	[illegible]	[illegible]、	[illegible]	[illegible]、	[illegible]	[illegible]、				
dźjiij^{1}	ŋa^{2}	wee^{1}	·o^{1}	wee^{1}	tsji^{2}	wee^{1}				
有	卵	生、	胎	生、	湿	生、				

利子，假使三千大千世界所有众生，卵生、胎生、湿生、

37.59.4

[illegible]	[illegible]、	[illegible]	[illegible]	[illegible]、	[illegible]	[illegible]	[illegible]、	[illegible]	[illegible]	[illegible]、
djii^{2}	wee^{1}	tjij^{1}	tsə̣^{1}	dju^{1}	tjij^{1}	tsə̣^{1}	mjij^{1}	tjij^{1}	sjiij^{2}	dju^{1}
化	生、	若	色	有、	若	色	无、	若	想	有、
[illegible]	[illegible]	[illegible]、	[illegible]	[illegible]	[illegible]	[illegible]				
tjij^{1}	sjiij^{2}	mjij^{1}	tjij^{1}	sjiij^{2}	mji^{1}	dju^{1}				
若	想	无、	若	想	无	有				

化生、若有色、若无色、若有想、若无想、若非有想

37.59.5

[illegible] [illegible] [illegible] [illegible] [illegible] [illegible] [illegible] [illegible]。 [illegible] [illegible] [illegible]
tjij^1 sjiij^2 mji^1 mjij^1 dźiã^2 tśhju^1 ŋowr^2 ŋowr^2 lew^1 tśhia^1 no^1
若 想 非 无 情 有 所 有。 一 刹 那

[illegible] [illegible], [illegible] [illegible] [illegible] [illegible] [illegible]
dźa^1 zjij^1 tjij^1 lew^1 mo^2 xu^1 lo^1
顷 时, 或 一 牟 呼 罗

非无想所有众生。彼一切众生于一刹那顷,或一牟呼罗

37.59.6

[illegible] [illegible] [illegible], [illegible] [illegible] [illegible] [illegible] [illegible] [illegible], [illegible] [illegible]
tow^1 dźa^1 zjij^1 tjij^1 lew^1 la^1 pho^1 dźa^1 zjij^1 zji^2 ka^1
多 顷 时, 或 一 罗 婆 顷 时, 皆 同

[illegible] [illegible] [illegible] [illegible] [illegible]。 [illegible] [illegible]
ka^1 dzjwo^2 lju̠^{2} djij^2 rjir^1 śja^1 rjir^2
时 人 身 △ 得。 舍 利

多顷,或一罗婆①顷,假使同时皆得人身。舍利

37.60.1

[illegible], [illegible] [illegible] [illegible] [illegible] [illegible] [illegible] [illegible] [illegible] [illegible], [illegible]
gji^2 thja^1 dźiã^2 tśhju^1 ŋowr^2 ŋowr^2 dzjwo^2 lju̠^{2} rjir^1 nioow^1 lew^1
子, 彼 情 有 一 切 人 身 得 已, 一

[illegible] [illegible] [illegible] [illegible] [illegible] [illegible] [illegible]
tśhia^1 no^1 rjɨr^2 njɨ^2 lew^1 la^1 pho^1
刹 那 乃 至 一 罗 婆

子,彼一切众生得人身已,于一刹那乃至一罗婆

37.60.2

[illegible] [illegible], [illegible] [illegible] [illegible] [illegible] [illegible] [illegible] [illegible] [illegible] [illegible]
dźa^1 zjij^1 ka^1 ka^1 zji^2 ·ja$^?$ du̱^{2} tow^1 lo^1 sã^1 mjiw^2

① 罗婆,梵文作 Lava。又作腊缚、罗预、罗予。为印度计量时间之单位。

顷	时，	同	时	皆	阿	耨	多	罗	三	藐
[illegible]	[illegible]	[illegible]	[illegible]	[illegible]。	[illegible]	[illegible]				
sã^{1}	po^{1}	tjɨj^{1}	djij^{2}	śjɨj^{1}	thja^{1}	ljɨ^{1}				
三	菩	提	△	成。	是	一				

顷，假使同时悉成阿耨多罗三藐三菩提。是一

37.60.3

[illegible]	[illegible]	[illegible]	[illegible]	[illegible]	[illegible]	[illegible]	[illegible]	[illegible]	[illegible]，	[illegible]
ljɨ^{1}	mjor^{1}	ljịj^{2}	nioow^{1}	tśhjɨ^{1}	zjọ^{2}	mjor^{1}	ljịj^{2}	djii^{2}	wji^{1}	thja^{1}
一	如	来	复	尔	时	如	来	化	为，	是
[illegible]	[illegible]	[illegible]	[illegible]	[illegible]	[illegible]	[illegible]				
ljɨ^{1}	ljɨ^{1}	djii^{2}	mjor^{1}	ljịj^{2}	twụ^{1}	tụ^{1}				
一	一	化	如	来	各	千				

一如来复化作尔所如来，是一一所化如来各

37.60.4

[illegible]	[illegible]，	[illegible]	[illegible]	[illegible]	[illegible]	[illegible]	[illegible]	[illegible]	[illegible]，	[illegible]
ɣu^{1}	·o^{1}	ljɨ^{1}	ljɨ^{1}	ɣu^{1}	ɣa^{2}	twụ^{1}	tụ^{1}	ljaa^{2}	·o^{1}	ljɨ^{1}
头	有，	一	一	头	于	各	千	口	有，	一
[illegible]	[illegible]	[illegible]	[illegible]	[illegible]	[illegible]	[illegible]				
ljɨ^{1}	ljaa^{2}	·u^{2}	twụ^{1}	tụ^{1}	lhjwa^{1}	djij^{2}				
一	口	中	各	千	舌	△				

有千头，是一一头各有千口，是一一口各有千舌。

37.60.5

[illegible]。	[illegible]，	[illegible]	[illegible]	[illegible]	[illegible]	[illegible]	[illegible]	[illegible]，	[illegible]	[illegible]
·o^{1}	dzjɨj^{1}	thja^{1}	rjur^{1}	djii^{2}	mjor^{1}	ljịj^{2}	ŋowr^{2}	ŋowr^{2}	zji^{2}	mjor^{1}
有。	时，	彼	诸	化	如	来	一	切，	皆	如
[illegible]	[illegible]	[illegible]	[illegible]、	[illegible]	[illegible]	[illegible]				
ljịj^{2}	·jij^{1}	ɣạ^{2}	ɣie^{1}	ljɨɨr^{1}	le^{2}	lew^{2}				
来	之	十	力、	四	畏	所				

时，彼一切诸化如来，皆悉成就如来十力、四无所畏、

37.60.6

[illegible]

mjij^{1} ljɨɨr^{1} ɣię^{2} mjij^{1} tsjij^{2} djij^{2} śjɨj^{1} ·jiw^{2} nioow^{1} tha^{1} ·jij^{1}

无、 四 障 无 解 △ 成 就， 又 佛 之

[illegible]

ɣię^{2} lụ^{2} mjij^{1} mji^{1} sji^{1} nwə$^{?}$ ŋwo^{2}

障 碍 无 无 尽 辩 才

四无碍解，又成就佛无障无碍无尽辩才。

37.61.1

[illegible]

wjij^{2} ŋowr^{2} śja^{1} rjir^{2} gji^{2} thja^{1} rjur^{1} mjor^{1} ljij^{2} tśhjɨ^{1} zjij^{1}

应 具。 舍 利 子， 是 诸 如 来 尔 时

[illegible]

lhjwa^{1} ŋwu^{2} ɣię^{2} mjij^{1} mji^{1} sji^{1} nwə$^{?}$

舌 以， 障 无 无 尽 辩

舍利子，是诸如来以尔所舌，布演无碍无尽辩

37.61.2

[illegible]

ŋwo^{2} to^{2} mjor^{1} ljij^{2} ŋowr^{2} ŋowr^{2} ·jij^{1} śji^{1} lo^{1} po^{1} lo^{1}

才 演， 如 来 一 切 之 尸 罗 波 罗

[illegible]

bjii^{2} tow^{1} ·ji^{1} bju^{1} mjɨ^{1} pjụ^{1} ·jow^{2}

蜜 多 众 依 无 量 赞

才，依一如来尸罗波罗蜜多众无量称赞，

37.61.3

[illegible]

tshjiij^{1} kju^{1} tśji^{2} no^{1} ·jiw^{1} tow^{1} ·jir^{2} tụ^{1} ljij^{2} kja^{2} kha^{1}

称， 拘 胝 那 庾 多 百 千 大 劫 中，

[illegible]	[illegible]	[illegible]	[illegible]	[illegible]	[illegible]	[illegible]
thjɨ^{2}	sju^{2}	rjijr^{2}	·jow^{2}	śja^{2}	tsjɨ^{1}	thja^{1}
是	如	△	赞	称	而	彼

虽经拘胝那庾多百千大劫，如是称赞而

37.61.4

[illegible]	[illegible]	[illegible]	[illegible]	[illegible]	[illegible]	[illegible]	[illegible]	[illegible]	[illegible]。	[illegible]
mjor^{1}	ljij^{2}	·jij^{1}	kie^{1}	·ji^{1}	sji^{1}	phji^{1}	mjɨ^{1}	ljɨɨ^{1}	ljɨ^{1}	śja^{1}
如	来	之	戒	众	尽	令	不	能	也。	舍
[illegible]	[illegible]，	[illegible]	[illegible]	[illegible]	[illegible]	[illegible]				
rjir^{2}	gji^{2}	mjor^{1}	ljịj^{2}	kie^{1}	·ji^{1}	tja^{1}				
利	子，	如	来	戒	众	者				

如来戒众犹不能尽。舍利子，如来戒众

37.61.5

[illegible]	[illegible]	[illegible]	[illegible]，	[illegible]	[illegible]	[illegible]	[illegible]，	[illegible]	[illegible]	[illegible]
mjɨ^{1}	pjụ^{1}	bju^{2}	mjij^{1}	dzjwɨr^{1}	bja^{2}	mji^{1}	dju^{1}	seew^{2}	tshjiij^{1}	tjị^{2}
无	量	边	无，	尽	穷	无	有，	思	议	可
[illegible]，	[illegible]	[illegible]	[illegible]	[illegible]	[illegible]	[illegible]				
mjij^{1}	thja^{1}	rjur^{1}	mjor^{1}	ljij^{2}	·jij^{1}	zji^{2}				
不，	是	诸	如	来	之	无				

无量无边，无有穷尽，不可思议。是诸如来无

37.61.6

[illegible]	[illegible]	[illegible]，	[illegible]	[illegible]	[illegible]，	[illegible]	[illegible]	[illegible]	[illegible]，	[illegible]
phju^{2}	sjịj^{2}	źjɨr^{1}	ɣię^{2}	lụ^{2}	mjij^{1}	mji^{1}	sji^{1}	nwə$^{?}$	ŋwo^{2}	tsjɨ^{1}
上	智	慧，	障	碍	无，	无	尽	辩	才，	亦
[illegible]	[illegible]	[illegible]	[illegible]，	[illegible]	[illegible]	[illegible]				
dzjwɨr^{1}	bja^{2}	mji^{1}	dju^{1}	seew^{2}	tshjiij^{1}	tjị^{2}				
尽	穷	无	有，	思	议	可				

上智慧，无碍无障，无尽辩才，亦无穷尽，不可思议；

37.62.1

[illegible]；	[illegible]	[illegible]	[illegible]	[illegible]	[illegible]	[illegible]，	[illegible]	[illegible]	[illegible]	[illegible]
mjij^{1}	rjɨr^{2}	njɨ^{2}	rjur^{1}	djii^{2}	mjor^{1}	ljịj^{2}	ka^{1}	ka^{1}	ljịj^{2}	djiij^{2}
不；	乃	至	诸	化	如	来，	同	时	大	涅
[illegible]	[illegible]	[illegible]，	[illegible]	[illegible]	[illegible]	[illegible]	[illegible]			
phã^{1}	mjij^{2}	·o^{2}	thjɨ^{2}	rjijr^{2}	mjor^{1}	ljịj^{2}	·jij^{1}			
槃	未	入，	此	方	如	来	之			

乃至诸化如来未至，同时入大涅槃，赞说如来

37.62.2

[illegible]	[illegible]	[illegible]	[illegible]	[illegible]	[illegible]	[illegible]	[illegible]	[illegible]	[illegible]。	[illegible]
kie^{1}	·ji^{1}	rjijr^{2}	·jow^{2}	tshjiij^{1}	tsjɨ^{1}	sji^{1}	phji^{1}	mjɨ^{1}	ljɨɨ^{1}	thjij^{2}
戒	众	△	赞	说	亦	尽	令	不	得。	何
[illegible]	[illegible]？	[illegible]	[illegible]	[illegible]	[illegible]	[illegible]				
sjo^{2}	ljɨ^{1}	mjor^{1}	ljịj^{2}	·jij^{1}	kie^{1}	·ji^{1}				
以	故？	如	来	之	戒	众				

戒众亦不能尽。何以故？如来戒众

37.62.3

[illegible]	[illegible]	[illegible]	[illegible]	[illegible]，	[illegible]	[illegible]	[illegible]	[illegible]，	[illegible]	[illegible]
nioow^{1}	rjur^{1}	rjur^{1}	pjụ^{1}	·jij^{1}	zji^{2}	phju^{2}	sjịj^{2}	źjɨr^{1}	ɣiẹ^{2}	mjij^{1}
及	诸	世	尊	之，	无	上	智	慧，	障	无
[illegible]	[illegible]，	[illegible]	[illegible]	[illegible]	[illegible]	[illegible]				
nwə$^{?}$	ŋwo^{2}	thjɨ^{2}	njɨɨ^{1}	zjị^{2}	seew^{2}	tshjiij^{1}				
辩	才，	此	二	俱	思	议				

及诸世尊，无上智慧，无碍辩才，此二俱是不可思议

37.62.4

[illegible]	[illegible]	[illegible]。	[illegible]	[illegible]	[illegible]	[illegible]	[illegible]	[illegible]	[illegible]	[illegible]
tji^{2}	mjij^{1}	ŋwu^{2}	thjɨ^{2}	mjɨ^{1}	pjụ^{1}	ŋewr^{2}	mjij^{1}	tshọ^{2}	ŋa^{1}	kiẹj^{2}
可	不	是。	此	无	量	数	无	虚	空	界

[illegible]	[illegible]	[illegible]	[illegible]	[illegible]	[illegible]。	[illegible]
rjir^{2}	tśhja^{2}	ka^{1}	·a$^{?}$	tjɨj^{2}	ljɨ^{1}	śja^{1}
与	平	等	一	样	也。	舍

故，无量无数与虚空界平等平等。舍

37.62.5

[illegible]	[illegible]，	[illegible]	[illegible]	[illegible]	[illegible]	[illegible]	[illegible]	[illegible]	[illegible]	[illegible]
rjir^{2}	gji^{2}	sọ^{1}	tụ^{1}	ljịj^{2}	tụ^{1}	rjur^{1}	kięj^{2}	·u^{2}	dźjiij^{1}	dźjiij^{1}
利	子，	三	千	大	千	世	界	中	所	有
[illegible]	[illegible]	[illegible]	[illegible]。	[illegible]	[illegible]	[illegible]				
dźiã^{2}	tśhju^{1}	djij^{2}	tjị^{1}	tjɨ^{1}	tjij^{1}	wjɨ^{2}				
情	有	且	置。	假	使	东				

利子，且置三千大千世界所有众生。假使东

37.62.6

[illegible]	[illegible]	[illegible]	[illegible]	[illegible]	[illegible]	[illegible]	[illegible]	[illegible]	[illegible]	[illegible]
rjijr^{2}	khjã^{2}	khja^{2}	bẹ^{1}	njɨ^{2}	rjur^{1}	kięj^{2}	·u^{2}	dźjiij^{1}	dźjiij^{1}	dźiã^{2}
方	殑	伽	沙	等	世	界	中	所	有	情
[illegible]，	[illegible]	[illegible]	[illegible]	[illegible]	[illegible]	[illegible]、				
tśhju^{1}	thjɨ^{2}	sju^{2}	zjɨr^{1}	lji^{2}	ljạ^{1}	rjijr^{2}				
有，	是	如	南	西	北	方、				

方殑伽沙等世界中所有众生，如是南西北方、

37.63.1

[illegible]	[illegible]、	[illegible]、	[illegible]，	[illegible]	[illegible]	[illegible]	[illegible]	[illegible]	[illegible]	[illegible]
ljɨɨr^{1}	dzjɨj^{2}	phju^{2}	khju^{1}	śja^{1}	rjijr^{2}	khjã^{2}	khja^{2}	bẹ^{1}	njɨ^{2}	rjur^{1}
四	维、	上、	下，	十	方	殑	伽	沙	等	世
[illegible]	[illegible]	[illegible]	[illegible]	[illegible]	[illegible]。	[illegible]				
kięj^{2}	·u^{2}	dźjiij^{1}	dźjiij^{1}	dźiã^{2}	tśhju^{1}	thja^{1}				
界	中	所	有	情	有。	彼				

四维、上、下，十方殑伽沙等世界中所有众生。

37.63.2

[illegible]	[illegible]	[illegible]	[illegible]	[illegible]	[illegible]	[illegible]，	[illegible]	[illegible]	[illegible]	[illegible]
dźiã^{2}	tśhju^{1}	ŋowr^{2}	ŋowr^{2}	lew^{1}	tśhia^{1}	no^{1}	rjɨr^{2}	njɨ^{2}	la^{1}	pho^{1}
情	有	一	切	一	刹	那，	乃	至	罗	婆
[illegible]	[illegible]，	[illegible]	[illegible]	[illegible]	[illegible]	[illegible]				
dźa^{1}	zjịj^{1}	thwuu^{1}	dzjɨj^{1}	zji^{2}	dzjwo^{2}	ljụ^{2}				
顷	时，	同	时	皆	人	身				

彼一切众生于一刹那顷,乃至罗婆顷,同时皆得人身,

37.63.3

[illegible]	[illegible]，	[illegible]	[illegible]	[illegible]	[illegible]	[illegible]	[illegible]	[illegible]	[illegible]	[illegible]
djij^{2}	rjir^{1}	ka^{1}	ka^{1}	·ja$^{?}$	du̱^{2}	tow^{1}	lo^{1}	sã^{1}	mjiw^{2}	sã^{1}
△	得，	同	时	阿	耨	多	罗	三	藐	三
[illegible]	[illegible]	[illegible]	[illegible]。	[illegible]	[illegible]	[illegible]				
po^{1}	tjɨj^{1}	kjij^{1}	lhjụ^{2}	thjɨ^{2}	sju^{2}	wạ^{2}				
菩	提	△	获。	是	如	广				

俱成阿耨多罗三藐三菩提。如是广

37.63.4

[illegible]，	[illegible]	[illegible]	[illegible]	[illegible]	[illegible]	[illegible]	[illegible]，	[illegible]	[illegible]	[illegible]
tshjiij^{1}	rjɨr^{2}	njɨ^{2}	mjor^{1}	ljịj^{2}	·jij^{1}	kie^{1}	·ji^{1}	nioow^{1}	rjur^{1}	mjor^{1}
说，	乃	至	如	来	之	戒	众，	及	诸	如
[illegible]	[illegible]	[illegible]	[illegible]	[illegible]	[illegible]	[illegible]				
ljịj^{2}	·jij^{1}	zji^{2}	phju^{2}	sjịj^{2}	źjɨr^{1}	ɣiẹ^{2}				
来	之	无	上	智	慧	障				

说,乃至如来戒众,及诸如来无上智慧无碍

37.63.5

[illegible]	[illegible]	[illegible]，	[illegible]	[illegible]	[illegible]	[illegible]	[illegible]	[illegible]	[illegible]	[illegible]
mjij^{1}	nwə$^{?}$	ŋwo^{2}	zjị^{2}	seew^{2}	tshjiij^{1}	tjị^{2}	mjij^{1}	ŋwu^{2}	thjɨ^{2}	nioow^{1}
无	辩	才，	俱	思	议	可	不	是	此	故

[illegible]，[illegible]

mjɨ^{1} pjụ^{1} ŋewr^{2} mjij^{1} tshọ^{2} ŋa^{1} kięj^{2}

无 量 数 无， 虚 空 界

辩才，俱是不可思议无量无数，与虚空界

37.63.6

[illegible]。[illegible]？[illegible]，

rjir^{2} tśhja^{2} ka^{1} ·a$^{?}$ tjɨj^{2} thjij^{2} sjo^{2} ljɨ^{1} śja^{1} rjir^{2} gji^{2}

与 平 等 一 样。 何 以 故？ 舍 利 子，

[illegible]

mjor^{1} ljij^{2} phju^{2} tsew^{2} śji^{1} lo^{1} po^{1}

如 来 一 第 尸 罗 波

平等平等。何以故？舍利子，由如来证得第一尸罗波

37.64.1

[illegible]。

lo^{1} bjii^{2} tow^{1} ljạ^{1} rjir^{2} nioow^{1} ljɨ^{1}

罗 蜜 多 证 得 由 故。

罗蜜多故。

37.64.2

[illegible]，[illegible]：[illegible]

tśhjɨ^{1} zjọ^{2} tha^{1} śja^{1} rjir^{2} gji^{2} ·jij^{1} ·jɨ^{1} nji^{2} sjij^{1} tha^{1}

尔 时， 佛 舍 利 子 之 告： 汝 今 佛

[illegible]

rjɨr^{2} tshjiij^{1} mjor^{1} ljij^{2} ·jij^{1} sã^{1} mo^{2}

乃 说 如 来 之 三 摩

尔时，佛告舍利子：汝今欲闻佛说如来三摩

37.64.3

[illegible]？

thji^{2} po^{1} lo^{1} bjii^{2} tow^{1} dzjọ^{1} dza^{2} mji^{1} ·a$^{?}$ kięj^{2} nja^{2}

地 波 罗 蜜 多 譬 喻 闻 △ 欲 △?

[illegible]

śja^1 rjir^2 gji^2 dạ^2 sjij^1 dzjɨj^1 mjor^1

舍 利 子 言: 今 时 如

地波罗蜜多譬喻不?舍利子言:今正

37.64.4

[illegible]

ljij^2 thjɨ^2 ŋwu^2 tjij^1 rjur^1 phji^1 tśhjụ^1 tha^1 rjɨr^2 tshjiij^1 mjor^1

来 此 是! 若 诸 苾 刍 佛 所 说, 如

[illegible]

ljij^2 ·jij^1 sã^1 mo^2 thji^2 po^1 lo^1

来 之 三 摩 地 波 罗

是时!若诸苾刍闻佛所说,如来三摩地波罗

37.64.5

[illegible]

bjii^2 tow^1 dzjọ^1 dza^2 mji^1 ku^1 zji^2 gu^2 ɣiwej^1 ·jiij^1 nji^2

蜜 多 譬 喻 闻 故, 皆 共 奉 持 △。

[illegible]

tha^1 śja^1 rjir^2 gji^2 ·jij^1 ·jɨ^1 thjɨ^2

佛 舍 利 子 之 告: 此

蜜多譬喻者,如所闻已,当共奉持。佛告舍利子:

汉文本

尔时,佛告舍利子:云何菩萨摩诃萨,于如来不可思议净尸罗众及三摩地众,信受谛奉,清净无疑,倍复踊跃,深生欢喜,发希奇想?

舍利子,汝等应知如是正说。若诸含识在于世间,奉持尸罗,清净无染;由清净故,当知是人成就清净身业,成就清净语业,成就清净意业。是人虽复常处世间,而不为彼世法所染。当知是人为婆罗门,为离诸恶,为沙门者,为寂静者,是名第一修静虑者,得第一三摩地波罗蜜多者。舍利子,如是含识则是如来,如是说者是名正说。何以故?舍利子,我初不见诸天世间,若魔、若梵、若沙门、若婆罗门,及余天、人、阿素洛等,具有如是无量无边不可思议清净尸罗三摩地众等如来者。何以故?舍利子,如

来以得第一尸罗三摩地波罗蜜多故。舍利子，汝今欲闻佛说如来尸罗波罗蜜多譬喻不？

舍利子言：今正是时，薄伽梵！今正是时，苏揭多！世尊，若诸苾刍闻佛所说如来尸罗波罗蜜多譬喻者，如所闻已，当共受持。

佛告舍利子：善哉！善哉！吾当为汝分别解说。舍利子，于汝意云何？诸众生界与大地界，何者最多？

舍利子言：如我解佛所说义者，众生界多，非地界也。

佛言：如是，如是，舍利子，众生界多，非如地界。舍利子，假使三千大千世界所有众生，卵生、胎生、湿生、化生、若有色、若无色、若有想、若无想、若非有想非无想所有众生。彼一切众生于一刹那顷，或一牟呼罗多顷，或一罗婆顷，假使同时皆得人身。舍利子，彼一切众生得人身已，于一刹那乃至一罗婆顷，假使同时悉成阿耨多罗三藐三菩提。是一一如来复化作尔所如来，是一一所化如来各有千头，是一一头各有千口，是一一口各有千舌。时，彼一切诸化如来，皆悉成就如来十力、四无所畏、四无碍解，又成就佛无障无碍无尽辩才。舍利子，是诸如来以尔所舌，布演无碍无尽辩才，依一如来尸罗波罗蜜多众无量称赞，虽经拘胝那庾多百千大劫，如是称赞而如来戒众犹不能尽。舍利子，如来戒众无量无边，无有穷尽，不可思议。是诸如来无上智慧，无碍无障，无尽辩才，亦无穷尽，不可思议；乃至诸化如来未至，同时入大涅槃，赞说如来戒众亦不能尽。何以故？如来戒众及诸世尊，无上智慧，无碍辩才，此二俱是不可思议故，无量无数与虚空界平等平等。舍利子，且置三千大千世界所有众生。假使东方殑伽沙等世界中所有众生，如是南西北方、四维、上、下，十方殑伽沙等世界中所有众生。彼一切众生于一刹那顷，乃至罗婆顷，同时皆得人身，俱成阿耨多罗三藐三菩提。如是广说，乃至如来戒众，及诸如来无上智慧无碍辩才，俱是不可思议无量无数，与虚空界平等平等。何以故？舍利子，由如来证得第一尸罗波罗蜜多故。

尔时，佛告舍利子：汝今欲闻佛说如来三摩地波罗蜜多譬喻不？

舍利子言：今正是时！若诸苾刍闻佛所说，如来三摩地波罗蜜多譬喻者，如所闻已，当共奉持。

37.64.6

[illegible]	[illegible]	[illegible]	[illegible]	[illegible]，	[illegible]	[illegible]	[illegible]	[illegible]，	[illegible]	[illegible]
rjur^{1}	kiej^{2}	·u^{2}	tjɨ^{1}	tjij^{1}	kja^{2}	mǝǝ^{1}	wor^{1}	·jij^{1}	śjạ^{1}	be^{2}
世	间	中	假	若，	劫	烧	起	将，	七	日
[illegible]	[illegible]	[illegible]	[illegible]	[illegible]	[illegible]，	[illegible]				
ka^{1}	to^{2}	thja^{1}	be^{2}	to^{2}	zjij^{1}	sọ^{1}				
等	出	彼	日	出	时，	三				

假使有时于此世间，劫将欲烧，由第七日彼日出故，三

37.65.1

[illegible]	[illegible]	[illegible]	[illegible]	[illegible]	[illegible]	[illegible]	[illegible]	[illegible]，	[illegible]	[illegible]

tụ¹ ljịj² tụ¹ rjur¹ kięj² ka¹ ka¹ dźjị¹ lu² thjɨ² sju²

千 大 千 世 界 一 时 烧 燃, 是 如

[illegible] [illegible]、 [illegible] [illegible] [illegible]、 [illegible] [illegible]

zji² lu² njɨ² zji² lu² ljịj² njɨ²

极 燃、 遍 极 燃、 大 洞

千大千世界一时烧燃,如是极燃、遍极燃、大洞

37.65.2

[illegible]。 [illegible] [illegible] [illegible], [illegible] [illegible] [illegible] [illegible] [illegible] [illegible] [illegible]

lu² śja¹ rjir² gji² nwə¹ lew² mjor¹ ljij² thjɨ² ljịj² njɨ²

燃。 舍 利 子, 知 当 如 来 此 大 洞

[illegible] [illegible] [illegible] [illegible] [illegible], [illegible] [illegible]

lu² njɨ² rjur¹ kięj² ·u² ljọ² dźjiij¹

燃 等 世 界 内, 何 住

燃。舍利子,当知如来于此大洞燃等世界之内,随于

37.65.3

[illegible], [illegible] [illegible] [illegible] [illegible] [illegible] [illegible]、 [illegible] [illegible]、 [illegible] [illegible]、

twụ¹ mjor¹ ljij² thja² kha¹ dzjɨɨ² dźjij¹ tjij¹ dzuu² tjij¹ gjwɨr¹

处, 如 来 其 中 经 行、 若 坐、 若 卧、

[illegible] [illegible] [illegible] [illegible] [illegible] [illegible] [illegible]

lew² mjij¹ thja¹ tjị² ɣạ² mə² seew²

当 无 彼 可 十 种 思

一处,假使如来在中若依经行、若住、若坐、若卧,当知此处成就十种

37.65.4

[illegible] [illegible] [illegible], [illegible] [illegible] [illegible] [illegible] [illegible] [illegible]。 [illegible] [illegible]

tshjiij¹ tjị² mjij¹ zji² rjar¹ gjij¹ tsjiir¹ śjɨj¹ ·jiw² śja¹ rjir²

议 可 不, 甚 奇 特 殊 成 就。 舍 利

[illegible], [illegible] [illegible] [illegible] [illegible] [illegible] [illegible]

gji² ɣạ² mə² rjar¹ gjij¹ tsjiir¹ tja¹

子, 十 种 希 奇 法 者

甚希奇法，不可思议。舍利子，何等名为十希奇法？

37.65.5

[illegible]	[illegible]	[illegible]？	[illegible]	[illegible]	[illegible]	[illegible]	[illegible]	[illegible]，	[illegible]	[illegible]
ljɨ¹	kjɨ¹	ŋwu²	mjor¹	ljij²	dźjij¹	bjiij²	tji²	twụ¹	bji¹	ɣie¹
何	所	是？	如	来	游	止	▽	处，	功	力
[illegible]	[illegible]	[illegible]	[illegible]	[illegible]	[illegible]	[illegible]				
mji¹	śjɨ¹	thja¹	śjij¹	tśhja²	djij²	pją¹				
不	往	彼	顺	平	坦	掌				

所谓如来游止之处，不加功力坦然平正犹如掌中。

37.65.6

[illegible]	[illegible]	[illegible]。	[illegible]	[illegible]	[illegible]，	[illegible]	[illegible]	[illegible]	[illegible]	[illegible]
？	wjɨ²	sju²	śja¹	rjir²	gji²	thjɨ²	tja¹	dja²	śjɨj¹	·jiw²
垢	△	如。	舍	利	子，	是	名	△	成	就
[illegible]	[illegible]	[illegible]	[illegible]	[illegible]	[illegible]	[illegible]。				
lew¹	tsew²	zji²	rjar¹	gjij¹	tsjiir¹	ŋwu²				
一	第	甚	希	奇	法	是。				

舍利子，是名此处成就第一甚希奇法。

37.66.1

[illegible]	[illegible]，	[illegible]	[illegible]	[illegible]，	[illegible]	[illegible]	[illegible]	[illegible]	[illegible]	[illegible]
nioow¹	tśjɨɨ¹	śja¹	rjir²	gji²	tjɨ¹	tjij¹	śji¹	rjɨr²	tshjiij¹	rjɨr²
复	次，	舍	利	子，	假	使	上	如	说	乃
[illegible]	[illegible]	[illegible]	[illegible]	[illegible]	[illegible]	[illegible]，				
njɨ²	ljij²	lu²	njɨ²	rjur¹	kiẹj²	·u²				
至	大	燃	等	世	界	中，				

复次，舍利子，假使如上世界乃至大洞燃等，

37.66.2

[illegible]	[illegible]	[illegible]	[illegible]	[illegible]	[illegible]	[illegible]、	[illegible]	[illegible]、	[illegible]	[illegible]
mjor¹	ljij²	thja¹	kha¹	tjij¹	dzjɨɨ²	dźjij¹	tjij¹	dźjiij¹	dzuu²	gjwɨr¹

如 来 彼 中 若 经 行、 若 住、 坐 卧

[illegible]，

tjị^{2} twụ^{1} thja^{1} śjij^{1} ·a$^{?}$ we^{2} tśhja^{2}

▽， 处 自 然 △ 城 正

如来在中若依经行、若住、坐卧，其处自然高踊

37.66.3

[illegible]， [illegible]。 [illegible]， [illegible]

djij^{2} dźju^{1} sjwij^{1} ɣjị^{1} lụ^{1} mji^{1} tjị^{2} śja^{1} rjir^{2} gji^{2} thjɨ^{2}

平 显 敞， 瓦 石 无 △。 舍 利 子， 是

[illegible]

tja^{1} dja^{2} śjɨj^{1} ·jiw^{2} njɨɨ^{1} tsew^{2} zji^{2}

名 △ 成 就 二 第 最

显敞，无杂瓦石。舍利子，是名此处成就第二

37.66.4

[illegible]。

rjar^{1} gjij^{1} tsjiir^{1} ŋwu^{2}

希 奇 法 是。

甚希奇法。

37.66.5

[illegible]， [illegible]， [illegible]

nioow^{1} tśjɨɨ^{1} śja^{1} rjir^{2} gji^{2} tjɨ^{1} tjij^{1} śji^{1} rjɨr^{2} tshjiij^{1} rjɨr^{2}

复 次， 舍 利 子， 假 使 上 如 说 乃

[illegible]

njɨ^{2} ljij^{2} njɨ^{2} lu^{2} njɨ^{2} rjur^{1} kięj^{2}

至 大 洞 燃 等 世 界

复次，舍利子，假使如上世界乃至大洞燃等，

37.66.6

[illegible]， [illegible]、 [illegible]、 [illegible]

·u² mjor¹ ljij² thja² kha¹ tjij¹ dzjɨɨ² dźjij¹ tjij¹ dźjiij¹ dzuu²
中， 如 来 其 中 若 经 行、 若 住、 坐

□ □， □ □ □ □ □
gjwɨr¹ tji̠² twụ¹ thja¹ śjij¹ djij² so̠¹
卧 ▽， 处 自 然 平 三

如来在中若依经行、若住、坐卧，其处自然平博严净，

37.67.1

□ □， □ □ □ □ □ □ □。 □ □
ljuu² sej¹ mjor¹ ljij² ·jij¹ wji¹ ɣiwej¹ lew² we² śja¹ rjir²
严 净， 如 来 之 用 受 所 为。 舍 利

□， □ □ □ □ □ □
gji² thjɨ² tja¹ dja² śjɨj¹ ·jiw² so̠¹
子， 是 名 △ 成 就 三

而为如来之所受用。舍利子，是名此处成就

37.67.2

□ □ □ □ □ □。
tsew² zji² rjar¹ gjij¹ tsjiir¹ ŋwu²
第 甚 希 奇 法 是。

第三甚希奇法。

37.67.3

□ □， □ □ □， □ □ □ □ □ □
nioow¹ tśjɨɨ¹ śja¹ rjir² gji² tjɨ¹ tjij¹ śji¹ rjɨr² tshjiij¹ rjɨr²
复 次， 舍 利 子， 假 使 上 如 说 乃

□ □ □ □ □ □ □
njɨ² ljij² njɨ² lu² njɨ² rjur¹ kie̠j²
至 大 洞 燃 等 世 界

复次，舍利子，假使如上世界乃至大洞燃等，

37.67.4

□， □ □ □ □ □ □ □、 □ □、 □

·u^{2} mjor^{1} ljịj^{2} thja^{2} kha^{1} tjij^{1} dzjɨɨ^{2} dźjij^{1} tjij^{1} dźjiij^{1} dzuu^{2}

中， 如 来 其 中 若 经 行、 若 住、 坐

□ □， □ □ □ □ □

gjwɨr^{1} tjị^{2} twụ^{1} thja^{1} śjij^{1} rjur^{1} lji^{2}

卧 ▽， 处 自 然 诸 香

如来在中若依经行、若住、坐卧，其处自然生诸香

37.67.5

□ □ □ □， □ □ □ □ □ □ □

ŋạ^{2} sjɨ^{1} śji^{2} to^{2} bji^{1} tsə̣^{1} ŋwər^{1} tshjwu^{1} lo^{1} wjuu^{1} tśier^{1}

好 木 草 生， 光 色 青 翠 卷 软 右

□， □ □ □ □ □ □

dźiej^{2} njọ^{1} nejr^{1} tsjụ^{1} ŋowr^{2} kja^{1} tśja^{1}

旋， 细 滑 触 具 迦 遮

草，光色青翠卷软右旋，具细滑触如迦遮

37.67.6

□ □ □。 □ □ □， □ □ □ □ □

ljĩ^{1} thji^{1} sju^{2} śja^{1} rjir^{2} gji^{2} thjɨ^{2} tja^{1} dja^{2} śjɨj^{1} ·jiw^{2}

邻 地 如。 舍 利 子， 是 名 △ 成 就

□ □ □ □ □ □ □。

ljɨɨr^{1} tsew^{2} zji^{2} rjar^{1} gjij^{1} tsjiir^{1} ŋwu^{2}

四 第 甚 希 奇 法 是。

邻地。舍利子，是名此处成就第四甚希奇法。

37.68.1

□ □， □ □ □， □ □ □ □ □ □

nioow^{1} tśjɨɨ^{1} śja^{1} rjir^{2} gji^{2} tjɨ^{1} tjij^{1} śji^{1} rjɨr^{2} tshjiij^{1} rjɨr^{2}

复 次， 舍 利 子， 假 使 上 如 说 乃

□ □ □ □ □ □ □

njɨ^{2} ljij^{2} njɨ^{2} lu^{2} njɨ^{2} rjur^{1} kięj^{2}

至 大 洞 燃 等 世 界

复次，舍利子，假使如上世界乃至大洞燃等，

37.68.2

[illegible]，	[illegible]	[illegible]	[illegible]	[illegible]	[illegible]	[illegible]	[illegible]、	[illegible]	[illegible]、	[illegible]
·u^{2}	mjor^{1}	ljịj^{2}	thja^{1}	kha^{1}	tjij^{1}	dzjɨɨ^{2}	dźjij^{1}	tjij^{1}	dźjiij^{1}	dzuu^{2}
中，	如	来	彼	中	若	经	行、	若	住、	坐
[illegible]	[illegible]，	[illegible]	[illegible]	[illegible]	[illegible]	[illegible]				
gjwɨr^{1}	tjị^{2}	twụ^{1}	thja^{1}	śjij^{1}	·jar^{1}	tśhja^{2}				
卧	▽，	处	自	然	八	德				

如来在中若依经行、若住、坐卧，其处自然八功德

37.68.3

[illegible]	[illegible]	[illegible]	[illegible]	[illegible]	[illegible]，	[illegible]	[illegible]，	[illegible]	[illegible]?	[illegible]
·ioow^{1}	zjɨɨr^{2}	ljị^{2}	tśhjaa^{1}	to^{2}	śja^{2}	·jar^{1}	tja^{1}	thjij^{2}	sjo^{2}	lew^{1}
功	水	地	上	出	现，	八	者，	何	云？	一
[illegible]、	[illegible]	[illegible]、	[illegible]	[illegible]、	[illegible]	[illegible]				
·jij^{1}	njɨɨ^{1}	dạ^{2}	sọ^{1}	lhjii^{1}	ljɨɨr^{1}	gjii^{1}				
轻、	二	冷、	三	软、	四	静				

水出现于地，所谓一轻、二冷、三软、四澄静、

37.68.4

[illegible]、	[illegible]	[illegible]	[illegible]、	[illegible]	[illegible]	[illegible]、	[illegible]	[illegible]	[illegible]	[illegible]、
djị^{1}	ŋwə	mji^{1}	?	tśhjiw^{1}	gji^{1}	sej^{1}	śjạ^{1}	djij^{2}	mjijr^{2}	dzu^{1}
水、	五	无	秽、	六	清	净、	七	饮	者	乐、
[illegible]	[illegible]	[illegible]	[illegible]	[illegible]。	[illegible]	[illegible]				
·jar^{1}	thji^{1}	nioow^{1}	ŋo^{2}	mjij^{1}	śja^{1}	rjir^{2}				
八	饮	及	患	无。	舍	利				

五无秽、六清净、七乐饮、八多饮无患。舍利

37.68.5

[illegible]，	[illegible]	[illegible]	[illegible]	[illegible]	[illegible]	[illegible]	[illegible]	[illegible]	[illegible]	[illegible]
gji^{2}	thjɨ^{2}	tja^{1}	dja^{2}	śjɨj^{1}	·jiw^{2}	ŋwə	tsew^{2}	zji^{2}	rjar^{1}	gjij^{1}

子，　是　名　△　成　就　五　第　甚　希　奇

[illegible]

tsjiir^{1}　ŋwu^{2}　nioow^{1}　tśjɨɨ^{1}　śja^{1}　rjir^{2}　gji^{2}

法　是。　复　次，　舍　利　子，

子，是名此处成就第五甚希奇法。复次，舍利子，

37.68.6

[illegible]

tjɨ^{1}　tjij^{1}　śji^{1}　rjɨr^{2}　tshjiij^{1}　rjɨr^{2}　njɨ^{2}　ljịj^{2}　njɨ^{2}　lu^{2}　njɨ^{2}

假　使　上　所　说　乃　至　大　洞　燃　等

[illegible]

rjur^{1}　kiẹj^{2}　·u^{2}　mjor^{1}　ljịj^{2}　thja^{2}　kha^{1}

世　界　中，　如　来　其　中

假使如上世界乃至大洞燃等，如来在中

37.69.1

[illegible]

tjij^{1}　dzjɨɨ^{2}　dźjij^{1}　tjij^{1}　dźjiij^{1}　dzuu^{2}　gjwɨr^{1}　tjị^{2}　twụ^{1}　thja^{1}　śjij^{1}

若　经　行、　若　住、　坐　卧　▽，　处　自　然

[illegible]

gji^{1}　śjuu^{1}　ljɨ^{1}　wor^{1}　thjɨ^{2}　tja^{1}　mjor^{1}

清　凉　风　生，　此　者　如

若依经行、若住、坐卧，其处自然凉风和畅，轻靡

37.69.2

[illegible]

ljịj^{2}　·jij^{1}　śji^{1}　sjwɨj^{1}　bju^{1}　rjir^{2}　sji^{2}　tshja^{2}　ŋwu^{2}　śja^{1}　rjir^{2}

来　之　先　业　依　得　▽　感　是。　舍　利

[illegible]

gji^{2}　dzjọ^{1}　sju^{2}　dźjwij^{2}　tsja^{1}　ɣar^{1}　gu^{2}

子，　譬　如　炎　热　极　中，

相发，此是如来先业所感。舍利子，譬如极炎热时，

37.69.3

lẹj^{2}	ɣu^{1}	rjijr^{2}	zjij^{1}，	goor^{1}	kiej^{2}	gjɨ^{2}	dju^{1}，	tsja^{1}	kjɨ^{1}	tha
晚	夕	方	时，	丈	夫	一	有，	热	所	逼
nioow^{1}，	khjã^{2}	khja^{2}	mja^{1}	zjɨɨr^{2}	kha^{1}	śjɨ^{1}，				
故，	殑	伽	河	水	中	往，				

于日后分，有一丈夫，热所逼故，奔趣殑河，投于水中，

37.69.4

ljụ^{2}	kwər^{1}	dzjwɨ^{2}	dzjiw^{1}，	tsja^{1}	ɣar^{1}	djɨj^{2}	tạ^{1}	gji^{1}	śjuu^{1}	de^{2}
身	体	沐	浴，	热	极	乏	息	清	凉	悦
rejr^{2}，	lja^{1}	lja^{1}	wjij^{1}	kheej^{1}	dźjij^{1}	tjij^{1}	rewr^{2}			
乐，	来	来	往	戏	渡	余	岸			

沐浴身体，热乏既息清凉悦乐，往返游戏渡至余岸。

37.69.5

ɣa^{2}	njɨ^{2}。	rjur^{1}	rjur^{1}	dźjij^{1}	bjiij^{2}	dźjo^{1}	dźjo^{1}，	ljij^{2}	phu^{2}	bo^{1}
于	至。	诸	诸	行	逝	长	远，	大	树	林
gjɨ^{2}	dja^{2}	wjij^{2}，	war^{2}	bạ^{2}	ŋwər^{1}	phuu^{2}，				
一	△	有，	枝	叶	翠	盛，				

经行往来遥见不远，有大树林，枝叶翠盛，

37.69.6

śjuu^{1}	rər^{2}	low^{2}	lạ^{1}，	thja^{1}	bo^{1}	kha^{1}	rjɨr^{2}	śji^{2}。	nioow^{1}	thjoo^{1}
阴	影	密	厚，	其	林	中	乃	往。	复	妙

[illegible] [illegible] [illegible] [illegible], [illegible] [illegible] [illegible]

lu² dźjwi² dja² tjị¹ thja² tśhjaa¹ buu²

座 床 △ 施, 其 上 胜

阴影厚密,便往林中。复见施妙床座,敷胜

37.70.1

[illegible] [illegible] [illegible], [illegible] [illegible] [illegible] [illegible] [illegible], [illegible] [illegible] [illegible]

thjoo¹ lhwa lju¹ bə¹ mej² ·jɨr¹ lju¹ tjị¹ nioow¹ kja¹ tśja¹

妙 氍 毹, 蓐 绵 丝 席 置, 复 迦 遮

[illegible] [illegible] [illegible] [illegible] [illegible], [illegible] [illegible]

ljĩ¹ thji¹ laa¹ ljij² ŋwu² thja² tśhjaa¹

邻 地 容 覆 以, 其 上

氍毹,上加绵蓐,覆以迦遮邻地之帔,

37.70.2

[illegible], [illegible] [illegible] [illegible] [illegible] [illegible] [illegible] [illegible] [illegible]。 [illegible] [illegible]

lə¹ dźjwi² njɨɨ¹ bju² ɣa² wəə¹ lhjii¹ ·wọ¹ tjị¹ thja¹ ljịj²

覆, 床 两 边 于 柔 软 枕 置。 彼 大

[illegible] [illegible], [illegible] [illegible] [illegible] [illegible] [illegible]

goor¹ kiej² dźjwi² tśhjaa¹ ·a? śji² tjij¹

丈 夫, 床 上 △ 往 若

轻妙鲜支重覆其上,排软倚枕置床两头。彼大丈夫,升于此床若

37.70.3

[illegible] [illegible] [illegible], [illegible] [illegible] [illegible] [illegible] [illegible] [illegible] [illegible] [illegible],

dzuu² tjij¹ gjwɨr¹ dźjwi² ljɨɨr¹ njijr² ɣa² ljɨ¹ gji¹ gu¹ wor¹

坐 若 卧, 床 四 面 于 风 清 发 生,

[illegible] [illegible] [illegible]。 [illegible] [illegible] [illegible], [illegible]

śju¹ me² twẹ² śja¹ rjir² gji² mjor¹

轻 扇 续。 舍 利 子, 如

坐若卧,于床四面清风微动,轻扇相续。如是,舍利子,如

37.70.4

[illegible]	[illegible]	[illegible]	[illegible]	[illegible]	[illegible]	[illegible]	[illegible]	[illegible]，	[illegible]	[illegible]
ljịj^{2}	thjɨ^{2}	ljịj^{2}	njɨ^{2}	lu^{2}	njɨ^{2}	rjur^{1}	kięj^{2}	·u^{2}	dźjij^{1}	dźjiij^{1}
来	此	大	洞	燃	等	世	界	中，	行	住
[illegible]	[illegible]，	[illegible]	[illegible]	[illegible]	[illegible]	[illegible]，				
dzuu^{2}	gjwɨr^{1}	thja^{1}	śjij^{1}	ljɨ^{1}	gji^{1}	śjuu^{1}				
坐	卧，	自	然	风	清	凉，				

来于此大洞燃等世界之中，行住坐卧，自然凉风，

37.70.5

[illegible]	[illegible]	[illegible]，	[illegible]	[illegible]	[illegible]	[illegible]。	[illegible]	[illegible]	[illegible]，	[illegible]
me^{2}	twę^{2}	twę^{2}	tsjɨ^{1}	thja^{1}	wjɨ^{2}	sju^{2}	śja^{1}	rjir^{2}	gji^{2}	thjɨ^{2}
扇	相	续，	亦	彼	△	如。	舍	利	子，	是
[illegible]	[illegible]	[illegible]	[illegible]	[illegible]	[illegible]	[illegible]				
tja^{1}	dja^{2}	śjɨj^{1}	·jiw^{2}	tśhjiw^{1}	tsew^{2}	zji^{2}				
名	△	成	就	六	第	最				

微扇相续，亦复如是。舍利子，是名此处成就第六

37.70.6

[illegible]	[illegible]	[illegible]	[illegible]。	[illegible]	[illegible]，	[illegible]	[illegible]	[illegible]，	[illegible]	[illegible]
rjar^{1}	gjij^{1}	tsjiir^{1}	ŋwu^{2}	nioow^{1}	tśjɨɨ^{1}	śja^{1}	rjir^{2}	gji^{2}	tjɨ^{1}	tjij^{1}
希	奇	法	是。	复	次，	舍	利	子，	假	若
[illegible]	[illegible]	[illegible]	[illegible]	[illegible]	[illegible]	[illegible]				
śji^{1}	rjɨr^{2}	tshjiij^{1}	rjɨr^{2}	njɨ^{2}	ljịj^{2}	njɨ^{2}				
上	△	说	乃	至	大	洞				

甚希奇法。复次，舍利子，假使如上世界乃至大洞

37.71.1

[illegible]	[illegible]	[illegible]	[illegible]	[illegible]，	[illegible]	[illegible]	[illegible]	[illegible]	[illegible]	[illegible]
lu^{2}	njɨ^{2}	rjur^{1}	kięj^{2}	·u^{2}	mjor^{1}	ljịj^{2}	thja^{2}	kha^{1}	tjij^{1}	dzjɨɨ^{2}
燃	等	世	界	中，	如	来	其	中	若	经

[illegible] ,

dźjij^{1} tjij^{1} dźjiij^{1} dzuu^{2} gjwɨr^{1} tjị^{2} twụ^{1}

行、 若 住、 坐 卧 ▽, 处

燃等,如来在中若依经行、若住、坐卧,其处

37.71.2

[illegible] ,

thja^{1} śjij^{1} mja^{1} śjwa^{1} dźiəj^{2} rejr^{2} ·u^{2} zjɨɨr^{2} kha^{1} to^{2} wją^{1}

自 然 河 江 池 沼 中, 水 中 出 华

[illegible] ,

mə^{2} mə^{2} to^{2} śja^{2} thjɨ^{2} tja^{1} ·jiw^{2}

种 种 出 现, 此 者 殟

自然江河池沼,有水生华种种出现,所谓殟

37.71.3

[illegible] 。

pa^{2} lo^{1} wją^{1} pa^{2} thew^{2} mo^{2} wją^{1} kju^{1} boo^{2} thow^{1} wją^{1}

钵 罗 华、 钵 特 摩 华、 拘 贸 陀 华、

[illegible] 。

pẽ^{2} tśhia^{1} lji^{1} wją^{1} ŋwu^{2} thja^{1} wją^{1}

奔 荼 利 华 是。 其 华

钵罗华、钵特摩华、拘贸陀华、奔荼利华。其华

37.71.4

[illegible] , , 。

mee^{1} lew^{2} bji^{1} tsə̣^{1} dźjwɨ^{1} śjwii^{2} ljij^{2} tja^{1} de^{2} ljɨj^{2} śja^{1}

芬 馥, 光 彩 相 映, 见 者 悦 乐。 舍

[illegible] ,

rjir^{2} gji^{2} thjɨ^{2} tja^{1} dja^{2} śjɨj^{1} ·jiw^{2}

利 子, 是 名 △ 成 就

芬馥,光彩映发,见者悦乐。舍利子,是名此处成就

37.71.5

[illegible]	[illegible]	[illegible]	[illegible]	[illegible]	[illegible]	[illegible]。
śjạ^{1}	tsew^{2}	zji^{2}	rjar^{1}	gjij^{1}	tsjiir^{1}	ŋwu^{2}
七	第	甚	希	奇	法	是。

第七甚希奇法。

37.71.6

[illegible]	[illegible]，	[illegible]	[illegible]	[illegible]，	[illegible]	[illegible]	[illegible]	[illegible]	[illegible]	[illegible]
nioow^{1}	tśjɨɨ^{1}	śja^{1}	rjir^{2}	gji^{2}	tjɨ^{1}	tjij^{1}	śji^{1}	rjɨr^{2}	tshjiij^{1}	rjɨr^{2}
复	次，	舍	利	子，	假	若	上	如	说	乃
[illegible]	[illegible]	[illegible]	[illegible]	[illegible]	[illegible]	[illegible]				
njɨ^{2}	ljij^{2}	njɨ^{2}	lu^{2}	njɨ^{2}	rjur^{1}	kięj^{2}				
至	大	洞	燃	等	世	界				

复次，舍利子，假使如上世界乃至大洞燃等，

37.72.1

[illegible]，	[illegible]	[illegible]	[illegible]	[illegible]	[illegible]	[illegible]	[illegible]	[illegible]	[illegible]，	[illegible]
·u^{2}	mjor^{1}	ljij^{2}	thja^{1}	kha^{1}	dźjij^{1}	dźjiij^{1}	dzuu^{2}	gjwɨr^{1}	tji^{2}	twụ^{1}
中，	如	来	其	中	行	住	坐	卧	▽，	处
[illegible]	[illegible]	[illegible]	[illegible]	[illegible]，	[illegible]	[illegible]				
phjo^{1}	ljɨ^{2}	twã^{1}	wer^{1}	tśhjaa^{1}	zji^{2}	mə^{2}				
陆	地	短	棱	上，	皆	种				

如来于中行住坐卧，其处自然原陆陵阜，皆生妙华种

37.72.2

[illegible]	[illegible]	[illegible]	[illegible]	[illegible]，	[illegible]	[illegible]	[illegible]	[illegible]	[illegible]	[illegible]
mə^{2}	thjoo^{1}	wjạ^{1}	to^{2}	śja^{2}	thjɨ^{2}	tja^{1}	·ja$^{?}$	kwej^{1}	boo^{2}	tow^{1}
种	妙	华	出	现，	是	者	阿	底	目	多
[illegible]	[illegible]、	[illegible]	[illegible]	[illegible]	[illegible]、	[illegible]				
kja^{1}	wjạ^{1}	tśja^{1}	pu^{1}	kja^{1}	wjạ^{1}	su^{1}				
迦	华、	瞻	博	迦	华、	苏				

种出现,所谓阿底目多迦华①、瞻博迦华②、苏

37.72.3

[illegible]										
baa^{1}	no^{1}	wją^{1}	pho^{1}	śji^{1}	kja^{1}	wją^{1}	·ja$^{?}$	śju^{1}	kja^{1}	wją^{1}
末	那	华、	婆	使	迦	华、	阿	输	迦	华、
[illegible]										
po^{1}	tśia^{1}	lo^{1}	wją^{1}	kja^{1}	dźji^{1}	lo^{1}				
波	吒	罗	华、	迦	腻	罗				

末那华③、婆使迦华④、阿输迦华⑤、波吒罗华⑥、迦腻罗

37.72.4

[illegible]										
wją^{1}	nə	lo^{1}	dźji^{1}	wją^{1}	khju^{2}	nə	lo^{1}	dźji^{1}	wją^{1}	ŋwu^{2}
华、	怛	罗	尼	华、	瞿	怛	罗	尼	华	是。
[illegible]										
thjɨ^{2}	sju^{2}	njɨ^{2}	wją^{1}	njwɨ^{1}	bie^{2}	sej^{1}				
是	如	等	华,	敷	开	荣				

华、怛罗尼华、瞿怛罗尼华。如是等华,开敷鲜

37.72.5

[illegible]										
wejr^{1}	tsə̣^{1}	lji^{2}	ŋowr^{2}	lhə$^{?}$	dźiã^{2}	tśhju^{1}	ljij^{2}	zjịj^{1}	dju^{1}	mjij^{2}
鲜,	色	香	具	足,	情	有	见	时	有	未
[illegible]										
djij^{2}	rjir^{2}	śja^{1}	rjir^{2}	gji^{2}	thjɨ^{2}	tja^{1}				
曾	得。	舍	利	子,	是	名				

---

① 阿底目多迦华,梵文作 Atimuktaka。又作阿地目得迦花。意译龙舐花、苣藤。一般归属于蔓草类。
② 瞻博迦华,梵文作 Campaka。栀子花的异名。
③ 苏末那华,梵文作 Sumana。花名。
④ 婆使迦华,梵文作 Varṣika。花名。译作雨时花、夏生花等。
⑤ 阿输迦华,梵文作 Aśoka。又译阿叔迦树、阿舒伽树。意即无忧树。属豆科之植物。
⑥ 波吒罗华,梵文作 Pāṭalī。又曰钵怛罗。树名。

荣，色香具足，众生见者得未曾有。舍利子，是名

37.72.6

dja² śjɨj¹ ·jiw² ·jar¹ tsew² zji² rjar¹ gjij¹ tsjiir¹ ŋwu²

△ 成 就 八 第 甚 希 奇 法 是。

此处成就第八甚希奇法。

37.73.1

nioow¹ tśjɨɨ¹ śja¹ rjir² gji² tjɨ¹ tjij¹ śji¹ rjɨr² tshjiij¹ rjɨr²

复 次， 舍 利 子， 假 若 上 如 说 乃

njɨ² ljij² njɨ² lu² njɨ² rjur¹ kięj²

至 人 洞 燃 等 世 界

复次，舍利子，假使如上世界乃至大洞燃等，

37.73.2

·u² mjor¹ ljij² thja¹ kha¹ dźjij¹ dźjiij¹ dzuu² gjwɨr¹ tji² twụ¹

中， 如 来 其 中 行 住 坐 卧 ▽， 处

thja¹ śjij¹ kię¹ dźja² ŋwu² kwər¹ we²

然 自 金 刚 以 体 为，

如来于中行住坐卧，其处自然金刚为体，

37.73.3

gjwɨ¹ lwo² ljiij² gie¹ śja¹ rjir² gji² thjɨ² tja¹ dja² śjɨj¹

坚 固 坏 难。 舍 利 子， 是 名 △ 成

·jiw² gjɨɨ¹ tsew² zji² rjar¹ gjij¹ tsjiir¹

就　九　第　甚　希　奇　法

坚固难坏。舍利子,是名此处成就第九甚希奇法。

37.73.4

ŋwu²	nioow¹	tśjɨɨ¹	śja¹	rjir²	gji²	tjɨ¹	tjij¹	śji¹	rjɨr²	tshjiij¹
是。	复	次,	舍	利	子,	假	若	上	如	说
sọ¹	tụ¹	ljịj²	tụ¹	rjur¹	kiẹj²	·u²				
三	千	大	千	世	界	中				

复次,舍利子,假使如上三千大千世界

37.73.5

kja²	məə¹	wor¹	·jij¹	zjịj¹	rjɨr²	njɨ²	lu²	zji²	njɨ²	lu²
劫	火	生	将	时,	乃	至	烧	极、	遍	烧
dźjị¹	njɨ²	zji²	dźjị¹	zji²						
燃、	遍	极	燃、	极						

劫欲尽时,乃至烧极、烧遍极、烧燃、极燃、遍极

37.73.6

dźjị¹	ljịj²	njɨ²	nji²	dźjị¹	thja¹	rjur¹	rjur¹	kiẹj²	·u²	mjor¹
燃、	大	洞	等	燃。	是	诸	世	界	中	如
ljịj²	thja²	kha¹	tjij¹	dzjɨɨ²	dźjij¹	tjij¹				
来	其	中,	若	经	行、	若				

燃、大洞燃等。是诸世界如来在中,若依经行、若

37.74.1

dźjiij^{1} dzuu^{2} gjwɨr^{1} tji̱^{2} twụ^{1} thja^{1} do^{2} tha^{1} ·jij^{1} dźju^{2} ·jɨj^{2}

住、 坐 卧 ▽， 各 其 处 佛 之 灵 庙

[illegible]， [illegible] [illegible] [illegible]， [illegible] [illegible]、

ŋwu^{2} rjur^{1} mə^{1} rjur^{1} kha^{1} tjij^{1} ljiij^{2}

是， 诸 天 诸 中， 若 魔、

住、坐卧，当知其处是佛灵庙，诸天世间，若魔、

37.74.2

[illegible] [illegible]、 [illegible] [illegible] [illegible]、 [illegible] [illegible] [illegible] [illegible]， [illegible] [illegible]

tjij^{1} xiwã^{1} tjij^{1} śia^{1} mẽ^{1} tjij^{1} pho^{1} lo^{1} mẽ^{1} mə^{1} nioow^{1}

若 梵、 若 沙 门、 若 婆 罗 门， 天 及

[illegible] [illegible] [illegible]， [illegible] [illegible] [illegible] [illegible]，

rjur^{1} sjij^{2} ·ju^{2} ·ja$^{?}$ su^{1} lo^{1} njɨ^{2}

诸 人 民， 阿 素 洛 等，

若梵、若沙门、若婆罗门，天及人民、阿素洛等，

37.74.3

[illegible] [illegible] [illegible] [illegible] [illegible] [illegible] [illegible] [illegible]。 [illegible] [illegible] [illegible]，

dzjwị^{1} lhejr^{2} kjụ^{1} tshwew^{1} pjụ^{1} bjuu^{1} tji̱^{2} we^{2} śja^{1} rjir^{2} gji^{2}

恭 敬 供 养 尊 重 可 为。 舍 利 子，

[illegible] [illegible] [illegible] [illegible] [illegible] [illegible] [illegible]

thjɨ^{2} tja^{1} dja^{2} śjɨj^{1} ·jiw^{2} ɣạ^{2} tsew^{2}

是 名 △ 成 就 十 第

恭敬供养尊重之处。舍利子，是名此处成就第十

37.74.4

[illegible] [illegible] [illegible] [illegible] [illegible]。

zji^{2} rjar^{1} gjij^{1} tsjiir^{1} ŋwu^{2}

甚 希 奇 法 是。

甚希奇法。

汉文本

佛告舍利子:假使有时于此世间,劫将欲烧,由第七日彼日出故,三千大千世界一时烧燃,如是极燃、遍极燃、大洞燃。舍利子,当知如来于此大洞燃等世界之内,随于一处,假使如来在中若依经行、若住、若坐、若卧,当知此处成就十种甚希奇法,不可思议。舍利子,何等名为十希奇法?所谓如来游止之处,不加功力坦然平正犹如掌中。舍利子,是名此处成就第一甚希奇法。

复次,舍利子,假使如上世界乃至大洞燃等,如来在中若依经行、若住、坐卧,其处自然高踊显敞,无杂瓦石。舍利子,是名此处成就第二甚希奇法。

复次,舍利子,假使如上世界乃至大洞燃等,如来在中若依经行、若住、坐卧,其处自然平博严净,而为如来之所受用。舍利子,是名此处成就第三甚希奇法。

复次,舍利子,假使如上世界乃至大洞燃等,如来在中若依经行、若住、坐卧,其处自然生诸香草,光色青翠卷软右旋,具细滑触如迦遮邻地。舍利子,是名此处成就第四甚希奇法。

复次,舍利子,假使如上世界乃至大洞燃等,如来在中若依经行、若住、坐卧,其处自然八功德水出现于地,所谓一轻、二冷、三软、四澄静、五无秽、六清净、七乐饮、八多饮无患。舍利子,是名此处成就第五甚希奇法。

复次,舍利子,假使如上世界乃至大洞燃等,如来在中若依经行、若住、坐卧,其处自然凉风和畅,轻靡相发,此是如来先业所感。舍利子,譬如极炎热时,于日后分,有一丈夫,热所逼故,奔趣殑河,投于水中,沐浴身体,热乏既息清凉悦乐,往返游戏渡至余岸。经行往来遥见不远,有大树林,枝叶翠盛,阴影厚密,便往林中。复见施妙床座,敷胜氍毹,上加绵褥,覆以迦遮邻地之帔,轻妙鲜支重覆其上,排软倚枕置床两头。彼大丈夫,升于此床若坐若卧,于床四面清风微动,轻扇相续。如是,舍利子,如来于此大洞燃等世界之中,行住坐卧,自然凉风,微扇相续,亦复如是。舍利子,是名此处成就第六甚希奇法。

复次,舍利子,假使如上世界乃至大洞燃等,如来在中若依经行、若住、坐卧,其处自然江河池沼,有水生华种种出现,所谓殟钵罗华、钵特摩华、拘贸陀华、奔荼利华。其华芬馥,光彩映发,见者悦乐。舍利子,是名此处成就第七甚希奇法。

复次,舍利子,假使如上世界乃至大洞燃等,如来于中行住坐卧,其处自然原陆陵阜,皆生妙华种种出现,所谓阿底目多迦华、瞻博迦华、苏末那华、婆使迦华、阿输迦华、波吒罗华、迦腻罗华、怛罗尼华、瞿怛罗尼华。如是等华,开敷鲜荣,色香具足,众生见者得未曾有。舍利子,是名此处成就第八甚希奇法。

复次,舍利子,假使如上世界乃至大洞燃等,如来于中行住坐卧,其处自然金刚为体,坚固难坏。舍利子,是名此处成就第九甚希奇法。

复次,舍利子,假使如上三千大千世界劫欲尽时,乃至烧极、烧遍极、烧燃、极燃、遍极燃、大洞燃等。是诸世界如来在中,若依经行、若住、坐卧,当知其处是佛灵庙,诸天世间,若魔、若梵、若沙门、若婆罗门,天及人民、阿素洛等,恭敬供养尊重之处。舍利子,是名此处成就第十甚希奇法。

37.74.5

[illegible]	[illegible]，	[illegible]	[illegible]	[illegible]，	[illegible]	[illegible]	[illegible]	[illegible]，	[illegible]	[illegible]
nioow^{1}	tśjɨɨ^{1}	śja^{1}	rjir^{2}	gji^{2}	nji^{2}	sjij^{1}	nwə^{1}	lew^{2}	thjɨ^{2}	sju^{2}
复	次，	舍	利	子，	汝	今	知	当，	是	如
[illegible]	[illegible]	[illegible]	[illegible]	[illegible]	[illegible]	[illegible]，				
ɣa̱^{2}	mə^{2}	zji^{2}	rjar^{1}	gjij^{1}	tsjiir^{1}	tja^{1}				
十	种	甚	希	奇	法	者，				

复次，舍利子，汝今当知，如是十种甚希奇法，

37.74.6

[illegible]	[illegible]	[illegible]	[illegible]	[illegible]	[illegible]	[illegible]	[illegible]	[illegible]	[illegible]	[illegible]
zji^{2}	mjor^{1}	ljij^{2}	·jij^{1}	śji^{1}	zjo̱^{2}	sjwɨj^{1}	ɣie^{1}	bju^{1}	dja^{2}	śjɨj^{1}
皆	如	来	之	先	世	业	力	所	△	成
[illegible]。	[illegible]	[illegible]	[illegible]？	[illegible]	[illegible]	[illegible]，				
·jiw^{2}	thjij^{2}	sjo^{2}	ljɨ^{1}	śja^{1}	rjir^{2}	gji^{2}				
就。	何	以	故？	舍	利	子，				

皆是如来先世业力之所成就。何以故？舍利子，

37.75.1

[illegible]	[illegible]	[illegible]	[illegible]	[illegible]	[illegible]	[illegible]	[illegible]；	[illegible]	[illegible]	[illegible]，
mjor^{1}	ljij^{2}	tsjiir^{1}	kie̱j^{2}	tsjij^{2}	dar^{1}	njwi^{2}	ljɨ^{1}	tsjij^{2}	dar^{1}	nioow^{1}
如	来	法	界	通	达	善	故；	通	达	由，
[illegible]	[illegible]	[illegible]	[illegible]	[illegible]	[illegible]	[illegible]				
mjor^{1}	ljij^{2}	mjor^{1}	bju^{1}	wo^{2}	tśhja^{2}	njɨ^{2}				
如	来	现	依	应	正	遍				

如来善通达法界故；由通达故，如来应正遍

37.75.2

[illegible]，	[illegible]	[illegible]	[illegible]	[illegible]	[illegible]，	[illegible]	[illegible]	[illegible]	[illegible]	[illegible]
nwə^{1}	thja^{1}	sã^{1}	mo^{2}	thji^{2}	·o^{2}	thja^{1}	djɨj^{2}	njiij^{1}	bju^{1}	rejr^{2}
知，	是	三	摩	地	入，	此	定	心	依	乐

[illegible]	[illegible]	[illegible]。	[illegible]	[illegible]	[illegible]	[illegible]
lhjịj^{2}	mji^{1}	lhjwo^{1}	khjã^{2}	khja^{2}	bẹ^{1}	njɨ^{2}
受	不	退。	殑	伽	沙	等

知，入是三摩地，依此定心受乐不退。虽经殑伽沙等

37.75.3

[illegible]	[illegible]	[illegible]	[illegible]	[illegible]，	[illegible]	[illegible]	[illegible]	[illegible]	[illegible]	[illegible]
rjur^{1}	ljịj^{2}	kja^{2}	kjɨ^{1}	dźjiij^{1}	mjor^{1}	ljịj^{2}	sã^{1}	mo^{2}	thji^{2}	lhjii^{1}
诸	大	劫	△	住，	如	来	三	摩	地	退
[illegible]	[illegible]	[illegible]	[illegible]	[illegible]。	[illegible]	[illegible]				
gu^{1}	njiij^{1}	śjwo^{1}	mjij^{2}	djij^{2}	śja^{1}	rjir^{2}				
发	心	起	未	曾。	舍	利				

诸大劫住，然如来未曾退起三摩地心。舍利

37.75.4

[illegible]，	[illegible]	[illegible]	[illegible]	[illegible]	[illegible]	[illegible]	[illegible]，	[illegible]	[illegible]	[illegible]
gji^{2}	mjor^{1}	ljịj^{2}	bju^{1}	wo^{2}	tśhja^{2}	njɨ^{2}	nwə^{1}	thja^{1}	djɨj^{2}	njiij^{1}
子，	如	来	依	应	正	遍	知，	此	定	心
[illegible]	[illegible]	[illegible]	[illegible]，	[illegible]	[illegible]	[illegible]、				
bju^{1}	tjị^{1}	tsjwu^{1}	zjij^{1}	dźjiij^{1}	lew^{1}	kja^{2}				
依	食	顷	时，	住	一	劫、				

子，如来应正遍知，依此定心经一食顷①，或住一劫②、

37.75.5

[illegible]	[illegible]、	[illegible]	[illegible]	[illegible]、	[illegible]	[illegible]	[illegible]	[illegible]	[illegible]、	[illegible]
·jir^{2}	kja^{2}	tụ^{1}	kja^{2}	dźjiij^{1}	tjij^{1}	·jir^{2}	tụ^{1}	kja^{2}	dźjiij^{1}	tjij^{1}
百	劫、	千	劫	住、	若	百	千	劫	住、	若
[illegible]	[illegible]	[illegible]	[illegible]、	[illegible]	[illegible]	[illegible]				
lew^{1}	kju^{1}	tśji^{2}	kja^{2}	·jir^{2}	kju^{1}	tśji^{2}				
一	拘	胝	劫、	百	拘	胝				

① 一食顷，梵语 Eka purobhakta。指短促之时间。
② 一劫，即一长时。劫为劫簸（梵 Kalpa）之略称，乃分别时节之意。

百劫、千劫，或住百千劫，或住一拘胝劫、百拘胝

37.75.6

[illegible]、	[illegible]	[illegible]	[illegible]	[illegible]、	[illegible]	[illegible]	[illegible]	[illegible]	[illegible]，	[illegible]
kja^{2}	tụ^{1}	kju^{1}	tśji^{2}	kja^{2}	·jir^{2}	tụ^{1}	kju^{1}	kja^{2}	dźjiij^{1}	tjij^{1}
劫、	千	拘	胝	劫、	百	千	拘	劫	住，	或
[illegible]	[illegible]	[illegible]	[illegible]	[illegible]	[illegible]					
nioow^{1}	rjɨr^{2}	njɨ^{2}	ŋewr^{2}	śji^{1}	su^{1}					
复	乃	至	数	上	如					

劫、千拘胝劫、百千拘胝劫，或复乃至过于上数。

37.76.1

[illegible]。	[illegible]	[illegible]	[illegible]？	[illegible]	[illegible]	[illegible]	[illegible]	[illegible]	[illegible]	[illegible]，
dzjịj^{1}	thjij^{2}	sjo^{2}	ljɨ^{1}	mjor^{1}	ljij^{2}	bju^{1}	wo^{2}	tśhja^{2}	njɨ^{2}	nwə^{1}
过。	何	以	故？	如	来	依	应	正	遍	知，
[illegible]	[illegible]	[illegible]	[illegible]	[illegible]	[illegible]	[illegible]				
phju^{2}	tsew^{2}	sã^{1}	mo^{2}	thji^{2}	po^{1}	lo^{1}				
一	第	三	摩	地	波	罗				

何以故？如来应正遍知，成就第一三摩地波罗

37.76.2

[illegible]	[illegible]	[illegible]	[illegible]	[illegible]	[illegible]。	[illegible]	[illegible]	[illegible]	[illegible]	[illegible]，
bjii^{2}	tow^{1}	śjɨj^{1}	·jiw^{2}	nioow^{1}	ljɨ^{1}	thja^{1}	śjɨj^{1}	·jiw^{2}	nioow^{1}	ku^{1}
蜜	多	成	就	故	也。	彼	成	就	由	故，
[illegible]	[illegible]	[illegible]	[illegible]	[illegible]	[illegible]	[illegible]				
mjor^{1}	ljij^{2}	thjɨ^{2}	sju^{2}	ljij^{2}	mee^{2}	mjijr^{2}				
如	来	是	如	大	神	通				

蜜多故。由成就故，如来具足如是大神通力，

37.76.3

[illegible]	[illegible]	[illegible]。	[illegible]	[illegible]	[illegible]	[illegible]	[illegible]	[illegible]	[illegible]	[illegible]，
ɣie^{1}	ŋowr^{2}	lhə$^{?}$	thjɨ^{2}	sju^{2}	ljij^{2}	pjụ^{1}	tśhja^{2}	ɣie^{1}	ŋowr^{2}	lhə$^{?}$

力 具 足。 是 如 大 威 德 力 具 足，

[illegible] [illegible] [illegible] [illegible]① [illegible] [illegible] [illegible] [illegible]

thjɨ^{2} sju^{2} mə^{2} mə^{2} ljịj^{2} pjụ^{1} dzjwɨ^{1} ɣie^{1}

是 如 没 没 大 宗 势 力

具足如是大威德力，具足如是大宗势力。

37.76.4

[illegible] [illegible]。 [illegible] [illegible] [illegible]， [illegible] [illegible] [illegible] [illegible] [illegible] [illegible]

ŋowr^{2} lhə$^{?}$ śja^{1} rjir^{2} gji^{2} dzjọ^{1} sju^{2} sjiij^{2} mjij^{1} sjiij^{2} mji^{1}

具 足。 舍 利 子， 譬 如 想 非 想 非

[illegible] [illegible]， [illegible] [illegible] [illegible] [illegible] [illegible]

mjij^{1} do^{2} rjur^{1} mə^{1} gji^{2} wee^{1} zjij^{1}

非 处， 诸 天 子 生 时

舍利子，如彼非想非非想处，诸天子生识缘一境，

37.76.5

[illegible] [illegible] [illegible] [illegible] [illegible] [illegible] [illegible] [illegible] [illegible] [illegible] [illegible]，

lew^{1} ·jar^{1} thew^{2} ljɨɨr^{1} tụ^{1} kja^{2} dźjiij^{1} sjij^{2} lew^{1} mjɨɨ^{2} thjuu^{1}

一 八 万 四 千 劫 住 识 一 境 缘，

[illegible] [illegible] [illegible] [illegible] [illegible] [illegible] [illegible]

rjɨr^{2} njɨ^{2} sã^{1} mo^{2} thji^{2} zjọ^{2} kạ^{1}

乃 至 三 摩 地 寿 命

经八万四千劫住，乃至三摩地寿命

37.76.6

[illegible] [illegible] [illegible] [illegible]， [illegible] [illegible] [illegible] [illegible] [illegible] [illegible] [illegible]

mjij^{2} sji^{1} thjɨ^{2} rjijr^{2} thja^{1} sjij^{2} dzjij^{2} mjɨɨ^{2} kięj^{2} ·jij^{1} tśhjij^{1}

未 尽 此 方， 此 识 余 境 界 之 移

[illegible] [illegible] [illegible] [illegible]。 [illegible] [illegible] [illegible]，

sjwi^{2} lew^{2} mjij^{1} we^{2} śja^{1} rjir^{2} gji^{2}

---

① [illegible][illegible]，字面意思为“没没”，与汉本无法对译。

转 所 不 为。 舍 利 子，

未尽已来，此识不为余境界识之所移转。舍利子，

37.77.1

[illegible]

thja¹ rjur¹ mə¹ gji² tsjɨ¹ rjur¹ djɨj² ɣie¹ bju¹ tśhjɨ¹ zjịj¹

彼 诸 天 子 尚 世 定 力 以 尔 许

[illegible]

dzjɨj¹ zar² nioow¹ mjor¹ ljij² sã¹ mo²

时 经， 又 如 来 三 摩

彼诸天子尚以世定之力经尔所时，何况如来三摩

37.77.2

[illegible]

thji² po¹ lo¹ bjii² tow¹ bju¹ rejr² nwə¹ dźjiij¹ tjị² ljọ²

地 波 罗 蜜 多 依 多 知 住 △ 何

[illegible]

wjij²

况？

地波罗蜜多而无久住？

37.77.3

[illegible]

nioow¹ tśjiɨ¹ śja¹ rjir² gji² mjor¹ ljij² bju¹ wo² tśhja² njɨ²

复 次， 舍 利 子， 如 来 依 应 正 遍

[illegible]

nwə¹ śji¹ ·ja? du̱² tow¹ lo¹ sã¹

知， 初 阿 耨 多 罗 三

复次，舍利子，如来应正遍知，初证阿耨多罗三

37.77.4

[illegible]

mjiw²	sã¹	po¹	tjɨj¹	ljạ¹	gjɨ²	rjɨr²	njɨ²	gjij²	bju¹	mjij¹
藐	三	菩	提	证	夜	乃	至	余	依	无
[illegible]	[illegible]	[illegible]	[illegible]	[illegible]	[illegible]	[illegible],				
ljịj²	pa²	djiij²	phã¹	kiẹj²	·o²	gjɨ²				
大	般	涅	槃	界	入	夜,				

藐三菩提夜乃至入无余大般涅槃界夜,

37.77.5

[illegible]	[illegible]	[illegible],	[illegible]	[illegible]	[illegible]	[illegible]	[illegible]	[illegible]	[illegible]	[illegible]
thja¹	njɨɨ¹	ljwu¹	mjor¹	ljịj²	nwə¹	njiij¹	sã¹	mo²	thji²	ɣa²
其	中	间,	如	来	知	心	三	摩	地	于
[illegible]	[illegible]	[illegible]	[illegible],	[illegible]	[illegible]	[illegible]				
wor¹	mjɨ¹	tśhjɨ¹	djij²	tśhjwo¹	thja¹	djɨj²				
生	未	尔	曾,	故	此	定				

于其中间,如来之心于三摩地未曾有起,故名此定

37.77.6

[illegible]	[illegible]	[illegible]	[illegible]	[illegible]、	[illegible]	[illegible]	[illegible]	[illegible]、	[illegible]	[illegible]
·jij¹	dźiə²	dźiej²	mjij¹	njiij¹	thjuu¹	lew²	mjij¹	njiij¹	bio̱¹	thjuu¹
之	转	回	无	心、	行	所	无	心、	观	察
[illegible]	[illegible]、	[illegible]	[illegible]	[illegible]	[illegible]、	[illegible]				
mjij¹	njiij¹	mju²	sjwɨ¹	mjij¹	njiij¹	śja¹				
无	心、	动	虑	无	心、	流				

无回转心、无所行心、无观察心、无动虑心、无流

37.78.1

[illegible]	[illegible]	[illegible]、	[illegible]	[illegible]	[illegible]	[illegible]	[illegible]、	[illegible]	[illegible]	[illegible]
wją²	mjij¹	njiij¹	·ji¹	kju¹	mji¹	ɣjiw¹	njiij¹	ŋewr¹	khiee¹	mjij¹
荡	无	心、	众	聚	无	摄	心、	散	乱	无
[illegible]、	[illegible]	[illegible]	[illegible]	[illegible]、	[illegible]	[illegible]	[illegible]			
njiij¹	gju²	bjij²	mjij¹	njiij¹	bji²	dji̱¹	mjij¹			
心、	举	高	无	心、	下	沉	无			

荡心、无摄众聚心、无散乱心、无高举心、无沉下

37.78.2

[illegible]、	[illegible]	[illegible]	[illegible]	[illegible]，	[illegible]	[illegible]	[illegible]	[illegible]、	[illegible]	[illegible]
njiij^{1}	khjuu^{2}	·wejr^{2}	mjij^{1}	njiij^{1}	dzjuu^{2}	ɣja^{2}	mjij^{1}	njiij^{1}	de^{2}	kjir^{1}
心、	防	护	无	心，	藏	覆	无	心、	欣	勇
[illegible]	[illegible]、	[illegible]	[illegible]	[illegible]	[illegible]、	[illegible]				
mjij^{1}	njiij^{1}	guu^{2}	ljwu^{1}	mjij^{1}	njiij^{1}	mji^{1}				
无	心、	逆	违	无	心、	无				

心、无防护心、无覆藏心、无欣勇心、无违逆心、无

37.78.3

[illegible]	[illegible]	[illegible]、	[illegible]	[illegible]	[illegible]	[illegible]、	[illegible]	[illegible]	[illegible]	[illegible]、
dźju^{2}	noo^{1}	njiij^{1}	mju^{2}	ljɨ̣j^{2}	mjij^{1}	njiij^{1}	tśjɨɨr^{2}	de^{2}	mjij^{1}	njiij^{1}
悴	萎	心、	动	摇	无	心、	惊	喜	无	心、
[illegible]	[illegible]	[illegible]	[illegible]、	[illegible]	[illegible]	[illegible]				
mur^{1}	djị^{1}	mjij^{1}	njiij^{1}	phjo^{2}	kar^{2}	mjij^{1}				
惛	沉	无	心、	分	别	无				

萎悴心、无动摇心、无惊喜心、无惛沉心、无分别

37.78.4

[illegible]、	[illegible]	[illegible]	[illegible]	[illegible]	[illegible]、	[illegible]	[illegible]	[illegible]	[illegible]	[illegible]、
njiij^{1}	do^{2}	phjo^{2}	kar^{2}	mjij^{1}	njiij^{1}	njɨ^{2}	phjo^{2}	kar^{2}	mjij^{1}	njiij^{1}
心、	异	分	别	无	心、	遍	分	别	无	心、
[illegible]	[illegible]	[illegible]	[illegible]。	[illegible]	[illegible]	[illegible]				
mjiij^{2}	·a$^{?}$	thjɨ^{1}	wji^{1}	nioow^{1}	thja^{1}	djɨj^{2}				
名	△	召	为。	又	此	定				

心、无异分别心、无遍分别心。又此定者，

37.78.5

[illegible]，	[illegible]	[illegible]	[illegible]	[illegible]	[illegible]、	[illegible]	[illegible]	[illegible]	[illegible]	[illegible]
·jij^{1}	sjij^{2}	bju^{1}	mji^{1}	śjwɨ̣^{2}	njiij^{1}	mej^{1}	ɣa^{2}	mji^{1}	bju^{1}	gjị^{2}

之，	识	依	不	随	心、	眼	于	不	依	靠
[illegible]、	[illegible]	[illegible]	[illegible]	[illegible]	[illegible]	[illegible]				
njiij^{1}	nju^{1}	njii^{2}	lhjwa^{1}	ljụ^{2}	phji^{1}	ɣa^{2}				
心、	耳	鼻	舌	身	意	于				

不随识心、不依眼心、不依耳鼻舌身意心、

37.78.6

[illegible]	[illegible]	[illegible]	[illegible]、	[illegible]	[illegible]	[illegible]	[illegible]	[illegible]	[illegible]、	[illegible]
mji^{1}	bju^{1}	gjị^{2}	njiij^{1}	tsə̣^{1}	ɣa^{2}	mji^{1}	bju^{1}	gjị^{2}	njiij^{1}	ɣiẹ^{2}
不	依	靠	心、	色	于	不	依	靠	心、	音
[illegible]	[illegible]	[illegible]	[illegible]	[illegible]	[illegible]	[illegible]				
lji^{2}	wjị^{1}	tsjụ^{1}	tsjiir^{1}	ɣa^{2}	mji^{1}	bju^{1}				
香	味	触	法	于	不	依				

不依色心、不依声香味触法心、

37.79.1

[illegible]	[illegible]、	[illegible]	[illegible]	[illegible]	[illegible]	[illegible]、	[illegible]	[illegible]	[illegible]	[illegible]、
gjị^{2}	njiij^{1}	rjur^{1}	tsjiir^{1}	mji^{1}	tshwew^{1}	njiij^{1}	sjịj^{2}	mji^{1}	śjwo^{1}	njiij^{1}
靠	心、	诸	法	不	趣	心、	智	不	起	心、
[illegible]	[illegible]	[illegible]	[illegible]	[illegible]、	[illegible]	[illegible]				
·wjɨ^{2}	rar^{2}	mji^{1}	bio̱^{1}	njiij^{1}	mjij^{2}	ljịj^{2}				
△	去	不	观	心、	未	来				

不趣诸法心、不起智心、不观过去心、不观未来

37.79.2

[illegible]	[illegible]	[illegible]、	[illegible]	[illegible]	[illegible]	[illegible]	[illegible]	[illegible]	[illegible]	[illegible]
mji^{1}	bio̱^{1}	njiij^{1}	mjor^{1}	dźjiij^{1}	mji^{1}	bio̱^{1}	njiij^{1}	mjiij^{2}	·a$^{?}$	thjɨ^{1}
不	观	心、	现	在	不	观	心	名	△	召
[illegible]。	[illegible]	[illegible]	[illegible]，	[illegible]	[illegible]	[illegible]				
wji^{1}	śja^{1}	rjir^{2}	gji^{2}	mjor^{1}	ljịj^{2}	bju^{1}				
为。	舍	利	子，	如	来	依				

心、不观现在心。舍利子，如来应

37.79.3

[illegible]	[illegible]	[illegible]	[illegible]	[illegible]	[illegible]	[illegible]	[illegible]	[illegible]，	[illegible]	[illegible]
wo^{2}	tśhja^{2}	njɨ^{2}	nwə^{1}	sã^{1}	mo^{2}	thji^{2}	dźjiij^{1}	zjij^{1}	njiij^{1}	rjɨr^{2}
应	正	遍	知	三	摩	地	住	时，	心	离
[illegible]	[illegible]	[illegible]	[illegible]	[illegible]	[illegible]	[illegible]				
nioow^{1}	·a$^{?}$	mə^{2}	zjij^{1}	rjir^{1}	lew^{2}	tsjiir^{1}				
而	一	种	时	得	所	法				

正遍知住三摩地，如是离心无有一法而可得者，

37.79.4

[illegible]，	[illegible]	[illegible]	[illegible]？	[illegible]	[illegible]	[illegible]	[illegible]	[illegible]	[illegible]	[illegible]
mjij^{1}	thjij^{2}	sjo^{2}	ljɨ^{1}	tsjiir^{1}	ŋowr^{2}	ŋowr^{2}	kha^{1}	ɣiẹ^{2}	mjij^{1}	sjij^{2}
无，	何	以	故？	法	一	切	中	障	无	智
[illegible]	[illegible]，	[illegible]	[illegible]	[illegible]	[illegible]	[illegible]。				
ljij^{2}	śjwo^{1}	bji^{1}	ɣie^{1}	mji^{1}	śjɨ^{1}	ljɨ^{1}				
见	生，	功	力	无	往	也。				

于一切法中无碍智见生，以无功用故。

37.79.5

[illegible]	[illegible]，	[illegible]	[illegible]	[illegible]，	[illegible]	[illegible]	[illegible]	[illegible]	[illegible]	[illegible]
nioow^{1}	tśjɨɨ^{1}	śja^{1}	rjir^{2}	gji^{2}	mjor^{1}	ljij^{2}	sã^{1}	mo^{2}	thji^{2}	ɣa^{2}
复	次，	舍	利	子，	如	来	三	摩	地	于
[illegible]	[illegible]，	[illegible]	[illegible]	[illegible]	[illegible]	[illegible]				
mji^{1}	wor^{1}	njiij^{1}	phji^{1}	sjij^{2}	rjir^{2}	ka^{2}				
不	起，	心	意	识	同	离				

又舍利子，如来不起于三摩地，离心意识

37.79.6

[illegible]	[illegible]	[illegible]	[illegible]	[illegible]，	[illegible]	[illegible]	[illegible]	[illegible]	[illegible]。	[illegible]
rjur^{1}	tha^{1}	tśju^{1}	wji^{1}	njwi^{2}	bji^{1}	ɣie^{1}	mji^{1}	śjɨ^{1}	ljɨ^{1}	śja^{1}
诸	佛	事	作	能，	功	力	无	往	也。	舍

[illegible]	[illegible],	[illegible]	[illegible]	[illegible]	[illegible]	[illegible]
rjir^{2}	gji^{2}	thja^{1}	rjur^{1}	po^{1}	tsa^{1}	ma^{2}
利	子,	是	诸	菩	萨	摩

而能作诸佛事,以无功用故。如是,舍利子,是诸菩萨摩

37.80.1

[illegible]	[illegible],	[illegible]	[illegible]	[illegible]	[illegible]	[illegible]	[illegible]	[illegible]	[illegible]	[illegible]
ŋạ^{2}	tsa^{1}	mjor^{1}	ljịj^{2}	sjịj^{2}	seew^{2}	tshjiij^{1}	tjị^{2}	mjij^{1}	śji^{1}	lo^{1}
诃	萨,	如	来	智	思	议	可	不	尸	罗
[illegible]	[illegible]	[illegible]	[illegible]	[illegible]	[illegible],	[illegible]				
nioow^{1}	sã^{1}	mo^{2}	thji^{2}	mji^{1}	nioow^{1}	njiij^{1}				
及	三	摩	地	闻	已,	心				

诃萨,闻如来不思议尸罗及三摩地已,信受谛

37.80.2

[illegible]	[illegible]	[illegible],	[illegible]	[illegible]	[illegible]	[illegible]	[illegible]	[illegible]	[illegible]	[illegible],
tjị^{1}	dźiej^{2}	ɣiwej^{1}	gji^{1}	sej^{1}	śjij^{1}	dźjịj^{1}	njiij^{1}	·jiw^{2}	ljɨ̣j^{1}	mjij^{1}
诚	信	受,	清	净	顺	行	心	疑	惑	无,
[illegible]	[illegible]	[illegible]	[illegible]	[illegible]	[illegible]	[illegible]				
śji^{1}	su^{1}	gjij^{1}	njij^{2}	njiij^{1}	ljɨ̣j^{2}	rjɨr^{2}				
先	于	倍	增	欢	喜	乃				

奉,清净无疑,倍复踊跃,深生欢喜,

37.80.3/4

[illegible],	[illegible]	[illegible]	[illegible]	[illegible]	[illegible]。	[illegible]	[illegible],	[illegible]	[illegible]	[illegible]
gjiij	rjar^{1}	gjij^{1}	sjiij^{2}	śjwo^{1}	ljɨ^{1}	tśhjɨ^{1}	zjọ^{2}	rjur^{1}	pjụ^{1}	thjɨ^{2}
生,	奇	希	想	发	也。	尔	时,	世	尊	此
[illegible]	[illegible]	[illegible]	[illegible],	[illegible]	[illegible]	[illegible]/	[illegible]。			
wo^{2}	·jị^{2}	tshjiij^{1}	kięj^{2}	ljaa^{1}	dạ^{2}	rjɨr^{2}	tshjiij^{1}			
义	重	宣	欲,	颂	言	乃/	曰。			

发希奇想。尔时,世尊欲重宣此义,而说颂曰:

37.80.5

[illegible]

mjɨ¹ pjụ¹ ŋwer¹ mjij¹ ·jir² tụ¹ kja² njwo² dju¹ tshwew¹ kha¹

无 量 等 无 百 千 劫， 昔 有 趣 中

[illegible]

mji¹ kie¹ djɨj²

闻 觉 定

无量无等百千劫，昔有趣中行觉行，

37.80.6

[illegible]

zeew² mji¹ śja¹ wją² dwewr² dźjɨ? dźjịj¹ śio¹ dzjiij² tśhja² dwewr²

忍 不 逸 放 觉 行 行， 导 师 正 觉

[illegible]

·jiw¹ djọ² nioow¹

因 修 故。

戒闻定忍不放逸，导师能修妙觉因。

37.81.1

[illegible]

thjɨ² sju² zji² buu² sjwɨj¹ mjaa¹ sej¹ thjoo¹ wą² kie¹ sej¹

是 如 最 胜 业 果 净， 妙 广 戒 净

[illegible]

rjur¹ dju¹ dzjịj¹

诸 有 超，

最胜业果净如是，妙广净戒超诸有，

37.81.2

[illegible]

ɣą² ɣie¹ pjụ¹ kie¹ ŋa¹ sju² sej¹ tshjiij¹ gie¹ ror² mjij¹

十 力 尊 戒 空 如 净， 说 难 垢 无

[illegible]

tshọ^{2} ŋa^{1} sju^{2}

虚 空 譬。

十力尊戒如空净,难说无垢譬虚空。

37.81.3

[illegible]

tha^{1} ɣu^{1} po^{1} tjɨj^{1} rjir^{1} gjɨ^{2} śjwo^{1} kụ^{1} mjij^{1} dzjar^{2} gjɨ^{2}

佛 初 菩 提 得 夜 生, 后 寂 灭 夜

[illegible]

ɣa^{2} kjɨ^{1} njɨ^{2}

于 入 至,

从佛初得菩提夜,至后入于寂灭夜,

37.81.4

[illegible]

tha^{1} njiij^{1} thjuu^{1} mjij^{1} do^{2} thjuu^{1} mjij^{1} ljịj^{2} mjij^{1} sjwɨ^{1} djɨj^{2}

佛 心 行 无 异 行 无, 大 静 虑 定

[illegible]

śjwo^{1} mjij^{2} djij^{2}

生 未 曾。

佛心无行无异行,大静虑定未曾起。

37.81.5

[illegible]

ɣạ^{2} ɣie^{1} kie^{1} tśiow^{1} lhjii^{1} ·jiw^{1} mjij^{1} bie^{2} lhew^{2} mee^{2} ɣie^{1}

十 力 戒 聚 退 分 无, 解 脱 神 力

[illegible]

tsjɨ^{1} thjɨ^{2} sju^{2}

亦 是 如,

十力戒聚无退分,解脱神力亦如是,

37.81.6

[illegible]	[illegible]	[illegible]	[illegible]	[illegible]	[illegible]	[illegible]，	[illegible]	[illegible]	[illegible]	[illegible]
·a$^{?}$	njiij^{1}	dźjiij^{1}	mjɨ^{1}	pjụ^{1}	kja^{2}	zar^{2}	ljij^{2}	śjɨj^{2}	sjwɨ^{1}	mjij^{1}
一	心	住	无	量	劫	经，	大	圣	思	无
[illegible]	[illegible]	[illegible]。								
do^{2}	sjwɨ^{1}	mjij^{1}								
异	思	无。								

一心住经无量劫，大圣无思无异思。

37.82.1

[illegible]	[illegible]	[illegible]	[illegible]	[illegible]	[illegible]	[illegible]，	[illegible]	[illegible]	[illegible]	[illegible]
tha^{1}	sjịj^{2}	ŋa^{1}	sju^{2}	sjwɨ^{1}	mjɨɨ^{2}	njaa^{2}	thjuu^{1}	mjij^{1}	dźju^{1}	tsjij^{2}
佛	智	空	如	思	境	非，	缘	无	明	达
[illegible]	[illegible]	[illegible]，								
sọ^{1}	zjọ^{2}	swew^{1}								
三	世	照，								

佛智如空非思境，明达无缘照三世，

37.82.2

[illegible]	[illegible]	[illegible]	[illegible]	[illegible]	[illegible]	[illegible]，	[illegible]	[illegible]	[illegible]	[illegible]
njiij^{1}	phji^{1}	sjwɨ^{1}	mjij^{1}	ljij^{1}	lej^{2}	mjij^{1}	tha^{1}	gji^{2}	rjɨr^{2}	nioow^{1}
心	意	思	无	改	变	无，	佛	子	离	又
[illegible]	[illegible]	[illegible]。								
dźiej^{2}	mjɨ^{1}	njwi^{2}								
信	不	能。								

无心意思无改变，唯有佛子能信受。

37.82.3

[illegible]	[illegible]，	[illegible]	[illegible]	[illegible]	[illegible]	[illegible]	[illegible]：	[illegible]	[illegible]	[illegible]
tśhjɨ^{1}	zjọ^{2}	tha^{1}	śja^{1}	rjir^{2}	gji^{2}	·jij^{1}	·jɨ^{1}	po^{1}	tsa^{1}	ma^{2}
尔	时，	佛	舍	利	子	之	告：	菩	萨	摩

ŋạ^2 tsa^1 thjij^2 sjo^2 ljɨ^1, mjor^1 ljịj^2 ·jij^1

诃 萨 何 云 也, 如 来 之

尔时,佛告舍利子:云何菩萨摩诃萨,于如来

37.82.4

seew^2 tshjiij^1 mjij^1 mee^2 ɣie^1 ɣa^2, njiij^1 tjị^1 dźiej^2 ɣiwej^1, gji^1

思 议 不 神 力 于, 心 诚 信 受, 清

sej^1 śjij^1 dźjịj^1 njiij^1 ·jiw^2 ljịj^1 mjij^1,

净 顺 行 心 疑 惑 无,

不思议神力,信受谛奉,清净无疑,

37.82.5

śji^1 su^1 gjij^1 njij^2 njiij^1 ljịj^2 rjɨr^2 gjiij, rjar^1 gjij^1 sjiij^2

先 于 倍 增 欢 喜 乃 生, 奇 希 想

śjwo^1 ljɨ^1? śja^1 rjir^2 gji^2, mjor^1 ljịj^2

发 也? 舍 利 子, 如 来

倍复踊跃,深生欢喜,发希奇想? 舍利子,如来

37.82.6

bju^1 wo^2 tśhja^2 njɨ^2 nwə^1 rjir^2 gu^1 mee^2 mjijr^2 tja^1, seew^2

依 应 正 遍 知 获 发 神 通 者, 思

tshjiij^1 tjị^2 mjij^1, nẹ^1 tshjiij^1 tjị^2 mjij^1,

议 可 不, 宣 说 可 不,

应正遍知所获神通,不可思议,不可宣说,

37.83.1

śji^{1}	nji^{2}	·jij^{1}	tśier^{1}	·ju^{2}	ŋwu^{2}	phie^{2}	neej^{2}	śja^{1}	rjir^{2}	gji^{2}
先	汝	之	方	便	以	开	显。	舍	利	子，
mjor^{1}	ljij^{2}	ŋa^{2}	·jij^{1}	ɣię^{2}	mji^{1}	dzjiij^{2}				
如	来	我	之	声	闻	教				

今当为汝方便开显。舍利子，如来常说，我声闻众

37.83.2

twụ^{1}	mee^{2}	mjijr^{2}	rjir^{1}	mjijr^{2}	kha^{1}	pjụ^{1}	nar^{2}	ljij^{2}	boo^{2}	khjã^{2}
直	神	通	得	者	中，	长	老	大	目	揵
ljɨj^{1}	zji^{2}	kha^{1}	phju^{2}	tsew^{2}	śja^{1}	rjir^{2}				
连	最	中	一	第。	舍	利				

中得神通者，所谓长老大目揵连最为第一。舍利

37.83.3

gji^{2}	thjɨ^{2}	sju^{2}	rjir^{2}	gu^{1}	mee^{2}	mjijr^{2}	tja^{1}	tjij^{1}	pjụ^{1}	dza^{2}
子，	是	如	得	发	神	通	者，	若	量	称
bio̱^{1}	thjuu^{1}	nji^{2}	ku^{1}	ɣię^{2}	mji^{1}	·jij^{1}				
观	察	△	故	声	闻	之				

子，如是所得神通，若以称量观察声闻神通，

37.83.4

mee^{2}	mjijr^{2}	dźiã^{2}	tsjij^{2}	·jij^{1}	mee^{2}	mjijr^{2}	rjir^{2}	mjɨ^{1}	ka^{1}	pjụ^{1}
神	通，	菩	萨	之	神	通	与	不	等，	量

dza[2]	bio̲[1]	thjuu[1]	nji[2]	ku[1]	ɣię[2]
喻	观	察	△	故	声

不见有与菩萨神通等者;若以称量观察声闻、

37.83.5

mji[1]	dźiã[2]	tsjij[2]	·jij[1]	rjir[2]	gu[1]	mee[2]	mjijr[2]	tja[1]	rjur[1]	tha[1]
闻、	菩	萨	之	得	发	神	通	者,	诸	佛
mjor[1]	ljịj[2]	·jij[1]	mee[2]	mjijr[2]	rjir[2]	mjɨ[1]				
如	来	之	神	通	与	无				

菩萨所得神通,不见有与诸佛如来神通

37.83.6

ka[1]	ljɨ[1]	śja[1]	rjir[2]	gji[2]	thjɨ[2]	tja[1]	mjor[1]	ljịj[2]	·jij[1]	seew[2]
等	也。	舍	利	子,	是	名	如	来	之	思
tshjiij[1]	tjị[2]	mjij[1]	mee[2]	mjijr[2]	ŋwu[2]	thja[1]				
议	可	不	神	通	是,	是				

等者。舍利子,是名如来不可思议神通。是

37.84.1

rjur[1]	po[1]	tsa[1]	ma[2]	ŋạ[2]	tsa[1]	mjor[1]	ljịj[2]	·jij[1]	mee[2]	mjijr[2]
诸	菩	萨	摩	诃	萨,	如	来	之	神	通
ljạ[1]	kięj[2]	ku[1]	phju[2]	tjij[1]	tśhja[2]	·jɨr[2]				
证	欲	故,	上	品	正	勤				

诸菩萨摩诃萨,为欲证得如来神通者,倍应发起上品正勤,

37.84.2

[illegible]	[illegible]	[illegible],	[illegible]	[illegible]	[illegible]	[illegible]	[illegible]。	[illegible]	[illegible]	[illegible],
gu^{1}	śjwo^{1}	ku^{1}	tśhjwo^{1}	lją^{1}	rjir^{1}	njwi^{2}	ljɨ^{1}	śja^{1}	rjir^{2}	gji^{2}
发	起	故,	则	证	获	能	也。	舍	利	子,
[illegible]	[illegible]	[illegible]	[illegible],	[illegible]	[illegible]	[illegible]				
nji^{2}	njɨ^{2}	thjɨ^{2}	wjɨ^{2}	mjor^{1}	ljịj^{2}	do^{2}				
汝	等	今	者,	如	来	所				

则能获证。舍利子,汝等今者,欲于如来所,

37.84.3

[illegible]	[illegible]	[illegible]	[illegible]	[illegible]	[illegible]	[illegible]	[illegible]	[illegible]	[illegible]	[illegible]
seew^{2}	tshjiij^{1}	mjij^{1}	mee^{2}	mjijr^{2}	dzjọ^{1}	dza^{2}	tshjiij^{1}	mji^{1}	·a$^{?}$	kiẹj^{2}
思	议	不	神	通	譬	喻	说	闻	△	欲
[illegible]?	[illegible]	[illegible]	[illegible]	[illegible]:	[illegible]	[illegible]				
nji^{2}	śja^{1}	rjir^{2}	gji^{2}	dạ^{2}	dzjɨj^{1}	mjor^{1}				
△?	舍	利	子	言:	时	现				

闻说不思议神通譬喻不?舍利子言:今正

汉文本

复次,舍利子,汝今当知,如是十种甚希奇法,皆是如来先世业力之所成就。何以故?舍利子,如来善通达法界故;由通达故,如来应正遍知,入是三摩地,依此定心受乐不退。虽经殑伽沙等诸大劫住,然如来未曾退起三摩地心。舍利子,如来应正遍知,依此定心经一食顷,或住一劫、百劫、千劫,或住百千劫,或住一拘胝劫、百拘胝劫、千拘胝劫、百千拘胝劫,或复乃至过于上数。何以故?如来应正遍知,成就第一三摩地波罗蜜多故。由成就故,如来具足如是大神通力,具足如是大威德力,具足如是大宗势力。舍利子,如彼非想非非想处,诸天子生识缘一境,经八万四千劫住,乃至三摩地寿命未尽已来,此识不为余境界识之所移转。舍利子,彼诸天子尚以世定之力经尔所时,何况如来三摩地波罗蜜多而无久住?

复次,舍利子,如来应正遍知,初证阿耨多罗三藐三菩提夜乃至入无余大般涅槃界夜,于其中间,如来之心于三摩地未曾有起,故名此定无回转心、无所行心、无观察心、无动虑心、无流荡心、无摄众聚心、无散乱心、无高举心、无沉下心、无防护心、无覆藏心、无欣勇心、无违逆心、无萎悴心、无动摇心、无惊喜心、无惛沉心、无分别心、无异分别心、无遍分别心。又此定者,不随识心、不依眼心、不依耳鼻舌身意心、不依色心、不依声香味触法心、不趣诸法心、不起智心、不观过去心、不观未来心、不观现在心。

舍利子,如来应正遍知住三摩地,如是离心无有一法而可得者,于一切法中无碍智见生,以无功用故。又舍利子,如来不起于三摩地,离心意识而能作诸佛事,以无功用故。如是,舍利子,是诸菩萨摩诃萨,闻如来不思议尸罗及三摩地已,信受谛奉,清净无疑,倍复踊跃,深生欢喜,发希奇想。

尔时,世尊欲重宣此义,而说颂曰:

无量无等百千劫,昔有趣中行觉行,
戒闻定忍不放逸,导师能修妙觉因。
最胜业果净如是,妙广净戒超诸有,
十力尊戒如空净,难说无垢譬虚空。
从佛初得菩提夜,至后入于寂灭夜,
佛心无行无异行,大静虑定未曾起。
十力戒聚无退分,解脱神力亦如是,
一心住经无量劫,大圣无思无异思。
佛智如空非思境,明达无缘照三世,
无心意思无改变,唯有佛子能信受。

尔时,佛告舍利子:云何菩萨摩诃萨,于如来不思议神力,信受谛奉,清净无疑,倍复踊跃,深生欢喜,发希奇想?

舍利子,如来应正遍知所获神通,不可思议,不可宣说,今当为汝方便开显。舍利子,如来常说,我声闻众中得神通者,所谓长老大目揵连最为第一。舍利子,如是所得神通,若以称量观察声闻神通,不见有与菩萨神通等者;若以称量观察声闻、菩萨所得神通,不见有与诸佛如来神通等者。舍利子,是名如来不可思议神通。是诸菩萨摩诃萨,为欲证得如来神通者,倍应发起上品正勤,则能获证。舍利子,汝等今者,欲于如来所,闻说不思议神通譬喻不?

37.84.4

[illegible]	[illegible]!	[illegible]	[illegible]	[illegible]	[illegible]	[illegible]	[illegible]	[illegible]	[illegible]	[illegible]
thjɨ^{2}	ŋwu^{2}	tjij^{1}	rjur^{1}	phji^{1}	tśhjụ^{1}	tha^{1}	rjɨr^{2}	tshjiij^{1}	mee^{2}	mjijr^{2}
此	是!	若	诸	苾	刍	佛	所	说	神	通
[illegible]	[illegible]	[illegible]	[illegible],	[illegible]	[illegible]	[illegible]				
dzjọ^{1}	dza^{2}	mji^{1}	ku^{1}	zji^{2}	gu^{2}	ɣiwej^{1}				
譬	喻	闻	者,	皆	共	受				

是时!若诸苾刍闻佛所说神通譬喻者,如所闻已,当共受持。

37.84.5

[illegible]	[illegible]。	[illegible]	[illegible]	[illegible]	[illegible]	[illegible]	[illegible]:	[illegible]	[illegible]!	[illegible]
·jiij^{1}	nji^{2}	tha^{1}	śja^{1}	rjir^{2}	gji^{2}	·jij^{1}	·jɨ^{1}	djị^{2}	nji^{2}	nji^{2}

持 △。 佛 舍 利 子 之 告： 谛 听！ 汝

[illegible]

nji² ·jij¹ tshjiij¹ wji¹ nji² śja¹ rjir²

等 之 说 为 △。 舍 利

佛告舍利子：谛听！谛听！当为汝说。舍利

37.84.6

[illegible]

gji² dạ² tjij² rjijr² rjur¹ pjụ¹ ŋa² nji² mji¹ ŋwe¹ nji²

子 言： 善 哉， 世 尊， 我 等 闻 乐 △。

[illegible]

tha¹ śja¹ rjir² gji² ·jij¹ ·ji¹ nji²

佛 舍 利 子 之 告： 汝

子言：如是，世尊，愿乐欲闻。佛告舍利子：于汝

37.85.1

[illegible]

phji¹ ɣa² thjij² sjo² pjụ¹ tja¹ ljij² boo² khjã² ljɨj¹ ljij²

意 于 何 云？ 尊 者 大 目 揵 连 大

[illegible]

mee² mjijr² ·a? dźjij² śja¹ rjir² gji²

神 通 △ 有？ 舍 利 子

意云何？尊者大目揵连有大神通不？舍利子

37.85.2

[illegible]

dạ² ŋa² no² rjir² tha¹ do² dạ² gji² mjo¹ ŋa² pjụ¹

言： 我 从 昔 佛 处 语 一 听 △， 尊

[illegible]

tja¹ ljij² boo² khjã² ljɨj¹ ɣię² mji¹

者 大 目 揵 连， 声 闻

言:我昔从佛受持是语,尊者大目揵连,于声闻

37.85.3

[illegible]	[illegible]	[illegible]	[illegible]	[illegible]	[illegible]	[illegible]	[illegible]。	[illegible]	[illegible]:	[illegible]
·ji^{1}	kha^{1}	mee^{2}	mjijr^{2}	phju^{2}	tsew^{2}	·jɨ^{1}	djij^{2}	tha^{1}	dạ^{2}	ŋwu^{2}
僧	中	神	通	一	第	谓	▽。	佛	言:	是
[illegible],	[illegible]	[illegible],	[illegible]	[illegible]	[illegible],	[illegible]				
ljɨ^{1}	ŋwu^{2}	ljɨ^{1}	śja^{1}	rjir^{2}	gji^{2}	thji^{2}				
也,	是	也,	舍	利	子,	此				

僧中神通第一。佛言:如是,如是,舍利子,今

37.85.4

[illegible]	[illegible]	[illegible]	[illegible]	[illegible]	[illegible]	[illegible]	[illegible]	[illegible]。	[illegible]	[illegible]
wjɨ^{2}	nji^{2}	·jij^{1}	dzjọ^{1}	dza^{2}	wạ^{2}	tshjiij^{1}	wji^{1}	nja^{2}	tjɨ^{1}	tjij^{1}
刻	汝	之	譬	喻	广	说	为	△。	假	若
[illegible]	[illegible]	[illegible]	[illegible]	[illegible]	[illegible]	[illegible]				
sọ^{1}	tụ^{1}	ljịj^{2}	tụ^{1}	rjur^{1}	kięj^{2}	·u^{2}				
三	千	大	千	世	界	中				

当为汝广说譬喻。假使三千大千世界满中

37.85.5

[illegible]	[illegible]	[illegible]	[illegible]	[illegible],	[illegible]	[illegible]	[illegible]	[illegible]	[illegible]	[illegible]
ɣię^{2}	mji^{1}	dju^{1}	njij^{2}	sə^{1}	zji^{2}	ljịj^{2}	boo^{2}	khjã^{2}	ljɨ̣j^{1}	sju^{2}
声	闻	有	△	满,	皆	大	目	揵	连	如
[illegible]	[illegible]	[illegible]	[illegible],	[illegible]	[illegible]、					
mee^{2}	mjijr^{2}	djij^{2}	rjir^{1}	kã^{1}	tśja^{1}					
神	通	△	得,	甘	蔗、					

声闻,皆得神通如大目揵连,譬如甘蔗、

37.85.6

[illegible]	[illegible]、	[illegible]	[illegible]	[illegible]、	[illegible]	[illegible]	[illegible]。	[illegible]	[illegible]	[illegible]
na^{1}	lọ^{1}	dzjụ^{2}	śjij^{1}	se^{1}	bo^{1}	rjir^{2}	ka^{1}	thja^{1}	rjur^{1}	ɣię^{2}

竹 苇、 粳 稻 麻、 林 同 等。 是 诸 声

mji^{1} rjur^{1} tśhja^{2} ·jɨr^{2} dzjɨr^{1} ljị^{2}

闻 诸 正 勤， 迅 速

竹苇、稻麻、丛林。是诸声闻以诸正勤，迅速

37.86.1

dzjwɨ^{1} ɣie^{1} mee^{2} mjijr^{2} ŋwu^{2} wjɨ̣^{1} djii^{2} dźju^{1} śja^{2} kjɨ^{1} djij^{2}

势 力 神 通 以 变 化 显 现 △ △

ŋwu^{2} mjor^{1} ljịj^{2} ·jij^{1} mee^{2} mjijr^{2} wjɨ̣^{1}

是， 如 来 之 神 通 变

势力神通变化显现之时，欲比如来神通变

37.86.2

djii^{2} rjir^{2} dzjọ^{1} ku^{1} ·jir^{2} phiaa^{2} tụ^{1} phiaa^{2} ·jir^{2} tụ^{1} thew^{2}

化 与 比 故， 百 分、 千 分、 百 千 万

phiaa^{2} kha^{1} lew^{1} mjɨ^{1} ? kju^{1} tśji^{2}

分 中 一 无 及， 拘 胝

化，百分、千分、百千万分不及其一，拘胝

37.86.3

phiaa^{2} ·jir^{2} kju^{1} tśji^{2} phiaa^{2} tụ^{1} kju^{1} tśji^{2} phiaa^{2} ·jir^{2} tụ^{1}

分、 百 拘 胝 分、 千 拘 胝 分、 百 千

kju^{1} tśji^{2} phiaa^{2} kha^{1} lew^{1} mjɨ^{1} ?

拘 胝 分 中 一 不 及，

分、百拘胝分、千拘胝分、百千拘胝分不及其一，

37.86.4

[illegible]	[illegible]	[illegible]	[illegible]	[illegible]、	[illegible]	[illegible]	[illegible]、	[illegible]	[illegible]	[illegible]
thjɨ^{2}	sju^{2}	sẽ^{1}	khja^{2}	phiaa^{2}	kja^{1}	lo^{1}	phiaa^{2}	khjã^{2}	dźiã^{1}	no^{1}
是	如	僧	佉	分、	迦	罗	分、	伽	拏	那
[illegible]、	[illegible]	[illegible]	[illegible]	[illegible]、	[illegible]	[illegible]				
phiaa^{2}	ɣew^{1}	po^{1}	mo^{2}	phiaa^{2}	·u^{2}	po^{1}				
分、	沤	波	摩	分、	优	波				

如是僧佉①分、迦罗②分、伽拏那分、沤波摩分、优波

37.86.5

[illegible]	[illegible]	[illegible]	[illegible]	[illegible]	[illegible]	[illegible]	[illegible]	[illegible]。	[illegible]	[illegible]
dźji^{1}	śia^{1}	thã^{1}	phiaa^{2}	kha^{1}	tsjɨ^{1}	lew^{1}	mjɨ^{1}	?	thjij^{2}	sjo^{2}
尼	沙	陀	分	中	亦	一	不	及。	何	以
[illegible]？	[illegible]	[illegible]	[illegible]	[illegible]	[illegible]	[illegible]				
ljɨ^{1}	mjor^{1}	ljij^{2}	bju^{1}	wo^{2}	tśhja^{2}	njɨ^{2}				
故？	如	来	依	应	正	遍				

尼沙陀不及其一。何以故？如来应正遍

37.86.6

[illegible]，	[illegible]	[illegible]	[illegible]	[illegible]	[illegible]	[illegible]	[illegible]	[illegible]	[illegible]	[illegible]
nwə^{1}	phju^{2}	tsew^{2}	mee^{2}	mjijr^{2}	wjɨ^{1}	djii^{2}	po^{1}	lo^{1}	bjii^{2}	tow^{1}
知，	一	第	神	通	变	化	波	罗	蜜	多
[illegible]	[illegible]	[illegible]。								
rjir^{2}	nioow^{1}	ljɨ^{1}								
得	以	故。								

知，以得第一神通变化波罗蜜多故。

37.87.1

[illegible]	[illegible]，	[illegible]	[illegible]	[illegible]，	[illegible]	[illegible]	[illegible]	[illegible]	[illegible]	[illegible]

① 僧佉，意译为“数论”。古代印度哲学的一派。认为世界的本原是客观存在的“自性”，其中包含互相矛盾配合的三“德”，因而转变为二十三谛；此外还有绝对的“神我”，以上合共二十五谛，即宇宙的一切。

② 迦罗，梵语 Kalā。极微数量之名称。

nioow^{1} tśjɨɨ^{1} śja^{1} rjir^{2} gji^{2} tjɨ^{1} tjij^{1} mjor^{1} ljij^{2} naa^{2} mjaa^{1}

复 次， 舍 利 子， 假 若 如 来 芥 果

[illegible]，[illegible]

gjiwr^{2} gjɨ^{2} ljɨ̣^{2} tśhjaa^{1} bə^{1} dźjwo^{2} thja^{1}

滴 一 地 上 投 掷， 彼

复次，舍利子，假使如来以一芥子投之于地，彼

37.87.2

[illegible]，[illegible]

ɣiẹ^{2} mji^{1} ·ji^{1} rjur^{1} tśhja^{2} ·jɨr^{2} dzjɨr^{1} ljị^{2} dzjwɨ^{1} ɣie^{1} mee^{2}

声 闻 众 诸 正 勤， 迅 速 势 力 神

[illegible]

mjijr^{2} ŋwu^{2} thjij^{2} kjir^{2} ljịj^{2} wjɨ^{1} djii^{2}

通 以 何 能 大 变 化

声闻众以诸正勤，迅速势力神通变化

37.87.3

[illegible]，[illegible]

ljịj^{2} dźju^{1} śja^{2} tsjɨ^{1} thja^{1} naa^{2} mjaa^{1} gjiwr^{2} ·jij^{1} mej^{2} dźjwa^{1}

大 显 现， 亦 彼 芥 果 滴 之 毛 端

[illegible]。[illegible]

zjịj^{1} mjuu^{2} ljɨ̣j^{2} mjɨ^{1} ljɨ̣^{1} thjij^{2} sjo^{2}

许 动 摇 不 能。 何 以

大显现时，终不能动所投芥子如毛端许。何以故？

37.87.4

[illegible]，[illegible]，[illegible]

ljɨ^{1} mjor^{1} ljij^{2} bju^{1} wo^{2} tśhja^{2} njɨ^{2} nwə^{1} phju^{2} tsew^{2} mee^{2}

故， 如 来 依 应 正 遍 知， 一 第 神

[illegible]。[illegible]

mjijr^{2} wjɨ^{1} djii^{2} rjir^{2} nioow^{1} ljɨ^{1} nioow^{1}

通 变 化 得 以 故。 又

如来应正遍知,以得第一神通变化故。又

37.87.5

[illegible]	[illegible]	[illegible]，	[illegible]	[illegible]	[illegible]	[illegible]	[illegible]	[illegible]	[illegible]	[illegible]。
śja^{1}	rjir^{2}	gji^{2}	sọ^{1}	tụ^{1}	ljịj^{2}	tụ^{1}	rjur^{1}	kięj^{2}	djij^{2}	tjị^{1}
舍	利	子，	三	千	大	千	世	界	△	置。
[illegible]	[illegible]	[illegible]	[illegible]	[illegible]	[illegible]	[illegible]				
tjɨ^{1}	tjij^{1}	wjị^{2}	rjijr^{2}	rjɨr^{2}	njɨ^{2}	khjā^{2}				
假	使	东	方	乃	至	殑				

舍利子,且置三千大千世界。假使东方乃至如殑

37.87.6

[illegible]	[illegible]	[illegible]	[illegible]	[illegible]	[illegible]	[illegible]	[illegible]	[illegible]	[illegible]	[illegible]，
khja^{2}	bẹ^{1}	njɨ^{2}	sju^{2}	rjur^{1}	kięj^{2}	·u^{2}	dźjiij^{1}	dźjiij^{1}	dźiā^{2}	tśhju^{1}
伽	沙	等	如	世	界	中	所	有	情	有，
[illegible]	[illegible]	[illegible]	[illegible]	[illegible]	[illegible]	[illegible]				
thjɨ^{2}	sju^{2}	śja^{1}	rjijr^{2}	khjā^{2}	khja^{2}	bẹ^{1}				
是	如	十	方	殑	伽	沙				

伽沙等世界中所有众生,如是十方殑伽沙

37.88.1

[illegible]	[illegible]	[illegible]	[illegible]	[illegible]	[illegible]	[illegible]，	[illegible]	[illegible]	[illegible]、	[illegible]
njɨ^{2}	sju^{2}	rjur^{1}	kięj^{2}	·u^{2}	dźjiij^{1}	dźjiij^{1}	tjij^{1}	ŋa^{2}	wee^{1}	tjij^{1}
等	如	世	界	中	所	有，	若	卵	生、	若
[illegible]	[illegible]	[illegible]	[illegible]	[illegible]	[illegible]	[illegible]				
·o^{1}	wee^{1}	rjɨr^{2}	njɨ^{2}	sjiij^{2}	mjij^{1}	sjiij^{2}				
胎	生	乃	至	想	非	想				

等世界众生,若卵生、若胎生乃至非想非非想处,

37.88.2

[illegible]	[illegible]	[illegible]，	[illegible]	[illegible]	[illegible]	[illegible]	[illegible]	[illegible]	[illegible]	[illegible]
mji^{1}	mjij^{1}	do^{2}	dźiā^{2}	tśhju^{1}	ŋowr^{2}	ŋowr^{2}	ka^{1}	ka^{1}	thja^{1}	ɣię^{2}

非 非 处， 情 有 一 切 同 时 是 声

[illegible]

mji^1 ·jij^1 phju^2 tsew^2 mee^2 mjijr^2 wjɨ̣^{1}

闻 之， 一 第 神 通 变

一切众生俱是声闻，成就第一神通变

37.88.3

[illegible]

djii^2 djij^2 śjɨj^1 zji^2 pjụ^1 tja^1 ljịj^2 boo^2 khjã^2 ljɨj^1 sju^2

化 △ 成， 皆 尊 者 大 目 揵 连 如

[illegible]

djij^2 we^2 thjɨ^2 sju^2 ɣiẹ^2 mji^1 rjur^1

△ 为。 是 如 声 闻 诸

化，皆如尊者大目揵连。如是声闻以诸

37.88.4

[illegible]

tśhja^2 ·jɨr^2 dzjɨr^1 ljị^2 dzjwɨ^1 ɣie^1 mee^2 mjijr^2 ŋwu^2 ljịj^2 wjɨ̣^{1}

正 勤， 迅 速 势 力 神 通 以 大 变

[illegible]

djii^2 djij^2 dźju^1 śja^2 tsjɨ^1 thja^1 naa^2

化 △ 显 现， 亦 彼 芥

正勤，迅速势力神通变化大显现时，终不能动所投芥

37.88.5

[illegible]

mjaa^1 gjiwr^2 ·jij^1 mej^2 dźjwa^1 zjịj^1 mjuu^2 mjɨ^1 lhɨ^1 thjij^2 sjo^2

果 滴 之 毛 端 许 动 不 能。 何 以

[illegible]

ljɨ^1 mjor^1 ljij^2 phju^2 tsew^2 po^1 lo^1

故？ 如 来 一 第 波 罗

子如毛端许。何以故？如来以得第一波罗

37.88.6

bjii^{2}	mee^{2}	mjijr^{2}	po^{1}	lo^{1}	bjii^{2}	tow^{1}	rjir^{2}	nioow^{1}	ljɨ^{1}	śja^{1}
蜜	神	通	波	罗	蜜	多	得	以	故。	舍
rjir^{2}	gji^{2}	thjɨ^{2}	tja^{1}	mjor^{1}	ljịj^{2}	thjɨ^{2}				
利	子，	是	名	如	来	是				

蜜神通波罗蜜多故。舍利子，是名如来

37.89.1

sju^{2}	ljịj^{2}	mee^{2}	mjijr^{2}	ɣie^{1}	ŋowr^{2}	lhə$^{?}$	thjɨ^{2}	sju^{2}	ljịj^{2}	pjụ^{1}
如	大	神	通	力	具	足，	是	如	大	威
tśhja^{2}	ɣie^{1}	ŋowr^{2}	lhə$^{?}$	thjɨ^{2}	sju^{2}	ljịj^{2}				
正	力	具	足，	是	如	大				

具足如是大神通力，具足如是大威德力，具足如是大

37.89.2

pjụ^{1}	dzjwɨ^{1}	ɣie^{1}	ŋowr^{2}	lhə$^{?}$	ŋwu^{2}	ljɨ^{1}	tśhjɨ^{1}	zjọ^{2}	pho^{1}	khja^{2}
尊	势	力	具	足	是	也。	尔	时，	薄	伽
xiwã^{1}	nioow^{1}	pjụ^{1}	nar^{2}	śja^{1}	rjir^{2}	gji^{2}				
梵	复	长	老	舍	利	子				

宗势力。尔时，薄伽梵复告长老舍利子

37.89.3

·jij^{1}	dạ^{2}	·jɨ^{1}	śja^{1}	rjir^{2}	gji^{2}	nji^{2}	ljɨ^{1}	kja^{2}	wor^{1}	zjij^{1}
之	言	告：	舍	利	子，	汝	风	劫	起	时，

[illegible]	[illegible]	[illegible]	[illegible]	[illegible]	[illegible]	[illegible]
rjur^{1}	ljɨ^{1}	ljịj^{2}	gjɨ^{2}	mjiij^{2}	tja^{1}	sẽ^{1}
世	风	大	一	名	者	僧

言：舍利子，汝颇曾闻风劫起时，世有大风，名僧

37.89.4

[illegible]	[illegible]。	[illegible]	[illegible]	[illegible]	[illegible]，	[illegible]	[illegible]	[illegible]	[illegible]	[illegible]
khja^{2}	tow^{1}	thja^{1}	ljɨ^{1}	dźjɨ$^{?}$	wji^{1}	thjɨ^{2}	sọ^{1}	tụ^{1}	ljịj^{2}	tụ^{1}
伽	多。	彼	风	吹	为，	此	三	千	大	千
[illegible]	[illegible]	[illegible]，	[illegible]	[illegible]	[illegible]	[illegible]				
rjur^{1}	kięj^{2}	·u^{2}	su^{1}	mji^{1}	zji^{1}	ŋər^{1}				
世	界	中，	苏	迷	卢	山				

伽多。彼风所吹，举此三千大千世界，苏迷卢山

37.89.5

[illegible]、	[illegible]	[illegible]	[illegible]、	[illegible]	[illegible]	[illegible]	[illegible]	[illegible]、	[illegible]	[illegible]
njij^{2}	dźiej^{2}	tśjɨ̣^{1}	ŋər^{1}	nioow^{1}	ljɨɨr^{1}	ljịj^{2}	mja^{1}	iọ^{1}	·jar^{1}	thew^{2}
王、	轮	围	山、	及	四	大	洲	土、	八	万
[illegible]	[illegible]	[illegible]、	[illegible]	[illegible]	[illegible]	[illegible]，				
mja^{1}	iọ^{1}	tsəj^{1}	ljịj^{2}	ŋər^{1}	ljịj^{2}	ŋjow^{2}				
洲	土	少、	大	山	大	海，				

王、轮围山、大轮围山①，及四大洲、八万少洲、大山大海，

37.89.6

[illegible]	[illegible]	[illegible]	[illegible]	[illegible]	[illegible]	[illegible]，	[illegible]	[illegible]	[illegible]	[illegible]
zow^{2}	mər^{2}	wjij^{2}	tjị^{2}	rjir^{2}	tśhjow^{1}	ka^{2}	·juu^{1}	śja^{2}	no^{1}	rjar^{1}
举	本	有	可	同	分	离，	逾	缮	那	△
[illegible]	[illegible]	[illegible]	[illegible]，	[illegible]	[illegible]	[illegible]				
bji^{2}	bjij^{2}	zjịj^{1}	tśhjij^{1}	swej^{1}	lhjɨ^{2}	me^{2}				
下	高	时	执，	碎	尘	微				

① 大轮围山，西夏文本无。

举离本处，高逾缮那，碎为末不？

37.90.1

□	□	□	□	□	□？	□	□	□	□：	□
we^{2}	phji^{1}	mji^{1}	·a$^{?}$	dji^{2}	nja^{2}	śja^{1}	rjir^{2}	gji^{2}	dạ^{2}	ŋa^{2}
为	令	闻	△	曾	△？	舍	利	子	言：	我
□	□	□	□	□	□	□				
no^{2}	rjir^{2}	tha^{1}	·ju^{2}	rjir^{2}	mjor^{1}	ljij^{2}				
从	前	佛	面	前	如	来				

舍利子言：我昔面于佛前，

37.90.2

□	□	□	□	□。	□	□：	□	□，	□	□。
sju^{2}	dạ^{2}	mji^{1}	dji^{2}	ŋa^{2}	tha^{1}	dạ^{2}	ŋwu^{2}	ljɨ^{1}	ŋwu^{2}	ljɨ^{1}
如	言	闻	曾	△。	佛	言：	是	也，	是	也。
□	□	□，	□	□	□	□，				
śja^{1}	rjir^{2}	gji^{2}	ljɨ^{1}	ljiij^{2}	wor^{1}	zjij^{1}				
舍	利	子，	风	灾	起	时，				

亲闻受持如是之事。佛言：如是，如是。舍利子，又风灾起，

37.90.3

□	□	□	□	□	□	□	□。	□	□	□
nioow^{1}	ljɨ^{1}	ljij^{2}	gjɨ^{2}	mjiij^{2}	sẽ^{1}	khjã^{2}	tow^{1}	thja^{1}	ljɨ^{1}	dźjɨ$^{?}$
更	风	大	一	名	僧	伽	多。	彼	风	吹
□，	□	□	□	□	□	□				
wji^{1}	thjɨ^{2}	sọ^{1}	tụ^{1}	ljij^{2}	tụ^{1}	rjur^{1}				
为，	此	三	千	大	千	世				

更有大风，名僧伽多。彼风所吹，举此三千大千世

37.90.4

□	□，	□	□	□	□、	□	□	□	□，	□
kięj^{2}	·u^{2}	nioow^{1}	su^{1}	mji^{1}	zji^{1}	dźiej^{2}	tśjị^{1}	ŋər^{1}	njɨ^{2}	nioow^{1}

界	中，	并	苏	迷	卢、	轮	围	山	等，	及
[illegible]	[illegible]	[illegible]	[illegible]，	[illegible]	[illegible]	[illegible]				
rjur¹	ljij²	ŋjow²	zow²	·jir²	·juu¹	śja²				
诸	大	海	举，	百	逾	缮				

界，并苏迷卢山、轮围山等，及诸大海，举高百逾缮

37.90.5

[illegible]	[illegible]	[illegible]	[illegible]	[illegible]	[illegible]，	[illegible]	[illegible]	[illegible]	[illegible]	[illegible]；
no¹	rjar¹	bji²	bjij²	zjịj¹	tśhjij¹	swej¹	lhjɨ²	me²	we²	phji¹
那	△	下	高	许	举，	碎	尘	微	为	令；
[illegible]	[illegible]	[illegible]	[illegible]	[illegible]	[illegible]	[illegible]				
tjij¹	njɨɨ¹	·jir²	·juu¹	śja²	no¹	bji²				
或	二	百	逾	缮	那	下				

那已，碎末为尘；或复举高二百逾缮那，

37.90.6

[illegible]	[illegible]	[illegible]，	[illegible]	[illegible]	[illegible]、	[illegible]	[illegible]	[illegible]	[illegible]	[illegible]
bjij²	zjịj¹	tśhjij¹	tjij¹	ljɨɨr¹	·jir²	ŋwə	·jir²	rjɨr²	njɨ²	tụ¹
高	时	举，	或	四	百、	五	百	乃	至	千
[illegible]	[illegible]	[illegible]	[illegible]	[illegible]	[illegible]	[illegible]				
·juu¹	śja²	no¹	rjar¹	bji²	bjij²	zjịj¹				
逾	缮	那	△	下	高	许				

或高四百、五百乃至举高千逾缮那，

37.91.1

[illegible]，	[illegible]	[illegible]、	[illegible]	[illegible]	[illegible]	[illegible]	[illegible]	[illegible]	[illegible]	[illegible]
tśhjij¹	sọ¹	tụ¹	ljɨɨr¹	tụ¹	·juu¹	śja²	no¹	rjar¹	bji²	bjij²
举，	三	千、	四	千	逾	缮	那	△	下	高
[illegible]	[illegible]，	[illegible]	[illegible]	[illegible]	[illegible]	[illegible]				
zjịj¹	tśhjij¹	swej¹	lhjɨ²	me²	we²	phji¹				
许	举，	碎	尘	微	为	令				

或高三千、四千逾缮那已，碎末为尘；

37.91.2

[illegible]；	[illegible]	[illegible]	[illegible]	[illegible]	[illegible]	[illegible]	[illegible]	[illegible]	[illegible]	[illegible]
me^{2}	rjɨr^{2}	njɨ^{2}	tjij^{1}	mjɨ^{1}	pjụ^{1}	·jir^{2}	tụ^{1}	·juu^{1}	śja^{2}	no^{1}
微；	乃	至	或	无	量	百	千	逾	缮	那
[illegible]	[illegible]	[illegible]	[illegible]	[illegible]，	[illegible]	[illegible]	[illegible]			
rjar^{1}	bji^{2}	bjij^{2}	zjịj^{1}	tśhjij^{1}	swej^{1}	lhjɨ^{2}	me^{2}			
△	下	高	许	举，	碎	尘	微			

乃至或高无量百千逾缮那已，碎末为尘。

37.91.3

[illegible]。	[illegible]	[illegible]	[illegible]	[illegible]，	[illegible]	[illegible]	[illegible]	[illegible]，	[illegible]	[illegible]
we^{2}	thja^{1}	rjur^{1}	lhjɨ^{2}	tsjɨ^{1}	ljɨ^{1}	bju^{1}	sar^{2}	ljiij^{2}	zji^{2}	rjir^{2}
为。	此	诸	尘	亦，	风	随	散	灭，	皆	余
[illegible]	[illegible]，	[illegible]	[illegible]	[illegible]	[illegible]					
lew^{2}	mjij^{1}	nioow^{1}	ŋər^{1}	lụ^{1}	njɨ^{2}					
可	不，	及	山	石	等					

而此诸尘，随风散灭，了不可得，何况山石当

37.91.4

[illegible]	[illegible]	[illegible]	[illegible]？	[illegible]	[illegible]	[illegible]	[illegible]，	[illegible]	[illegible]	[illegible]
rjir^{2}	tjị^{2}	ljọ^{2}	wjij^{2}	thjɨ^{2}	ljɨ^{1}	nioow^{1}	phju^{2}	·ja^{2}	mo^{2}	mə^{1}
存	有	何	况？	此	风	又	上，	焰	摩	天
[illegible]	[illegible]	[illegible]	[illegible]，	[illegible]	[illegible]	[illegible]				
mjii^{1}	·jij^{1}	khwụ^{2}	ljiij^{2}	rjɨr^{2}	njɨ^{2}	rjur^{1}				
宫	之	散	坏，	乃	至	诸				

有存者？此风又上，击散坏灭焰摩天宫，乃至诸

37.91.5

[illegible]	[illegible]	[illegible]	[illegible]，	[illegible]	[illegible]	[illegible]	[illegible]	[illegible]	[illegible]	[illegible]？
lhjɨ^{2}	tsjɨ^{1}	sar^{2}	ljiij^{2}	nioow^{1}	mjii^{1}	pjụ^{2}	rjir^{2}	tjị^{2}	ljọ^{2}	wjij^{2}
尘	亦	散	灭，	又	宫	殿	存	有	何	况？

[illegible]	[illegible]	[illegible]	[illegible]	[illegible]	[illegible]	[illegible]，
thjɨ^{2}	sju^{2}	tśjɨɨ^{1}	bju^{1}	mjiij^{2}	mjiij^{2}	phju^{2}
是	如	次	依	渐	渐	上，

尘散灭，何况宫殿当有存者？如是展转次第而上，

37.91.6

[illegible]	[illegible]	[illegible]	[illegible]、	[illegible]	[illegible]	[illegible]	[illegible]、	[illegible]	[illegible]	[illegible]
tụ^{1}	śiə^{1}	tow^{1}	mə^{1}	wjị^{1}	djii^{2}	ŋwe^{1}	mə^{1}	tsjiir^{1}	djii^{2}	·jij^{1}
睹	史	多	天、	变	化	乐	天、	他	化	自
[illegible]	[illegible]、	[illegible]	[illegible]	[illegible]	[illegible]、	[illegible]				
dzju^{2}	mə^{1}	mo^{2}	lo^{1}	·ji^{1}	mə^{1}	pho^{1}				
在	天、	摩	罗	众	天、	婆				

击散坏灭睹史多天、乐变化天①、他化自在天、魔罗众天、婆

37.92.1

[illegible]	[illegible]、	[illegible]	[illegible]	[illegible]、	[illegible]	[illegible]	[illegible]	[illegible]	[illegible]	[illegible]
mo^{2}	mə^{1}	sej^{1}	bji^{1}	mə^{1}	njɨ^{2}	sej^{1}	bji^{1}	mə^{1}	·jij^{1}	mjii^{1}
摩	天、	净	光	天、	遍	净	光	天	之	宫
[illegible]	[illegible]	[illegible]，	[illegible]	[illegible]	[illegible]	[illegible]				
mjii^{1}	tsjụ^{1}	ljiij^{2}	rjɨr^{2}	njɨ^{2}	thja^{1}	rjur^{1}				
宫	击	破，	乃	至	彼	诸				

摩天、净光天、遍净天所有宫殿，乃至彼诸

37.92.2

[illegible]，	[illegible]	[illegible]	[illegible]	[illegible]	[illegible]，	[illegible]	[illegible]	[illegible]	[illegible]，	[illegible]
lhjɨ^{2}	tsjɨ^{1}	to^{2}	zji^{2}	sar^{2}	ljiij^{2}	rjir^{2}	lew^{2}	mji^{1}	dju^{1}	nioow^{1}
尘，	亦	尽	皆	散	灭，	余	可	不	得，	又
[illegible]	[illegible]	[illegible]	[illegible]	[illegible]	[illegible]	[illegible]				
mjii^{1}	pjụ^{2}	we^{2}	dzjwị^{1}	rjir^{2}	tjị^{2}	ljọ^{2}				
宫	殿	城	壁	余	可	何				

① 乐变化天，界名。梵名须涅蜜陀。梵文作 Nirmāṇa rati。旧译化自乐天，或化乐天。新译乐变化天，或妙变化天。欲界六天中第五重之天也。自以通力自在变作妙乐而娱乐，故名。藏文作'phrul dga'。

微尘,亦皆散灭,不可而得,何况宫殿墙壁而可存者?

37.92.3

[illegible]?	[illegible]	[illegible]	[illegible],	[illegible]	[illegible]	[illegible]	[illegible]	[illegible]	[illegible]	[illegible]
wjij^{2}	śja^{1}	rjir^{2}	gji^{2}	tjɨ^{1}	tjij^{1}	śji^{1}	rjɨr^{2}	tshjiij^{1}	ljɨ^{1}	ljịj^{2}
况?	舍	利	子,	假	使	上	如	说	风	大
[illegible]	[illegible]	[illegible]	[illegible]	[illegible]	[illegible],	[illegible]				
lhjwɨ^{2}	wor^{1}	rjur^{1}	kięj^{2}	dźjwu^{1}	ljiij^{2}	thja^{1}				
暴	起	世	界	摧	坏,	此				

舍利子,假使如上大风卒起摧坏世界,即以此

37.92.4

[illegible]	[illegible]	[illegible]	[illegible]	[illegible],	[illegible]	[illegible]	[illegible]	[illegible]	[illegible]	[illegible]
ljɨ^{1}	mjor^{1}	ljij^{2}	·jij^{1}	lhwu^{1}	mej^{2}	dźjwa^{1}	zjij^{1}	tsjɨ^{1}	ljɨɨ^{1}	phji^{1}
风	如	来	之	衣,	毛	端	许	尚	吹	令
[illegible]	[illegible],	[illegible]	[illegible]	[illegible]	[illegible]	[illegible]				
mjɨ^{1}	ljɨ^{1}	nioow^{1}	lhwu^{1}	dzwew^{1}	lhwu^{1}	ŋowr^{2}				
不	能,	又	衣	袍	衣	全				

风吹如来衣,一毛端际尚不能动,何况衣角及全衣者?

37.92.5

[illegible]	[illegible]	[illegible]	[illegible]	[illegible]。	[illegible]	[illegible]	[illegible]?	[illegible]	[illegible]	[illegible]
njɨ^{2}	mjuu^{2}	ljɨj^{2}	ljọ^{2}	njwi^{2}	thjij^{2}	sjo^{2}	ljɨ^{1}	mjor^{1}	ljịj^{2}	bju^{1}
等	动	摇	何	能。	何	云	也?	如	来	依
[illegible]	[illegible]	[illegible]	[illegible],	[illegible]	[illegible]	[illegible]				
wo^{2}	tśhja^{2}	njɨ^{2}	nwə^{1}	seew^{2}	tshjiij^{1}	tjị^{2}				
应	正	遍	觉,	思	议	可				

何以故?如来应正等觉,成就不可思议神通,不可思议

37.92.6

[illegible]	[illegible]	[illegible],	[illegible]	[illegible]	[illegible]	[illegible]	[illegible]	[illegible],	[illegible]	[illegible]
mjij^{1}	pjụ^{1}	wer^{1}	seew^{2}	tshjiij^{1}	tjị^{2}	mjij^{1}	thjoo^{1}	dźjɨ$^{?}$	seew^{2}	tshjiij^{1}

不 威 仪， 思 议 可 不 妙 行， 思 议

[illegible]

tjị^{2} mjij^{1} ljij^{2} wjuu^{1} śjɨj^{1} ·jiw^{2} ljɨ^{1}

可 不 大 悲 成 就 也。

威仪，不可思议妙行，不可思议大悲故。

37.93.1

[illegible]

nioow^{1} tśjɨɨ^{1} śja^{1} rjir^{2} gji^{2} tjɨ^{1} tjij^{1} śja^{1} rjijr^{2} khjã^{2} khja^{2}

复 次， 舍 利 子， 假 若 十 方 殑 伽

[illegible]

bẹ^{1} njɨ^{2} sju^{2} rjur^{1} kięj^{2} ·u^{2}

沙 等 如 世 界 中，

复次，舍利子，假使十方如殑伽河沙等世界，

37.93.2

[illegible]

thjɨ^{2} sju^{2} njɨ^{2} ljɨ^{1} ljij^{2} dźiej^{2} wor^{1} thja^{1} rjur^{1} rjur^{1} kięj^{2}

是 如 等 风 大 轮 起， 此 诸 世 界

[illegible]

·jij^{1} khwụ^{2} ljiij^{2} ·jij^{1} zjij^{1} tśhjɨ^{1} zjọ^{2}

之 吹 坏 将 时。 尔 时，

有如是等大风轮起，将欲吹坏此诸世界。尔时，

37.93.3

[illegible]

mjor^{1} ljij^{2} lew^{1} nər^{2} gjiwr^{2} gjɨ^{2} ŋwu^{2} thjɨ^{2} rjur^{1} kięj^{2} zow^{2}

如 来 一 指 端 一 以， 此 世 界 执

[illegible]

dzjij^{2} rjijr^{2} do^{2} tśhjij^{1} tjij^{1} thja^{1} ljɨ^{1}

余 方 处 持， 或 彼 风

如来以一指端，持此世界往至余处，或令风轮

37.93.4

dźiej^{2}	·jij^{1}	bji^{1}	ɣie^{1}	tjị^{1}	t-	dźjij^{2}	dźiej^{2}	phji^{1}	tsjɨ^{1}	mjor^{1}
轮	之	势	力	彼	拒	生	轮	令，	然	如
ljịj^{2}	·jij^{1}	mee^{2}	mjijr^{2}	wjɨ̣^{1}	śja^{2}	nioow^{1}				
来	之	神	通	变	化，	及				

无力能吹,飒然还返。然于如来神通变化,及

37.93.5

ɣie^{1}	ŋowr^{2}	ŋowr^{2}	kjɨ^{1}	dzəj^{1}	lew^{2}	mjij^{1}	śja^{1}	rjir^{2}	gji^{2}	mjor^{1}
力	一	切	△	退	所	无。	舍	利	子，	如
ljịj^{2}	mee^{2}	mjijr^{2}	seew^{2}	tshjiij^{1}	tjị^{2}	mjij^{1}				
来	神	通，	思	议	可	不，				

一切力无有退减。舍利子,如来神通,不可思议,

37.93.6

mji^{1}	gie^{1}	dźiej^{2}	gie^{1}	lew^{1}	rjur^{1}	ljij^{2}	po^{1}	tsa^{1}	ma^{2}	ŋạ^{2}
闻	难	信	难。	唯	诸	大	菩	萨	摩	诃
tsa^{1}	njiij^{1}	tjị^{1}	dźiej^{2}	ɣiwej^{1}	gji^{1}	sej^{1}				
萨，	心	诚	信	受，	清	净				

难闻难信。唯有诸大菩萨摩诃萨,乃能信受谛奉,清净

37.94.1

śjij^{1}	dźjij^{1}	njiij^{1}	ljɨj^{1}	mjij^{1}	·jiw^{2}	mjij^{1}	śji^{1}	su^{1}	gjij^{1}	njij^{2}
顺	行	心	惑	无	疑	无，	先	于	倍	增

[illegible]	[illegible]	[illegible]	[illegible],	[illegible]	[illegible]	[illegible]
njiij^{1}	ljɨj^{2}	rjɨr^{2}	gjiij	rjar^{1}	gjij^{1}	sjiij^{2}
欢	喜	乃	生，	希	奇	想

无惑无疑，倍复踊跃，深生欢喜，发希奇想。

37.94.2

[illegible]	[illegible]	[illegible]。	[illegible]	[illegible]，	[illegible]	[illegible]	[illegible]	[illegible]	[illegible]	[illegible]
śjwo^{1}	njwi^{2}	ljɨ^{1}	tśhjɨ^{1}	zjọ^{2}	rjur^{1}	pjụ^{1}	thjɨ^{2}	wo^{2}	·jị^{2}	tshjiij^{1}
发	能	也。	尔	时，	世	尊	此	义	重	宣
[illegible]，	[illegible]	[illegible]	[illegible]	[illegible]：						
kiẹj^{2}	ljaa^{1}	dạ^{2}	rjɨr^{2}	tshjiij^{1}						
欲，	颂	言	乃	说：						

尔时，世尊欲重宣此义，而说颂曰：

37.94.3

[illegible]	[illegible]	[illegible]	[illegible]	[illegible]	[illegible]	[illegible]，	[illegible]	[illegible]	[illegible]	[illegible]
tjɨ^{1}	tjij^{1}	sọ^{1}	kiẹj^{2}	rjur^{1}	dźiã^{2}	tśhju^{1}	zji^{2}	lej^{2}	ɣiẹ^{2}	mji^{1}
假	若	三	界	诸	众	生，	皆	变	声	闻
[illegible]	[illegible]	[illegible]，								
·ji^{1}	djij^{2}	we^{2}								
众	成	为，								

假使三界诸含灵，一切变成声闻众，

37.94.4

[illegible]	[illegible]	[illegible]	[illegible]	[illegible]	[illegible]	[illegible]，	[illegible]	[illegible]	[illegible]	[illegible]
pjụ^{1}	tja^{1}	boo^{2}	khjã^{2}	ljɨj^{1}	wjɨ^{2}	sju^{2}	mee^{2}	mjijr^{2}	po^{1}	lo^{1}
尊	者	目	揵	连	△	如，	神	通	波	罗
[illegible]	[illegible]	[illegible]。								
bjii^{2}	kjij^{1}	lhjụ^{2}								
蜜	△	得。								

尽得神通波罗蜜，譬如尊者目揵连。

37.94.5

[illegible]	[illegible]	[illegible]	[illegible]	[illegible]	[illegible]	[illegible]，	[illegible]	[illegible]	[illegible]	[illegible]
ljịj^{2}	mee^{2}	ɣie^{1}	rjir^{1}	mjijr^{2}	mjor^{1}	ljịj^{2}	naa^{2}	mjaa^{1}	gjiwr^{2}	gjɨ^{2}
大	神	力	获	者	如	来，	芥	果	滴	一
[illegible]	[illegible]	[illegible]，								
ljɨ̣^{2}	tśhjaa^{1}	tjị^{1}								
地	上	投，								

获大神通力如来，以一芥子投于地，

37.94.6

[illegible]	[illegible]	[illegible]	[illegible]	[illegible]	[illegible]	[illegible]，	[illegible]	[illegible]	[illegible]	[illegible]
rjur^{1}	ɣiẹ^{2}	mjɨ^{1}	mee^{2}	ɣie^{1}	śja^{2}	tsjɨ^{1}	mej^{2}	dźjwa^{1}	zjịj^{1}	mjuu^{2}
诸	声	闻	神	力	现	亦，	毛	端	许	摇
[illegible]	[illegible]	[illegible]。								
ljɨ̣j^{2}	mjɨ^{1}	wjị^{2}								
动	未	能。								

一切声闻现神通，未能摇转毛端量。

37.95.1

[illegible]	[illegible]	[illegible]	[illegible]	[illegible]	[illegible]	[illegible]，	[illegible]	[illegible]	[illegible]	[illegible]
tjɨ^{1}	tjij^{1}	khjã^{2}	khja^{2}	bẹ^{1}	njɨ^{2}	sju^{2}	śja^{1}	rjijr^{2}	rjur^{1}	kięj^{2}
假	若	殑	伽	沙	等	如，	十	方	世	界
[illegible]	[illegible]	[illegible]，								
ŋowr^{2}	ŋowr^{2}	·u^{2}								
一	切	中，								

假使十方世界中，所有殑伽河沙等，

37.95.2

[illegible]	[illegible]	[illegible]	[illegible]	[illegible]	[illegible]	[illegible]，	[illegible]	[illegible]	[illegible]	[illegible]
xjwi^{1}	lã^{1}	sẽ^{1}	khja^{2}	ljịj^{2}	kjir^{1}	ljɨ^{1}	thja^{1}	rjur^{1}	rjur^{1}	kięj^{2}
吠	岚	僧	伽	大	猛	风，	彼	诸	世	界

[illegible]	[illegible]	[illegible]。
khwụ^{2}	dźji^{1}	wji^{1}
吹	尼	为。

吠岚僧伽大猛风，吹碎如斯诸世界。

37.95.3

[illegible]	[illegible]	[illegible]	[illegible]	[illegible]	[illegible]	[illegible]，	[illegible]	[illegible]	[illegible]	[illegible]
thjɨ^{2}	sju^{2}	rjur^{1}	ljịj^{2}	kjir^{1}	wejr^{1}	ljɨ^{1}	thjij^{2}	sjo^{2}	dzjwɨ^{1}	ɣie^{1}
此	如	诸	大	猛	盛	风，	何	云	势	力
[illegible]	[illegible]	[illegible]，								
ŋwu^{2}	tha^{1}	·jij^{1}								
以	佛	之，								

如是诸风大猛盛，将吹一切智衣服，

37.95.4

[illegible]	[illegible]	[illegible]	[illegible]	[illegible]	[illegible]	[illegible]，	[illegible]	[illegible]	[illegible]	[illegible]
lhwu^{1}	gjwi^{2}	khwụ^{2}	kjɨ^{1}	djij^{2}	ŋwu^{2}	tsjɨ^{1}	mej^{2}	dźjwa^{1}	zjịj^{1}	mjuu^{2}
衣	服	吹	△	将	是	亦，	毛	端	几	摇
[illegible]	[illegible]	[illegible]。								
ljịj^{2}	mjɨ^{1}	lɨ^{1}								
摇	无	能。								

尽其势力不能动，乃至如一毛端量。

37.95.5

[illegible]	[illegible]	[illegible]	[illegible]	[illegible]	[illegible]	[illegible]，	[illegible]	[illegible]	[illegible]	[illegible]
ljịj^{2}	mo^{2}	njɨ^{2}	pjụ^{1}	mej^{2}	biẹj^{1}	ŋwu^{2}	thja^{1}	ljɨ^{1}	·jij^{1}	t-
大	牟	尼	尊	毛	一	以，	彼	风	之	拒
[illegible]	[illegible]	[illegible]，								
mji^{1}	śjwo^{1}	phji^{1}								
不	生	令，								

大牟尼尊以一毛，能障彼风令不起，

37.95.6

[illegible]	[illegible]	[illegible]	[illegible]	[illegible]	[illegible]	[illegible],	[illegible]	[illegible]	[illegible]	[illegible]
tha^{1}	thjɨ^{2}	sju^{2}	ljịj^{2}	mee^{2}	ɣie^{1}	·ji^{1}	tshọ^{2}	ŋa^{1}	rjir^{2}	ka^{1}
佛	此	如	大	神	力	众,	虚	空	与	等
[illegible]	[illegible]	[illegible]。								
bju^{2}	ljow^{2}	mjij^{1}								
边	际	无。								

佛具如斯大神力,等彼虚空无边际。

37.96.1

[illegible]	[illegible]	[illegible],	[illegible]	[illegible]	[illegible]	[illegible]	[illegible]	[illegible]	[illegible]	[illegible]
śja^{1}	rjir^{2}	gji^{2}	thjɨ^{2}	tja^{1}	mjor^{1}	ljịj^{2}	·jij^{1}	seew^{2}	tshjiij^{1}	tjị^{2}
舍	利	子,	是	名	如	来	之	思	议	可
[illegible]	[illegible]	[illegible]	[illegible]	[illegible]	[illegible],	[illegible]				
mjij^{1}	ljịj^{2}	mee^{2}	mjijr^{2}	ɣie^{1}	ŋwu^{2}	po^{1}				
不	大	神	通	力	是,	菩				

如是,舍利子,是名如来不可思议大神通力。菩

37.96.2

[illegible]	[illegible]	[illegible]	[illegible],	[illegible]	[illegible]	[illegible]	[illegible],	[illegible]	[illegible]	[illegible]
tsa^{1}	ma^{2}	ŋạ^{2}	tsa^{1}	njiij^{1}	tjị^{1}	dźiej^{2}	ɣiwej^{1}	gji^{1}	sej^{1}	śjij^{1}
萨	摩	诃	萨,	心	诚	信	受,	清	净	顺
[illegible]	[illegible]	[illegible]	[illegible]	[illegible],	[illegible]	[illegible]				
dźjịj^{1}	njiij^{1}	·jiw^{2}	ljɨ̣j^{1}	mjij^{1}	śji^{1}	su^{1}				
行	心	疑	惑	无,	前	于				

萨摩诃萨,信受谛奉,清净无疑,倍复踊跃,

37.96.3

[illegible]	[illegible]	[illegible]	[illegible]	[illegible]	[illegible],	[illegible]	[illegible]	[illegible]	[illegible]	[illegible]。
gjij^{1}	njij^{2}	njiij^{1}	ljɨ̣j^{2}	rjɨr^{2}	gjiij	rjar^{1}	gjij^{1}	sjiij^{2}	śjwo^{1}	ljɨ^{1}
倍	增	欢	喜	乃	生,	希	奇	想	发	也。

深生欢喜，发希奇想。

37.96.4

ljịj^{2}	ljɨ̣^{1}	tśiow^{1}	lwər^{2}	lhejr^{2}	?	sọ^{1}	ɣạ^{2}	śjạ^{1}	tsew^{2}	pə^{1}
大	宝	积	经	契	卷	三	十	七	第	矿

《大宝积经》卷三十七

汉文本

舍利子言：今正是时！若诸苾刍闻佛所说神通譬喻者，如所闻已，当共受持。

佛告舍利子：谛听！谛听！当为汝说。

舍利子言：如是，世尊，愿乐欲闻。

佛告舍利子：于汝意云何？尊者大目揵连有大神通不？

舍利子言：我昔从佛受持是语，尊者大目揵连，于声闻僧中神通第一。

佛言：如是，如是，舍利子，今当为汝广说譬喻。假使三千大千世界满中声闻，皆得神通如大目揵连，譬如甘蔗、竹苇、稻麻、丛林。是诸声闻以诸正勤，迅速势力神通变化显现之时，欲比如来神通变化，百分、千分、百千万分不及其一，拘胝分、百拘胝分、千拘胝分、百千拘胝分不及其一，如是僧佉分、迦罗分、伽拏那分、沤波摩分、优波尼沙陀不及其一。何以故？如来应正遍知，以得第一神通变化波罗蜜多故。

复次，舍利子，假使如来以一芥子投之于地，彼声闻众以诸正勤，迅速势力神通变化大显现时，终不能动所投芥子如毛端许。何以故？如来应正遍知，以得第一神通变化故。又舍利子，且置三千大千世界。假使东方乃至如殑伽沙等世界中所有众生，如是十方殑伽沙等世界众生，若卵生、若胎生乃至非想非非想处，一切众生俱是声闻，成就第一神通变化，皆如尊者大目揵连。如是声闻以诸正勤，迅速势力神通变化大显现时，终不能动所投芥子如毛端许。何以故？如来以得第一波罗蜜神通波罗蜜多故。舍利子，是名如来具足如是大神通力，具足如是大威德力，具足如是大宗势力。

尔时，薄伽梵复告长老舍利子言：舍利子，汝颇曾闻风劫起时，世有大风，名僧伽多。彼风所吹，举此三千大千世界，苏迷卢山王、轮围山、大轮围山，及四大洲、八万少洲、大山大海，举离本处，高逾缮那，碎为末不？

舍利子言：我昔面于佛前，亲闻受持如是之事。

佛言：如是，如是。舍利子，又风灾起，更有大风，名僧伽多。彼风所吹，举此三千大千世界，并苏迷卢山、轮围山等，及诸大海，举高百逾缮那已，碎末为尘；或复举高二百逾缮那，或高四百、五百乃至举高千逾缮那，或高三千、四千逾缮那已，碎末为尘；乃至或高无量百千逾缮那已，碎末为尘。而此诸尘，随风散灭，了不可得，何况山石当有存者？此风又上，击散坏灭焰摩天宫，乃至诸尘散灭，何况宫殿当有存者？如是展转次第而上，击散坏灭睹史多天、乐变化天、他化自在天、魔罗众天、婆摩天、净光天、遍净天所有宫殿,乃至彼诸微尘,亦皆散灭,不可而得,何况宫殿墙壁而可存者?舍利子,假使如上大风卒起摧坏世界,即以此风吹如来衣,一毛端际尚不能动,何况衣角及全衣者?何以故?如来应正等觉,成就不可思议神通,不可思议威仪,不可思议妙行,不可思议大悲故。

复次,舍利子,假使十方如殑伽河沙等世界,有如是等大风轮起,将欲吹坏此诸世界。尔时,如来以一指端,持此世界往至余处,或令风轮无力能吹,飒然还返。然于如来神通变化,及一切力无有退减。舍利子,如来神通,不可思议,难闻难信。唯有诸大菩萨摩诃萨,乃能信受谛奉,清净无惑无疑,倍复踊跃,深生欢喜,发希奇想。

尔时,世尊欲重宣此义,而说颂曰:

假使三界诸含灵,一切变成声闻众,

尽得神通波罗蜜,譬如尊者目揵连。

获大神通力如来,以一芥子投于地,

一切声闻现神通,未能摇转毛端量。

假使十方世界中,所有殑伽河沙等,

吠岚僧伽大猛风,吹碎如斯诸世界。

如是诸风大猛盛,将吹一切智衣服,

尽其势力不能动,乃至如一毛端量。

大牟尼尊以一毛,能障彼风令不起,

佛具如斯大神力,等彼虚空无边际。

如是,舍利子,是名如来不可思议大神通力。菩萨摩诃萨,信受谛奉,清净无疑,倍复踊跃,深生欢喜,发希奇想。

《大宝积经》卷三十七

西夏文《大宝积经》

·卷三十九·

《菩萨藏会》

“如来不思议性品”第四之三整理与研究

内容和版本介绍

《大宝积经·菩萨藏会》第十二之三“如来不思议性品”第四，详说如来十种不可思议法：一信受如来不思议身、二不思议音声、三智、四光、五尸罗及以等观、六神通、七力、八无畏、九大悲、十不共佛法。（明智旭：《阅藏知津》卷二《大乘经藏·方等部》之《大宝积经》）此品篇幅较长，《大宝积经》分为四卷，即卷三十七至卷四十。卷三十九主要讲述如来不思议无畏和大悲。

汉译本《大宝积经·菩萨藏会》第十二并非菩提流志所译，而是唐三藏法师玄奘奉诏译，入《大宝积经》卷三十五至卷五十四。此经内容包括“开化长者品”第一、“金毗罗天受记品”第二、“试验菩萨品”第三、“如来不思议性品”第四、“无量品”第五、“陀那波罗蜜多品”第六、“尸波罗蜜品”第七、“羼底波罗蜜多品”第八、“毗利耶波罗蜜多品”第九、“静虑波罗蜜多品”第十、“般若波罗蜜多品”第十一、“大自在天授记品”第十二。本文整理研究“如来不思议性品”第四之三，汉文同名佛经收《大正藏》第11册№310。[①]

西夏文《菩萨藏会》第十二之三“如来不思议性品”第四之三目前仅见俄罗斯科学院东方文献研究所藏编号 инв. № 450，经与唐三藏法师玄奘译汉本佛经对照，可以确定西夏译本据此译成，与汉本《大宝积经·菩萨藏会》第十二之三“如来不思议性品”第四之三一致。本文西夏本释读参照《大正藏》第310号唐三藏法师玄奘译本。俄藏编号 инв. № 450，经折装，每折7行，行21—22字。现存55折，保存完整，内容为《大宝积经》卷三十九，西夏文本缺第三十八卷。

本卷中加“/”处，表示整理文本将原文两行合为一行。

① 《大正藏》第11卷，第208页。

文本释读

39.1.1

ljịj²	ljɨ̣¹	tśiow¹	lwər²	lhejr²	?	so̱¹	ɣa̱²	gjɨɨ¹	tsew²
《大	宝	积	经	契》	卷	三	十	九	第

《大宝积经》卷三十九

39.1.2

dźiã²	tsjij²	·ụ²	ljwu²	ɣa̱²	njɨɨ¹	tsew²	·jij¹	ŋwə	mjor¹	ljịj²
菩	萨	藏	会	十	二	第	之	五	如	来
seew²	tshjiij¹	mjij¹	tsjịr²	tjij¹	ljɨɨr¹	tsew²	·jij¹	so̱¹		
思	议	不	性	品	四	第	之	三		

菩萨藏会第十二之五如来不思议性品第四之三

39.1.3

tśhjɨ¹	zjo̱²	tha¹	śja¹	rjir²	gji²	·jij¹	·jɨ¹	po¹	tsa¹	ma²
尔	时，	佛	舍	利	子	之	告：	菩	萨	摩
ŋa̱²	tsa¹	thjij²	sjo²	mjor¹	ljịj²	seew²	tshjiij¹	mjij¹	le²	
诃	萨	何	云，	如	来	思	议	不	畏	

尔时，佛告舍利子：云何菩萨摩诃萨，于如来不思议无畏，

39.1.4

mjij¹	ɣa²	dźiej²	zow²	dzjwị¹	lhejr²	kjur²	njiij¹	gji¹	sej¹	ljɨ̣j¹
无	于，	信	受	奉	谛，	志	心	清	净，	惑

[illegible]

mjij^{1} ·jiw^{2} mjij^{1} gjij^{1} njij^{2} rjɨr^{2} gjiij njiij^{1} ljịj^{2} njiij^{1}

无 疑 无， 倍 增 乃 生 心 深 欢

信受谛奉，心志清净，无惑无疑，倍复踊跃，深生欢喜，

39.1.5

[illegible]

ljịj^{2} rjar^{1} gjij^{1} sjiij^{2} śjwo^{1} ljɨ^{1} śja^{1} rjir^{2} gji^{2} mjor^{1} ljịj^{2}

喜 希 奇 想 发 也？ 舍 利 子， 如 来

[illegible]

bju^{1} wo^{2} tśhja^{2} ka^{1} dwewr^{2} ljɨɨr^{1} mə^{2} seew^{2} tshjiij^{1} mjij^{1}

依 应 正 等 觉， 四 种 思 议 不

发希奇想？舍利子，如来应正等觉，有四种不思议

39.1.6

[illegible]

le^{2} mjij^{1} dźjij^{2} thjɨ^{2} ljɨɨr^{1} le^{2} mjij^{1} śjɨj^{1} ·jiw^{2} ·jiw^{1} ku^{1}

畏 无 有。 是 四 畏 无 成 就 由 故，

[illegible]

mjor^{1} ljịj^{2} bju^{1} wo^{2} tśhja^{2} ka^{1} dwewr^{2} ljịj^{2} ·ji^{1} ljwu^{2}

如 来 依 应 正 等 觉， 大 众 会

无畏。由成就是四无畏故，如来应正等觉，于大众

39.2.1

[illegible]

kha^{1} ·jij^{1} tśhjɨ^{1} ŋa^{2} ljịj^{2} śji^{1} pjụ^{1} lu^{2} tśhjaa^{1} dzuu^{2} tśhja^{2}

中 自 称①： 我 大 仙 尊 位 上 处， 正

[illegible]

ka^{2} tśjij^{2} kwə^{2} ljịj^{2} xiwã^{1} dźiej^{2} deej^{1} rjur^{1} kha^{1} ŋowr^{2}

师 子 吼， 大 梵 轮 转， 世 间 一

① [illegible]，字面意思为“彼、他、其”之义，是为语助，此处“[illegible]”连用对译汉本“自称”之义。

中自称：我处大仙尊位，正师子吼，转大梵轮，一切世间

39.2.2

[illegible]	[illegible]	[illegible]、	[illegible]	[illegible]	[illegible]，	[illegible]	[illegible]	[illegible]	[illegible]，	[illegible]
ŋowr^{2}	śia^{1}	mẽ^{1}	pho^{1}	lo^{1}	mẽ^{1}	rjur^{1}	mə^{1}	ljiij^{2}	xiwã^{1}	tsjiir^{1}
切	沙	门、	婆	罗	门，	诸	天	魔	梵，	法
[illegible]	[illegible]	[illegible]	[illegible]	[illegible]	[illegible]。	[illegible]	[illegible]	[illegible]，	[illegible]	
bju^{1}	deej^{1}	njwi^{2}	tja^{1}	mjij^{1}	·jɨ^{1}	śja^{1}	rjir^{2}	gji^{2}	ljɨɨr^{1}	
如	转	能	者	不	△。	舍	利	子，	四	

沙门、婆罗门，诸天魔梵，不能如法而转。舍利子，

39.2.3

[illegible]	[illegible]	[illegible]	[illegible]	[illegible]	[illegible]	[illegible]？	[illegible]	[illegible]	[illegible]，	[illegible]
le^{2}	lew^{2}	mjij^{1}	tja^{1}	ljɨ̣^{1}	kjɨ^{1}	ŋwu^{2}	śja^{1}	rjir^{2}	gji^{2}	mjor^{1}
畏	所	无	名	何	等	为？	舍	利	子，	如
[illegible]	[illegible]	[illegible]	[illegible]	[illegible]	[illegible]	[illegible]	[illegible]	[illegible]	[illegible]	
ljịj^{2}	bju^{1}	wo^{2}	tśhja^{2}	ka^{1}	dwewr^{2}	zji^{2}	phju^{2}	sjịj^{2}	ɣie^{1}	
来	依	应	正	等	觉	无	上	智	力	

何等名为四无所畏？舍利子，如来应正等觉成就无上智力故，

39.2.4

[illegible]	[illegible]	[illegible]，	[illegible]	[illegible]	[illegible]	[illegible]	[illegible]	[illegible]：	[illegible]	[illegible]
śjịj^{1}	·jiw^{2}	ku^{1}	ljịj^{2}	·ji^{1}	ljwu^{2}	kha^{1}	·jij^{1}	tśhjɨ^{1}	ŋa^{2}	tśhja^{2}
成	就	故，	大	众	会	中	自	称：	我	正
[illegible]	[illegible]	[illegible]	[illegible]	[illegible]。	[illegible]	[illegible]	[illegible]	[illegible]	[illegible]	
ka^{1}	dwewr^{2}	mjijr^{2}	ŋwu^{2}	ŋa^{2}	thjɨ^{2}	kha^{1}	rjur^{1}	mə^{1}	rjur^{1}	
等	觉	者	是	△。	此	中	诸	天	世	

于大众中自称：我是正等觉者。此中诸天世

39.2.5

[illegible]，	[illegible]	[illegible]	[illegible]	[illegible]	[illegible]	[illegible]	[illegible]	[illegible]：	[illegible]	[illegible]
kha^{1}	mjor^{1}	ljịj^{2}	·ju^{2}	rjir^{2}	thjɨ^{2}	sju^{2}	dạ^{2}	·jɨ^{1}	nji^{2}	thjɨ^{2}

间， 如 来 面 前 是 如 论 曰： 汝 此

[illegible]

tsjiir¹ ɣa² tśhja² ka¹ dwewr² njaa² ·jɨ¹ kjir² mjijr² mjij¹

法 于 正 等 觉 非 △ 能 者 不

间，不见有能于如来前立如是论：汝于此法非正等觉。

39.2.6

[illegible]

·jɨ¹ śja¹ rjir² gji² mjor¹ ljịj² thjij² sjo² tśhja² ka¹ dwewr²

告。 舍 利 子， 如 来 何 云 正 等 觉

[illegible]

·jɨ¹ ljɨ¹ śja¹ rjir² gji² mjor¹ ljịj² rjur¹ tsjiir¹ ŋowr²

曰 也？ 舍 利 子， 如 来 诸 法 一

舍利子，云何如来名正等觉？舍利子，如来能于一切诸法，

39.2.7

[illegible]

ŋowr² ɣa² tśhja² ka¹ tśhja² dwewr² mji¹ tśhja² ka¹ mjij¹ tjij¹

切 于， 平 等 正 觉 无 平 等 非。 若

[illegible]

·ju² mur¹ tsjiir¹ tjij¹ rjur¹ śjɨj² tsjiir¹ tjij¹ rjur¹ tha¹

夫 凡 法、 若 诸 圣 法、 若 诸 佛

平等正觉无非平等。若凡夫法、若诸圣法、若诸佛

39.3.1

[illegible]

tsjiir¹ tjij¹ rjur¹ ɣiew¹ tsjiir¹ tjij¹ ɣiew¹ mjij¹ tsjiir¹ tjij¹ gjiwr²

法、 若 诸 学 法、 若 学 无 法、 若 独

[illegible]

dwewr² tsjiir¹ tjij¹ dźiã² tsjij² tsjiir¹ tśhja² ka¹ tśhja² ka¹

觉 法、 若 菩 萨 法， 平 等 平 等；

法、若诸学法、若无学法、若独觉法、若菩萨法，平等平等；

39.3.2

[illegible]	[illegible]	[illegible]	[illegible]、	[illegible]	[illegible]	[illegible]	[illegible]	[illegible]，	[illegible]	[illegible]
tjij^{1}	rjur^{1}	kha^{1}	tsjiir^{1}	tjij^{1}	rjur^{1}	kha^{1}	lho$^{?}$	tsjiir^{1}	tjij^{1}	dzwej^{1}
若	世	间	法、	若	世	间	出	法，	若	罪
[illegible]	[illegible]	[illegible]，	[illegible]	[illegible]	[illegible]	[illegible]，	[illegible]	[illegible]	[illegible]	
dju^{1}	dzwej^{1}	mjij^{1}	rar^{2}	dju^{1}	rar^{2}	mjij^{1}	dźiəj^{2}	lheew^{2}	dźiəj^{2}	
有	罪	无，	流	有	流	无，	为	有	为	

若世间法、若出世间法，若有罪无罪，有流无流，有为无为，

39.3.3

[illegible]，	[illegible]	[illegible]	[illegible]	[illegible]	[illegible]	[illegible]	[illegible]，	[illegible]	[illegible]	[illegible]
mə̣^{1}	thjɨ^{2}	sju^{2}	njɨ^{2}	rjur^{1}	tsjiir^{1}	ŋowr^{2}	ŋowr^{2}	mjor^{1}	ljịj^{2}	zji^{2}
无，	是	如	等	诸	法	一	切，	如	来	悉
[illegible]	[illegible]	[illegible]	[illegible]	[illegible]	[illegible]，	[illegible]	[illegible]	[illegible]	[illegible]	
tśhja^{2}	ka^{1}	tśhja^{2}	dwewr^{2}	njwi^{2}	ku^{1}	thjɨ^{2}	nio̱w^{2}	tśhja^{2}	ka^{1}	
平	等	正	觉	能	则，	是	故	正	等	

如是等一切诸法，如来悉能平等正觉，是故名为正等

39.3.4

[illegible]	[illegible]	[illegible]	[illegible]。	[illegible]	[illegible]	[illegible]，	[illegible]	[illegible]	[illegible]	[illegible]
dwewr^{2}	mjijr^{2}	·jɨ^{1}	ljɨ^{1}	śja^{1}	rjir^{2}	gji^{2}	tśhja^{2}	ka^{1}	tsji̱r^{2}	tja^{1}
觉	者	谓	也。	舍	利	子，	平	等	性	者
[illegible]	[illegible]	[illegible]？	[illegible]	[illegible]	[illegible]，	[illegible]	[illegible]	[illegible]	[illegible]	
ljɨ̣^{1}	kjɨ^{1}	ŋwu^{2}	śja^{1}	rjir^{2}	gji^{2}	rjur^{1}	ljij^{2}	·jij^{1}	kwər^{1}	
何	已	为？	舍	利	子，	诸	见	自	体	

觉者。舍利子，云何名为平等之性？舍利子，诸见自体

39.3.5

[illegible]	[illegible]	[illegible]	[illegible]	[illegible]	[illegible]	[illegible]	[illegible]，	[illegible]	[illegible]	[illegible]
thja^{1}	ŋa^{1}	tsji̱r^{2}	rjir^{2}	tsji̱r^{2}	zji^{2}	tśhja^{2}	ka^{1}	rjur^{1}	·jij^{1}	·jij^{1}
彼	空	性	与	性	皆	平	等，	诸	相	自

[illegible]	[illegible]	[illegible]	[illegible]	[illegible]	[illegible]	[illegible]	[illegible]	[illegible]，	[illegible]
kwər^{1}	thja^{1}	·jij^{1}	mjij^{1}	rjir^{2}	tsji̱r^{2}	zji^{2}	tśhja^{2}	ka^{1}	sọ^{1}
体	彼	相	无	与	性	皆	平	等，	三

与彼空性其性平等，诸相自体与彼无相其性平等，三

39.3.6

[illegible]	[illegible]	[illegible]	[illegible]	[illegible]	[illegible]	[illegible]	[illegible]	[illegible]	[illegible]	[illegible]，
kiẹj^{2}	·jij^{1}	kwər^{1}	thja^{1}	tjị^{1}	mjij^{1}	rjir^{2}	tsji̱r^{2}	zji^{2}	tśhja^{2}	ka^{1}
界	自	体	彼	愿	无	与	性	其	平	等，
[illegible]	[illegible]	[illegible]	[illegible]	[illegible]	[illegible]	[illegible]	[illegible]	[illegible]	[illegible]	
wee^{1}	tsjiir^{1}	·jij^{1}	kwər^{1}	thja^{1}	wee^{1}	mjij^{1}	rjir^{2}	tsji̱r^{2}	zji^{2}	
生	法	自	体	彼	生	无	与	性	其	

界自体与彼无愿其性平等，生法自体与彼无生其性

39.3.7

[illegible]	[illegible]，	[illegible]	[illegible]	[illegible]	[illegible]	[illegible]	[illegible]	[illegible]	[illegible]	[illegible]
tśhja^{2}	ka^{1}	rjur^{1}	dźjɨ$^{?}$	·jij^{1}	kwər^{1}	thja^{1}	dźjɨ$^{?}$	mjij^{1}	rjir^{2}	tsji̱r^{2}
平	等，	诸	行	自	体	彼	行	无	与	性
[illegible]	[illegible]	[illegible]，	[illegible]	[illegible]	[illegible]	[illegible]	[illegible]	[illegible]	[illegible]	
zji^{2}	tśhja^{2}	ka^{1}	śjwo^{1}	tsjiir^{1}	·jij^{1}	kwər^{1}	thja^{1}	śjwo^{1}	mjij^{1}	
其	平	等，	起	法	自	体	彼	起	不	

平等，诸行自体与彼无行其性平等，起法自体与彼不起

39.4.1

[illegible]	[illegible]	[illegible]	[illegible]	[illegible]，	[illegible]	[illegible]	[illegible]	[illegible]	[illegible]	[illegible]
rjir^{2}	tsji̱r^{2}	zji^{2}	tśhja^{2}	ka^{1}	lẹj^{2}	tsji̱r^{2}	·jij^{1}	kwər^{1}	thja^{1}	lẹj^{2}
与	性	其	平	等，	贪	性	自	体	彼	贪
[illegible]	[illegible]	[illegible]	[illegible]	[illegible]	[illegible]，	[illegible]	[illegible]	[illegible]	[illegible]	
mjij^{1}	rjir^{2}	tsji̱r^{2}	zji^{2}	tśhja^{2}	ka^{1}	sọ^{1}	kiẹj^{2}	·jij^{1}	kwər^{1}	
无	与	性	其	平	等，	三	世	自	体	

其性平等，贪性自体与彼无贪其性平等，三世自体与

39.4.2

[illegible]	[illegible]	[illegible]	[illegible]	[illegible]	[illegible]	[illegible]	[illegible]，	[illegible]	[illegible]	[illegible]
thja1	mjor1	ɣiej1	rjir2	tsji̱r2	zji2	tśhja2	ka1	bju1	mjij1	dzu1
彼	如	真	与	性	其	平	等，	明	无	爱
[illegible]	[illegible]	[illegible]	[illegible]	[illegible]	[illegible]	[illegible]	[illegible]	[illegible]	[illegible]	
dju1	·jij1	kwər1	swew1	bie2	lhew2	rjir2	tsji̱r2	zji2	tśhja2	
有	自	体	明	解	脱	与	性	其	平	

彼真如其性平等，无明有爱自体与明解脱其性平

39.4.3

[illegible]，	[illegible]	[illegible]	[illegible]	[illegible]	[illegible]	[illegible]	[illegible]	[illegible]	[illegible]	[illegible]
ka1	lhji2	wee1	dźiə2	dźiej2	·jij1	kwər1	thja1	mjij1	sej1	djiij2
等，	死	生	转	流	自	体	彼	寂	静	涅
[illegible]	[illegible]	[illegible]	[illegible]	[illegible]	[illegible]。	[illegible]	[illegible]	[illegible]，	[illegible]	
phã1	rjir2	tsji̱r2	zji2	tśhja2	ka1	śja1	rjir2	gji2	mjor1	
槃	与	性	其	平	等。	舍	利	子，	如	

等，生死流转自体与彼寂静涅槃其性平等。如是，舍利子①，如

39.4.4

[illegible]	[illegible]	[illegible]	[illegible]	[illegible]	[illegible]	[illegible]	[illegible]	[illegible]	[illegible]	[illegible]，
ljij2	rjur1	tsjiir1	ŋowr2	ŋowr2	ɣa2	tśhja2	ka1	tśhja2	dwewr2	ku1
来	诸	法	一	切	于	平	等	正	觉	故，
[illegible]	[illegible]	[illegible]	[illegible]	[illegible]	[illegible]	[illegible]	[illegible]	[illegible]	[illegible]。	
thjɨ2	nioow1	mjor1	lji̱j2	·jij1	tśhja2	ka1	dwewr2	·jɨ1	ljɨ1	
是	故	如	来	之	正	等	觉	谓	也。	

来能于一切诸法平等正觉，是故如来名正等觉。

39.4.5

[illegible]	[illegible]，	[illegible]	[illegible]	[illegible]，	[illegible]	[illegible]	[illegible]	[illegible]	[illegible]	[illegible]
nioow1	tśjiɨ1	śja1	rjir2	gji2	thjɨ2	mjor1	lji̱j2	·jij1	le2	mjij1

① 舍利子，“[illegible]”前脱汉本“如是”之义。

复 次， 舍 利 子， 此 如 来 之 畏 无

seew^{2} tshjiij^{1} tjị^{2} mjij^{1} nioow^{1} ljịj^{2} wjuu^{1} ŋwu^{2} tśier^{1} ·ju^{2}

思 议 可 不， 又 大 悲 以 方 便

复次，舍利子，此如来无畏不可思议，又以大悲而为方便。

39.4.6

wji^{1} ku^{1} mjor^{1} ɣiej^{1} tśhja^{2} ka^{1} mjor^{1} tsji̠r^{2} ɣiej^{1} tsji̠r^{2} mji^{1}

为 故。 如 真 平 等， 如 性 真 性、 不

mji^{1} ɣiej^{1} tsji̠r^{2} mji^{1} wjɨ̣^{1} do^{2} tsji̠r^{2} dzjuu^{2} ɣja^{2} mjij^{1}

非 真 性、 不 变 异 性、 藏 覆 无

真如平等，真性如性、非不如性、不变异性、无覆藏

39.4.7

tsji̠r^{2} kjạ^{1} le^{2} mjij^{1} tsji̠r^{2} ŋwer^{2} lhjwo^{1} mjij^{1} tsji̠r^{2} ljwu^{1} dzeej^{1}

性、 怖 畏 无 性、 屈 退 无 性、 违 诤

mjij^{1} tsji̠r^{2} thjɨ^{2} sju^{2} nioow^{1} ku^{1} ljịj^{2} ·ji^{1} ·jij^{1} tjạ^{1}

无 性、 是 如 由 故 大 众 之 饰

性、无怖畏性、无退屈性、无违诤性，由如是故光显大众，

39.5.1

wer^{1} njiij^{1} phji^{1} de^{2} rejr^{2} ljụ^{2} zjir^{2} no^{2} nej^{2} sej^{1} dźiej^{2}

装， 心 意 豫 悦， 身 遍 适 怡， 净 信

njiij^{1} śjwo^{1} njiij^{1} ljɨj^{2} rjɨr^{2} gjiij phji^{1} njwi^{2} śja^{1} rjir^{2}

心 生， 欢 喜 乃 生 令 能。 舍 利

能令悦豫，遍身怡适，心生净信，踊跃欢喜。舍利

39.5.2

[illegible]，	[illegible]	[illegible]	[illegible]	[illegible]	[illegible]	[illegible]	[illegible]	[illegible]	[illegible]	[illegible]
gji^2	rjur^1	kha^1	dźiã^2	tśhju^1	mjor^1	ljịj^2	·jij^1	le^2	mjij^1	ɣa^2
子，	世	间	众	生	如	来	之	畏	无	于
[illegible]	[illegible]	[illegible]	[illegible]	[illegible]。	[illegible]	[illegible]	[illegible]？	[illegible]	[illegible]	
ljwu^1	dzeej^1	śjwo^1	mjɨ^1	njwi^2	thjij^2	sjo^2	ljɨ^1	mjor^1	ljịj^2	
违	净	起	无	能。	何	云	也？	如	来	

子，世间众生无有能于如来无畏起违净者。何以故？由如来

39.5.3

[illegible]	[illegible]	[illegible]	[illegible]	[illegible]	[illegible]	[illegible]。	[illegible]	[illegible]	[illegible]	[illegible]
·jij^1	le^2	mjij^1	dzeej^1	tjị^2	mjij^1	ljɨ^1	mjor^1	tsji̱r^2	tśhja^2	ka^1
之	畏	无	净	可	不	也。	如	性	平	等
[illegible]	[illegible]	[illegible]	[illegible]，	[illegible]	[illegible]	[illegible]	[illegible]	[illegible]	[illegible]	
tsjiir^1	kięj^2	dźjiij^1	tsji̱r^2	rjur^1	rjur^1	kięj^2	·u^2	zji^2	mji^1	
法	界	处	性，	诸	世	界	内	皆	不	

无畏不可为净故。如性平等处法界性，流布遍满诸世界中无

39.5.4

[illegible]	[illegible]	[illegible]	[illegible]	[illegible]	[illegible]①。	[illegible]	[illegible]	[illegible]，	[illegible]	[illegible]
njɨ^2	mjij^1	ljwu^1	tśju^1	mjɨ^1	ljɨɨ^1	śja^1	rjir^2	gji^2	tjij^1	mjor^1
至	无	违	害	无	能。	舍	利	子，	若	如
[illegible]	[illegible]	[illegible]	[illegible]，	[illegible]	[illegible]	[illegible]	[illegible]	[illegible]	[illegible]	
ljịj^2	·jij^1	le^2	mjij^1	zji^2	na^1	zji^2	dwuu^2	zji^2	kha^1	
来	之	畏	无，	甚	深	最	细	最	中	

能违害。舍利子，如如来无畏，于一切甚深微细杂

39.5.5

[illegible]	[illegible]	[illegible]	[illegible]	[illegible]	[illegible]，	[illegible]	[illegible]	[illegible]	[illegible]	[illegible]。
nwə^1	dźjij$^?$	tsjiir^1	ŋowr^2	ŋowr^2	ɣa^2	tśhja^2	ka^1	dwewr^2	njwi^2	ku^1

① 西夏文意思是“诸世界内皆无不至无能违害”，汉文本作“流布遍满诸世界中无能违害”。

知 可 法 一 切 于， 正 等 觉 能 故。

thjɨ^{2} sju^{2} mjor^{1} ljịj^{2} ljịj^{2} wjuu^{1} mə^{2} mə^{2} ŋwuu^{1} dạ^{2}

是 如 如 来 大 悲， 种 种 音 言，

可知法，能正等觉。如是如来安住大悲，种种言音，

39.5.6

mə^{2} mə^{2} tsjiir^{1} ɣa^{1} no^{2} dźjiij^{1} thja^{1} dźiã^{2} tśhju^{1} ·jij^{1} thjo̱^{1}

种 种 法 门 安 住， 彼 情 有 之 妙

tsjiir^{1} phie^{2} ne̠j^{2} tjij^{1} thjɨ^{2} bju^{1} khwa^{1} ka^{2} dźjɨ$^{?}$ djọ^{2}

法 开 示。 若 此 依 远 离 行 修

种种法门，为彼有情开示妙法。若能依此修远离行，

39.5.7

ku^{1} tśjị^{1} bju^{2} xja^{1} sji^{1} njwi^{2} ljɨ^{1} tjij^{1} rjur^{1} dźiã^{2} tśhju^{1}

故， 苦 际 速 尽 能 也。 若 诸 含 识，

źjɨr^{1} ljịj^{2} dzjiij^{2} njaa^{2} ljịj^{2} dzjiij^{2} ŋwu^{2} ŋa^{2} ·jɨ^{1} tśhja^{2}

实 大 师 非 大 师 是 △ 谓， 正

速尽苦际。若诸含识①，实非大师自称大师，非正

39.6.1

ka^{1} dwewr^{2} njaa^{2} tśhja^{2} ka^{1} dwewr^{2} ŋwu^{2} ŋa^{2} ·jɨ^{1} ku^{1} mjor^{1}

等 觉 非 正 等 觉 是 我 告， 故 如

ljịj^{2} seew^{2} tshjiij^{1} mjij^{1} le^{2} mjij^{1} ŋwu^{2} to^{2} zji^{2} ·jwɨɨ^{1}

① 含识，梵语 Sattva，巴利语 satta。音译萨埵。意译有情、众生。即指含有心识之有情众生。指一切生物。又作含灵、含生、含类、含情、禀识。以一切众生皆有心识，故称含识。

来 思 议 不 畏 无 以 悉 皆 映

等觉称正等觉，以如来不思议无畏故悉皆映

39.6.2

[illegible]

t- thja^{1} dźiã^{2} tśhju^{1} ·jij^{1} ·jij^{1} khwẹj^{1} dźjwu^{1} ljiij^{2} zji^{2} phjij^{1}

拒， 彼 众 生 之 傲 慢 摧 碎 皆 逃

[illegible]

meer^{2} phji^{1} śja^{1} rjir^{2} gji^{2} mjor^{1} ljịj^{2} ·jij^{1} le^{2} mjij^{1}

避 令。 舍 利 子， 如 来 之 畏 无

夺，令彼众生傲慢摧碎逃迸远避。舍利子，如来无畏，

39.6.3

[illegible]

seew$^{?}$ tshjiij^{1} ŋjị^{2} mjij^{1} bju^{2} mjij^{1} ljow^{2} mjij^{1} tshọ^{2} ŋa^{1} wjɨ^{2}

思 议 可 不， 边 无 际 无， 虚 空 △

[illegible]

sju^{2} tjij^{1} dzjwo^{2} mjor^{1} ljịj^{2} ·jij^{1} le^{2} mjij^{1} bju^{2} ljow^{2}

如。 若 人 如 来 之 畏 无 边 际

不可思议，无边无际，譬如虚空。若有欲求如来无畏边际者，

39.6.4

[illegible]

kjụ^{1} dju^{1} ku^{1} tshọ^{2} ŋa^{1} bju^{2} ljow^{2} kjụ^{1} mjijr^{2} rjir^{2} ·a$^{?}$

求 有 故， 虚 空 边 际 求 者 与 一

[illegible]

tjɨj^{2} ljɨ^{1} śja^{1} rjir^{2} gji^{2} rjur^{1} po^{1} tsa^{1} ma^{2} ŋạ^{2}

样 也。 舍 利 子， 诸 菩 萨 摩 诃

不异有人求空边际。舍利子，诸菩萨摩诃

39.6.5

[illegible]

tsa¹ mjor¹ ljij² thjɨ² seew² tshjiij¹ mjij¹ le² mjij¹ tshjiij¹ mji¹
萨 如 来 此 思 议 不 畏 无 说 闻,
[illegible] [illegible] [illegible] [illegible], [illegible] [illegible] [illegible] [illegible], [illegible] [illegible]
dźiej² zow² dzjwɨ¹ lhejr² ·jiw² mjij¹ gji¹ sej¹ njiij¹ ljɨj²
信 受 恭 敬, 疑 无 清 净, 欢 喜
萨闻如来说是不思议无畏已,信受谛奉,清净无疑,欢喜

39.6.6

[illegible] [illegible], [illegible] [illegible] [illegible] [illegible] [illegible]。 [illegible] [illegible] [illegible], [illegible]
rjɨr² gjiij rjar¹ gjij¹ sjiij² śjwo¹ ljɨ¹ śja¹ rjir² gji² thjɨ²
乃 生, 希 奇 想 发 也。 舍 利 子, 此
[illegible] [illegible] [illegible] [illegible] [illegible] [illegible] [illegible] [illegible] [illegible]。 [illegible]
tja¹ lew¹ tsew² tśhja² ka¹ dwewr² le² mjij¹ ŋwu² mjor¹
者 一 第 正 等 觉 畏 无 是。 如
踊跃,发希奇想。舍利子,是名第一正等觉无畏。由如

39.6.7

[illegible] [illegible] [illegible] [illegible] [illegible] [illegible] [illegible] [illegible], [illegible] [illegible] [illegible]
ljij² thjɨ² le² mjij¹ śjɨj¹ ·jiw² nioow¹ ku¹ ·jij¹ ljij² ·ji¹
来 此 畏 无 成 就 由 故, 自 大 众
[illegible] [illegible], [illegible] [illegible] [illegible] [illegible] [illegible], [illegible] [illegible] [illegible]
ljwu² kha¹ tśhja² ka² tśjij² kwə² ŋa² ljij² xiwã¹ dźiej²
会 中, 正 师 子 吼 我, 大 梵 轮
来成就此无畏故,于大众中,正师子吼,转大梵轮,

39.7.1

[illegible], [illegible] [illegible] [illegible] [illegible] [illegible] [illegible] [illegible] [illegible] [illegible] [illegible]
deej¹ rjɨr² njɨ² rjur¹ kha¹ ŋowr² ŋowr² deej¹ njwi² tja¹ mjij¹
转, 乃 至 世 间 一 切 转 能 者 不
[illegible] [illegible]。
·ji¹ ljɨ¹
告 也。

乃至一切世间所不能转。

汉文本

《大宝积经》卷三十九

菩萨藏会第十二之五如来不思议性品第四之三

尔时，佛告舍利子：云何菩萨摩诃萨，于如来不思议无畏，信受谛奉，心志清净，无惑无疑，倍复踊跃，深生欢喜，发希奇想？

舍利子，如来应正等觉，有四种不思议无畏。由成就是四无畏故，如来应正等觉，于大众中自称：我处大仙尊位，正师子吼，转大梵轮，一切世间沙门、婆罗门，诸天魔梵，不能如法而转。舍利子，何等名为四无所畏？

舍利子，如来应正等觉成就无上智力故，于大众中自称：我是正等觉者。此中诸天世间，不见有能于如来前立如是论：汝于此法非正等觉。舍利子，云何如来名正等觉？舍利子，如来能于一切诸法，平等正觉无非平等。若凡夫法、若诸圣法、若诸佛法、若诸学法、若无学法、若独觉法、若菩萨法，平等平等；若世间法、若出世间法，若有罪无罪，有流无流，有为无为，如是等一切诸法，如来悉能平等正觉，是故名为正等觉者。舍利子，云何名为平等之性？舍利子，诸见自体与彼空性其性平等，诸相自体与彼无相其性平等，三界自体与彼无愿其性平等，生法自体与彼无生其性平等，诸行自体与彼无行其性平等，起法自体与彼不起其性平等，贪性自体与彼无贪其性平等，三世自体与彼真如其性平等，无明有爱自体与明解脱其性平等，生死流转自体与彼寂静涅槃其性平等。如是，舍利子，如来能于一切诸法平等正觉，是故如来名正等觉。

复次，舍利子，此如来无畏不可思议，又以大悲而为方便。真如平等，真性如性、非不如性、不变异性、无覆藏性、无怖畏性、无退屈性、无违诤性，由如是故光显大众，能令悦豫，遍身怡适，心生净信，踊跃欢喜。舍利子，世间众生无有能于如来无畏起违诤者。何以故？由如来无畏不可为诤故。如性平等处法界性，流布遍满诸世界中无能违害。舍利子，如如来无畏，于一切甚深微细杂可知法，能正等觉。如是如来安住大悲，种种言音，种种法门，为彼有情开示妙法。若能依此修远离行，速尽苦际。若诸含识，实非大师自称大师，非正等觉称正等觉，以如来不思议无畏故悉皆映夺，令彼众生傲慢摧碎逃迸远避。舍利子，如来无畏，不可思议，无边无际，譬如虚空。若有欲求如来无畏边际者，不异有人求空边际。舍利子，诸菩萨摩诃萨闻如来说是不思议无畏已，信受谛奉，清净无疑，欢喜踊跃，发希奇想。舍利子，是名第一正等觉无畏。由如来成就此无畏故，于大众中，正师子吼，转大梵轮，乃至一切世间所不能转。

39.7.2

[illegible]	[illegible]，	[illegible]	[illegible]	[illegible]，	[illegible]	[illegible]	[illegible]	[illegible]	[illegible]	[illegible]
nioow[1]	tśjɨɨ[1]	śja[1]	rjir[2]	gji[2]	mjor[1]	ljịj[2]	bju[1]	wo[2]	tśhja[2]	ka[1]
复	次，	舍	利	子，	如	来	依	应	正	等

[illegible],	[illegible]	[illegible]	[illegible]	[illegible]	[illegible]	[illegible]	[illegible],	[illegible]	[illegible]
dwewr^{2}	zji^{2}	phju^{2}	sjịj^{2}	ɣie^{1}	śjɨj^{1}	·jiw^{2}	ku^{1}	ljịj^{2}	·ji^{1}
觉,	最	上	智	力	成	就	故,	大	众

复次,舍利子,如来应正等觉,成就无上智力故,于大众

39.7.3

[illegible]	[illegible]	[illegible]	[illegible]:	[illegible]	[illegible]	[illegible]	[illegible]	[illegible]	[illegible]	[illegible]。
ljwu^{2}	kha^{1}	·jij^{1}	tśhjɨ^{1}	ŋa^{2}	sjij^{1}	rjur^{1}	rar^{2}	zji^{2}	dja^{2}	sji^{1}
会	中	自	称:	我	今	诸	流	皆	已	尽。
[illegible]	[illegible]	[illegible]	[illegible]	[illegible]	[illegible],	[illegible]	[illegible]	[illegible]	[illegible]	
thjɨ^{2}	kha^{1}	rjur^{1}	mə^{1}	rjur^{1}	kha^{1}	mjor^{1}	ljịj^{2}	·ju^{2}	rjir^{2}	
此	中	诸	天	世	间,	如	来	面	前	

中自称:我今诸流已尽。此中诸天世间,无能于如来前

39.7.4

[illegible]	[illegible]	[illegible]	[illegible]:	[illegible]	[illegible]	[illegible]	[illegible]	[illegible]	[illegible]	[illegible]
tsjiir^{1}	bju^{1}	·jɨr^{1}	śjwo^{1}	nji^{2}	thjɨ^{2}	sju^{2}	rjur^{1}	rar^{2}	mjij^{2}	dzjar^{2}
法	如	问	立:	汝	是	如	诸	流	未	尽
[illegible]	[illegible]	[illegible]	[illegible]	[illegible]。	[illegible]	[illegible]	[illegible],	[illegible]	[illegible]	
·jɨ^{1}	kjir^{2}	mjijr^{2}	mjij^{1}	·jɨ^{1}	śja^{1}	rjir^{2}	gji^{2}	mjor^{1}	ljịj^{2}	
告	能	者	无	谓。	舍	利	子,	如	来	

如法立论:汝有如是诸流未尽。舍利子,云何如来

39.7.5

[illegible]	[illegible]	[illegible]	[illegible]	[illegible]	[illegible]	[illegible]	[illegible]?	[illegible]	[illegible]	[illegible],
rar^{2}	sji^{1}	·jij^{1}	tsjịr^{2}	tja^{1}	ljɨ^{1}	kjɨ^{1}	ŋwu^{2}	śja^{1}	rjir^{2}	gji^{2}
流	尽	之	性	者	何	云	为?	舍	利	子,
[illegible]	[illegible]	[illegible]	[illegible]	[illegible]	[illegible]	[illegible]	[illegible]	[illegible],	[illegible]	
mjor^{1}	ljịj^{2}	kiẹj^{2}	rar^{2}	kha^{1}	njiij^{1}	bie^{2}	lhew^{2}	njwi^{2}	lẹj^{2}	
如	来	欲	流	中	心	解	脱	善,	贪	

流尽之性?舍利子,如来于欲流中心善解脱,永断一切贪

39.7.6

[illegible]	[illegible]	[illegible]	[illegible]	[illegible]	[illegible]；	[illegible]	[illegible]	[illegible]	[illegible]	[illegible]
sjwɨ^{1}	mẹ^{2}	ŋowr^{2}	ŋowr^{2}	tsiow	phja^{1}	mjor^{1}	ljịj^{2}	dju^{1}	rar^{2}	kha^{1}
习	气	一	切	永	断；	如	来	有	流	中
[illegible]	[illegible]	[illegible]	[illegible]，	[illegible]	[illegible]	[illegible]	[illegible]	[illegible]	[illegible]	
njiij^{1}	bie^{2}	lhew^{2}	njwi^{2}	tshjạ^{1}	dźjɨ$^{?}$	sjwɨ^{1}	mẹ^{2}	ŋowr^{2}	ŋowr^{2}	
心	解	脱	善，	瞋	行	习	气	一	切	

行习气故；如来于有流中心善解脱，永断一切瞋行习气故；

39.7.7

[illegible]	[illegible]；	[illegible]	[illegible]	[illegible]	[illegible]	[illegible]	[illegible]	[illegible]	[illegible]	[illegible]
tsiow	phja^{1}	mjor^{1}	ljịj^{2}	bju^{1}	mjij^{1}	rar^{2}	kha^{1}	njiij^{1}	bie^{2}	lhew^{2}
永	断；	如	来	明	无	流	中	心	解	脱
[illegible]，	[illegible]	[illegible]	[illegible]	[illegible]	[illegible]	[illegible]	[illegible]	[illegible]；	[illegible]	
njwi^{2}	lə^{2}	dźjɨ$^{?}$	sjwɨ^{1}	mẹ^{2}	ŋowr^{2}	ŋowr^{2}	tsiow	phja^{1}	mjor^{1}	
善，	痴	行	习	气	一	切	永	断；	如	

如来于无明流中心善解脱，永断一切痴行习气故；如

39.8.1

[illegible]	[illegible]	[illegible]	[illegible]	[illegible]	[illegible]	[illegible]	[illegible]，	[illegible]	[illegible]	[illegible]
ljịj^{2}	ljij^{2}	rar^{2}	kha^{1}	njiij^{1}	bie^{2}	lhew^{2}	njwi^{2}	źjị^{1}	njɨɨ^{2}	dźjɨ$^{?}$
来	见	流	中	心	解	脱	善，	烦	恼	行
[illegible]	[illegible]	[illegible]	[illegible]	[illegible]	[illegible]	[illegible]。	[illegible]	[illegible]	[illegible]	[illegible]
sjwɨ^{1}	mẹ^{2}	ŋowr^{2}	ŋowr^{2}	tsiow	phja^{1}	ku^{1}	thjɨ^{2}	·jiw^{1}	nioow^{1}	bju^{1}
习	气	一	切	永	断	故。	是	因	缘	以

来于见流中心善解脱，永断一切烦恼行习气故。以是因缘

39.8.2

[illegible]，	[illegible]	[illegible]	[illegible]	[illegible]	[illegible]	[illegible]	[illegible]	[illegible]	[illegible]。	[illegible]
tśhjwo^{1}	mjor^{1}	ljịj^{2}	·jij^{1}	rjur^{1}	rar^{2}	dja^{2}	sji^{1}	·jɨ^{1}	ljɨ^{1}	śja^{1}
故，	如	来	之	诸	流	已	尽	告	也。	舍

[illegible]	[illegible],	[illegible]	[illegible]	[illegible]	[illegible]	[illegible],	[illegible]	[illegible]	[illegible]①
rjir²	gji²	thjɨ²	sju²	tsjiir¹	tshjiij¹	tja¹	rjur¹	dźiã²	tśhju¹
利	子,	是	如	法	说	者,	诸	众	生

故说,如来诸流已尽。舍利子,如是说法,依世俗故,

39.8.3

[illegible],	[illegible]	[illegible]	[illegible]	[illegible]。	[illegible]	[illegible]	[illegible]	[illegible],	[illegible]	[illegible]
ŋwu²	buu²	wo²	bju¹	njaa²	buu²	wo²	dźjar²	kha¹	·a?	mə²
是,	胜	义	为	非。	胜	义	谛	中,	一	种
[illegible]	[illegible]	[illegible]	[illegible]	[illegible],	[illegible]	[illegible]	[illegible]	[illegible]②、	[illegible]	
zjịj¹	śjɨj²	sjịj²	·ju²	dźjiij¹	njɨ²	nwə¹	tsiow	lew²	phja¹	
何	圣	智	前	住,	遍	知	永	可、	断	

非为胜义。于胜义中,无有一法住圣智前,可遍知、可永断、

39.8.4

[illegible]、	[illegible]	[illegible]	[illegible]、	[illegible]	[illegible]	[illegible]	[illegible]	[illegible]。	[illegible]	[illegible]
lew²	djọ²	dzjɨɨ²	lew²	mjor¹	ljạ¹	lew²	tsjiir¹	mjij¹	thjij²	sjo²
可、	修	习	可、	如	证	可	法	无。	何	云
[illegible]?	[illegible]	[illegible]	[illegible],	[illegible]	[illegible]	[illegible],	[illegible]	[illegible]	[illegible]	
ljɨ¹	śja¹	rjir²	gji²	sji¹	·jɨ¹	tja¹	mji¹	sji¹	mjij²	
也?	舍	利	子,	尽	言	者,	不	尽	未	

可修习、可作证者。何以故?舍利子,所言尽者,未

39.8.5

[illegible],	[illegible]	[illegible]	[illegible]	[illegible],	[illegible]	[illegible]	[illegible]	[illegible]	[illegible]	[illegible]
djij²	tsjịr²	zji²	dźjwa¹	sji¹	mji¹	ŋwer¹	djị²	nioow¹	sji¹	·jɨ¹
尝,	性	究	竟	尽,	不	对	治	由	尽	告
[illegible]	[illegible]。	[illegible]	[illegible]	[illegible]	[illegible],	[illegible]	[illegible]	[illegible]	[illegible]	
ljị¹	njaa²	źjɨr¹	bju¹	tsjịr²	sji¹	źjɨr¹	bju¹	tsjịr²	sji¹	
及	非。	实	如	性	尽,	实	依	性	尽	

① [illegible][illegible],字面意思为“众生、有情”,与汉文本“世俗”对译。

② 此处“[illegible]”字与“[illegible]”字倒文,当为“[illegible][illegible][illegible]、[illegible][illegible][illegible]”,对译汉本“可遍知、可永断”之义。

尝不尽，性究竟尽，不由对治说名为尽。如实性尽，如实性尽

39.8.6

[illegible]	[illegible]	[illegible]	[illegible]	[illegible]，	[illegible]	[illegible]	[illegible]	[illegible]	[illegible]	[illegible]
ku^{1}	sji^{1}	lew^{2}	tsjiir^{1}	mjij^{1}	sji^{1}	lew^{2}	tsjiir^{1}	mjij^{1}	ku^{1}	·jij^{1}
故	尽	可	法	无，	尽	可	法	无	故	即
[illegible]	[illegible]	[illegible]，	[illegible]	[illegible]	[illegible]	[illegible]	[illegible]	[illegible]	[illegible]	
dźiəj^{2}	mə̣^{1}	ŋwu^{2}	dźiəj^{2}	mə̣^{1}	nioow^{1}	ku^{1}	wee^{1}	mjij^{1}	dzjar^{2}	
为	无	是，	为	无	故	则	生	无	灭	

故无法可尽，无法可尽故即是无为，以无为故无生无灭，

39.8.7

[illegible]，	[illegible]	[illegible]	[illegible]	[illegible]。	[illegible]	[illegible]	[illegible]	[illegible]	[illegible]	[illegible]、
mjij^{1}	dźjiij^{1}	tsjɨ^{1}	mji^{1}	dju^{1}	thjɨ^{2}	nioow^{1}	mjor^{1}	ljij^{2}	rjur^{1}	to^{2}
无，	住	亦	无	有。	是	故	如	来	世	出、
[illegible]	[illegible]	[illegible]	[illegible]，	[illegible]	[illegible]	[illegible]	[illegible]，	[illegible]	[illegible]	
mji^{1}	to^{2}	lew^{2}	mjij^{1}	·ju^{2}	dźjiij^{1}	tsjiir^{1}	tsji̱r^{2}	·ju^{2}	dźjiij^{1}	
不	出	可	不，	常	住	法	性，	常	住	

亦无有住。是故说言如来出世、若不出世①，常住法性，常住

39.9.1

[illegible]	[illegible]。	[illegible]	[illegible]	[illegible]	[illegible]	[illegible]	[illegible]	[illegible]，	[illegible]	[illegible]
tsjiir^{1}	kiej^{2}	thjɨ^{2}	kha^{1}	śjɨj^{2}	sji̱j^{2}	źjɨr^{1}	śjwo^{1}	·jɨ^{1}	thjɨ^{2}	sju^{2}
法	界。	其	中	圣	智	慧	转	谓，	是	如
[illegible]	[illegible]，	[illegible]	[illegible]	[illegible]	[illegible]	[illegible]。	[illegible]	[illegible]	[illegible]，	
kjɨ^{1}	śjwo^{1}	śjwo^{1}	mjij^{1}	lhjwo^{1}	mjij^{1}	ljɨ^{1}	śja^{1}	rjir^{2}	gji^{2}	
△	转，	转	无	还	无	也。	舍	利	子，	

法界。即于其中圣智慧转，虽如是转，无转无还。舍利子，

39.9.2

[illegible]	[illegible]	[illegible]	[illegible]	[illegible]	[illegible]	[illegible]	[illegible]	[illegible]，	[illegible]	[illegible]

① 若不出世，西夏文作“[illegible]”，意思是“不可不出”。

thjɨ² tsjiir¹ ɣa¹ nioow¹ ku¹ rjur¹ rar² mji¹ dju¹ rar² sji¹

是 法 门 由 故 诸 流 无 有, 流 尽

[illegible]

rjir¹ lew² tsjɨ¹ mjij¹ thjɨ² sju² mjor¹ ljịj² ljịj² wjuu¹

得 可 亦 无。 是 如 如 来 大 悲

由是法门故无有诸流,亦无流尽而可得者。如是如来住大悲

39.9.3

[illegible]

dźjiij¹ nioow¹ rjur¹ dźiā² tśhju¹ ·jij¹ rar² sji¹ tsjiir¹ tshjiij¹ ljɨ¹

住 已, 诸 情 有 之 流 尽 法 说 也。

[illegible]

nioow¹ tśjɨɨ¹ śja¹ rjir² gji² mjor¹ ljịj² le² mjij¹ seew² tshjiij¹

复 次, 舍 利 子, 如 来 畏 无 思 议

已,为诸有情说流尽法。复次,舍利子,如来无畏不可思议,

39.9.4

[illegible]

tjị² mjij¹ nioow¹ ljịj² wjuu¹ ŋwu² tśier¹ ·ju² wji¹ ku¹

可 不, 复 大 悲 以 方 便 为 故。

复以大悲而为方便。

39.9.5

[illegible]

mjor¹ ɣiej¹ tśhja² ka¹ mjor¹ tsji̱r² ɣiej¹ tsji̱r² mji¹ mji¹ ɣiej¹

如 真 平 等, 如 性 真 性, 非 不 真

[illegible]

tsji̱r² mji¹ wjɨ¹ do² tsjiir¹ dzjuu² ɣja² mjij¹ tsji̱r² kjạ¹

性、 不 变 异 法、 藏 覆 无 性、 怖

真如平等,真性如性、非不如性、不变异性、无覆藏性、无怖

39.9.6

[illegible]

le^{2} mjij^{1} tsji̱r^{2} ŋwer^{2} lhjwo^{1} mjij^{1} tsji̱r^{2} ljwu^{1} dzeej^{1} mjij^{1} tsji̱r^{2}

畏 无 性、 屈 退 无 性、 违 净 无 性，

[illegible]

thjɨ^{2} sju^{2} nioow^{1} ku^{1} ljịj^{2} ·ji^{1} ·jij^{1} tja̱^{1} wer^{1} njiij^{1}

是 如 由 故 大 众 之 饰 装， 心

畏性、无退屈性、无违净性，由如是故光显大众，

39.9.7

[illegible]

phji^{1} de^{2} rejr^{2} lju̱^{2} njiij^{1} no^{2} nej^{2} sej^{1} dźiej^{2} njiij^{1} śjwo^{1}

意 豫 悦， 身 心 适 怡， 净 信 心 生，

[illegible]

njiij^{1} ljɨ̣j^{2} rjɨr^{2} gjiij phji^{1} njwi^{2} śja^{1} rjir^{2} gji^{2} rjur^{1}

欢 喜 乃 生 令 能。 舍 利 子， 世

能令悦豫，遍身怡适，心生净信，欢喜踊跃。舍利子，世

39.10.1

[illegible]

kha^{1} dźiã^{2} tśhju^{1} mjor^{1} ljịj^{2} ·jij^{1} le^{2} mjij^{1} ɣa^{2} dzeej^{1} śjwo^{1}

间 众 生 如 来 之 畏 无 于 净 起

[illegible]

mjɨ^{1} njwi^{2} thjij^{2} sjo^{2} ljɨ^{1} mjor^{1} ljịj^{2} ·jij^{1} le^{2} mjij^{1}

无 能。 何 云 也？ 如 来 之 畏 无

间众生无有能于如来无畏起违净者。何以故？由如来无畏

39.10.2

[illegible]

dzeej^{1} tji^{2} mjij^{1} ljɨ^{1} mjor^{1} tsji̱r^{2} tśhja^{2} ka^{1} tsjiir^{1} kię̣j^{2} dźjiij^{1}

净 可 不 也。 如 性 平 等 法 界 处

[illegible]

tsji̱r^{2} rjur^{1} rjur^{1} kię̣j^{2} ·u^{2} zji^{2} mji^{1} njɨ^{2} mjij^{1} ljwu^{1}

性， 诸 世 界 内 皆 不 遍 无 违

不可为净故。真如平等处法界性，流布遍满诸世界中无

39.10.3

tśju^{1}	mjɨ^{1}	ljɨɨ^{1}	thjɨ^{2}	sju^{2}	seew^{2}	tshjiij^{1}	tjị^{2}	mjij^{1}	mjɨ^{1}	pjụ^{1}
害	无	能，	是	如	思	议	可	不、	无	量
ŋewr^{2}	mjij^{1}	bju^{2}	ljow^{2}	mji^{1}	dju^{1}	thjo̱^{1}	tsjiir^{1}	śjɨj^{1}	·jiw^{2}	
数	无、	边	际	无	有	妙	法	成	就。	

能违害，如是不可思议、无量无数、无有边际妙法成就。

39.10.4

mjor^{1}	ljịj^{2}	ljịj^{2}	wjuu^{1}	ŋwu^{2}	njiij^{1}	kjịj^{1}	nioow^{1}	ku^{1}	rjur^{1}	dźiã^{2}
如	来	大	悲	以	心	熏	由	则，	诸	众
tśhju^{1}	·jij^{1}	rjur^{1}	rar^{2}	tsiow	dzjar^{2}	phji^{1}	kiẹj^{2}	nioow^{1}	rar^{2}	
生	之	诸	流	永	断	令	欲	故	流	

由如来大悲熏心，为诸众生说流尽法，欲令永断彼诸流

39.10.5

sji^{1}	tsjiir^{1}	tshjiij^{1}	wji^{1}	śja^{1}	rjir^{2}	gji^{2}	mjor^{1}	ljịj^{2}	·jij^{1}	le^{2}
尽	法	说	为。	舍	利	子，	如	来	之	畏
mjij^{1}	seew^{2}	tshjiij^{1}	tjị^{2}	mjij^{1}	bju^{2}	mjij^{1}	ljow^{2}	mjij^{1}	tshọ^{2}	
无，	思	议	可	不，	边	无	际	无，	虚	

故。舍利子，如来无畏，不可思议，无边无际，譬如虚

39.10.6

ŋa^{1}	wjɨ^{2}	sju^{2}	tjij^{1}	dzjwo^{2}	mjor^{1}	ljịj^{2}	·jij^{1}	le^{2}	mjij^{1}	bju^{2}

空 譬 如。 若 人 如 来 之 畏 无 边

ljow^{2} kjṵ^{1} kiẹj^{2} ku^{1} tshọ^{2} ŋa^{1} bju^{2} ljow^{2} kjṵ^{1} mjijr^{2}

际 求 欲 则， 虚 空 边 际 求 者

空。若有欲求如来无畏边际者，不异有人求空边际。

39.10.7

rjir^{2} ·a$^{?}$ tjɨj^{2} we^{2} śja^{1} rjir^{2} gji^{2} thja^{1} rjur^{1} po^{1} tsa^{1}

与 一 样 为。 舍 利 子， 是 诸 菩 萨

ma^{2} ŋạ^{2} tsa^{1} mjor^{1} ljij^{2} thjɨ^{2} seew^{2} tshjiij^{1} mjij^{1} le^{2}

摩 诃 萨， 如 来 是 思 议 不 畏

舍利子，是诸菩萨摩诃萨，闻如来说是不思议无畏已，

39.11.1

mjij^{1} tshjiij^{1} mji^{1} dźiej^{2} zow^{2} dzjwɨ^{1} lhejr^{2} ·jiw^{2} mjij^{1} gji^{1} sej^{1}

无 说 闻， 信 受 恭 敬， 疑 无 清 净，

rjɨr^{2} nji^{2} rjar^{1} gjij^{1} sjiij^{2} śjwo^{1} śja^{1} rjir^{2} gji^{2} thjɨ^{2}

乃 至 希 奇 想 发。 舍 利 子， 此

信受谛奉，清净无疑，乃至发希奇想。舍利子，是

39.11.2

tja^{1} njɨɨ^{1} tsew^{2} rar^{2} sji^{1} le^{2} mjij^{1} ŋwu^{2} mjor^{1} ljij^{2} thjɨ^{2}

名 二 第 流 尽 畏 无 是。 如 来 此

le^{2} mjij^{1} śjɨj^{1} ·jiw^{2} nioow^{1} ku^{1} ·jij^{1} ljịj^{2} ·ji^{1}

畏 无 成 就 由 故， 自 大 众

名第二流尽无畏。由成就此无畏故，如来于大众

39.11.3

[illegible]	[illegible],	[illegible]	[illegible]	[illegible]	[illegible],	[illegible]	[illegible]	[illegible]	[illegible]	[illegible]
ljwu^{2}	kha^{1}	tśhja^{2}	ka^{2}	tśjij^{2}	kwə^{2}	ŋa^{2}	ljịj^{2}	śji^{1}	pjụ^{1}	lu^{2}
会	中,	正	师	子	吼,	我	大	仙	尊	位
[illegible]	[illegible],	[illegible]	[illegible]	[illegible]	[illegible],	[illegible]	[illegible]	[illegible]	[illegible]	
tśhjaa^{1}	dzuu^{2}	ljịj^{2}	xiwã^{1}	dźiej^{2}	deej^{1}	rjɨr^{2}	njɨ^{2}	rjur^{1}	kha^{1}	
上	处,	大	梵	轮	转,	乃	至	世	间	

中,正师子吼,自称我处大仙尊位,转大梵轮,乃至

39.11.4

[illegible]	[illegible]	[illegible]	[illegible]	[illegible]	[illegible]	[illegible]	[illegible]。
ŋowr^{2}	ŋowr^{2}	deej^{1}	njwi^{2}	tja^{1}	mjij^{1}	·jɨ^{1}	ljɨ^{1}
一	切	转	能	者	不	告	也。

一切世间所不能转。

汉文本

复次,舍利子,如来应正等觉,成就无上智力故,于大众中自称:我今诸流已尽。此中诸天世间,无能于如来前如法立论:汝有如是诸流未尽。舍利子,云何如来流尽之性?舍利子,如来于欲流中心善解脱,永断一切贪行习气故;如来于有流中心善解脱,永断一切瞋行习气故;如来于无明流中心善解脱,永断一切痴行习气故;如来于见流中心善解脱,永断一切烦恼行习气故。以是因缘故说,如来诸流已尽。舍利子,如是说法,依世俗故,非为胜义。于胜义中,无有一法住圣智前,可遍知、可永断、可修习、可作证者。何以故?舍利子,所言尽者,未尝不尽,性究竟尽,不由对治说名为尽。如实性尽,如实性尽故无法可尽,无法可尽故即是无为,以无为故无生无灭,亦无有住。是故说言如来出世、若不出世,常住法性,常住法界。即于其中圣智慧转,虽如是转,无转无还。舍利子,由是法门故无有诸流,亦无流尽而可得者。如是如来住大悲已,为诸有情说流尽法。

复次,舍利子,如来无畏不可思议,复以大悲而为方便。真如平等,真性如性、非不如性、不变异性、无覆藏性、无怖畏性、无退屈性、无违诤性,由如是故光显大众,能令悦豫,遍身怡适,心生净信,欢喜踊跃。舍利子,世间众生无有能于如来无畏起违诤者。何以故?由如来无畏不可为诤故。真如平等处法界性,流布遍满诸世界中无能违害,如是不可思议、无量无数、无有边际妙法成就。由如来大悲熏心,为诸众生说流尽法,欲令永断彼诸流故。舍利子,如来无畏,不可思议,无边无际,譬如虚空。若有欲求如来无畏边际者,不异有人求空边际。舍利子,是诸菩萨摩诃萨,闻如来说是不思议无畏已,信受谛奉,清净无疑,乃至发希奇想。舍利子,是名第二流尽无畏。由成就此无畏故,如来于大众中,正

师子吼，自称我处大仙尊位，转大梵轮，乃至一切世间所不能转。

39.11.5

nioow[1]	tśjɨɨ[1]	śja[1]	rjir[2]	gji[2]	mjor[1]	ljịj[2]	bju[1]	wo[2]	tśhja[2]	ka[1]
复	次，	舍	利	子，	如	来	依	应	正	等
dwewr[2]	zji[2]	phju[2]	sjịj[2]	ɣie[1]	śjɨj[1]	·jiw[2]	ku[1]	ljịj[2]	·ji[1]	
觉，	最	上	智	力	成	就	故，	大	众	

复次，舍利子，如来应正等觉，成就无上智力故，于大众

39.11.6

ljwu[2]	kha[1]	thjɨ[2]	sju[2]	dạ[2]	tshjiij[1]	ŋa[2]	lə[1]	tsjiir[1]	tshjiij[1]	kjɨ[1]
会	中	是	如	言	说：	我	障	法	说	决
djɨj[2]	lə[1]	njwi[2]	thja[2]	kha[1]	rjur[1]	mə[1]	rjur[1]	kha[1]	mjor[1]	
定	障	能。	此	中	诸	天	世	间，	如	

中唱如是言：我说障法决定能障。此中诸天世间，

39.11.7

ljịj[2]	·ju[2]	rjir[2]	tsjiir[1]	bju[1]	·jɨr[1]	śjwo[1]	nji[2]	rjɨr[2]	tshjiij[1]	thjɨ[2]
来	前	前	法	如	问	立：	汝	乃	说	是
sju[2]	lə[1]	tsjiir[1]	t-	we[2]	mjɨ[1]	njwi[2]	·jɨ[1]	kjir[2]	mjijr[2]	mjij[1]
如	障	法	拒	为	无	能	谓	能	者	不

无能于如来前如法立论：汝说如是障法不能为障。

39.12.1

·jɨ[1]	śja[1]	rjir[2]	gji[2]	lə[1]	ɣię[2]	njwi[2]	tsjiir[1]	tja[1]	wa[2]	kjɨ[1]

告。 舍 利 子， 障 碍 能 法 者 何 已

[illegible]

ŋwu^{2} śja^{1} rjir^{2} gji^{2} tsjiir^{1} gjiwr^{2} gjɨ^{2} lə^{1} ɣię^{2} wji^{1}

是？ 舍 利 子， 法 滴 一 障 碍 为

舍利子，云何名为能障碍法？舍利子，谓有一法能为障碍。

39.12.2

[illegible]

njwi^{2} lew^{1} tsjiir^{1} tja^{1} ljɨ^{1} kjɨ^{1} ŋwu^{2} njiij^{1} mji^{1} gji^{1} sej^{1}

能。 一 法 者 何 已 是？ 心 不 清 净

[illegible]

ŋwu^{2} nioow^{1} njɨɨ^{1} tsjiir^{1} lə^{1} ɣię^{2} wji^{1} njwi^{2} bjuu^{1} mjij^{1}

是。 复 二 法 障 碍 为 能， 尊 无

何等一法？谓心不清净。复有二法能为障碍，谓无惭、

39.12.3

[illegible]

·ju^{2} mjij^{1} ŋwu^{2} nioow^{1} so̱^{1} tsjiir^{1} lə^{1} ɣię^{2} wji^{1} njwi^{2} lju̱^{2}

常 无 是。 复 三 法 障 碍 为 能， 身

[illegible]

niow^{2} dźjɨ$^{?}$ ljaa^{2} niow^{2} dźjɨ$^{?}$ phji^{1} niow^{2} dźjɨ$^{?}$ ŋwu^{2} nioow^{1}

恶 行、 语 恶 行、 意 恶 行 是。 复

无愧。复有三法能为障碍，谓身恶行、语恶行、意恶行。复

39.12.4

[illegible]

ljɨɨr^{1} tsjiir^{1} lə^{1} ɣię^{2} wji^{1} njwi^{2} lę^{2} kię^{2} nioow^{1} ku^{1} dźjij^{1}

四 法 障 碍 为 能， 贪 欲 由 故 行

[illegible]

lew^{2} njaa^{2} dźjij^{1} tshja̱^{1} kwow^{2} nioow^{1} ku^{1} dźjij^{1} lew^{2} njaa^{2}

所 不 行， 瞋 恚 由 故 行 所 不

有四法能为障碍，由贪欲故行所不行，由瞋恚故行所不行，

39.12.5

[illegible]，	[illegible]	[illegible]	[illegible]	[illegible]	[illegible]	[illegible]	[illegible]	[illegible]，	[illegible]	[illegible]
dźjij^{1}	wẹ^{1}	lə^{2}	nioow^{1}	ku^{1}	dźjij^{1}	lew^{2}	njaa^{2}	dźjij^{1}	kjạ^{1}	le^{2}
行，	愚	痴	由	故	行	所	不	行，	怖	畏
[illegible]	[illegible]	[illegible]	[illegible]	[illegible]	[illegible]	[illegible]。	[illegible]	[illegible]	[illegible]	[illegible]
nioow^{1}	ku^{1}	dźjij^{1}	lew^{2}	njaa^{2}	dźjij^{1}	ŋwu^{2}	nioow^{1}	ŋwə	tsjiir^{1}	lə^{1}
由	故	行	所	不	行	是。	复	五	法	障

由愚痴故行所不行，由怖畏故行所不行。复有五法能为障

39.12.6

[illegible]	[illegible]	[illegible]，	[illegible]	[illegible]、	[illegible]	[illegible]	[illegible]、	[illegible]	[illegible]	[illegible]、
ɣiẹ^{2}	wji^{1}	njwi^{2}	sjwụ^{2}	sja^{1}	mji^{1}	khjow^{1}	lhjwi^{1}	kięj^{2}	dow^{1}	dźjɨ$^{?}$
碍	为	能，	生	杀、	不	与	取、	欲	邪	行、
[illegible]	[illegible]、	[illegible]	[illegible]	[illegible]。	[illegible]	[illegible]	[illegible]	[illegible]	[illegible]	
lạ^{1}	wji^{1}	·o^{2}	thji^{1}	ŋwu^{2}	nioow^{1}	tśhjiw^{1}	tsjiir^{1}	lə^{1}	ɣiẹ^{2}	
妄	为、	酒	饮	是。	复	六	法	障	碍	

碍，谓杀生、不与取、欲邪行、妄语、饮酒。复有六法能为障碍，

39.12.7

[illegible]	[illegible]，	[illegible]	[illegible]	[illegible]	[illegible]	[illegible]	[illegible]	[illegible]，	[illegible]	[illegible]
wji^{1}	njwi^{2}	tha^{1}	po^{1}	tjɨj^{1}	·jij^{1}	mji^{1}	dzjwɨ̣^{1}	lhejr^{2}	tsjiir^{1}	·jij^{1}
为	能，	佛	菩	提	之	不	恭	敬，	法	之
[illegible]	[illegible]	[illegible]，	[illegible]	[illegible]	[illegible]	[illegible]	[illegible]，	[illegible]	[illegible]	
mji^{1}	dzjwɨ̣^{1}	lhejr^{2}	sẽ^{1}	·jij^{1}	mji^{1}	dzjwɨ̣^{1}	lhejr^{2}	dzjɨj^{1}	wer^{1}	
不	恭	敬，	僧	之	不	恭	敬，	律	仪	

谓不恭敬佛菩提，不恭敬法，不恭敬僧，不恭敬律仪，

39.13.1

[illegible]	[illegible]	[illegible]	[illegible]，	[illegible]	[illegible]	[illegible]	[illegible]	[illegible]	[illegible]	[illegible]，
·jij^{1}	mji^{1}	dzjwɨ̣^{1}	lhejr^{2}	sã^{1}	mo^{2}	thji^{2}	·jij^{1}	mji^{1}	dzjwɨ̣^{1}	lhejr^{2}
之	不	恭	敬，	三	摩	地	之	不	恭	敬，

[illegible] [illegible] [illegible] [illegible] [illegible] [illegible] [illegible] [illegible] [illegible] [illegible]。

gu^{1} śjwo^{1} thu^{1} phjij^{1} mjijr^{2} ·jij^{1} mji^{1} dzjwɨ^{1} lhejr^{2} ŋwu^{2}

建 立 设 置 者 之 不 恭 敬 是。

不恭敬三摩地，不恭敬建立施设。

39.13.2

[illegible] [illegible] [illegible] [illegible] [illegible] [illegible] [illegible]， [illegible]、 [illegible] [illegible]、 [illegible]

nioow^{1} śją^{1} tsjiir^{1} lə^{1} ɣię^{2} wji^{1} njwi^{2} khwęj^{1} buu^{2} khwęj^{1} zji^{2}

复 七 法 障 碍 为 能， 慢、 胜 慢、 上

[illegible] [illegible]、 [illegible] [illegible] [illegible]、 [illegible] [illegible]、 [illegible] [illegible]、 [illegible]

buu^{2} khwęj^{1} buu^{2} gjij^{1} khwęj^{1} dow^{1} khwęj^{1} bjį^{1} khwęj^{1} ŋa^{2}

胜 慢、 胜 增 慢、 邪 慢、 下 慢、 我

复有七法能为障碍，谓慢、胜慢、胜上慢、增上慢、邪慢、下慢、我

39.13.3

[illegible] [illegible]。 [illegible] [illegible] [illegible] [illegible] [illegible] [illegible] [illegible]。 [illegible] [illegible]

khwęj^{1} ŋwu^{2} nioow^{1} ·jar^{1} tsjiir^{1} lə^{1} ɣię^{2} wji^{1} njwi^{2} ·jar^{1} tja^{1}

慢 是。 复 八 法 障 碍 为 能。 八 者

[illegible] [illegible] [illegible]？ [illegible] [illegible]、 [illegible] [illegible]、 [illegible] [illegible]、 [illegible]

ljɨ^{1} kjɨ^{1} ŋwu^{2} dow^{1} ljij^{2} dow^{1} sjwɨ^{1} dow^{1} dą^{2} dow^{1}

何 等 为？ 邪 见、 邪 思、 邪 语、 邪

慢。复有八法能为障碍。何等为八？谓邪见、邪思、邪语、邪

39.13.4

[illegible]、 [illegible] [illegible]、 [illegible] [illegible]、 [illegible] [illegible]、 [illegible] [illegible] [illegible] [illegible]

sjwɨj^{1} dow^{1} ką^{1} dow^{1} ·jɨr^{2} dow^{1} ljɨr^{2} dow^{1} sā^{1} mo^{2} thji^{2}

业、 邪 命、 邪 勤、 邪 念、 邪 三 摩 地

[illegible]。 [illegible] [illegible] [illegible] [illegible] [illegible] [illegible] [illegible]。 [illegible] [illegible]

ŋwu^{2} nioow^{1} gjɨɨ^{1} tsjiir^{1} lə^{1} ɣię^{2} wji^{1} njwi^{2} gjɨɨ^{1} tja^{1}

是。 复 九 法 障 碍 为 能。 九 者

业、邪命、邪勤、邪念、邪三摩地。复有九法能为障碍。何等为九？

39.13.5

[illegible]	[illegible]	[illegible]?	[illegible]	[illegible]	[illegible]	[illegible]	[illegible]	[illegible]	[illegible]	[illegible]
ljɨ̣^{1}	kjɨ^{1}	ŋwu^{2}	ŋa^{2}	ljụ^{2}	ɣa^{2}	·wjɨ^{2}	rar^{2}	mjij^{2}	ljij^{2}	mjor^{1}
何	等	为?	我	身	于	△	去	未	来	现
[illegible]	[illegible]	[illegible]	[illegible]	[illegible]	[illegible]	[illegible]	[illegible]	[illegible]，	[illegible]	
dźjiij^{1}	mji^{1}	mjii^{2}	ɣie^{2}	wji^{1}	źjị^{1}	tśju^{1}	dạ^{2}	śjwo^{1}	ŋa^{2}	
在	不	饶	益	作	恼	害	事	生，	我	

谓于我身去来今世作不饶益生恼害事，

39.13.6

[illegible]	[illegible]	[illegible]	[illegible]	[illegible]	[illegible]	[illegible]	[illegible]	[illegible]	[illegible]	[illegible]
dzu^{1}	lew^{2}	ɣa^{2}	·wjɨ^{2}	rar^{2}	mjij^{2}	ljij^{2}	mjor^{1}	dźjiij^{1}	mji^{1}	mjii^{2}
爱	所	于	△	去	未	来	现	在	不	饶
[illegible]	[illegible]	[illegible]	[illegible]	[illegible]	[illegible]，	[illegible]	[illegible]	[illegible]	[illegible]	
ɣie^{2}	wji^{1}	źjị^{1}	tśju^{1}	dạ^{2}	śjwo^{1}	ŋa^{2}	mji^{1}	dzu^{1}	lew^{2}	
益	作	恼	害	事	生，	我	不	爱	所	

于我所爱去来今世作不饶益生恼害事，我所不爱

39.13.7

[illegible]	[illegible]	[illegible]	[illegible]	[illegible]	[illegible]	[illegible]	[illegible]	[illegible]	[illegible]	[illegible]
ɣa^{2}	·wjɨ^{2}	rar^{2}	mjij^{2}	ljij^{2}	mjor^{1}	dźjiij^{1}	mjii^{2}	ɣie^{2}	wji^{1}	nioow^{1}
于	△	去	未	来	现	在	饶	益	作	故
[illegible]	[illegible]	[illegible]	[illegible]。	[illegible]	[illegible]	[illegible]	[illegible]	[illegible]	[illegible]	
źjị^{1}	tśju^{1}	dạ^{2}	śjwo^{1}	nioow^{1}	ɣạ^{2}	tsjiir^{1}	lə^{1}	ɣiẹ^{2}	wji^{1}	
烦	害	事	生。	复	十	法	障	碍	为	

于去来今而作饶益生恼害事。复有十法能为障碍，

39.14.1

[illegible]，	[illegible]	[illegible]	[illegible]	[illegible]	[illegible]	[illegible]。	[illegible]	[illegible]，	[illegible]	[illegible]
njwi^{2}	ɣạ^{2}	mji^{1}	neew^{2}	tsjiir^{1}	tśja^{1}	ŋwu^{2}	thjɨ^{2}	nioow^{1}	thja^{1}	ɣạ^{2}
能，	十	不	善	法	道	是。	是	故，	彼	十

mə^2 tsjiir^1 lə^1 ɣię^2 wji^1 njwi^2 ljow^{2}① tshjiij^1。 mjor^1 ljij^2

种 法 障 碍 为 能 际 说。 如 来

谓十不善道。是故略说,是十种法能为障碍。

39.14.2

rjur^1 dźiā^2 tśhju^1 ·jij^1 thjɨ^2 sju^2 lə^1 ɣię^2 tsjiir^1 djɨj^2 tạ^1

诸 情 有 之 是 如 障 碍 法 止 息

mjij^1 sej^1 tsiow phja^1 phji^1 kięj^2 nioow^1 tśhja^2 tsjiir^1 nẹ^1

寂 静 永 断 令 欲 故 正 法 敷

为欲止息寂静,永断如是障碍法故,如来为诸有情敷演正法。

39.14.3

tshjiij^1 śja^1 rjir^2 gji^2 rjɨr^2 njɨ^2 ljwu^1 dzwej^1 phji^1 wji^1 rjur^1

演。 舍 利 子, 乃 至 违 罪 意 作 诸

tśhiow^1 bju^1 śjij^1 ŋowr^2 ŋowr^2 tjij^1 rjur^1 tsjiir^1 nioow^1 dzu^1

结 应 相 一 切, 若 诸 法 由 爱

舍利子,乃至一切违罪作意相应诸结,若由诸法住爱

39.14.4

zjij^1 bio̠^{1} dźjiij^1 tśhjɨɨ^2 tśhjuu^2 bju^1 śjij^1 lho$^?$ ka^2 ljwu^1 nu^1

著 观 住, 颠 倒 应 相 出 离 违 背,

dzu^1 ljij^2 zow^2 zjij^1 dju^1 ɣa^2 laa^1 dzu^1 bju^1 gji^2

爱 见 执 著 有 于 著 爱, 依 靠

① [illegible](ljow^2,边际),此处与汉本义不合,当为通假字,通西夏字“[illegible]”(ljow^2,稍微、稀略),表示“[illegible][illegible]”(略说)。

味观，颠倒相应违背出离，爱见执著于有味著，有所依

39.14.5

[illegible]	[illegible]	[illegible]	[illegible]	[illegible]	[illegible]。	[illegible]	[illegible]	[illegible]	[illegible]，	[illegible]	[illegible]
dạ^{2}	dju^{1}	ljụ^{2}	ljaa^{2}	phji^{1}	sjwɨj^{1}	thja^{1}	·jij^{1}	ŋowr^{2}	ŋowr^{2}	zji^{2}	lə^{1}
事	有	身	语	意	业。	彼	相	一	切，	皆	障
[illegible]	[illegible]	[illegible]	[illegible]	[illegible]	[illegible]；	[illegible]	[illegible]	[illegible]	[illegible]，	[illegible]	
ɣiẹ^{2}	ŋwu^{2}	mjor^{1}	ljịj^{2}	nwə^{1}	tsjij^{2}	nwə^{1}	tsjij^{2}	dźjwa^{1}	nioow^{1}	źjɨr^{1}	
碍	是	如	来	知	了；	知	了	竟	已，	实	

事身语意业。彼一切相，如来了知皆是障碍；既了知已，如实

39.14.6

[illegible]	[illegible]	[illegible]	[illegible]	[illegible]	[illegible]	[illegible]。	[illegible]	[illegible]，	[illegible]	[illegible]
bju^{1}	lə^{1}	ɣiẹ^{2}	wji^{1}	njwi^{2}	tsjiir^{1}	tshjiij^{1}	nioow^{1}	tśjɨɨ^{1}	śja^{1}	rjir^{2}
如	障	碍	为	能	法	说。	复	次，	舍	利
[illegible]，	[illegible]	[illegible]	[illegible]	[illegible]	[illegible]	[illegible]	[illegible]	[illegible]，	[illegible]	
gji^{2}	mjor^{1}	ljịj^{2}	le^{2}	mjij^{1}	seew^{2}	tshjiij^{1}	tjị^{2}	mjij^{1}	ljịj^{2}	
子，	如	来	畏	无	思	议	可	不，	大	

说为能障碍法。复次，舍利子，此如来无畏不可思议，

39.14.7

[illegible]	[illegible]	[illegible]	[illegible]	[illegible]	[illegible]。	[illegible]	[illegible]	[illegible]	[illegible]，	[illegible]
wjuu^{1}	ŋwu^{2}	tśier^{1}	·ju^{2}	wji^{1}	ku^{1}	mjor^{1}	ɣiej^{1}	tśhja^{2}	ka^{1}	mjor^{1}
悲	以	方	便	为	故。	如	真	平	等，	如
[illegible]	[illegible]	[illegible]、	[illegible]	[illegible]	[illegible]	[illegible]、	[illegible]	[illegible]	[illegible]	
tsjịr^{2}	ɣiej^{1}	tsjịr^{2}	mji^{1}	mji^{1}	ɣiej^{1}	tsjịr^{2}	mji^{1}	wjɨ̣^{1}	do^{2}	
性	真	性、	非	不	真	性、	无	变	异	

以大悲为方便。真如平等，真性如性、非不如性①、无变异

39.15.1

[illegible]、	[illegible]	[illegible]	[illegible]	[illegible]、	[illegible]	[illegible]	[illegible]	[illegible]、	[illegible]	[illegible]

① 非不如性，[illegible]，字与汉本义不合，此处当为西夏字“[illegible]”（如）。

tsji̱r² dzjuu² ɣja² mjij¹ tsji̱r² kja̱¹ le² mjij¹ tsji̱r² ŋwer² lhjwo¹

性、 藏 覆 无 性、 怖 畏 无 性、 屈 退

[illegible]

mjij¹ tsji̱r² ljwu¹ dzeej¹ mjij¹ tsji̱r² thjɨ² sju² nioow¹ ku¹

无 性、 违 净 无 性、 是 如 由 故

性、无覆藏性、无怖畏性、无退屈性、无违净性,由如是故

39.15.2

[illegible]

ljij² ·ji¹ ·jij¹ tja̱¹ wer¹ njiij¹ phji¹ de² rejr² lju̱² zjir²

大 众 之 饰 装, 心 意 喜 乐, 身 遍

[illegible]

no² nej² sej¹ dźiej² njiij¹ śjwo¹ njiij¹ ljɨ̣j² rjɨr² gjiij

安 乐, 净 信 心 生, 欢 喜 乃 生

光显大众,能令悦豫,遍身怡适,心生净信,踊跃欢喜。

39.15.3

[illegible]

phji¹ njwi² śja¹ rjir² gji² rjur¹ kha¹ dźiã² tśhju¹ mjor¹ ljij²

令 能。 舍 利 子, 世 间 情 有 如 来

[illegible]

·jij¹ le² mjij¹ ɣa² dzeej¹ śjwo¹ mjɨ¹ njwi² thjij² sjo²

之 畏 无 于 诤 起 无 能。 何 以

舍利子,世间众生无有能于如来无畏起违诤者。何以故?

39.15.4

[illegible]

ljɨ¹ mjor¹ ljij² ·jij¹ le² mjij¹ dzeej¹ tji̱² mjij¹ ljɨ¹ mjor¹

故? 如 来 之 畏 无 诤 可 不 故。 如

[illegible]

---

① [illegible],字面意思为“装饰”,对译汉本“光显”之义。

② [illegible],字面意思为“安乐”,对译汉本“怡适”之义。

tsji̱r2 tśhja2 ka1 tsjiir1 kięj2 dźjiij1 tsji̱r2 rjur1 rjur1 kięj2

性 平 等 法 界 处 性， 诸 世 界

由如来无畏不可为净故。如性平等处法界性，流布遍满诸世界

39.15.5

□ □ □ □ □ □ □ □ □， □ □

·u2 zji2 mji1 njɨ2 mjij1 ljwu1 tśju1 mjɨ1 ljɨɨ1 thjɨ2 sju2

中 皆 不 遍 不 违 害 无 能， 是 如

□ □ □ □、 □ □ □ □、 □ □

mjɨ1 pjụ1 ŋewr2 mjij1 seew2 tshjiij1 tji̱2 mjij1 ŋwer1 ŋwer1

无 量 数 无、 思 议 可 不、 等 等

中无能违害，如是无量无数、不可思议、无与等者、

39.15.6

□、 □ □ □ □ □ □ □ □。 □ □

mjij1 ne̱1 tshjiij1 tji̱2 mjij1 thjo̱1 tsjiir1 śjɨj1 ·jiw2 mjor1 ljij2

不、 宣 说 可 不 妙 法 成 就。 如 来

□ □ □ □ □ □， □ □ □ □

ljij2 wjuu1 ŋwu2 njiij1 kjij1 nioow1 ku1 rjur1 dźiã2 tśhju1

大 悲 以 心 熏 故， 则 诸 情 有

不可宣说妙法成就。而如来大悲熏心，为诸有情

39.15.7

□ □ □ □ □ □ □ □ □ □ □

·jij1 thja1 lə1 ɣię2 tsjiir1 djɨj2 tạ1 mjij1 sej1 tsiow phja1

之 彼 障 碍 法 止 息 寂 静 永 断

□ □ □ □ □ □ □ □。 □ □

phji1 kięj2 nioow1 lə1 ɣię2 tsjiir1 tshjiij1 wji1 śja1 rjir2

令 欲 故 障 碍 法 说 为。 舍 利

说障碍法，欲令止息寂静，永断彼障法故。舍利

39.16.1

□， □ □ □ □ □， □ □ □ □， □

gji^{2}	mjor^{1}	ljịj^{2}	·jij^{1}	le^{2}	mjij^{1}	seew^{2}	tshjiij^{1}	tjị^{2}	mjij^{1}	bju^{2}
子，	如	来	之	畏	无，	思	议	可	不，	边
[illegible]	[illegible]	[illegible]	[illegible]	[illegible]	[illegible]	[illegible]	[illegible]	[illegible]	[illegible]	
mjij^{1}	ljow^{2}	mjij^{1}	tshọ^{2}	ŋa^{1}	wjɨ^{2}	sju^{2}	tjij^{1}	dzjwo^{2}	mjor^{1}	
无	际	无，	虚	空	譬	如。	若	人	如	

子，如来无畏，不可思议，无边无际，譬如虚空。若有欲求如

39.16.2

[illegible]	[illegible]	[illegible]	[illegible]	[illegible]	[illegible]	[illegible]	[illegible]	[illegible]	[illegible]	[illegible]
ljịj^{2}	·jij^{1}	le^{2}	mjij^{1}	bju^{2}	ljow^{2}	kjụ^{1}	kiẹj^{2}	ku^{1}	tshọ^{2}	ŋa^{1}
来	之	畏	无	边	际	求	欲	者，	虚	空
[illegible]	[illegible]	[illegible]	[illegible]	[illegible]	[illegible]	[illegible]	[illegible]	[illegible]	[illegible]	
bju^{2}	ljow^{2}	kjụ^{1}	mjijr^{2}	rjir^{2}	·a$^{?}$	tjɨj^{2}	we^{2}	śja^{1}	rjir^{2}	
边	际	求	者	与	一	样	为。	舍	利	

来无畏边际者，不异有人求于空际。舍利

39.16.3

[illegible]	[illegible]	[illegible]	[illegible]	[illegible]	[illegible]	[illegible]	[illegible]	[illegible]	[illegible]	[illegible]
gji^{2}	thja^{1}	rjur^{1}	po^{1}	tsa^{1}	ma^{2}	ŋạ^{2}	tsa^{1}	mjor^{1}	ljịj^{2}	thjɨ^{2}
子，	是	诸	菩	萨	摩	诃	萨，	如	来	是
[illegible]	[illegible]	[illegible]	[illegible]	[illegible]	[illegible]	[illegible]	[illegible]	[illegible]	[illegible]	
seew^{2}	tshjiij^{1}	tjị^{2}	mjij^{1}	le^{2}	mjij^{1}	tshọ^{2}	ŋa^{1}	sju^{2}	tshjiij^{1}	
思	议	可	不	畏	无，	虚	空	如	说	

子，是诸菩萨摩诃萨，闻如来说是不思议无畏，如虚空已，

39.16.4

[illegible]	[illegible]	[illegible]	[illegible]	[illegible]	[illegible]	[illegible]	[illegible]	[illegible]	[illegible]	[illegible]
mji^{1}	dźiej^{2}	zow^{2}	dzjwị^{1}	lhejr^{2}	·jiw^{2}	mjij^{1}	gji^{1}	sej^{1}	rjɨr^{2}	njɨ^{2}
闻，	信	受	恭	敬，	疑	无	清	净，	乃	至
[illegible]	[illegible]	[illegible]	[illegible]	[illegible]	[illegible]	[illegible]	[illegible]	[illegible]		
rjar^{1}	gjij^{1}	sjiij^{2}	śjwo^{1}	śja^{1}	rjir^{2}	gji^{2}	thjɨ^{2}	tja^{1}		
奇	希	想	发。	舍	利	子，	是	名		

信受谛奉，清净无疑，乃至发希奇想。舍利子，是名

39.16.5

[illegible]	[illegible]	[illegible]	[illegible]	[illegible]	[illegible]	[illegible]	[illegible]。	[illegible]	[illegible]	[illegible]
sọ^{1}	tsew^{2}	lə^{1}	tsjiir^{1}	tshjiij^{1}	le^{2}	mjij^{1}	ŋwu^{2}	mjor^{1}	ljịj^{2}	thjɨ^{2}
三	第	障	法	说	畏	无	是。	如	来	此
[illegible]	[illegible]	[illegible]	[illegible]	[illegible]	[illegible]，	[illegible]	[illegible]	[illegible]	[illegible]	[illegible]
le^{2}	mjij^{1}	śjɨj^{1}	·jiw^{2}	nioow^{1}	ku^{1}	·jij^{1}	ljịj^{2}	·ji^{1}	ljwu^{2}	kha^{1}
畏	无	成	就	由	故，	自	大	众	会	中

第三说障法无畏。由如来成就此无畏故，于大众中

39.16.6

[illegible]	[illegible]	[illegible]	[illegible]，	[illegible]	[illegible]	[illegible]	[illegible]	[illegible]，	[illegible]	[illegible]
tśhja^{2}	ka^{2}	tśjij^{2}	kwə^{2}	ŋa^{2}	ljịj^{2}	xiwā^{1}	dźiej^{2}	deej^{1}	rjɨr^{2}	njɨ^{2}
正	师	子	吼，	我	大	梵	轮	转，	乃	至
[illegible]	[illegible]	[illegible]	[illegible]	[illegible]	[illegible]	[illegible]	[illegible]	[illegible]	[illegible]。	
rjur^{1}	kha^{1}	ŋowr^{2}	ŋowr^{2}	deej^{1}	njwi^{2}	tja^{1}	mjij^{1}	ljɨ^{1}	·jɨ^{1}	
世	间	一	切	转	能	者	不	也	△。	

正师子吼，转大梵轮，乃至一切世间所不能转。

汉文本

复次，舍利子，如来应正等觉，成就无上智力故，于大众中唱如是言：我说障法决定能障。此中诸天世间，无能于如来前如法立论：汝说如是障法不能为障。舍利子，云何名为能障碍法？舍利子，谓有一法能为障碍。何等一法？谓心不清净。复有二法能为障碍，谓无惭、无愧。复有三法能为障碍，谓身恶行、语恶行、意恶行。复有四法能为障碍，由贪欲故行所不行，由瞋恚故行所不行，由愚痴故行所不行，由怖畏故行所不行。复有五法能为障碍，谓杀生、不与取、欲邪行、妄语、饮酒。复有六法能为障碍，谓不恭敬佛菩提，不恭敬法，不恭敬僧，不恭敬律仪，不恭敬三摩地，不恭敬建立施设。复有七法能为障碍，谓慢、胜慢、胜上慢、增上慢、邪慢、下慢、我慢。复有八法能为障碍。何等为八？谓邪见、邪思、邪语、邪业、邪命、邪勤、邪念、邪三摩地。复有九法能为障碍。何等为九？谓于我身去来今世作不饶益生恼害事，于我所爱去来今世作不饶益生恼害事，我所不爱于去来今而作饶益生恼害事。复有十法能为障碍，谓十不善道。是故略说，是十种法能为障碍。为欲止息寂静，永断如是障碍法故，如来为诸有情敷演正法。舍利子，乃至一切违罪作意相应诸结，若由诸法住爱味观，颠倒相应违背出离，爱见执著于有味著，有所依事身语意业。彼一切相，如来了知皆是障碍；既了知已，如实说为能障碍法。

复次,舍利子,此如来无畏不可思议,以大悲为方便。真如平等,真性如性、非不如性、无变异性、无覆藏性、无怖畏性、无退屈性、无违诤性,由如是故光显大众,能令悦豫,遍身怡适,心生净信,踊跃欢喜。舍利子,世间众生无有能于如来无畏起违诤者。何以故?由如来无畏不可为诤故。如性平等处法界性,流布遍满诸世界中无能违害,如是无量无数、不可思议、无与等者、不可宣说妙法成就。而如来大悲熏心,为诸有情说障碍法,欲令止息寂静,永断彼障法故。舍利子,如来无畏,不可思议,无边无际,譬如虚空。若有欲求如来无畏边际者,不异有人求于空际。舍利子,是诸菩萨摩诃萨,闻如来说是不思议无畏,如虚空已,信受谛奉,清净无疑,乃至发希奇想。舍利子,是名第三说障法无畏。由如来成就此无畏故,于大众中正师子吼,转大梵轮,乃至一切世间所不能转。

39.16.7

nioow^{1}	tśjɨɨ^{1}	śja^{1}	rjir^{2}	gji^{2}	mjor^{1}	ljịj^{2}	bju^{1}	wo^{2}	tśhja^{2}	ka^{1}
复	次,	舍	利	子,	如	来	依	应	正	等
dwewr^{2}	zji^{2}	phju^{2}	sjịj^{2}	ɣie^{1}	śjɨj^{1}	·jiw^{2}	ku^{1}	ljịj^{2}	·ji^{1}	
觉,	最	上	智	力	成	就	故。	大	众	

复次,舍利子,如来应正等觉,成就无上智力故,于大众

39.17.1

ljwu^{2}	kha^{1}	thjɨ^{2}	sju^{2}	dạ^{2}	·jɨ^{1}	ŋa^{2}	śjɨj^{2}	lho$^{?}$	ka^{2}	rjɨr^{2}
会	中	是	如	言	告:	我	圣	出	离	乃
djọ^{2}	tśhja^{2}	tśjị^{1}	sji^{1}	tśhja^{2}	tśja^{1}	rjɨr^{2}	tshjiij^{1}	tjij^{1}	rjur^{1}	
修,	正	苦	尽	正	道	乃	说。	若	诸	

中唱如是言:我说圣出离所修,能正尽苦道。若诸

39.17.2

dźiã^{2}	tśhju^{1}	thjɨ^{2}	tśja^{1}	djọ^{2}	dzjɨɨ^{2}	ku^{1}	kjɨ^{1}	djɨj^{2}	lho$^{?}$	ka^{2}
情	有	此	道	修	习	故,	定	当	出	离。
thjɨ^{2}	kha^{1}	rjur^{1}	mə^{1}	rjur^{1}	kha^{1}	mjor^{1}	ljịj^{2}	·ju^{2}	rjir^{2}	

此 中 诸 天 世 间， 如 来 面 前

有情修习此道，必定出离。此中诸天世间，无能于如来前

39.17.3

tsjiir^{1} bju^{1} ·jɨr^{1} śjwo^{1} nji^{2} rjɨr^{2} tshjiij^{1} tśja^{1} lho$^{?}$ ka^{2} mjɨ^{1}

法 依 论 立： 汝 乃 说 道 出 离 不

njwi^{2} ·jɨ^{1} kjir^{2} mjijr^{2} mjij^{1} ·jɨ^{1} śja^{1} rjir^{2} gji^{2} śjɨj^{2}

能 △ 能 者 无 谓。 舍 利 子， 圣

如法立论：汝所说道不能出离。舍利子，云何名为圣

39.17.4

lho$^{?}$ ka^{2} tśja^{1} tja^{1} ljɨ^{1} kjɨ^{1} ŋwu^{2} śja^{1} rjir^{2} gji^{2} tśhja^{2}

出 离 道 者 何 已 是？ 舍 利 子， 正

tshwew^{1} tśja^{1} gjiwr^{2} gjɨ^{2} dźiã^{2} tśhju^{1} ·jij^{1} sji^{1} dźjwa^{1} gji^{1}

趣 道 滴 一 情 有 之 毕 竟 清

出离道？舍利子，所谓一正趣道，能令众生毕竟清

39.17.5

sej^{1} phji^{1} njwi^{2} nioow^{1} njɨɨ^{1} tsjiir^{1} dźiã^{2} tśhju^{1} ·jij^{1} sji^{1} dźjwa^{1} lho$^{?}$

净 令 能。 复 二 法 情 有 之 毕 竟 出

ka^{2} phji^{1} njwi^{2} śja^{1} mo^{2} thow^{1} nioow^{1} phji^{1} pa^{2} śja^{1} no^{1}

离 令 能， 奢 摩 他 及 毗 钵 舍 那

净。复有二法，能令众生毕竟出离，谓奢摩他①及毗钵舍那②。

---

① 奢摩他，梵文作Śamatha。又作舍摩他、奢摩陀、舍摩陀。禅定七名之一。译曰止、寂静、能灭等。摄心住于缘，离散乱也。藏文作zhi gnas。

② 毗钵舍那，梵文作Vipacyana。是“观”之义；即以寂静之慧，观察六根、六尘内外诸法，使三昧成就而进趣菩提之修法。此观常与“止”连用，称为止观，二者相辅相成，定是慧之本，慧是定之用。

39.17.6

[illegible]。	[illegible]	[illegible]	[illegible]	[illegible]	[illegible]	[illegible]	[illegible]，	[illegible]、	[illegible]	[illegible]、
ŋwu^{2}	nioow^{1}	sọ^{1}	tsjiir^{1}	lho$^{?}$	ka^{2}	phji^{1}	njwi^{2}	ŋa^{1}	·jij^{1}	mjij^{1}
是。	复	三	法	出	离	令	能，	空、	相	无、
[illegible]	[illegible]	[illegible]	[illegible]	[illegible]	[illegible]。	[illegible]	[illegible]	[illegible]	[illegible]	
tjị^{1}	mjij^{1}	bie^{2}	lhew^{2}	ɣa^{1}	ŋwu^{2}	nioow^{1}	ljɨɨr^{1}	tsjiir^{1}	lho$^{?}$	
愿	无	解	脱	门	是。	复	四	法	出	

复有三法能令出离，谓空、无相、无愿解脱之门。复有四法能令出

39.17.7

[illegible]	[illegible]	[illegible]，	[illegible]	[illegible]	[illegible]	[illegible]、	[illegible]	[illegible]	[illegible]	[illegible]、
ka^{2}	phji^{1}	njwi^{2}	ljụ^{2}	thjuu^{1}	ljɨr^{2}	śjwo^{1}	lhjij^{2}	thjuu^{1}	ljɨr^{2}	śjwo^{1}
离	令	能，	身	缘	念	生、	受	缘	念	生、
[illegible]	[illegible]	[illegible]	[illegible]、	[illegible]	[illegible]	[illegible]	[illegible]	[illegible]。	[illegible]	
njiij^{1}	thjuu^{1}	ljɨr^{2}	śjwo^{1}	tsjiir^{1}	thjuu^{1}	ljɨr^{2}	śjwo^{1}	ŋwu^{2}	nioow^{1}	
心	缘	念	生、	法	缘	念	生	是。	复	

离，谓缘身生念、缘受生念、缘心生念、缘法生念。复

39.18.1

[illegible]	[illegible]	[illegible]	[illegible]	[illegible]	[illegible]，	[illegible]	[illegible]、	[illegible]	[illegible]、	[illegible]
ŋwə	tsjiir^{1}	lho$^{?}$	ka^{2}	phji^{1}	njwi^{2}	dźiej^{2}	tśhji^{2}	·jɨr^{2}	tśhji^{2}	ljɨr^{2}
五	法	出	离	令	能，	信	根、	勤	根、	念
[illegible]、	[illegible]	[illegible]	[illegible]	[illegible]、	[illegible]	[illegible]	[illegible]。	[illegible]	[illegible]	
tśhji^{2}	sã^{1}	mo^{2}	thji^{2}	tśhji^{2}	źjɨr^{1}	tśhji^{2}	ŋwu^{2}	nioow^{1}	tśhjiw^{1}	
根、	三	摩	地	根、	慧	根	是。	复	六	

有五法能令出离，谓信根、勤根、念根、三摩地根、慧根。复有六

39.18.2

[illegible]	[illegible]	[illegible]	[illegible]	[illegible]，	[illegible]	[illegible]、	[illegible]	[illegible]、	[illegible]	[illegible]、
tsjiir^{1}	lho$^{?}$	ka^{2}	phji^{1}	njwi^{2}	tha^{1}	ljɨr^{2}	tsjiir^{1}	ljɨr^{2}	sẽ^{1}	ljɨr^{2}
法	出	离	令	能，	佛	念、	法	念、	僧	念、

[illegible]	[illegible]、	[illegible]	[illegible]、	[illegible]	[illegible]	[illegible]。	[illegible]	[illegible]	[illegible]
kie^{1}	ljɨr^{2}	dźjɨɨr^{1}	ljɨr^{2}	mə^{1}	ljɨr^{2}	ŋwu^{2}	nioow^{1}	śjạ^{1}	tsjiir^{1}
戒	念、	舍	念、	天	念	是。	复	七	法

法能令出离，谓念佛、念法、念僧、念戒、念舍、念天。复有七法

39.18.3

[illegible]	[illegible]	[illegible]	[illegible]，	[illegible]	[illegible]	[illegible]	[illegible]、	[illegible]	[illegible]	[illegible]
lho$^{?}$	ka^{2}	phji^{1}	njwi^{2}	ljɨr^{2}	ka^{1}	dwewr^{2}	·jiw^{1}	tsjiir^{1}	gjịj^{1}	dwewr^{2}
出	离	令	能，	念	等	觉	支、	择	选	觉

[illegible]、	[illegible]	[illegible]	[illegible]	[illegible]、	[illegible]	[illegible]	[illegible]	[illegible]、	[illegible]
·jiw^{1}	·jɨr^{2}	ka^{1}	dwewr^{2}	·jiw^{1}	de^{2}	ka^{1}	dwewr^{2}	·jiw^{1}	no^{2}
支、	勤	等	觉	支、	喜	等	觉	支、	安

能令出离，所谓念等觉支①、择法等觉支、勤等觉支、喜等觉支、安

39.18.4

[illegible]	[illegible]	[illegible]	[illegible]、	[illegible]	[illegible]	[illegible]	[illegible]	[illegible]	[illegible]、	[illegible]
·jij^{1}	ka^{1}	dwewr^{2}	·jiw^{1}	sã^{1}	mo^{2}	thji^{2}	ka^{1}	dwewr^{2}	·jiw^{1}	dźjɨɨr^{1}
息	等	觉	支、	三	摩	地	等	觉	支、	舍

[illegible]	[illegible]	[illegible]	[illegible]。	[illegible]	[illegible]	[illegible]	[illegible]	[illegible]	[illegible]
ka^{1}	dwewr^{2}	·jiw^{1}	ŋwu^{2}	nioow^{1}	·jar^{1}	tsjiir^{1}	lho$^{?}$	ka^{2}	phji^{1}
等	觉	支	是。	复	八	法	出	离	令

息等觉支、三摩地等觉支、舍等觉支。复有八法能令出离，

39.18.5

[illegible]，	[illegible]	[illegible]、	[illegible]	[illegible]	[illegible]、	[illegible]	[illegible]、	[illegible]	[illegible]、	[illegible]
njwi^{2}	tśhja^{2}	ljij^{2}	tśhja^{2}	sjwɨ^{1}	sjiij^{2}	tśhja^{2}	dạ^{2}	tśhja^{2}	sjwɨj^{1}	tśhja^{2}
能，	正	见、	正	惟	思、	正	语、	正	业、	正

[illegible]、	[illegible]	[illegible]、	[illegible]	[illegible]、	[illegible]	[illegible]	[illegible]	[illegible]，	[illegible]
kạ^{1}	tśhja^{2}	·jɨr^{2}	tśhja^{2}	ljɨr^{2}	tśhja^{2}	sã^{1}	mo^{2}	thji^{2}	·jar^{1}
命、	正	勤、	正	念、	正	三	摩	地，	八

① 支，西夏文译作"[illegible]"，字面意思为"因、由、缘"，此处对译汉本"支"，与佛教中"十二支即十二因缘"有关。

所谓圣八支道,正见、正思惟、正语、正业、正命、正勤、正念、正三摩地。

39.18.6

śjɨj^{2}	tśja^{1}	·jiw^{1}	ŋwu^{2}	nioow^{1}	gjɨɨ^{1}	mə^{2}	de^{2}	mər^{2}	tśhji^{2}	tsjiir^{1}
圣	道	支	是。	复	九	种	悦	根	本	法
lho$^{?}$	ka^{2}	phji^{1}	njwi^{2}	de^{2}	ljɨj^{2}	no^{2}	·jij^{1}	rejr^{2}	sã^{1}	
出	离	令	能,	悦	喜	安	息	乐	三	

复有九种悦根本法能令出离,所谓悦喜安息乐三

39.18.7

mo^{2}	thji^{2}	źjɨr^{1}	bju^{1}	sjij^{2}	ljij^{2}	dwər^{1}	nioow^{1}	kięj^{2}	ka^{2}	bie^{2}
摩	地	实	如	智	见	厌	及	欲	离	解
lhew^{2}	ŋwu^{2}	nioow^{1}	ɣạ^{2}							
脱	是。	复	十							

摩地如实智见厌及离欲解脱。复有十

39.19.1

tsjiir^{1}	lho$^{?}$	ka^{2}	phji^{1}	njwi^{2}	ɣạ^{2}	neew^{2}	sjwɨj^{1}	tśja^{1}	ŋwu^{2}	thjɨ^{2}
法	出	离	令	能,	十	善	业	道	是。	是
sju^{2}	mjor^{1}	ljij^{2}	rjur^{1}	dźiã^{2}	tśhju^{1}	·jij^{1}	źjɨr^{1}	bju^{1}	śjɨj^{2}	
如	如	来	诸	情	有	之	实	如	圣	

法能令出离,谓十善业道。如是如来为诸有情如实开示离圣

39.19.2

lho$^{?}$	ka^{2}	dźjɨ$^{?}$	phie^{2}	nej^{2}	śja^{1}	rjir^{2}	gji^{2}	rjɨr^{2}	njɨ^{2}	tśhja^{2}

出 离 行 开 示。 舍 利 子， 乃 至 正

neew^2 po^1 tjɨj^1 ·jiw^1 tsjiir^1 ŋowr^2 ŋowr^2 tjij^1 kie^1 tśiow^1

善 菩 提 支 法 一 切， 或 戒 聚

出行。舍利子，乃至一切所有正善菩提分法，或戒聚

39.19.3

rjir^2 bju^1 śjij^1 tjij^1 sã^1 mo^2 thji^2 tśiow^1 źjɨr^1 tśiow^1 bie^2

与 应 相， 若 三 摩 地 聚、 慧 聚、 解

lhew^2 tśiow^1 bie^2 lhew^2 sjij^2 ljij^2 tśiow^1 rjir^2 bju^1 śjij^1

脱 聚、 解 脱 智 见 聚 与 应 相，

相应，或三摩地聚、慧聚、解脱聚、解脱智见聚相应，

39.19.4

tjij^1 śjɨj^2 dźjar^2 rjir^2 bju^1 śjij^1 thjɨ^2 sju^2 njɨ^2 zji^2 lho$^?$

或 圣 谛 与 应 相， 是 如 等 皆 出

ka^2 njwi^2 dźjɨ$^?$ ·jɨ^1 śja^1 rjir^2 gji^2 lho$^?$ ka^2 njwi^2

离 能 行 谓。 舍 利 子， 出 离 能

或圣谛相应，如是名为能出离行。又舍利子，能出离

39.19.5

tja^1 tśhja^2 dźjɨ$^?$ ŋwu^2 tśhja^2 dźjɨ$^?$ ·jɨ^1 tja^1 thjɨ^2 sju^2 tsjiir^1

者， 正 行 是。 正 行 言 者， 此 如 法

kha^1 ·a$^?$ mə^2 zjij^1 tjij^1 lhu^1 tjij^1 tjij^1 tjij^1 lja^1

中 一 种 许， 若 增 若 减， 若 来

者，所谓正行。言正行者，于此法中无有一法，若增若减，若来

39.19.6

[illegible]	[illegible]，	[illegible]	[illegible]	[illegible]	[illegible]	[illegible]	[illegible]。	[illegible]	[illegible]	[illegible]？
tjij^1	śjɨ^1	tjij^1	lhjwi^1	tjij^1	phjɨ^1	tsjiir^1	mjij^1	thjij^2	sjo^2	ljɨ^1
若	去，	若	取	若	舍	法	无。	何	以	故？
[illegible]	[illegible]	[illegible]	[illegible]	[illegible]	[illegible]	[illegible]	[illegible]	[illegible]	[illegible]。	
tśhja^2	dźjɨ$^?$	dźjịj^1	mjijr^2	·a$^?$	mə^2	dwewr^2	mji^1	dźjịj^1	ljɨ^1	
正	行	行	者	一	种	觉	非	行	也。	

若去，若取若舍。何以故？非行正行者行一种觉。

39.19.7

[illegible]	[illegible]	[illegible]	[illegible]	[illegible]	[illegible]	[illegible]	[illegible]	[illegible]	[illegible]	[illegible]
tjij^1	rjur^1	tsjiir^1	zji^2	mji^1	njɨɨ^1	tsjịr^2	źjɨr^1	bju^1	nwə^1	ljij^2
若	诸	法	皆	不	二	性	实	如	知	见
[illegible]	[illegible]，	[illegible]	[illegible]	[illegible]	[illegible]	[illegible]	[illegible]	[illegible]。	[illegible]	
njwi^2	ku^1	thjɨ^2	tja^1	śjɨj^2	lho$^?$	ka^2	dźjɨ$^?$	·jɨ^1	śja^1	
能	故，	是	名	圣	出	离	行	告。	舍	

若能如实知见诸法皆不二性，是则名为圣出离行。

39.20.1

[illegible]	[illegible]，	[illegible]	[illegible]	[illegible]	[illegible]	[illegible]	[illegible]	[illegible]	[illegible]	[illegible]，
rjir^2	gji^2	mjor^1	ljịj^2	·jij^1	le^2	mjij^1	seew^2	tshjiij^1	tjị^2	mjij^1
利	子，	如	来	之	畏	无	思	议	可	不，
[illegible]	[illegible]	[illegible]	[illegible]	[illegible]	[illegible]	[illegible]。	[illegible]	[illegible]	[illegible]	
ljịj^2	wjuu^1	ŋwu^2	tśier^1	·ju^2	wji^1	ku^1	mjor^1	ɣiej^1	tśhja^2	
大	悲	以	方	便	为	故。	如	真	平	

舍利子，此如来无畏不可思议，以大悲为方便。真如

39.20.2

[illegible]，	[illegible]	[illegible]	[illegible]	[illegible]、	[illegible]	[illegible]	[illegible]	[illegible]、	[illegible]	[illegible]
ka^1	mjor^1	tsjịr^2	ɣiej^1	tsjịr^2	mji^1	mji^1	ɣiej^1	tsjịr^2	mji^1	wjị^1
等，	如	性	真	性、	非	不	真	性、	不	变

[illegible]	[illegible]①、	[illegible]	[illegible]	[illegible]	[illegible]、	[illegible]	[illegible]	[illegible]	[illegible]、
do^2	tsjiir^1	dzjuu^2	ɣja^2	mjij^1	tsji̱r^2	kja̱^{1}	le^2	mjij^1	tsji̱r^2
异	法、	藏	覆	无	性、	怖	畏	无	性、

平等，真性如性、非不知性、无变异性、无覆藏性、无怖畏性、

39.20.3

[illegible]	[illegible]	[illegible]	[illegible]、	[illegible]	[illegible]	[illegible]	[illegible]。	[illegible]	[illegible]	[illegible]
ŋwer^2	lhjwo^1	mjij^1	tsji̱r^2	ljwu^1	dzeej^1	mjij^1	tsji̱r^2	thjɨ^2	sju^2	nioow^1
屈	退	无	性、	违	净	无	性。	是	如	由
[illegible]	[illegible]	[illegible]	[illegible]	[illegible]	[illegible]，	[illegible]	[illegible]	[illegible]	[illegible]，	
ku^1	lji̱j^2	·ji^1	·jij^1	tja̱^{1}	wer^1	njiij^1	phji^1	de^2	rejr^2	
故	大	众	之	饰	装，	心	意	喜	乐，	

无退屈性、无违净性。由如是故光显大众，能令悦豫，

39.20.4

[illegible]	[illegible]	[illegible]	[illegible]，	[illegible]	[illegible]	[illegible]	[illegible]，	[illegible]	[illegible]	[illegible]
lju̱^{2}	zjir^2	no^2	nej^2	njiij^1	lji̱j^2	rjɨr^2	gjiij	sej^1	dźiej^2	njiij^1
身	遍	安	乐，	欢	喜	乃	生，	净	信	心
[illegible]。	[illegible]	[illegible]	[illegible]，	[illegible]	[illegible]	[illegible]	[illegible]	[illegible]		
śjwo^1	śja^1	rjir^2	gji^2	rjur^1	kha^1	dźiã^2	tśhju^1	mjor^1		
生。	舍	利	子，	世	间	情	有	如		

遍身怡适，心生净信，踊跃欢喜。舍利子，世间众生

39.20.5

[illegible]	[illegible]	[illegible]	[illegible]	[illegible]	[illegible]	[illegible]	[illegible]	[illegible]。	[illegible]	[illegible]
lji̱j^2	·jij^1	le^2	mjij^1	ɣa^2	dzeej^1	śjwo^1	mjɨ^1	njwi^2	thjij^2	sjo^2
来	之	畏	无	于	净	起	无	能。	何	以
[illegible]？	[illegible]	[illegible]	[illegible]	[illegible]	[illegible]	[illegible]	[illegible]	[illegible]	[illegible]。	
ljɨ^1	mjor^1	lji̱j^2	·jij^1	le^2	mjij^1	dzeej^1	tji̱^{2}	mjij^1	ljɨ^1	
故？	如	来	之	畏	无	净	可	不	故。	

① [illegible]，字面意思为“法”，与汉本“性”不合，属讹误，当改为“[illegible]”。

无有能于如来无畏起违诤者。何以故？由如来无畏不可为诤故。

39.20.6

mjor^{1} tsji̱r^{2} tśhja^{2} ka^{1} tsjiir^{1} kięj^{2} dźjiij^{1} tsji̱r^{2} rjur^{1} rjur^{1} kięj^{2}

如 性 平 等 法 界 处 性， 诸 世 界

·u^{2} zji^{2} mji^{1} njɨ^{2} mjij^{1} ljwu^{1} tśju^{1} mjɨ^{1} ljɨɨ^{1} thjɨ^{2}

内 皆 不 遍 无 违 害 无 能， 是

如性平等处法界性，流布遍满诸世界中无能违害，

39.20.7

sju^{2} śjɨj^{2} lho$^{?}$ ka^{2} dźjɨ$^{?}$ mjɨ^{1} pjụ^{1} bju^{2} mjij^{1} seew^{2} tshjiij^{1}

如 圣 出 离 行， 无 量 边 无、 思 议

tji̱^{2} mjij^{1} ŋwer^{1} ŋwer^{1} mjij^{1} nẹ^{1} tshjiij^{1} tji̱^{2} mjij^{1} thjo̱^{1}

可 不、 等 等 不 宣 说 可 不 妙

如是圣出离行，无量无数、不可思议、无与等者不可宣说妙

39.21.1

tsjiir^{1} śjɨj^{1} ·jiw^{2} mjor^{1} lji̱j^{2} lji̱j^{2} wjuu^{1} ŋwu^{2} njiij^{1} kji̱j^{1} nioow^{1}

法 成 就。 如 来 大 悲 以 心 熏 由，

ku^{1} rjur^{1} dźiã^{2} tśhju^{1} ·jij^{1} śjɨj^{2} lho$^{?}$ ka^{2} dźjɨ$^{?}$ phie^{2}

则 诸 情 有 之 圣 出 离 行 开

法成就。而如来大悲熏心，为诸众生开示演说圣出离行。

39.21.2

ne̱j^{2} tjɨ^{1} tjij^{1} dźiã^{2} tśhju^{1} nẹ^{1} tshjiij^{1} tśhja^{2} tśja^{1} djọ^{2} dźji̱j^{1}

示。 假 若 情 有 宣 说 正 道 修 行

[illegible]	[illegible]	[illegible]	[illegible]，	[illegible]	[illegible]	[illegible]	[illegible]，	[illegible]	[illegible]
źjɨr^{1}	bju^{1}	tsjij^{2}	ku^{1}	kjɨ^{1}	djɨj^{2}	lho$^{?}$	ka^{2}	xja^{1}	rjur^{1}
实	如	悟	故，	定	当	出	离，	速	诸

若有众生如实解了修行正道，必能出离，速尽诸

39.21.3

[illegible]	[illegible]	[illegible]。	[illegible]	[illegible]	[illegible]，	[illegible]	[illegible]	[illegible]	[illegible]	[illegible]，
tśjị^{1}	sji^{1}	njwi^{2}	śja^{1}	rjir^{2}	gji^{2}	mjor^{1}	ljịj^{2}	·jij^{1}	le^{2}	mjij^{1}
苦	尽	能。	舍	利	子，	如	来	之	畏	无，
[illegible]	[illegible]	[illegible]	[illegible]，	[illegible]	[illegible]	[illegible]	[illegible]。	[illegible]	[illegible]	[illegible]
bju^{2}	mjij^{1}	ljow^{2}	mjij^{1}	tshọ^{2}	ŋa^{1}	wjɨ^{2}	sju^{2}	tjij^{1}	dzjwo^{2}	mjor^{1}
边	无	际	无，	虚	空	譬	如。	若	人	如

苦。舍利子，如来无畏，无边无际，譬如虚空。若有欲求如

39.21.4

[illegible]	[illegible]	[illegible]	[illegible]	[illegible]	[illegible]	[illegible]	[illegible]，	[illegible]	[illegible]	[illegible]
ljịj^{2}	·jij^{1}	le^{2}	mjij^{1}	bju^{2}	ljow^{2}	kjụ^{1}	ku^{1}	tshọ^{2}	ŋa^{1}	bju^{2}
来	之	畏	无	边	际	求	者，	虚	空	边
[illegible]	[illegible]	[illegible]	[illegible]	[illegible]	[illegible]	[illegible]。	[illegible]	[illegible]	[illegible]，	[illegible]
ljow^{2}	kjụ^{1}	mjijr^{2}	rjir^{2}	·a$^{?}$	tjịj^{2}	we^{2}	śja^{1}	rjir^{2}	gji^{2}	rjur^{1}
际	求	者	与	一	样	为。	舍	利	子，	诸

来无畏边际者，不异有人求于空际。舍利子，诸

39.21.5

[illegible]	[illegible]	[illegible]	[illegible]	[illegible]	[illegible]	[illegible]	[illegible]	[illegible]	[illegible]	[illegible]
po^{1}	tsa^{1}	ma^{2}	ŋạ^{2}	tsa^{1}	mjor^{1}	ljịj^{2}	thjɨ^{2}	seew^{2}	tshjiij^{1}	mjij^{1}
菩	萨	摩	诃	萨	如	来	是	思	议	不
[illegible]	[illegible]	[illegible]	[illegible]，	[illegible]	[illegible]	[illegible]	[illegible]，	[illegible]	[illegible]	[illegible]
le^{2}	mjij^{1}	tshjiij^{1}	mji^{1}	dźiej^{2}	zow^{2}	dzjwị^{1}	lhejr^{2}	gji^{1}	sej^{1}	·jiw^{2}
畏	无	说	闻，	信	受	恭	敬，	清	净	疑

菩萨摩诃萨闻是如来不思议无畏已，信受谛奉，清净无疑，

39.21.6

[illegible]

mjij^{1} rjɨr^{2} njɨ^{2} rjar^{1} gjij^{1} sjiij^{2} śjwo^{1} śja^{1} rjir^{2} gji^{2} thjɨ^{2}

无， 乃 至 奇 希 想 发。 舍 利 子， 是

[illegible]

tja^{1} ljɨɨr^{1} tsew^{2} śjɨj^{2} lho$^{?}$ ka^{2} tśja^{1} tshjiij^{1} le^{2} mjij^{1}

名 四 第 圣 出 离 道 说 畏 无

乃至发希奇想。舍利子,是名第四说圣出离道无畏。

39.21.7

[illegible]

ŋwu^{2} mjor^{1} ljij^{2} thjɨ^{2} le^{2} mjij^{1} śjɨj^{1} ·jiw^{2} nioow^{1} ku^{1} ·jij^{1} ljij^{2}

是。 如 来 此 畏 无 成 就 由 故， 自 大

[illegible]

·ji^{1} ljwu^{2} kha^{1} tśhja^{2} ka^{2} tśjij^{2} kwə^{2} ŋa^{2} ljij^{2} xiwã^{1} dźiej^{2}

众 会 中 正 师 子 吼 △， 大 梵 轮

由如来成就此无畏故,于大众中正师子吼,转大梵轮;

39.22.1

[illegible]

deej^{1} rjur^{1} kha^{1} ŋowr^{2} ŋowr^{2} śia^{1} mẽ^{1} pho^{1} lo^{1} mẽ^{1} rjur^{1} mə^{1}

转； 世 间 一 切 沙 门、 婆 罗 门、 诸 天

[illegible]

ljiij^{2} xiwã^{1} zji^{2} tsjiir^{1} bju^{1} deej^{1} njwi^{2} tja^{1} mjij^{1} ·jɨ^{1} ljɨ^{1}

魔 梵， 皆 法 如 转 能 者 不 告 也。

一切世间沙门、婆罗门,诸天魔梵,不能如法而转。

39.22.2

[illegible]

śja^{1} rjir^{2} gji^{2} mjor^{1} ljij^{2} ·jij^{1} thjɨ^{2} sju^{2} ljɨɨr^{1} mə^{2} le^{2} mjij^{1}

舍 利 子， 如 来 之 是 如 四 种 畏 无，

bju^{2} mjij^{1} ljow^{2} mjij^{1} tsho̱^{2} ŋa^{1} wjɨ^{2} sju^{2} dźjã^{2} tśhju^{1} ŋowr^{2}

边 无 际 无， 虚 空 譬 如， 情 有 一

舍利子，如来如是四种无畏，无边无际，譬如虚空，一切

39.22.3

ŋowr^{2} thja^{1} bju^{2} ljow^{2} nwə^{1} njwi^{2} tja^{1} mjij^{1} rjur^{1} po^{1} tsa^{1} ma^{2}

切 其 边 际 知 能 者 不。 诸 菩 萨 摩

ŋa̱^{2} tsa^{1} mjor^{1} ljij^{2} thjɨ^{2} sju^{2} seew^{2} tshjiij^{1} mjij^{1} le^{2} mjij^{1}

诃 萨 如 来 是 如 思 议 不 畏 无

众生不能得尽其边际者。诸菩萨摩诃萨闻如来如是不思议无畏，

39.22.4

tsho̱^{2} ŋa^{1} sju^{2} tshjiij^{1} mji^{1} dźiej^{2} zow^{2} dzjwɨ̣^{1} lhejr^{2} ·jiw^{2} mjij^{1}

虚 空 如 说 闻， 信 受 恭 敬， 疑 无

gji^{1} sej^{1} gjij^{1} njij^{2} rjɨr^{2} gjiij njiij^{1} ljị j^{2} njiij^{1} ljɨ̣j^{2} rjar^{1}

清 净， 倍 增 乃 生， 心 大 欢 喜 奇

如虚空已，信受谛奉，清净无疑，倍复踊跃，深生欢喜，

汉文本

复次，舍利子，如来应正等觉，成就无上智力故，于大众中唱如是言：我说圣出离所修，能正尽苦道。若诸有情修习此道，必定出离。此中诸天世间，无能于如来前如法立论：汝所说道不能出离。舍利子，云何名为圣出离道？舍利子，所谓一正趣道，能令众生毕竟清净。复有二法，能令众生毕竟出离，谓奢摩他及毗钵舍那。复有三法能令出离，谓空、无相、无愿解脱之门。复有四法能令出离，谓缘身生念、缘受生念、缘心生念、缘法生念。复有五法能令出离，谓信根、勤根、念根、三摩地根、慧根。复有六法能令出离，谓念佛、念法、念僧、念戒、念舍、念天。复有七法能令出离，所谓念等觉支、择法等觉支、勤等觉支、喜等觉支、安息等觉支、三摩地等觉支、舍等觉支。复有八法能令出离，所谓圣八支道，正见、正思惟、正语、正业、正命、正勤、正念、正三摩地。复有九种悦根本法能令出离，所谓悦喜安息乐

三摩地如实智见厌及离欲解脱。复有十法能令出离,谓十善业道。如是如来为诸有情如实开示离圣出行。舍利子,乃至一切所有正善菩提分法,或戒聚相应,或三摩地聚、慧聚、解脱聚、解脱智见聚相应,或圣谛相应,如是名为能出离行。又舍利子,能出离者,所谓正行。言正行者,于此法中无有一法,若增若减,若来若去,若取若舍。何以故?非行正行者行一种觉。若能如实知见诸法皆不二性,是则名为圣出离行。

舍利子,此如来无畏不可思议,以大悲为方便。真如平等,真性如性、非不知性、无变异性、无覆藏性、无怖畏性、无退屈性、无违诤性。由如是故光显大众,能令悦豫,遍身怡适,心生净信,踊跃欢喜。舍利子,世间众生无有能于如来无畏起违诤者。何以故?由如来无畏不可为诤故。如性平等处法界性,流布遍满诸世界中无能违害,如是圣出离行,无量无数、不可思议、无与等者不可宣说妙法成就。而如来大悲熏心,为诸众生开示演说圣出离行。若有众生如实解了修行正道,必能出离,速尽诸苦。舍利子,如来无畏,无边无际,譬如虚空。若有欲求如来无畏边际者,不异有人求于空际。舍利子,诸菩萨摩诃萨闻是如来不思议无畏已,信受谛奉,清净无疑,乃至发希奇想。舍利子,是名第四说圣出离道无畏。由如来成就此无畏故,于大众中正师子吼,转大梵轮;一切世间沙门、婆罗门,诸天魔梵,不能如法而转。

舍利子,如来如是四种无畏,无边无际,譬如虚空,一切众生不能得尽其边际者。诸菩萨摩诃萨闻如来如是不思议无畏,如虚空已,信受谛奉,清净无疑,倍复踊跃,深生欢喜,发希奇想。

39.22.5

[illegible]			。		,					
gjij^1	sjiij^2	śjwo^1	ljɨ^1	tśhjɨ^1	zjọ^2	rjur^1	pjụ^1	thjɨ^2	wo^2	·jị^2
希	想	发	也。	尔	时,	世	尊	此	义	重
[illegible]	,				:					
tshjiij^1	kiẹj^2	ljaa^1	dạ^2	rjɨr^2	tshjiij^1					
宣	欲,	颂	言	乃	说:					

发希奇想。尔时,世尊欲重宣此义,而说颂曰:

39.22.6

[illegible]				,					,
rjur^1	tsjiir^1	tśhja^2	ka^1	tsji̱r^2	tśhja^2	dwewr^2	thja^1	śjij^1	tsjij^2
诸	法	等	平	性,	正	觉	然	自	悟,
[illegible]				,					。
tśhjwo^1	njɨ^2	ljij^2	mjor^1	ljịj^2	tśhja^2	ka^1	dwewr^2	ŋwu^2	·jɨ^1
故	遍	见	如	来,	正	等	觉	是	说。

自然正觉悟,诸法平等性,故遍见如来,说名正等觉。

39.22.7

[illegible]	[illegible]	[illegible]	[illegible]	[illegible]，	[illegible]	[illegible]	[illegible]	[illegible]	[illegible]，
tjij^{1}	rjur^{1}	mur^{1}	·ju^{2}	tsjiir^{1}	ɣiew^{1}	dju^{1}	ɣiew^{1}	mjij^{1}	tsjiir^{1}
若	诸	凡	夫	法，	学	有	学	无	法，
[illegible]	[illegible]	[illegible]	[illegible]	[illegible]，	[illegible]	[illegible]	[illegible]	[illegible]	[illegible]。
zji^{2}	buu^{2}	gjiwr^{2}	dwewr^{2}	tsjiir^{1}	tha^{1}	tsjiir^{1}	zji^{2}	tśhja^{2}	ka^{1}
最	胜	独	觉	法，	佛	法	悉	平	等。

若诸凡夫法，及学无学法，最胜独觉法，佛法悉平等。

39.23.1

[illegible]	[illegible]	[illegible]	[illegible]	[illegible]，	[illegible]	[illegible]	[illegible]	[illegible]	[illegible]，
rjur^{1}	kha^{1}	tsjiir^{1}	ŋowr^{2}	ŋowr^{2}	nioow^{1}	rjur^{1}	rjur^{1}	lho$^{?}$	tsjiir^{1}
世	间	法	一	切，	及	诸	世	出	法，
[illegible]	[illegible]	[illegible]	[illegible]	[illegible]，	[illegible]	[illegible]	[illegible]	[illegible]	[illegible]。
neew^{2}	mji^{1}	neew^{2}	mji^{1}	mju^{2}	djiij^{2}	phā^{1}	tśja^{1}	tśhja^{2}	ka^{1}
善	不	善	不	动，	涅	槃	路	平	等。

一切世间法，及诸出世法，善不善不动，涅槃路平等。

39.23.2

[illegible]	[illegible]	[illegible]	[illegible]	[illegible]，	[illegible]	[illegible]	[illegible]	[illegible]	[illegible]，
tjij^{1}	ŋa^{1}	tjij^{1}	·jij^{1}	mjij^{1}	tjij^{1}	rjur^{1}	dzu^{1}	ŋwe^{1}	ka^{2}
若	空	若	相	无，	若	诸	爱	乐	离，
[illegible]	[illegible]	[illegible]	[illegible]	[illegible]，	[illegible]	[illegible]	[illegible]	[illegible]	[illegible]。
wee^{1}	mjij^{1}	dźiəj^{2}	lheew^{2}	ka^{2}	tśhja^{2}	ka^{1}	tsji̱r^{2}	zji^{2}	ljij^{2}
生	无	为	有	离，	平	等	性	悉	见。

若空若无相，若离诸愿乐，无生无有为，悉见平等性。

39.23.3

[illegible]	[illegible]	[illegible]	[illegible]	[illegible]，	[illegible]	[illegible]	[illegible]	[illegible]	[illegible]，
tśhja^{2}	ka^{1}	tsji̱r^{2}	dwewr^{2}	nioow^{1}	dzjij^{2}	bju^{1}	nẹ^{1}	tshjiij^{1}	ŋwu^{2}
平	等	性	觉	已，	余	如	宣	说	是，

[illegible]	[illegible]	[illegible]	[illegible]	[illegible]，	[illegible]	[illegible]	[illegible]	[illegible]	[illegible]。
dźiā^2	tśhju^1	bie^2	lhew^2	phji^1	ljịj^2	mo^2	nji^2	le^2	mjij^1
情	有	解	脱	令，	大	牟	尼	畏	无。

觉平等性已，如所应宣说，解脱诸有情，大牟尼无畏。

39.23.4

[illegible]	[illegible]	[illegible]	[illegible]	[illegible]，	[illegible]	[illegible]	[illegible]	[illegible]	[illegible]，
sọ^1	dju^1	dja^2	bie^2	lhew^2	nioow^1	bie^2	lhew^2	phie^2	ne̱j^2
三	有	已	解	脱，	复	解	脱	开	示，
[illegible]	[illegible]	[illegible]	[illegible]	[illegible]，	[illegible]	[illegible]	[illegible]	[illegible]	[illegible]。
rjur^1	dzjwo^2	mə^1	śjịj^2	pjụ^1	njɨɨ^1	tsew^2	le^2	mjij^1	tshjiij^1
诸	人	天	圣	尊，	二	第	畏	无	说。

已解脱三有，复开示解脱，诸人天圣尊，显第二无畏。

39.23.5

[illegible]	[illegible]	[illegible]	[illegible]	[illegible]	[illegible]，	[illegible]	[illegible]	[illegible]	[illegible]，
zji^2	buu^2	dwewr^2	lə^1	tsjiir^1	dju^1	ku^1	mji^1	bie^2	lhew^2
最	胜	觉	障	法	有，	故	不	解	脱，
[illegible]	[illegible]	[illegible]	[illegible]	[illegible]，	[illegible]	[illegible]	[illegible]	[illegible]	[illegible]。
mji^1	gji^1	sej^1	bji^2	dźju^2	rjur^1	bjuu^1	·ju^2	mji^1	dźjij^2
非	清	净	下	劣，	诸	敬	常	不	具。

最胜觉障法，习不证解脱，非清净下劣，不具诸羞愧。

39.23.6

[illegible]	[illegible]	[illegible]	[illegible]	[illegible]	[illegible]	[illegible]	[illegible]	[illegible]	[illegible]，
ljụ^2	ljaa^2	nioow^1	phji^1	sọ^1	khjuu^2	·wejr^2	mjɨ^1	tśhjɨ^1	djij^2
身	语	及	意	三	守	护	未	尔	尝，
[illegible]	[illegible]	[illegible]	[illegible]	[illegible]，	[illegible]	[illegible]	[illegible]	[illegible]	[illegible]。
lə^2	tshjạ^1	lẹj^2	kjạ^1	le^2	sjwụ^2	sja^1	mjɨ^1	war^2	tśhiow^1
痴	瞋	贪	怖	畏，	生	杀	他	财	损。

未尝有身护，及以语意护，贪瞋痴怖畏，害命损他财。

39.23.7

[illegible]	[illegible]	[illegible]	[illegible]	[illegible]，	[illegible]	[illegible]	[illegible]	[illegible]	[illegible]，
dow^{1}	kięj^{2}	dźjịj^{1}	lạ^{1}	wji^{1}	·o^{2}	djij^{2}	mji^{1}	dzjwɨ̣^{1}	lhejr^{2}
邪	欲	行	妄	为，	酒	饮	不	恭	敬，
[illegible]	[illegible]	[illegible]	[illegible]	[illegible]，	[illegible]	[illegible]	[illegible]	[illegible]	[illegible]。
śjạ^{1}	khwęj^{1}	·jar^{1}	dow^{1}	·jiw^{1}	zji^{2}	bie^{2}	lhew^{2}	tjị^{2}	njaa^{2}
七	慢	八	邪	缘，	悉	解	脱	处	非。

行邪欲妄语，饮酒不恭敬，七慢八邪支，悉非解脱处。

39.24.1

[illegible]	[illegible]	[illegible]	[illegible]	[illegible]，	[illegible]	[illegible]	[illegible]	[illegible]	[illegible]，
gjɨɨ^{1}	źjị^{1}	tśju^{1}	rejr^{2}	dźjar^{2}	ɣạ^{2}	mji^{1}	neew^{2}	sjwɨj^{1}	tśja^{1}
九	恼	害	多	过，	十	不	善	业	道，
[illegible]	[illegible]	[illegible]	[illegible]	[illegible]，	[illegible]	[illegible]	[illegible]	[illegible]	[illegible]。
mji^{1}	wo^{2}	bju^{1}	sjwɨ^{1}	sjiij^{2}	wę^{1}	lə^{2}	bie^{2}	lhew^{2}	mjij^{1}
不	理	如	思	惟，	愚	痴	解	脱	无。

九恼害多过，十不善业道，不如理思惟，愚痴无解脱。

39.24.2

[illegible]	[illegible]	[illegible]	[illegible]	[illegible]，	[illegible]	[illegible]	[illegible]	[illegible]	[illegible]，
tśhjɨɨ^{2}	tśhjuu^{2}	rjur^{1}	dźjɨ$^{?}$	djọ^{2}	dź-$^{?}$	zow^{2}	śja^{1}	wją^{2}	ku^{1}
颠	倒	诸	行	修，	虚	执	逸	放	故，
[illegible]	[illegible]	[illegible]	[illegible]	[illegible]，	[illegible]	[illegible]	[illegible]	[illegible]	[illegible]。
tśhjwo^{1}	tha^{1}	lə^{1}	tsjiir^{1}	tshjiij^{1}	sọ^{1}	tsew^{2}	le^{2}	mjij^{1}	ŋwu^{2}
则	佛	障	法	说，	三	第	畏	无	是。

颠倒修诸行，执虚妄放逸，佛知说障法，是第三无畏。

39.24.3

[illegible]	[illegible]	[illegible]	[illegible]	[illegible]，	[illegible]	[illegible]	[illegible]	[illegible]	[illegible]，
gji^{1}	sej^{1}	ɣa^{1}	mjɨ^{1}	pjų^{1}	djọ^{2}	dzjɨɨ^{2}	po^{1}	tjɨj^{1}	ljạ^{1}
清	净	门	无	量，	修	习	菩	提	证，

[illegible]	[illegible]	[illegible]	[illegible]	[illegible]，	[illegible]	[illegible]	[illegible]	[illegible]	[illegible]。
tha^1	thja^1	śjij^1	tsjij^2	dar^1	zər^2	ljɨ̣j^2	tshwew^1	tsjiir^1	tshjiij^1
佛	然	自	通	达，	甘	露	趣	法	说。

清净门无量，修习证菩提，佛自然通达，说趣甘露法。

39.24.4

[illegible]	[illegible]	[illegible]	[illegible]	[illegible]，	[illegible]	[illegible]	[illegible]	[illegible]	[illegible]，
rjɨr^2	njɨ^2	rjur^1	dju^1	dju^1	·ji^1	rejr^2	thjo̱^{1}	neew^2	tsjiir^1
乃	至	诸	所	有，	众	多	妙	善	法，
[illegible]	[illegible]	[illegible]	[illegible]	[illegible]，	[illegible]	[illegible]	[illegible]	[illegible]	[illegible]。
gji^1	sej^1	po^1	tjɨj^1	·wụ^2	zji^2	buu^2	·jow^2	lew^2	we^2
清	净	菩	提	助，	最	胜	赞	所	为。

乃至诸所有，众多妙善法，助清净菩提，最胜所称赞。

39.24.5

[illegible]	[illegible]	[illegible]	[illegible]	[illegible]，	[illegible]	[illegible]	[illegible]	[illegible]	[illegible]，
tjij^1	dzjwo^2	djọ^2	dzjɨɨ^2	njwi^2	bie^2	lhew^2	mji^1	ljạ^1	tja^1
若	人	修	习	能，	解	脱	不	证	者，
[illegible]	[illegible]	[illegible]	[illegible]	[illegible]，	[illegible]	[illegible]	[illegible]	[illegible]	[illegible]。
thjɨ^2	sju^2	tjɨj^2	mji^1	dju^1	ɣạ^2	ɣie^1	mjijr^2	źjɨr^1	dạ^2
是	如	必	无	有，	十	力	者	诚	言。

若善修习已，不证诸解脱，必无有是处，十力者诚言。

39.24.6

[illegible]	[illegible]	[illegible]	[illegible]	[illegible]，	[illegible]	[illegible]	[illegible]	[illegible]	[illegible]，
tjij^1	·jij^1	ljij^2	źji^1	njɨɨ^2	wo^2	bju^1	rjɨr^2	sjwɨ^1	sjiij^2
若	自	大	烦	恼，	理	如	乃	惟	思，
[illegible]	[illegible]	[illegible]	[illegible]	[illegible]，	[illegible]	[illegible]	[illegible]	[illegible]	[illegible]。
rjur^1	tsjiir^1	tśhja^2	ka^1	bio̱^{1}	śjɨj^2	dźji$^?$	djọ^2	dzjɨɨ^2	njwi^2
诸	法	平	等	观，	圣	行	修	习	善。

若如理思惟，息广大烦恼，观诸法平等，善修习圣行。

39.24.7

[illegible]									
tsjiir^{1}	ŋwu^{2}	nioow^{1}	tsjiir^{1}	njaa^{2}	rjur^{1}	·jij^{1}	mji^{1}	zow^{2}	zjịj^{1}
法	是	及	法	非，	诸	相	不	执	著，
[illegible]									
rjur^{1}	sjwɨ^{1}	ŋwu^{2}	bie^{2}	lhew^{2}	ljịj^{2}	sej^{1}	mjijr^{2}	rjɨr^{2}	tshjiij^{1}
诸	忧	以	解	脱，	大	净	者	乃	说。

不执著诸相，是法及非法，解脱诸忧怖，大净者所说。

39.25.1

[illegible]									
mə^{2}	mə^{2}	tsjiir^{1}	nwə^{1}	njwi^{2}	ŋa^{2}	khwẹj^{1}	sej^{1}	ŋa^{1}	sju^{2}
种	种	法	知	善，	我	慢	净	空	如，
[illegible]									
nioow^{1}	wjị^{1}	sju^{2}	mjiij^{1}	sju^{2}	rjur^{1}	dju^{1}	ŋjow^{2}	bie^{2}	lhew^{2}
又	幻	如	梦	如，	诸	有	海	解	脱。

善知种种法，虚廓如净空，又如幻如梦，解脱诸有海。

39.25.2

[illegible]									
tjij^{1}	śja^{1}	wją^{2}	sjwɨj^{1}	wji^{1}	rjur^{1}	tshwew^{1}	kha^{1}	dźiə^{2}	dźiej^{2}
若	逸	放	业	造，	诸	趣	中	轮	回，
[illegible]									
ljịj^{2}	wjuu^{1}	dźiã^{2}	njij^{2}	śjow^{1}	bie^{2}	lhew^{2}	lją^{1}	phji^{1}	kięj^{2}
大	悲	众	慈	愍，	解	脱	证	令	欲。

若放逸造业，轮回诸有趣，大悲愍众生，欲令证解脱。

39.25.3

[illegible]									
ɣạ^{2}	ɣie^{1}	mo^{2}	nji^{2}	pjụ^{1}	lhji^{2}	wee^{1}	djii^{2}	tsjiir^{1}	dźjiij^{1}
十	力	牟	尼	尊，	死	生	化	法	处，

[illegible]	[illegible]	[illegible]	[illegible]	[illegible]，	[illegible]	[illegible]	[illegible]	[illegible]	[illegible]。
ljɨɨr^{1}	tsew^{2}	le^{2}	mjij^{1}	ŋwu^{2}	gji^{1}	sej^{1}	tshọ^{2}	ŋa^{1}	ka^{1}
四	第	畏	无	是，	清	净	虚	空	等。

十力牟尼尊，处生死化法，是第四无畏，清净等虚空。

39.25.4

[illegible]	[illegible]	[illegible]，	[illegible]	[illegible]	[illegible]	[illegible]	[illegible]	[illegible]	[illegible]	[illegible]
śja^{1}	rjir^{2}	gji^{2}	thjɨ^{2}	tja^{1}	mjor^{1}	ljịj^{2}	·jij^{1}	seew^{2}	tshjiij^{1}	mjij^{1}
舍	利	子，	是	名	如	来	之	思	议	不
[illegible]	[illegible]	[illegible]。	[illegible]	[illegible]	[illegible]	[illegible]	[illegible]	[illegible]		
le^{2}	mjij^{1}	ŋwu^{2}	po^{1}	tsa^{1}	ma^{2}	ŋạ^{2}	tsa^{1}	dźiej^{2}		
畏	无	是。	菩	萨	摩	诃	萨	信		

如是，舍利子，是名如来不思议无畏。菩萨摩诃萨信

39.25.5

[illegible]	[illegible]	[illegible]，	[illegible]	[illegible]	[illegible]	[illegible]，	[illegible]	[illegible]	[illegible]	[illegible]
zow^{2}	dzjwị^{1}	lhejr^{2}	·jiw^{2}	mjij^{1}	gji^{1}	sej^{1}	rjir^{2}	njɨ^{2}	rjar^{1}	gjij^{1}
受	恭	敬，	疑	无	清	净，	乃	至	奇	希
[illegible]	[illegible]。	[illegible]	[illegible]，	[illegible]	[illegible]	[illegible]	[illegible]	[illegible]	[illegible]：	
sjiij^{2}	śjwo^{1}	tśhjɨ^{1}	zjọ^{2}	tha^{1}	śja^{1}	rjir^{2}	gji^{2}	·jij^{1}	·jɨ^{1}	
想	发。	尔	时，	佛	舍	利	子	之	告：	

受谛奉，清净无疑，乃至发希奇想。尔时，佛告舍利子：云何

汉文本

尔时，世尊欲重宣此义，而说颂曰：
自然正觉悟，诸法平等性，
故遍见如来，说名正等觉。
若诸凡夫法，及学无学法，
最胜独觉法，佛法悉平等。
一切世间法，及诸出世法，
善不善不动，涅槃路平等。
若空若无相，若离诸愿乐，

无生无有为，悉见平等性。
觉平等性已，如所应宣说，
解脱诸有情，大牟尼无畏。
已解脱三有，复开示解脱，
诸人天圣尊，显第二无畏。
最胜觉障法，习不证解脱，
非清净下劣，不具诸羞愧。
未尝有身护，及以语意护，
贪瞋痴怖畏，害命损他财。
行邪欲妄语，饮酒不恭敬，
七慢八邪支，悉非解脱处。
九恼害多过，十不善业道，
不如理思惟，愚痴无解脱。
颠倒修诸行，执虚妄放逸，
佛知说障法，是第三无畏。
清净门无量，修习证菩提，
佛自然通达，说趣甘露法。
乃至诸所有，众多妙善法，
助清净菩提，最胜所称赞。
若善修习已，不证诸解脱，
必无有是处，十力者诚言。
若如理思惟，息广大烦恼，
观诸法平等，善修习圣行。
不执著诸相，是法及非法，
解脱诸忧怖，大净者所说。
善知种种法，虚廓如净空，
又如幻如梦，解脱诸有海。
若放逸造业，轮回诸有趣，
大悲愍众生，欲令证解脱。
十力牟尼尊，处生死化法，
是第四无畏，清净等虚空。

如是，舍利子，是名如来不思议无畏。菩萨摩诃萨信受谛奉，清净无疑，乃至发希奇想。

39.25.6

[illegible]	[illegible]	[illegible]	[illegible]	[illegible]	[illegible]	[illegible]，	[illegible]	[illegible]	[illegible]	[illegible]
po^{1}	tsa^{1}	ma^{2}	ŋạ^{2}	tsa^{1}	thjij^{2}	sjo^{2}	mjor^{1}	ljịj^{2}	·jij^{1}	seew^{2}
菩	萨	摩	诃	萨	何	云，	如	来	之	思

[illegible]	[illegible]	[illegible]	[illegible]	[illegible]，	[illegible]	[illegible]	[illegible]	[illegible]，	[illegible]
tshjiij^{1}	mjij^{1}	ljij^{2}	wjuu^{1}	ɣa^{2}	dźiej^{2}	zow^{2}	dzjwị^{1}	lhejr^{2}	rjɨr^{2}
议	不	大	悲	于，	信	受	恭	敬，	乃

菩萨摩诃萨，于如来不思议大悲，信受谛奉，

39.25.7

[illegible]	[illegible]	[illegible]	[illegible]	[illegible]	[illegible]。	[illegible]	[illegible]	[illegible]，	[illegible]	[illegible]
njɨ^{2}	rjar^{1}	gjij^{1}	sjiij^{2}	śjwo^{1}	ljɨ^{1}	śja^{1}	rjir^{2}	gji^{2}	rjur^{1}	tha^{1}
至	奇	希	想	发	也。	舍	利	子，	诸	佛
[illegible]	[illegible]	[illegible]	[illegible]	[illegible]	[illegible]。	[illegible]	[illegible]	[illegible]？	[illegible]	
mjor^{1}	ljij^{2}	·ju^{2}	ljij^{2}	wjuu^{1}	śjwo^{1}	thjij^{2}	sjo^{2}	ljɨ^{1}	rjur^{1}	
如	来	常	大	悲	发。	何	以	故？	诸	

乃至发希奇想？舍利子，诸佛如来大悲常转。何以故？诸

39.26.1

[illegible]	[illegible]	[illegible]	[illegible]	[illegible]	[illegible]	[illegible]	[illegible]	[illegible]	[illegible]	[illegible]，
tha^{1}	mjor^{1}	ljij^{2}	dźiã^{2}	tśhju^{1}	ŋowr^{2}	ŋowr^{2}	·jij^{1}	mji^{1}	phjɨ^{1}	ku^{1}
佛	如	来	情	有	一	切	之	不	舍	故，
[illegible]	[illegible]	[illegible]	[illegible]	[illegible]	[illegible]	[illegible]	[illegible]	[illegible]	[illegible]	
dzjɨj^{1}	ŋowr^{2}	ŋowr^{2}	ɣa^{2}	dźiã^{2}	tśhju^{1}	ŋowr^{2}	ŋowr^{2}	·jij^{1}	śjɨj^{1}	
时	一	切	于	情	有	一	切	之	成	

佛如来不舍一切众生故，于一切时为成熟一切众生故，

39.26.2

[illegible]	[illegible]	[illegible]，	[illegible]	[illegible]	[illegible]	[illegible]	[illegible]	[illegible]	[illegible]	[illegible]。
we^{2}	kiẹj^{2}	nioow^{1}	·ju^{2}	ljij^{2}	wjuu^{1}	śjwo^{1}	mji^{1}	djɨj^{2}	tạ^{1}	ljɨ^{1}
为	欲	故，	常	大	悲	起	不	乏	息	也。
[illegible]	[illegible]	[illegible]，	[illegible]	[illegible]	[illegible]	[illegible]	[illegible]，	[illegible]	[illegible]	
śja^{1}	rjir^{2}	gji^{2}	mjor^{1}	ljij^{2}	·jij^{1}	ljij^{2}	wjuu^{1}	thjɨ^{2}	sju^{2}	
舍	利	子，	如	来	之	大	悲，	是	如	

当知大悲常起不息。舍利子，此如来大悲，如是

39.26.3

[illegible]	[illegible]，	[illegible]	[illegible]	[illegible]	[illegible]	[illegible]	[illegible]，	[illegible]	[illegible]	[illegible]
mjɨ^{1}	pjụ^{1}	thjɨ^{2}	sju^{2}	seew^{2}	tshjiij^{1}	tjị^{2}	mjij^{1}	thjɨ^{2}	sju^{2}	ŋwer^{1}
无	量，	是	如	思	议	可	不，	是	如	等
[illegible]	[illegible]，	[illegible]	[illegible]	[illegible]	[illegible]，	[illegible]	[illegible]	[illegible]	[illegible]	
ŋwer^{1}	mjij^{1}	thjɨ^{2}	sju^{2}	bju^{2}	mjij^{1}	thjɨ^{2}	sju^{2}	tshjiij^{1}	tjị^{2}	
等	无，	是	如	边	无，	是	如	说	可	

无量，如是不可思议，如是无等等，如是无边，如是不可说，

39.26.4

[illegible]，	[illegible]	[illegible]	[illegible]	[illegible]，	[illegible]	[illegible]	[illegible]	[illegible]。	[illegible]	[illegible]
mjij^{1}	thjɨ^{2}	sju^{2}	kjir^{1}	·jiw^{2}	thjɨ^{2}	sju^{2}	rejr^{2}	dzjɨj^{1}	rjur^{1}	dźiã^{2}
不，	是	如	勇	猛，	是	如	久	时。	诸	情
[illegible]	[illegible]	[illegible]	[illegible]	[illegible]	[illegible]	[illegible]	[illegible]	[illegible]	[illegible]	
tśhju^{1}	rjɨr^{2}	njɨ^{2}	mjor^{1}	ljij^{2}	·jij^{1}	ljaa^{2}	sjwɨj^{1}	ŋowr^{2}	ŋowr^{2}	
有	乃	至	如	来	之	语	业	一	切	

如是猛利，如是久远。随诸众生乃至如来一切语业，

39.26.5

[illegible]，	[illegible]	[illegible]	[illegible]	[illegible]	[illegible]	[illegible]	[illegible]	[illegible]。	[illegible]	[illegible]
bju^{1}	thjɨ^{2}	ljij^{2}	wjuu^{1}	ɣa^{2}	nẹ^{1}	tshjiij^{1}	tjị^{2}	mjij^{1}	thjij^{2}	sjo^{2}
随，	是	大	悲	于	宣	说	可	不。	何	以
[illegible]？	[illegible]	[illegible]	[illegible]	[illegible]	[illegible]	[illegible]	[illegible]	[illegible]，	[illegible]	
ljɨ^{1}	dzjọ^{1}	sju^{2}	mjor^{1}	ljij^{2}	po^{1}	tjɨj^{1}	ljạ^{1}	rjir^{1}	seew^{2}	
故？	犹	如	如	来	菩	提	证	得，	思	

于是大悲亦难宣说。何以故？犹如如来证得菩提，

39.26.6

[illegible]	[illegible]	[illegible]；	[illegible]	[illegible]	[illegible]	[illegible]	[illegible]	[illegible]	[illegible]	[illegible]
tshjiij^{1}	tjị^{2}	mjij^{1}	thjɨ^{2}	sju^{2}	mjor^{1}	ljij^{2}	rjur^{1}	dźiã^{2}	tśhju^{1}	ɣa^{2}
议	可	不；	是	如	如	来	诸	情	有	于

ljịj^2 wjuu^1 gu^1 śjwo^1 tsjɨ^1 thja^1 wjɨ^2 sju^2 seew^2 tshjiij^1

大 悲 发 起， 亦 是 △ 如 思 议

不可思议；如是如来于诸众生大悲发起，亦复如是不可思议。

39.26.7

tjị^2 mjij^1 ljɨ^1 śja^1 rjir^2 gji^2 mjor^1 ljịj^2 thjij^2 sjo^2 po^1

可 不 也。 舍 利 子， 如 来 何 云 菩

tjɨj^1 lją^1 rjir^1 ljɨ^1 śja^1 rjir^2 gji^2 mjor^1 ljịj^2 dzjọ^1

提 证 得 也？ 舍 利 子， 如 来 犹

舍利子，云何如来证得菩提？舍利子，犹如来

39.27.1

sju^2 thjɨ^2 sju^2 tśhji^2 mjij^1 dźjiij^1 mjij^1 ·o^2 ku^1 po^1 tjɨj^1

如 是 如 根 无 住 无 入 故 菩 提

lją^1 rjir^1 ljɨ^1 śja^1 rjir^2 gji^2 tśhji^2 tja^1 thjij^2 sjo^2

证 得 也。 舍 利 子， 根 者 何 云？

入如是无根无住故证得菩提。舍利子，何等为根？

39.27.2

dźjiij^1 tja^1 ljɨ^1 kjɨ^1 ŋwu^2 dju^1 ljụ^2 ŋwu^2 tśhji^2 we^2 tshọ^2

住 名 何 等 为？ 有 身 以 根 为， 虚

lạ^1 phjo^2 kar^2 ŋwu^2 dźjiij^1 we^2 mjor^1 ljịj^2 thjɨ^2 njɨɨ^1

妄 分 别 以 住 为。 如 来 此 二

何等为住？有身为根，虚妄分别为住。如来于此二

39.27.3

[illegible]	[illegible]	[illegible]	[illegible]	[illegible]	[illegible]，	[illegible]	[illegible]	[illegible]	[illegible]	[illegible]
tsjiir^{1}	ɣa^{2}	tśhja^{2}	ka^{1}	tśjɨ^{1}	tsjij^{2}	thjɨ^{2}	nioow^{1}	dzjọ^{1}	sju^{2}	mjor^{1}
法	于	平	等	解	了，	是	故	犹	如	如
[illegible]	[illegible]	[illegible]	[illegible]	[illegible]	[illegible]	[illegible]，	[illegible]	[illegible]	[illegible]	
ljịj^{2}	tśhji^{2}	mjij^{1}	dźjiij^{1}	mjij^{1}	·o^{2}	ku^{1}	tśhjwo^{1}	·ja$^{?}$	du̱^{2}	
来	根	无	住	无	入	故，	则	阿	耨	

法平等解了，是故说言，犹如如来入无根无住故，证得阿耨

39.27.4

[illegible]	[illegible]	[illegible]	[illegible]	[illegible]	[illegible]	[illegible]	[illegible]	[illegible]	[illegible]	[illegible]。
tow^{1}	lo^{1}	sã^{1}	bia^{1}	sã^{1}	po^{1}	tjɨj^{1}	ljạ^{1}	rjir^{1}	·jɨ^{1}	ljɨ^{1}
多	罗	三	藐	三	菩	提	证	得	告	也。
[illegible]	[illegible]	[illegible]	[illegible]	[illegible]	[illegible]	[illegible]	[illegible]	[illegible]	[illegible]	
dźiã^{2}	tśhju^{1}	ŋowr^{2}	ŋowr^{2}	thjɨ^{2}	sju^{2}	njɨɨ^{1}	tsjiir^{1}	tsjij^{2}	mjɨ^{1}	
情	有	一	切	是	如	二	法	解	不	

多罗三藐三菩提。一切众生不能解了如是二法，

39.27.5

[illegible]	[illegible]。	[illegible]	[illegible]	[illegible]	[illegible]	[illegible]	[illegible]	[illegible]	[illegible]：	[illegible]
njwi^{2}	ku^{1}	mjor^{1}	ljịj^{2}	thja^{1}	do^{2}	ljịj^{2}	wjuu^{1}	njiij^{1}	śjwo^{1}	ŋa^{2}
能	故。	如	来	彼	处	大	悲	心	发：	我
[illegible]	[illegible]	[illegible]	[illegible]	[illegible]	[illegible]	[illegible]	[illegible]	[illegible]	[illegible]	
sjij^{1}	kjɨ^{1}	djɨj^{2}	thjɨ^{2}	sju^{2}	tśhji^{2}	mjij^{1}	dźjiij^{1}	mjij^{1}	tsjiir^{1}	
今	定	当	是	如	根	无	住	无	法	

如来于彼发起大悲：如是无根无住法故，

39.27.6

[illegible]	[illegible]	[illegible]	[illegible]	[illegible]	[illegible]	[illegible]	[illegible]	[illegible]。
phie^{2}	ne̱j^{2}	thja^{2}	·jij^{1}	tśjɨ^{1}	tsjij^{2}	phjo^{2}	ŋa^{2}	·jɨ^{1}
开	示	其	之	解	了	令	△	△。

我今定当开示令其解了①。

39.27.7

□ □， □ □ □， □ □ □ □， □ □
nioow[1] tśjɨɨ[1] śja[1] rjir[2] gji[2] po[1] tjɨj[1] ·jɨ[1] tja[1] tsji̱r[2] mjij[1]
复 次， 舍 利 子， 菩 提 告 者， 性 寂
□ □。 □ □ □ □ □ □ □ □？
sej[1] ljɨ[1] mjij[1] sej[1] njɨɨ[1] tsjiir[1] tja[1] lji̱[1] kjɨ[1] ŋwu[2]
静 也。 寂 静 二 法 名 何 等 为？

复次，舍利子，夫菩提者，其性寂静。何等名为寂静二法？

39.28.1

□ □ □， □ □ □ □， □ □ □ □。
śja[1] rjir[2] gji[2] ·u[2] rjijr[2] mjij[1] we[2] djɨr[2] ɣa[2] sej[1] we[2]
舍 利 子， 内 方 寂 为， 外 于 静 为。
□ □ □？ □ □ □ □， □ □ □
thjij[2] sjo[2] ljɨ[1] mej[1] tsji̱r[2] ŋa[1] ŋwu[2] ŋa[2] ŋa[2] ·jij[1]
何 以 故？ 眼 性 空 是， 我 我 之

舍利子，于内为寂，于外为静。何以故？眼性是空，

39.28.2

□； □ □ □ □ □ □、 □ □ □ □，
ka[2] thjɨ[2] sju[2] nju[1] njii[2] lhjwa[1] lju̱[2] phji[1] tsji̱r[2] ŋa[1] ŋwu[2]
离； 是 如 耳 鼻 舌 身、 意 性 空 是，
□ □ □ □ □。 □ □ □ □， □
ŋa[2] ŋa[2] ·jij[1] ka[2] ljɨ[1] tjij[1] thjɨ[2] sju[2] nwə[1] ku[1]
我 我 之 离 也。 若 是 如 知， 故

离我我所；如是耳鼻舌身意、意性是空，离我我所。若如是知，

39.28.3

□ □。 □ □ □ □ □ □ □， □ □

① 如是无根无住法故，我今定当开示令其解了。西夏文译文语序颠倒。

mjij^1	·jɨ^1	mej^1	tsji̱r^2	ŋa^1	źjɨr^1	bju^1	tsjij^2	nioow^1	tsə̣^{1}	rjijr^2
寂	谓。	眼	性	空	实	如	悟	已，	色	方
[illegible]	[illegible]；	[illegible]	[illegible]	[illegible]	[illegible]	[illegible]	[illegible]	[illegible]	[illegible]	
mji^1	tshwew^1	rjɨr^2	njɨ^2	phji^1	tsji̱r^2	ŋa^1	źjɨr^1	bju^1	tsjij^2	
不	趣；	乃	至	意	性	空	实	如	了	

名之为寂。如实了知眼性空已，不趣于色；乃至如实了知意性空已，

39.28.4

[illegible]，	[illegible]	[illegible]	[illegible]	[illegible]。	[illegible]	[illegible]	[illegible]	[illegible]，	[illegible]	[illegible]
nioow^1	tsjiir^1	rjijr^2	mji^1	tshwew^1	tjij^1	thjɨ^2	sju^2	nioow^1	ku^1	sej^1
已，	法	方	不	趣。	若	是	如	故，	故	静
[illegible]。	[illegible]	[illegible]	[illegible]	[illegible]	[illegible]	[illegible]	[illegible]	[illegible]	[illegible]	
·jɨ^1	dźiã^2	tśhju^1	ŋowr^2	ŋowr^2	thjɨ^2	njɨɨ^1	mjij^1	sej^1	tsjiir^1	
谓。	情	有	一	切	此	二	寂	净	法	

不趣于法。若如是知，名之为静。一切众生于此寂静二法

39.28.5

[illegible]	[illegible]	[illegible]	[illegible]，	[illegible]	[illegible]	[illegible]	[illegible]	[illegible]	[illegible]	[illegible]
tsjij^2	mjɨ^1	njwi^2	ku^1	mjor^1	ljij^2	thja^1	do^2	ljij^2	wjuu^1	njiij^1
解	不	能	故，	如	来	彼	处	大	悲	心
[illegible]：	[illegible]	[illegible]	[illegible]	[illegible]	[illegible]	[illegible]	[illegible]	[illegible]	[illegible]	
śjwo^1	ŋa^2	sjij^1	kjɨ^1	djɨj^2	thjɨ^2	sju^2	njɨɨ^1	mjij^1	sej^1	
发：	我	今	定	当	此	如	二	寂	静	

不能解了，如来于彼发起大悲：如是寂静二法故，

39.28.6

[illegible]	[illegible]	[illegible]	[illegible]	[illegible]	[illegible]	[illegible]	[illegible]	[illegible]	[illegible]。
tsjiir^1	phie^2	ne̱j^2	thja^2	·jij^1	tśjɨ^1	tsjij^2	phjo^2	ŋa^2	·jɨ^1
法	开	示	其	之	解	了	令	△	△。

我今定当开示令其解了①。

① 如是寂静二法故，我今定当开示令其解了。西夏文译文语序颠倒。

39.28.7

nioow¹ tśjɨɨ¹ śja¹ rjir² gji² ŋa² po¹ tjɨj¹ lja̱¹ ·jij¹ tsji̱r²

复 次, 舍 利 子, 我 菩 提 证, 自 性

gji¹ sej¹ ·jij¹ tsji̱r² gji¹ sej¹ tja¹ ljɨ̣¹ kjɨ¹ ŋwu²

清 净。 自 性 清 净 名 何 已 为?

复次,舍利子,我证菩提,自性清净。云何名为自性清净?

39.29.1

śja¹ rjir² gji² po¹ tjɨj¹ tsji̱r² tja¹ kwər¹ tśior¹ laa¹ mjij¹

舍 利 子, 菩 提 性 者 体 污 染 无,

po¹ tjɨj¹ tsji̱r² tja¹ tshọ² ŋa¹ rjir² ka¹ po¹ tjɨj¹

菩 提 性 者 虚 空 与 等, 菩 提

舍利子,菩提之性体无染污,菩提之性与虚空等,菩提

39.29.2

tsji̱r² tja¹ tshọ² ŋa¹ tsji̱r² ŋwu² po¹ tjɨj¹ tsji̱r² tja¹ tshọ²

性 者 虚 空 性 是, 菩 提 性 者 虚

ŋa¹ rjir² thwuu¹ po¹ tjɨj¹ tshọ² ŋa¹ tśhja² ka¹ tśhja²

空 与 同, 菩 提、 虚 空 平 等 平

之性是虚空性,菩提之性同于虚空,菩提、虚空平等平

39.29.3

ka¹ zji² dźjwa¹ tsji̱r² sej¹ wẹ¹ lə² ·ju² mur¹ thjɨ² sju²

等 究 竟 性 净。 愚 痴 夫 凡 是 如

[illegible]

·jij^1 tsji̱r^2 gji^1 sej^1 mji^1 dwewr^2 ku^1 wji^1 lhjɨ^2 źji̱^{1}

自 性 清 净 不 觉， 故 客 尘 烦

等究竟性净。愚痴凡夫不觉如是自性清净，而为客尘烦

39.29.4

[illegible]

njɨɨ^2 ·jij^1 tśior^1 laa^1 lew^2 we^2 dźiā^2 tśhju^1 ŋowr^2 ŋowr^2 thja^1

恼 之 污 染 所 为。 情 有 一 切 是

[illegible]

·jij^1 tsji̱r^2 gji^1 sej^1 tsjij^2 mjɨ^1 njwi^2 ku^1 mjor^1 ljịj^2

自 性 清 净 解 不 能 故， 如 来

恼之所染污。一切众生于是自性清净不能解了，如来

39.29.5

[illegible]

thja^1 do^2 ljịj^2 wjuu^1 njiij^1 śjwo^1 ŋa^2 sjij^1 kjɨ^1 djɨj^2 thjɨ^2

彼 处 大 悲 心 发： 我 今 定 当 是

[illegible]

sju^2 ·jij^1 tsji̱r^2 gji^1 sej^1 phie^2 ne̱j^2 thja^2 ·jij^1 tśjɨ^1

如 自 性 清 净 开 示 其 之 解

于彼发起大悲：

39.29.6

[illegible]

tsjij^2 phjo^2 ŋa^2 ·jɨ^1

了 令 △ △。

开示令其解了，我今定当如是自性清净故①。

39.29.7

[illegible]

① 开示令其解了，我今定当如是自性清净故。西夏文语序与汉文本不一致。

nioow^{1} tśjɨɨ^{1} śja^{1} rjir^{2} gji^{2} ŋa^{2} po^{1} tjɨj^{1} lja̱^{1} ·o^{2} mjij^{1}

复 次， 舍 利 子， 我 菩 提 证， 入 无

[illegible]

lho$^{?}$ mjij^{1} lho$^{?}$ ·o^{2} njɨɨ^{1} tsjiir^{1} tja^{1} ljɨ̱^{1} kjɨ^{1} ŋwu^{2}

出 无。 出 入 二 法 名 何 等 为？

复次，舍利子，我证菩提，无入无出。何等名为入出二法？

39.30.1

[illegible]

śja^{1} rjir^{2} gji^{2} ·o^{2} ·jɨ^{1} tja^{1} rjur^{1} tsjiir^{1} zow^{2} ·jɨ^{1} lho$^{?}$

舍 利 子， 入 言 者， 诸 法 执 谓； 出

[illegible]

·jɨ^{1} tja^{1} rjur^{1} tsjiir^{1} mji^{1} zow^{2} ·jɨ^{1} mjor^{1} ljij^{2} ·o^{2}

言 者， 诸 法 不 执 谓。 如 来 入

舍利子，所言入者，名执诸法；所言出者，名不执诸法。如来

39.30.2

[illegible]

mjij^{1} lho$^{?}$ mjij^{1} tśhja^{2} ka^{1} tsjiir^{1} tsji̱r^{2} dźju^{1} ljij^{2} mjor^{1} ljij^{2}

无 出 无 平 等 法 性 明 见， 如 来

[illegible]

khwa^{1} mjij^{1} tjij^{1} rewr^{2} mjij^{1} dźju^{1} ljij^{2} wjɨ^{2} sju^{2} thjij^{2}

远 无 彼 岸 无 明 见 犹 如。 何

明见无入无出平等法性，犹如如来明见无远及无彼岸。何

39.30.3

[illegible]

sjo^{2} ljɨ^{1} tsjiir^{1} ŋowr^{2} ŋowr^{2} tsji̱r^{2} tja^{1} khwa^{1} nioow^{1} tjij^{1} rewr^{2}

以 故？ 法 一 切 性 者 远 及 彼 岸

[illegible]

ka^{2} ljɨ^{1} thjɨ^{2} tsjiir^{1} lja̱^{1} njwi^{2} ku^{1} tśhjwo^{1} mjor^{1} ljij^{2}

离 故， 是 法 证 能 故 则 如 来

以故？以一切法性离远及彼岸故，能证是法故名如来。

39.30.4

[illegible]。	[illegible]	[illegible]	[illegible]	[illegible]	[illegible]	[illegible]	[illegible]	[illegible]	[illegible]	[illegible]
·jɨ^{1}	dźiã^{2}	tśhju^{1}	ŋowr^{2}	ŋowr^{2}	thjɨ^{2}	·o^{2}	mjij^{1}	lho$^{?}$	mjij^{1}	tsjiir^{1}
谓。	情	有	一	切	此	入	无	出	无	法
[illegible]	[illegible]	[illegible]	[illegible]	[illegible]，	[illegible]	[illegible]	[illegible]	[illegible]	[illegible]	
tsji̱r^{2}	tsjij^{2}	mjɨ^{1}	njwi^{2}	ku^{1}	mjor^{1}	ljij^{2}	thja^{1}	do^{2}	ljị̈j^{2}	
性	觉	不	能	故，	如	来	彼	处	大	

一切众生于此无入无出法性不能觉了，如来于彼发起大

39.30.5

[illegible]	[illegible]	[illegible]：	[illegible]	[illegible]	[illegible]	[illegible]	[illegible]	[illegible]	[illegible]	[illegible]
wju̱^{1}	njiij^{1}	śjwo^{1}	ŋa^{2}	sjij^{1}	kjɨ^{1}	djɨj^{2}	thjɨ^{2}	sju^{2}	·o^{2}	mjij^{1}
悲	心	发：	我	今	定	当	此	如	入	无
[illegible]	[illegible]	[illegible]	[illegible]	[illegible]	[illegible]	[illegible]	[illegible]	[illegible]	[illegible]	
lho$^{?}$	mjij^{1}	tsjiir^{1}	phie^{2}	ne̱j^{2}	thja^{2}	·jij^{1}	tśjɨ^{1}	tsjij^{2}	phjo^{2}	
出	无	法	开	示	其	之	觉	了	令	

悲：我今定当开示令其觉了，

39.30.6

[illegible]	[illegible]。
ŋa^{2}	·jɨ^{1}
△	△。

如是无入无出法故。

39.30.7

[illegible]	[illegible]，	[illegible]	[illegible]	[illegible]，	[illegible]	[illegible]	[illegible]	[illegible]，	[illegible]	[illegible]
nioow^{1}	tśjɨɨ^{1}	śja̱^{1}	rjir^{2}	gji^{2}	ŋa^{2}	po^{1}	tjɨj^{1}	lja̱^{1}	mjij^{1}	·jij^{1}
复	次，	舍	利	子，	我	菩	提	证，	无	相
[illegible]	[illegible]。	[illegible]	[illegible]	[illegible]	[illegible]	[illegible]	[illegible]	[illegible]	[illegible]？	
mjɨɨ^{2}	mjij^{1}	·jij^{1}	mjij^{1}	mjɨɨ^{2}	mjij^{1}	tja^{1}	ljɨ̣^{1}	kjɨ^{1}	ŋwu^{2}	

境	无。	相	无	境	无	名	何	等	为？

复次，舍利子，我证菩提，无相无境。何等名为无相无境？

39.31.1

[illegible]	[illegible]	[illegible]，	[illegible]	[illegible]	[illegible]	[illegible]	[illegible]	[illegible]	[illegible]	[illegible]，
śja^{1}	rjir^{2}	gji^{2}	mej^{1}	sjij^{2}	mji^{1}	rjir^{1}	ku^{1}	·jij^{1}	mjij^{1}	·jɨ^{1}
舍	利	子，	眼	识	不	得	故	相	无	谓，
[illegible]	[illegible]	[illegible]	[illegible]	[illegible]	[illegible]	[illegible]	[illegible]；	[illegible]	[illegible]	
tsə̣^{1}	ɣa^{2}	mji^{1}	bio̱^{1}	ku^{1}	mjɨɨ^{2}	mjij^{1}	·jɨ^{1}	rjɨr^{2}	njɨ^{2}	
色	于	不	观	名	境	无	谓；	乃	至	

舍利子，不得眼识名为无相，不观于色名为无境；乃至

39.31.2

[illegible]	[illegible]	[illegible]	[illegible]	[illegible]	[illegible]	[illegible]	[illegible]，	[illegible]	[illegible]	[illegible]
phji^{1}	sjij^{2}	mji^{1}	rjir^{1}	ku^{1}	·jij^{1}	mjij^{1}	·jɨ^{1}	tsjiir^{1}	ɣa^{2}	mji^{1}
意	识	不	得	名	相	无	谓，	法	于	不
[illegible]	[illegible]	[illegible]	[illegible]	[illegible]。	[illegible]	[illegible]	[illegible]，	[illegible]	[illegible]	
bio̱^{1}	ku^{1}	mjɨɨ^{2}	mjij^{1}	·jɨ^{1}	śja^{1}	rjir^{2}	gji^{2}	·jij^{1}	mjij^{1}	
观	名	境	无	谓。	舍	利	子，	相	无	

不得意识名为无相，不观于法名为无境。舍利子，无相

39.31.3

[illegible]	[illegible]	[illegible]，	[illegible]	[illegible]	[illegible]	[illegible]	[illegible]	[illegible]。	[illegible]	[illegible]
mjɨɨ^{2}	mjij^{1}	tja^{1}	·ji^{1}	śjɨj^{2}	·jij^{1}	dźji̱j^{1}	lew^{2}	ŋwu^{2}	dźji̱j^{1}	lew^{2}
境	无	者，	众	圣	之	行	所	是。	行	所
[illegible]	[illegible]	[illegible]？	[illegible]	[illegible]	[illegible]	[illegible]	[illegible]	[illegible]	[illegible]	
tja^{1}	thjij^{2}	sjo^{2}	so̱^{1}	kiej^{2}	dźjiij^{1}	mjijr^{2}	we̱^{1}	lə^{2}	·ju^{2}	
者	何	云？	三	界	在	者	愚	痴	夫	

无境，众圣所行。何等所行？谓在三界愚痴凡夫，

39.31.4

[illegible]，	[illegible]	[illegible]	[illegible]	[illegible]	[illegible]	[illegible]	[illegible]	[illegible]，	[illegible]	[illegible]

mur¹　·ji¹　śjɨj²　dźjij¹　lew²　dźjij¹　mjɨ¹　njwi²　ku¹　nioow¹　·jij¹

凡，　众　圣　行　所　行　不　能　故，　由　相

[illegible]

mjij¹　mjɨɨ²　mjij¹　ɣa²　tsjij²　mjɨ¹　njwi²　ku¹　mjor¹　ljij²

无　境　无　于　觉　不　能　故，　如　来

于众圣所行不能行故，于无相无境不能觉了，如来

39.31.5

[illegible]

thja¹　do²　ljij²　wjuu¹　njiij¹　śjwo¹　ŋa²　sjij¹　kjɨ¹　djɨj²　thjɨ²

彼　处　大　悲　心　发：　我　今　定　当　是

[illegible]

sju²　·jij¹　mjij¹　mjɨɨ²　mjij¹　tsjiir¹　phie²　ne̱j²　thja²　·jij¹

如　相　无　境　无　法　开　示　其　之

于彼发起大悲：

39.31.6

[illegible]

tśjɨ¹　tsjij²　phjo²　ŋa²　·jɨ¹

觉　了　令　△　△。

我今定当开示令其觉了，如是无相无境法故。

39.31.7

[illegible]

nioow¹　tśjɨɨ¹　śja¹　rjir²　gji²　po¹　tjɨj¹　·jɨ¹　tja¹　·wjɨ²　rar²

复　次，　舍　利　子，　菩　提　言　者，　△　去

[illegible]

mjij²　ljij²　mjor¹　dźjiij¹　njaa²　so̱¹　zjo̱²　tśhja²　ka¹　so̱¹

未　来　现　在　非，　三　世　平　等，　三

复次，舍利子，言菩提者，非去来今，三世平等，三

39.32.1

[illegible]

·jij^1	dźiej^2	phja^1	so̱^{1}	·jij^1	dźiej^2	bja^2	tja^1	ljɨ̣^{1}	kjɨ^1	ŋwu^2
相	轮	断。	三	相	轮	断	名	何	等	为？
[illegible]	[illegible]	[illegible]，	[illegible]	[illegible]	[illegible]	[illegible]	[illegible]	[illegible]	[illegible]	
śja^1	rjir^2	gji^2	·wjɨ^2	rar^2	zjo̱^{2}	ɣa^2	njiij^1	dzu^1	·wer^1	
舍	利	子，	△	去	世	于	心	爱	恋	

相轮断。何等名为三相轮断？舍利子，于过去世心无顾转①，

39.32.2

[illegible]，	[illegible]	[illegible]	[illegible]	[illegible]	[illegible]	[illegible]	[illegible]	[illegible]，	[illegible]	[illegible]
mjij^1	mjij^2	ljij^2	zjo̱^{2}	ɣa^2	sjij^2	tshwew^1	lew^2	mjij^1	mjor^1	dźjiij^1
无，	未	来	世	于	识	趣	所	无，	现	在
[illegible]	[illegible]	[illegible]	[illegible]	[illegible]	[illegible]。	[illegible]	[illegible]	[illegible]	[illegible]	
zjo̱^{2}	ɣa^2	phji^1	śjwo^1	wji^1	mjij^1	thjɨ^2	njiij^1	phji^1	sjij^2	
世	于	意	起	作	无。	是	心	意	识	

于未来世识无趣向，于现在世意无起作。是心意识

39.32.3

[illegible]	[illegible]	[illegible]	[illegible]，	[illegible]	[illegible]	[illegible]	[illegible]	[illegible]，	[illegible]	[illegible]
no^2	dźjiij^1	mji^1	dju^1	·wjɨ^2	rar^2	mji^1	phjo^2	kar^2	mjij^2	ljij^2
安	住	无	有，	△	去	不	分	别，	未	来
[illegible]	[illegible]	[illegible]，	[illegible]	[illegible]	[illegible]	[illegible]	[illegible]。	[illegible]	[illegible]	
mji^1	zow^2	zjij^1	mjor^1	dźjiij^1	mji^1	kheej^1	ljɨ̣^{1}	dźiã^2	tśhju^1	
不	执	著，	现	在	不	戏	论。	情	有	

无有安住，不分别过去，不执著未来，不戏论现在。一切众生

39.32.4

[illegible]	[illegible]	[illegible]	[illegible]	[illegible]	[illegible]，	[illegible]	[illegible]	[illegible]	[illegible]，	[illegible]
ŋowr^2	ŋowr^2	so̱^{1}	zjo̱^{2}	njɨ^2	tsji̱r^2	so̱^{1}	dźiej^2	gji^1	sej^1	tsjij^2
一	切	三	世	等	性，	三	轮	清	净，	悟
[illegible]	[illegible]	[illegible]，	[illegible]	[illegible]	[illegible]	[illegible]	[illegible]	[illegible]	[illegible]	

① 顾转，西夏文译作“[illegible][illegible]”，字面意思是“爱恋”。

mjɨ1 njwi2 ku1 mjor1 ljɨj2 thja1 do2 ljɨj2 wjuu1 njiij1

不 能 故， 如 来 彼 处 大 悲 心

不能觉悟，三世等性，三轮清净，如来于彼发起大悲：

39.32.5

[illegible]：[illegible]

śjwo1 ŋa2 sjij1 kjɨ1 djɨj2 thjɨ2 sju2 so̱1 zjo̱2 so̱1 dźiej2

发： 我 今 定 当 是 如 三 世 三 轮

[illegible]

tśhja2 ka1 gji1 sej1 phie2 ne̱j2 thja2 ·jij1 tśjɨ1 tsjij2

平 等 清 净 开 示 其 之 觉 悟

我今定当开示令其觉悟，

39.32.6

[illegible]。

phjo2 ŋa2 ·jɨ1

令 △ △。

如是三世三轮平等清净故。

39.32.7

[illegible]，[illegible]，[illegible]，[illegible]

nioow1 tśjɨɨ1 śja1 rjir2 gji2 ŋa2 po1 tjɨj1 lja̱1 dźiəj2 mə̱1

复 次， 舍 利 子， 我 菩 提 证， 为 无

[illegible]。[illegible]？[illegible]

tsjiir1 mjij1 dźiəj2 mə̱1 tsji̱r2 mjij1 tja1 lji̱1 kjɨ1 ŋwu2 śja1

性 无。 为 无 性 无 名 何 等 为？ 舍

复次，舍利子，我证菩提，无为无性。何故名曰无为无性？舍

39.33.1

[illegible]，[illegible]

rjir2 gji2 thjɨ2 po1 tjɨj1 tsji̱r2 mej1 sjij2 ŋwu2 sjij2 lew2

利 子， 是 菩 提 性 眼 识 以 识 所

[illegible]， [illegible] [illegible] [illegible] [illegible] [illegible] [illegible] [illegible] [illegible]。 [illegible]

njaa^2 rjɨr^2 njɨ^2 phji^1 sjij^2 ŋwu^2 sjij^2 lew^2 njaa^2 dźiəj^2

非， 乃 至 意 识 以 识 所 非。 为

利子,是菩提性非眼识所识,乃至非意识所识。言无为者,

39.33.2

[illegible] [illegible] [illegible]， [illegible] [illegible] [illegible] [illegible]， [illegible] [illegible] [illegible] [illegible]，

mə̣^{1} ·jɨ^1 tja^1 wee^1 mjij^1 dzjar^2 mjij^1 nioow^1 dźjiij^1 tsjɨ^1 mjij^1

无 言 者， 生 无 灭 无， 又 住 亦 无，

[illegible] [illegible] [illegible] [illegible]， [illegible] [illegible] [illegible] [illegible] [illegible]。 [illegible]

sọ^1 ·jij^1 tsiow ka^2 ku^1 tśhjwo^1 dźiəj^2 mə̣^{1} ·jɨ^1 śja^1

三 相 永 离， 故 则 为 无 谓。 舍

无生无灭,亦无有住,三相永离,故名无为。舍

39.33.3

[illegible] [illegible]， [illegible] [illegible] [illegible] [illegible] [illegible]， [illegible] [illegible] [illegible] [illegible]。

rjir^2 gji^2 dźiəj^2 mə̣^{1} tsji̱r^2 nwə^1 ku^1 dźiəj^2 lheew^2 dwewr^2 lew^2

利 子， 为 无 性 知 故， 为 有 觉 当。

[illegible] [illegible] [illegible]？ [illegible] [illegible] [illegible] [illegible] [illegible] [illegible] [illegible]

thjij^2 sjo^2 ljɨ^1 rjur^1 tsjiir^1 ·jij^1 tsji̱r^2 tja^1 tsji̱r^2 mjij^1

何 以 故？ 诸 法 自 性 者 性 无

利子,知无为性,当觉有为。何以故？诸法自性

39.33.4

[illegible]， [illegible] [illegible] [illegible] [illegible] [illegible] [illegible] [illegible] [illegible]。 [illegible] [illegible]

ŋwu^2 tsji̱r^2 mjij^1 ·jɨ^1 tja^1 njɨɨ^1 kwər^1 mjij^1 ljɨ^1 dźiā^2 tśhju^1

是， 性 无 谓 者 二 体 无 也。 情 有

[illegible] [illegible] [illegible] [illegible] [illegible] [illegible] [illegible] [illegible] [illegible] [illegible]

ŋowr^2 ŋowr^2 thjɨ^2 tsji̱r^2 mjij^1 dźiəj^2 mə̣^{1} tsjij^2 mjɨ^1 njwi^2

一 切 此 性 无 为 无 悟 不 能

即是无性,夫无性者即体无二。一切众生不能觉悟此无性无为故,

39.33.5

[illegible],	[illegible]	[illegible]	[illegible]	[illegible]	[illegible]	[illegible]	[illegible]	[illegible]:	[illegible]	[illegible]
ku[1]	mjor[1]	ljịj[2]	thja[1]	do[2]	ljịj[2]	wjuu[1]	njiij[1]	śjwo[1]	ŋa[2]	sjij[1]
故,	如	来	彼	处	大	悲	心	发:	我	今
[illegible]	[illegible]	[illegible]	[illegible]	[illegible]	[illegible]	[illegible]	[illegible]	[illegible]	[illegible]	
kjɨ[1]	djɨj[2]	thjɨ[2]	sju[2]	tsjịr[2]	mjij[1]	dźiəj[2]	mə̣[1]	phie[2]	ne̱j[2]	
定	当	此	如	性	不	为	无	开	示	

如来于彼发起大悲:

39.33.6

[illegible]	[illegible]	[illegible]	[illegible]	[illegible]	[illegible]	[illegible]。
thja[2]	·jij[1]	tśjɨ[1]	tsjij[2]	phjo[2]	ŋa[2]	·jɨ[1]
其	之	觉	悟	令	△	△。

我今定当开示令其觉悟,如是无性无为故。

汉文本

尔时,佛告舍利子:云何菩萨摩诃萨,于如来不思议大悲,信受谛奉,乃至发希奇想?

舍利子,诸佛如来大悲常转。何以故?诸佛如来不舍一切众生故,于一切时为成熟一切众生故,当知大悲常起不息。舍利子,此如来大悲,如是无量,如是不可思议,如是无等等,如是无边,如是不可说,如是猛利,如是久远。随诸众生乃至如来一切语业,于是大悲亦难宣说。何以故?犹如如来证得菩提,不可思议;如是如来于诸众生大悲发起,亦复如是不可思议。舍利子,云何如来证得菩提?舍利子,犹如来入如是无根无住故证得菩提。舍利子,何等为根?何等为住?有身为根,虚妄分别为住。如来于此二法平等解了,是故说言,犹如如来入无根无住故,证得阿耨多罗三藐三菩提。一切众生不能解了如是二法,如来于彼发起大悲:如是无根无住法故,我今定当开示令其解了。

复次,舍利子,夫菩提者,其性寂静。何等名为寂静二法?舍利子,于内为寂,于外为静。何以故?眼性是空,离我我所;如是耳鼻舌身意、意性是空,离我我所。若如是知,名之为寂。如实了知眼性空已,不趣于色;乃至如实了知意性空已,不趣于法。若如是知,名之为静。一切众生于此寂静二法不能解了,如来于彼发起大悲:如是寂静二法故,我今定当开示令其解了。

复次,舍利子,我证菩提,自性清净。云何名为自性清净?舍利子,菩提之性体无染污,菩提之性与虚空等,菩提之性是虚空性,菩提之性同于虚空,菩提、虚空平等平等究竟性净。愚痴凡夫不觉如是自性清净,而为客尘烦恼之所染污。一切众生于是自性清净不能解了,如来于彼发起大悲:我今定当开示令其解了,如是自性清净故。

复次，舍利子，我证菩提，无入无出。何等名为入出二法？舍利子，所言入者，名执诸法；所言出者，名不执诸法。如来明见无入无出平等法性，犹如如来明见无远及无彼岸。何以故？以一切法性离远及彼岸故，能证是法故名如来。一切众生于此无入无出法性不能觉了，如来于彼发起大悲：我今定当开示令其觉了，如是无入无出法故。

复次，舍利子，我证菩提，无相无境。何等名为无相无境？舍利子，不得眼识名为无相，不观于色名为无境；乃至不得意识名为无相，不观于法名为无境。舍利子，无相无境，众圣所行。何等所行？谓在三界愚痴凡夫，于众圣所行不能行故，于无相无境不能觉了，如来于彼发起大悲：我今定当开示令其觉了，如是无相无境法故。

复次，舍利子，言菩提者，非去来今，三世平等，三相轮断。何等名为三相轮断？舍利子，于过去世心无顾转，于未来世识无趣向，于现在世意无起作。是心意识无有安住，不分别过去，不执著未来，不戏论现在。一切众生不能觉悟，三世等性，三轮清净，如来于彼发起大悲：我今定当开示令其觉悟，如是三世三轮平等清净故。

复次，舍利子，我证菩提，无为无性。何故名曰无为无性？舍利子，是菩提性非眼识所识，乃至非意识所识。言无为者，无生无灭，亦无有住，三相永离，故名无为。舍利子，知无为性，当觉有为。何以故？诸法自性即是无性，夫无性者即体无二。一切众生不能觉悟此无性无为故，如来于彼发起大悲：我今定当开示令其觉悟，如是无性无为故。

39.33.7

[illegible]	[illegible]，	[illegible]	[illegible]	[illegible]，	[illegible]	[illegible]	[illegible]	[illegible]，	[illegible]	[illegible]
nioow^{1}	tśjiɨ^{1}	śja^{1}	rjir^{2}	gji^{2}	ŋa^{2}	po^{1}	tjɨj^{1}	ljạ^{1}	do^{2}	pha^{1}
复	次，	舍	利	子，	我	菩	提	证，	差	别
[illegible]	[illegible]	[illegible]。	[illegible]	[illegible]	[illegible]	[illegible]	[illegible]	[illegible]	[illegible]	
mjɨ^{2}	rjar^{2}	mjij^{1}	do^{2}	pha^{1}	mjɨ^{2}	rjar^{2}	mjij^{1}	tja^{1}	ljɨ̣^{1}	
足	迹	无。	差	别	足	迹	无	名	何	

复次，舍利子，我证菩提，无差别迹。何故名为无差别迹？

39.34.1

[illegible]	[illegible]？	[illegible]	[illegible]	[illegible]，	[illegible]	[illegible]、	[illegible]	[illegible]、	[illegible]	[illegible]
kjɨ^{1}	ŋwu^{2}	śja^{1}	rjir^{2}	gji^{2}	mjor^{1}	ɣiej^{1}	tsjiir^{1}	tsjɨ̣r^{2}	zjɨ̣^{2}	njɨɨ^{1}
已	为？	舍	利	子，	如	真、	法	性、	俱	二
[illegible]	[illegible]	[illegible]；	[illegible]	[illegible]	[illegible]	[illegible]，	[illegible]	[illegible]	[illegible]	
mjɨ^{2}	rjar^{2}	·jɨ^{1}	tsjɨ̣r^{2}	do^{2}	pha^{1}	mjij^{1}	tsjɨ̣r^{2}	no^{2}	dźjiij^{1}	
足	迹	谓；	性	差	别	无，	性	安	住	

舍利子，真如、法性，二俱名迹；性无别异，性无安住，

39.34.2

[illegible]，	[illegible]	[illegible]	[illegible]	[illegible]	[illegible]。	[illegible]	[illegible]	[illegible]	[illegible]，	[illegible]
mjij^1	ku^1	do^2	pha^1	mjij^1	·jɨ^1	rjur^1	tsjiir^1	źjɨr^1	bju^2	tja^1
无，	名	差	别	无	谓。	诸	法	实	际，	名
[illegible]	[illegible]	[illegible]；	[illegible]	[illegible]	[illegible]	[illegible]，	[illegible]	[illegible]	[illegible]	
mjɨ^2	rjar^2	·jɨ^1	tsji̱r^2	mju^2	ljɨj^2	mjij^1	ku^1	do^2	pha^1	
足	迹	谓；	性	动	摇	无，	故	差	别	

名无差别。诸法实际,名之为迹;性无动摇,名无差别。

39.34.3

[illegible]	[illegible]。	[illegible]	[illegible]	[illegible]，	[illegible]	[illegible]	[illegible]	[illegible]；	[illegible]	[illegible]
mjij^1	·jɨ^1	tsjiir^1	ŋa^1	tsji̱r^2	tja^1	mjɨ^2	rjar^2	·jɨ^1	tsji̱r^2	rjir^1
无	谓。	法	空	性，	名	足	迹	谓；	性	得
[illegible]	[illegible]，	[illegible]	[illegible]	[illegible]	[illegible]	[illegible]。	[illegible]	[illegible]		
rjir^2	mjij^1	ku^1	do^2	pha^1	mjij^1	·jɨ^1	rjur^1	tsjiir^1		
与	不，	故	差	别	无	谓。	诸	法		

诸法空性,名之为迹;性不可得,名无差别。诸法

39.34.4

[illegible]	[illegible]，	[illegible]	[illegible]	[illegible]	[illegible]；	[illegible]	[illegible]	[illegible]	[illegible]，	[illegible]
·jij^1	mjij^1	tja^1	mjɨ^2	rjar^2	·jɨ^1	tsji̱r^2	tjo̱^{1}	tji̱^{2}	mjij^1	ku^1
相	无，	名	足	迹	谓；	性	寻	可	不，	故
[illegible]	[illegible]	[illegible]	[illegible]。	[illegible]	[illegible]	[illegible]	[illegible]，	[illegible]	[illegible]	
do^2	pha^1	mjij^1	·jɨ^1	rjur^1	tsjiir^1	tji̱^{1}	mjij^1	tja^1	mjɨ^2	
差	别	无	谓。	诸	法	愿	无，	名	足	

无相,名之为迹;性不可寻,名无差别。诸法无愿,

39.34.5

[illegible]	[illegible]；	[illegible]	[illegible]	[illegible]	[illegible]，	[illegible]	[illegible]	[illegible]	[illegible]	[illegible]。
rjar^2	·jɨ^1	tsji̱r^2	gu^1	śjwo^1	mjij^1	ku^1	do^2	pha^1	mjij^1	·jɨ^1
迹	谓；	性	发	起	无，	故	差	别	无	谓。

dźiā^{2} tśhju^{1} tsji̱r^{2} mjij^{1} tja^{1} mjɨ^{2} rjar^{2} ·jɨ^{1} thja^{1} kwər^{1}

情 有 性 无, 名 足 迹 谓; 即 体

名之为迹;性无发起,名无差别。无众生性,名之为迹;即体

39.34.6

tsji̱r^{2} mjij^{1} ku^{1} do^{2} pha^{1} ·jɨ^{1} mjij^{1} tshọ^{2} ŋa^{1} ·jij^{1} tja^{1}

性 无, 故 差 别 谓 无。 虚 空 相, 名

mjɨ^{2} rjar^{2} ·jɨ^{1} tsji̱r^{2} rjir^{1} tjị^{2} mjij^{1} ku^{1} do^{2} pha^{1}

足 迹 谓; 性 得 可 不, 故 差 别

性无,名无差别。是虚空相,名之为迹;性不可得,名无差别。

39.34.7

·jɨ^{1} tsji̱r^{2} wee^{1} mjij^{1} tja^{1} mjɨ^{2} rjar^{2} ·jɨ^{1} tsji̱r^{2} dzjar^{2} mjij^{1}

谓, 性 生 无, 名 足 迹 谓; 性 灭 无,

ku^{1} do^{2} pha^{1} mjij^{1} ·jɨ^{1} tsji̱r^{2} dźiəj^{2} mə̣^{1} tja^{1} mjɨ^{2}

故 差 别 无 谓。 性 为 无, 名 足

其性无生,是名为迹;其性无灭,名无差别。其性无为,

39.35.1

rjar^{2} ·jɨ^{1} tsji̱r^{2} dźjij^{1} dźjiij^{1} mjij^{1} ku^{1} do^{2} pha^{1} mjij^{1} ·jɨ^{1}

迹 谓; 性 行 住 无, 故 差 别 无 谓。

po^{1} tjɨj^{1} ·jij^{1} we^{2} ku^{1} mjɨ^{2} rjar^{2} ·jɨ^{1} tsji̱r^{2} mjij^{1}

菩 提 相 为, 故 足 迹 谓; 性 寂

是名为迹;性无行住,名无差别。为菩提相,是名为迹;其性寂

39.35.2

[illegible]，	[illegible]	[illegible]	[illegible]	[illegible]	[illegible]。	[illegible]	[illegible]	[illegible]	[illegible]，	[illegible]
sej^{1}	ku^{1}	do^{2}	pha^{1}	mjij^{1}	·jɨ^{1}	djiij^{2}	phā^{1}	·jij^{1}	we^{2}	ku^{1}
静，	故	差	别	无	谓。	涅	槃	相	为，	故
[illegible]	[illegible]	[illegible]；	[illegible]	[illegible]	[illegible]，	[illegible]	[illegible]	[illegible]	[illegible]	
mjɨ^{2}	rjar^{2}	·jɨ^{1}	tsji̱r^{2}	wee^{1}	mjij^{1}	ku^{1}	do^{2}	pha^{1}	mjij^{1}	
足	迹	谓；	性	生	无，	故	差	别	哞	

静，名无差别。为涅槃相，是名为迹；其性无生，名无差别。

39.35.3

[illegible]。	[illegible]	[illegible]	[illegible]，	[illegible]	[illegible]	[illegible]	[illegible]	[illegible]	[illegible]	[illegible]
·jɨ^{1}	śja^{1}	rjir^{2}	gji^{2}	dźiã^{2}	tśhju^{1}	ŋowr^{2}	ŋowr^{2}	thjɨ^{2}	do^{2}	pha^{1}
谓。	舍	利	子，	情	有	一	切	此	差	别
[illegible]	[illegible]	[illegible]	[illegible]	[illegible]	[illegible]，	[illegible]	[illegible]	[illegible]	[illegible]	
mjɨ^{2}	rjar^{2}	mjij^{1}	tsjij^{2}	mjɨ^{1}	njwi^{2}	ku^{1}	mjor^{1}	ljij^{2}	thja^{1}	
足	迹	无	悟	不	能，	故	如	来	彼	

舍利子，一切众生不能觉悟无差别迹，如来于彼

39.35.4

[illegible]	[illegible]	[illegible]	[illegible]	[illegible]：	[illegible]	[illegible]	[illegible]	[illegible]	[illegible]	[illegible]
do^{2}	ljij^{2}	wjuu^{1}	njiij^{1}	śjwo^{1}	ŋa^{2}	sjij^{1}	kjɨ^{1}	djɨj^{2}	thjɨ^{2}	sju^{2}
处	大	悲	心	发：	我	今	定	当	是	如
[illegible]	[illegible]	[illegible]	[illegible]	[illegible]	[illegible]	[illegible]	[illegible]	[illegible]	[illegible]	
do^{2}	pha^{1}	mjɨ^{2}	rjar^{2}	mjij^{1}	phie^{2}	ne̱j^{2}	thja^{2}	·jij^{1}	tśjɨ^{1}	
差	别	足	迹	无	开	示	其	之	觉	

发起大悲：

39.35.5

[illegible]	[illegible]	[illegible]	[illegible]。
tsjij^{2}	phjo^{2}	ŋa^{2}	·jɨ^{1}
悟	令	△	△。

我今定当开示令其觉悟，如是无差别迹故。

39.35.6

[illegible]	[illegible]，	[illegible]	[illegible]	[illegible]，	[illegible]	[illegible]	[illegible]	[illegible]，	[illegible]	[illegible]
nioow^1	tśjɨɨ^1	śja^1	rjir^2	gji^2	po^1	tjɨj^1	·jɨ^1	tja^1	ljụ^2	ŋwu^2
复	次，	舍	利	子，	菩	提	言	者，	身	以
[illegible]	[illegible]	[illegible]，	[illegible]	[illegible]	[illegible]	[illegible]	[illegible]。	[illegible]	[illegible]	
ljạ^1	tjị^2	mjij^1	njiij^1	ŋwu^2	ljạ^1	tjị^2	mjij^1	thjij^2	sjo^2	
证	可	不，	心	以	证	可	不。	何	以	

复次，舍利子，言菩提者，不可以身证，不可以心证。何以

39.35.7

[illegible]？	[illegible]	[illegible]	[illegible]	[illegible]，	[illegible]	[illegible]	[illegible]	[illegible]，	[illegible]	[illegible]
ljɨ^1	ljụ^2	tsji̱r^2	nwə^1	mjij^1	wji^1	·ioow^1	mji^1	dju^1	dzjọ^1	sjɨ^1
故？	身	性	知	无，	作	用	无	有，	譬	木
[illegible]、	[illegible]	[illegible]、	[illegible]	[illegible]	[illegible]	[illegible]；	[illegible]	[illegible]	[illegible]，	
śjị^2	we^2	dzjwị^1	ɣjiw^2	lụ^1	bji^1	sju^2	njiij^1	tsji̱r^2	tsjɨ^1	
草、	墙	壁、	玉	石	光	如；	心	性	亦，	

故？身性无知，无有作用，譬如草木、墙壁、瑑石之光；心性亦尔，

39.36.1

[illegible]	[illegible]	[illegible]	[illegible]、	[illegible]	[illegible]、	[illegible]	[illegible]	[illegible]	[illegible]。	[illegible]	[illegible]
thjɨ^2	sju^2	wjị^1	dạ^2	so^2	lwew^1	zjɨɨr^2	kha^1	lhjịj^2	sju^2	tjij^1	thjɨ^2
是	如	幻	事、	阳	焰、	水	中	月	如。	若	是
[illegible]	[illegible]	[illegible]	[illegible]	[illegible]	[illegible]，	[illegible]	[illegible]	[illegible]	[illegible]	[illegible]。	
sju^2	ljụ^2	njiij^1	tśjị^1	tsjij^2	njwi^2	ku^1	tśhjwo^1	po^1	tjɨj^1	·jɨ^1	
如	身	心	觉	悟	能，	是	故	菩	提	谓。	

譬如幻事、阳焰、水月。若能如是觉悟身心，是名菩提。

39.36.2

[illegible]	[illegible]	[illegible]，	[illegible]	[illegible]	[illegible]	[illegible]	[illegible]	[illegible]，	[illegible]	[illegible]
śja^1	rjir^2	gji^2	lew^1	rjur^1	mur^1	ŋwuu^1	dạ^2	bju^1	po^1	tjɨj^1

舍 利 子， 但 世 俗 词 言 以， 菩 提

mjiij^{2} ·jɨ^{1} po^{1} tjɨj^{1} źjɨr^{1} tsji̱r^{2} dạ^{2} ŋwu^{2} tshjiij^{1} tji̱^{2}

名 谓。 菩 提 实 性， 言 以 说 可

舍利子，但以世俗言说，假名菩提。菩提实性，不可言说，

39.36.3

mjij^{1} lju̱^{2} ŋwu^{2} rjir^{1} tji̱^{2} mjij^{1} njiij^{1} ŋwu^{2} rjir^{1} tji̱^{2} mjij^{1}

不， 身 以 得 可 不， 心 以 得 可 不，

tsjiir^{1} ŋwu^{2} rjir^{1} rjir^{2} mjij^{1} mji^{1} tsjiir^{1} ŋwu^{2} rjir^{1} tji̱^{2}

法 以 得 与 不， 非 法 以 得 可

不可以身得，不可以心得，不可以法得，不可以非法得，

39.36.4

mjij^{1} źjɨr^{1} ɣiej^{1} ŋwu^{2} rjir^{1} tji̱^{2} mjij^{1} mji^{1} źjɨr^{1} ɣiej^{1} ŋwu^{2}

不， 实 真 以 得 可 不， 非 实 真 以

rjir^{1} tji̱^{2} mjij^{1} dźjar^{2} ŋwu^{2} rjir^{1} tji̱^{2} mjij^{1} lạ^{1} ŋwu^{2}

得 可 不， 罪 以 得 可 不， 妄 以

不可以真实得，不可以非真实得，不可以谛得，不可以妄得。

39.36.5

rjir^{1} tji̱^{2} mjij^{1} thjij^{2} sjo^{2} ljɨ^{1} thja^{1} po^{1} tjɨj^{1} tsji̱r^{2} ŋwuu^{1}

得 可 不。 何 以 故？ 彼 菩 提 性 言

dạ^{2} ka^{2} ljɨ^{1} nioow^{1} rjur^{1} tsjiir^{1} ·jij^{1} ŋowr^{2} ŋowr^{2} tsjɨ^{1}

说 离 故， 又 诸 法 相 一 切 亦

何以故？由菩提性离言说故，亦离一切诸法相故。

39.36.6

[illegible]	[illegible]，	[illegible]	𗗚	[illegible]	[illegible]，	[illegible]	[illegible]	[illegible]	[illegible]	[illegible]
ka^{2}	ljɨ^{1}	nioow^{1}	thja^{1}	po^{1}	tjɨj^{1}	·jwɨr^{1}	·jij^{1}	mji^{1}	dju^{1}	ŋwuu^{1}
离	故，	又	彼	菩	提，	形	相	无	有	言
[illegible]	[illegible]	[illegible]；	[illegible]	[illegible]	[illegible]	[illegible]，	[illegible]	[illegible]	[illegible]	
dạ^{2}	·ioow^{1}	mjij^{1}	dzjọ^{1}	sju^{2}	tshọ^{2}	ŋa^{1}	mjor^{1}	laa^{1}	mji^{1}	
说	用	不；	譬	如	虚	空，	如	形	无	

又以菩提，无有形相用通言说；譬如虚空，无有形

39.36.7

[illegible]	[illegible]	[illegible]	[illegible]	[illegible]。	[illegible]	[illegible]	[illegible]，	[illegible]	[illegible]	𘓺
dju^{1}	tshjiij^{1}	tjị^{2}	mjij^{1}	ljɨ^{1}	śja^{1}	rjir^{2}	gji^{2}	źjɨr^{1}	bju^{1}	rjur^{1}
有	说	可	不	故。	舍	利	子，	实	如	诸
𗗙	𗏁	𗏁	[illegible]	[illegible]	[illegible]	𗓱	[illegible]	[illegible]。	[illegible]	
tsjiir^{1}	ŋowr^{2}	ŋowr^{2}	tjo̱^{1}	·ju^{2}	zji^{2}	ŋwuu^{1}	dạ^{2}	mjij^{1}	thjij^{2}	
法	一	切	求	寻	皆	言	说	无。	何	

处故不可说。舍利子，如实寻求一切诸法皆无言说。何

39.37.1

[illegible]	[illegible]？	𗗙	𗏁	𗏁	𗖵	𗓱	[illegible]	[illegible]	[illegible]，	𗗚
sjo^{2}	ljɨ^{1}	tsjiir^{1}	ŋowr^{2}	ŋowr^{2}	kha^{1}	ŋwuu^{1}	dạ^{2}	mji^{1}	dju^{1}	thja^{1}
以	故？	法	一	切	中	言	说	无	有，	彼
𗓱	[illegible]	𗖵	𘓺	𗗙	[illegible]	[illegible]	[illegible]。	[illegible]	[illegible]	
ŋwuu^{1}	dạ^{2}	kha^{1}	rjur^{1}	tsjiir^{1}	tsjɨ^{1}	mjij^{1}	ljɨ^{1}	dźiã^{2}	tśhju^{1}	
词	言	中	诸	法	亦	无	也。	情	有	

以故？由诸法中无有言说，于言说中亦无诸法。一切众生

39.37.2

𗏁	𗏁	𘝦	𗐱	𘓺	𗗙	[illegible]	[illegible]	[illegible]	[illegible]	[illegible]，
ŋowr^{2}	ŋowr^{2}	thjɨ^{2}	sju^{2}	rjur^{1}	tsjiir^{1}	wo^{2}	tshwew^{1}	tsjij^{2}	mjɨ^{1}	njwi^{2}
一	切	是	如	诸	法	理	趣	悟	不	能，

ku^{1} mjor^{1} ljij^{2} thja^{1} do^{2} ljịj^{2} wjuu^{1} njiij^{1} śjwo^{1} ŋa^{2}

故 如 来 彼 处 大 悲 心 发： 我

不能觉悟如是诸法理趣，如来于彼发起大悲：我

39.37.3/4

sjij^{1} kjɨ^{1} djɨj^{2} rjur^{1} tsjiir^{1} wo^{2} tshwew^{1} phie^{2} ne̠j^{2} thja^{2} ·jij^{1}

今 定 当 诸 法 理 趣 开 示 其 之

thjɨ^{2} sju^{2} źjɨr^{1} dźjar^{2} wo^{2} tshwew^{1} tśjɨ^{1} tsjij^{2} phjo^{2} ŋa^{2} ·jɨ^{1}

是 如 实 罪 义 趣 觉 悟 令 △/ △。

今定当开示诸法理趣令其觉悟，如是谛①实义旨故。

39.37.5

nioow^{1} tśjɨɨ^{1} śja^{1} rjir^{2} gji^{2} po^{1} tjɨj^{1} ·jɨ^{1} tja^{1} lhjwi^{1} mjij^{1}

复 次， 舍 利 子， 菩 提 言 者， 取 无

dzjuu^{2} mjij^{1} lhjwi^{1} mjij^{1} dzjuu^{2} mjij^{1} tja^{1} ljị^{1} kjɨ^{1} ŋwu^{2}

藏 无。 取 无 藏 无 名 何 等 为？

复次，舍利子，言菩提者，无取无藏。何等名为无取无藏？

39.37.6

śja^{1} rjir^{2} gji^{2} mej^{1} nwə^{1} tsjij^{2} ku^{1} lhjwi^{1} mjij^{1} ·jɨ^{1} tsə̣^{1}

舍 利 子， 眼 知 了 故， 取 无 谓； 色

mji^{1} bio̠^{1} ku^{1} dzjuu^{2} mjij^{1} ·jɨ^{1} śja^{1} rjir^{2} gji^{2} mjor^{1}

不 观 故， 藏 无 曰。 舍 利 子， 如

① 谛，西夏文作“[illegible]”（罪）。“[illegible]”（dźjar^{2}）通“[illegible]”（dźjar^{2}，谛）。

舍利子,了知眼故,名无所取;不观色故,名曰无藏。舍利子,如

39.37.7

[illegible]

ljij² thja¹ po¹ tjɨj¹ lja̱¹ lhjwi¹ mjij¹ dzjuu² mjij¹ ku¹ mej¹

来 是 菩 提 证 取 无 藏 无 故, 眼

[illegible]

ɣa² mji¹ lhjwi¹ tsə̣¹ ɣa² mji¹ dzjuu² sjij² ɣa² mji¹

于 不 取, 色 于 不 藏, 识 于 不

来证是菩提无取无藏故,不取于眼,不藏于色,不住于识;

39.38.1

[illegible]

dźjiij¹ rjɨr² njɨ² phji¹ ɣa² mji¹ lhjwi¹ tsjiir¹ ɣa² mji¹ dzjuu²

住; 乃 至 意 于 不 取, 法 于 不 藏,

[illegible]

sjij² ɣa² mji¹ dźjiij¹ sjij² kjɨ¹ mji¹ dźjiij¹ dźiã² tśhju¹

识 于 不 住。 识 虽 不 住, 情 有

乃至不取于意,不藏于法,不住于识。虽不住识,而能了知一切众生

39.38.2

[illegible]

ŋowr² ŋowr² ·jij¹ njiij¹ dźjiij¹ tji̱² tsjij² njwi² thjij² sjo² nwə¹

一 切 之 心 住 可 了 能。 何 云 知

[illegible]

tsjij² rjur¹ dźiã² tśhju¹ ·jij¹ njiij¹ ljiir¹ tsjiir¹ ɣa² dźjiij¹

了? 诸 情 有 之 心 四 法 于 住

心之所住。云何了知?谓诸众生心住四法。

39.38.3

[illegible]

ljɨ¹ ljiir¹ tja¹ thjij² sjo² dźiã² tśhju¹ ŋowr² ŋowr² njiij¹ sjij²

也。 四 者 何 云？ 情 有 一 切 心 识

[illegible]

ɣa^{2} dźjiij^{1} njiij^{1} lhjịj^{2} ɣa^{2} dźjiij^{1} njiij^{1} sjij^{2} ɣa^{2} dźjiij^{1}

于 住， 心 受 于 住， 心 识 于 住，

何等为四？一切众生心住于识，心住于受，心住于想，

39.38.4

[illegible]

njiij^{1} dźjɨ$^{?}$ ɣa^{2} dźjiij^{1} mjor^{1} ljịj^{2} thjɨ^{2} sju^{2} dźjiij^{1} mji^{1} dźjiij^{1}

心 行 于 住。 如 来 是 如 住 不 住

[illegible]

źjɨr^{1} bju^{1} nwə^{1} tsjij^{2} dźiã^{2} tśhju^{1} ŋowr^{2} ŋowr^{2} dźjiij^{1} mjij^{1}

实 如 知 了。 情 有 一 切 住 无

心住于行。如来如是如实了知住与不住。一切众生

39.38.5

[illegible]

źjɨr^{1} bju^{2} ne̱j^{2} mjɨ^{1} njwi^{2} ku^{1} mjor^{1} ljịj^{2} thja^{1} do^{2} ljịj^{2}

实 际 示 不 能， 故 如 来 彼 处 大

[illegible]

wjuu^{1} njiij^{1} śjwo^{1} ŋa^{2} sjij^{1} kjɨ^{1} djịj^{2} thjɨ^{2} sju^{2} dźjiij^{1}

悲 心 发： 我 今 定 当 是 如 住

不能觉悟无住实际，如来于彼发起大悲：我今定当

39.38.6

[illegible]

mjij^{1} źjɨr^{1} bju^{2} tsjiir^{1} phie^{2} ne̱j^{2} thja^{2} ·jij^{1} tśjɨ^{1} tsjij^{2} phjo^{2}

不 实 际 法 开 示 其 之 觉 悟 令

[illegible]

ŋa^{2} ·jɨ^{1}

△ △。

开示令其觉悟，如是无住实际法故。

汉文本

复次,舍利子,我证菩提,无差别迹。何故名为无差别迹?舍利子,真如、法性,二俱名迹;性无别异,性无安住,名无差别。诸法实际,名之为迹;性无动摇,名无差别。诸法空性,名之为迹;性不可得,名无差别。诸法无相,名之为迹;性不可寻,名无差别。诸法无愿,名之为迹;性无发起,名无差别。无众生性,名之为迹;即体性无,名无差别。是虚空相,名之为迹;性不可得,名无差别。其性无生,是名为迹;其性无灭,名无差别。其性无为,是名为迹;性无行住,名无差别。为菩提相,是名为迹;其性寂静,名无差别。为涅槃相,是名为迹;其性无生,名无差别。舍利子,一切众生不能觉悟无差别迹,如来于彼发起大悲:我今定当开示令其觉悟,如是无差别迹故。

复次,舍利子,言菩提者,不可以身证,不可以心证。何以故?身性无知,无有作用,譬如草木、墙壁、琢石之光;心性亦尔,譬如幻事、阳焰、水月。若能如是觉悟身心,是名菩提。舍利子,但以世俗言说,假名菩提。菩提实性,不可言说,不可以身得,不可以心得,不可以法得,不可以非法得,不可以真实得,不可以非真实得,不可以谛得,不可以妄得。何以故?由菩提性离言说故,亦离一切诸法相故。又以菩提,无有形相用通言说;譬如虚空,无有形处故不可说。舍利子,如实寻求一切诸法皆无言说。何以故?由诸法中无有言说,于言说中亦无诸法。一切众生不能觉悟如是诸法理趣,如来于彼发起大悲:我今定当开示诸法理趣令其觉悟,如是谛实义旨故。

复次,舍利子,言菩提者,无取无藏。何等名为无取无藏?舍利子,了知眼故,名无所取;不观色故,名曰无藏。舍利子,如来证是菩提无取无藏故,不取于眼,不藏于色,不住于识;乃至不取于意,不藏于法,不住于识。虽不住识,而能了知一切众生心之所住。云何了知?谓诸众生心住四法。何等为四?一切众生心住于识,心住于受,心住于想,心住于行。如来如是如实了知住与不住。一切众生不能觉悟无住实际,如来于彼发起大悲:我今定当开示令其觉悟,如是无住实际法故。

39.38.7

[illegible]	[illegible],	[illegible]	[illegible]	[illegible],	[illegible]	[illegible]	[illegible]	[illegible],	[illegible]	[illegible]
nioow^{1}	tśjɨɨ^{1}	śja^{1}	rjir^{2}	gji^{2}	po^{1}	tjɨj^{1}	·jɨ^{1}	tja^{1}	ŋa^{1}	·jij^{1}
复	次,	舍	利	子,	菩	提	言	者,	空	之
[illegible]	[illegible]	[illegible]。	[illegible]	[illegible]	[illegible]	[illegible],	[illegible]	[illegible]	[illegible]	
do^{2}	mjiij^{2}	ŋwu^{2}	ŋa^{1}	ŋa^{1}	nioow^{1}	ku^{1}	po^{1}	tjɨj^{1}	tsjɨ^{1}	
异	名	是。	空	空	由	故,	菩	提	亦	

复次,舍利子,言菩提者,空之异名。由空空故,菩提亦

39.39.1

[illegible];	[illegible]	[illegible]	[illegible]	[illegible],	[illegible]	[illegible]	[illegible]	[illegible]。	[illegible]	[illegible]

ŋa1	po1	tjɨj1	ŋa1	ku1	rjur1	tsjiir1	tsjɨ1	ŋa1	thjɨ2	nioow1
空；	菩	提	空	故，	诸	法	亦	空。	是	故
mjor1	ljij2	thja1	ŋa1	tsjịr2	bju1	tsjiir1	ŋowr2	ŋowr2	dwewr2	
如	来	其	空	性	如	法	一	切	觉，	

空；菩提空故，诸法亦空。是故如来如其空性觉一切法，

39.39.2

ŋa1	nioow1	tsjiir1	ŋa1	tsjịr2	dwewr2	ljị1	njaa2	lew1	wo2	tshwew1
空	故	法	空	性	觉	及	不，	一	理	趣
sjij2	nioow1	tsjiir1	tsjịr2	ŋa1	dwewr2	ŋa1	po1	tjɨj1	rjir2	
智	由	法	性	空	觉。	空	菩	提	与，	

不由空故觉法空性，由一理趣智故觉法性空。空与菩提，

39.39.3

tsjịr2	njɨɨ1	mji1	dju1	njɨɨ1	mjij1	nioow1	ku1	thjɨ2	po1	tjɨj1
性	二	无	有；	二	无	由	故，	此	菩	提
ŋwu2	thjɨ2	ŋa1	tsjịr2	ŋwu2	·jɨ1	tji2	mjij1	tjij1	njɨɨ1	
是，	此	空	性	是	告	可	不。	若	二	

性无有二；由无二故，不可说言，此是菩提，此是空性。若有二

39.39.4

dju1	ku1	thjɨ2	po1	tjɨj1	ŋwu2	thjɨ2	ŋa1	tsjịr2	ŋwu2	·jɨ1
有	者，	此	菩	提	为，	此	空	性	为	告
tji2	wjij2	thjij2	sjo2	ljɨ1	tsjiir1	njɨɨ1	mji1	dju1	njɨɨ1	
可	有。	何	以	故？	法	二	无，	有	二	

者，则可言说，此为菩提，此为空性。以法无二，无有二

39.39.5

·jij^{1}	tsjɨ^{1}	mjij^{1}	mjiij^{2}	mjij^{1}	dźjịj^{1}	mjij^{1}	sji^{1}	dźjwa^{1}	mji^{1}	dźjịj^{1}
相	亦	无，	名	无、	行	无、	毕	竟	不	行
nioow^{1}	mjor^{1}	mji^{1}	dźjịj^{1}	ljɨ^{1}	ŋa^{1}	·jɨ^{1}	tja^{1}	zow^{2}	zjịj^{1}	
亦	现	不	行	也。	空	言	者，	执	著	

相，无名、无相、无行，毕竟不行亦不现行。所言空者，远离取执。

39.39.6

khwa^{1}	ka^{2}	buu^{2}	wo^{2}	dźjar^{2}	kha^{1}	tsjiir^{1}	rjir^{1}	tjị^{2}	mjij^{1}	tsji̱r^{2}
远	离。	胜	义	谛	中	法	得	可	无，	性
ŋa^{1}	nioow^{1}	ku^{1}	tśhjwo^{1}	ŋa^{1}	·jɨ^{1}	ljɨ^{1}	ljij^{2}	ŋa^{1}	bju^{1}	
空	由	故	是	空	说	也。	太	虚	如，	

胜义谛中无法可得，由性空故说名为空。如说太虚，

39.39.7

tshọ^{2}	ŋa^{1}	·jɨ^{1}	thja^{1}	ljij^{2}	ŋa^{1}	tsji̱r^{2}	tshjiij^{1}	tjị^{2}	mjij^{1}	thjɨ^{2}
虚	空	谓，	彼	太	虚	性	说	可	不；	是
sju^{2}	ŋa^{1}	tsjiir^{1}	tja^{1}	ŋa^{1}	·jɨ^{1}	nioow^{1}	thja^{1}	ŋa^{1}	tsji̱r^{2}	
如	空	法，	名	空	谓，	而	彼	空	性	

名为虚空，而太虚性不可言说；如是空法，说名为空，而彼空性

39.40.1

tshjiij^{1}	tjị^{2}	mjij^{1}	thjɨ^{2}	sju^{2}	rjur^{1}	tsjiir^{1}	źjɨr^{1}	mjiij^{2}	mji^{1}	dju^{1}

说 可 不。 是 如 诸 法， 实 名 无 有，

[illegible]

dź-$^{?}$ mjiij^{2} bju^{1} tshjiij^{1} tsjij^{2} ·o^{2} nioow^{1} rjur^{1} tsjiir^{1} mjiij^{2}

假 名 如 说 悟 入， 然 诸 法 名

不可言说。如是悟入诸法，实无有名，假立名说，然诸法名

39.40.2

[illegible]

rjijr^{2} mjij^{1} do^{2} mjij^{1} mjiij^{2} ŋwu^{2} rjur^{1} tsjiir^{1} dźju^{1} sju^{2} thjɨ^{2}

方 无 处 无。 名 以 诸 法 明 如， 此

[illegible]

tsjiir^{1} rjijr^{2} mjij^{1} do^{2} mjij^{1} tsjɨ^{1} thja^{1} wjɨ^{2} sju^{2} mjor^{1}

法 方 无 处 无 亦 彼 △ 如。 如

无方无处。如名诠诸法，此法无方无处亦复如是。如

39.40.3

[illegible]

ljij^{2} tsjiir^{1} ŋowr^{2} ŋowr^{2} mər^{2} ɣa^{2} njij^{2} wee^{1} mjij^{1} śjwo^{1} mjij^{1}

来 法 一 切 本 于 远 生 无 起 无

[illegible]

nwə^{1} tsjij^{2} thjɨ^{2} sju^{2} nwə^{1} nioow^{1} tśhjwo^{1} bie^{2} lhew^{2} lja̱^{1}

知 悟， 是 如 知 已 而 解 脱 证，

来了知，一切诸法从本已来无生无起，如是知已而证解脱，

39.40.4

[illegible]

nioow^{1} thja^{1} źjɨr^{1} tsji̱r^{2} tśjɨɨr^{2} mjij^{1} lhew^{2} mjij^{1} rjur^{1} lə^{2} ·ju^{2}

然 其 实 性 缚 无 脱 无。 诸 痴 夫

[illegible]

mur^{1} thjɨ^{2} po^{1} tjɨj^{1} tsji̱r^{2} tsjij^{2} mjɨ^{1} njwi^{2} ku^{1} mjor^{1}

凡 此 菩 提 性 悟 不 能 故， 如

然其实性无缚无脱。诸痴凡夫不能觉悟此菩提性，如

39.40.5

ljịj^{2} thja^{1} do^{2} ljịj^{2} wjuu^{1} njiij^{1} śjwo^{1} ŋa^{2} sjij^{1} kjɨ^{1} djɨj^{2}
来 彼 处 大 悲 心 发： 我 今 定 当

thjɨ^{2} sju^{2} po^{1} tjɨj^{1} źjɨr^{1} tsjɨ̠r^{2} phie^{2} ne̠j^{2} thja^{2} ·jij^{1}
此 如 菩 提 实 性 开 示 其 之

来于彼发起大悲：

39.40.6

tśjɨ^{1} tsjij^{2} phjo^{2} ŋa^{2} ·jɨ^{1}
觉 悟 令 △ △。

我当开示令其觉悟,如是菩提之实性故。

39.40.7

nioow^{1} tśjɨɨ^{1} śja^{1} rjir^{2} gji^{2} po^{1} tjɨj^{1} tsjɨ̠r^{2} tja^{1} ljịj^{2} ŋa^{1}
复 次， 舍 利 子， 菩 提 性 者， 太 虚

rjir^{2} ka^{1} thja^{1} ljịj^{2} ŋa^{1} tsjɨ̠r^{2} ka^{1} mji^{1} ka^{1} mjij^{1}
与 等。 彼 太 虚 性 等 不 等 无，

复次,舍利子,菩提之性,与太虚等。然太虚性无等不等,

39.41.1

po^{1} tjɨj^{1} tsjɨ^{1} thja^{1} sju^{2} ka^{1} mji^{1} ka^{1} mjij^{1} dzjọ^{1} sju^{2}
菩 提 亦 彼 如， 等 不 等 无。 譬 如

rjur^{1} tsjiir^{1} źjɨr^{1} ɣiej^{1} tsjɨ̠r^{2} mjij^{1} ku^{1} ka^{1} mji^{1} ka^{1}
诸 法， 实 真 性 无， 故 等 不 等

菩提亦尔，无等不等。犹如诸法，性无真实，不可说等及不平等。

39.41.2

[illegible]	[illegible]	[illegible]	[illegible]。	[illegible]	[illegible]	[illegible]，	[illegible]	[illegible]	[illegible]	[illegible]
tshjiij^{1}	tji^{2}	mjij^{1}	ljɨ^{1}	śja^{1}	rjir^{2}	gji^{2}	mjor^{1}	ljịj^{2}	rjur^{1}	tsjiir^{1}
说	可	不	也。	舍	利	子，	如	来	诸	法
[illegible]	[illegible]	[illegible]	[illegible]	[illegible]	[illegible]	[illegible]	[illegible]	[illegible]；	[illegible]	
ŋowr^{2}	ŋowr^{2}	tsjịr^{2}	tśhja^{2}	ka^{1}	mji^{1}	tśhja^{2}	ka^{1}	mjij^{1}	dwewr^{2}	
一	切	性	平	等	不	平	等	不；	觉	

如是，舍利子，如来觉悟一切诸法，其性平等无不平等；

39.41.3

[illegible]	[illegible]	[illegible]，	[illegible]	[illegible]	[illegible]	[illegible]	[illegible]	[illegible]	[illegible]，	[illegible]
tsjij^{2}	zjɨɨr^{1}	zjij^{1}	tśhja^{2}	ka^{1}	mji^{1}	tśhja^{2}	ka^{1}	tsjiir^{1}	mjij^{1}	źjɨr^{1}
悟	少	许，	平	等	不	平	等	法	不，	实
[illegible]	[illegible]	[illegible]。	[illegible]	[illegible]	[illegible]	[illegible]	[illegible]	[illegible]	[illegible]	
bju^{1}	dwewr^{2}	tsjij^{2}	thjɨ^{2}	sju^{2}	mjor^{1}	ljịj^{2}	źjɨr^{1}	bju^{1}	sjịj^{2}	
如	觉	悟。	是	如	如	来	实	如	智	

如实觉悟，无有少法，可为平等及不平等。如是如来如实智

39.41.4

[illegible]	[illegible]	[illegible]	[illegible]	[illegible]	[illegible]。	[illegible]	[illegible]	[illegible]	[illegible]	[illegible]
rjijr^{2}	rjur^{1}	tsjiir^{1}	rjijr^{2}	sji^{1}	ljɨ^{1}	źjɨr^{1}	bju^{1}	sjịj^{2}	tja^{1}	ljɨ^{1}
量	诸	法	量	穷	也。	实	如	智	名	何
[illegible]	[illegible]？	[illegible]	[illegible]	[illegible]	[illegible]	[illegible]，	[illegible]	[illegible]		
kjɨ^{1}	ŋwu^{2}	rjur^{1}	tsjiir^{1}	mər^{2}	nioow^{1}	wee^{1}	wee^{1}	nioow^{1}		
已	为？	诸	法	本	已	生，	生	已		

量穷诸法量。何者名为如实智耶？谓知诸法本无而生，生已

39.41.5

[illegible]	[illegible]，	[illegible]	[illegible]	[illegible]	[illegible]，	[illegible]	[illegible]	[illegible]	[illegible]，	[illegible]
dźjow^{1}	ka^{2}	wə^{1}	mjij^{1}	nioow^{1}	wee^{1}	wə^{1}	mjij^{1}	nioow^{1}	dźjow^{1}	tjij^{1}

分	离,	主	无	而	生,	主	无	而	散,	若
wee^{1}	tjij^{1}	dźjow^{1}	·ji^{1}	·jiw^{1}	bju^{1}	lej^{2}	thja^{1}	kha^{1}	·a$^{?}$	
生	若	散	众	缘	随	转,	此	中	一	

离散,无主而生,无主而散,若生若散随众缘转,此中无有一

39.41.6

mə^{2}	zjịj^{1}	tjij^{1}	lej^{2}	tjij^{1}	lhjwo^{1}	nioow^{1}	bju^{1}	lej^{2}	mjijr^{2}	tsjiir^{1}
种	约	若	转	若	还	及	随	转	者	法
mjij^{1}	ku^{1}	thjɨ^{2}	nioow^{1}	mjor^{1}	ljịj^{2}	rjur^{1}	tśja^{1}	phja^{1}	nioow^{1}	
无	故,	此	故	如	来	诸	径	断	为	

法若转若还及随转者,故说如来为断诸径

39.41.7

zji^{2}	thjo̱^{1}	tsjiir^{1}	tshjiij^{1}	dźiā^{2}	tśhju^{1}	ŋowr^{2}	ŋowr^{2}	rjur^{1}	tśja^{1}	phja^{1}
最	妙	法	说。	情	有	一	切	诸	径	断
tsjiir^{1}	tsjij^{2}	mjɨ^{1}	njwi^{2}	ku^{1}	mjor^{1}	ljịj^{2}	thja^{1}	do^{2}	ljịj^{2}	
法	悟	不	能,	故	如	来	彼	处	大	

说微妙法。一切众生不能觉悟断诸径法,如来于彼发起大

39.42.1/2

wjuu^{1}	njiij^{1}	śjwo^{1}	ŋa^{2}	sjij^{1}	kjɨ^{1}	djịj^{2}	thjɨ^{2}	sju^{2}	rjur^{1}	tśja^{1}
悲	心	发:	我	今	定	当	是	如	诸	径
phja^{1}	tsjiir^{1}	phie^{2}	ne̱j^{2}	thja^{2}	·jij^{1}	tśjɨ^{1}	tsjij^{2}	phjo^{2}	ŋa^{2}	·jɨ^{1}
断	法	开	示	其	之	觉	悟	令	△/	谓。

悲:我当开示令其觉悟,如是断诸径法故。

39.42.3

nioow^{1}	tśjɨɨ^{1}	śja^{1}	rjir^{2}	gji^{2}	po^{1}	tjɨj^{1}	·jɨ^{1}	tja^{1}	mjor^{1}	gjwi^{2}
复	次，	舍	利	子，	菩	提	言	者，	如	句
ŋwu^{2}	mjor^{1}	gjwi^{2}	·jij^{1}	tja^{1}	ljɨ̣^{1}	kjɨ^{1}	ŋwu^{2}	śja^{1}	rjir^{2}	gji^{2}
是。	如	句	相	名	何	等	为？	舍	利	子，

复次，舍利子，言菩提者，即是如句。何等名为如句之相？舍利子，

39.42.4

tjij^{1}	po^{1}	tjɨj^{1}	·jij^{1}	sju^{2}	rjur^{1}	tsə^{1}	tsjɨ^{1}	thja^{1}	sju^{2}	thja^{1}
若	菩	提	相	如，	诸	色	亦，	彼	如	彼
mjor^{1}	ɣiej^{1}	rjir^{2}	thwuu^{1}	lhjii^{1}	lhjwo^{1}	mji^{1}	dju^{1}	mji^{1}	njɨ^{2}	
如	真	与	同，	退	还	无	有	不	遍	

如菩提相，诸色亦尔，同彼真如，无有退还而不遍至；

39.42.5

tja^{1}	mjij^{1}	lhjịj^{2}	sjiij^{2}	dźjɨ$^{?}$	sjij^{2}	tsjɨ^{1}	thja^{1}	wjɨ^{2}	sju^{2}	thja^{1}
者	不；	受、	想、	行、	识	亦	彼	△	如，	彼
mjor^{1}	ɣiej^{1}	rjir^{2}	thwuu^{1}	mji^{1}	njɨ^{2}	tja^{1}	mjij^{1}	śja^{1}	rjir^{2}	
如	真	与	同	不	至	者	无。	舍	利	

受、想、行、识亦复如是，如彼真如无不遍至。舍利

39.42.6

gji^{2}	po^{1}	tjɨj^{1}	·jij^{1}	sju^{2}	thja^{1}	mjor^{1}	ɣiej^{1}	rjir^{2}	thwuu^{1}	ljɨɨr^{1}
子，	菩	提	相	如	彼	如	真	与	同，	四

[illegible]

ljij^{2} tsji̱r^{2} tsjɨ^{1} thja^{1} wjɨ^{2} sju^{2} thja^{1} mjor^{1} ɣiej^{1} rjir^{2}

大 性 亦 彼 △ 如, 彼 如 真 与

子,如菩提相同彼真如,四大之性亦复如是,如彼真如

39.42.7

[illegible]

thwuu^{1} lhjii^{1} lhjwo^{1} mji^{1} dju^{1} mji^{1} njɨ^{2} tja^{1} mjij^{1} po^{1} tjɨj^{1}

同 退 还 无 有 不 至 者 不。 菩 提

[illegible]

tsji̱r^{2} sju^{2} thja^{1} mjor^{1} ɣiej^{1} rjir^{2} thwuu^{1} mej^{1} kię̱j^{2} tsə̣^{1}

性 如 彼 如 真 与 同, 眼 界、 色

无有退还而不遍至。如菩提性同彼真如,眼界、色

39.43.1

[illegible]

kię̱j^{2} nioow^{1} mej^{1} sjij^{2} kię̱j^{2} rjɨr^{2} njɨ^{2} phji^{1} kię̱j^{2} tsjiir^{1} kię̱j^{2}

界、 及 眼 识 界, 乃 至 意 界、 法 界

[illegible]

nioow^{1} phji^{1} sjij^{2} kię̱j^{2} tsjɨ^{1} thja^{1} wjɨ^{2} sju^{2} po^{1} tjɨj^{1}

及 意 识 界 亦 彼 △ 如。 菩 提

界及眼识界,乃至意界、法界及意识界亦复如是。如菩提

39.43.2

[illegible]

·jij^{1} sju^{2} lew^{1} dź-$^{?}$ thu^{1} phjij^{1} rjur^{1} tsjiir^{1} ŋowr^{2} ŋowr^{2} ŋur^{1}

相 如 但 假 设 施, 诸 法 一 切 蕴、

[illegible]

kię̱j^{2} do^{2} njɨ^{2} lew^{1} dź-$^{?}$ thu^{1} phjij^{1} tsjɨ^{1} thja^{1} wjɨ^{2}

界、 处 等 但 假 设 施, 亦 彼 △

相但假施设,一切诸法蕴、界、处等但假施设,亦复如是。

39.43.3

[illegible]。	[illegible]	[illegible]	[illegible]	[illegible]，	[illegible]	[illegible]	[illegible]	[illegible]。	[illegible]	[illegible]
sju^{2}	thjɨ^{2}	sju^{2}	·jij^{1}	nwə^{1}	ku^{1}	gjwi^{2}	mjiij^{2}	we^{2}	nioow^{1}	śja^{1}
如。	是	如	相	知，	故	句	名	为。	又	舍

[illegible]	[illegible]，	[illegible]	[illegible]	[illegible]	[illegible]	[illegible]	[illegible]	[illegible]
rjir^{2}	gji^{2}	mjor^{1}	ljịj^{2}	ŋowr^{2}	ŋowr^{2}	źjɨr^{1}	bju^{1}	dwewr^{2}
利	子，	如	来	一	切	实	如	觉

知如是相，名为如句。又舍利子，如来一切如实觉悟，

39.43.4

[illegible]，	[illegible]	[illegible]	[illegible]	[illegible]，	[illegible]	[illegible]	[illegible]	[illegible]，	[illegible]	[illegible]
tsjij^{2}	mji^{1}	tśhjɨɨ^{2}	tśhjuu^{2}	dwewr^{2}	dzjọ^{1}	śji^{1}	zjọ^{2}	sju^{2}	mjor^{1}	kụ^{1}
悟，	不	颠	倒	觉，	犹	前	际	如，	现	后

[illegible]	[illegible]	[illegible]。	[illegible]	[illegible]	[illegible]？	[illegible]	[illegible]	[illegible]	[illegible]，
tsjɨ^{1}	thja^{1}	sju^{2}	thjij^{2}	sjo^{2}	ljɨ^{1}	śji^{1}	zjọ^{2}	wee^{1}	mjij^{1}
亦	彼	如。	何	以	故？	前	际	生	无，

不颠倒觉，犹如前际，中后亦尔。何以故？前际无生，

39.43.5

[illegible]	[illegible]	[illegible]	[illegible]，	[illegible]	[illegible]	[illegible]	[illegible]，	[illegible]	[illegible]	[illegible]
kụ^{1}	zjọ^{2}	tshwew^{1}	mjij^{1}	mjor^{1}	zjọ^{2}	khwa^{1}	ka^{2}	thjɨ^{2}	sju^{2}	ŋowr^{2}
后	际	趣	无，	现	际	远	离，	是	如	一

[illegible]	[illegible]	[illegible]	[illegible]	[illegible]。	[illegible]	[illegible]	[illegible]	[illegible]，	[illegible]
ŋowr^{2}	mjor^{1}	gjwi^{2}	mjiij^{2}	we^{2}	thjɨ^{2}	sju^{2}	lew^{1}	gjwi^{2}	ŋowr^{2}
切	如	句	名	为。	是	如	一	句，	一

后际无趣，中际远离，如是一切名为如句。如是一句，一

39.43.6

[illegible]	[illegible]	[illegible]	[illegible]；	[illegible]	[illegible]	[illegible]	[illegible]，	[illegible]	[illegible]	[illegible]
ŋowr^{2}	tsjɨ^{1}	thja^{1}	sju^{2}	thjɨ^{2}	sju^{2}	ŋowr^{2}	ŋowr^{2}	thjɨ^{2}	mjor^{1}	gjwi^{2}
切	亦	彼	如；	是	如	一	切，	此	如	句

[illegible],	[illegible]	[illegible]	[illegible]	[illegible]	[illegible]	[illegible]	[illegible]	[illegible]
tsjɨ^{1}	thja^{1}	sju^{2}	mjor^{1}	tsji̱r^{2}	kha^{1}	lew^{1}	tsji̱r^{2}	rjir^{1}
亦,	彼	如	如	性	中	一	性	得

切亦尔;如是一切,一句亦尔,非如性中一性多性而是可得。

39.43.7

[illegible]	[illegible]	[illegible]	[illegible]。	[illegible]	[illegible]	[illegible]	[illegible]	[illegible]	[illegible]	[illegible]
lew^{2}	dju^{1}	ljɨ̣^{1}	njaa^{2}	dźiā^{2}	tśhju^{1}	ŋowr^{2}	ŋowr^{2}	thjɨ^{2}	mjor^{1}	gjwi^{2}
所	有	及	非。	情	有	一	切	此	如	句
[illegible]	[illegible]	[illegible]	[illegible],	[illegible]	[illegible]	[illegible]	[illegible]	[illegible]	[illegible]	
dwewr^{2}	tsjij^{2}	mjɨ^{1}	njwi^{2}	ku^{1}	mjor^{1}	ljịj^{2}	thja^{1}	do^{2}	ljịj^{2}	
觉	悟	不	能,	故	如	来	彼	处	大	

一切众生不能觉悟此之如句,如来于彼发起大

39.44.1/2

[illegible]	[illegible]	[illegible]:	[illegible]	[illegible]	[illegible]	[illegible]	[illegible]	[illegible]	[illegible]	[illegible]
wjuu^{1}	njiij^{1}	śjwo^{1}	ŋa^{2}	sjij^{1}	kjɨ^{1}	djɨj^{2}	thjɨ^{2}	sju^{2}	mjor^{1}	ɣiej^{1}
悲	心	发:	我	今	定	当	是	如	如	真
[illegible]	[illegible]	[illegible]	[illegible]	[illegible]	[illegible]	[illegible]	[illegible]	[illegible]	[illegible]/	[illegible]。
tsjiir^{1}	gjwi^{2}	phie^{2}	ne̱j^{2}	thja^{2}	·jij^{1}	tśjɨ^{1}	tsjij^{2}	phjo^{2}	ŋa^{2}	·jɨ^{1}
法	句	开	示	其	之	觉	悟	令	△/	谓。

悲:我当开示令其觉悟,如是真如法句故。

汉文本

复次,舍利子,言菩提者,空之异名。由空空故,菩提亦空;菩提空故,诸法亦空。是故如来如其空性觉一切法,不由空故觉法空性,由一理趣智故觉法性空。空与菩提,性无有二;由无二故,不可说言,此是菩提,此是空性。若有二者,则可言说,此为菩提,此为空性。以法无二,无有二相,无名、无相、无行,毕竟不行亦不现行。所言空者,远离取执。胜义谛中无法可得,由性空故说名为空。如说太虚,名为虚空,而太虚性不可言说;如是空法,说名为空,而彼空性不可言说。如是悟入诸法,实无有名,假立名说,然诸法名无方无处。如名诠诸法,此法无方无处亦复如是。如来了知,一切诸法从本已来无生无起,如是知已而证解脱,然其实性无缚无脱。诸痴凡夫不能觉悟此菩提性,如来于彼发起大悲:我当开示令其觉悟,如是菩提之实性故。

复次，舍利子，菩提之性，与太虚等。然太虚性无等不等，菩提亦尔，无等不等。犹如诸法，性无真实，不可说等及不平等。如是，舍利子，如来觉悟一切诸法，其性平等无不平等；如实觉悟，无有少法，可为平等及不平等。如是如来如实智量穷诸法量。何者名为如实智耶？谓知诸法本无而生，生已离散，无主而生，无主而散，若生若散随众缘转，此中无有一法若转若还及随转者，故说如来为断诸径说微妙法。一切众生不能觉悟断诸径法，如来于彼发起大悲：我当开示令其觉悟，如是断诸径法故。

复次，舍利子，言菩提者，即是如句。何等名为如句之相？舍利子，如菩提相，诸色亦尔，同彼真如，无有退还而不遍至；受、想、行、识亦复如是，如彼真如无不遍至。舍利子，如菩提相同彼真如，四大之性亦复如是，如彼真如无有退还而不遍至。如菩提性同彼真如，眼界、色界及眼识界，乃至意界、法界及意识界亦复如是。如菩提相但假施设，一切诸法蕴、界、处等但假施设，亦复如是。知如是相，名为如句。又舍利子，如来一切如实觉悟，不颠倒觉，犹如前际，中后亦尔。何以故？前际无生，后际无趣，中际远离，如是一切名为如句。如是一句，一切亦尔；如是一切，一句亦尔，非如性中一性多性而是可得。一切众生不能觉悟此之如句，如来于彼发起大悲：我当开示令其觉悟，如是真如法句故。

39.44.3

[illegible]	[illegible]，	[illegible]	[illegible]	[illegible]，	[illegible]	[illegible]	[illegible]	[illegible]，	[illegible]	[illegible]
nioow^{1}	tśjɨɨ^{1}	śja^{1}	rjir^{2}	gji^{2}	po^{1}	tjij^{1}	·jɨ^{1}	tja^{1}	dźjɨ$^{?}$	·o^{2}
复	次，	舍	利	子，	菩	提	言	者，	行	入
[illegible]	[illegible]	[illegible]	[illegible]	[illegible]。	[illegible]	[illegible]	[illegible]	[illegible]	[illegible]	
nioow^{1}	dźjɨ$^{?}$	mjij^{1}	·o^{2}	·jɨ^{1}	dźjɨ$^{?}$	nioow^{1}	dźjɨ$^{?}$	mjij^{1}	tja^{1}	
及	行	无	入	曰。	行	及	行	无	名	

复次，舍利子，言菩提者，名入于行及入无行。

39.44.4

[illegible]	[illegible]	[illegible]？	[illegible]	[illegible]	[illegible]，	[illegible]	[illegible]	[illegible]	[illegible]，	[illegible]
ljɨ^{1}	kjɨ^{1}	ŋwu^{2}	śja^{1}	rjir^{2}	gji^{2}	neew^{2}	tsjiir^{1}	gu^{1}	śjwo^{1}	ku^{1}
何	等	为？	舍	利	子，	善	法	发	起，	故
[illegible]	[illegible]；	[illegible]	[illegible]	[illegible]	[illegible]	[illegible]	[illegible]	[illegible]，	[illegible]	
dźjɨ$^{?}$	·jɨ^{1}	rjur^{1}	tsjiir^{1}	ŋowr^{2}	ŋowr^{2}	rjir^{1}	tji^{2}	mjij^{1}	ku^{1}	
行	谓；	诸	法	一	切	得	可	不，	故	

何等名为行及无行？舍利子，发起善法，名之为行；一切诸法

39.44.5

[illegible]	[illegible]	[illegible]。	[illegible]	[illegible]	[illegible]	[illegible]，	[illegible]	[illegible]	[illegible]；	[illegible]

dźjɨ$^{?}$	·jɨ^{1}	mjij^{1}	dźjiij^{1}	mji^{1}	dźjiij^{1}	njiij^{1}	tja^{1}	dźjɨ$^{?}$	·jɨ^{1}	·jij^{1}
行	谓	无。	住	不	住	心，	名	行	谓；	相
[illegible]	[illegible]	[illegible]	[illegible]	[illegible]	[illegible]	[illegible]，	[illegible]	[illegible]	[illegible]	
mjij^{1}	sã^{1}	mo^{2}	thji^{2}	bie^{2}	lhew^{2}	ɣa^{1}	tja^{1}	dźjɨ$^{?}$	mjij^{1}	
无	三	摩	地	解	脱	门，	名	行	无	

即不可得,名为无行。住不住心,名之为行;无相三摩地解脱门,名为无行。

39.44.6

[illegible]。	[illegible]	[illegible]	[illegible]，	[illegible]	[illegible]	[illegible]，	[illegible]	[illegible]	[illegible]	[illegible]
·jɨ^{1}	śja^{1}	rjir^{2}	gji^{2}	dźjɨ$^{?}$	·jɨ^{1}	tja^{1}	njiij^{1}	ɣa^{2}	pju̱^{1}	dza^{2}
谓。	舍	利	子，	行	言	者，	心	于	量	称
[illegible]	[illegible]	[illegible]	[illegible]；	[illegible]	[illegible]	[illegible]	[illegible]，	[illegible]	[illegible]	
sej^{1}	bjii^{2}	bio̱^{1}	thjuu^{1}	dźjɨ$^{?}$	mjij^{1}	·jɨ^{1}	tja^{1}	pju̱^{1}	dza^{2}	
数	算	观	察；	行	无	言	者，	量	称	

舍利子,所言行者,称量算数观察于心;言无行者,过称量

39.44.7

[illegible]	[illegible]	[illegible]。	[illegible]	[illegible]	[illegible]	[illegible]	[illegible]	[illegible]	[illegible]	[illegible]
njɨ^{2}	su^{1}	dzjị^{1}	pju̱^{1}	dza^{2}	njɨ^{2}	su^{1}	dzjị^{1}	tja^{1}	ljɨ̣^{1}	kjɨ^{1}
等	如	过。	量	称	等	如	过	名	何	等
[illegible]？	[illegible]	[illegible]	[illegible]	[illegible]	[illegible]	[illegible]	[illegible]	[illegible]	[illegible]	
ŋwu^{2}	ŋowr^{2}	ŋowr^{2}	do^{2}	rjur^{1}	sjij^{2}	wji^{1}	·ioow^{1}	sjwɨj^{1}	mjij^{1}	
为？	一	切	处	诸	识	作	用	业	无	

等。云何名为过称量等？以一切处无有诸识作用业故。

39.45.1

[illegible]。	[illegible]	[illegible]	[illegible]，	[illegible]	[illegible]	[illegible]，	[illegible]	[illegible]	[illegible]	[illegible]
ljɨ^{1}	śja^{1}	rjir^{2}	gji^{2}	dźjɨ$^{?}$	·jɨ^{1}	tja^{1}	tjɨ^{1}	tjij^{1}	thja^{2}	do^{2}
故。	舍	利	子，	行	言	者，	假	若	其	处
[illegible]	[illegible]	[illegible]	[illegible]；	[illegible]	[illegible]	[illegible]	[illegible]，	[illegible]	[illegible]	
dźiəj^{2}	lheew^{2}	bio̱^{1}	thjuu^{1}	dźjɨ$^{?}$	mjij^{1}	·jɨ^{1}	tja^{1}	tjɨ^{1}	tjij^{1}	
为	有	观	察；	行	无	言	者，	假	若	

舍利子，所言行者，谓于是处观察有为；言无行者，

39.45.2

thja^{2} do^{2} dźiəj^{2} mə̣^{1} ljạ^{1} rjir^{1} wẹ^{1} lə^{2} ·ju^{2} mur^{1} dźjɨ$^{?}$

是 处 为 无 证 得。 愚 痴 夫 凡 行

dźjɨ$^{?}$ mjij^{1} ·o^{2} tsjij^{2} mjɨ^{1} njwi^{2} ku^{1} mjor^{1} lji̱j^{2} thja^{2}

行 非 入 悟 不 能， 故 如 来 其

谓于是处证于无为。愚痴凡夫不能觉悟入行非行，如来

39.45.3

do^{2} ljij^{2} wjuu^{1} njiij^{1} śjwo^{1} thjɨ^{2} sju^{2} dźjɨ$^{?}$ dźjɨ$^{?}$ mjij^{1} ·o^{2}

处 大 悲 心 发： 是 如 行 行 非 入

tsjiir^{1} phie^{2} ne̱j^{2} thja^{2} ·jij^{1} tśjɨ^{1} tsjij^{2} phjo^{2} ŋa^{2} ·jɨ^{1}

法 开 示 其 之 觉 悟 令 △ 谓。

于彼发起大悲：我当开示令其觉悟，如是入行非行法故。

39.45.4

nioow^{1} tśjɨɨ^{1} śja^{1} rjir^{2} gji^{2} po^{1} tjɨj^{1} ·jɨ^{1} tja^{1} rar^{2} mjij^{1}

复 次， 舍 利 子， 菩 提 言 者， 流 无

lhjwi^{1} mjij^{1} rar^{2} mjij^{1} lhjwi^{1} mjij^{1} tja^{1} ljɨ̣^{1} kjɨ^{1} ŋwu^{2}

取 无， 流 无 取 无 名 何 已 为？

复次，舍利子，夫菩提者，无流无取。云何名为无流无取？

39.45.5

śja^{1} rjir^{2} gji^{2} ljɨɨr^{1} rar^{2} tsji̱r^{2} ka^{2} tśhjwo^{1} rar^{2} mjij^{1} ·jɨ^{1}

舍	利	子，	四	流	性	离，	故	流	无	谓。
□	□	□	□？	□	□	□	□？	□	□	
ljɨɨr^{1}	tja^{1}	thjij^{2}	sjo^{2}	kiẹj^{2}	rar^{2}	tsji̱r^{2}	ka^{2}	dju^{1}	rar^{2}	
四	者	何	云？	欲	流	性	离？	有	过	

舍利子,离四流性,故曰无流。何谓为四？离欲流性,离有流

39.45.6

□	□，	□	□	□	□	□，	□	□	□	□。
tsji̱r^{2}	ka^{2}	bju^{1}	mjij^{1}	rar^{2}	tsji̱r^{2}	ka^{2}	ljij^{2}	rar^{2}	tsji̱r^{2}	ka^{2}
性	离，	明	无	流	性	离，	见	流	性	离。
□	□	□，	□	□	□	□，	□	□	□	
śja^{1}	rjir^{2}	gji^{2}	ljɨɨr^{1}	lhjwi^{1}	tsji̱r^{2}	ka^{2}	ku^{1}	tśhjwo^{1}	lhjwi^{1}	
舍	利	子，	四	取	性	离，	是	故	取	

性,离无明流性,离见流性。舍利子,离四取性,故名无取。

39.45.7

□	□。	□	□	□	□？	□	□	□	□，	□
mjij^{1}	·jɨ^{1}	ljɨɨr^{1}	tja^{1}	thjij^{2}	sjo^{2}	kiẹj^{2}	lhjwi^{1}	tsji̱r^{2}	ka^{2}	dju^{1}
无	谓。	四	者	何	云？	欲	取	性	离，	有
□	□	□，	□	□	□	□，	□	□	□	
lhjwi^{1}	tsji̱r^{2}	ka^{2}	ljij^{2}	lhjwi^{1}	tsji̱r^{2}	ka^{2}	kie^{1}	lhjwi^{1}	tsji̱r^{2}	
取	性	离，	见	取	性	离，	戒	取	性	

何等为四？离欲取性,离有取性,离见取性,离戒取性。

39.46.1

□。	□	□	□，	□	□	□	□	□	□	□
ka^{2}	śja^{1}	rjir^{2}	gji^{2}	thjɨ^{2}	sju^{2}	ljɨɨr^{1}	lhjwi^{1}	zji^{2}	bju^{1}	mjij^{1}
离。	舍	利	子，	是	如	四	取	皆	明	无
□	□，	□	□	□	□	□	□	□	□	
dźjɨ$^{?}$	wji^{1}	məə^{1}	na^{1}	we^{2}	phji^{1}	dzu^{1}	zjɨɨr^{2}	dzjɨj^{2}	dźiəj^{2}	
行	为，	暗	盲	为	令	爱	水	隍	池	

舍利子,如是四取皆由无明,而为盲暗爱水隍池之所拥闭,

39.46.2

[illegible] [illegible]， [illegible] [illegible] [illegible] [illegible] [illegible]、 [illegible]、 [illegible] [illegible]。 [illegible]

·jwɨɨ^{1} sə^{1} ŋa^{2} zow^{2} nioow^{1} ku^{1} ŋur^{1} kię̣j^{2} do^{2} lhjịj^{2} mjor^{1}

闭 满， 我 执 由 故 蕴、 界、 处 受。 如

[illegible] [illegible] [illegible] [illegible] [illegible] [illegible] [illegible] [illegible] [illegible] [illegible]

ljịj^{2} thja^{2} kha^{1} ŋa^{2} lhjwi^{1} mər^{2} tśhji^{2} źjɨr^{1} bju^{1} nwə^{1}

来 其 中 我 取 根 本 实 如 知

由执我故受蕴、界、处。如来于中如实了知，我取根本

39.46.3

[illegible] [illegible] [illegible] [illegible] [illegible]， [illegible] [illegible] [illegible] [illegible] [illegible] [illegible]

tsjij^{2} ·jij^{1} gji^{1} sej^{1} ljạ^{1} nioow^{1} dźiã^{2} tśhju^{1} ·jij^{1} gji^{1} sej^{1}

悟 自 清 净 证， 亦 情 有 之 清 净

[illegible] [illegible]。 [illegible] [illegible] [illegible]， [illegible] [illegible] [illegible] [illegible] [illegible]

ljạ^{1} phji^{1} śja^{1} rjir^{2} gji^{2} mjor^{1} ljịj^{2} thja^{1} gji^{1} sej^{1}

证 令。 舍 利 子， 如 来 是 清 净

自证清净，亦令众生证得清净。舍利子，如来既证是清净故，

39.46.4

[illegible] [illegible]， [illegible] [illegible] [illegible] [illegible] [illegible] [illegible] [illegible] [illegible]。 [illegible]

ljạ^{1} ku^{1} tsjiir^{1} ŋowr^{2} ŋowr^{2} kha^{1} phjo^{2} kar^{2} lew^{2} mjij^{1} thjij^{2}

证 故， 法 一 切 中 分 别 所 无。 何

[illegible] [illegible]？ [illegible] [illegible] [illegible]， [illegible] [illegible] [illegible] [illegible] [illegible]

sjo^{2} ljɨ^{1} śja^{1} rjir^{2} gji^{2} thjɨ^{2} phjo^{2} kar^{2} nioow^{1} ku^{1}

以 故？ 舍 利 子， 此 分 别 由 故

于诸法中无所分别。何以故？舍利子，由此分别

39.46.5

[illegible] [illegible] [illegible] [illegible] [illegible]。 [illegible] [illegible] [illegible] [illegible] [illegible] [illegible]

mji^{1} wo^{2} sjwɨ^{1} sjiij^{2} śjwo^{1} thjɨ^{2} lew^{1} wo^{2} bju^{1} bju^{1} śjij^{1}

不 理 思 惟 起。 此 但 理 如 应 相

□， □ □ □ □； □ □ □ □ □，
ku1 bju1 mjij1 mji1 śjwo1 bju1 mjij1 mji1 śjwo1 ku1
故， 明 无 不 起； 明 无 不 起 故，

起不如理思惟。此但如理相应故，不起无明；不起无明故，

39.46.6

□ □ □ □ □ □； □ □ □ □ □
ɣạ2 njɨɨ1 ·jiw1 nioow1 mji1 śjwo1 tjij1 ɣạ2 njɨɨ1 ·jiw1 nioow1
十 二 因 缘 不 发； 若 十 二 因 缘
□ □ □， □ □ □ □； □ □ □
mji1 śjwo1 ku1 ·jij1 wee1 mjij1 ŋwu2 tjij1 wee1 mjij1
不 发 故， 自 生 无 是； 若 生 无

不能发起十二有支①；若不发起十二有支，此即无生；若无生

39.46.7

□， □ □ □ □； □ □ □ □， □ □
ku1 ·jij1 kjɨ1 djɨj2 ŋwu2 tjij1 kjɨ1 djɨj2 ku1 ·jij1 wo2
者， 自 定 决 是； 若 定 决 者， 自 义
□ □； □ □ □ □， □ □ □ □；
dźju1 ŋwu2 tjij1 wo2 dźju1 ku1 ·jij1 buu2 wo2 ŋwu2
了 是； 若 义 了 者， 自 胜 义 是；

者，此即决定；若决定者，此即了义；若了义者，此即胜义；

39.47.1

□ □ □ □， □ □ □ □ □； □ □
tjij1 buu2 wo2 ku1 ·jij1 dzjwo2 mjij1 wo2 ŋwu2 dzjwo2 mjij1
若 胜 义 者， 自 人 无 义 是； 人 无
□ □， □ □ □ □ □； □ □ □
wo2 ku1 tshjiij1 tjị2 mjij1 wo2 ŋwu2 tshjiij1 tjị2 mjij1
义 者， 说 可 不 义 是； 说 可 不

① 有支，十二支之一。唯识述记八本曰："有谓三有，支者因义今义，即三有因，生善恶趣差别因也。"即十二因缘。故西夏文以"□□"（因缘）对译汉本"有支"。

若胜义者，即无人义；无人义者，即不可说义；不可说

39.47.2

[illegible]	[illegible]，	[illegible]	[illegible]	[illegible]	[illegible]；	[illegible]	[illegible]	[illegible]	[illegible]	[illegible]，
wo^2	ku^1	·jiw^1	śjwo^1	wo^2	ŋwu^2	rjur^1	·jiw^1	śjwo^1	wo^2	ku^1
义	者，	缘	起	义	是；	诸	缘	起	义	者，
[illegible]	[illegible]	[illegible]；	[illegible]	[illegible]	[illegible]	[illegible]，	[illegible]	[illegible]	[illegible]	
tsjiir^1	wo^2	ŋwu^2	rjur^1	tsjiir^1	wo^2	ku^1	mjor^1	ljij^2	wo^2	
法	义	是；	诸	法	义	者，	如	来	义	

义者，即缘起义；诸缘起义者，即是法义；诸法义者，即如来义。

39.47.3

[illegible]	[illegible]。	[illegible]	[illegible]	[illegible]，	[illegible]	[illegible]	[illegible]	[illegible]	[illegible]	[illegible]
ŋwu^2	ljɨ^1	śja^1	rjir^2	gji^2	tjij^1	thjɨ^2	sju^2	·jiw^1	śjwo^1	bio̱^{1}
是	也。	舍	利	子，	若	是	如	缘	起	观
[illegible]	[illegible]，	[illegible]	[illegible]	[illegible]	[illegible]；	[illegible]	[illegible]	[illegible]	[illegible]，	
njwi^2	ku^1	·jij^1	tsji̱r^2	bio̱^{1}	ŋwu^2	tjij^1	tsjiir^1	bio̱^{1}	ku^1	
能	者，	自	性	观	是；	若	法	观	者，	

舍利子，若能如是观缘起者，即是观法；若观法者，

39.47.4

[illegible]	[illegible]	[illegible]	[illegible]。	[illegible]	[illegible]	[illegible]	[illegible]，	[illegible]	[illegible]	[illegible]
mjor^1	ljij^2	bio̱^{1}	ŋwu^2	thjɨ^2	sju^2	bio̱^{1}	tja^1	mjor^1	ɣiej^1	gjo̱^{1}
如	来	观	是。	是	如	观	者，	如	真	穿
[illegible]	[illegible]	[illegible]	[illegible]	[illegible]。	[illegible]	[illegible]	[illegible]	[illegible]	[illegible]	
nioow^1	bio̱^{1}	lew^2	mjij^1	ljɨ^1	thjɨ^2	kha^1	dju^1	lew^2	thjij^2	
又	观	所	无	也。	此	中	有	所	何	

即观如来。如是观者，离真如外无有所观。此中云何

39.47.5

[illegible]	[illegible]	[illegible]？	[illegible]	[illegible]	[illegible]	[illegible]	[illegible]。	[illegible]	[illegible]	[illegible]
sjo^2	dju^1	ljɨ^1	·jij^1	nioow^1	·jiw^1	njɨɨ^1	ŋwu^2	thjɨ^2	sju^2	njɨɨ^1

云　有　也？　相　及　缘　二　是。　是　如　二

[illegible]

tsjiir^{1}　tjij^{1}　·jij^{1}　mjij^{1}　·jiw^{1}　mjij^{1}　bio̠^{1}　thjuu^{1}　njwi^{2}　ku^{1}

法，　若　相　无　缘　无　观　察　能　故，

有所有耶？谓相及缘。如是二法，若能观察无相无缘，

39.47.6

[illegible]

źjɨr^{1}　ɣiej^{1}　bio̠^{1}　ŋwu^{2}　mjor^{1}　ljɨ̣j^{2}　thjɨ^{2}　sju^{2}　rjur^{1}　tsjiir^{1}　tśhja^{2}

实　真　观　是　如　来，　是　如　诸　法　平

[illegible]

ka^{1}　ku^{1}　tśhja^{2}　ka^{1}　tśjɨ^{1}　tsjij^{2}　wẹ^{1}　lə^{2}　·ju^{2}　mur^{1}

等　故　平　等　觉　悟。　愚　痴　夫　凡

即真实观如来，觉悟如是诸法平等故平等。愚痴凡夫

39.47.7

[illegible]

thjɨ^{2}　rar^{2}　mjij^{1}　lhjwi^{1}　mjij^{1}　tsjịr^{2}　tsjij^{2}　mjɨ^{1}　njwi^{2}　ku^{1}　mjor^{1}

此　流　无　取　无　性　悟　不　能，　故　如

[illegible]

ljɨ̣j^{2}　thja^{2}　do^{2}　ljɨ̣j^{2}　wjuu^{1}　njiij^{1}　śjwo^{1}　ŋa^{2}　sjij^{1}　kjɨ^{1}

来　其　处　大　悲　心　发：　我　今　当

不能觉悟此无流无取性，如来于彼发起大悲：我当

39.48.1

[illegible]

djij^{2}　thjɨ^{2}　sju^{2}　rar^{2}　mjij^{1}　lhjwi^{1}　mjij^{1}　tsjịr^{2}　phie^{2}　ne̠j^{2}　thja^{2}

定　是　如　流　无　取　无　性　开　示　其

[illegible]

·jij^{1}　tśjɨ^{1}　tsjij^{2}　phjo^{2}　ŋa^{2}　·jɨ^{1}

之　觉　悟　令　△　△。

开示令其觉悟，如是无流无取性故。

汉文本

复次，舍利子，言菩提者，名入于行及入无行。何等名为行及无行？舍利子，发起善法，名之为行；一切诸法即不可得，名为无行。住不住心，名之为行；无相三摩地解脱门，名为无行。舍利子，所言行者，称量算数观察于心；言无行者，过称量等。云何名为过称量等？以一切处无有诸识作用业故。舍利子，所言行者，谓于是处观察有为；言无行者，谓于是处证于无为。愚痴凡夫不能觉悟入行非行，如来于彼发起大悲：我当开示令其觉悟，如是入行非行法故。

复次，舍利子，夫菩提者，无流无取。云何名为无流无取？舍利子，离四流性，故曰无流。何谓为四？离欲流性，离有流性，离无明流性，离见流性。舍利子，离四取性，故名无取。何等为四？离欲取性，离有取性，离见取性，离戒取性。舍利子，如是四取皆由无明，而为盲暗爱水隍池之所拥闭，由执我故受蕴、界、处。如来于中如实了知，我取根本自证清净，亦令众生证得清净。舍利子，如来既证是清净故，于诸法中无所分别。何以故？舍利子，由此分别起不如理思惟。此但如理相应故，不起无明；不起无明故，不能发起十二有支；若不发起十二有支，此即无生；若无生者，此即决定；若决定者，此即了义；若了义者，此即胜义；若胜义者，即无人义；无人义者，即不可说义；不可说义者，即缘起义；诸缘起义者，即是法义；诸法义者，即如来义。舍利子，若能如是观缘起者，即是观法；若观法者，即观如来。如是观者，离真如外无有所观。此中云何有所有耶？谓相及缘。如是二法，若能观察无相无缘，即真实观如来，觉悟如是诸法平等故平等。愚痴凡夫不能觉悟此无流无取性，如来于彼发起大悲：我当开示令其觉悟，如是无流无取性故。

39.48.2

[illegible]	[illegible]，	[illegible]	[illegible]	[illegible]，	[illegible]	[illegible]	[illegible]	[illegible]，	[illegible]	[illegible]
nioow1	tśjɨɨ1	śja1	rjir2	gji2	po1	tjɨj1	·ji1	tja1	thja1	tsji̠r2
复	次，	舍	利	子，	菩	提	言	者，	其	性
[illegible]	[illegible]，	[illegible]	[illegible]	[illegible]	[illegible]，	[illegible]	[illegible]，	[illegible]	[illegible]	
gji1	sej1	ror2	mjij1	zow2	mjij1	gji1	sej1	ror2	mjij1	
清	净，	垢	无	执	无，	清	净，	垢	无	

复次，舍利子，夫菩提者，其性清净，无垢无

39.48.3

[illegible]	[illegible]	[illegible]	[illegible]	[illegible]	[illegible]？	[illegible]	[illegible]	[illegible]，	[illegible]	[illegible]
zow2	mjij1	tja1	ljɨ1	kjɨ1	ŋwu2	śja1	rjir2	gji2	ŋa1	ku1
执	无	名	何	已	为？	舍	利	子，	空	故
[illegible]	[illegible]，	[illegible]	[illegible]	[illegible]	[illegible]	[illegible]，	[illegible]	[illegible]	[illegible]	

gji1 sej1 ·jij1 mjij1 ku1 ror2 mjij1 tji̱1 mjij1 ku1

清 净， 相 无 故 垢 无， 愿 无 故

执。云何名为清净，无垢及以无执？舍利子，空故清净，无相故无垢，无愿故无

39.48.4

[illegible] [illegible]。 [illegible] [illegible] [illegible] [illegible]， [illegible] [illegible] [illegible] [illegible] [illegible]，

zow2 mjij1 nioow1 śja1 rjir2 gji2 wee1 mjij1 ku1 gji1 sej1

执 无。 又 舍 利 子， 生 无 故 清 净，

[illegible] [illegible] [illegible] [illegible] [illegible]， [illegible] [illegible] [illegible] [illegible] [illegible]。

wji1 mjij1 ku1 ror2 mjij1 lhjwi1 mjij1 ku1 zow2 mjij1

作 无 故 垢 无， 取 无 故 执 无。

执。又舍利子，无生故清净，无作故无垢，无取故无执。

39.48.5

[illegible] [illegible] [illegible] [illegible]， [illegible] [illegible] [illegible] [illegible] [illegible]， [illegible] [illegible]

nioow1 śja1 rjir2 gji2 ·jij1 tsji̱r2 ku1 gji1 sej1 njɨ2 sej1

又 舍 利 子， 自 性 故 清 净， 遍 净

[illegible] [illegible] [illegible]， [illegible] [illegible] [illegible] [illegible] [illegible]。 [illegible] [illegible] [illegible]

ku1 ror2 mjij1 bji1 rur2 ku1 zow2 mjij1 nioow1 śja1 rjir2

故 垢 无， 光 洁 故 执 无。 又 舍 利

又舍利子，自性故清净，遍净故无垢，光洁故无执。又舍利

39.48.6

[illegible]， [illegible] [illegible] [illegible] [illegible] [illegible] [illegible]， [illegible] [illegible] [illegible] [illegible]

gji2 kheej1 ljɨ1 mjij1 ku1 gji1 sej1 kheej1 ljɨ1 ka2 ku1

子， 戏 论 无 故 清 净， 戏 论 离 故

[illegible] [illegible]， [illegible] [illegible] [illegible] [illegible] [illegible] [illegible] [illegible]。 [illegible]

ror2 mjij1 kheej1 ljɨ1 mjij1 sej1 ku1 zow2 mjij1 nioow1

垢 无， 戏 论 寂 静 故 执 无。 又

子，无戏论故清净，离戏论故无垢，戏论寂静故无执。又

39.48.7

[illegible] [illegible] [illegible]， [illegible] [illegible] [illegible] [illegible] [illegible]， [illegible] [illegible] [illegible] śja^{1} rjir^{2} gji^{2} mjor^{1} ɣiej^{1} ku^{1} gji^{1} sej^{1} tsjiir^{1} kiẹj^{2} ku^{1}

舍 利 子， 如 真 故 清 净， 法 界 故

[illegible]

ror^{2} mjij^{1} źjɨr^{1} bju^{2} ku^{1} zow^{2} mjij^{1} nioow^{1} śja^{1} rjir^{2}

垢 无， 实 际 故 执 无。 又 舍 利

舍利子，真如故清净，法界故无垢，实际故无执。又舍利

39.49.1

[illegible]

gji^{2} ŋa^{1} sej^{1} ku^{1} gji^{1} sej^{1} ɣiẹ^{2} mjij^{1} ku^{1} ror^{2} mjij^{1}

子， 虚 静 故 清 净， 碍 无 故 垢 无，

[illegible]

ŋa^{1} mjij^{1} ku^{1} zow^{2} mjij^{1} nioow^{1} śja^{1} rjir^{2} gji^{2} ·u^{2}

空 寂 故 执 无。 又 舍 利 子， 内

子，虚静故清净，无碍故无垢，空寂故无执。又舍利子，内

39.49.2

[illegible]

njɨ^{2} nwə^{1} ku^{1} gji^{1} sej^{1} djɨr^{2} mji^{1} dźjij^{1} ku^{1} ror^{2} mjij^{1}

遍 知 故 清 净， 外 不 行 故 垢 无，

[illegible]

·u^{2} djɨr^{2} rjir^{1} tjị^{2} mjij^{1} ku^{1} zow^{2} mjij^{1} nioow^{1} śja^{1}

内 外 得 可 不 故 执 无。 又 舍

遍知故清净，外不行故无垢，内外不可得故无执。又舍

39.49.3

[illegible]

rjir^{2} gji^{2} ŋur^{1} njɨ^{2} nwə^{1} ku^{1} gji^{1} sej^{1} kiẹj^{2} ·jij^{1} kwər^{1}

利 子， 蕴 遍 知 故 清 净， 界 自 体

[illegible]

ku^{1} ror^{2} mjij^{1} do^{2} ŋwo^{2} dzəj^{1} ku^{1} zow^{2} mjij^{1} nioow^{1}

故 垢 无， 处 损 减 故 执 无。 又

利子,蕴遍知故清净,界自体故无垢,处损减故无执。又

39.49.4

śja1 rjir2 gji2 ·wjɨ2 rar2 sji1 sjij2 ku1 gji1 sej1 mjij2

舍 利 子， △ 去 尽 智 故 清 净， 未

ljij2 wee1 mjij1 sjij2 ku1 ror2 mjij1 mjor1 dźjiij1 tsjiir1

来 生 无 智 故 垢 无， 现 在 法

舍利子,过去尽智故清净,未来无生智故无垢,现在法界住

39.49.5

kiẹj2 dźjiij1 sjij2 ku1 zow2 mjij1 śja1 rjir2 gji2 thjɨ2 sju2

界 住 智 故 执 无。 舍 利 子， 是 如

gji1 sej1 ror2 mjij1 zow2 mjij1 tsjịr2 thwuu1 lew1 tsew2

清 净、 垢 无、 执 无 性 同 一 第

智故无执。舍利子,如是清净、无垢、无执之性同趣一句,

39.49.6

tshwew1 lew1 gjwi2 ·jɨ1 tja1 mjij1 sej1 gjwi2 ŋwu2 rjur1 mjij1

趣 一 句 谓 者， 寂 静 句 是， 诸 寂

sej1 tja1 zji2 mjij1 sej1 ŋwu2 zji2 mjij1 sej1 tja1

静 者 极 寂 静 是， 极 寂 静 者

言一句者谓寂静句,诸寂静者即极寂静,极寂静者

39.49.7

njɨ2 mjij1 sej1 ŋwu2 njɨ2 mjij1 sej1 tja1 ljij2 mo2 nji2

遍 寂 静 是, 遍 寂 静 者 大 牟 尼

·jɨ¹ ljɨ¹ śja¹ rjir² gji² dzjọ¹ sju² ljịj² ŋa¹ po¹

谓 也。 舍 利 子, 犹 如 太 虚, 菩

即遍寂静,遍寂静者名大牟尼。舍利子,犹如太虚,菩

39.50.1

tjɨj¹ tsjɨ¹ thja¹ sju² po¹ tjɨj¹ tsjịr² sju² rjur¹ tsjiir¹ tsjɨ¹

提 亦 彼 如; 菩 提 性 如, 诸 法 亦

thja¹ sju² rjur¹ tsjiir¹ tsjịr² sju² źjɨr¹ ɣiej¹ tsjɨ¹ thja¹

彼 如; 诸 法 性 如, 实 真 亦 彼

提亦尔;如菩提性,诸法亦尔;如诸法性,真实亦尔;

39.50.2

sju² źjɨr¹ ɣiej¹ tsjịr² sju² lhjịj io̱¹ tsjɨ¹ thja¹ sju² lhjịj

如; 实 真 性 如, 国 土 亦 彼 如; 国

io̱¹ tsjịr² sju² djiij² phã¹ tsjɨ¹ thja¹ sju² tśhjwo¹ djiij²

土 性 如, 涅 槃 亦 彼 如。 故 涅

如真实性,国土亦尔;如国土性,涅槃亦尔。故说涅

39.50.3

phã¹ rjur¹ tsjiir¹ tśhja² ka¹ ·jɨ¹ nioow¹ mjiij² zji² dźjwa¹ bju²

槃 诸 法 平 等 说, 亦 名 究 竟, 边

ljow² ·jij¹ mjij¹ ku¹ ŋwer¹ djɨ̣² mji¹ dju¹ ŋwer¹ djɨ̣²

际 相 无 故, 对 治 无 有; 对 治

槃诸法平等,亦名究竟,无边际相故,无有对治;离对治

39.50.4

·jij^{1}	ka^{2}	ku^{1}	thjɨ^{2}	sju^{2}	rjur^{1}	tsjiir^{1}	mər^{2}	ɣa^{2}	njij^{2}	gji^{1}
相	离	故，	是	如	诸	法	本	于	远	清
sej^{1}	ror^{2}	mjij^{1}	zow^{2}	mjij^{1}	ljɨ^{1}	śja^{1}	rjir^{2}	gji^{2}	mjor^{1}	
净，	垢	无	执	无	也。	舍	利	子，	如	

相故，如是诸法本来清净，无垢无执。舍利子，如

39.50.5

ljij^{2}	thja^{1}	tsə̣^{1}	tsə̣^{1}	mjij^{1}	njɨ^{2}	rjur^{1}	tsjiir^{1}	ŋowr^{2}	ŋowr^{2}	źjɨr^{1}
来	是	色	色	无	等	诸	法	一	切，	实
bju^{1}	dwewr^{2}	tsjij^{2}	dźiã^{2}	tśhju^{1}	·jij^{1}	tsji̱r^{2}	bio̱^{1}	kheej^{1}	·u^{2}	
如	觉	悟	情	有	之	性	观，	戏	游	

来于是色无色等一切诸法，如实觉悟观有情性，游戏

39.50.6

gji^{1}	sej^{1}	ror^{2}	mjij^{1}	zow^{2}	mjij^{1}	ljịj^{2}	wjuu^{1}	njiij^{1}	śjwo^{1}	ŋa^{2}
清	净，	垢	无	执	无，	大	悲	心	发：	我
sjij^{1}	kjɨ^{1}	djɨj^{2}	thjɨ^{2}	sju^{2}	gji^{1}	sej^{1}	ror^{2}	mjij^{1}	zow^{2}	
今	必	定	是	如	清	净、	垢	无、	执	

清净，无垢无执，发起大悲：我今定当

39.50.7

mjij^{1}	tsjiir^{1}	phie^{2}	ne̱j^{2}	thja^{2}	·jij^{1}	tśjɨ^{1}	tsjij^{2}	phjo^{2}	ŋa^{2}	·jɨ^{1}
无	法	开	示	其	之	觉	悟	令	△	△。

开示令其觉悟，如是清净、无垢、无执法故。

39.51.1

[illegible]	[illegible]，	[illegible]	[illegible]	[illegible]，	[illegible]	[illegible]	[illegible]	[illegible]	[illegible]	[illegible]
nioow^{1}	tśjɨɨ^{1}	śja^{1}	rjir^{2}	gji^{2}	thjɨ^{2}	sju^{2}	mjor^{1}	ljịj^{2}	seew^{2}	tshjiij^{1}
复	次，	舍	利	子，	是	如	如	来	思	议
[illegible]	[illegible]	[illegible]	[illegible]	[illegible]，	[illegible]	[illegible]	[illegible]	[illegible]，	[illegible]	
tjị^{2}	mjij^{1}	ljịj^{2}	wjuu^{1}	tja^{1}	bji^{1}	ɣie^{1}	mji^{1}	śjɨ^{1}	phji^{1}	
可	不	大	悲	者，	功	力	不	往，	意	

复次，舍利子，如是如来不可思议大悲，不由功用

39.51.2

[illegible]	[illegible]	[illegible]，	[illegible]	[illegible]	[illegible]	[illegible]	[illegible]	[illegible]	[illegible]	[illegible]
bju^{1}	·ju^{2}	śjwo^{1}	śja^{1}	rjijr^{2}	rjur^{1}	kięj^{2}	·u^{2}	zji^{2}	mji^{1}	njɨ^{2}
如	常	转，	十	方	世	界	内	皆	不	遍
[illegible]	[illegible]	[illegible]	[illegible]	[illegible]。	[illegible]	[illegible]	[illegible]，	[illegible]	[illegible]	
mjij^{1}	ɣię^{2}	lụ^{2}	mji^{1}	dju^{1}	śja^{1}	rjir^{2}	gji^{2}	mjor^{1}	ljịj^{2}	
无	障	碍	不	有。	舍	利	子，	如	来	

任运常转，流布遍满十方世界无有障碍。舍利子，如来

39.51.3

[illegible]	[illegible]	[illegible]	[illegible]	[illegible]	[illegible]，	[illegible]	[illegible]	[illegible]	[illegible]	[illegible]
ljịj^{2}	wjuu^{1}	seew^{2}	tshjiij^{1}	tjị^{2}	mjij^{1}	bju^{2}	mjij^{1}	ljow^{2}	mjij^{1}	tshọ^{2}
大	悲	思	议	可	不，	边	无	际	无	虚
[illegible]	[illegible]	[illegible]。	[illegible]	[illegible]	[illegible]	[illegible]	[illegible]	[illegible]	[illegible]	
ŋa^{1}	wjɨ^{2}	sju^{2}	tjij^{1}	dzjwo^{2}	mjor^{1}	ljịj^{2}	·jij^{1}	ljịj^{2}	wjuu^{1}	
空	犹	如。	若	人	如	来	之	大	悲	

大悲不可思议，无边无际犹如虚空。若有欲求如来大悲

39.51.4

[illegible]	[illegible]	[illegible]	[illegible]	[illegible]，	[illegible]	[illegible]	[illegible]	[illegible]	[illegible]	[illegible]
bju^{2}	ljow^{2}	kjụ^{1}	kięj^{2}	ku^{1}	tshọ^{2}	ŋa^{1}	bju^{2}	ljow^{2}	kjụ^{1}	mjijr^{2}

边	际	求	欲	者，	虚	空	边	际	求	者
[illegible]	[illegible]	[illegible]。	[illegible]	[illegible]	[illegible]，	[illegible]	[illegible]	[illegible]	[illegible]	
rjir²	·a?	tjɨj²	śja¹	rjir²	gji²	thja¹	rjur¹	po¹	tsa¹	
与	一	样。	舍	利	子，	是	诸	菩	萨	

边际者，不异有人求于空际。舍利子，是诸菩萨

39.51.5

[illegible]	[illegible]	[illegible]	[illegible]	[illegible]	[illegible]	[illegible]	[illegible]	[illegible]	[illegible]	[illegible]，
ma²	ŋạ²	tsa¹	mjor¹	ljij²	thjɨ²	seew²	tshjiij¹	mjij¹	ljịj²	wjuu¹
摩	诃	萨	如	来	此	思	议	不	大	悲，
[illegible]	[illegible]	[illegible]	[illegible]	[illegible]	[illegible]，	[illegible]	[illegible]	[illegible]	[illegible]，	
tshọ²	ŋa¹	rjir²	thwuu¹	tshjiij¹	mji¹	dźiej²	zow²	dzjwɨ̣¹	lhejr²	
虚	空	与	同	说	闻，	信	受	恭	敬，	

摩诃萨闻如来不思议大悲，同虚空已，信受谛奉，

39.51.6

[illegible]	[illegible]	[illegible]	[illegible]，	[illegible]	[illegible]	[illegible]	[illegible]	[illegible]	[illegible]。	[illegible]
·jiw²	mjij¹	gji¹	sej¹	rjɨr²	njɨ²	rjar¹	gjij¹	sjiij²	śjwo¹	tśhjɨ¹
疑	无	清	净，	乃	至	奇	希	想	发。	尔
[illegible]，	[illegible]	[illegible]	[illegible]	[illegible]	[illegible]	[illegible]	[illegible]，	[illegible]	[illegible]	
zjọ²	rjur¹	pjụ¹	thjɨ²	wo²	·jị²	tshjiij¹	kięj²	ljaa¹	dạ²	
时，	世	尊	此	义	重	宣	欲，	颂	言	

清净无疑，乃至发希奇想。尔时，世尊欲重宣此义，而说颂

39.51.7

[illegible]	[illegible]：
rjɨr²	tshjiij¹
乃	说：

曰：

汉文本

复次，舍利子，夫菩提者，其性清净，无垢无执。云何名为清净，无垢及以无执？舍利子，空故清净，无相故无垢，无愿故无执。又舍利子，无生故清净，无作故无垢，无取故无执。又舍利子，自性故清净，遍净故无垢，光洁故无执。又舍利子，无戏论故清净，离戏论故无垢，戏论寂静故无执。又舍利子，真如故清净，法界故无垢，实际故无执。又舍利子，虚静故清净，无碍故无垢，空寂故无执。又舍利子，内遍知故清净，外不行故无垢，内外不可得故无执。又舍利子，蕴遍知故清净，界自体故无垢，处损减故无执。又舍利子，过去尽智故清净，未来无生智故无垢，现在法界住智故无执。舍利子，如是清净、无垢、无执之性同趣一句，言一句者谓寂静句，诸寂静者即极寂静，极寂静者即遍寂静，遍寂静者名大牟尼。舍利子，犹如太虚，菩提亦尔；如菩提性，诸法亦尔；如诸法性，真实亦尔；如真实性，国土亦尔；如国土性，涅槃亦尔。故说涅槃诸法平等，亦名究竟，无边际相故，无有对治；离对治相故，如是诸法本来清净，无垢无执。舍利子，如来于是色无色等一切诸法，如实觉悟观有情性，游戏清净，无垢无执，发起大悲：我今定当开示令其觉悟，如是清净、无垢、无执法故。

复次，舍利子，如是如来不可思议大悲，不由功用任运常转，流布遍满十方世界无有障碍。舍利子，如来大悲不可思议，无边无际犹如虚空。若有欲求如来大悲边际者，不异有人求于空际。舍利子，是诸菩萨摩诃萨闻如来不思议大悲，同虚空已，信受谛奉，清净无疑，乃至发希奇想。

尔时，世尊欲重宣此义，而说颂曰：

39.52.1

rjur^{1}	tha^{1}	po^{1}	tjɨj^{1}	ljạ^{1}	tśhji^{2}	mjij^{1}	dźjiij^{1}	lew^{2}	mjij^{1}
诸	佛	菩	提	证，	根	无	住	所	无，
tha^{1}	sju^{2}	ljạ^{1}	rjir^{1}	dźjwa^{1}	dźiã^{2}	tśhju^{1}	·jij^{1}	tshjiij^{1}	wji^{1}
佛	如	证	得	已，	情	有	之	说	为。

诸佛证菩提，无根无所住，如佛所证已，为诸众生说。

39.52.2

rjur^{1}	tha^{1}	po^{1}	tjɨj^{1}	ljạ^{1}	mjij^{1}	sej^{1}	zji^{2}	mjij^{1}	sej^{1}
诸	佛	菩	提	证，	寂	静	极	寂	静，
mej^{1}	njɨ^{2}	·u^{2}	ŋa^{1}	tsji̠r^{2}	tsə̣^{1}	njɨ^{2}	djɨr^{2}	ŋa^{1}	bio̠^{1}

眼　等　内　空　性　色　等　外　空　观。

诸佛证菩提，寂静极寂静，观眼等内空，色等外空性。

39.52.3

[illegible]

mjij^{1} sej^{1} zji^{2} mjij^{1} sej^{1}, dźiã^{2} tśhju^{1} mji^{1} dwewr^{2} tsjij^{2},

寂　静　极　寂　静，　情　有　不　觉　悟，

[illegible]

mjor^{1} ljij^{2} gjwi^{2} wo^{2} nwə^{1}, thja^{2} do^{2} ljij^{2} wjuu^{1} śjwo^{1}

如　来　句　义　知，　彼　处　大　悲　起。

有情不觉悟，寂静极寂静①，如来知句义，于彼起大悲。

39.52.4

[illegible]

po^{1} tjɨj^{1} tsji̱r^{2} bji^{1} rur^{2}, gji^{1} sej^{1} tshọ^{2} ŋa^{1} ka^{1},

菩　提　性　光　洁，　清　净　虚　空　等，

[illegible]

dźiã^{2} tśhju^{1} mji^{1} tsjij^{2} ku^{1}, thja^{2} do^{2} ljij^{2} wjuu^{1} śjwo^{1}

情　有　不　了　故，　彼　处　大　悲　起。

菩提性光洁，清净等虚空，是众生不了，于彼起大悲。

39.52.5

[illegible]

rjur^{1} tha^{1} po^{1} tjɨj^{1} ljạ^{1}, śjɨ^{1} lja^{1} lhjwi^{1} ljạ^{1} mjij^{1},

诸　佛　菩　提　证，　去　来　取　证　无，

[illegible]

dźiã^{2} tśhju^{1} mji^{1} tsjij^{2} ku^{1}, thja^{2} do^{2} ljij^{2} wjuu^{1} śjwo^{1}

众　生　不　了　故，　彼　处　大　悲　起。

诸佛证菩提，无去来取舍，是众生不了，于彼起大悲。

① 汉本“有情不觉悟，寂静极寂静”，西夏文两句颠倒。

39.52.6

[illegible]	[illegible]	[illegible]	[illegible]	[illegible]，	[illegible]	[illegible]	[illegible]	[illegible]	[illegible]，
rjur^{1}	tha^{1}	po^{1}	tjɨj^{1}	lja̱^{1}	·jij^{1}	mjij^{1}	mjɨɨ^{2}	kie̱j^{2}	mjij^{1}
诸	佛	菩	提	证，	相	无	境	界	无，
[illegible]	[illegible]	[illegible]	[illegible]	[illegible]，	[illegible]	[illegible]	[illegible]	[illegible]	[illegible]。
śjɨj^{2}	·ji^{1}	·jij^{1}	dźjij^{1}	lew^{2}	we̱^{1}	mjijr^{2}	dźji̱j^{1}	lew^{2}	njaa^{2}
圣	众	之	行	所，	愚	夫	履	所	非。

诸佛证菩提，无相无境界，众圣之所行，非愚夫所履。

39.52.7

[illegible]	[illegible]	[illegible]	[illegible]	[illegible]，	[illegible]	[illegible]	[illegible]	[illegible]	[illegible]，
rjur^{1}	·ju^{2}	mur^{1}	mjɨ^{1}	nwə^{1}	nwə^{1}	tsjɨ^{1}	mji^{1}	dźju^{1}	tsjij^{2}
诸	夫	凡	不	知，	知	虽	不	明	达，
[illegible]	[illegible]	[illegible]	[illegible]	[illegible]，	[illegible]	[illegible]	[illegible]	[illegible]	[illegible]。
mjor^{1}	ljij^{2}	thja^{1}	djij^{1}	ɣa^{2}	ljij^{2}	wjuu^{1}	njiij^{1}	gu^{1}	śjwo^{1}
如	来	彼	类	于，	大	悲	心	兴	起。

诸凡夫不知，虽知不明达，如来于彼类，兴起于大悲。

39.53.1

[illegible]	[illegible]	[illegible]	[illegible]	[illegible]，	[illegible]	[illegible]	[illegible]	[illegible]	[illegible]，
dźiəj^{2}	mə̱^{1}	·jij^{1}	kwər^{1}	tsji̱r^{2}	wee^{1}	mjij^{1}	dzjar^{2}	tsjɨ^{1}	mjij^{1}
为	无	之	体	性，	生	无	灭	亦	无，
[illegible]	[illegible]	[illegible]	[illegible]	[illegible]，	[illegible]	[illegible]	[illegible]	[illegible]	[illegible]。
thja^{1}	ɣa^{2}	dźjiij^{1}	tsjɨ^{1}	mjij^{1}	so̱^{1}	dźiej^{2}	·ju^{2}	bie^{2}	lhew^{2}
彼	于	住	亦	无，	三	轮	长	解	脱。

无为之自性，无生亦无灭，于彼亦无住，三轮长解脱。

39.53.2

[illegible]	[illegible]	[illegible]	[illegible]	[illegible]，	[illegible]	[illegible]	[illegible]	[illegible]	[illegible]，
rjur^{1}	dźiəj^{2}	lheew^{2}	·jij^{1}	tsji̱r^{2}	we̱^{1}	mur^{1}	mji^{1}	tsjij^{2}	ku^{1}
诸	为	有	自	性，	愚	夫	不	觉	故，

[illegible]	[illegible]	[illegible]	[illegible]	[illegible]，	[illegible]	[illegible]	[illegible]	[illegible]	[illegible]。
thja²	do²	ljiį²	wjuu¹	śjwo¹	thjɨ²	sju²	wo²	tshwew¹	phie²
彼	处	大	悲	起，	是	如	理	趣	开。

愚夫不能觉,诸有为自性①,于彼起大悲,开如是理趣。

39.53.3

[illegible]	[illegible]	[illegible]	[illegible]	[illegible]，	[illegible]	[illegible]	[illegible]	[illegible]	[illegible]，
po¹	tjɨj¹	ljų²	lja̧¹	njaa²	njiij¹	ŋwu²	tsjɨ¹	mji¹	lja̧¹
菩	提	身	证	非，	心	以	亦	不	证，
[illegible]	[illegible]	[illegible]	[illegible]	[illegible]，	[illegible]	[illegible]	[illegible]	[illegible]	[illegible]。
ljų²	·jij¹	tsji̱r²	nwə¹	mjij¹	njiij¹	wjɨ¹	da̧²	njɨ²	sju²
身	自	性	知	无，	心	幻	事	等	如。

菩提非身证,亦不由心证,身自性无知,心如幻事等。

39.53.4

[illegible]	[illegible]	[illegible]	[illegible]	[illegible]，	[illegible]	[illegible]	[illegible]	[illegible]	[illegible]，
ljų²	njiij¹	·jij¹	kwər¹	tsji̱r²	wẹ¹	mjijr²	mji¹	tsjij²	ku¹
身	心	自	体	性，	愚	夫	不	觉	故，
[illegible]	[illegible]	[illegible]	[illegible]	[illegible]，	[illegible]	[illegible]	[illegible]	[illegible]	[illegible]。
thja²	do²	ljiį²	wjuu¹	śjwo¹	thjɨ²	sju²	thjo̱¹	wo²	phie²
彼	处	大	悲	起，	是	如	妙	理	开。

愚夫不能觉,身心自体性②,于彼起大悲,开如是妙理。

39.53.5

[illegible]	[illegible]	[illegible]	[illegible]	[illegible]，	[illegible]	[illegible]	[illegible]	[illegible]	[illegible]，
rjur¹	tha¹	thja¹	śjij¹	lja̧¹	wa̧²	ljiį²	buu²	po¹	tjɨj¹
诸	佛	然	自	证，	广	大	胜	菩	提，
[illegible]	[illegible]	[illegible]	[illegible]	[illegible]，	[illegible]	[illegible]	[illegible]	[illegible]	[illegible]。
phu²	njij²	khju¹	no²	dzuu²	dźiā²	tśhju¹	tsji̱r²	bio̱¹	thjuu¹
树	王	下	安	坐，	情	有	性	观	察。

① 汉本"愚夫不能觉,诸有为自性",西夏文两句颠倒。

② 汉本"愚夫不能觉,身心自体性",西夏文两句颠倒。

诸佛自然证，广大胜菩提，安坐树王下，观察含灵性。

39.53.6

[illegible]	[illegible]	[illegible]	[illegible]	[illegible]，	[illegible]	[illegible]	[illegible]	[illegible]	[illegible]，
lhji²	wee¹	dźiej²	bju¹	gji̠²	rjur¹	tshwew¹	kha¹	dźiə²	dźiej²
死	生	轮	依	靠，	诸	趣	中	轮	回，
[illegible]	[illegible]	[illegible]	[illegible]	[illegible]，	[illegible]	[illegible]	[illegible]	[illegible]	[illegible]。
mjor¹	ljij²	thja¹	ljij²	nioow¹	kjir¹	·jiw²	ljij²	wjuu¹	śjwo¹
如	来	彼	见	已，	厉	猛	大	悲	兴。

登上生死轮，循环种种趣，如来见彼已，兴猛厉大悲。

39.53.7

[illegible]	[illegible]	[illegible]	[illegible]	[illegible]，	[illegible]	[illegible]	[illegible]	[illegible]	[illegible]，
mjɨ¹	gjiw¹	khwej̣¹	ŋwo²	ljiij²	ljiij²	rer²	·ju²	phej¹	tśjiɨr²
无	敬	憍	损	坏，	魔	网	恒	裹	缠，
[illegible]	[illegible]	[illegible]	[illegible]	[illegible]，	[illegible]	[illegible]	[illegible]	[illegible]	[illegible]。
tśji̠¹	ɣa²	rejr²	sjiij²	śjwo¹	mji¹	·ju²	·ju²	sjiij²	śjwo¹
苦	于	乐	想	生，	无	常	常	想	起。

憍慢之所坏，见网恒缠裹，于苦生乐想，无常起常想。

39.54.1

[illegible]	[illegible]	[illegible]	[illegible]	[illegible]，	[illegible]	[illegible]	[illegible]	[illegible]	[illegible]，
sej¹	ŋa²	dźiā²	tśhju¹	zow²	ka̠¹	mjijr²	ljij²	ŋwo²	ljiij²
净	我	情	有	计，	命	者	见	损	坏，
[illegible]	[illegible]	[illegible]	[illegible]	[illegible]，	[illegible]	[illegible]	[illegible]	[illegible]	[illegible]。
mjor¹	ljij²	thja¹	bio̠¹	nioow¹	kjir¹	·jiw²	ljij²	wjuu¹	śjwo¹
如	来	彼	观	已，	厉	猛	大	悲	兴。

计净我众生，命者见所坏，如来观彼已，兴猛厉大悲。

39.54.2

[illegible]	[illegible]	[illegible]	[illegible]	[illegible]，	[illegible]	[illegible]	[illegible]	[illegible]	[illegible]，
dźiā²	tśhju¹	ŋowr²	ŋowr²	tsji̠r²	wẹ¹	lə²	wər²	kjɨ¹	lə¹

情	有	一	切	性，	愚	痴	膜	当	障，
[illegible]	[illegible]	[illegible]	[illegible]	[illegible]，	[illegible]	[illegible]	[illegible]	[illegible]	[illegible]。
źjɨr^{1}	bji^{1}	swew^{1}	mji^{1}	dju^{1}	be^{2}	djịj^{2}	lạ^{1}	lə^{1}	sju^{2}
慧	光	明	无	有，	日	云	重	掩	如。

一切众生性，覆障于痴膜，无有慧光明，如重云掩日。

39.54.3

[illegible]	[illegible]	[illegible]	[illegible]	[illegible]，	[illegible]	[illegible]	[illegible]	[illegible]	[illegible]，
mjor^{1}	ljij^{2}	thja^{1}	ljij^{2}	nioow^{1}	kjir^{1}	·jiw^{2}	ljịj^{2}	wjuu^{1}	śjwo^{1}
如	来	彼	见	已，	厉	猛	大	悲	兴，
[illegible]	[illegible]	[illegible]	[illegible]	[illegible]，	[illegible]	[illegible]	[illegible]	[illegible]	[illegible]。
ror^{2}	mjij^{1}	sjij^{2}	bji^{1}	ŋwu^{2}	thja^{2}	·jij^{1}	swew^{1}	swew^{1}	wji^{1}
垢	无	智	光	以，	彼	之	明	照	为。

如来见彼已，兴猛厉大悲，以无垢智光，当为彼明照。

39.54.4

[illegible]	[illegible]	[illegible]	[illegible]	[illegible]，	[illegible]	[illegible]	[illegible]	[illegible]	[illegible]，
rjur^{1}	niow^{2}	tshwew^{1}	kha^{1}	ljɨ^{1}	·ju^{2}	tśhja^{2}	tśja^{1}	lhạ^{2}	phjɨ^{1}
诸	恶	趣	中	入，	常	正	道	迷	失，
[illegible]	[illegible]	[illegible]	[illegible]	[illegible]，	[illegible]	[illegible]	[illegible]	[illegible]	[illegible]。
tjij^{1}	djị^{1}	·jɨj^{2}	sju^{2}	dzju^{2}	djị^{1}	·ju^{1}	tshwew^{1}	kha^{1}	ljɨ^{1}
若	地	狱	畜	生，	狱	鬼	趣	中	堕。

既入诸恶趣，常迷失正道，或堕地狱趣，畜生鬼趣中。

39.54.5

[illegible]	[illegible]	[illegible]	[illegible]	[illegible]，	[illegible]	[illegible]	[illegible]	[illegible]	[illegible]，
·wjɨ^{2}	rar^{2}	tha^{1}	nwə^{1}	nioow^{1}	śji^{1}	tśhja^{2}	tśja^{1}	śio^{1}	ne̱j^{2}
△	去	佛	知	已，	前	正	路	导	开，
[illegible]	[illegible]	[illegible]	[illegible]	[illegible]，	[illegible]	[illegible]	[illegible]	[illegible]	[illegible]。
mjor^{1}	tha^{1}	thja^{1}	ljij^{2}	nioow^{1}	kjir^{1}	·jiw^{2}	ljịj^{2}	wjuu^{1}	śjwo^{1}
今	佛	彼	见	已，	厉	猛	大	悲	兴。

过去佛已知，导开前正路，今佛见彼已，兴猛厉大悲。

39.54.6

[illegible]	[illegible]	[illegible]	[illegible]	[illegible]，	[illegible]	[illegible]	[illegible]	[illegible]	[illegible]，
tha^{1}	rjur^{1}	tsjiir^{1}	ŋowr^{2}	ŋowr^{2}	mjor^{1}	ɣiej^{1}	nioow^{1}	źjɨr^{1}	tsji̱r^{2}
佛	诸	法	一	切，	如	真	及	实	性，
[illegible]	[illegible]	[illegible]	[illegible]	[illegible]，	[illegible]	[illegible]	[illegible]	[illegible]	[illegible]。
gji^{1}	sej^{1}	ŋa^{1}	ka^{1}	nwə^{1}	bie^{2}	lhew^{2}	ɣiej^{1}	śjɨj^{1}	ljạ^{1}
清	净	空	等	知，	解	脱	真	成	证。

佛知一切法，真如及实性，清净等虚空，证成真解脱。

39.54.7

[illegible]	[illegible]	[illegible]	[illegible]	[illegible]，	[illegible]	[illegible]	[illegible]	[illegible]	[illegible]，
thjɨ^{2}	sju^{2}	sej^{1}	thjo̱^{1}	tsjiir^{1}	dźiã^{2}	tśhju^{1}	mjɨ^{1}	nwə^{1}	ku^{1}
是	如	净	妙	法，	情	有	无	知	故，
[illegible]	[illegible]	[illegible]	[illegible]	[illegible]，	[illegible]	[illegible]	[illegible]	[illegible]	[illegible]。
mjor^{1}	ljịj^{2}	thja^{1}	ljij^{2}	nioow^{1}	kjir^{1}	·jiw^{2}	ljịj^{2}	wjuu^{1}	śjwo^{1}
如	来	彼	见	已，	厉	猛	大	悲	兴。

诸众生不知，如是净妙法①，如来见彼已，兴猛厉大悲。

39.55.1

[illegible]	[illegible]	[illegible]，	[illegible]	[illegible]	[illegible]	[illegible]	[illegible]	[illegible]	[illegible]	[illegible]
śja^{1}	rjir^{2}	gji^{2}	thjɨ^{2}	tja^{1}	mjor^{1}	ljịj^{2}	·jij^{1}	seew^{2}	tshjiij^{1}	mjij^{1}
舍	利	子，	是	名	如	来	之	思	议	不
[illegible]	[illegible]	[illegible]。	[illegible]	[illegible]	[illegible]	[illegible]	[illegible]	[illegible]	[illegible]	
ljịj^{2}	wjuu^{1}	ŋwu^{2}	rjur^{1}	po^{1}	tsa^{1}	ma^{2}	ŋạ^{2}	tsa^{1}	thjɨ^{2}	
大	悲	是。	诸	菩	萨	摩	诃	萨	是	

如是，舍利子，是名如来不思议大悲。诸菩萨摩诃萨闻是

39.55.2

[illegible]	[illegible]	[illegible]	[illegible]	[illegible]	[illegible]	[illegible]	[illegible]，	[illegible]	[illegible]	[illegible]
seew^{2}	tshjiij^{1}	tjị^{2}	mjij^{1}	ljịj^{2}	wjuu^{1}	mji^{1}	nioow^{1}	dźiej^{2}	zow^{2}	dzjwị^{1}

① 汉本“诸众生不知，如是净妙法”，西夏文两句颠倒。

思 议 可 无 大 悲 闻 已， 信 受 恭

[illegible]， [illegible] [illegible] [illegible] [illegible]， [illegible] [illegible] [illegible] [illegible]，

lhejr^{2} ·jiw^{2} mjij^{1} gji^{1} sej^{1} gjij^{1} njij^{2} rjɨr^{2} gjiij

敬， 疑 无 清 净， 倍 增 乃 生，

不可思议大悲已，信受谛奉，清净无疑，倍复踊跃，

39.55.3

[illegible] [illegible] [illegible] [illegible] [illegible] [illegible] [illegible] [illegible]。

njiij^{1} ljịj^{2} njiij^{1} ljɨ̣j^{2} rjar^{1} gjij^{1} sjiij^{2} śjwo^{1}

心 大 欢 喜 奇 希 想 发。

深生欢喜，发希奇想。

39.55.4

《[illegible] [illegible] [illegible] [illegible] [illegible]》 [illegible] [illegible] [illegible] [illegible]

ljịj^{2} ljɨ̣^{1} tśiow^{1} lwər^{2} lhejr^{2} sọ^{1} ɣạ^{2} gjɨɨ^{1} tsew^{2}

《大 宝 积 经 契》 三 十 九 第

《大宝积经》卷三十九

汉文本

诸佛证菩提，无根无所住，
如佛所证已，为诸众生说。
诸佛证菩提，寂静极寂静，
观眼等内空，色等外空性。
有情不觉悟，寂静极寂静，
如来知句义，于彼起大悲。
菩提性光洁，清净等虚空，
是众生不了，于彼起大悲。
诸佛证菩提，无去来取舍，
是众生不了，于彼起大悲。
诸佛证菩提，无相无境界，
众圣之所行，非愚夫所履。
诸凡夫不知，虽知不明达，
如来于彼类，兴起于大悲。

无为之自性，无生亦无灭，
于彼亦无住，三轮长解脱。
愚夫不能觉，诸有为自性，
于彼起大悲，开如是理趣。
菩提非身证，亦不由心证，
身自性无知，心如幻事等。
愚夫不能觉，身心自体性，
于彼起大悲，开如是妙理。
诸佛自然证，广大胜菩提，
安坐树王下，观察含灵性。
登上生死轮，循环种种趣，
如来见彼已，兴猛厉大悲。
憍慢之所坏，见网恒缠裹，
于苦生乐想，无常起常想。
计净我众生，命者见所坏，
如来观彼已，兴猛厉大悲。
一切众生性，覆障于痴膜，
无有慧光明，如重云掩日。
如来见彼已，兴猛厉大悲，
以无垢智光，当为彼明照。
既入诸恶趣，常迷失正道，
或堕地狱趣，畜生鬼趣中。
过去佛已知，导开前正路，
今佛见彼已，兴猛厉大悲。
佛知一切法，真如及实性，
清净等虚空，证成真解脱。
诸众生不知，如是净妙法，
如来见彼已，兴猛厉大悲。

如是，舍利子，是名如来不思议大悲。诸菩萨摩诃萨闻是不可思议大悲已，信受谛奉，清净无疑，倍复踊跃，深生欢喜，发希奇想。

《大宝积经》卷三十九